福原隆善 監修　開宗九百年記念・大通上人三百回御遠忌奉修局 編

開宗九百年・大通上人三百回御遠忌奉修記念論文集

融通念佛宗における信仰と教義の邂逅

法藏館

融通念佛宗管長 総本山大念佛寺第66世法主　倍巌良舜 書

緒言　宗祖良忍上人のみ心に思いを馳せて

融通念佛宗 宗務総長

吉村暲英

開宗九百年記念・大通上人三百回御遠忌大法要を迎えるに当たり、記念論文集『融通念佛宗における信仰と教義の邂逅』が刊行されたことはまことに意義深いことであり、慶賀に堪えません。宗内外の研究者から、それぞれ専門分野での玉稿をお寄せいただき感謝申し上げます。また編集業務に携わってくださった諸氏に対しても深く敬意を表します。

およそ宗教と呼ばれるものには諸種の信仰形態があり、教えの中核としての教義が存在します。特に融通念佛宗においては、永年の歴史の中で培われた信仰が多種多様であり、各時代、各地区において、それぞれ特異性をもって存在していることは周知のところであります。しかもそれらは宗派、宗団の枠を越えて大きな広がりを見せています。

一見、本宗とは無縁と思える信仰や生活習慣の中にも、深く観察すればそこには融通念仏の教えが深く息づいていることがわかります。

融通念仏の根本理念として、宗祖感得の仏勅（金口の妙偈）があります。

一人一切人　一切人一人　一行一切行　一切行一行　是名他力往生　云々

これは人と人とが念仏によって直結することです。一と一切の関係は、「一即一切、一切即一」であり、「即」はそのままという意味です。一と一切との間に何らの条件もさし挟まないのです。それゆえ最近よく引き合いに出される“One for All, All for One”（一人はみんなのために、みんなは一人のために）というのは、融通の意味から逸脱しているのです。なぜなら「ために」という恩着せがましい条件では即にならないのです。これでは一人一切人は所詮ひからびたものになってしまうのです。

一人と一切人は互いに他を損なうことなく、障礙することなくおのおのの個性の輝きを尊重しつつ、一つに融け合っているのです。一杯のコーヒーに例をとれば、コーヒーと砂糖とミルクと水（湯）が融け合い、しかもそれぞれの持つ本来の味を損なうことなく、互いに他を生かしながら存在しているのです。

利己心や憍慢心など一切の偏見を取り除き、共に仏の道を成就して無礙なる世界を現出します。これを他力往生と名づけるのです。

なぜこんなことを書いたかといえば、本書に掲載された三六篇の各論の一つ一つが、互いに主となり伴となって「一即一切、一切即一」の融通の世界を形成していることを汲みとっていただきたいと念じるからに他なりません。

＊　＊　＊

昨年五月末、愛知県知多郡美浜町布土字和田にお住まいの郷土史研究家で哲学者の久田健吉氏から、良忍上人奉讃会のこととあわせて、誕生地の宝珠寺と境内に建つ「發祥」碑、藤原秦氏塋域の正法塚、さらには良忍上人のご両親である圓阿弥（道武公）と念称比丘尼のことなどに関する研究資料をお送りくださり、多大なるご教示をいただきました。

昭和初期、大念寺（現、大阪市東住吉区）の清原実全師が、宗祖を慕って足繁く誕生地に通い、宗門との交流を復活しましたが、それ以前から知多地方には良忍上人の念仏思想が脈々と受け継がれてきました。久田氏は念仏講によって葬礼、野辺送り墓念仏、七七日や年忌の逮夜念仏、彼岸念仏、百万遍、弥陀讃行事、虫送り、祈禱念仏などの諸行事が修されてきたことを紹介し、そして良忍上人の念仏に融け込んだ信仰は他のいかなる宗派も侵すことはできず、これを取り入れ協賛してきたのであると、宗祖に対する鑽仰の気持を表しておられます。

また久田氏には「良忍上人の思想――現代に生きる融通念佛宗の開祖――」と題する論文があり、その中で氏は「良忍上人は世界的レベルの人」と称え、「念仏を唱えることは、仏の深い思想に帰依し、仏の思想に生きることを意味する」と自身の見解を述べ、深い洞察を試みておられます。

奇しくもその論旨は、融通念佛宗における信仰と教義の邂逅そのものであると感じ入ったのでした。

まさに時宜を得た好論文であり、本書に掲載許可をお願いすべきであったと思いつつも、多忙に紛れて果たせなかったことを残念に思っております。

いずれ別の機会に実現したいと考えていますが、今はただ、良忍上人と融通念仏のよき理解者が宗祖と同郷の地にお暮らしになることを記して喜びとするのみであります。

平成二七年二月二六日　元祖忌の日

大原如来蔵に残る良忍自筆の資料について

横田兼章

大原三千院の東側、呂川に沿って坂を上った所に位置する来迎院は、寺伝によれば、仁寿年間（八五一—五四）に円仁が、天台声明の道場として、中国天台山の堂塔を模して創建したと伝えられており、その後、一時衰退するが、天仁二年（一一〇九）、良忍（一〇七三—一一三二）が魚山の号とともに再興したとある。

『吉記』（『史料大成』二二）承安四年（一一七四）二月一六日条には、「次参来迎院、故良仁上人草創、本覚房上人当時止住之所也」と記されている。

来迎院内には、良忍の経蔵と伝える如来蔵がある。『明月記』（国書刊行会）正治二年（一二〇〇）閏二月二八日条には、「遅明出御御大原、殿下、大臣殿御輿、予、宗綱以下著狩衣在御共、騎馬、巳時著御来迎院（中略）但如先被開宝蔵」とあり、九条兼実の供として藤原定家も来迎院を訪れ「宝蔵」を閲覧している。

この如来蔵に伝来した聖教・文書類は、仏三身の称に基づいて法・報・応と名付けられた唐櫃三合に分置する。

良忍の自筆写本はもとより、平安時代に記された教典写本や経疏、また、大原声明に関する貴重な典籍や記録など、その内容は多岐にわたっており、青蓮院吉水蔵と並び天台経蔵としてその価値はきわめて高い。

如来蔵にある現存資料の内、良忍自筆の写本や手択本が数点確認されている。この良忍関係の資料については、拙稿「大原如来蔵における良忍上人関係資料」(『良忍上人の研究』大念佛寺、一九八一年)に詳しく述べているが、その中で本稿では、改めて撮影を行った良忍青年期の写本奥書三点と写本表紙一点、壮年期の写本奥書一点を紹介する。

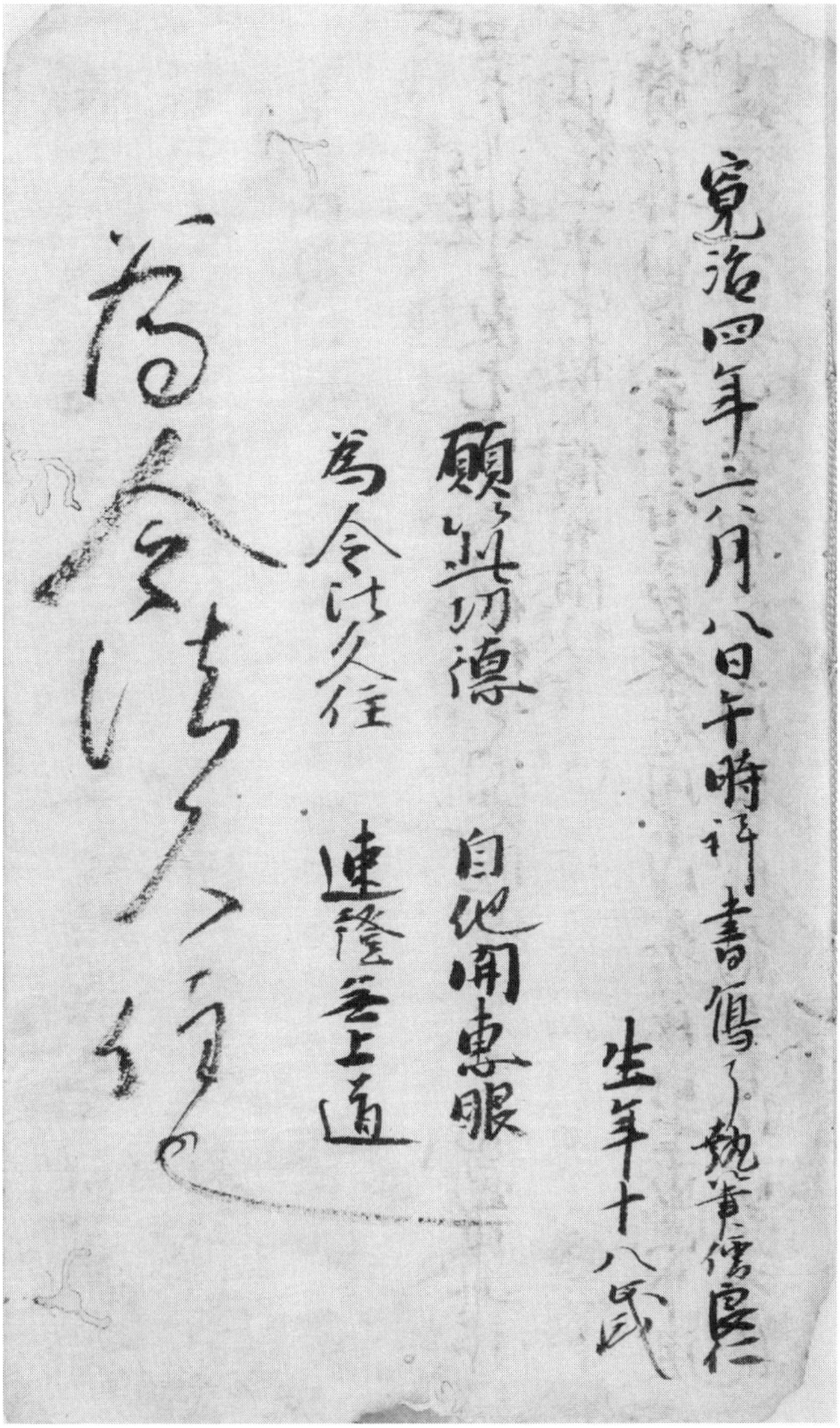
寛治四年六月八日午時許書寫了 執筆僧良仁
生年十八歳
願以功徳 自他開恵眼
為令法久住 速證無上道

写真１　良忍18歳時、寛治４年（1090）６月８日に書写されたものの奥書。署名が「良仁」となっている。

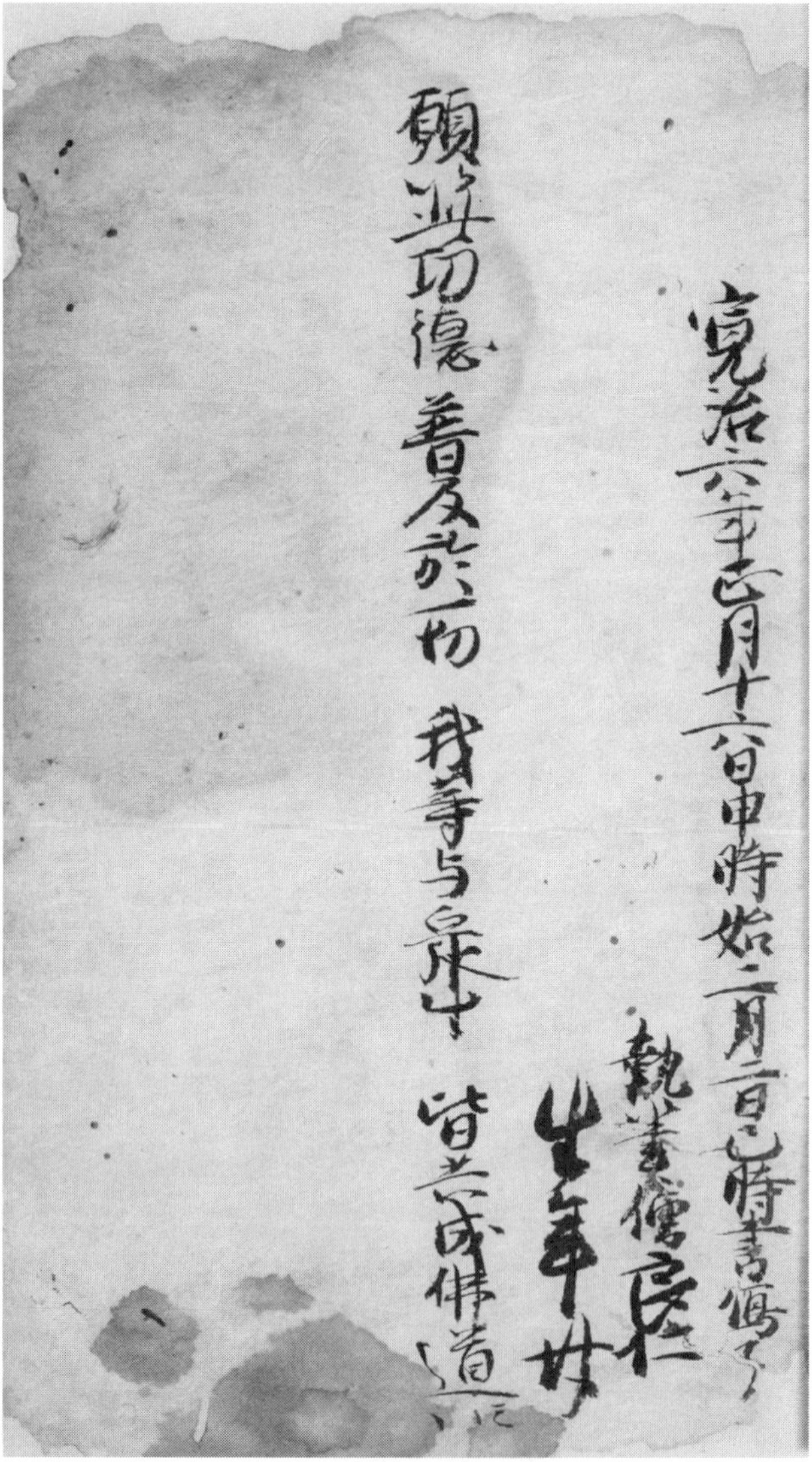

寛治六年正月十六日申時始二月二日巳時書寫了
執筆僧良忍
生年廿
願以此功徳　普及於一切　我等与衆生　皆共成佛道

写真２　良忍20歳時、寛治６年（1092）２月２日に書写されたものの奥書。

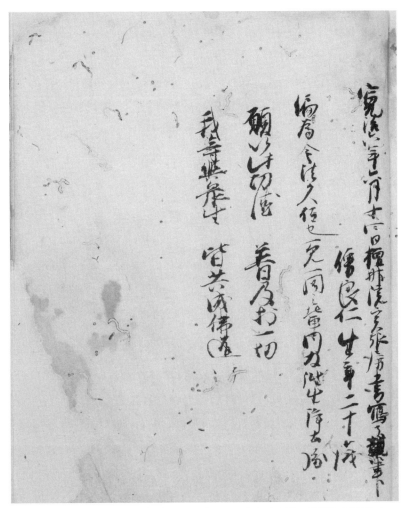

写真3　良忍20歳時、寛治6年（1092）6月14日、比叡山東塔の檀那院実報房において書写されたものの奥書。

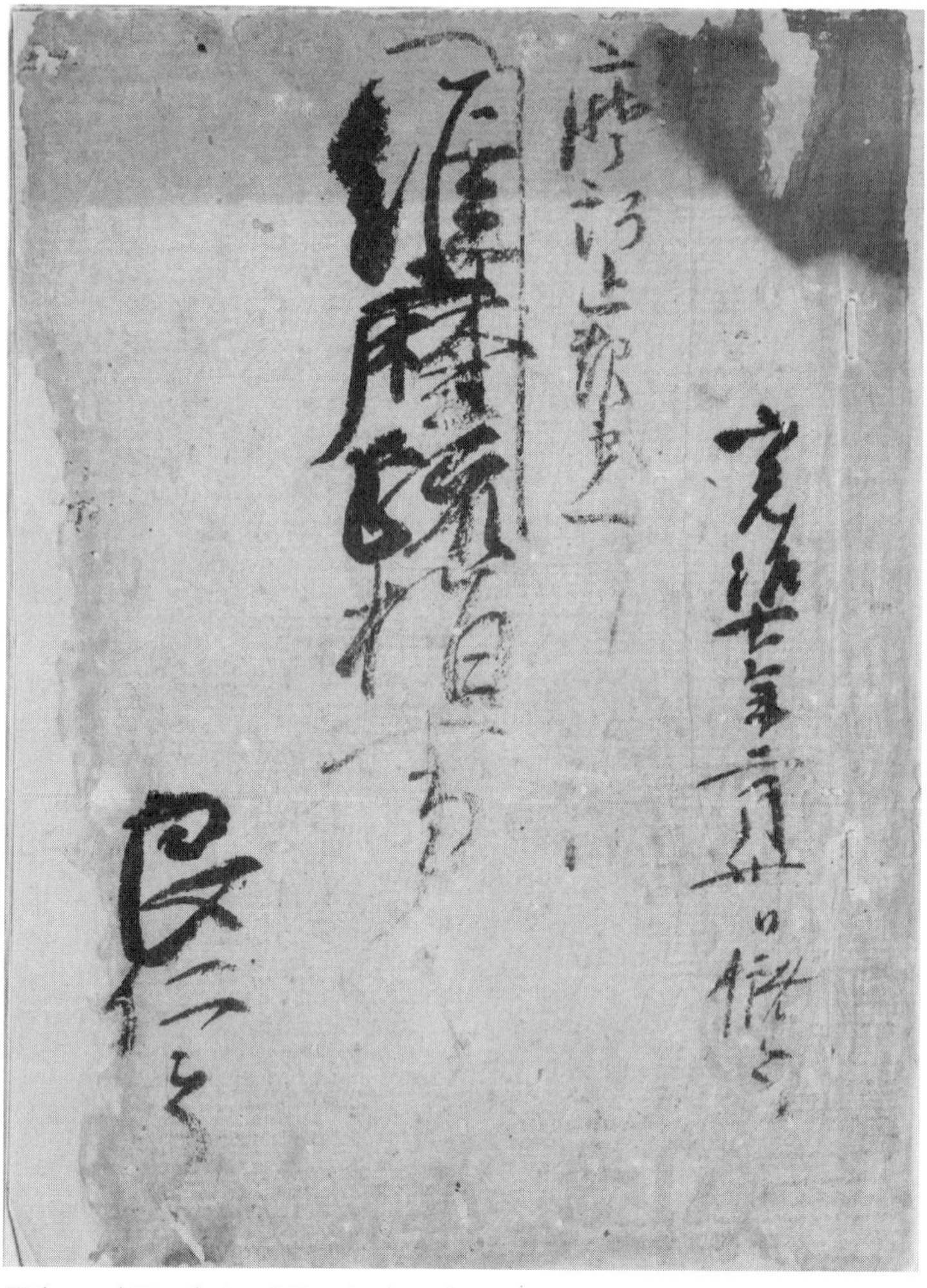

写真 4　良忍21歳時、寛治７年（1093）２月30日に書写されたものの表紙。外題に「摩訶止観第一／維摩疏指事」とある。

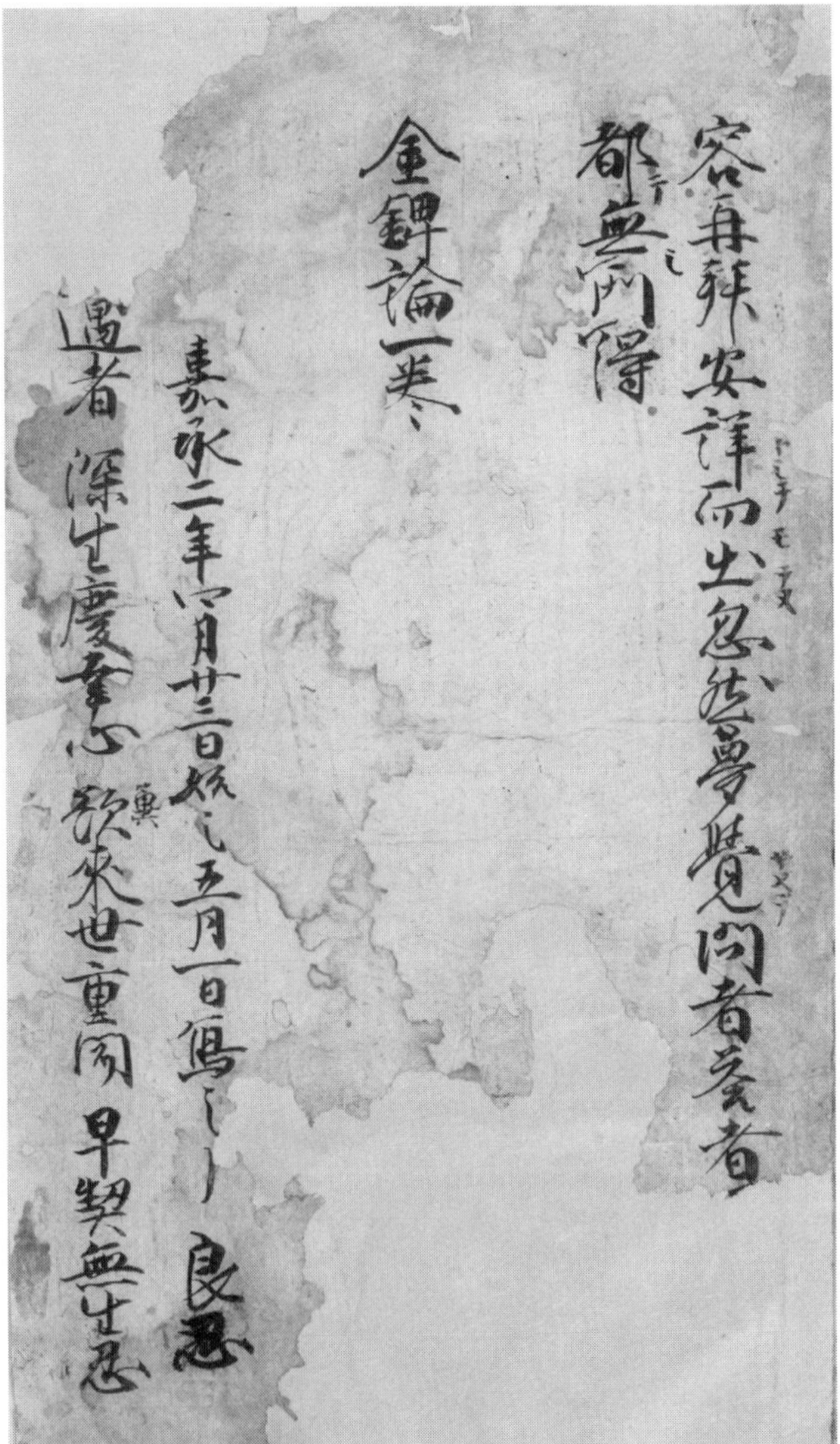

写真５　良忍35歳時、嘉承２年（1107）５月１日に書写した湛然著「金錍論」の奥書。自署をみると「良忍」へと改めていることがわかる。

融通念佛宗における信仰と教義の邂逅＊目次

第三部　仏教文化史

融通念佛宗における信仰と教義の邂逅

第一部　総　論

『自行念仏問答』の成立と思想史的意義

西村冏紹

はじめに

院政期仏教は、曽てはダークエージの仏教とさえ言われ、あまり評価されなかった。しかし、それはあまり研究が進んでいなかった結果によるものであった。しかるに、近年ようやくその重要性が認識され始め、速水侑編『院政期の仏教』（吉川弘文館、一九九八年）が刊行され、他分野からの諸研究が収められ、また末木文美士著『鎌倉仏教形成論』（法藏館、一九九八年）には「院政期仏教の再検討」にも言及されている。筆者はさきに、西村・末木著『観心略要集の新研究』（百華苑、一九九二年）と西村監・梯信暁著『宇治大納言源隆国編　安養集　本文と研究』（百華苑、一九九三年）とを刊行し、両書とも院政期初頭の文献として重要な役割を果たしていることを明らかにした。

いま、問題とする『自行念仏問答』は、『恵心僧都全集』巻一に収録されているが、古くは源信撰として、のち源信仮托文献として、最近では院政期成立の文献と考えられている。本書は、現存写本も江戸時代のものが一部、板本も江戸時代のものがあるくらいで、他の文献に引用転載された形跡もなく、源信の『往生要集』に比すれば全くその比ではない。にもかかわらず、ここであえて取り挙げるのは、院政期仏教という角度から本書にスポットを当てると、院政期仏教の種々の思想を述べているので、たちまち脚光を浴びてくるのであり、院政期仏教の解明の上にも必要欠くべからざる文献であるからである。

本書の写板刊本と構文上の問題

(1)写本　叡山真如蔵本。袋綴本一冊。墨付三三丁。一頁一〇行、一行一七字—一九字詰で書写されている。本文中に朱字でイ本として対校文字が朱記されている。当時、別本があったことをうかがわせる。なお、巻末に「本云」として建久九年（一一九八）の奥書を載せている。江戸時代写本。

(2)板本　寛文九年（一六六九）本。一冊。「寛文九歳七月五日小比丘某甲謹白」の奥書を載せ、東六条平井氏の版行となっている。

(3)板本　寛文十三年（一六七三）本。一冊。「寛文十三歳九月吉日　吉文字屋市良兵衛板行」の刊記を載せているが、寛文九年本と内容は同一なので、おそらく吉文字屋が寛文九年本の版権を譲り受けて寛文一三年に出したものであろう。

(4)刊本　『恵心僧都全集』本（以下、恵全本という）巻一所収。本書は、寛文九年の東六条平井氏版行本を底本とし、真如蔵写本を対校したものである。

(5)刊本　『大日本仏教全書』本（以下、仏全本という）三一所収。本書は、寛文一三年本を底本としたものである。

以上、現存五部の写刊本の流伝を示すと左のごとくである（□印は佚本）。

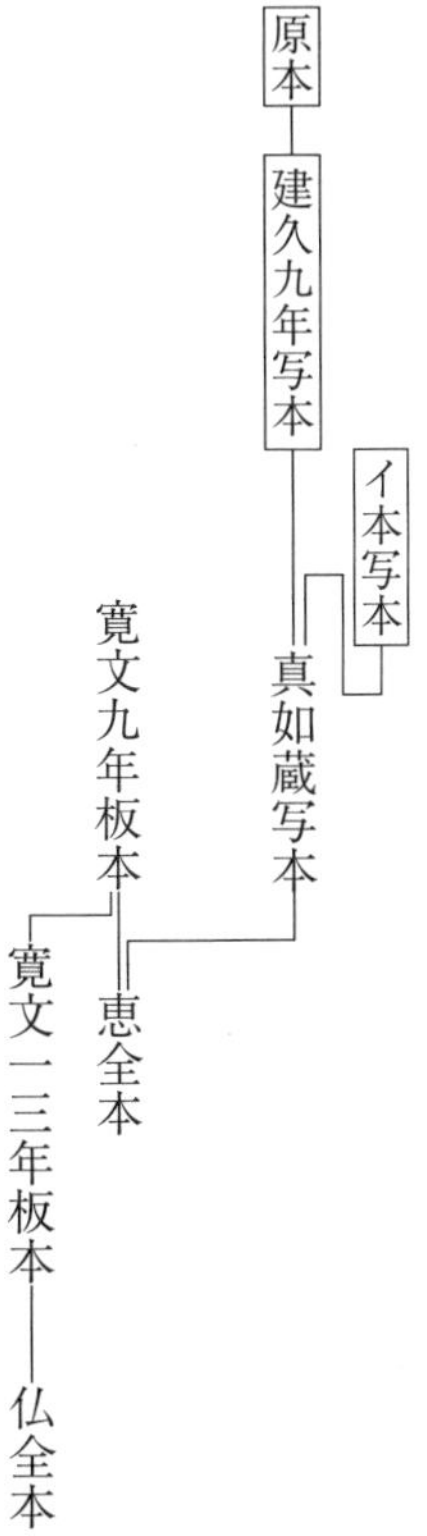

次に、構文上での問題点を挙げると、

（一）本書の真如蔵写本には、「本云建久九年云云」の奥書三行の次に、

一心不乱専持名　以稱名故　諸罪消滅八三廿一字　即是多善根　福徳因縁　其人臨命終。云云　多善根之文秘故是切
抜世本無之

と三行の偈文があるが、板本や刊本には載せられていない。「八三廿一字」は本書の総字数と思われる。

（二）本書の真如蔵写本の巻頭には、

自行念仏問答　有七十六問答
恵心
南無阿弥陀佛

とあって、次行から七六問答が記されている。ところが、よくよく点検すると、次のようになっている（（　）内の数字は問答のNo.）。

①問の字のないもの二個処（No.4・5）

②答の字のないもの二個処（No.34・47）
③問答の字のないもの二個処（No.35・36）
④問答の字のあるもの七〇個処（①②③以外のすべて）
とはなはだ不揃いである。

さらに、板本、刊本は省略したと考えられるが、眞如蔵写本には、
①各問の文末に「南無阿弥陀仏」の六字のあるもの三五個処
②答の文末に「南無阿弥陀仏」の六字のあるもの四二個処
③問の文中に「南無阿弥陀仏」の六字のあるもの一個処
と、合計七八個処も「南無阿弥陀仏」が記されているが、はなはだ不揃いである。

これらを見てもわかるように、現存本は決して善本とはいえない。

本書の成立について

本書は、七六問答から成立していて、第一問答では、諸仏菩薩の大悲は、衆生救済のためであるのに、我らは無量の間生死を繰り返し、いまだに解脱していない。では一体何によって解脱すべきなのか、という問いに始まって一問答に関連して第二問答があり、七六問答全体が一貫している。こうした形式は『和語灯録』中の「十二箇条の問答」にも見られ、当時の流行した一スタイルかとも考えられる。本書の成立に関しては、書誌学や思想内容など多角的かつ総合的な検討が必要である。

いままで、本書に言及された方をみると、田島徳音氏[1]、井上光貞氏[2]、佐藤哲英氏[3]、田村芳朗氏[4]、花野充昭氏[5]、末木文美士氏[6]らである。この中、田村、井上、佐藤、花野の各氏は、『長西録』に『自行念仏問答』の書名がみえないのと、真源（一〇六四—一一三六）に『自行念仏私記』があることから、本書も真源説へと比定された。しかし、『長西録』に『自行念仏私記』は二二丁と紙数を記してあり、真如蔵本『自行念仏問答』は三二丁から成っている。これを同一の書とみるならば、一〇丁もの差があり、書誌学的にみてもとうてい同一の書と考えられないことである。田村氏は、一一五〇—一三〇〇年頃の成立と見ているが、何ら根拠は示されていない。石田氏は一二世紀末頃、末木氏は、真如蔵写本の奥書から建久九年（一一九八）以前の成立とみている（補註）。

このように、本書の成立の比定が誤った方向へ向けられていった最大の原因は、真如蔵写本の奥書の恵全本中への記載の在り方にあったと考えられる。そこで、真如蔵写本と恵全本との奥書部分を列記する（左いずれも〇印は筆者付記）。

（1）本云建久九年十一月三日夢見様《アリ》　三諦坊覚僧黒漆《ノ》衣着《テ》此《ノ》書写《ス》。尊念思様イカテ此書《フ》一写耶《トフ》思問彼《ノ》僧尊。念在《カ》処《二》来云様此抄《ノ》名轉。法。輪。抄。也

（真如蔵写本奥書）

（2）本云。建久九年十一月三日。夢見様。《アリ》　三諦坊覺僧。黒染衣着《テ》。此《ヲ》書寫《ス》。導念思様イカテ此書寫《テスト》耶思問彼僧導。念《カ》在處來云様此抄名二□。法。□。抄。一也云云

（恵全本奥書　恵全一・五七一頁）

右の（1）（2）を比較してわかるように、（2）の導は尊の誤りであり、（1）の「転法輪抄」は（2）では「□法□抄」になっている。仏全本もこの奥書を載せてなく、寛文九年、寛文一三年板本もこの奥書を載せなかったために、『転法輪抄』が耳目にふれなかったのである。『転法輪抄』については後述するとして、これで、本書成立の下限年代が建久九年（一一九八）と判明した。

そこで、次に本書成立の上限年代を探ると次の文章が見つかって来た。

天台宗謂《フ》二浄土《ノ》往生《ヲ》一者《ハ》。談《ス》三必發《スト》二菩提心《ヲ》一。尤《モ》有二其《ノ》由一。西方《ハ》既《ニ》菩提心《ノ》方也。故《ニ》往生《ノ》人。何《ンソ》不《ンヤ》レ發二彼《ノ》心《ヲ》一。爰《ヲ》以《テ》四十八願《ノ》中《ノ》。第十九《ニ》。阿彌陀佛。引二接《玉フ》娑婆《ノ》衆生《ヲ》一願《ニ》云。發《シ》二菩提心《ヲ》一。修二諸功徳《ヲ》一矣。故《ニ》諸經論《ノ》中《ニ》。不レ説《カ》下雖《モ》レ不レ發《セ》二菩提心《ヲ》一。而往中‐生《スト》浄土上《ニ》。先自他宗先徳。存《スルカ》二此義《ヲ》一故也又設《ヒ》不《メ》レ發《セ》二菩提心《ヲ》一往二‐生《ストハ》浄土一者《ニ》須《シ》レ得レ心《ヲ》知或爲《メ》レ勸《ンカ》二衆生《ヲ》一歟。或《ハ》別時意趣《ノ》心歟。發《メ》二菩提心《ヲ》一往二‐生《スト》浄土《ニ》一者《ハ》諸説其道理必然《スルカ》故也。（恵全一・五四七頁）

この文は、本書の二五番目の問答中にみられるもので、発菩提心は往生浄土を願うものにとって当然だとして、菩提心撥無に対して反論しているところである。最初に天台宗にと言っているのは他宗を意識している証拠で、これは明らかに法然の浄土宗、専修念仏を批判しているものとみなければならない。法然の浄土宗開宗は安元元年（一一七五）であるから、本書成立の上限を一一七五年と考える。そう思考すると、本書は法然の最活躍期に成立していることになり、法然時代の天台浄土教の書と比定できるのは本書が最初である。しかし、本書成立の下限の建久九年は、時あたかも法然が『選択本願念仏集』（以下、『選択集』）を撰出した年であり、しかも『選択集』は、まだ他見を許されない時であったから、『自行念仏問答』の実際の成立は、上限よりも下限に近い年代とみた方が良いのではあるまいか。

本書の撰者と転法輪抄・澄憲

本書真如蔵写本の建久九年の奥書を信ずるならば、本書は一名『転法輪抄』というと言っている。『転法輪抄』といえば、安居院澄憲（一一二六―一二〇三）が中心になって蒐集した唱導資料集[7]である。金沢文庫蔵の『転法輪抄目録』によれば、八箱七九結七六〇帖が数えられ、なおこの目録には四丁ほど欠落があるというから総数はさらに増える。現存は少ないがそれでも、金沢文庫、仁和寺、高山寺、宝菩提院、安居院西方寺、彰考館、東大寺図書館など、各地に散在している。その他『釈門秘鑰』『言泉集』『鳳光抄』『讃仏乗鈔』など厖大なものである。澄憲の浄土教関係の著作をみると、『無量寿経四十八願尺』『無量寿経悲花経弥陀四十八願抄』『往生要集疑問』『白毫讃』『六道惣尺』『相好略頌』『迎接講式』『往生極楽観』などがあったというが伝わらない。『転法輪抄弥陀部』は『転法輪抄』中にみられる弥陀関係のものを総称したものと考えられる。

これらの資料中から『自行念仏問答』と関連あるところを見出すのは一朝一夕ではいかないが、ここでは一つ、阿弥陀仏についての見解を述べた『釈門秘鑰』中の一文『阿弥陀仏有三種様尺』を挙げておきたい。

阿弥陀佛有三種様尺

付二阿弥陀佛一有二三種様一。一代《ノ》所レ讃、阿弥陀佛《ハ》念佛三昧《ノ》本尊也。人挙而稱念《シ》一念十念皆遂《ク》二往生一。四重十悪猶蒙《ル》二引接《ヲ》一本尊也。

次《ニ》眞言宗《ノ》阿弥陀如来者、胎蔵金剛共居《ス》二西方《ニ》一。四智《ノ》其《ノ》一、五智《ノ》其《ノ》一也。三世常住《ノ》尊也。卅七尊住心域云云。

第三《ニハ》法花《ノ》阿弥陀佛《ト》申本尊也。一代顕教《ノ》所説、或《ハ》無上念轉輪聖王《ノ》因縁、或《ハ》世自在王佛《ノ》所《ト》、法蔵沙門《ノ》因縁等皆是申也。此《ノ》経《ノ》両説大通智勝十六王子《ノ》因縁以外《ニ》久遠《ト》申也。十六沙弥請一乗法輪仏《ヲ》一。入レ之四覆講二法花一。今度《ス》二六百万億人衆《ヲ》一。尺迦《ハ》成二佛《シ》穢土《ニ》一弥陀《モ》成二佛《ス》浄土《ニ》一。以《テ》二一乗《ヲ》一為《ス》二本懐《ト》一、以二妙行法一為二本懐一。聞法者答レ在《リト》二彼《ノ》佛《ノ》御許《ニ》一、阿弥陀《ハ》云云。故《ニ》尺迦与二弥陀一者兄弟也。娑婆与二極楽一連枝《ノ》所居也。斯《ニハ》勧《メ》彼《ニハ》招《ク》。尤《モ》有二由緒一。但諸教《ニ》所レ讃、以二念佛一門一為《ス》二往生《ノ》業一、法花所説《ノ》化儀《ハ》以二妙法一為二往生《ノ》業《ト》一也。

（金沢文庫蔵『釈門秘鑰』第五之五）

これには阿弥陀仏に三種様ありとして、一に念仏三昧の本尊としての阿弥陀仏、二に真言宗（台密を含む）の阿弥陀仏、三に法華の阿弥陀仏を説き、釈迦と弥陀とは兄弟だとか、娑婆と極楽は連枝の所居だとか、唱導家的な表現で述べたり、阿弥陀は念仏一門をもって往生の業とし、法花は妙法をもって往生の業と説いているあたりは、『自行念仏問答』で述べているところと同一基調である。

『自行念仏問答』の二〇番目の問答に四種の弥陀を説いて、

一、爾前の弥陀―悲華経に説く阿弥陀仏

二、迹門の弥陀―大通智勝仏の十六王子の一人としての阿弥陀仏

三、本門の弥陀―久遠実成の阿弥陀仏

四、観心の弥陀―四智のうち、妙観察智に対応する阿弥陀仏

と配置しているが、要するに両者とも大乗経典に説く種々の阿弥陀仏を天台教判の立場、特に本書では当時は爾前、迹門、本門、観心と止観最勝の立場より述べ、観心の弥陀は無始、無終、無近、無遠の仏、すなわち時空を超越した真実の無量寿仏と説いている。

そして、最終的には、己心の弥陀と指方立相の弥陀とを会通して、「設ひ己心阿弥陀仏と知ると雖も、必ず西方の弥陀仏を縁じ、以て己心の阿弥陀を顕すべきなり。故に、己心弥陀の故に西方を念ずべからずと言ふ人は、失の甚しきなり。摠じて諸仏の本意を知らざる意なり。四種三昧の行人は、己心の弥陀を知らざるにあらず。然りといへども阿弥陀を本尊とす。方を論ずれば必ず西方に向ふ」と言っている。法然の活躍期における天台念仏の在り方を端的に表したものと言えよう。本書においても「弥陀、法華、観音は一体三宝の異名なり」と言うがごときも唱導家の作を思わせる表現ではあるまいか。

なお、これ以外にも、「阿弥陀の三字は空仮中三諦なり」の文も『観心略要集』以後の諸文献にみられる思想で

あり「一仏一切仏、一切仏一仏なり。一行一切行、一切行一行なり。一願一切願、一切願一願なり。故に弥陀一仏の願は、一切仏の願なり」の文も良忍感得の偈に通ずるものであるが、これは良忍に限らず院政期にみられる共通の思想でもある。

今後の課題

以上、『自行念仏問答』について種々検討を加えてきたが、成立の時期に関しては、一一七五—一一九八年の間に特定できるであろう。強いて言えば一一九八年に近い年代と考えたい。

作者に関しては、建久九年の奥書を信ずれば、『転法輪抄』は澄憲のものだから、澄憲に比定したい。しかし、そこには二問題が残る。一つは、澄憲の書に、源信仮托の書は外に見当たらない。これをどう理解すべきか。一案として、澄憲の『転法輪抄』には先師珍兼の書や実範の書なども含まれていたり、あるいは先行文献に手を加えた『私釈光仏釈』『私釈阿弥陀五仏釈』なども含まれているので、あるいは先行文献があって、それに手を加えたのが、『自行念仏問答』ではないかとも考えられる。

二に、長西があれほど綿密に浄土教文献を載せた『長西録』になぜ本書名が載っていないのか。先に善本とは言えないといったような点からあまり外へは出ていなかったか。あるいは、『転法輪抄目録』が四丁ほど脱落しているから、その部分に載っていたか。長西が『転法輪抄弥陀部』の中に本書も入れてしまったのではなかろうか。

総合的にみて、成立年代を特定できたことにより、本書をバロメーターとして院政期仏教を探究することができよう。

註

（1）田島徳音『仏書解説大辞典』巻四（大東出版社、一九三三年）、二八〇頁。
（2）井上光貞『日本浄土教成立史の研究』（山川出版社、一九五六年）、一八七―一八九頁。
（3）佐藤哲英『叡山浄土教の研究』（百華苑、一九七九年）、二七九―二八四頁。
（4）田村芳朗『天台本覚論』（岩波書店、一九七三年）、五三八頁。
（5）花野充昭「中古天台文献と念仏思想」（『叡山浄土教の研究』第五章第八節、百華苑、一九七九年）、三三八頁。
（6）末木文美士『仏教研究の諸問題』（山喜房佛書林、一九八七年）、一五九頁。
『鎌倉仏教形成論』（法藏館、一九九八年）、一八頁。
（7）『安居院唱導資料纂輯』に関しては、国文学研究資料館より調査研究報告が毎年出されているから参照されたい。

（補註）石田瑞麿『現代人の仏教・仏典　浄土教の展開』（一九六七年、春秋社）。

〔付記〕　西村冏紹先生には、当初「叡山浄土教における良忍上人」という論題をいただいておりましたが、御本人の体調不良により、許諾を得て『印度学仏教学研究』第四七巻第一号（一九九八年）から本論文を転載いたしました（編集委員会）。

融通念仏の諸相

福原隆善

序

融通念佛宗の宗祖良忍上人（一〇七三—一一三二）が一宗を開宗して九〇〇年、折りしも元禄期に再興された大通上人（一六四九—一七一六）の三百回御遠忌を迎え、改めて良忍上人と大通上人の御遺徳をしのび、融通念仏の諸相について検討してみたい。

融通念仏ということばが宗祖良忍上人が使用していないなど法灯の問題がとりあげられ、融通念佛宗成立の問題にも波及している。(1) また一宗の立場から護教的にとりあげられている研究もあり、検討を加えたい。何よりも現に融通念佛宗は成立しており、汎仏教的な立場に立てば、融通念仏の世界が混迷する社会にどのような指導原理となるかという積極的な意義を見出すことも必要な問題と思われるので、この点についても検討してみたい。

一　融通念仏成立の経典

融通念仏はどのように成立したのか。仏陀の教えにもとづく融通念仏は、当然釈尊の説いた経典によるものである。その成立経典として三経典があげられる。

1　『法華経』

『法華経』には、竺法護が訳出した『正法華経』をはじめ種々の訳があるが、後世にもっとも影響を与えたのは鳩摩羅什三蔵によって中国にもたらされたことはいうまでもない。しかし『妙法蓮華経』（以下、『法華経』）が鳩摩羅什三蔵によって中国にもたらされたことのみならず、本経に重要な意義を見出したのは中国天台の祖智者大師智顗禅師（五三八—九七）である。智顗禅師は『法華文句』に『法華経』八巻二十八品を前後二門に分け、前半十四品を迹門、後半十四品を本門とし、独自の『法華経』観をうちたてた。またSad-dharma-puṇḍarīka-sūtraのSadを竺法護は「正」と訳したが、羅什三蔵は「妙」と訳し、ここに智顗禅師が重要で豊かな意義を見出した。すなわち『法華玄義』には「妙」には「相待妙と絶待妙」、「迹門十妙と本門十妙」があるとして重要な教義を展開した(2)。そして教義を中心に位置づけられたのが『法華文句』と『法華玄義』であり、実践を中心に展開したのが『摩訶止観』である。智顗禅師は「智目行足到清涼池(3)」を常のことばとし、理論と実践との相まった仏教を展開させ、教義理論を中心とする南地仏教の特色と実践を中心とする北地仏教の特色を合わせもつ教観二門の仏教を強調した。そしてそれを貫く原理が円融円頓ということであった。それは五時八教判にみることができる。五時八教判は智顗禅師の説かということが問題となったことがあるが、[4]このことと融通念仏の確立には共通の問題があるので第二章の「融通念仏の成立」のところで論じたい。智顗禅師は『法華経』を釈尊の出世本懐の経と位置づけ、五時判の第五時究竟の教とし、それまでに説かれた他の経典を昔日の経としてすべて『法華経』へと融ぜられる経典とした。その意味で『法華経』には昔日の経典のあらゆる世界が欠くことなく統摂されているのである。

さらに『法華経』の重要な特色として頓に成仏するという点がある。成仏までには三大阿僧祇劫の時間がかかるといわれる修行を、師慧思禅師は『法華経』の精神によれば大乗頓覚、疾成仏道の教えであることを説いている。[5]また慧思禅師と対話の中で示されるとおり、智顗禅師は慧思禅師の命により『般若経』を講ずる機会を与えられたが、「一心具万行品」に至って詰まってしまい、師に尋ねた。慧思禅師は「汝の釈するところ大品次第の意のみ。未だ法華円頓の旨にあらず[6]」と教えられ、智顗禅師は『法華経』による頓に成仏する道を得たといわれている。このように融通念仏の唱導には『法華経』の円融円頓の思想を欠くことはできないのである。

2　『華厳経』

『華厳経』は、中国においては釈尊がさとりを開かれた直後に説かれたという根本経典として位置づけられる。『華厳経』は『法華経』を所依とする天台教学においても重要な位置づけがなされている。天台教学の中心となる一念三千説や観心を中心とする止観の実修には欠くことのできない経典である。すなわち智顗禅師は『摩訶止観』に、

夫一心具㆓十法界㆒。一法界又具㆓十法界㆒百法界。一界具㆓三千種世間㆒。百法界即具㆓三千種世間㆒。此三千在㆓一念心㆒。若無㆑心而已。介爾有㆑心即具㆓三千㆒。[7]

といい、一念三千の根拠の一つである迷悟の世界に十界のあることを『華厳経』に求めている。十界の一々にまた十界ありとし、その一界にまた三千世間を具すとし、しかも三千は一念におさまるというのである。『華厳経』には随所に十界が説かれるが、また不退転の菩薩が十種の法を聞き、心堅固にして動揺せずといい、この十法を学んで「一即是多多即是一」を知ることになると述べている。この「一即是多多即是一」について法蔵大師は『華厳五教章』に、古今に諸賢所立の教門に十家ありとし、その第七に慧思禅師と智顗禅師による円宗の釈をあげ「法界自在は一切無尽法門を具足して、一即一切一切即一等となす、すなわち華厳等の経これなり(8)」と釈している。慧思禅師は『法華経安楽行義』に一華一果、一華衆果について述べ、法華一乗は一華衆果の優れた教えであり、他の教えは一華一果、狂華無果として退けている(9)。『法華経』は多くの衆生に対するのであり、多くの衆生は『法華経』一経に統摂される。これら一多の関係について湛然師も『法華玄義釈籤』に、

弁二一多相即自在(10)一

とか、『法華文句記』に、

欲レ知二十方世界一即多多即一一念無量念等(11)一。

と述べている。

3　『阿弥陀経』

鳩摩羅什三蔵訳の『仏説阿弥陀経』には、

舎利弗。若有二善男子善女人一。聞レ説二阿弥陀仏一。執二持名号一。若一日若二日若三日若四日若五日若六日若七日。一心不レ乱。其人臨二命終時一。阿弥陀仏与二諸聖衆一。現在二其前一。是人終時。心不二顛倒一即得レ往二生阿弥陀仏極楽

国土[12]一。

とあって、往生浄土の実践として一七日の一心不乱の執持名号、すなわち念仏を称えることが説かれている。智顗禅師に『阿弥陀経義記』があるとされるが、偽撰にみられている。日本の源信和尚に『阿弥陀経略記』があり、源信和尚の直系にあたる良忍上人はその影響を受けることは十分に考えられる。良忍上人の弟子叡空上人は浄土宗祖法然上人に『往生要集』を説いたといい、凝然大徳も『浄土法門源流章』に、

昔源信僧都作二往生要集一。伝二之後世一。自爾已来歴レ世相伝。乃至黒谷叡空大徳伝二持此集一。成二弁浄業一。源空随二叡空一学二此集一得レ旨[13]。

と伝えている。源信和尚の『阿弥陀経略記』には『阿弥陀経』の念仏について、

言二聞説阿弥陀仏執持名号一者。観二彼無量光明等義一。称レ名心念耳。今勧二勝因一故如レ是説。非三全遮二彼但信称念一[14]。

といい、阿弥陀仏の無量光明等の義を観じて名を称して心に念じ、称と念とを進めることとしている。無量光明等の義とは何であろうか。『往生要集』には、第四大門助念方法の対治懈怠に、四十八願、名号の功徳、仏の相好の功徳等、仏の奇妙の功徳をあげており、その中に光明威神の功徳を念ずることを示している[15]。阿弥陀仏の光明は最尊第一であり、十二光仏の異名をもち、仏光は我を照らして生死の業苦を滅するからであるという[16]。また『阿弥陀仏白毫観』には、阿弥陀仏の白毫一相を観ずるに当たって①観業因、②観相貌、③観作用、④観体性、⑤観利益の五種の観法をあげているが[17]、その中③観作用、すなわち白毫のはたらきとして、

謂彼一々光明遍照二十方世界一。念仏衆生摂取不レ捨。彼衆生中。若有レ応下以二仏身一度上者。此光明現二仏身一説レ法。乃至応下以二九界身一度上者。此光随レ類現二彼形声一。或冥或顕利益無レ窮。

光明摂取是冥利益
現身説法是顕利益(18)

と述べ、光明に仏身を現じて衆生に顕の利益を与え、さらに念仏の衆生を摂取するという冥の利益があるという。以上の三経の所説により融通念仏が唱導される。すなわち『法華経』の円融円頓、『華厳経』の一即一切一切即一、『阿弥陀経』の一心不乱の執持名号すなわち念仏が相まって形成される。

二　融通念仏の成立

『法華経』『華厳経』『阿弥陀経』の三経の所説によって融通念仏の世界は形成されるが、それがはたして良忍上人によって唱導されたかどうか、いまだに明確になっていない。これは研究不足のためではなく、いずれの研究者も指摘するように資料の欠如である。明確には鎌倉末期の正和三年（一三一四）に成立したとされる『融通念仏縁起』から始まるといってよい。しかし良忍上人が天承二年（一一三二）に入寂して直後の保延年間（一一三五―四一）に成立したとみられている『三外往生記』や増補『後拾遺往生伝』には「融通念仏」のことばもみられる。良忍上人が阿弥陀如来より融通念仏の夢告を得たとするのも『三外往生記』では覚厳律師一人であったのが増補『後拾遺往生伝』では三十余人となっている。このことは、融通念仏を良忍上人に求めることに懐疑的な塚本善隆氏もこれらの伝記は良忍上人が融通念佛宗の開創者ではないにしても、真剣な練行によって往生をとげた浄土信仰の先達者として大原を中心に僧俗の間で次第に聖化され、祖師化されていったことは認められている。(19)良忍上人と融通念仏の研究には佐藤哲英、横田兼章両氏により二つの立場のあることが指摘されており、一つは史実にもとづく研究であり、他の一つは『融通念仏縁起』などを資料とし、良忍上人を宗祖とする信仰中心の見かたの研究である。

前者は塚本善隆氏の説で、良忍上人と融通念佛宗の関係を否定する研究が中心となり、後者は史実に関心をもたず独自に護教的立場が示されてきた。横田氏はこの二つの立場を尊重し、初期の素朴な良忍伝が因子となって後世の神秘化された良忍上人像が生まれたのではないかとの見解を示している。

　現在の融通念仏がそのまま良忍上人によって説かれたとするのには問題があったとしても、良忍上人に融通念仏思想がまったくなかったとすることも積極的に強調できないと思われる。もともと教学思想はすべてが一度に出来あがることのない場合もある。たとえば天台智顗禅師の教学においてすでに一念三千や性悪法門等に関して法門とみるか思想の成立とみるかという議論もなされている[20]。また五時八教の教判論においても五時八教のことばや化儀化法のことばが智顗禅師のことばになくても五時八教を形成する思想がみられ、湛然師や諦観師を通じて確立していくことは簡単に否定できないであろう[21]。ここには宗義論や宗学論が介在し、釈尊の基本的な教えが自らの往生や成仏のためにどのような意義をもつかの問題であり、単なる真偽問題に宗教的意義を見出すことができないからである。融通念仏も良忍上人や以後の祖師たちによって次第に形成されたといってよい。

　このような観点から良忍上人の事蹟をみるとき、天仁二年（一一〇九）に建立されたという隠棲の地の大原の来迎院に如来蔵という経蔵を設けたという[22]。この如来蔵に良忍上人の書写本や手択本が所蔵されており、そこには天台関係を中心に良忍上人が関心を示していた文献を知ることができる。なかには浄土教関係のものもあり、遺宋本『往生要集』末尾に、

　　我国東流之教。仏日再中当今刻念㆓極楽界㆒。
　　帰㆓依法華経㆒者熾盛焉[23]。

とあり、法華信仰と弥陀信仰が相まって隆盛している時代性を良忍上人も受けていることは容易に了解できる。法

華と弥陀の両輪の信仰は円仁和尚作ともいわれる『法華懺法』と『例時作法』[24]や良源の三塔に法華堂と常行堂を建立したことの延長上のことでもあろう。

融通念仏の形成に重要な役割をもつ『華厳経』については、一念三千論や止観を観心と受けとめるなど天台教学形成上に大きな影響を受けているので、天台教学には『法華経』とともに『華厳経』の存在価値は大きい。またすでに横田兼章氏や佐藤哲英氏によって指摘されているように、叡山浄土教の『妙行心要集』や『真如観』など、源信に仮託されている文献に一即一切一切即一の思想がみられるので、良忍上人もそれら諸本に触れていたことは納得できる時代背景がある。[25]また良忍上人滅後まもなく成立した『後拾遺往生伝』や『三外往生記』などにより、融通念仏のことがみられ、[26]それが『古今著聞集』の中に夢に「蓋可レ教二速疾往生之法一所謂圓融念仏是也。以二一人行一為二衆人一故功徳広大順次往生」とあるのを経て『融通念仏縁起』に「融通念仏は一人の行をもって衆人の行とし、衆人の行をもって一人の行とするが故に、功徳も広大なり往生も順次なるべし。一人往生をとげば衆人も往生をとげむことうたがひあるべからず」[27]となった。すなわち融通念仏の一人一切人一切人一人、一行一切行一切行一行の他力往生、十界一念、功徳円満の融通念仏が確立したのである。この念仏はとりもなおさずその淵源は良忍上人に求めるべきであろう。

この点を受けて宗祖としての良忍上人を讃仰して中興の祖大通上人は、五五歳のときに著した『融通圓門章』(以下、『圓門章』)に、

永久第五、寿四十六。五月十五。日輪当レ午。無量寿仏面現二身相一曰。汝行。不可思議而難レ得二順次往生一。教二速疾往生之勝因一。授二与融通念仏一。是乃宗興之基堵也。[28]

と述べた。良忍上人は四六歳のとき、阿弥陀仏を感得し、仏より一人の往生のみならず、他の人びとも共に次世に

浄土に往生するためにとして融通念仏を授与されたのであり、これが宗の起った始まりとしている。大通上人はこの教えを五分斉で位置づけ、①人天教、②小乗教、③漸教、④頓教、⑤円教の教判を示し、円教の融通念佛宗を、

円教者統二該前四一円満具足。相即無礙。主伴無尽、一法一切法。一断一切断。一行一切行。一成一切成。互具交融。超二過思議之境一也。(29)

としている。

三　融通念仏について

念仏といえば、とくに中国において観念か称名かということが問題となり、日本においてもそのことが念仏のありかたの重要問題であった。周知のごとく中国では善導大師によって隋の慧遠和尚、智顗禅師、吉蔵和尚の念仏を唯識法身観、自性清浄仏性観といい、観念を主体に説かれていたとし、善導和尚は無観称名を説き、口称の本願念仏を強調した。(30)日本においても最澄の常行三昧の止観念仏が唱導され、円仁は常行三昧の念仏を伝えながらも、一方で法照流の称える工夫をした五会念仏を伝え、これが山の念仏として行われていた。天台の浄土教は止観という基本にもとづく実践を受けるので観念的色彩が強くなる。源信和尚は『往生要集』に事観念仏として色相観の念仏を示した。別相、総相、雑略と仏の色相を観念する念仏を説きながらもまた帰命想、引接想、往生想による一心の称念の念仏を説き、称名念仏を説いた。(31)

念仏にはこのように観念を主体にするのか称名なのかということが常に問題になるが、融通念仏はいったいどちらに重点がおかれた念仏であろうか。融通念仏は、蓮禅の『三外往生伝』に「大原律師覚厳の夢に、上人来り告げ

て云く。我れ本意に過ぎて上品上生に在るは、是れ融通念仏の力なり。天承二年二月[32]」とあるのが初見とされ、それが橘成季の『古今著聞集』に「以㆓一人行㆒為㆓衆人㆒故功徳広大順次往生[33]」と、融通念仏の内容についての説明が加えられた。これを受けて『融通念仏縁起』では「融通念仏は一人の行をもて衆人の行とし、衆人の行をもて一人の行とする」とあるように、『古今著聞集』では「一人一切人」のみであったのが、「一人一切人」と「一切人一人」の両面が説かれ、一人と一切人が相互に融通する念仏であることが示される[34]。さらに『融通念仏縁起』では一切人の中に仏法護持の諸天までも含め、広大に融通する念仏であることを述べ、

> しからば此念仏衆につらなりぬるものは、毎日億万遍の行者也。かくの如くの他力を互にかよはして自他同じく往生するを、自力三業をはなれたる願行具足の他力融通念仏とは申也[35]。

といい、融通念仏義が大成したとされる[36]。これを受け、大通上人は『圓門章』に、

> 一人一切人、一切人一人、一行一切行、一切行一行、是名他力往生、十界一念、融通念仏、億百万遍、功徳円満[37]。

とまとめた。ここにいう「自力三業をはなれたる願行具足の他力融通念仏」「他力往生の融通念仏」とはどういう念仏であろうか。

大通上人の『圓門章』に融通念仏のことを分析して、まず融通については、

> 総通之道、脱離之門、要而又勝、高而又深、頓超之法、速昇之行、挙一全収、連貫互徹、一多無礙、重重無尽、名為㆓融通㆒[38]。

とあって、融通とは、上下根に通じ、平等に煩悩を滅し、生死を離れ、要にして勝、高にして深、頓超の法門であり、一多無礙、重々無尽の意であるという。念仏については、

窮レ性尽レ理因果該徹、一相通融無二能所念一、言議絶離、思想寂滅、全レ性成レ修、本具諸仏古利沢、円成衆生新新念称。故言二念仏一也。(39)

とあって、融通の理を窮めれば、因も果も一相通融して、能念も所念もなく、本具の仏と円成の衆生は生仏不二となる思議を超えた境界に導かれる念仏であるとしている。これは生仏不二といってもはじめから不二というのではなく、現実の迷いの世界にいる一人一人の衆生が一多無礙、重々無尽の関係において、一人一人の念仏の功徳が融通して、一相通融の能念所念を超越した自他不二、生仏不二の境界に導かれる念仏である。すなわち融通という対立を超越した一多無礙、重々無尽の理の世界と性を窮め理を尽くし因果に該徹する修行としての念仏とは切り離せない、まさに融通念仏なのである。(40)したがって「他力念仏」というとき、阿弥陀仏の本願による念仏という能念と所念を別に立てる他力の念仏ではなく、融通する念仏の功徳による念仏であるという法そのもののはたらきによるのであり、そこに迷悟を超えた念仏の世界が現成するのである。

四　仏身仏土について

仏身仏土については、大きくは己心の弥陀、唯心浄土とする天台浄土教の立場と善導所説の指方立相の仏身仏土を説く二つの立場がある。天台はもともと生仏不二を基本とし、行者の心に阿弥陀仏や浄土を求める一元的な教義であり、善導は衆生の側に修行能力を認めない立場で心の外に阿弥陀仏や浄土を認め、そこに願生する二元的教義が説かれる。ところで融通念仏における仏身仏土論はどちらに主眼がおかれているのであろうか。

そこで仏身仏土について、融通念仏を宗義として確立した一人大通上人の『圓門章』には、仏にはもともと身もなければ寿もないのであるが、衆生を済度するために世俗の立場に準じて仏の相好を現わすのであるとしている。(41)その上で仏身論には種々の説があるが、融通念仏の立場の仏身論を説明するのに、①応化身、②他受用身、③自受用身、④自性身の四身により説明しており、(42)仏土論については、①凡聖同居土、②方便有余土、③実報無障礙土、④常寂光土の四土があるとする。(43)仏土を四土としてとらえるのは天台の仏土観であり、天台の仏身は基本的に法報応の三身でとらえ、これを蔵通別円の化法四教で位置づけ、蔵教は応身の劣応身、通教は勝応身、別教は他受用身、円教は法身に配当し、それぞれ四土の蔵教から円教に配当するので、融通念仏の仏身仏土論は形式上は天台教学をほぼそのまま受けているといってよい。大通上人は、仏身について、

> 四身具足無レ有二欠滅一。三仏相即無レ有二一異一。丈六小身三十二相八万蔵塵。全知二法界一四品身相皆可レ称レ海。妙色妙身皆無二分限一。一一相好与二虚空一等。悉円満海。一摂二一切一。随二一仏身一常具二四身一。無辺応用不レ離二毫釐一。但現二丈六一頓備二蔵塵一。八万蔵塵不レ出二弊衣一。(44)

というように、円教の仏身は四身具足の仏身であり、法報応の三身が互具互融し、三即一一即三であり、単に一体でもなく異体でもない。丈六小身、三十二相等も法界の現われであり、広大無辺の海のようであるという。龍樹は『大智度論』に、

> 問曰。十方諸仏及三世諸法皆無相相。今何以故説二三十二相一。一相尚不実。何況三十二一。答曰。仏法有二二種一。一者世諦二者第一義諦。世諦故説二三十二相一。第一義諦故説二無相一。(45)

と述べ、二種の仏法をあげ、本来仏身は無相であるが、世諦すなわち世の衆生を導くために可視的に三十二相を説くという。この場合、世諦を方便とし、無相を真諦に対応しても無相の仏と三十二相の仏が別体ではなく一体である。融通念仏の四身も同じである。

この点は仏土にも適応される。大通上人の『圓門章』に、

依㆓乎衆生行業増減定水昇沈清濁差別㆒。印㆓成国土㆒亦復差別。身境受用逓逓不㆑同。極楽浄土標㆓指方域㆒為㆑成㆓機信㆒。(46)

とあるように、衆生の修行には増減や昇沈、清濁の差別があって、その結果も種々に現われるのであるから、四仏土が示されたのであり、極楽浄土が西方にあると心外に示すのも心を専一にし信を成就するために説かれているのであって、己心弥陀唯心浄土も西方の弥陀身土も区別なく、ただ法界法性の世界あるのみである。西方浄土は機信を成就するために示されているのであり、融通念仏の世界では一仏土一切仏土、一切仏土一仏土であって、一仏土と一切仏土が融通する円融無礙の土である。しかし迷っているという現実からいえば、「行法の始め応に信ずべし。己身に如来蔵あり。修行せば成仏を得べし」(47)とあって、融通念仏により互具互融の法体のはたらきによって生仏不二の境界に至ることになる。したがって己心弥陀唯心浄土も西方極楽世界も法体実相の現われであり、二者択一の立場ではないのである。

この観点に立つとき往生極楽も己心唯心の顕現であるとか、心外の浄土に往生するということではなく、融通念仏による法体他力のはたらきによって法性実相の顕現となるのである。いわば無生の生といってよい。

五　融通念仏の世界

1　念仏の功徳について

良忍上人の在世前後は数量念仏が降盛していたといわれる。当時、数量念仏を唱えた者として百万遍数度に及ん

だ比丘尼釈妙、五日間毎日十数万遍に及んだ藤原道長、百万遍を修した金峯山永快、出雲聖人、藤原頼長、藤原正国、日別一三万遍の延暦寺隆暹、毎日六万遍の首楞厳院教真、小豆念仏七〇〇石の興福寺実覚の大童子入道忠犬丸、僧から「南無一心敬礼西方極楽教主卅六万億一十一万九千五百聞名阿弥陀仏」と教示された散位源伝等々多くの例が紹介されており、また天王寺においてもたびたび修されていたという(48)。百万遍念仏は不断念仏の系統にあるといわれ、源信も『往生要集』の大文第六別時念仏に迦才や道綽を引いて勧めている(49)。また『観念法門』の所説により、願を建てて『阿弥陀経』を十万遍誦し、毎日念仏を一万遍称えるように勧め、数量的念仏が示されている(50)。源信のこのような念仏観が受け継がれて次第に数量の多さを求めるようになったと思われる。それは念仏の功徳による往生の確かさを求めた結果であろうか。法然の時代にまで一念多念の問題が継続する。良忍上人や以後の祖師がたもこのような影響を受けたと思われる。そのためのいわばより功率的なありかたが一即一切一切即一にもとづく念仏であり、一行一切行一切行一行になったと思われる。しかしここで注意しなければならないのは、良忍上人の一行一切行一切行一行は、自力的念仏の相剰により功徳の増大性を求めるのではなく、一行一切行一切行一行による諸法実相の顕現であり、行者と理性との相即相入による他力の世界の顕現であるのである。

2　共生について

近年、盛んにいわれる共生、ともいきについて各界でとりあげられ、自然との共生とか福祉の場における共生など、より良い関係のありかたを求められている。個人主義の横行する最近の人びとの言動に対し、人びとはつながっているとの認識が示されるようになった。ことに東日本の大震災の起こった年の一年を表す漢字一字は「絆」であったことも拍車をかけ、今や人びとのつながり助け合いが日常的に言われるようになった。確かにこれは人間は一人で生きているのではないという仏教の縁起の立場からいっても当然のことと思われる。それはそれで良好なありかたを求めることであって批判しようということではない。しかし仏教における共生は善導大師の『往生礼讃』などにみられる「願共諸衆生　往生安楽国[51]」や源信和尚の「共生極楽成仏道[52]」にその典拠が求められている。これによれば「共に生まれる」ということであって、近年耳にする「共に生きる」ではない。「共に生きる」ということであれば、現生のみにおける良好な関係を求めることに終わり、とくに人と人との共生はどちらかがなくなれば共生は解消する。しかし仏教は現生のみのことを求めるのではなく、三世にわたることであるので、現生における良好な関係を求めることだけにとどまらない。善導大師や源信和尚の立場は「共に生まれる」ことであり、現生における共にめざめ生まれかわることはもちろんであるが、来世往生、すなわち極楽浄土に生まれることがなければならない。近年、使用されるのは現生におけることのみであるが、死後に極楽浄土に生まれることこそ共生のもつ本義である。現生の死は仏の世界への往生であり、生まれることである。現生の死によって終結するのではない。

この関係は融通念仏の世界ではいっそう重要な意味をもっている。一人一切人一切人一人、一行一切行一切行一行のもつ意義は、現生における相互の良き関係のみならず、共々に往生を求めるという意義がある。ところでここで注意しなければならないことは、世間的立場であっても出世間的立場であっても「往生極楽」が目的であり、単なる世間的世俗的共生ではない。とくに世間的悪に同調することでないことを認識すべきである。

3　菩薩道について

融通念仏の世界も大乗仏教である以上、菩薩道実践の場でなくてはならない。浄土教の念仏の立場は自らの凡夫性を凝視することが強く、自己の問題を解決するのも困難であるのに、まして他人のことには追いつかない感がある。しかし融通念仏の菩薩道は、一即一切一切即一という立場であるので、仏と人、人と人、人と自然の間における関係は一多無礙、重々無尽であり、自利即利他と受けとめられ、一人は皆のために、皆は一人のために尽くすことになり、共どもに自利と利他を同時に満足する法性実相の顕現となるのである。

結

以上のように、融通念仏の成立とその種々相について検討を加えた。すでに融通念仏の成立の根拠については既成の研究によって明らかにされている。しかしなお宗祖良忍上人との関連性について疑問視されている向きもあるので、改めて融通念仏が成立するに当たっては良忍上人に直接確立されたとするには希薄な点があったとしても、宗義の成立には唱導者はじめそれを受け継いだ祖師たちによって次第に確立されていくという一面もあるので、融通念仏の確立の根拠となっている『法華経』『華厳経』『阿弥陀経』の三経およびこの三経によって後世融通念仏思想確立に関する種々の側面を指摘し、次第に確立していく過程にも注目するため改めて検討を加えた。融通念仏というにとばが良忍上人の著作にみられなくても、良忍上人以後の祖師たちによって少しずつ確立されていくことを、智顗に説かれる五時八教判や一念三千論、性悪法門等の確立の問題等とも関連させながら、真偽問題以上に自らの主体的な宗学論としてとらえるとき、融通念仏によって自らの往生解脱を求める祖師の宗教的立場として受けとめた主体的な世界を認めなければならないであろう。

また融通念仏については、融通の理を窮めれば、因も果も迷も悟も一相融通して生仏不二の境界に導かれる念仏であり、一人ひとりの念仏が融通して、一多無礙、重々無尽の関係で融通他力の理法によってすべての本具の理が顕現するのであるから、阿弥陀仏の他力本願に乗じて救済されるとする他力念仏とも異なり、念仏による理法そのもののはたらきによる他力念仏といえるのである。

仏身仏土においても、己心弥陀唯心浄土か西方浄土かという二者択一的なことではなくすべて機信を成就するためのことであり、一即一切一切即一の融通の理法のはたらきの他力念仏においては能所の対立をこえた仏身仏土なのである。

註

(1) 塚本善隆「融通念仏開創質疑」(『塚本善隆著作集』七、大東出版社、一九七五年)。
(2) 『法華玄義』(『大正新脩大蔵経』〈以下、『正蔵』〉三三・六九六中以下に、迹門の十妙、本門十妙の間に観心の十妙ともいうべきものを示し三十妙を説く。
(3) 『正蔵』四六・八一中。
(4) 関口真大編著『天台教学の研究』(大東出版社、一九七八年)。
(5) 『法華経安楽行義』(『正蔵』四六・六九七下)。『諸法無諍三昧法門』にも「妙法華会但説一乗頓中極頓」(『正蔵』四六・六三五中)とある。
(6) 『続高僧伝』の慧思伝(『正蔵』五〇・五六三中)。
(7) 『正蔵』四六・五四上。
(8) 『正蔵』四五・四八一上。
(9) 『正蔵』四六・六九八下。
(10) 『正蔵』三三・九五七上。
(11) 『正蔵』三四・一八三上。
(12) 『正蔵』一二・三四七中。

(13)『正蔵』八四・一九六中。
(14)『恵心僧都全集』(以下、『恵全』)一・四一三。
(15)『恵全』一・一二三以下。
(16)『恵全』一・一二五―一二七。
(17)『恵全』三・五七九。
(18)『恵全』三・五八〇。
(19)塚本善隆「融通念仏宗開創質疑――清凉寺をめぐる融通念仏聖の活動――」(註〈1〉前掲書)。以下、良忍上人の融通念仏に関する研究として佐藤哲英・横田兼章「良忍上人伝の研究」(融通念佛宗教学研究所編『良忍上人の研究』百華苑、一九八一年)参照。
(20)佐藤哲英『続天台大師の研究』(百華苑、一九八一年)中に「天台大師における四種三昧の原初形態」「摩訶止観の一念三千説」「如来性悪説の創唱者は誰か」などがある。
(21)前掲註(4)。
(22)『大日本仏教全書』一〇一・二七二上。
(23)『恵全』一・二六八。
(24)『正蔵』七七・二六五上以下。
(25)前掲註(19)『良忍上人の研究』。
(26)『続浄土宗全書』(以下、『続浄』)六・一四五上。
(27)『古今著聞集』巻二(『新訂増補　国史大系』一九・三九)。田代尚光『融通念仏縁起之研究』(名著出版、一九七六年)二七二。
(28)平岡良淳『融通円門章論講』(法藏館、一九九四年。〈以下、『円門章』〉)三〇―三一。
(29)『円門章』六二。
(30)『正蔵』三七・二六七中。
(31)『恵全』一・一〇九。

(32)『続浄』六・一四五上。
(33)『古今著聞集』、前掲註(27)。
(34)佐藤哲英「叡山浄土教における良忍上人の地位」(前掲註〈19〉『良忍上人の研究』)。
(35)前掲註(27)二八〇。
(36)横田兼章「良忍と融通念仏」(元興寺文化財研究所編『法会(御回在)の調査研究報告書』一九八三年)。
(37)『円門章』一六三以下。
(38)『円門章』四〇。
(39)『円門章』四四。
(40)泰本融「仏教思想と融通念仏」(前掲註〈19〉『良忍上人の研究』)。
(41)『円門章』一二六。
(42)『円門章』一二六。
(43)『円門章』一〇七。
(44)『円門章』一四一。
(45)『正蔵』二五・二七四上。
(46)『円門章』一一三。
(47)『円門章』一〇一。
(48)重松明久『日本浄土教成立過程の研究――親鸞の思想とその源流――』(平楽寺書店、一九六四年)二一〇―二五二頁の要旨。
(49)『恵全』一・一六五。
(50)『恵全』一・一六三。
(51)『正蔵』四七・四四一上以下多数。
(52)『恵全』一・七六。

西方の浄土と己心の浄土

浅田正博

はじめに

浄土とは一般に、「如来が建立された清浄な国土」という意味に解される場合が多いように思われる。しかしこの意味だけでは理解できない浄土も経典に説かれている。そこで、最初に浄土の用例を考えてみることにしたい。まず、なんといっても阿弥陀如来の極楽浄土はその筆頭に数えることができよう。ほかに阿閦如来の妙喜浄土や薬師如来の瑠璃光浄土などがある。また法華経に説く霊山浄土や華厳経の蓮華蔵世界、あるいは密教の密厳浄土などもともに浄土として説かれている。

これらのほかにも、観音菩薩の補陀落浄土や、弥勒菩薩の兜率浄土なども、狭義に解釈すれば浄土とはいえないにしても、一般には浄土の分類に加える場合が多いように思われる。

そこで、本稿においてはまず浄土の意味を探る中において、それを大きく二つに分類したいと思う。

すなわちその一つは、行者自身の心を清めることがそのまま浄土を現出することであるとする「心浄土浄」としての浄土思想である。これは「娑婆即浄土」や「娑婆即寂光土」などと呼ばれ「己心の浄土」と表現される場合が多い。

そして、他の一つは、菩薩の願を成就して建立した浄土、すなわち因願酬報による浄土で、ただ阿弥陀浄土に限らず、広い意味の十方浄土を含めて解釈したい。いわゆる自己の心の外に浄土を認める思想である。阿弥陀如来にこれを限定していうならば、さしずめ「西方浄土」ということになろう。

これらの二つの区分けによってそれぞれの浄土の例を最初に検討してみたい。

しかし、このような浄土思想を追求する中でも、その目的は阿弥陀如来の信仰形態を究明することにある。西方浄土はいうまでもなく上の二つの分類からすれば、後者に所属するが、阿弥陀如来の浄土信仰を考えたとき、前者をも含んだ信仰展開をみせたように思われるのである。

要するに、行者の心の中に阿弥陀如来を求めようとする「己心の弥陀・唯心の浄土」（または「唯心の弥陀・己心の浄土」）としての浄土信仰と、心の外に西方極楽世界を認めそこに往生したいと願う「西方往生願生」の浄土信仰である。

そして、この両者が阿弥陀信仰の流伝の歴史ともなっている。この弥陀信仰史を一宗の中に見事に相伝し、両様相まって展開されたのがとりもなおさず、日本天台宗に見られる叡山浄土教の流れなのである。

そこで二つの浄土思想のまとめとして、叡山浄土教に多大な影響を与えた源信の『往生要集』に焦点を当てて、天台宗の内部において展開をみせた浄土観を探ってみたいと思う。

一 「浄土」は大乗仏教の所説

中国の旧訳時代の「仏教概論書」と評価されている浄影寺慧遠（五二三―九二）の撰述にかかる『大乗義章』には、第一九に「浄土義六門分別」の項を設けて「浄土」について論じている。その釈名段に「浄土」の異名をあげて、

言浄土者。経中或時。名佛刹或称佛界。或云佛国。或云佛土。或復説為浄刹浄界浄国浄土。(1)

と述べている。

すなわち、浄土は仏刹・仏界・仏国・仏土・浄刹・浄界・浄国などと同義ということである。ところが、これらの用語を仏典に求めてみると、大乗仏教経典群にのみ浄土関係用語が認められるのである。要するに「浄土」の思想は大乗仏教独自の所説であるということになる。そこで、浄土について解説している大乗仏典の中で、『維摩経佛国品』にその理由を求めたい。

『維摩経』の序説において、まず、宝積菩薩が世尊に、

唯願世尊。説諸菩薩浄土之行。(2)

と浄土建立の因となる修行法を説くように請うている。これに対して世尊は、

衆生之類是菩薩佛土。(3)

と述べるのである。「衆生の類これ菩薩の佛土なり」ということは、衆生のいるところがすなわち菩薩の仏土であるとの意味になろう。ここをまた、

所以者何。菩薩随所化衆生而取佛土。随所調伏衆生而取佛土。(4)

とその理由を示している。「菩薩、所化の衆生に随つて佛土を取る」あるいは「調伏するところの衆生に随つて佛土を取る」ということは、仏土とは、衆生教化の道場といってよいであろう。したがって、

菩薩取於浄国。皆為鐃益諸衆生故。(5)

と述べるのである。すなわち「菩薩、浄国を取る事は皆、諸々の衆生を鐃益せんが為の故なり」との意は、とりもなおさず苦しむ衆生を教化して皆ともに仏道を成じることを目的としているのをいうのであろう。このことは、まさに大乗仏教の特質であるといいきってよいことになる。

しからば、衆生を教化する道場、すなわち利他行を施す場所こそが浄土であるといえよう。ここに、浄土こそが大乗仏教独自の世界であるといい得る根拠がある。

『維摩経』によると、釈尊は衆生教化を実践するため、種々の浄土の行因を説かれるが、その中の一つに六波羅蜜の実践がある。

布施是菩薩浄土。菩薩成佛時一切能捨衆生来生其国。
持戒是菩薩浄土。菩薩成佛時行十善道満願衆生来生其国。
忍辱是菩薩浄土。菩薩成佛時三十二相荘嚴衆生来生其国。
精進是菩薩浄土。菩薩成佛時勤修一切功徳衆生来生其国。
禪定是菩薩浄土。菩薩成佛時攝心不亂衆生来生其国。
智慧是菩薩浄土。菩薩成佛時正定衆生。来生其国。(6)

このように、六波羅蜜の修行こそが浄土建立の因となると力説される。

六波羅蜜とは、まさしく大乗仏教の修行徳目であり、大乗仏教独自の実践修道であることは今さら述べる必要がない。

以上のように「衆生教化」あるいは「六波羅蜜の修行」などが浄土建立の要因であるとするならば、自らの「無余涅槃」を究極の目的としている部派仏教の教義からは「浄土」の思想を導き出すことが困難であろう。

二 「心浄土浄」としての浄土

ここで、大乗仏教独自の修行をもって究極的に『維摩経』が求めている浄土の世界とは何かを考えてみたい。まず、菩薩が浄土を得ようと思えば、

若菩薩。欲得浄土当淨其心。随其心淨則佛土淨。(7)

と記されている。『維摩経』の説く浄土の意義はまさしくこの点にあるといえよう。

もし「菩薩が浄土を得ようとすれば、ただその心を清浄にすべし」といい、「其の心清浄なれば仏土も清浄である」と説いているのである。このことはとりもなおさず「浄土とは行者の心の反映である」ことを説いたものでもあるといえよう。ここに『維摩経』における「心浄土浄」（心浄ければ国土浄し）の浄土観がみとめられる。

このような考え方は『維摩経』に限らない。『法華経』の霊山浄土、『華厳経』の蓮華蔵世界、『観普賢経』の常寂光土、『大乗密厳経』の密厳浄土、などもすべて同じ浄土観に基づいているといえる。

ところでこれらの思想をまとめると、衆生はその心が不浄であるからこそ、その衆生の見る世界は汚悪であり不浄であると映ることになる。それに反して、仏の心は清浄であるので、仏の見る世界はすべて清浄であって、無量

の功徳によって荘厳されている浄土と映るのである、ということになるであろう。同じ世界であっても、衆生には穢悪不浄の娑婆世界と見えるが、仏にとっては清浄な浄土の世界、すなわち仏国土なのである。見るものの心によって娑婆世界と映るか、あるいは浄土と映るかが大きく相違することになる。

ここに「娑婆即浄土」あるいは「娑婆即寂光土」としての浄土の観念がある。

この種に属する具体的な浄土の例として、『法華経』の「霊山浄土」を次章において考えてみたい。

三　霊山浄土

「霊山」とは釈尊が『大無量寿経』や『法華経』を説かれたインドの霊鷲山をいっている。その霊鷲山が浄土であるとするのがここにいう「霊山浄土」である。

この出典は主に『法華経』であるが、ほかに『金光明経』や『観普賢菩薩行法経』などにも「霊山浄土」の所説はみられる。

ここでは『法華経』にその典拠を求めて考えてみたい。『法華経』の「如来寿量品」の偈頌によると、

時我及衆僧。倶出霊鷲山。我時語衆生。常在此不滅。(8)

ここに「我時に衆生に語る。常にここに在りて滅せず」とある。あるいは、

於阿僧祇劫。常在霊鷲山。及余諸住処。(9)

「阿僧祇劫において常に霊鷲山、及び余の諸々の住処にあり」と述べている。このような述べ方は、とりもなおさず釈尊は久遠劫以来、たえず霊鷲山やほかの住所に居られて、衆生教化されているということになる。これが有

名な「霊山常在」の考え方となっている。

さて、釈尊が霊鷲山に常在されていても、その霊山がどうして浄土となり得るかが次の問題となるところである。要するに、「霊鷲山」とは単にインドの釈迦説法の場所を指すのか、あるいはほかの特定の浄土を指しているのかという問題である。ここを『法華経』によると、

衆生見劫尽。大火所焼時。我此土安穏。天人常充満。園林諸堂閣。種々宝荘厳。(10)

と説かれている。すなわち、住劫が終わりになると、世界一面火に覆い尽くされるという。そのような火中にあっても「霊鷲山」は安らかであって、天人がいつも満ちあふれ、園林も堂閣もいろいろな宝で荘厳されているというのである。

この所説には一見矛盾があるように考えられる。「一面火に覆い尽くされる世界」と「天人がいつも満ちあふれ、色々な宝で荘厳されている世界」。

前者の霊鷲山は末法の世界観であり、後者のそれは浄土の世界観そのものである。

この矛盾と思われる二つの世界観は、衆生と如来のものの見方を述べたもので、衆生の目には世界が大火に覆われていると見えたとしても、如来の眼を通して見れば同じ世界を天人が遊んでいる浄土に見ることができるということなのである。

要するに見るものの見方によって「浄土」とも「末世」とも映る、という意味であろう。ここよりして、釈尊が居られる霊鷲山が浄土となり得るともいえるのである。

ここを、

我浄土不毀。而衆見焼尽。憂怖諸苦悩。如是悉充満。是諸罪衆生。以悪業因縁。過阿僧祇劫。不聞三寶名。

諸有修功徳。柔和質直者。則皆見我身。在此而説法。(11)

とも説いている。

「わが浄土やぶれずも、衆は焼け尽きて、憂怖・諸々の苦悩是のごときことごとく充満せりと見る」という。この「見る」に注意したい。

また、「あらゆる功徳を修し柔和質直なる者は、則ち皆わが身、ここに在りて法を説くと見る」とある。欲望に満ちた人の目を通して見たとき、それは煩悩業苦の炎に焼かれた苦しみの世界であったとしても、同じ世界を、如来の智慧の眼で眺めたならば、天人が楽しんでいる浄土に映るのである。

このように釈尊の眼を通して見た世界観、そこに「浄土」がひろがり、それこそが「霊山浄土」と呼べる仏の世界なのである。

このことは、インドの霊鷲山という場所が「浄土」というのではなく、釈尊の心がそのまま浄土であるということになろう。ここに「心浄土浄」を基本とした浄土観が認められる。

ここを受けて後世、日蓮は、

法華経修行の者は、所住の処を浄土と思うべし。なんぞ煩わしく他の処を求めんや。

と『守護国家論』に語っている。(12)「所住の処」とは、『法華経』行者の居る処という意味である。

ともあれ、「霊山浄土」とは、霊鷲山という場所を論ずるのではなく、そこを見る衆生の心の状態を論じた浄土観であるといえよう。

四　「因願酬報」による浄土

「心浄土浄」の浄土観は、自らが大乗仏教の行者である菩薩の立場において、その修行の内容から見たときの世界のものの観かた、すなわち自己の心のあり方を問う「浄土観」を示していたといえる。

それに対して、もう一つは、他の菩薩が修行を成就して、すでに浄土を建立した立場において、自分の心以外に浄土の存在を認めようとする「浄土観」である。

それは、法蔵菩薩という大乗仏教における一人の実践者が、願を立てることによって（因願）それを修し、その願が成就されて（酬報）、阿弥陀如来となり、西方に極楽浄土を建立されたとする「浄土観」と同じである。

ここでは、それを阿弥陀仏国に求めるのではなく、阿閦如来の東方浄土、すなわち妙喜世界にその例を求めて論述したい。

まず阿閦如来の浄土が東方にあることについて、『阿閦佛国経』には、

東方去是千佛刹。有世界名阿比羅提[13]。

と述べている。この娑婆国土から東の方へ千仏刹過ぎたところに阿比羅提と名づける浄土があるという。そこが阿閦如来の仏国土なのである。

さて阿閦如来が因位のとき、阿閦比丘と称していたという。その菩薩の修行時に発願をしている。そこを、

賢者舎利弗白佛言。天中天阿閦如来無所著等正覚。昔行菩薩道時。以被是大僧那僧涅。乃作是願[14]。

と説いている。

「昔、菩薩道を行じたまひける時、この大僧那僧涅を被《き》たまへるを以て、すなはちこの願を作したまへるなり」という。ここを舎利弗の問いに答えるかたちで釈尊が次のように説いている。

佛言。昔行菩薩道時。若干百千人不可復計。無央数人積累徳本。於無上正真道。持是積累徳本。願作仏道及浄其佛刹如所願。欲厳其佛刹。即亦具足其願。(15)

「昔、菩薩道を行じける時、若干百千の人の、また計るべからざる、無央数の人、徳本を積累し、無上正真道において、この積累せる徳本を持して仏道をなし、及びその佛刹を浄めんと願ひ、所願の如くその佛刹を厳らんと欲して、即ちまたその願を具足したり」とある。これが阿閦比丘の発願である。

以上によって、阿閦比丘が願を因として仏国を建立したことがわかるであろう。

ところでその願の中に光明についての願がある。

阿閦如来光明。皆照明三千大千世界常明。阿閦如来光明。悉蔽日月之光明。及一切諸天光明。皆令滅。使人民不復見日月之明。舎利弗。是為阿閦如来。昔行菩薩道時。所願而有持。(16)

「阿閦如来の光明は、皆照明して、三千大千世界は常に明に、阿閦如来の光明は、悉く日月の光明を蔽い、及び一切諸天の光明を、皆滅せしめて、人民をして、また日月の明を見ざらしめたり。舎利弗よ、これ阿閦如来の、昔、菩薩道を行じける時、所願をば持すること有りたるが為なり」と。

これによって、阿閦如来にも阿弥陀如来と同じような「光明の願」のあることがわかる。そして、その光明のすばらしさをも説いている。

このような願が成就して建立された浄土が、この娑婆世界から東方へ一千仏刹を去った処にある「阿比羅堤（妙喜）世界」であるというのである。

その世界には、三悪道の衆生は居らず、大地は平正にして樹木を生じ、高下なく、山稜・渓谷もない。また、この国に住む人に風・寒・気の三病がなく、すべての人に「悪色ある者なく、また醜《みにく》きこと有る者なし」と説いている。

国の中の樹木にはいつも果実ができていて、人々はこの木より五色の衣被を取ってそれを着用している。着ている衣には天華の香りがし、食べるご飯も香美であって、天樹の香りのように絶えるときがないとも語られている。また、その国の人々は、多くの衣被を着ることができるし、自分の思いに随って食事が自然に前に運ばれて、いつでも食することができるともいう。

このように西方極楽世界と似通った楽しみで飾られており、相方ともに同じ楽しみがある浄土のように思われるがしかし、この妙喜世界には女性がいると説かれるのである。この点が極楽世界との大きな相違と思われる。そこにいる女性は、娑婆世界とは違って醜悪な言葉を吐く人はいないという。すなわち、悪口を言ったり、嫉妬をしたり、よこしまなことを考えたりすることはないという。

また興味あることに、この国の女性も娑婆世界の女性のように妊娠するとも記されている。そして出産するとき、身も心も疲れることなく、苦しみもなく安穏であるとしている。ただ、妊娠するとはいうものの、この国の人々は「愛欲・淫嫉に着さない」と述べられているので、愛欲に着さず妊娠するということはどのように解すればいいのであろうか理解に苦しむところである。逆に考えればそこが浄土たるゆえんであるかも知れない。

ともあれ、このように苦しみのないすばらしい世界が、すべて阿閦比丘の願成就によって建立された浄土であるというのである。

如上、「因願酬報」の浄土とは、極楽世界はいうまでもなく『薬師如来本願経』に説かれる東方瑠璃光浄土や、

『大般涅槃経』における釈迦如来の浄土、それに観音浄土としての補陀落世界・弥勒菩薩の兜率天なども、これらの浄土観に所属するものと考えることができるであろう。

五　阿弥陀浄土の信仰

以上述べてきた二種類の浄土観は異なった浄土思想のようであり、両者は相反するようにも思われる。そこで、この両浄土観をどのように会通すれば良いのかが、次の問題である。

それを本稿では叡山浄土教における阿弥陀浄土信仰のうえから考察してみたいと考える。

元来、日本天台宗には二種類の阿弥陀信仰の流れがあった。その一つは、伝教大師の伝承した「止観念仏」であり「己心の弥陀・唯心の浄土」を期する浄土信仰である。

他の一つは慈覚大師の伝承した「五会念仏」であり、「西方世界」を願生する浄土信仰である。(17)

そこで、まず止観念仏から解説したい。

1　「止観念仏」

天台大師智顗講説、漼頂記の「天台三大部」における『摩訶止観』によると、全仏教の修行形態を四種に分類した「四種三昧」が述べられている。その中の第二に「常行三昧」が説かれるが、この「常行三昧」の行法こそが、本尊を阿弥陀如来とした「止観念仏」と呼ばれる修行方法なのである。

すなわち「常行三昧」とは、本尊の阿弥陀如来の周囲を九〇日間にわたって夜も寝ずに歩き続ける。ここから

「常行の精神集中」という意味において「常行三昧」と呼ばれている。しかし、ただ単に歩くのではなく、

九十日。身常行無休息。九十日。口常唱阿弥陀佛名無休息。九十日。心常念阿弥陀佛無休息。[18]

として修行方法が記されている。

「九十日、身は常に行じて休息なく。九十日、口は常に阿弥陀佛名を唱えて休息なく。九十日、心は常に阿弥陀佛を念じて休息なし」という。このことは、身体は阿弥陀如来の周囲を九〇日にわたって歩き続け、口は「南無阿弥陀仏」と九〇日にわたって不断に唱え続け、心は九〇日間常に阿弥陀如来のことを思い続けるという、想像を絶する行法なのである。しかも、これらはいずれも休息してはいけないと規定している。

「歩々　声々　念々　ただ阿弥陀佛にあり」これが「常行三昧」のすべてであるといえる。

もちろん、九〇日の間、食事と便所に行くことは許されるが、寝てはいけないし、座ってもいけない。ましてや、横になってもいけない。とにかく阿弥陀如来以外のことを考えず、南無阿弥陀仏以外のことを口にせず、ただ阿弥陀如来の周りを歩き続ける修行なのである。

この行において「三昧」の境地に入れば、ついには阿弥陀如来を実際に拝むことができると述べられている。すなわち阿弥陀如来が、行者の前に立たれるという。よって、この「常行三昧」を別に「佛立三昧」ともいうとしている。

能於定中見十方現在佛在其前立。如明眼人清夜観星。見十方佛亦如是多。故名佛立三昧。[19]

「よく定中において十方現在佛その前にいまして、立ちたまふを見たてまつる。明眼の人、清夜に星を見るが如く、十方の佛を見たてまつる。また、かくの如く多きが故に佛立三昧と名づく。」と。

見仏のさまを、目のよい人が清く澄んだ夜に、多くの星をはっきりと見ることのできるように、仏が立たれるの

を認めることができるというのである。

ところで、この「常行三昧」の行法は、阿弥陀如来を本尊としているので、浄土思想であるものの、西方極楽浄土への往生を願う思想でないことは明確である。行者の心の中に浄土を認め、行者と阿弥陀如来とが一体となる修行法なのである。

すなわち、念仏を用いて、止観という精神集中を修することによって心を清め（心浄）阿弥陀如来と一体となることによって、阿弥陀如来の智慧の眼で世界を眺めようとする（土浄）教えであるといっていいであろう。

このことは、上述の「霊山浄土」の思想を、阿弥陀如来に置換した信仰形態であるといえないであろうか。

2　「五会念仏」

佐藤哲英博士の『叡山浄土教の研究』によると、慈覚大師円仁（七九四—八六四）は一〇年にわたって中国（唐）を歴訪したが、その折り五台山の竹林寺を訪ねて、法照和尚の「五会念仏」を伝承しているという。円仁の弟子の安然の撰述になる『金剛界大法対授記』によれば[20]、

昔斯那国法道和上。現身往極国。親聞水鳥樹林念佛之声。以伝斯那。慈覚大師入五台山学其音曲。以伝睿山。

との記述が見える。ここには「昔、法照（法道）和上が現身で極楽に往き、そこでかなえられている水鳥樹林の念仏の音声を音曲にして中国（斯那）に伝え、円仁が五台山から叡山に伝承した」と記されている。

この「五会念仏」には、いろいろな要素が混ざっているものの、その中心は善導大師の「口称念仏」による往生極楽を期する西方往生の念仏思想なのである。

この西方極楽往生を願生するリズミカルな五会念仏を、円仁が日本に将来したのである。

さて、日本に帰った円仁は、比叡山上に「常行三昧堂」を建立して五台山念仏三昧の法を「常行三昧」として始修するのである。宗性の『日本高僧伝要文抄』によると、

又云。仁寿元年移五台山念仏三昧法。伝授諸弟子等。始修常行三昧。(21)

と記されている。「仁寿元年（八五一）五台山念仏三昧の法を移して諸弟子等に伝授し、始めて常行三昧を修した」という。この記事からすれば、「常行三昧」とはいうものの明らかに「五会念仏」を指していることは論を待たない。しかし、常行三昧とは、九〇日間の「止観念仏」を指すのが本義である。したがって五会念仏が止観念仏の常行三昧と混乱をきたす記載がほどなく見られる。源為憲の『三寶絵詞』に、

念仏は慈覚大師のもろこしより伝へて、貞観七年に始めて行へるなり。四種三昧の中には常行三昧と名づく。(22)

とある。四種三昧の中の常行三昧は「止観念仏」であるので、これは円仁の伝えた念仏ではない。ところが円仁の伝えた念仏を四種三昧の中の「常行三昧」としている。撰者、源為憲は両者を混同して書いていることになる。しかも、貞観七年は八六五年であるから、仁寿元年からわずか一四年後の記事である。このような短い期間にすでに「止観念仏」と「五会念仏」との両者に混乱を来していることがこれにてわかる。両方ともに「常行三昧」として叡山の上で修したというのであるからやむを得ないといえばそれまでであるが、異なる念仏思想の両者を同じ名称で呼んだという点を、今一度考察することが必要ではないかと考える。

六 「止観念仏」と「五会念仏」との接点――『往生要集』

本来、天台宗における常行三昧とは、上述の『摩訶止観』による「止観念仏」の行法を指していたことはいうま

でもない。したがって、これが「常行三昧堂」において修されたのは当然である。

ところが、円仁が将来した「五会念仏」を同じ阿弥陀思想ということにおいて、これも「常行三昧」として「常行三昧堂」で修したのであるから混乱してきたのである。

すなわち、「己心の浄土」と「西方の浄土」という二つの浄土信仰が、比叡山の上で、同じ堂舎において、同じ名前のもとに修されることになったのであるから、源為憲でなくとも両者に混乱を生じたのは必至であろう。

ここに、日本天台宗において両様の浄土信仰が混同される要因はすでに円仁にあったといってよいことになる。

いま、上述した二種類の浄土信仰を、叡山上に伝えられた両様の「常行三昧」に配当すれば、

「心浄土浄」＝「己心の弥陀・唯心の浄土」＝「止観念仏」
「因願酬報」＝「西方極楽浄土願生」＝「五会念仏」

ということに整理できよう。

このように浄土信仰を二種類に分かって考えたとき、両者の関係は相容れないごとくに思える。しかし、相反すると思われる両者の関係を、天台教学上に明確に位置づけたのはほかならない恵心僧都源信（九四二—一〇一七）であったのである。

源信はその著『往生要集』の「別時念仏」下において「止観念仏」を「西方極楽往生」願生の一つの方法として導入したのである。

すなわち、西方極楽世界に往生する要を集めた書物である『往生要集』の中心は、浄土往生の方法を説く「大文第四、観察門」と、その観念を助ける方法を示している「大文第五、助念方法」に求められる。[23]

ところで、これらはいずれも極楽往生のために勇猛に念仏を勧めねばならないが、なかなかそれが可能ではない。

そのようなとき、それを助ける意味において、ある一定期間を定めて別時に念仏を修するように勧める。それが、つづく「大文第六」の「別時念仏」の項目下である。

したがって、これを理解するために『往生要集』全体の項目を掲げ、その中から上述の三大文に関して少し解説を加える必要があると思われる。

大文第一　厭離穢土

- 第一　地獄道
  - ①等活地獄
  - ②黒縄地獄
  - ③衆合地獄
  - ④叫喚地獄
  - ⑤大叫喚地
  - ⑥焦熱地獄
  - ⑦大焦熱地
  - ⑧無間地獄
- 第二　餓鬼道
- 第三　畜生道
- 第四　阿修羅道
- 第五　人道
- 第六　天道
- 第七　総結厭相

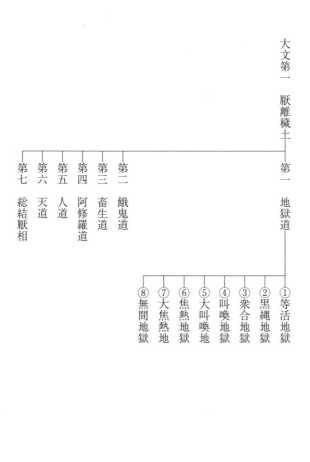

- 大文第二　欣求浄土
  - 第一　聖衆来迎楽
  - 第二　蓮華初開楽
  - 第三　身相神通楽
  - 第四　五妙境界楽
  - 第五　快楽無退楽
  - 第六　引摂結縁楽
  - 第七　聖衆俱会楽
  - 第八　見仏聞法楽
  - 第九　随心供仏楽
  - 第十　増進仏道楽
- 大文第三　極楽証拠
  - 第一　対十方
  - 第二　対兜率
- 大文第四　正修念仏
  - 第一　礼拝門
  - 第二　讃歎門
  - 第三　作願門
  - 第四　観察門
    - ①別相観
    - ②総想観
    - ③雑略観
  - 第五　回向門

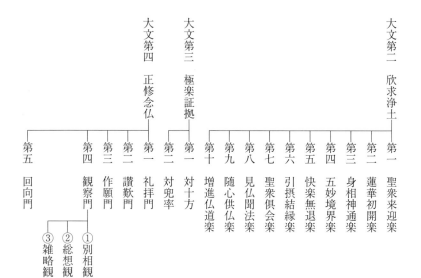

- 大文第五　助念方法
  - 第一　方処供具
  - 第二　修行相貌
  - 第三　退治懈怠
  - 第四　止悪修善
  - 第五　懺悔衆罪
  - 第六　対治魔事
  - 第七　総結要行
- 大文第六　別時念仏
  - 第一　尋常別行
  - 第二　臨終行儀
- 大文第七　念仏利益
  - 第一　滅罪生善
  - 第二　冥得護持
  - 第三　現身見仏
  - 第四　当来勝利
  - 第五　彌陀別益
  - 第六　引例勧信
  - 第七　悪趣利益
- 大文第八　念仏証拠
- 大文第九　往生諸業
  - 第一　明諸経
  - 第二　総結諸業

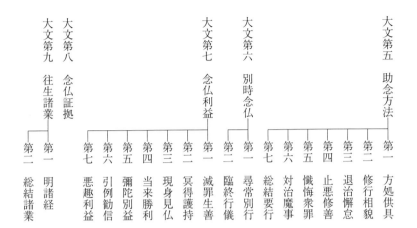

大文第十　問答料簡
- 第一　極楽依正
- 第二　往生階位
- 第三　往生多少
- 第四　尋常念相
- 第五　臨終念相
- 第六　麁心妙果
- 第七　諸行勝劣
- 第八　信毀因縁
- 第九　助道資縁
- 第十　助道人法

1　大文第四——正修念仏

右の構成表を概観することによって、全体が極楽往生を勧め、極楽往生のための書であることがわかる。特に中心の「正修念仏」では、天親菩薩の『浄土論』における「五念門」をあげて、それに相応した往生念仏の行法を説いている。それは1礼拝（弥陀を礼拝し）、2讃歎（口に弥陀を讃歎し）、3作願、4観察、5回向の五種であるが、後の三種を意業（意で弥陀を思う）に分類している。

これらの中、弥陀如来の色相を観察する観察門に焦点を当てて説かれる。それも三種に区分され、①別相観・②総想観・③雑略観の観察法である。

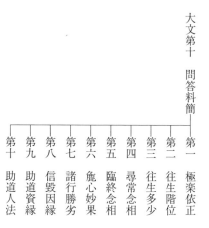

①別相観とは阿弥陀如来が座している「華座」をはじめ、阿弥陀如来の相を、四十二に分類してその一つ一つを観想する観念である。
②総想観とは華座を含めて如来の相すべての相好を一度に観想することである。
③雑略観とは単に阿弥陀如来の白毫相のみを観想する方法である。(24)

2 大文第五——助念方法

大文第四の正修念仏を助ける方法として説かれるのがこの一段で、すなわち、ここでは念仏を助成する七つの方法をあげる。それは、1方処供具、2修行相貌、3退治懈怠、4止悪修善、5懺悔衆罪、6対治魔事、7総結要行である。

3 大文第六——別時念仏

大文第四・第五に説かれた念仏を尋常念仏と呼ぶので、ここにいう別時念仏とは、尋常念仏の外に修する念仏ということになる。これを二種類に分ける。一は尋常別行であり、他の一は臨終行儀である。

尋常の別行とは、平生時に期間を区切って行う念仏行であり、これには一日ないし七日行・十日行・九十日行などがある。

一方、臨終行儀は、念仏行者の臨終時における観念と行儀などの用心を述べている。源信はのちに二十五三昧会を始修するが、それはこの臨終行儀の実践とみることができる。

さて、この尋常の別行において「止観念仏」といわれる己心の弥陀の「常行三昧」が全文にわたって引かれてい

るのである。この「尋常別行」を修する理由を、

第一尋常別行者。於日日行法。不能常勇進。故応有時修別時行[25]。

と述べている。「日々の行法において、常に勇進する事あたはず。故に時に別時に修する行あるべし」という「尋常の別行」は、平生の生活の中の念仏ではあるが、もちろんそれを修する目的は極楽往生を期するためであることは無論である。このことは極楽往生を期するための阿弥陀如来の観察を深めることが目的とみることができるであろう。要するにここでの「止観念仏」は、極楽願生を目的とした「正修念仏」や「助念方法」と同じ意味に扱われることになるのである。

このように考えるならば「止観念仏」の「常行三昧」は、源信によって見事に「極楽往生願生」の行因として位置づけられたといえるのである。

おわりに

以上、浄土の見方を「心浄土浄」と「因願酬報」の二種に分かって考察し、この二種の見方を阿弥陀浄土信仰に配当して考えてきた。そうすれば、「己心の弥陀」と「西方の弥陀」の二つの信仰形態をこれに配することができたのである。そして、両者相容れないと思われたこの両様の阿弥陀浄土観が、実は源信の『往生要集』によって見事に「西方願生」の弥陀信仰へと統一されていたことをみたのである。

「唯心の浄土観」を「西方浄土」願生への今生における一段階として位置づけたのが『往生要集』の考え方であり、ここに、叡山浄土教における二つの阿弥陀信仰の集約を看取するのである。

そして、ここにこそ叡山に伝わった天台教学上に見られる浄土教の集大成の書物としての『往生要集』の真価が認められるといえるのである。

註

(1)『大正新脩大蔵経』(以下、『正蔵』)四四・八三四・a。
(2)『正蔵』一四・五三八・a。
(3)同上。
(4)同上。
(5)同上。
(6)同・b。
(7)同・c。
(8)『正蔵』九・四三・b。
(9)同・c。
(10)同上。
(11)同上。
(12)『日蓮上人全集』七。『国訳一切経』諸宗部二五・一八三。
(13)『正蔵』一一・七五一・c。
(14)「阿閦佛刹善快品第二」(同・七五五・b)。
(15)同上。
(16)同上。
(17)佐藤哲英『叡山浄土教の研究』(百華苑、一九七九年)、一九—四三頁参照。
(18)『正蔵』四六・一二・b。

(19) 同・a。
(20) 『正蔵』七五・一七九・b。
(21) 『大日本仏教全書』六二・三九・b。
(22) 同、九〇・二七〇・c。
(23) 拙稿「親鸞聖人の『往生要集』観」(『往生要集研究』所収、永田文昌堂、一九八七年)参照。
(24) 次いで、極略観として、如来の相好を観念するに堪えないものが居れば「或いは帰命の想により、或いは引摂の想により、或いは往生の想によりて、一心に称念すべし」とまとめている。ここに称名念仏が説かれ、これに注目したのが法然上人である。
(25) 『真宗聖教全書』一・八四七。

良忍の念仏

――その念仏の名称と念仏偈を再考する――

蓑輪顕量

はじめに

平安時代の半ば頃から念仏が盛んに行われるようになったことはよく知られている。たとえば京の市井には市聖と呼ばれた空也（九〇〇―七二）が登場し、念仏を人々に勧めた。空也は南無阿弥陀仏と唱えるたびに、その声が阿弥陀仏となって出現したといい、それを図像化した尊像が京都の六波羅蜜寺に残されている。

叡山では円仁（七九四―八六四）に始まり、良源（九一二―八五）、千観（九一八―八四）、禅瑜（一〇世紀頃）、源信（九四二―一〇一七）、覚運（九五三―一〇〇七）、覚超（九六〇―一〇三四）、静照（一一世紀頃）、真源（一一世紀頃）などが浄土教信仰の上で注目されている。[1]

また、奈良の地にも念仏の伝統は存在し、早くには元興寺に生じた念仏の信仰が注目される。八世紀末に元興寺に住した智光（七〇九?―八〇?）と頼光（生没年不詳）という二人の僧侶は念仏に励み、まず先に頼光が亡くなったが、死後、頼光は智光の夢の中に現れ、自身が阿弥陀の極楽浄土に往生したことを伝えた（『元亨釈書』智光伝）。

この故事に因んで智光は元興寺に大きな浄土変相図を作ったと伝えられる。これが元興寺智光曼荼羅である。この曼荼羅図の周縁部には『観無量寿経』に説かれる十六想観が描かれており、その念仏が観想念仏を主としていたことを物語っている。

また少しく時代が下った一一世紀には東大寺の東南院に永観（一〇三三―一一一一）が登場し、同じく念仏を重視した。永観は三論宗に所属する僧侶であり、また東大寺の別当を務めた学僧であるが、その主著『往生拾因』を東大寺の別所と考えられる山城の光明仙寺で述作している。永観の念仏は称名と観想の双方を重視したものであったが、称名をより重視する傾向が見いだせる。(2)

さて、北嶺においても平安時代後半期から中世にかけて、多くの念仏の行者が排出された。彼らの事績は、『往生伝』と総称される伝記資料に数多く収載され、その一端を窺うことができる。なかでも院政期の一一世紀末に登場した良忍（一〇七三―一一三二）は、天台宗に伝わった声明を統一しただけではなく、後に融通念佛宗と呼ばれる一派を開いた派祖として位置づけられており、重要である。

さて、良忍の融通念仏に対しては、良忍の没後八五〇回忌記念に出版された『良忍上人の研究』（融通念佛宗、一九八一年）において多くのことが指摘されたが、いまだに解決のついていないと思われる点がいくつか残されている。なかでも、佐藤哲英氏が論じた「一人一切人」の偈が良忍のものであるのか、さらには良忍の念仏が生前から「融通念仏」と呼ばれていたのか、の二点はいまだに確証が得られていないと考えられる興味深いテーマである。

たしかに佐藤哲英氏は、その著『叡山浄土教の研究』の中で、院政期の天台円融思想のもと「一人一切人」の思想が良忍にあっても不思議ではないことを述べ、(3)またその後の研究の中では、梯信暁氏もこの「一人一切人」の思想が当時の天台思想の中で生み出されてきた思想であることを是認するが、(4)まだ確証が得られたわけではないように思う。

　そこで、本稿では、その念仏の呼称および融通念仏を象徴する五言の詩文表現が、良忍の在世時にすでにあったのかどうかという二点に焦点を当てて、考察を進めてみたい。まずは良忍の伝記を確認することから始める。

一　良忍の生涯

　良忍の生涯に関する事績は、ほぼ伝記資料に頼らざるをえない。もっとも成立の古いものが『後拾遺往生伝』の良仁伝であり、次が『三外往生記』収載の良忍上人伝である。この二つが基本的な資料とされる。良忍は青年期には良仁と記していたことが、大原の「来迎院如来蔵聖教」に残された資料からすでに知られている。次いで、鎌倉時代中頃の建長六年（一二五四）に製作された『古今著聞集』に収載された良忍伝が、二次的な資料とされる。さらに鎌倉時代の末期に成立したものが、『融通念仏縁起』と凝然によって述作された『声明源流記』に書かれた良忍の記事であり[5]、それらが三次資料とされる。

　良忍は後に聖應大師と大師号を賜るが、それは江戸時代の半ば過ぎの安永二年（一七七三）のことであった。尾張国知多郡の領主であった秦道武の子、房号は光静房または光乗房とされるが、最初期の資料にはそのような記載はないので、それらが確実であるかどうかは疑わしい。初期の伝記資料である『後拾遺往生伝』も『三外往生記』ともに彼は比叡山東塔、常行三昧堂の堂僧であったというので、その最初期から行の世界に深く関わったと考えられることは間違いないであろう。

　周知のごとく、常行三昧堂は天台の四種三昧のうち、常行三昧という常に歩き続けながら行を行う場所である。

常行三昧は、円仁（七九四―八六四）によって五台山の五会念仏が導入されたという。その行法は、阿弥陀の名号を唱えながら、常行三昧堂の中を歩く行であったと推測され、またそこには五会念仏の特徴である音楽的な要素が入っていたものと推定される。

さて、良忍は良賀に師事しながら止観業を学び不断念仏を修した。また禅仁、観勢から円頓戒の戒脈を継承し、その復興にも努めたという。二二歳か二三歳の頃から大原に隠棲し念仏三昧に務めるとともに、大原の地に来迎院、浄蓮華院を創建し、さらには当時、別個に存在していた天台の声明を統一し、後に大原魚山の声明と言われる声明を完成した。

やがて永久五年（一一一七）に阿弥陀仏の示現を受けて、「一人の念仏が万人の念仏に通じる」という内容を持つ融通念仏を創始することになった。この画期となる出来事は、念仏三昧中に起きたという。阿弥陀仏から直接、「一人一切人　一切人一人　一行一切行　一切行一行　是名他力往生　十界一念　融通念仏　億百万遍　功徳円満」という偈を授かったというのである。念仏三昧中というからには、念仏に心を集中させていた時に生じたことになるが、この記事の最初は、実は三次資料になる『融通念仏縁起』(6)の記事である。

この後、人々に念仏を勧める生活に入り、各地を回るようになったのであるが、その際には、結縁した人々の名前を記入する名帳を持って各地を回ったという。なお大阪の四天王寺に参詣した折に見た霊夢により、摂津国住吉郡平野庄（現大阪市平野区）の領主であった坂上広野の邸宅地に寺院を創建した。これは当初、修楽寺と命名されたが、その後、在世中に大念佛寺と改名され、現在の融通念佛宗の大本山となって現在に至っている。

ただし融通念佛宗としては良忍の時代以降に断絶の時代があったとも伝え、室町期に再興の歴史が存在する。

彼の伝記資料として没後間もなくに作成されたものが三善為康が書いた『後拾遺往生伝』である。そこに収載された伝記では良仁として記されるが、そこには「沙門良仁は叡山の住侶なり。早く堂衆に入りて、久しく寺役を勤む」と記されている。また没後十数年にして書かれた沙弥寂蓮の『三外往生記』にも「良忍上人は延暦寺東塔の常行堂衆なり」とある。このことより、良忍が叡山に住していた時には、常行堂の堂衆であったことは確かなようで、常行堂に出仕する中で、円仁が伝えた五会念仏と融合した引声念仏に通じていたことが推測される[7]。

さて、良忍の創始した念仏は一般に融通念仏と呼ばれるのであるが、融通念仏という言葉が初めて登場するのは、先に引用した没後十数年が経った久安年間（一一四五―五一）に成立したと考えられる『三外往生記』であることはつとに指摘されているとおりである。すなわち、融通念仏が良忍の生存中からの用語であったのか、疑わしい点もあるということになる[8]。

また、良忍が残した資料は極めて数が少なく、彼が開いたと伝えられる大原の来迎院に残された如来蔵という聖教の中に若干のものが存在するに過ぎない。それらは、合計しても一五点ほどとされる[9]。しかも、それらのほとんどが、良忍の筆写本か手沢本であったという。実際に彼が撰述したと考えられる資料はほぼ無いに等しいのが実情である。つまり確実な資料の中に「融通念仏」という用語が確かめられているわけではない。

また、彼の著作として考えられるものが唯一、『三観義私記抄』であるが、本書もまだ詳しい研究がなされているわけではない。よってここでは、良忍の生存中からその念仏が「融通念仏」と呼ばれていたのか、あるいは別の名称である「大念仏」（後述する）であったのか、またその融通念仏を象徴的に表す偈文が在世中から説かれていたのかについて、四九歳の時の写本である『三観義私記抄』についての考察を加えることによって、この問題を考える一助としたい。

二　融通念仏と大念仏

現在、もっぱら良忍の念仏と言えば融通念仏という呼称が用いられ、その名称を疑うことはほとんど無いが、実際に良忍が融通念仏という用語を使っていたのかどうかは明らかではない。融通念仏という用語が初めて登場するのは、没後十数年を経て編纂された『三外往生記』においてである。すなわちそこには「大原律師覚厳の夢に上人来たりて告げて曰く、我、本意を過ぎて上品上生にあり。是れ融通念仏の力なり。天承二年二月」とある。この末尾に記された「融通念仏」との用語が、彼に関する融通念仏の初見であって、今までのところ、生前の資料の中に融通念仏という言葉は見いだせていないようである[10]。

しかし、一方で、「大念仏」との用語は、正暦年間（九九〇―九五）の頃にすでに清海によって使用され、その念仏が万人に勧められていたことが知られている。たとえば『拾遺往生伝』巻上、清海伝には「正暦の初め、自他に勧進し、七日念仏を修めしむ。いはゆる超證寺大念仏、是なり」との記述が見え、正暦元年（九九〇）頃には、すでに大念仏との呼称が存在したことが確かめられる。

また、大念仏という用語の意味するものは、源信の著作『往生要集』巻中に、

故に大集日蔵分に言はく、大念せば、大仏を見、小念せば、小仏を見る。大念とは大声もて仏を念ずるなり、小念とは小声もて仏を称へるなり。（『大正新脩大蔵経〈以下、『正蔵』と略す〉八四、五八下）

との記述が見えているから、それは大きな声で唱和する形式の称名念仏であったとの推定も成り立つ。なお、「大念見大仏、小念見小仏」との記述は、すでに中国浄土教の懐感（七世紀、生没年不詳）の『釈浄土群疑論』の中に

見えるものである。そこには、

大集日蔵分経言、大念見大仏、小念見小仏。大念者大声称仏也。小念者小声称仏也。斯即聖教、有何惑哉。現見即今。諸修学者、唯須励声念仏。三昧易成。小声称仏。遂多馳散。此乃学者所知、非外人之暁矣。

（『正蔵』四七、七六下）

とあって、大念仏との用語が、唐代からの伝統を引くものであることが知られる。すなわち大念、小念との表現は、浄土教の中に早くから存在したものであり、日本で使用される大念仏という用語も、この流れの上にあると考えてよいであろう。

さらには時代は少しく下るが、天台の口伝法門を数多く伝える『渓嵐拾葉集』には、「常行堂天狗ヲ怖トシ事」との中に「示して云く、山門常行堂衆、夏末ニ常行堂ニ於イテ、大念仏申す事アリ。仏前ニシテハ如法ニ引声ス。後門ニ子ヲトリ、無前無後ニ経テ読也」（原文のカタカナの送り仮名を生かし、読み下した所はひらがなで表記した。『正蔵』七六、七三〇中）との興味深い記事が見える。「如法に引声して」とあるから、常行堂に行われた円仁将来の引声念仏が「大念仏」と呼ばれた伝承があったことが窺われる。南北朝時代の記録ではあるが、注意しておいてよい。つまり引声して称える念仏が「大念仏」と呼ばれたと推定されるのである。さて、ここで最初の融通念仏との用語に戻ろう。

融通念仏の用語は『三外往生記』良忍伝の「我、本意を過ぎて（異本に従えば「遂げて」）上品上生にあり。是れ融通念仏の力なり。天承二年二月」（『大日本仏教全書』（旧版）一〇七、一四五上）との記述が最初であることは先に述べた。また、一三〇〇年前後に凝然（一二四〇―一三二一）によって作られた『声明源流記』にも「融通念仏は直ちに感応を顕す」（『大日本仏教全書』鈴木学術財団版〈以下、鈴木『大仏全』と略記〉、七一、一〇四上）と登場している。また『声明源流記』では『三外往生記』の「融通念仏の功なり」との表現を引用しているので（同頁）、没後十数年頃には、たとえ伝記作者の命名であったとしても、良忍の念仏が融通念仏という名称で呼ばれたと推測されることも認めてよいであろう。

また、少なくとも一三世紀には、良忍の念仏が融通念仏として認識されていたことは間違いない。では良忍の在世中にはどうであったのだろうか。実は良忍の念仏が、彼の在世時代から融通念仏という名称で呼ばれていたのかどうかを確かめられる資料はいまだに報告されていない。融通念仏という用語そのものは、良忍関連の資料では、先に述べたごとく『三外往生記』が初見の資料であった。

一方、「融通大念仏」という表現は、一三一四年に成立した『融通念仏縁起』なる資料の中に見いだすことができる[11]。そこには「（嵯峨野の）清凉寺の融通大念仏は道御上人、上宮太子の御告により、良忍上人の威風を伝（へ）て、弘安二年に始行し給（ひ）しより以来、とし久しく退転なし[12]」との記述が見えているので、鎌倉時代の後期頃には良忍の念仏が「融通大念仏」との表現で呼ばれ、また一般化していたと考えられる。

特に近世の時代には「融通大念仏」との表現が好まれたとみえ、大通（一六四九―一七一六）の撰述した『融通圓門章』（一七〇三年）や『融通念佛信解章』（一七〇九年）などでは、融通念仏と大念仏とが合体した形の融通大念仏という表現で登場し、その説明が「融通」と「大」と「念仏」の三つの観点からなされている[13]。

結局のところ、良忍の在世時代に、その念仏が融通念仏という呼称で呼ばれていたことを証する資料を欠くのであり、確実なところは、没後十数年には「融通念仏」との呼称が用いられ、さらに時代が下り、一四世紀には「融通大念仏」との用語も登場していたということだけであろう。

しかし、良忍の修学内容から推測すれば、在世に融通念仏との表現があった可能性を否定しきれない。そこで、次に良忍の修学内容を少しく検討してみたい。

三　良忍の修学内容

良忍の修学内容を彷彿とさせる資料が大原の来迎院に残されている。それが『大原来迎院如来蔵聖教』法函一一の中に納められた『三観義』である。「三観義」というのは内題であり、本書の外題には「都卒覚超僧都撰　三観義私記抄　全一巻　良忍上人筆　魚山如来蔵」との記事があり、『三観義私記抄』（以下、『私記抄』と略記）とも呼ばれたことがわかる。また、外題の記述より、本書が叡山の源信の弟子になる覚超（九六〇—一〇三四）の『三観義私記』（以下、『私記』と略記）を抄出したものであることが知られる。『私記』は、覚超が天台の空、仮、中の三観に対する解釈を述べた書であり、なかでも智顗の『維摩経義疏』に述べられた三種三観にも触れており注目されるのであるが、現在、『大日本仏教全書』の中に、その全文が収載されている。

さて、良忍の記したその冒頭部分を検討してみよう。原文を掲げれば次のようになる。

三観義

玄云、従仮入空、名二諦観文。意何。答、明次第三観之中空観、観仮入空、名二諦観云也。尋之、爾者、別教空観、其義相云何。答、私記都卒諸文。以幻有即空為別空観云々。難云、若観空、即是空有相即也。経云、別教三諦別云。答、此義難詳、試作二会尺。一者隔別者、約体謂空性、不与中不足也。二者約位、此空仮中、其位各□也。謂、十重空位一。十行、仮ノ□□□也。教云、別也。於身又有空之問答可□。彼私記住（以下、略）

本書の末尾には、「保安二年二月二十九日、写校了」との識語があり、書写して校合した時の日時が記されている。ちなみに保安二年（一一二一）は、良忍が没する一〇年前のことである。

さて、本書の内容は、その外題に記された「都卒覚超撰」との文章から都卒覚超が作成した『私記』[14]を、良忍が抜粋して写したものであることが推測される。しかし、実際はそう単純ではない。現在、『大日本仏教全書』に収載された「都率覚超御作」と題された『私記』と比較してみると、その文章は、実は、覚超の文章そのものではなく、かなり趣意になっていることがわかる。ここでは、実際に覚超の『私記』の文章と比較しながら、そのことを明らかにしていきたいと思う。

まず冒頭の「玄云、従仮入空、名二諦観文」の「玄云わく」の文章は、『法華玄義』の「如瓔珞云、従仮入空、名二諦観。従空入仮、名平等観。二観為方便道、得入中道第一義諦観。今用従仮入空観為因、得成於果、名一切智。用従空入仮観為因、得成道種智果。用中観為因、得成一切種智果也」（『正蔵』三三、七一四中）からの引用であるが、しかし、この箇所は、『私記』には引用されていない。

この『私記抄』の冒頭部分は、別教における空観を考察の対象にしているのであるが、この質問の設定自体が、実は『私記』の記述を受けている。『私記』は「次第の三観」を考察の対象とするのであるが、その箇所は、次のようなものである。

（私記）問う、今、明かす所の次第三観とは、四教の中において何れの教の意なるか（中略）具さに三観を明かすに、唯だ別教にあり。若し空仮を論ぜば、また通教を含む。問う、次第三観は只だ別教に応ず。何ぞ煩わしく通教を含むと云うや。答う、誠に責める所の如し。既に次第三観と云い、正しく別教の理を明かす。

（鈴木『大仏全』三九、一四四中）

『私記抄』の記述はこの問答に対応するものと推定される。この問答は『私記』ではかなり長い分量になっており、複数の問答から構成されている。なお、次第の三観は、化法の四教（蔵・通・別・円）の中では別教で説かれたものとされる。

次の「別教空観」を議論の対象とする文章は『私記』にも見え、ほぼ同じ記述の箇所が見いだせる。その文章は、次のようなものである。なお、こちらはかなり近い表現が出てくるので、『私記』と『私記抄』と並べて対照することで示すことにする。

（私記抄）爾者、別教空観、其義相云何。答、私記都卒諸文。以幻有即空為別空観云々。

（私記）問、何名別教空観乎。答、諸文多以幻有即空為別空観。

（鈴木『大仏全』三九、一四五中）

この箇所は、明らかに覚超の『私記』を見て、良忍が『私記抄』を述作していることを物語る証左となるであろう。

『私記抄』の次の文章も、『私記』からの内容の趣意であることが知られる。同じく対照して掲げる。

（私記抄）難云、若観空、即是空有相即也。経云、別教三諦別云。答、此義難思。試作二会尺。一者隔別者約体。謂空性、不与中不足也。二者約位。此空仮中、其位各□也。

（私記）問、若観即空、空有相即。何云別教三諦隔別。答、此義難思。今試会之。隔別有二義。一者約体。謂空仮雖即、与中不即也。二者約位。謂修空仮中、其位各異也。依此二義故云別也。

（鈴木『大仏全』三九、一四五下）

空を観察すれば、空有は相即していることがわかる。とすれば、空観と仮観は相即していることとなって、別教では、いうところの三諦はそれぞれ別のものであるとすることと矛盾することになるのではないか、との重問になっているのである。この質問に対する答えは、それは思惟しがたいが、体と位という視点から考えて、それぞれが別ものになるのだと答えている。

そして、この箇所の解答部分も、明らかに覚超の『私記』の文章を踏まえていることが知られる。『私記』ですでに「約体」と「約位」の二つの側面からの解答が与えられているのであるが、『私記抄』は、その文章をほぼそのまま踏襲しているのである。

以上の検討から、良忍は、覚超の『私記』を座右に置きながら、その趣意を自らの言葉を使って書き出していることは確実である。しかも、その修学の方法は、論義形式を取って考察を進めている。問から始まり答えに行き、そして、難じて言う、など重問の形式を取って議論を進めていることから考えれば、良忍は当時の天台の学匠が行っていた修学方法を踏襲していることが明らかである。この点を重視すれば、良忍はいわゆる、天台の伝統的な学匠の一人であり、かつまた円仁の伝えた五会念仏にも巧みであったと位置づけることができる。

四　良忍の一行一切行の背景

良忍が覚超の『私記』を見ていたことは確実である。とすれば、『私記』の後半に登場する次のような見解を知悉していたことが推定される。

問、彼疏説通相三観云、一空一切空、無仮中不空。一仮一切仮、無空中不仮。一中一切中、無空仮不中云々。此全同今円頓之相。何名帯権而捨之耶。又既広弁偏円、何捨帯勤円耶。答、一空一切空等、何無純帯之別。故弘決下文、以彼通相、簡今円観云、語似今文、其意則別。但是方等部中通相意也。

（鈴木『大仏全』三九、一五六下）

通相の三観を述べる「彼の疏」というのは、天台智顗の『維摩経文疏』であって、その原文は、「通相三観者（中略）是則一空一切空、無仮無中而不空。一仮一切仮、無空無中而不仮。一中一切中、無仮無空而不中。但以一観当名解心無不通也」（『大日本続蔵経』一—二八六左下）である。この箇所は湛然の『維摩経略疏』巻第七でもほぼ同文であり、その原文は、「若入中道非但知中是中。俗真亦中。是則一空一切空、無仮中而不空。一仮一切仮、無空中而不仮。一中一切中、無空仮而不中。但以一観、当名解心皆通」（『正蔵』三八、六六一下—六六二上）とある。智顗の疏では「無仮無中」などと三文字目に「無」字が入り、湛然の疏では二文字目の「無」が無くなり、「無仮中而不空」と「而」の一字が入るが、一空が一切の空と同値であり、一仮が一切の仮と同値であり、かつまた一中が一切の中と同値であることが示されている。

また、『私記』が引用する『摩訶止観』の中にも、一なるものが一切と通じ、逆に一切が一に通じるという交互に融通することを説く箇所が存在する。

若観法性、想行両陰、因縁生法、一種一切種、一行無量行。法性空故、一切行一行、一空一切空。法性仮故、一行一切行、一仮一切仮。法性中故、非一非一切、非空非仮、双照空仮。一切非空非仮、双照空仮。
（『正蔵』四六、八八下）

この記述は『摩訶止観』巻第七のものであるが、一行が一切行と相即するだけではなく一切行が一行と相即する、すなわち前分と後分とが入れ替わった表現が説かれている箇所として重要である。

つまり、良忍が述べる「一行一切行、一切行一行」などの表現は、すでに天台智顗の『摩訶止観』の中に登場する表現であって、良忍独自のものではない。このことはすでに佐藤哲英氏が指摘していることであるが、良忍の融通念仏の標語として後に語られる「一行一切行、一切行一行」などの表現が、すでに天台の中に使用されていたものであったことは明らかであり、そのことに注意したい。

しかも、それに繫がる、もとの表現である「一空一切空」「一仮一切仮」「一中一切中」が、すでに覚超の『私記』の中でも、三種三観（別相、通相、一心）の一つとして、すなわち通相の三観として議論されていたことを考慮すれば、「一行一切行、一切行一行」という表現を、良忍が自らの念仏行を表す言葉として実際に使用していた可能性はより高くなるであろう。確証は見いだすことができないのであるが、その蓋然性は高いように思われる。

おわりに

後に良忍の念仏を端的に表すとされて引用されるようになる「一行一切行、一切行一行」の表現が、その伝記の中に登場するのは、『融通念仏縁起』であり、しばらく時間の経った後代のことであるが、佐藤氏、梯氏が推定するように、院政期の天台教学の発展の中で次第に醸成されていったものとみて、良忍の在世時にすでにあったと推定してよいのではないかという先行研究を追認する、平凡な結論に至った。その表現の原型は、すでに天台の『摩訶止観』などの中に存在しているが、梯氏が指摘する、源信に仮託された一一世紀成立と考えられる『自行念仏問答』（『仏書解説大辞典』、佐藤氏は真源〈一〇七〇―九〇頃に活躍〉の作とみる）の中に、同様の記述を見ることができることからすれば、良忍の時代にすでにあったとみて大過はあるまい。

一方の「融通念仏」という表現であるが、この表現は、没後十数年経って編纂された『三外往生記』が最初であった。これは、伝記作者によってその念仏が新たに融通念仏と呼称されたことを窺わせる。それは、良忍が拠点とした大阪平野の修楽寺が改名されたときに「大念佛寺」とされたことにも端的に表れているように思う。もし、在世中にその念仏が融通を特徴とするものと考えられていたとすれば、「融通念仏寺」との名称も考えられたはずであるが、実際には「大念佛寺」とされた。

また、京都は嵯峨野の清涼寺に伝わった良忍の念仏も、大念仏と呼称されたとの伝承が存在した。さらに『渓嵐拾葉集』に伝えられた伝承でも、叡山の常行念仏は大念仏であった。これらの点から考えれば、良忍在世当時の呼び方は「大念仏」であった可能性が高いのではないだろうか。融通念仏という表現は、彼を信奉する集団が出来上がり、天台の五会念仏の大念仏と差異化を図ろうとした時期以降に使われるようになったのではあるまいか。しかも、それは良忍の没後、間もなくしてその集団の中で起こったと考えて良いように思う。

註

（1）佐藤哲英『叡山浄土教の研究』百華苑、一九七九年。
（2）普賢晃寿『日本浄土教思想史研究』永田文昌堂、一九七二年。
（3）前掲註（1）佐藤『叡山浄土教の研究』、三六二―三七三頁。
（4）梯信暁『インド・中国・朝鮮・日本　浄土教思想史』（法藏館、二〇一二年）一一〇―一一七頁。
（5）佐藤哲英・横田兼章「良忍上人伝の研究」（融通念佛宗教学研究所編『良忍上人の研究』融通念佛宗、一九八一年所収）。
（6）『融通念仏縁起』は『古今著聞集』の影響を受け、鎌倉末期の正和三年（一三一四）に成立したと考えられる。前掲註(5)佐藤・横田「良忍上人伝の研究」四〇頁を参照。
（7）前掲註(5)佐藤・横田「良忍上人伝の研究」。
（8）戸田孝重「良忍の総合的研究（一）」（『印度学仏教学研究』四三―一、一九九四年）。
（9）横田兼章「大原如来蔵における良忍上人関係資料」（前掲註〈5〉『良忍上人の研究』所収）。これによれば、無題のものが四点、第一玄義指事、玄義指事第四巻、摩訶止観第一、高建宝幢論問答、讃阿弥陀仏偈、略論安楽土義、遊心安楽道、仏種集上巻、金錍論、三観義私記抄などが良忍の筆写したものとされている。

(10)　前掲註(8)戸田「良忍の総合的研究（一）」参照。大念仏の説明も戸田のこの論文を参照。
(11)　本資料は『融通念仏縁起絵巻』二巻の詞書きを別出したものであるが、絵巻物として幅広く流布したことが知られている。
(12)　田代尚光『融通念仏縁起之研究』〈名著出版〈増訂版〉、一九七六年〉二八八頁。
(13)　前掲註(8)戸田「良忍の総合的研究（一）」七四頁を参照。
(14)　覚超の『三観義私記』の内題の割り注によれば、本書は『摩訶止観』第三巻により執筆したものであるという。

普賢行と一即一切

――華厳教学の基礎に関する研究――

織田顕祐

はじめに

大乗経典『華厳経』と中国で成立した華厳教学の間には、不即不離の関係があると考えられる。華厳教学は『華厳経』を離れて成立したものではないが、では『華厳経』と華厳教学はぴったり重なった内容を持っているかと言えば決してそうとも言い切れないのではなかろうか。大方広と仏華厳を中心的なテーマとして、[1]大乗仏教の思想史的な流れの中に成立した『華厳経』と、その所説を中国的な哲学的思惟によって解釈することで成り立った華厳教学との間には、全同というわけにもいかない課題を孕んでいるように思われる。本稿では、華厳教学の特徴的な思想表現である「一即一切」という教理用語を一つの手掛かりとして、両者の関係を考察してみようと思う。「一即一切一切即一」は、法蔵の思想をよく表した特徴的な思想用語であると考えられるが、[2]『華厳経』中にそうした用例は存在しない。また法蔵の師であった智儼にもその常套的な用例を見ることはできない。[3]また、我が国の融通念佛宗の中興の祖とされる融観大通の『融通圓門章』（以下、『圓門章』と略す）には、その変形として「一人一切人、一切人一人」「一行一切行、一切行一行」といった用例を見ることができるが、[4] 後に述べるようにこの用例は、中国・朝鮮・日本の仏教の中では他に例を見ることのできない特徴的なものである。

このように、「一即一切」という一つの概念を巡っても、経典自身から中国↓（朝鮮）↓日本に至る思想史的な変遷を確認することができる。したがって、その最末の思想内容を確認するためには、源流から、いかなる思想がどのように理解され、どのように展開してきたかという点を丁寧にたどらなければならないと思うのである。そこで本稿は、まず経典の確認から始めて、後に『圓門章』に至る思想的な筋道の原点を確認・点検してみたいと思う。

一　「一即一切」は空観（不二）の華厳的表現である

『圓門章』の「一行一切行」という用例は、『大正新脩大蔵経』（以下、『正蔵』と略す）のテキストを検索してみても、経典中には一切見出すことができない。しかし『摩訶止観』を始めとする中国・日本の注釈書中には極めて多くの用例を見ることができる。[5]「一人一切人」という用語についても同様である。このような事実は、『華厳経』の特定の思想内容が、誰かによって特徴的に表現され、そこから切り取られて常套的に使用された結果であろうと考えられる。そこに経典の所説と思想表現の切り結びがあると思うのであるが、この場合に両者を切り結んで後世に絶大な影響を与えたのは、おそらく賢首法蔵であろうと推測される。

そこで『華厳経』と法蔵教学の間にある課題について、具体的な例を取り上げて考察を加えてみたい。先ほど触れたように「一行一切行」「一人一切人」といった用例は、経典中にはまったく存在しないが、中国や朝鮮・日本撰述の著作にはいくつもの用例を見つけることができる。同様に「一即一切一切即一」という法蔵教学の最も特徴的な言葉も経典中には一切見ることができない。そこで同様にテキストデータベースを検索してみると実に興味深い検索結果を得ることができる。「一即一切一切即一」という用例は、法蔵以前の著作においては元暁の『涅槃宗要』に一例（『正蔵』三八・二四四c）[6]、智儼の『華厳経捜玄記』（以下、『捜玄記』と略す）に一例（『正蔵』三五・一八c）[7]、『華厳孔目章』（以下、『孔目章』と略す）に三例（㋐『正蔵』四五・五四〇a、㋑五七六a、㋒五八七c）あるのみである。同様に法蔵の主な著作については、『華厳経探玄記』（以下、『探玄記』と略す）に二例（㋐『正蔵』三五・一一一a、㋑一四四c）、『華厳五教章』（以下、『五教章』と略す）に四例（『正蔵』四五・四八一a、四八五b、五〇三a、五〇五a）ある。実際に調べてみると法蔵自身の使用例さえも意外に少ないというのが実感である。ところが後世の著作中には極めて多くの用例がある。つまり、この言葉が後の時代に大きな影響を及ぼしたために、私たちは実際の用例以上の重みを感ずるのであろう。

　ところで、『探玄記』の『正蔵』三五・一一一aの用例と『五教章』の『正蔵』四五・四八一aの用例は同じ内容であり、代表的教相判釈を一〇例紹介する場面で、天台の円教に関する所説として説かれたものである。また『五教章』の残りの三例はいずれも、それぞれの文脈において華厳教学の円教の内容を常套的に述べる中で用いられており、すでにある種の抽象的な用法であることを確認することができる。したがって、そこから「一即一切一切即一」の具体的な内容を考察することはできない。ある思想内容が、特定の言葉によって表現され多用されると、重要なことを述べているという点は伝わるのであるが、その重要性が何であるのかということは、その多用の事実のみからは知ることができない。それゆえ、その言葉が説き始められた原点に立ち戻って内容を検討する必要がある。こうした点に注意が及ぶと、『探玄記』の一四四cの用例㋑と『捜玄記』の一例（『正蔵』三五・一八c）とがまったく同じ文脈と内容を持っていることに注目しなければならないであろう。そこで次に、「一即一切一切即一」の原意を求めて、智儼の用例を検討してみることにする。

『捜玄記』が唯一使用し、『探玄記』の数少ない用例と重複する所説とは次のようなものである。

次に十八に菩薩衆の偈を説き仏を歎ずるを解す。此れ唯普賢を列して余名を列せざるは、此れ形は道位に居りて、徳は普門なるを標す。一即一切一切即一を彰す故なり。（『正蔵』三五・一八c）

これは、六十巻『華厳経』の世間浄眼品において、マガダ国で初めて成道された世尊の徳を歎ずるために諸天・衆生が一八類登場するが、その第一八番目に、普賢菩薩が登場する場面を釈したものである。他の諸天・衆生たちはすべて代表的なものが一〇人登場するのであるが、普賢菩薩だけは単独で登場するので、その理由を尋ねているのである。(8)「形は道位に居りて」とは普賢菩薩があくまで菩薩という因位の姿によって説かれていることを意味している。「徳は普門なるを標す」とは普賢菩薩の徳はその名が表すように一切に及んでいるので他の菩薩を登場させる必要がないという意味であろう。そしてその普賢菩薩の存在の意味を「一即一切一切即一」という言葉で表現しているのである。そしてこの『捜玄記』の所説を、法蔵がそっくり『探玄記』に取り込んでいるのである。

さらに『捜玄記』は、そこで説かれる普賢菩薩の偈頌について、

此の中、普賢の分斉を釈するに八門を以て因陀羅を明かす。以て之を知るべし。（同一九a）

として、「理、土、身、教、法、行、時、事」の八つのカテゴリーを普賢菩薩の徳として読み取っている。これも法蔵はそっくりそのまま『探玄記』に取り込んでいる。(9)この普賢菩薩の徳について智儼が因陀羅網をヒントに理解していることは、十玄縁起説などの法界縁起思想が仏の智慧を説いたものなのか、普賢の徳を説いたものなのかを巡って古徳の間で論争があったことを、坂本博士が国訳一切経の『探玄記』の註で触れている。(10)この点についても考察を加えなければならないが、今はもう少し智儼の思想の点検を進めたい。

次に『孔目章』の三例について検討を加えておく。『孔目章』の三例のうち、㋑『正蔵』四五・五七六a、㋒同五八七cの二例は、「一乗の道理」もしくは『華厳経』の本質を常套的な表現によって表すもので、先の『五教章』の例のようにそこから内容を読み取ることはできない。いずれの文章の中でも「因陀羅」「帝網喩」を挙げているから、智儼にとって因陀羅網の喩えが、「一即一切一切即一」を理解する際の大きなヒントになったことを窺うことができる。

もう一つの『孔目章』の用例とは、巻第一の「普荘厳童子処立因果章」に説かれるものである。普荘厳童子とは盧舎那仏品の末後に説かれる求道物語の主人公で、経説は物語の途中で突然に終わっているような印象を否めず、全体が何を意味するのか議論のあるところである。智儼はそこに「因果」の課題を見つけ、『孔目章』所説の形式的な方法によって小乗教・三乗初教・終教・一乗教による思想内容の違いを論説していく。その一乗教を釈して、

> 一乗教に依るに、一切因縁理事教義人法因果等を具す。又総じて因縁有りと雖も乃至一即一切一切即一なり。盧舎那仏と普賢行因もて因果を成就す。三乗等とは別なり。（『正蔵』三五・五四〇a）

とする。たしかに一乗教中にも因果を説くが、それは一即一切一切即一と見るべきであり、個々別々に理解してはならないと述べた後、「盧舎那仏と普賢行因もて因果を成就す」と言うのである。この文脈において「盧舎那仏と普賢行が因果である」と言うのは、普荘厳童子の歩みは普賢行の実践であり、その成就が盧舎那仏である、という意味になるであろう。八十巻『華厳経』では、この普荘厳童子の物語を「大威光太子」とし、毘盧遮那品として独立の一品としている。[11]そこでは「毘盧遮那品」と称しながら、毘盧遮那仏自体に関しては一切触れず、大威光太子の物語のみが説かれるのは、毘盧遮那仏の因位の菩薩行を説いているという意味に理解することができよう。このような因果論は、明確に「因果不二」における因果論ではあるが、因縁生滅の因果と同じではない。それゆえ、智

儼は直後に一つの問答を置いてこの点を詳説している。

問う、普賢の因果法門の体性は、世間の道理の事と同ぜず。何に因りて凡夫世間に従いて普賢の解行果を成ずることを得るや。（『正蔵』四五・五四〇a）

この問いの意味は比較的了解しやすい。普賢行と盧舎那仏とを因果と見ることは、世間一般の生滅の因果とは同じでないが、どうしてそのように説くことができるのかという問いである。その答えとして次のように述べている。

答う、普賢の因果は凡夫世間の剋得に従わざるなり。何を以ての故に。若し未だ成ぜざれば則ち普賢を説かず、若し既に成ずれば即ち旧来すること此の如し。道理時事皆悉く同じならず。凡夫の法は本来物無し、物無ければ能く成ず。普賢の凡に対するに旧来より非有なれば成ずべき所無し。唯普賢を普賢に望みて、成を説き不成を説く。準じて之を知るべきなり。（同前）

極めて難解な文章であるが、盧舎那仏（果）と普賢行（因）の関係を説いているという観点に立って内容を考察してみたい。冒頭の「普賢の因果は凡夫世間の剋得に従わざるなり」は、問いの定義をそのまま受けたものと考えられ、普賢の因果は世間の生滅の因果とは異なるという意味である。その理由として、「若し未だ成ぜざれば則ち普賢を説かず」とは盧舎那仏という仏果が成就していなければ普賢行を説くことはできないという意味であろう。先程来述べているところの、果の仏の成就に立って因行としての普賢行を説くという意味である。それゆえ、盧舎那仏という成果に立つならば、法身としての仏は生滅を超えており、過去現在未来と関係なく成り立っているから、それを「若し既に成ずれば即ち旧来すること此の如し」と説くのである。生滅の因果ではもともと無かったものが新たに成り立つからこそ「成ずる」と説かれるのであるから、それを「凡夫の法は本来物無し、物無ければ能く成ず」とする。それに対して普賢の因果は生滅の因果ではないので、「旧来より非有なれば成ずべき所無し」ということになるのである。それゆえ、盧舎那仏と普賢行の因果不二において果の面と因の面を見ることが「成と不成を説く」という意味なのである。「唯普賢を普賢に望みて」というのは、普賢行という因行において成就と不成就の両面をみて、普賢行の成就(=毘盧舎那仏)不成就(=普賢菩薩行)を説くのであるという意味に解することができよう。

智儼は六十巻『華厳経』普賢行品における「十種巧随順入」[12]の特徴的な所説に対しては「第四に巧随順は知るべし」と言って何の注釈も加えていない[13]。『華厳経』の十種巧随順入の所説は、「一行一切行一切行一行」といった教学的表現のよりどころになったものと考えられるが、それについて智儼が何の解釈も加えないという事実は、それが智儼にとってはすでに前提であり、改めて解釈を加えなければならないものではなかったことを意味していると考えられる。以上のように、智儼においては果である盧舎那仏における因行としての普賢菩薩行を指して「一即一切一切即一」と表現しているのであって、後に盛んに用いられるような抽象的な真理を指しているのではないことは明瞭である。しかしながら、すでに触れたように『孔目章』の㋑㋒の用例は、後の法蔵における常套的な用法に通じるものがあり、すでに智儼において経説が教学化されていく過程を窺うことができるように思う。

二　「性」への展開としての華厳教学

智儼は、『捜玄記』の普賢行品の解釈の中で、普賢行品と次の性起品の関係を次のように述べている。

此の品(=普賢行品)は是れ因、性起は是れ果なり。(『正蔵』三五・七八c)

つまり、普賢行品と性起品とを因果によって理解しているのである。智儼は六十巻『華厳経』によっているので、十地品から性起品までを普光法堂会として一括りにして理解していたであろう。この点は八十巻では、十定品を加えてそれ以降を普光明殿会とし、十地品を独立させているから[14]、普光法堂会（＝普光明殿会）に関する理解の内容を改める必要性を感ずるが、今ここで注目すべきは普賢行品と性起品を因果によって理解するという視点である。これは前章で言及した、すでに成就せる果である仏において因位の行として菩薩を見るという見方と同じことである。そのように理解する時、普賢行品の冒頭の次の文章をよりよく理解することができる。

爾の時普賢菩薩摩訶薩は、諸菩薩に告げて言く、仏子よ、向の所説の如きは是れ微少の説なり。何を以ての故に。一切如来応供等正覚は受化者の為に応に随いて説法す。（『正蔵』九・六〇七a）

普賢行品以前の菩薩行に関する教説は、仏が衆生の状況に対応して説いたものであって、普賢行品の所説はそれとは異なると言うのである。この点について智儼は、

前は縁に対するが故に少に局るなり。此れは体にして縁非縁に通ずるが故に寛なり。（『正蔵』三五・七九a）

と言っている。同じことだが、これ以降の二品は縁の有無と無関係に因の普賢行と如来の出現を開示するという意味である。その上でこの二品の関係について、本有（＝性）と修生（＝縁の分斉）という観点に立って、これ以前の諸品との違いを明確にした後、「性起に順ずるならば言説を離れているはずであり、そこにどうして因果があるのか」と自問自答して次のように言う。

問う、性起は言を絶し相を離る、云何が因果有るや。二意有り、一に経内は因中に性起を弁じ、果中に性起を明かすが故に二なり。二に性は不住に由るが故に起こる、起時に相を離れ法に順ずるが故に因果有り。

（『正蔵』三五・七八c）

まず先の傍線部に特に注目したい。要するに「因中に果を弁ずるもの」が普賢行品であるという意味である。この

「因中に果を説く」、あるいは「果中に因を説く」という考え方は仏智慧と教説の関係において特に重要な問題であり、智儼以前にも『大智度論』や、『大般涅槃経』（以下、『涅槃経』と略す）などで具体的に説かれている。[15]この「因中に果を説く」「果中に因を説く」という視点は、性起思想や仏性思想などにおける「性」という概念を理解する上で、絶対に欠くことのできない極めて重要な所説である。すでに『涅槃経』の教説に関して所見を公開したので、[16]ここでは教説に依る論証ではなく、一つの具体的な喩えによってこの問題を明らかにしておきたい。

認識されるものには必ず個別の自性が存在するとする「法有」の思想に対して、『般若経』が「無所得・不可得」を説き、[17]それを龍樹は「一切法無自性空」と表現したことは、[18]改めてここで触れるまでもない。それが後に『維摩経』で「不二」[19]と言い直されたことは、その後の大乗仏教の展開の上で極めて重要である。大乗『涅槃経』はその不二に基づいて「如来性」という概念を明らかにし、[20]その延長上に「一切衆生悉有仏性」という思想を展開した。[21]その「一切衆生悉有仏性」は、衆生という因において仏果を見ることであり、それが今ここで言うところの「因中に果を説く」という問題なのである。逆に「果中に因を説く」は、前章において明らかにした、「仏果において因位の菩薩行を説く」という問題である。この因果不二における「可説と不可説」の関係は、『維摩経』入不二法門品では文殊菩薩以下の諸菩薩の不二の教説とそれに対する維摩詰の沈黙によって象徴的に表現されている。[22]今智儼がここで課題としていることはそれと同質の問題である。特に「因果不二」という問題は「空」という実相的な観点のみでは捉えきれない問題を含んでいる。なぜなら、因と果との間には同一でないという問題があるからである。例えば、それが種であるときにはいまだ芽となっていないし、すでに芽となったときには種はどこにも存在しない。このような種と芽の因果関係の中には連続するものにおける内容・形態のズレが含意されている。このようなズレのことを智儼は先の引用文で「性は不住に由る」と言うのである。これを具体的に言えば次のようなことである。

「おたまじゃくし」と「カエル」は決して同じものではない。同じものなら「おたまじゃくし」と「カエル」を区別する必要がないから、「おたまじゃくし」と「カエル」という言葉も必要ない。しかし「おたまじゃくし」は「カエル」になるのである。もしも「おたまじゃくし」と「カエル」がまったく別のものなら、「おたまじゃくし」が「犬」になることがあり得ないように、「おたまじゃくし」は「カエル」にはなることはできない。このような「おたまじゃくし」と「カエル」の関係を指して「不二」と言い、「不一不異」[23]と言うのである。この問題を「乳の五味、具体的には「乳」と「酪」の関係」によって徹底的に考察するのが、『涅槃経』の如来性品である。[24]『涅槃経』は「乳」という存在を純粋未来における「酪」の在り方として、「酪性」と呼ぶ。つまり衆生（因）において仏（果）を見ることを「衆生有仏性」と言うのである。したがって仏性とは現に衆生と呼ばれているものにおいて、純粋未来の仏果を見ることであり、「仏になる可能性」などと言ったことではないのである。[25]このように、『捜玄記』が「因中に性起を弁」ずると言うのは、普賢行と性起の不二を意味するものであると考えられる。このように考えてくると、普賢行の内容を意味する「一即一切一切即一」は因中において説かれた果であるから、「不可説」である第一義諦そのものとは区別されるべきであるように思われる。しかし法蔵は、先ほど触れた『五教章』などの常套的用法では、法界縁起を意味するものとして「一即一切一切即一」を用いていた。[26]これは一体どのような関係になっているのであろうか。この点を考察するために、次に『華厳経』全体における普賢行の位置付けを検討してみたい。

三　「理」と「事」の問題への展開――『華厳経』と華厳教学――

六十巻『華厳経』は七処八会、八十巻『華厳経』は七処九会の立体的構造となっている。[27] 六十巻と八十巻の最も大きな違いは、六十巻が十地品から性起品を他化天宮会とするのに対して、八十巻は十地品の後に「十定品」を加え、十地品のみを他化天宮会として十定品から如来出現品を普光明殿会とすることである。[28] これは単に一品が付加されたというに留まらず、『華厳経』の本質を考察する上で看過することのできない問題を含んでいる。

『大方広仏華厳経』は、それぞれに課題を持ったいくつかの経典が軸となって、立体的な構成によって成り立ったものであると考えられる。そこには少なくとも、釈尊のマガダ国における初始成道を巡って、①釈尊という個としての仏の因位の菩薩行、[29] ②普遍的な菩薩行としての普賢菩薩の願行、[30] ③釈尊教化の仏国土としての娑婆世界と毘盧舎那仏の仏国土である蓮華蔵世界海との異なり、[31] といった問題が含意されている。これは『華厳経』の中に、それ以前に翻訳された多くの異訳単経が組み込まれていることによって示されている。これらの課題を総合的に表現するものが、一部としての『大方広仏華厳経』という経典であり、一見複雑なこの経典の会処の転換はこの問題を構造的に表しているのである。この点についてはすでにいくつかの研究成果を公開しているので、[32] ここでは要点の指摘に留めたい。

大きく言って、先の①②③はそれぞれ異なった思想的背景から生まれたものと考えられるが、異訳単経との関係などから見て、[33] ①②の問題が先行し、③の視点を獲得してそこに①と②を組み込むことができた時『大方広仏華厳経』が成立したと考えられる。そして①の課題は天上四会において、③の課題は寂滅道場会において、②の課題は普光法堂会（普光明殿会）と他会の関係によって表現されている。ちなみに天上四会には普賢菩薩は一切登場せず、おそらく最も新しい成立と見られる十回向品の末後に「普賢行願」が説かれるのみである。[34] 最初の普光法堂会は、他方世界からやって来た文殊師利によって開かれ、[35] 八十巻の第二第三普光明殿会は普賢菩薩によってすべてが説かれている。[36] このように『大方広仏華厳経』は、普賢菩薩の登場と不登場という象徴的な内容を有しており、その意味を考察することで『華厳経』の中心課題を理解することができるように思うのである。

以下この点について考察を進めるが、経意を明確にするために、八十巻『華厳経』を用いて論述する。経中に普賢菩薩が初めて登場するのは、世主妙厳品の初めにマガダ成道の世尊の眷族の菩薩としてであり、[37] これらの菩薩たちについては次のように説かれる。

此の諸菩薩は往昔皆毘盧遮那如来と共に善根を集め菩薩行を修せり。皆如来の善根海より生ぜり。

（『正蔵』一〇・二a）

ここには世尊の眷族として、十仏世界微塵数の菩薩の名が説かれているのであるが、皆毘盧遮那仏と同等であることが示されている。先程から述べてきた「果と因の不二」という視点から理解すべきであろう。次に重要な場面は普賢三昧品の最初で、蓮華蔵師子座に坐して「蓮華蔵世界海」を広説する場面である。[38]

爾の時普賢菩薩摩訶薩は如来の前に於いて、蓮華蔵師子の座に坐して仏神力を承りて三昧に入る。此の三昧を一切諸仏毘盧遮那蔵身と名づく。（同三二c）

以下、世界成就品では普賢菩薩によって蓮華蔵世界海が広説され、毘盧遮那品では大威王太子の物語が説かれる。次に普光明殿会に入ると、如来名号品の冒頭で次のように説かれる。

爾の時世尊は摩竭提国阿蘭若法菩提場中に在りて、始めて正覚を成じ普光明殿に於いて蓮華蔵師子の座に坐せ

り。（同五七c）

前会において普賢菩薩の座であった「蓮華蔵師子座」に、ここでは世尊が坐するのであり、この普光明殿会に普賢菩薩は登場しない。つまり普光明殿会の世尊は寂滅道場会における普賢菩薩の果として位置付けられていると考えられ、その普光明殿会で世尊の智慧を開くのは文殊師利である。名号品・四諦品では、世尊の名号や四諦の教説が娑婆世界の衆生に応じて説かれたものであることが繰り返し説かれている。この寂滅道場会と普光明殿会を通じて了解されることは、普賢菩薩が毘盧遮那仏・蓮華蔵世界海を開くと同時に娑婆世界の世尊のよって来たる所ともなっているということである。

第二普光明殿会では、六十巻になかった十定品を加える。十定品の冒頭は、

爾の時世尊は摩竭提国阿蘭若法菩提場中に在りて、始めて正覚を成じ普光明殿に於いて刹那際諸仏三昧に入れり。（同二一一a）

とあって、仏は師子座には坐らず、「刹那際諸仏三昧」中の出来事として設定されている。つまり最初の普光明殿会とは設定が異なっている。「刹那際諸仏」という三昧の名称からは、普賢行願から一切の諸仏が出生するという意味を読み取ることができよう。阿僧祇品（心王菩薩が質問し仏が答える）以外は、質問者の菩薩も存在せず、最初の普光明殿会とは構成が異なっており、全体が世尊の三昧中の教説という構想である。こうした点に注目しながら、第二普光明殿会の流れに注目していきたい。十定品の根本的課題は普賢行願と諸仏の不二を説くことである。この品の質問者である普眼菩薩たちには当初、

我等今、猶未だ普賢菩薩の其の身及び座を見ることを得ず。（同二一一c）

として普賢菩薩の具体的な姿が見えないと問題提起される。これに対する仏の答えは「普賢菩薩と住所は甚深にし

て説くべからざるが故に」である。どうしても普賢菩薩に見えたいという普眼菩薩の要請によって「其の所応の如く現じて色身を為」して「十大三昧」を説くのであるが、この十大三昧について仏はあらかじめ、

若し菩薩愛楽尊重して修習し懈らずして、則ち成就することを得ば彼の如き人を則ち名づけて仏と為し、則ち如来と名づけ、亦即ち名づけて得十力人為し、……（同二一二c）

と説く。要するに行ずる段階を普賢行と名づけ、成就の段階を仏と名づけるということである。これは普賢行と仏の関係を「因果不二」と説いているのと同じである。さらに十大三昧が各説された後に、この十大三昧という菩薩行と仏・如来の違いを普眼菩薩が尋ねたのに対し、普賢菩薩は、

智境界に入るは則ち名づけて仏と為し、如来所に於いて菩薩行を修して休息有ること無きは説きて菩薩と名づく。（同二一八c）

としている。この十定品を論端として、菩薩と仏の課題が如来随好光明功徳品まで説かれ、第二章で触れた「向の所説の如きは是れ微少の説なり」で始まる普賢行品へと続くのである。さらに如来出現品になると、定中の世尊は眉間から放光し、如来性起妙徳菩薩を質問者として登場させ、さらに口から放光して普賢菩薩の口に入って菩薩の身と師子座を殊勝ならしむ、といった具合にこれまでとはまったく異なった状況設定をなしている。如来出現品が第二普光明殿会の頂点に相当することはこれによっても明確に知ることができる。それゆえ、この普賢行品と如来出現品の関係を如来の往相回向と理解する先学もある[39]。

それでは第三の普光明殿会は一体何を表しているのであろうか。仮に離世間品が第二普光明殿会に連続するものであるならば、八十巻『華厳経』においてはすでにそれ以前が普光明殿会であるのだから、これを分ける必要がないはずである。そこで離世間品の冒頭に特に注意してみると、次のように説かれている。

爾の時世尊は摩竭提国阿蘭若法菩提場中の普光明殿に在りて、蓮華蔵師子の座に坐せり。（同二七九ａ）

先の二会とよく似た表現であるが、ここには「始めて正覚を成じ」という言葉が存在しない点に注目しなければならない。つまり、第一と第二とは、ともに「始めて正覚を成じ」た世尊について、蓮華蔵師子座に坐すると、刹那際諸仏三昧に入るとの違いがある。第一と第三はともに蓮華蔵師子座に坐するも、第三は「始めて正覚を成」ずという点が説かれていないのである。つまり第三普光明殿会は普賢菩薩が「仏華荘厳三昧」を経て、菩薩道に関する普慧菩薩の二〇〇の質問について延々と答えたもので、最後に「功徳行処決定義華入一切仏法出世間法門」と述べているから、世間を離れて仏果に向かうという意味の菩薩道を表していると考えることができる。このように考えてみると、第二普光明殿会と第三普光明殿会は同じように普賢菩薩によって説かれているが、その意味はまったく異なっているのである。「始めて正覚を成」ずと説かれる中での普賢願行は、仏果と不二の関係において説かれているのであり、離世間品の普賢菩薩の所説は行じた先に仏を得るという一般的な意味での菩薩行を意味しているのである。

おわりに

以上のように、『華厳経』に説かれる普賢菩薩の意味に関しては少なくとも、①「蓮華蔵世界海を開く（寂滅道場会）」、②「蓮華蔵世界と娑婆世界の接続（第一普光明殿会の世尊は蓮華蔵師子座に坐す）」、③「釈尊の本行（第二普光明殿会）」、④「一般の菩薩道を広説する（第三普光明殿会）」の四つほどの視点によって理解する必要がある。しかし、智儼も法蔵も六十巻『華厳経』の如来名号品から性起品までを一括して「修因契果生解分」と解釈し、以上のような問題にはまったく関心を寄せていない。この「修因契果生解分」とされる各品の基本は、すでに縷々述べてきたように因果不二における「果中に因を説く」ものである。離世間品のように菩薩道の課題を時間的に述べたものではない。この「果中に因を説く」という点についての、最も壮大な構成は、八十巻の世界成就品における蓮華蔵世界海と娑婆世界の関係であろう。一蓮華蔵世界海に無数の世界があって、娑婆世界はその中の一つである。これはあくまで、毘盧遮那仏という姿形のない果としての法身そのものの具体的な在り方として述べられているのであるが、法蔵はそれを理と事の関係に抽象化し、「一中一切」[40]と理解する。また法蔵が「一即一切」の教証として挙げる「若し一の多に即し多の一に即すれば　義味寂滅し悉く平等なり」[41]の文は、出典である菩薩十住品の文脈では、「言葉は他の言葉との関係の中で成り立ちそれ自身としては空である」といった意味であるが、そこでも理と事によって同様に抽象化され「一即一切」の教証となっている[42]。

このように法蔵教学は、あらかじめ存在する彼独自の教理概念（例えば理と事といったこと）によって『華厳経』を読み込んで成り立ったものと言えよう。それは決して『華厳経』を離れているわけではないが、『華厳経』は法蔵のように理解しなければならないわけでもないと考えられる。

註

（1）この経が「華厳経」と略称され、法蔵が『探玄記』で、

華厳の称は梵語に名づけて健拏驃訶と為す。健拏を雑華と名づけ、驃訶を厳飾と名づく。

（『正蔵』三五・一二一a）

と釈したことから「雑華厳飾経」という概念が一般化し、大方広仏＋華厳経と理解されるきらいがある。例えば、『華厳経』の入門書として極めて好著であると思われる末綱恕一『華厳経の世界』（春秋社、一九五七年）では冒頭

に、

大方広とは仏の形容で、大は体を顕わし、方は用を表わし、広は体用合して広大なことをいうと、説かれている。華厳は譬喩で、美しい華で玉台を飾るように、菩薩が万行の華をもって仏界を厳飾することを意味する。（三頁）

と説明して、大方広仏＋華厳経の意味であることを説明している。しかし、この経典の立体的な構成の意味を分析した結果、大方広＋仏華厳経と解すべきであるとの結論を得た。この点については、拙稿「『華厳経』における普光法堂会の意味について」（中村薫博士退任記念論集『華厳思想と浄土教』所収、文理閣、二〇一四年）参照。また同稿では触れることができなかったが、川田熊太郎「仏陀華厳――華厳経の考察――」（川田熊太郎監修　中村元編集『華厳思想』法藏館、一九六〇年）も大いに参考になる。

（2）例えば、『岩波仏教辞典（第二版）』では、

華厳経十住品に示される「一即多・多即一」の教説などをよりどころとして、中国華厳宗において完成された思想で……。（三九頁）

と解説している。ここには法蔵の名を挙げていないが、次章で考察するように、法蔵の『五教章』を念頭に置いた説明であることは明らかである。

（3）この点についても次章で考察する通りであるが、「一中多多中一」「一即多多即一」と「一即一切」の関係については、拙稿「『十地経論』の六相説と智儼の縁起思想」（金剛大学校仏教文化研究所編『地論思想の形成と変容』所収、国書刊行会、二〇一〇年）参照。

（4）『正蔵』八四・四a。

（5）SAT大正新脩大蔵経テキストデータベース（二〇一二版）の検索結果による。

（6）当該個所の文脈は、『涅槃経』所説の大般涅槃の三徳が一即三・三即一であるのと同様に、一切の功徳が「大般涅槃」という総相に円融することを解釈する、という内容である。

（7）当該個所の『捜玄記』の文脈は、ただ普賢菩薩のみを挙げて他の菩薩の名を出さない理由を解釈する、という内容である。

（8）なおこの点は、八十巻になると改まり、普賢を含めて一三名の菩薩が歎仏偈を頌している。これらの菩薩たちはいずれも「仏の威力を承けて」頌するのであるが、普賢菩薩だけは「自の功徳を以て」の語が付され、特別な扱いとなっている（『正蔵』一〇・二一c）。

（9）『探玄記』巻第二（『正蔵』三五・一四五a）に、ここに掲げた部分を含む普賢菩薩に関する『捜玄記』からの一連の引用がある。

（10）『国訳一切経』和漢撰述部経疏部六、二五一頁の註六九二に、普寂『華厳探玄記発揮鈔』の所説を芳英『華厳経探玄記南紀録』が激しく批判していることを紹介している。

（11）八十巻『華厳経』巻第一一、毘盧遮那品第六（『正蔵』一〇・五三c—）。

（12）ここに、

一切仏法を悉く一法に入れ、一法をして一切仏法に入れしむ。（『正蔵』九・六〇七c）

とか、

一切諸相を悉く一相に入れ、一相を一切諸相に入る。（同右）

のように、一と一切の相即が十種説かれている。

（13）この部分に対する『捜玄記』の記述は、

第四に十巧随順は知るべし。（『正蔵』三五・七九b）

とあるのみである。

（14）六十巻と八十巻の構成の異なりについては、拙稿「『華厳経』天上篇の構造と思想について」（『仏教学セミナー』九七号、二〇一三年）の三四—三五頁の新旧『華厳経』対照表参照。

（15）例えば『大智度論』は、般若波羅蜜が智慧の完成であるという点について、

菩薩の諸行も亦般若波羅蜜と名づく。因中に果を説くが故なり。（『正蔵』二五・一九〇a）

と説く。また『涅槃経』は仏の自由自在の説法について、

如来は或る時に因中に果を説き、果中に因を説く。是れを如来随自意語と名づく。（『正蔵』一二・八二八a）

と説く。

（16）拙著『涅槃経序説』「第三章第二節　仏性と本有今無偈」（東本願寺出版部、二〇一〇年）一一四頁―、および拙稿「涅槃経における無我と我の教説」（『日本仏教学会年報』第七七号、二〇一二年）七八―八〇頁参照。

（17）例えば鳩摩羅什訳『摩訶般若波羅蜜経』は、般若波羅蜜の最初の課題として、法に対して「名字を見ず」を提示し（奉鉢品第二、『正蔵』八・二二一b）、次の習応品第三では、

舎利弗、我の如きは但だ字のみ有り。一切の我は常に不可得なり。（『正蔵』八・二二一c）

と説く。また七空と相応することが般若波羅蜜に他ならないとして、

謂う所は、性空・自相空・諸法空・無所得空・無法空・有法空・無法有法空、是れを般若波羅蜜と相応すと名づく。（同二二一c―二二二a）

と説いている。

（18）例えば『大智度論』巻第六五に、般若空と波羅蜜の関係について、

此の中一切法自性空と説くが故に、自性空の中に亦自性空無し。是の故に摩訶波羅蜜と名づく。（『正蔵』二五・五一七c）

と説くことなどを指す。

（19）鳩摩羅什訳『維摩詰所説経』巻中、入不二法門品（『正蔵』一四・五五〇b―）参照。

（20）例えば南本『涅槃経』巻第八、如来性品は、大般涅槃の常楽我浄を提示した後、真実の我とは何であるかを明らかにするために、

我先に摩訶般若波羅蜜経中に於いて、我と無我に二相有ること無きを説くが如し。（『正蔵』一二・六五一c）

と切り出し、乳の五味を説いて「如来性＝仏性」が真実の我であると説く。この点については前掲註（16）に示した拙著および拙稿を総合的に参照されたい。

（21）この文は、南本の如来性品に相当する個所以前にも説かれているが、それは『涅槃経』の秘密蔵としての意義を説くものであって、般若空との関係が本格的に明らかにされていくのは如来性品の「乳の五味の喩え」以降であり、後半の師子吼品以降で本格的に議論を展開する。この点についても前掲註（16）拙著参照。

（22）『正蔵』一四・五五一c。

(23)「不一不異」という概念は、『大智度論』などにも説かれるが、『中論』冒頭の八不の中に説かれるものが最もよく知られている。そこでは、因縁法の真実は戯論寂滅であると説くことが主旨であるから、「不生不滅」「不断不常」とセットで説かれている。ところが『涅槃経』などに代表される中期大乗経論では、因果を仮に認めて、その不二を説くようになる。その最も代表的な例は『大乗起信論』の、

心生滅とは如来蔵に依るが故に生滅心有り。謂う所は不生不滅と生滅と和合して、一に非ず異に非ざるを名づけて阿梨耶識と為す。(『正蔵』三二・五七六b)

の所説であろう。ここに同じく不一不異を説くと言っても、生滅を認めない同時的な因縁関係を表すものと、一旦生滅を認めて因果不二を説く通時的な因果説を表すものとの違いが存在する。この点の理解と混同が中国仏教の大きな課題だったのである。

(24) 前掲註(20)参照。

(25) 例えば、『岩波仏教辞典(第二版)』の「仏性」の項目には次のように書かれている。

衆生が本来有しているところの、仏の本性にして、かつまた仏となる可能性の意。(八七四頁)

「可能性」ということであれば、「できる見込み」(『広辞苑』第六版五六九頁)がどの程度あるかという意味であって、できない見込みを含意した優劣関係を表している。これに対して「因中に果を説く」は、できない見込みなどとはまったく関係がない。それは超越的な視点に立って純粋未来の状態をそこに読み込むことである。

(26) 本稿第一章で出典を示したが、例えば『正蔵』四五・四八五bの用例とは次のようなものである。

若し円教に依れば、即ち性海円明に約す。法界縁起、無礙自在にして一即一切一切即一、主伴円融なり。

(27) 前掲註(14)参照。

(28) 同右。

(29)『華厳経』の原初的なコアである十地品所説の菩薩行の十地説は、釈尊因位の菩薩行であると考えられること。この点については、前掲註(14)拙稿「『華厳経』天上篇の構造と思想について」の「三　天上篇四会の内容について」を参照。

(30) 前掲註(1)拙稿「『華厳経』における普光法堂会の意味について」の「三　十定品に説かれる普賢菩薩行とは何

か」を参照。

(31) 前掲註(1)拙稿の「四　菩薩行と「仏華厳」の関係」を参照。

(32) 前掲註(1)参照。

(33) 同右。

(34) 天上四会における、十住・十行・十回向と十地の関係については、もう少し厳密な検討が必要であると考えているが、十回向品には意訳単経が存在しないことや、延々とした教説の説相などから見ても、原初的なものであるとは考えにくい。またテキストデータベースの検索によっても、十回向品の末後(『正蔵』九・五二八b—)に用例が集中していることが確認できる(ここでは原初的な意味を探る目的で六十巻を検討した)。

(35) 如来名号品の冒頭で、十方から来集した菩薩たちの最初に文殊師利が説かれ(六十巻では『正蔵』九・四一八b)、その文殊師利によって

是の時文殊師利菩薩は仏神力を承けて、大衆を観察して歎じて曰く、快きかな。今菩薩の会するは未曾有なりと為す。……(『正蔵』九・四一九a)

として、仏とは何かが開示されるのである。

(36) 第二普光明殿会の十定品における世尊は、師子座に就かず「刹那際諸仏三昧」中の出来事であると設定されている。そこでは質問者である普眼菩薩の質問をきっかけに進んでいく。当初普賢菩薩の存在を見聞することができなかった普眼菩薩の要請に応じて、

爾の時普賢菩薩は即ち解脱神通の力を以て、其の所応の如く為に色身を現じて……(『正蔵』一〇・二二一b)

と説かれた後、所説が展開される。中間の阿僧祇品から如来随好光明功徳品は、それぞれ異なる質問者に応じて世尊によって教えが説かれているが、全体は刹那際諸仏三昧中の所説であると考えられる。それを受けて、普賢菩薩行品冒頭の「向に演ぶる所の如きは此れは但だ衆生の根器の所宜に随いて如来少分の境界を略説するのみ」(『正蔵』一〇・二五七c)へと続くと考えられる。

(37) 六十巻は『正蔵』九・三九五b、八十巻は『正蔵』一〇・二一a。

(38) なお八十巻の普賢三昧品に相当する六十巻の盧舎那仏品の該当個所(『正蔵』九・四〇八b—四〇九c)は、文

脈に乱れがあって文意を正しく理解することができない。この点については前掲註(1)拙稿「『華厳経』における普光法堂会の意味について」の注(25)を参照。

(39) 幡谷明「大無量寿経における普賢行――親鸞の還相回向論の思想史的背景――」(『大谷学報』六四―四号、一九八五年)は、高峯了州が「普賢行品は普賢の往相面、離世間品は還相面を顕す」(『般若と念仏――普賢行願品論攷――』〈永田文昌堂、一九五〇年〉、三八三―三八四頁)と解していることを紹介している。この幡谷や高峯の所説は、いずれも極めて深い示唆に富むものであるが、本稿の視点から見ていくつかの重要な視点が欠落しており、この点を含めた総合的な考察を改めて行うつもりである。

(40) 『探玄記』巻第一(『正蔵』三五・一一九b)。なお『国訳一切経』経疏部六、九五頁参照。

(41) 六十巻『華厳経』巻第八(『正蔵』九・四四八b)。

(42) 『探玄記』巻第一(『正蔵』三五・一一九b)。なお『国訳一切経』経疏部六、九六頁参照。

『観経』序分における二序三序の理解

――西山流西谷義の解釈を中心に――

冨永和典

はじめに

西山教義における二序三序の教義用語は、善導大師（六一三―八二・以下敬称略）が『観経』を解釈するにあたって、晋の道安（三一二―八五）以来、特に浄影寺慧遠（五二三―九二）の『観経義疏』に示される序分・正宗分・流通分の三分科が経典分科の通規とされてきた。その浄影寺慧遠の三分科を叩き台として善導は序分・正宗分・流通分・得益分・耆闍分とする五義三段の分科を創案し、そのことはまた、『観経疏』序分義[1]の初めに全体を二分して、「如是我聞」（信・聞）の一句を証信序、「一時佛在」以下を発起序として、その中を第一化前序（時・仏・処・衆）・第二禁父縁・第三禁母縁・第四厭苦縁・第五欣浄縁・第六散善顕行縁・第七定善示観縁の七段に分別して釈し、発起序から化前序を別立させて証信序、化前序・発起序の三序としているところなど善導独自の深義を窺い知ることが出来る（**図1**を参照）。本稿においては、序分における「化前序」の取扱いにも注意しつつ、証空（一一七七―一二四七）の善導解釈をいかに浄音（一二〇一―七一）・行観（一二四一―一三二五）が展開させたか、その意義を考察する。

一　『観経』における経典分科

1　善導『観経疏』における「観」の基礎概念

西山において証空の領解思想を理解するにあたっては、善導の『観経疏』における「観」の基礎概念の解釈が必然とされる。そもそも『仏説観無量寿経』を訓ずるにあたっても、「仏（釈尊）が無量寿を観ずる法を説く経」なのか「仏（釈尊）が無量寿の観を説き示す経」なのか、浄土教諸師においてもその解釈を異にする。証空は『観経』をいかに解釈するかによって、ともすれば、聖道門の教えともなり浄土門の教えともなるという。つまり、証空は『観経』理解の中心が「観」にあることを主張するのである。従来「観」とは「観察」「観念」「観想」という意味に捉え、サンスクリット語のvipaśyanā（毘婆舎那）といい、諸仏を観想する修行法の一つとされる。

そこで、証空は善導の「言観者、照也乃至正依等事[2]」について、

無量寿既ニ所観ノ境トシテ、観門ノ為ニ説カレヌレバ、此ノ境ヲ照ラシテ、観門ヲ成ジテ弘願ニ転入スベシ。観、ノ字ヲ、照、ト釈スル心此クノ如シ。観、ハ行トモ釈セズ、繋念トモ釈セズ、照ト釈ス。照ハ智ナリ。彌陀ノ功徳ヲ知リテ観門成ジ、観門成ジテ願ニ乗ズベキ故ナリ。十六観門ノ心、此ノ釈ニ明ラカナリ[3]。

とし、「観」とは行とも繋念でもなく照であり、その照とは十六観門の心と位置づけるのである。では証空のいう「照」とはいかなる働きがあるのだろう。

善導は「観」の具体的内容について、

これ如来夫人及未来等の為に観の方便を顕して想を西方に注ぜしめて娑婆を捨厭し極楽を貪欣せしめんと欲し玉うことを明かす(4)。

と説き「観の方便」を強調し、観イコール方便であるという。この善導の説かれる「観の方便」について証空は、

「顕観方便」トイハ、今ノ観即チ異ノ方便ノ體ナレバ、観即方便ト云フナリ。「注想西方捨厭娑婆」トラ云フハ、観門ノ功能ヲ釈シ顕スナリ。云ク、若シ、観門ノ異ノ方便ノ道理ヲ得ツレバ、必ズ弘願ニ帰シテ想ヲ西方ニ注メ、苦ノ娑婆ヲ厭ヒ、楽ノ浄土ヲ欣フ故ナリ(5)

と解釈し、観がすなわち異の方便の体であると同時に「照」とは観門の異の方便の道理を領解すること、つまりは、仏からの働きかけを意味する照であると理解したのである。さらに、行観は序分「散善顕行縁」と「定善示観縁」について、

西山には散善に行を顕す縁と読む。他流には散善の行を顕す縁と読み候也。それにとって散善のと読む人の義には顕行の行を散善に限りもって散善の行を顕すという義なり。此の如きの義どもはこの散善の行をもっては諸行往生といいて辺地の業ともいうなり。西山には散善にと読みては顕行の行をば定善の行といいてもって散善に行を顕すに定善の行を顕す。定善の行を顕しぬればかえって定散を行に顕すと落居す。このとき異方便といいて浄土の要門定散を顕すという義也(6)。

さらに、

二には定善に観を示す縁の中に就いてと読むは西山の文点也。それにとって定善にと読みてはこの観を仏力の観と得て定善に留めず散善までも亘す観という義に読む文点也。しかるときんば上にて散善に行を顕すに定善の行を顕すというように、いまこれもまた定善に観を示すに散善の観を示すという義也。此の如く定善に散善

の観を示しぬれば、定散ともに返りて定散示観という法門也。[7]

と解釈し、「の」と文点をつけた場合、散善・定善における修行法としての観法は機の能力に応じて限定を強いられるが（機の立場）、「に」と文点をつけた場合、異方便により定善・散善の行を共に等しく説示しているだけであって我々に実践行としての観法を強いているわけではないという解釈である（法の立場）。そこで、ここに示される「定散示観という法門」とはいかなる法門であろうか。

そのことについて、『観経』序分（定善示観縁）において釈尊が韋提希に対し、

「汝、これ凡夫なり。心相羸劣にして、未だ、天眼を得ざれば、遠く観ることあたわず。諸仏、如来に異の方便ありて、汝をして見ることを得しむ。」

と説き、韋提希は、

「世尊よ、我が如きは、今、仏力を以ての故に、彼の国土を見たてまつる。[8]」

と答えた場面である。つまり、韋提希は欣浄縁光台現国において自らの眼で自発的に阿弥陀仏国を選び取ったと思い込んでいたが（行門）、定善示観縁に至って釈尊が事の真相を告げることにより、初めて、韋提希は自身が凡夫であることに気づき、阿弥陀仏国を見て選び取ったのも仏力によるものであり、しかもそれが仏力異方便（天眼・観門）により観せしめられていた真実に目覚めるのである。したがって、釈尊の仏力異方便（観門）による韋提希への働きかけにより、韋提希が自力行門から他力観門へ廻心したと領解する法門である（示観領解）。このように、従来からの観法を意味する「観」の基礎概念を、善導は仏力異方便（観門）による衆生への働きかけを意味する「観」として価値転換させたとするのが西山流西谷義の理解である。

2　五義三段の意義

証空は『観経疏』において善導が正宗分より得益分・流通分より耆闍分を開出した意図について、

始ニ、三段ヲ分別スルニ五門ヲ造ル事ハ、釈ノ道安ヨリコノカタ、諸経ヲ釈スルニ斉シク三段ヲ分別ス。諸師皆是ヲ用ヰル。然ルニ今、正宗ノ中ヨリ得益ヲ開キ出シテ、韋提ノ得忍ハ、観門ノ正宗ニ弘願ノ體顕ルル時是アリ、ト料簡シテ、未来ノ我等彼ノ得忍ノ分アル事ヲ成ジテ、往生決定スル事ヲ知ラシムルナリ。（中略）観門ヨリ弘願ヲ顕ス浄土ナレバ、未ダ是ヲ見ズ、汝是凡夫、トラ説キ給フニ、初メテ行門ノ心ヲ改メテ、未来ノ衆生ノ為ニ仏力ノ観ヲ請シ奉ルニ答ヘテ、佛正シク十六ノ観門ヲ開キ給フヲ聞ク時、韋提ノ光台ニ国ヲ見シハ正シク見タルニナリテ、正報ノ三尊ヲ見奉リテ無生ヲ得シカバ、所説ヲ聞キテ得タルニナル。然ラバ、此ノ得益ハ観門ノ正宗ニ依リテアルナリ観門ハ弘願ヲ顕シテ凡夫ノ出離ヲ成ズレバ、彼ノ韋提ノ得忍ハ凡夫正シク得ベキナリ(9)。

と説き、三段分別の場合、韋提の立場は仏在世に限定され、韋提得忍は第七華座観住立空中にある。しかし、韋提の立場は示観領解により未来凡夫の得益を優先させる立場にあるので、正宗十六観所説を聞き終えない限りは未来凡夫の得益は成立し得ない。よって、正宗分から得益分を開出させたというのである。つづいて証空は、

流通ノ後ニ耆闍会ヲ開キ出ス事ハ、正宗ヲ以テ未来ノ衆生ニ蒙ラシムル故ニ流通アレバ、此ノ流通錯ラザル事ヲ顕サン為ニ、阿難ノ傳持違ハザル事ヲ成ズル義、耆闍会ニ顕サルル故ナリ。阿難耆闍ニシテ佛ノ御前ニテ上ノ如キノ事ヲ説クニ、スベテ違ハザル故ニ、未来ノ流通モ違ハザル事ヲ顕ス故ナリ(10)。

と説き、正宗にて未来凡夫に同じた韋提の得益をそっくりそのまま耆闍分に移す旨を意図し、伝持者としての阿難

が正宗分において見聞きし得た得益と同レベルに位置づけるために流通分から耆闍分を開出させたとする。

こうした証空の意を受けた浄音は五義三段について、

先づ得益を正宗より開して別に立つる事は、第七観の見佛とは即ち、説に極る処を見たる故に、得益は顕さずして、十六観の下に得益を挙げて此を第七観ぞと顕す事は、見即説に極る処を顕す心なり。故に今の十六観の説は、諸経の説に異して佛体を説に極めたるなりと顕す。故に見と云ふは説の益を見顕す見なり。之を以て第七観にして得る所の得益を第七観には顕さず、十六観の下に置く也[11]。

といい、第七住立空中の韋提の見仏における得益を正宗十六観所説に極め顕すためであるとしている。つまり、未来凡夫の得益は十六観すべて説き終えなければ成立しないので得益分を正宗分より別立したとある。さらに浄音は耆闍会を別に建立することについて、

一つには在世即滅後と云ふとは、阿難の伝説は滅後に在るべきを、在世の時之有る故なり。二つには阿難伝説に謬無き事を顕すとは、是即ち、在世にして伝説する、是なり。三つには耆闍会は王宮の三段流通なる事を顕すとは、耆闍会に三段を立てて、其の正宗に「説如上事」とは、王宮会の序分より指す故なり。王宮会の時、序にて、「阿難、汝等受持、広為多衆」の義を顕す。故に、種種の義有りと雖も、詮は流通を成ずる故に、耆闍会をば却りて流通に摂すべし。然らば、五門分別すとは三段の義を顕さんが為なり。故に終には三段に落居すべき者なり[12]。

といい、耆闍会別立の理由を三点挙げている。すなわち、

① 仏在世における阿難の伝説と仏滅後の伝説とを同価値に認めるため。
② 正宗十六観所説の内容と耆闍における阿難の伝説の内容に誤りが無いことを証明するため。

③　耆闍三段とは序分「爾時世尊、足歩虚空、還耆闍崛山。」・正宗「爾時阿難、広為大衆、説如上事。」・流通「無量諸天、及龍夜叉、聞仏所説、皆大歓喜、礼仏而退」と王宮会における序正流通は耆闍分の三段に皆納まることを顕すため。

であるという。

そこで行観は正宗分と得益分の関係について、

他師の釈のごときはひとえに正宗の説に得益を属せり。これ諸経に同ずるゆえなり。いま別に得益分と立つることは、もし得益を正宗に属せば、ひとえにただ説の得益にて教行証を立つる諸経の説に順ずる自力修行の得益なるべし。このゆえに玄義分にてこの得益を料簡するに、韋提得忍出在第七観始といいて左右なく十六観の下には置かざるなり。ゆえにこれは見即説の義を顕さんがために説の下の益を第七観の益とは指すなり(13)。

といい、もし得益が正宗に納まったままだと仏在世における韋提の立場として第七観の見仏にしか得益を蒙れない。これはすなわち自力修行の得益でしかない、しかし、得益分を十六観の下に置くということは見（第七住立空中の見仏）即説（正宗十六観所説）の義を顕さんがためだという。さらに、耆闍分について、

そもそも王宮会に相対して三段を立する所以はいかん。答えていわく、耆闍会にて三段を分別することは耆闍会の正宗に王宮会をみな摂して一経を伝説と顕す意なり。しかもまた王宮会の流通の中に耆闍会を属する意は、流通の中の正宗といいて耆闍会をみな伝説流通ぞと顕わさんがためなり。しかるときんば流通というも常の流通にあらず、伝説をもって流通といい、伝説というも常の伝説にあらず、流通をもって伝説といいてしかも佛体佛語ということを顕わし、これを末法の遺跡ということぞと釈するなり(14)。

と解釈し、耆闍会において三段を分別することは、耆闍会の中の正宗分に王宮会をすべて納めて『観経』一経を伝

説として顕す意があるからだという。しかも、王宮会の流通分の中に耆闍会を属する意図は流通分の中の正宗分といいて耆闍会をすべて「伝説流通」として顕さんがためであるという。

このように五義三段の理解において証空は正宗分を中心に五門を展開させるが、浄音・行観は流通分中心に五門を展開させようとする傾向にある。

二　西山における「序分」の教学的意義

1　証信序

証空は「雙釈二意[15]」について、

如是、ノ二字佛説ヲ指ス言ナレバ、佛ヲ指シテ證信トスル心ナリ。故ニ、如是二字総標教主能説之人、ト云フ。此ノ中ニ、総、ト云フハ、別、ニ對ス。云ク、如是、ノ言佛ニ説ヲ指スト云フハ、必ズシモ阿難ノミ、如是、トハ思ハズ、五百、千二百等ノ聲聞悉ク、佛説ヲ指シテ、如是、ト云フベシ。故ニ、総、ト云フナリ。能ク説ク義、佛ノミ究竟シ給フ故ニ、能説之人、ト云フ。能説、ト云フハ、凡夫出離ノ道ヲ説クニアリ。是即チ、今ノ観門ノ心ナリ。次ニ、阿難ニ付キテ證信ノ義ヲ云ハバ、五百、千二百ノ聲聞ノ中ニ、阿難ノ傳説ノミ信ズベキ故ニ、我聞両字、阿難自ラ稱シテ、證信ノ序トスルナリ。故ニ、我聞両字、別指阿難能聽之人、ト云フ。此ノ中ニ、別、トイハ、総、ニ對ス。云ク、我聞、ハ阿難ノ言ナレバ、総ジテ諸聲聞等ノ稱スベキ言ニハアラズ。證信ノ義成ジ難キ故ナリ。故ニ、別、ト云フ。能ク聴ク義、阿難ヒトリ其ノ徳ヲ顕セル故ニ、能聽之人、ト云フ。能聽、トイハ、能説、ノ教ニ於テ、一言一義錯フザル心ナリ。佛耆闍ニ還リテ更ニ言説シ給ハズ、阿難ノ傳説ヲ聞カン為ナリ。此ノ時ニ、阿難佛ノ御前ニシテ上ノ如キ十六観門ヲ分別スルニ、佛意ニ相応シテ錯ラザル故ニ、能聴ノ徳顕レテ、我聞、ノ義殊ニ此ノ経ヲ本トシテ成ズト云フ心ナリ。[16]

と説き、「如是」の総についていえば、如是の言葉は仏説を主張するのは必ずしも阿難に限ったわけではなく、声聞等が仏説といえばそれは仏説となり得るという。しかし、「我聞」の別についていえば、阿難は釈尊から十六観の直説を授かった能聴の人であり、しかも耆闍においては釈尊の御前にて釈尊に代わって聴衆に十六観を説いた人であるので、阿難の伝説がすなわち証信の義であるという。

こうした証空の解釈について浄音は、

問ふ。「雙釈二意」とは如何。答ふ。是に多義有り。或が云ふ。如是は信を標し、我聞は証を標する故に、「雙釈二意」と云ふ。或が云ふ、「能説」には釈迦諸仏、「能聴」には阿難諸衆の故に、「雙釈二意」と云ふ。（中略）王宮には佛は教主、阿難は能聴、耆山に帰りては阿難は教主、佛は能聴なり。是は因果を等しくして機方の浅深を言はず。聴聞するも佛に同じ、説く所も佛に同じき事を顕す。されば、我等及び龍畜までも此の二徳有る故に、「雙釈二意」と題するなり。かかる法の故にこそ、韋提、未来の請に依りて得益し、滅後の我等も韋提の得益の同ずる。[17]

といい、王宮においては仏が教主、阿難が能聴。耆闍においては阿難が教主、仏が能聴とし仏と阿難を同レベルに定めることにより、それをそのまま韋提の得益と未来凡夫の得益にまで展開させようとするのである。さらに浄音は、

抑も証信発起の名は言に其の本謂れたり。何となれば、証信序とは、此の法を未来の衆生の可信のために阿難我れ聞く、と証信する故に、此の証信の体即ち未来の信の由縁と成ずるを証信序とは云ふなり。故に信と云ふ

は未来、証と云ふは阿難の証誠なり。[18]

とし、阿難の「我聞」は未来衆生の可信のためであって、証信とは未来衆生の信の由縁となることを目的とするものであるから、「信」イコール「未来」、「証」イコール「阿難の証誠」と位置づけるのである。

そこで行観は「如是我聞」について、

如是我聞の一句を証信序といえり。それにとって証信とは、証は証誠の義、信は可信といいて、未来衆生の信ずべきところを阿難の証誠して持つという意なり。これを以て流通のための序というなり。この如是我聞の一句について広く諸経に通じて、諸師は通序とも釈す、別序とも釈す、経前序とも、経後序とも釈す。証信序とも発起序とも釈す。（中略）通序・別序とは「如是我聞」の一句が一切の経ごとに違わず亘りてある方よりは通序というなり。別序とは経経おのおの所説の法異なればそれに随いて発起も各別なるゆえに、その経一部を指してその意を如是我聞という方よりは別序というなり。経前序・経後序とは、在世に所説の法が顕われんとせしときは由序といいて、まず起こりたる序なれば経前序というなり。経後序とは、佛の大涅槃のとき阿難の問いたてまつりていわく、「経を結集せんとき一切の経の始にはいかなる言をか置くべき」と問いたてまつるとき、「如是我聞と置くべし」と定められたり。この故に一代諸経の説化竟りて後に畢婆羅崛にて結集のときに、如是我聞と伝説せしとき出で来たれるゆえに経後序というなり。浄影はいわく、「如是我聞を佛の在世より定めたれば経前序というべき意あり」といえり。[19]

といい、「未来の信」イコール「阿難の証誠」と定めた上で、「如是我聞」を流通のための「序」と位置づける。また、仏説といわれる経典の冒頭にはすべて「如是我聞」を置くことを通序とする。しかし、仏説といわれる経典においてもその内容はさまざまで、「如是我聞」の意味の捉え方もそれぞれ異なってくる。その統一されていないそれぞれの経典の「如是我聞」を指して別序という。また、仏滅後伝説として書かれた経典の「如是我聞」は経後序、仏在世時に成立した経典としての「如是我聞」は経前序という。さらにつづいて、

今またこの経典について今師の得給う二序三序の義分はいま一つ超え超えたる別のことなり。これについていわく、証信とは証人の義、証人の義というはまた証誠の義なり。ただし諸師は同聞衆を引きて証信となして証誠の義を成ず。今師は阿難一人をもって証信となして如是我聞の一句をもって証誠の義を成ず[20]。

といい、善導の二序三序の考えは従来からの通別・経前序経後序という概念を遥かに超えたまったく別の意味であって、「如是我聞」の一句は阿難一人をもって証誠の義が成立するのだというのである。行観は「双釈二意」の解釈についてさらに発展させ、

いま和尚のこの経にて立てたまう証信は、両会をもって能聴能説を双釈二意在世に立つるゆえに諸経にも説かず諸師も立てざる証信序なり。これについて諸人不審していわく、証信とは証人の義なり。もしいからば諸師の同聞衆を借りて立するはもっとも証信の義はいわれたり。今師の阿難一人を立するはわが使いわれ来たる風情にて証信の義立せず。いかん。答えていわく、諸師の同聞衆をもって立てたまう証信の義よりは、和尚の阿難一人を立するがなお勝れたるなり。しかる故は、両会、一部の経といいて能聴能説というは一人当千の義にて、在世に釈迦能聴の義をもって錯りなく王宮会の説を伝説したるときに滅後には何千何万人というとも佛一人聞きたまうには如かず。ゆえに如是我聞の一句をもって能聴能説といいて阿難一人の証信を立するがなおもって勝れたるなり。ここをもって知んぬ、この経の証信を立するのみにあらず、一代諸経の伝説に錯りなき阿難ということもこの経の証信よりこそ思い知らるるものなり。ゆえにこの経にて和尚の立てたまう阿難一人の証信がなお勝れたるなり。ゆえにまた一人といえども証信不足なきなりと[21]。

と解釈し、行観は『観経』を両会一部の経とする。つまり、正宗（王宮会）において釈迦十六観異方便（能説）を見聞きした（能聴）阿難は耆闍（耆闍会）に戻って釈迦の代役として、しかも釈迦の御前で（能聴）十六観所説を誤りなく復説（能説）したので、場所は違えどその内容は一致することから両会一部の経としたのである。

2　発起序（化前序）

証空は発起序を解釈する中で化前序について、

化前序、ノ名ヲ立ツル事諸師ト異ナリ。天台ノ心ニ依ラバ、此ノ文ハ通序ニ属ス。浄影等ハ、證信、発起ノ二序ニ通ズト云ヘリ。今ノ心ハ、自力行門ヲ改メテ、他力観門ヲ述ブルヲ正宗トスル故ニ、一代諸経皆此ノ経ノ序トナル事ヲ顕サンガ為ニ、此ノ、化前序ノ名ヲ立ツルナリ。其ノ故ハ、化、ト云フハ、正宗ノ教化ヲ指スナリ。此ノ、化ノサキノ序、ト云フハ、正シキ序ノ心ナリ。正シキ序、ト云フハ、発起序ニアリ。然ルニ、禁父之縁、以下ノ、発起序、ハ且ク今ノ経ノ観門ノ序トナルト雖モ、十六ノ観門既ニ開シ畢リヌレバ、正宗ニ同ズ。未ダ観門ノ謂レザリシニ国ヲ見タリト思ヒシハ、見タルニハアラズ。汝是凡夫、ト説キ給フ時正シク見タルニナレバ、観門立テバ正宗ニ同ズルナリ。其ノ故ハ、禁父、禁母、厭苦、ノ三縁ハ、観門ノ機トナリ、欣浄縁、ハ正シク十六観門ノ正宗トナル、散善顕行、ニ法ヲ双べテ顕シ、定善示観、ニ光台観門ノ相ヲ述べ示ス故ニ、三縁正宗を成ズ。故ニ、発起序ノ義且ク立ツト雖モ、終ニ正宗ニ同ジテ序の義ナシ。化前序ト立テツル序ノミ、正シキ今ノ観門ノ序トナリテ残ルべシ(22)。

といい、浄影寺慧遠の聖道門家の二分科を通序とし、善導が発起序より化前序を別立する意図は一代諸経を皆『観経』の序と位置づけるためにあるという。つまり、禁父、禁母、厭苦の三縁は観門の機となり、欣浄、散善顕行、

定善示観は示観領解にて観門が立てばいずれ正宗に同じてしまうからだという。さらにこのことについて、

三ノ序ノ中ニ、證信ハ、流通以後耆闍会ヨリ成ジテ、滅後結集ノ時ニ立ツ。正宗ノ序ト云ヒ難シ。発起ハ、初ニアリト雖モ、観門立テバ正宗に同ジテ、其ノ體ナキガ如シ。正シキ序ハ、只化前序ナリ。（中略）汝是凡夫、ト云ヒテ、観門ノ正宗立チヌレバ、今ニ発起ハ失セテ、化前ノミ残るル。其の化前ノ體ハ、聲聞、菩薩ノ二衆ナリ。自力行門ノ教ニ依リテ益ヲ受クル人ナレバ、今経ノ序ノ體ト定ムルナリ[23]。

といい、三序分科の場合、証信は耆闍会の序となるので正宗の序とはいえないし、化前序の体はあくまでも自力行門の教えによって益を蒙る声聞・菩薩の二衆である。つまり、発起序の中に化前序を含めてしまうと、示観領解において観門が立てば正宗に同じるのでその体（化前序）は成さず、それに伴い発起序自体の意味も失せてしまうので発起序から化前序を別立させることにより、化前序のみ残そうとする意図が読み取れる。

善導が序分義の結文に三序分科で締め括っている訳は[24]、二序の場合『観経』は王宮会における韋提希の悲劇に際して、釈尊が耆闍崛山から王宮に出現してこられて説法されたという単なる物語の序説でしかないが、三序とした場合は『観経』教化以前（化前）の一代諸経すべてが『観経』の由序となり、釈迦観門を説く『観経』に一代諸経すべてを極めることを目的とするものである。

次に、浄音は発起序について、

「一時佛在」より「云何見極楽世界」までは発起と云ひて、而も化前と六縁とを分ちて、化前に序の字を付けて六縁に縁の字を置く事は、「爾時王舎大城」より発起と云ふも、化前を地に布きて此の上に六縁を建立して、六縁が即ち発起なる意趣も顕るべきなり。之を以て禁父縁に「随順調達、悪友之教」と云ひて、提婆が教より禁父の起る様を顕すなり。然らば化前無くば提婆有るべからず、故に化前より禁父起こるぞと顕すなり[25]。

といい、化前を地に布いてその上に六縁を建立するとは、悪友である提婆の教えがあったからこそ禁父縁が起こったというのである。つまり、まず化前をベースとして禁父以下五縁を起こすという解釈である。さらに浄音は、

一向に発起に化前を属しては、今経の発起知られず、化前を除けて障の方を面として、此の様を作り顕す今経の発起の体顕る。故に始に序と云ひて化前を発起とは云はざるなり。三序を立つる事は、共に正宗の為なるに取りて、発起は正宗を料理する序なり。故に禁父母等の六縁を経るなり。化前の序と云ふは、修因感果の面を立して発起を料理し出す法の体異なる形を思ひ分けさせん為なり。故に異方便とは化前の法に異する心地あるなり。若し化前無くば今の法美味顕れず、故に化前尤も大切なり。次に証信序、是は流通の義を顕す序なり。故に三序を立つ。然るに、先きに二序と、化前を発起に入るる心は、此の方にも、修因感果の法体より立する発起なる故に、諸経の発起にも異なるなり。何となれば、提婆より顕るる発起と又彼の法に堪へざる機の形と、又彼の法の体を引き替へて、是より今の法を造り顕すとの故に有るべきなり。今経の二序三序を立つる事は、若し二序をたてずば、今の発起化前より起こる事顕すべからず、又三序と分たざれば、六縁を即ち発起として浄土の機法の体顕すべからず[26]。

とし、大変解りづらい解釈ではあるが、こうした浄音の解釈について行観は、

この経の序に二序三序の道理がありて、しかも二序ばかりにても顕われず。三序ばかりにても顕われず、かならず二序と三序の二が一に寄り合いて厭苦の韋提を浄土の機と発起してこの経の正宗を開くという法門なり。しかれば始めは二序、終わりは三序と釈するは、二の道理を著わしてしかも始終あい離れざる色を顕わす義なり[27]。

といい、二序三序の道理は二序と三序を分別して説くものではなく、二序三序の二が一に寄り合った上で、厭苦の

韋提を浄土の機（観門の機）として調えられ、やっと正宗十六観が開顕される法門であるという。そこで、二が一に寄り合うとはいかなる意味であろうか。

　次にまた重ねて細かに二序三序という義を分別するに、上の三縁は機をば発起するゆえに経にも化前序には二衆ばかりを挙げて一代の法の方をば挙げざるなり。ただし玄義の序題門には経法を二途に分別する面なるゆえに、一代の教法を挙げて八万余の諸経の自力随縁の益に漏れてくる障重の機の上に観経を開くといえる教相を分別する廃立の面の法門なり。いまこの依文は、この経の機を発起する位なるゆえに化前序を立て、二序三序というは傍正の重の料理なり。かくのごとく文先の玄義と依文との替り目を知らざるゆえに一代化前序といいて諸経をみな方便の経、不真実というなり。（中略）しかれば西山上人の証道には聖道浄土の二門ということは、鳥の二翅のごとく、車の二輪のごとし云々(28)。

と解釈され、二序三序の寄り合いとは、文先の玄義においては廃立の面の法門であり、依文釈義においては傍正の重の料理とし、証空はその関係を「鳥の二翅」「車の二輪」に譬えていたという。行観は『序分義私記』の結文に、

　この二序と三序とがあい離れずしてもって罪悪生死凡夫、無有出離之縁の一機を発起し顕わすものなり。ゆえに二序の方よりは三序を終りとなし、三序の方よりは二序を始めとなして一具の発起序を釈し顕わす義なり。それにとって二序というときは六縁といい、三序というときは七段といいて、六縁七段の二をもって観経序分義と釈し顕わすなり。これまた未聞希奇の法を序し顕わすなりと云々(29)。

と結び、善導『観経疏』序分義の解釈を「未聞希奇の法を序し顕わす」と位置づけるのである。

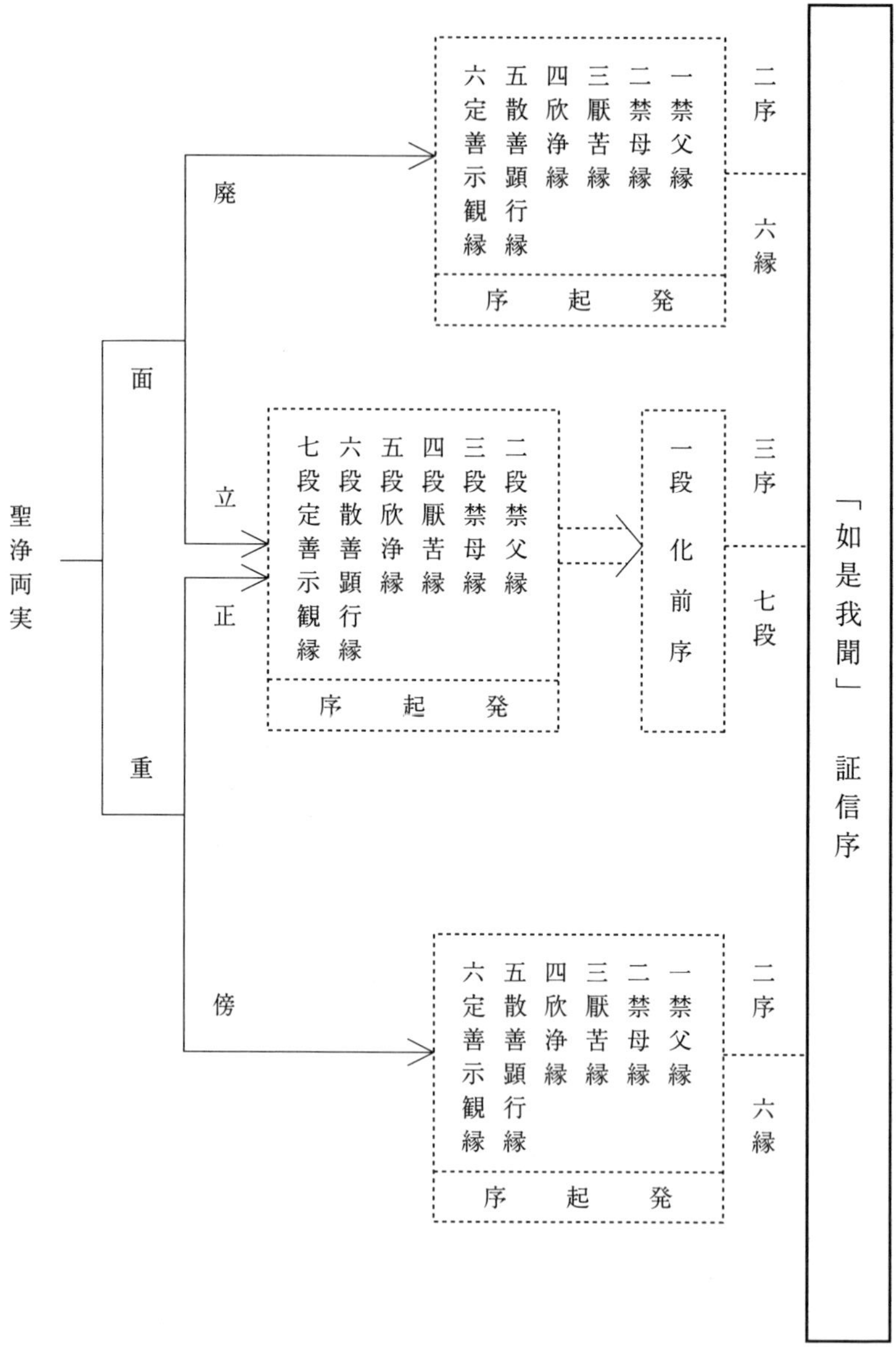

「如是我聞」証信序
二序
六縁
一禁父縁
二禁母縁
三厭苦縁
四欣浄縁
五散善顕行縁
六定善示観縁
序起発
三序
七段
一段化前序
二段禁父縁
三段禁母縁
四段厭苦縁
五段欣浄縁
六段散善顕行縁
七段定善示観縁
序起発
二序
六縁
一禁父縁
二禁母縁
三厭苦縁
四欣浄縁
五散善顕行縁
六定善示観縁
序起発
廃
立
正
傍
面
重
聖浄両実

図1

おわりに

善導『観経疏』序分義における五義三段・二序三序分科の理解の中心に、善導により価値転換された「観」の存在が挙げられよう。韋提は発起序定善示観縁（示観領解）において釈尊の指摘により仏力異方便（観）の存在に気づき、自力（行門）から他力（観門）へ廻心し観門の機に調えられるのである（調機誘引）。そこで、韋提は未来凡夫の得益を請い、いよいよ異方便による正宗十六観が開説されるのである。ただし、韋提の立場は仏在世の立場ではなく、未来凡夫に同じた立場として正宗十六観所説を聞き終えるのである。第七住立空中の見仏（弘願帰入）において得益を蒙ったはずの韋提（仏在世）ではあるが、未来凡夫に同じているため十六観を説き終えないと得益を蒙れない。したがって、正宗分が終わったあとの得益分に韋提の得益を明示するのである。その意図するところは第七観（在世韋提）の「見」と十六観（未来凡夫）の「説」の弘願感得を同レベルに仕立てるためである（見説一同）。そして、伝持者としての阿難は耆闍崛山に帰り待ち構えていた大衆を前に、しかも釈迦の御前にも拘わらず十六観所説を寸分の誤りも無く説き示したのである（復説）。行観は、

何れとなれ者、正説と流通有、正説の序を発起と云て流通の序を證信とは云う。未来の為に阿難證誠する故なり(30)。

また、

此の観経にては化前序を立てて、阿難一人を以て証信序とは立てる也。此故に如是我聞の一句を証信序と云て、証信化前発起の三序と立て玉ふ。（中略）和尚は如来在世に証信を立す。其にては五義を分て、両会の正説を

以て一部の経と得玉ふ故に、証信を在世に立して如是我聞の一句を以て、阿難一人を以て証信序と釈し玉ふ也。[31]

と解釈し、序分が正宗の序説として立てられたその真意は、正宗に説くべき十六観はもうすでに序分において予説として示されていることを意味し、流通を聞き終えた時点で聞位の得益を阿難に託し、再度、序分に返して一句証信の「如是我聞」に正説としての聞位の得益を蒙らせてあったと領解せしめようとするのが西谷義の理解である。

註

(1)『観経疏』序分義・『浄土宗全書』（以下、浄全）二巻一四頁下
(2)『同右』玄義分・浄全二巻三頁下
(3)『自筆御鈔』玄義分・『西山叢書』（以下、西叢）　巻四三頁下
(4)『観経疏』序分義・浄全二巻三二頁下
(5)『自筆御鈔』序分義・西叢一巻二三七頁下
(6)『序分義私記』『西山全書』（以下、西全）別巻七・一八三頁
(7)『同右』同右・二五一頁
(8)『観経』浄全一巻三九頁
(9)『自筆御鈔』序分義・西叢一巻一三七頁下―一三八頁上
(10)『同右』同右・同右一三七頁下
(11)『愚要鈔』序分義・西全別巻四・八四頁下―八五頁上
(12)『同右』同右・同右・八五頁上下
(13)『序分義私記』西全別巻七・五―六頁
(14)『同右』同右・六頁
(15)『観経疏』序分義・浄全二巻一四頁上

(16)『自筆御鈔』序分義・西叢一巻一四一頁上下
(17)『愚要鈔』序分義・西全別巻四・八九頁下—九〇頁上
(18)『同右』同右・同右・九八頁下
(19)『序分義私記』西全別巻七・一七—一八頁
(20)『同右』同右・一八頁
(21)『同右』同右・二七—二八頁
(22)『自筆御鈔』序分義・西叢一巻一四八頁上下
(23)『同右』同右・同右一四九頁上
(24)『観経疏』序分義・浄全二巻三四頁上
(25)『愚要鈔』序分義・西全別巻四・九五頁
(26)『同右』同右・一〇三頁上下
(27)『序分義私記』西全別巻七・三七頁
(28)『同右』同右・四二—四三頁
(29)『同右』同右・三〇六頁
(30)『同右』同右・二二頁
(31)『同右』同右・二四—二五頁

一遍教学の変遷過程とその展開
――融通念仏との関わり――

長澤昌幸

はじめに

時宗開祖一遍上人（一二三九―八九。以下尊称略）の生涯を克明に記した『一遍聖絵』（国宝、一二九九年成立、清浄光寺蔵）は、一遍が熊野本宮証誠殿で熊野権現から神勅を得る場面を次のように記している。

かの山臥、聖のまへにあゆみより給（ひ）ての給はく、「融通念仏すゝむる聖、いかに念仏をばあしくすゝめらるゝぞ。御房のすゝめによりて一切衆生はじめて往生すべきにあらず。阿弥陀仏の十劫正覚に、一切衆生の往生は南無阿弥陀仏と決定するところ也。信不信をえらばず、浄不浄をきらはず、その札をくばるべし」としめし給ふ[1]

この場面の出来事によって一遍は、念仏の深意を得て迷うことなく念仏勧進を行うことになる。また、この瞬間を後世の時宗教団では、立教開宗の時としている。

さて、この場面で注目すべきことは、一遍が「融通念仏すゝむる聖」と呼称されていることであり、そのことを

『一遍聖絵』を制作した聖戒（一遍の弟子あるいは実弟といわれている）などがそのように認識していたことになる。

また、一遍の別伝である『一遍上人縁起絵』（別称『遊行上人縁起絵』）では、

かの山臥聖の前にあゆみよりてのたまふ。「やゝあの融通念仏すゝめらるゝ聖、いかに念仏をばあしくすゝめらるゝぞ。御房のすゝめによりて始めて衆生の往生すべきにあらず。阿弥陀仏十劫正覚に、一切衆生の往生は南無阿弥陀仏と決定するところ也。信不信を論ぜず、浄不浄をきらはず、その札を賦て勧べしとしめし給(2)

と記されている。この『一遍上人縁起絵』でも一遍を「融通念仏すゝめらるゝ聖」と称していることから『一遍聖絵』と『一遍上人縁起絵』のどちらも制作者が同様の認識で一遍を捉えていたことが窺える。

また、『一遍聖絵』における一遍の臨終間際の場面では、

六十万人の融通念仏は、同日播磨の淡河殿と、中女房の、参てうけたてまつりしぞ、かぎりにて侍し(3)

とある。このことからも一遍が終始融通念仏に関わっていたことが窺える。このように、一遍を指して「融通念仏すゝむる聖」と称している由縁はなんであろうか。

そこで、本稿では、「一遍教学の変遷過程とその展開――融通念仏との関わり――」と題し、一遍教学の変遷過程やその背景を述べた上で融通念仏との関わりを考察する。

一　一遍教学の変遷

『一遍聖絵』第一一によれば、正応二年（一二八九）七月一遍は「いなみ野」（現、兵庫県加古川市とその周辺）を終焉の地としていたようであるが、兵庫から迎えが来たため兵庫観音堂（現、兵庫県神戸市真光寺）に移動した。こ

の頃、一遍は自らの臨終が近いことをさとり、次のようなことを行っている。

同十日の朝、もち給へる経少々、書写山の寺僧の侍しにわたしたまふ。つねに「我化導は一期ばかりぞ」とのたまひしが、所持の書籍等、阿弥陀経をよみて手づからやき給しかば、伝法に人なくして師とともに滅しぬるかと、まことにかなしくおぼえしに[4]

と記されているように、所持していた経典以外の書籍を『阿弥陀経』を読誦しつつ、自ら焼却している。そして、「一代聖教みなつきて、南無阿弥陀仏になりはてぬ[5]」と述べている。これは、釈尊一代の教えを突きつめれば、南無阿弥陀仏になることから自己の思想を残そうとはしなかったのであろう。おそらく、焼却した書籍の中には一遍自身の思想を記した著作が存在していたものと思われる。

現在、一遍の著作は現存せず、その思想は、伝記類や門下の筆録による法語類のみである。そのため、著作や法語では、一遍教学を時系列でその思想的変遷を考察することはできないが、一遍作の三種の偈頌によってその思想的変遷を考察することが可能である[6]。

一遍作である三種の偈頌は、次のとおりである。

①「十一不二頌」

十劫正覚衆生界　一念往生弥陀国　十一不二証無生　国界平等坐大会

②「六十万人頌」

六字名号一遍法　十界依正一遍体　万行離念一遍証　人中上々妙好華

③「六字無生頌」

六字之中　本無生死　一声之間　即証無生

この偈頌のうち①「十一不二頌」についてその成立を『一遍聖絵』では、文永八年（一二七一）の春、信州善光寺に参詣し、二河の本尊（二河白道図）を感得した後、秋頃伊予国（現、愛媛県）に戻り窪寺というところに閑室を構え、念仏三昧の日々を送っていた頃であるとしている。このことを『一遍聖絵』第一では、

かの時、己心領解の法門とて、七言の頌をつくりて、本尊のかたはらのかきにかけ給へり。其詞云、

十劫正覚衆生界　一念往生弥陀国

十一不二証無生　国界平等坐大会

この頌のおもむき義理をつくして、より〳〵示誨をかうぶりき(7)

とある。このことから己心領解の法門として一遍が作成した偈頌であることが窺える。

また、②「六十万人頌」③「六字無生頌」の成立について『一遍聖絵』第三では、文永一一年（一二七四）に一遍が熊野本宮証誠殿で熊野権現から神勅を授かり念仏の深意を得た後、その内容を記した消息を熊野から聖戒に送ったことが記されている。その消息には、念仏の形木のこととともに「六十万人頌」についても触れられている。それについては、

聖（の）頌（に）云（く）　六字名号一遍法　十界依正一遍体　万行離念一遍証　人中上々妙好華　又云（く）

六字之中　本無生死　一声之間　即証無生(8)

と記されている。さらに、『一遍聖絵』第三によると一遍は、熊野参籠の後、生国伊予に赴き有縁の人びとを念仏勧進しながら、九州太宰府原山に居住している聖達（生没不詳）のもとを訪ねている。その時、聖達と一遍とが交わした法談の内容について、

風呂の中にして仏法修行の物語し給けるに　上人「いかに十念をばすゝめずして　一遍をばすゝめ給ふぞ」と

とひ給ひければ　十一不二の領解のおもむきくはしくのべ給ふに　感嘆し給ひて「さらば我は百遍うけむ」とて百遍うけ給けり(9)

とある。この内容から一遍は、聖達に「十一不二頌」の内容をもって自己の領解を説明したことが推察される。

さて、次に「十一不二頌」と「六十万人頌」の内容の深化について考察したい。

まず、「十一不二頌」は、「十劫正覚衆生界　一念往生弥陀国　十一不二証無生　国界平等坐大会」（十劫に正覚す衆生界　一念に往生す弥陀の国　十と一とは不二にして無生を証し　国と界とは平等にして大会に坐す）。

これは、十劫のはるか昔、法蔵菩薩が四十八願を建てて、その誓願が成就し、衆生界において阿弥陀仏になった。一度称える念仏により、阿弥陀仏の西方極楽世界に往生ができる。十劫というはるか昔に法蔵菩薩の正覚と衆生の西方極楽世界への往生は、一度称えた念仏により可能となり、六字の名号によってそれぞれ同時に成就している。このことが無生つまり、悟りの境地である。そして、国つまり阿弥陀仏の西方極楽世界と界である衆生界と、阿弥陀仏の正覚と衆生の往生とが互いのその時空間を超越し、六字の名号のなかに内包されている。

この「十一不二頌」は、一遍が修学していた浄土教、特に西山教義を継承した内容から一遍独自の教学へと発展していく内容を示している。

それは、まず、内容としては、根本聖典である「浄土三部経」、特に『無量寿経』に説かれた説示を継承したことが窺える。また、その後に「一念往生」とあるのは、一回という数的な表現ではなく、後に一遍と名を改めるということから推察すると質的内容を意味するものと捉えるべきであろう。最後の句は、内容から六字の名号によって極楽と娑婆、正覚と往生などが一体となっている状態を表現しているといえよう。

次に、「六十万人頌」は、「六字名号一遍法　十界依正一遍体　万行離念一遍証　人中上々妙好華」（六字名号は一

遍の法なり　十界の依正は一遍の体なり　万行離念して一遍を証す　人中上々の妙好華なり)。

これは、六字の名号はあらゆるすべての教えである真理をおさめた教えである。悟りと迷いの世界は共に名号によって包み込まれて生かされている。自力の万行を捨てたところに衆生の往生と阿弥陀仏の正覚が不二であるというあかしがある。このような念仏人こそすばらしい白蓮華の花のような人である。

また、「六字無生頌」「六字之中　本無生死　一声之間　即証無生」(六字の中　本生死なし　一声の間　即ち無生を証る)。

これは、六字の名号は、もとより悟っているものであり、生死が無く、一声念仏を称える間に、無生を悟るのである。

この「六十万人頌」および「六字無生頌」を作成した後、自らの名前を「智真」から「一遍」に改称したのではないか、また、それまで賦算していた「南無阿弥陀仏」の念仏札に「決定往生　六十万人」の文言を追加したのではないだろうか。

また、「十一不二頌」が未完成であり、「六十万人頌」こそが一遍の完成形であるように述べられるものも少なくないが[10]、すでに「十一不二頌」の段階で六字の名号に対する絶対性を見いだしていることが窺える。そして、一遍の念仏思想の形成においては、一遍が修学してきた浄土教、特に西山教義を踏まえ名号の絶対性を表現したのが「十一不二頌」であり、名号への絶対性をより一層強調したのが「六十万人頌」といえる。それは、一遍の名号に対する絶対性に熊野権現による神勅が大きく影響しているからである。

二　一遍教学の背景

ここでは、一遍教学の背景について考察する。一遍教学を考察する史料としては、門下の筆録による法語類が存在する。そのなかで金沢文庫所蔵『播州法語集』は、残存する一遍の法語としては最古とされ、鎌倉末期から南北朝期頃の筆写本と推定されているが、成立を明確にする手がかりとなる巻首・巻尾が欠損している残欠本であるため、成立や書写の年代などを明確に知ることはできない。

そこで、今回は、近世に成立した『一遍上人語録』上下二巻を使用する。

そもそも『一遍上人語録』は、遊行五二代他阿一海（一六八八―一七六六）が一遍の消息法語類を集録し宝暦一三年（一七六三）に出版した。しかし、その翌年の明和元年（一七六四）に火事で版木もろともに灰燼に帰した。そして、明和七年（一七七〇）秋に他阿一海は、浄土宗西山派の学僧俊鳳妙瑞（一七一四―八七）に『一遍上人語録』の再版を委託し出版されたのである。さらに、『一遍上人語録』の唯一の註釈書である『一遍上人語録諺釈』が俊鳳妙瑞によって明和四年（一七六七）に著されている。しかし、明和七年開版の『一遍上人語録』も文化三年（一八〇六）三月に焼失してしまった。

文化八年（一八一一）一〇月には、第三回目の開版がなされた。この文化八年開版の内容は、明和七年開版『一遍上人語録』と同様である。上巻は、『一遍聖絵』『一遍上人縁起絵』などから「別願和讃」「誓願偈文」などや「六十万人頌」「十一不二頌」といった偈頌、そして、消息法語や和歌を所収している。下巻には、『播州法語集』から法語を所収しているが順序は大幅に改訂され、さらに、内容が宝暦一三年と明和七年では相違する点が多い。

それは、俊鳳妙瑞が明和七年において開版する際に『一遍聖絵』を重要視していることが大きな要因である。

なぜならば、中世から近世の時宗教団は、一遍・他阿真教の系譜に連なるいわゆる遊行派が自派の正統性を正当化する手段として一遍の伝記である『一遍上人縁起絵』を複数制作し流布させていた。しかし、俊鳳妙瑞は、一遍の伝記として『一遍上人縁起絵』ではなく、当時、六条道場歓喜光寺に所蔵されていた『一遍聖絵』に史料的価値を見いだした。そのため、明和七年に開版する際には、『一遍聖絵』から多くの法語を所収したのであろう。このことから、一遍の法語を考察する史料として文化八年開版の『一遍上人語録』を使用することにした。『一遍上人語録』上下二巻に所収されている消息・偈頌・法語などに引用されている典籍を分類すると、経典としては『無量寿経』『観無量寿経』『阿弥陀経』『称讃浄土仏摂受経』『法華経』などが多く引用されている。論書としては、善導『観経疏』「玄義分」「序分義」「定善義」「散善義」、『法事讃』『往生礼讃』、法然『選択集』などの引用が挙げられる。この分類から、経典引用の大半が「浄土三部経」であり、論書引用ではその大半が善導『観経疏』であるが、特に「散善義」の引用が最も多い。

このことから、一遍の思想背景には、特に善導教学そして西山教義が大きく影響しているといえるのである(11)。このことは、善導・法然・證空・聖達そして一遍へと継承された浄土教思想の表れであり、当然のことであろう。

三　融通念仏との関わり

一遍の思想的特徴として挙げられるのは、「遊行」・「賦算」・「踊り念仏」の行儀である。その思想背景には、前章で考察したように善導・法然・證空・聖達に連なる浄土教思想を継承しているが、そのほかに一遍の特徴には、念仏を勧進する聖としての側面がある。それは、一遍自身の行動もさることながら、平安中期の念仏聖空也（九〇三―七二）のことを「我が先達」と思慕し、遊行中に遺跡を訪ねるなどしていることからも窺える。このことから、一遍の思想は、単に浄土教思想の系譜で捉えるだけでなく、民間に浸透していた念仏聖としての思想をも含めて考察することにより、一層明確にすることができるのである。

そこで、一遍が熊野権現から「融通念仏すゝむる聖」と呼称されていることは、いったいいかなる意味があるのであろうか。ここでは、この点について考察する。

中世において融通念仏とはいかなるものであったのであろうか。そもそも融通とは、異なるものがとけあって邪魔しないことであり、互いがとけあって一体となることである。そのため、融通念仏とは、自他が称える念仏がとけあうと説くのである。

融通念仏を提唱したのは良忍（一〇七三―一一三二）であり、良忍は阿弥陀仏から直接授かった偈によって念仏勧進を行ったというのである。この阿弥陀仏からの直授のことを『一遍聖絵』第三では、次のように記している。

凡そ融通念仏は、大原の良忍上人夢定の中に阿弥陀仏の教勅をうけ給ひて、天治元年甲辰六月九日はじめおこなひ給ふ[12]

とある。つまり、一遍やその周辺の人びとには、融通念仏の概念として良忍に阿弥陀仏からの直授があったことが理解できる。

さて、次に一遍の名称についてである。名称は、「随縁」から「智真」へそして「一遍」と改称されていく変化を『一遍聖絵』で窺うことができる。

それでは、一遍の名称自体が意味するものとはいったい何であろうか。

『一遍聖絵』では、一〇歳で母との死別によって出家し、「随縁」と名乗ったという。おそらく、天台系寺院での修学であったと考えられる。そして、浄土教を修学するため太宰府聖達を訪ねるがすぐに華台のもとへ行き、そこで「智真」へと改称するのである。しかし、いつどのようにして「一遍」と改称したのか、明確に記されていない。

そもそも、一遍とはいかなる意味であろうか。一遍の「六十万人頌」では、実に四句中三句に「一遍」が使用されている。この「一遍」の「一」は、一切衆生を意味し、「遍」は一切であり、それは「一切衆生を遍く救う阿弥陀仏そのもの」を意味していたのではないだろうか。つまり「一遍」という名称自体が「南無阿弥陀仏」の六字名号そのものではなかろうかと思われる。

さらに、一遍と融通念仏との接点について吉川清氏[13]は、浄土宗西山派のなかに良忍の融通念仏に連なる人物が存在し、その人物と一遍が接点を持ったことにより融通念仏を勧めることになったと推察している。このことについてはさらなる検証が必要であるが、ひとまずこの論に従えば、一遍と融通念仏との接点は見いだせる。また、生国、伊予の地で再出家後、念仏三昧の修行をする最中念仏聖との交流があり、その思想に触れたのかもしれない。つまり、一遍は、西山教義を修学し、再出家した時期「智真」と名乗りながら遊行を開始し、お互いが称え合う念仏により融通する「融通念仏」を勧進していたのであろう。

しかし、永年修学した浄土教、特に西山教義を背景に、衆生と仏とが一体となる機法一体の念仏と、互いが称える念仏を融通し合う融通念仏を勧進する聖との接点に、実は一遍自身苦悩していたのではないだろうか。

そのため、熊野参籠の折、熊野権現からの神勅によって、苦悩していた問題が氷解したのであろう。このことから、お互いが称え合う念仏が融通していくことと、称える念仏のうちに阿弥陀仏と衆生とが一体となることとが名号への絶対性という接点により融合した結果、一遍と名乗るようになったのではないだろうか。つまり、一遍の名称そのものが、融通念仏と西山教義の融合した念仏思想に立脚したものであるといえる。そのため、『一遍聖絵』は、一遍の終焉の場面で、

六十万人の融通念仏は、同日播磨の淡河殿と、中女房の、参てうけたてまつりしぞ、かぎりにて侍し、凡十六年があいだ目録にいる人数二十五億一千七百廿四人なり、其余の結縁衆は齢須もかぞへがたく、竹帛もしるしがたきものなり(14)

とあり、一遍が最後まで六〇万人つまり一切衆生に融通念仏を勧進する聖であったことを物語る。そして、その結縁した人数を記録し、その数が「二十五億一千七百廿四人」とあり、おそらくは「二五〇万人」強の人びとを数える可能性があるとされている(15)。

ちなみに、良忍が念仏者名帳を用いて念仏勧進していたことに起因し、一遍が携帯した『時衆過去帳』に遊行に同行し往生した時衆を記載したのも同様の意味ではないだろうか。それは、『阿弥陀経』説示の「倶会一処」の思想であり、現世でも来世でも互いが称える念仏によって一体であり、その名号により互いが一体となることを意味していたのであろう。そして、互いの称える念仏により一体となることから発生した「踊り念仏」も融通念仏であったろう。

このことから一遍は、六字名号への絶対性を見いだし、そのなかに自己修学した浄土教、特に西山教義による念仏思想と念仏聖としての融通念仏に立脚した念仏思想から、六字名号を広めていくことが何よりも重要と考えていたと思われるのである。そのため、「融通念仏すゝむる聖」であった一遍が、自らの著作や経典以外の書籍を焼き捨て「我が化導は一期ばかり」といい、時衆存続の意志が希薄であったことは当然のことである。

四　その後の時宗教団と融通念仏

融通念仏による念仏勧進を続けた一遍は、五〇年の牛涯を神戸観音堂（現、兵庫県神戸市真光寺）で終えた。その後の時衆は、遊行二代他阿真教が再編成し、七〇〇年後の今日も教団として存続している。ここでは、一遍以後、時宗教団と融通念仏との関わりについて、一遍が融通念仏を勧進するために用いられていた賦算がそれ以後どうなったのかを検討したいか。

遊行四代を継承した他阿呑海の『呑海上人御法語』には、

　而していにしへも自宗の師多といへとも正く念仏三昧を融通する事は此の勧進にすきたるはなし。故に利益西方にみちて六十万人の算及数遍者也[16]

とあることから、融通念仏のために行われた六〇万人を目標とした賦算は、その後も継承され数回繰り返されたことになる。

では、この融通念仏のための賦算はその後どのように展開されたのであろうか。

遊行二一代他阿知蓮『真宗要法記』の三四「立宗事」では、「当門立宗の義は、凡そ浄土宗を観経宗と言ひ、此の宗を阿弥陀経宗と云ふなり[17]」と時宗教団の独自性を示している。そして、四〇「遊行名義事」では、「遊行」についてどのように理解するべきなのかについて、「有縁無縁を簡ばず一切衆生を度せんと欲する故に廻行修行を遊行と名づくるなり」また、「故に南無阿弥陀仏決定往生の札を賦して一切衆生の心田に往生の種子を下す。之を名づけて遊行と為すのみ[18]」とある。このことから遊行そして賦算は、一切衆生を往生に導くための方法であることが理解できる。ただし、この『真宗要法記』には、一遍を元祖と呼称するのみで名称の由来などには触れていない。

そして、近世に入り、「時衆」の集団呼称や遊行・賦算・踊り念仏など類似する念仏聖の集団を江戸幕府は、各宗派に統合させたり、あるいは、時宗遊行派傘下に収めさせようとした。遊行派による近世時宗教団の統一は、およそ元禄期であろうと推定でき、その根拠が『時宗要略譜』の成立である。この『時宗要略譜』は、浅草日輪寺其阿呑了（後、遊行四八代他阿賦国）が元禄十年（一六九七）に著したものである。このなかで一遍が熊野で神勅を受け念仏の深意を得て作成した「六十万人頌」は、「則神勅頌曰[19]」とあり熊野権現から授けられた神勅として記され、この神勅から名を「一遍」に改めたとしている。

このことにより近世の時宗宗典では、「六十万人頌」が神勅であり一遍の名称も同様に扱われている説示が継承されていくのである。しかし、このことは、近世になり「時衆」から「時宗」へと教団化が進むなか、一遍が浄土教と融通念仏に立脚し確立した念仏思想から「一遍」と名乗ったという名称も熊野権現から授かった神勅とされ、その真意を失うのである。

しかし、これは、念仏聖集団として「時衆」から教団としての性格を整備した「時宗」への展開を意味するものである。

おわりに

今回、「一遍教学の変遷過程とその展開――融通念仏との関わり――」と題し、一遍教学の変遷過程とその背景、そして融通念仏との関わりを考察した。

一遍は、自己が修学した浄土教、特に西山教義と念仏聖である融通念仏との思想的接点を熊野権現からの神勅に見いだし、その表れが「一遍」という名称であった。

それは、一遍が善導・法然・證空・聖達から継承した浄土教、特に西山教義を自己の教学背景としながら、念仏聖として勧進する融通念仏に関連していた。そもそも、中世の念仏聖は、おおよそ融通念仏に関連していたのであろう。一遍が目指していたものは、六字名号が世の中に流布することによって来世も現世もその六字名号によって内包されていくことであった。しかし、その念仏思想は、時代と教団の変遷とともに異なるものとなっていったのである。

それは、「時衆」から「時宗」へ、そして念仏聖集団から教団へと成長を遂げたことの証左である。

註

（1）時宗宗典編纂委員会編『定本時宗宗典』（山喜房佛書林、一九七九年。以下『宗典』と省略）下巻、三六九頁、下段。
（2）『宗典』下巻、四〇一頁、下段―四〇二頁、上段。
（3）『宗典』下巻、三九二頁、上段。
（4）『宗典』下巻、三九〇頁、上段。
（5）前掲註(4)と同様
（6）拙稿「一遍の偈頌について――近世伝統宗学の一視点から――」（時宗教学研究所編『時宗教学年報』第三六輯、二〇〇八年）。
（7）『宗典』下巻、三六六頁、下段。
（8）『宗典』下巻、三六九頁、下段。

(9) 『宗典』下巻、三七〇頁、上段。
(10) 今井雅晴『時宗成立史の研究』(吉川弘文館、一九八一年)四五頁、戸村浩人「一遍の思想形成」(『時衆文化』第三号、二〇〇一年)などは、一遍の「十一不二頌」は西山義そのままであると評価している。また、砂川博『一遍聖絵研究』(岩田書院、二〇〇三年)一〇—一二頁では、「十一不二の頌」の項を設け近年の先行研究を整理している。
(11) 拙稿「證空教学から一遍教学へ」(時宗教学研究所編『時宗教学年報』第三九輯、二〇一一年)。
(12) 『宗典』下巻、三六九頁、上段。
(13) 吉川清『時衆阿弥教団の研究』(池田書店、一九五六年)一六二頁。
(14) 『宗典』下巻、三九二頁、上段。
(15) 林譲「日本全土への遊行と賦算」(今井雅晴編、日本の名僧シリーズ11『一遍——遊行の捨聖——』所収、吉川弘文館、二〇〇四年)八五頁。
(16) 『宗典』上巻、二六七頁、上段。
(17) 『宗典』下巻、一一頁、下段。
(18) 『宗典』下巻、一四頁、上段。
(19) 『宗典』下巻、二三一頁、下段。

第二部　融通念佛宗の成立と展開

平家一門と融通念仏

浜田全真

はじめに

良忍上人（以下良忍と記す）の融通念仏が良忍以降、いかにして伝播、展開し受容されたかについては、まだ十分に究明されていないと思われる。平家と融通念仏については、『平家物語』を通して、五来重氏[1]や渡辺貞麿氏[2]が指摘されている。本稿においては、主として平家一門との関係を取り上げ、その一端を明らかにしたいと思う。

なお、本稿で引用する『平家物語』は『新日本古典文学大系』に依った[3]。

一　平親範と縁忍

平親範は『尊卑分脈』によれば、平時忠と同様に桓武平氏の嫡流高棟王の末孫にあたる[4]。親範の経歴は定かでないが、『公卿補任』によると、長寛三年（一一六五）二九歳で蔵人頭から参議正四位下に、嘉応元年（一一六九）に参議従三位に、承案元年（一一七二）には民部卿に、同年四月二七日には参議正三位に昇進している。[5]ところが三年後の承安四年（一一七四）に突然出家しており、その動機については「六月五日依病出家（卅八）」としかわからない。親範は出家して円智と名乗るが、その日記[6]によれば、

承安四年六月五日、於大原極楽院出家、生年霜卅八、法名円智房、号惣蓮房、以本覚房上人縁忍為戒師、相具銀剣為布施、自十日於来迎院奉読止観、

とあり、現三千院内の往生極楽院において来迎院の本覚房縁忍を戒師として出家したとある。この往生極楽院は『吉記』承安四年二月一六日条によると「此寺者、真如房上人建立也、民部卿伝領、忽加修理蓋被用兎裘地也、次謁尼公、三品禅門之姉也」とあり[7]、親範の伯母にあたる真如房によって建立され、その後親範が伝領し、かつ修理を加えていた。このことから親範は出家する以前から大原別所と往来があったことがわかる。しかも、彼は出家の戒師である縁忍とも以前から交流があったようで、「平親範置文」の護法寺の条には、

護法寺亡父三位入道範家卿建立、元在伏見里（中略）長寛元年為山門衆徒、一寺被焼払之刻、此寺同為灰燼之間、金堂丈六三躰大日・釈迦・薬師、皆以焼失、阿弥陀堂丈六像一躰、毘沙門堂丈六像一躰、依未造畢、各免非難、仍入道暫被住天王寺之時、奉請弥陀像被安光堂畢、多聞天像者、円智永万元年不付大原縁忍上人、先奉渡来迎院、後年建立一堂於彼山麓奉安之[8]、

とあって、親範は出家する一〇年前の永万元年（一一六五）に、父範家が建立した護法寺の毘沙門天像を大原来迎院の縁忍のもとへ移しているのである。このような親範と縁忍とにみられる交流は、良忍以降、大原別所の住僧たちが貴族階級の人々と接触をもつようになる動向と軌を一にするものと考えることができよう[9]。しかしながら、このような傾向が起因する背景には、大原別所の経済基盤と住僧自らの生活資糧を確保する手段としての経済性を伴

った宗教活動、すなわち、勧進活動が随伴したことを見落としてはならないと思われる。

一般に平安時代中期以降の寺社は、律令体制の崩壊と寺領荘園の変質および衰退に伴って自らの経済基盤を喪失しはじめたことにより、造寺・造塔や法会の維持、あるいは住僧の生活資糧の確保を次第に聖の勧進活動に依存せざるをえなくなってきた。このような傾向は、中央の諸大寺、および地方の寺社を問わず同様にみられる現象であった[10]。

一方大原などの別所においては、経済的には本寺よりの衣食住の供給を断たれるのが原則である。ゆえに特別の支持者をもたない限り、入用の費用を調達する手段としては、庶民より一紙半銭の零細な喜捨を募るとともに、上層部にも出入りして大口の奉加寄進を獲得するための勧進活動が不可避的に要請されたのである。たとえば、『吉記』承安四年（一一七四）二月一六日の条には、

午斜参着江文寺、此十年許前、一度所参詣也、称別当僧来云、無段歩田園、偏憑十方施入、仍燈明別一合、雖狭少可進之由、約諾了、為来世之資糧也[11]、

とあるごとく、著者の藤原経房が大原方面を訪れた際、江文寺は依るべき経済基盤をもたないため、法会や僧供を維持する費用をもっぱら勧進によって獲得せざるをえなかったことを記している。このような状態は大原別所全般にわたっても同様にみられる現象であったと考えられる。

したがって、親範が大原別所へ出家隠遁した背景には、大原別所在住の寺僧たちによる宗教的、世俗的な勧進活動がその根底に存在していたことを看取することができるのである。

ところで、出家の戒師を勤めた縁忍は良忍の弟子で、来迎院に住し[12]、関白基房の出家の戒師となった人で[13]、平安時代後期を中心に最も活躍した、いわゆる「大原上人」の中心人物の一人であった[14]。

二　平家一門と湛斅

縁忍と同様、平安時代後期を中心に最も活躍した、いわゆる「大原上人」の中心人物の一人であった湛斅は、本成房上人ともいい、法然に帰依する前の九条兼実と親しかった[15]。また、『玉葉』元暦元年（一一八四）九月一五日条に「於大原来迎院始薬師供。本成房勤之[16]」とあること、来迎院如来蔵の「融通念仏血脈譜」や「顕密声明伝承祖師融通大念仏本願現在過去帳」などの文書から、湛斅は来迎院に住していたと考えられる[17]。「本朝祖師伝記絵詞」巻一の大原問答（大原談義）を載す条に、

房主法眼顕真　双眼に紅涙をながし、一心丹精をぬきいでて、みづから香炉をとりて、持仏堂に施遶行道、高声念仏を唱給に、南北の明匠、西土の教に帰し、上下の諸人、中心の誠をこらして、各一口同音に、三日三夜、間断なし。これを六方恒沙羅の證誠にたとふ。総て信男信女三百余人、参礼の聴衆かずをしらず、然間、湛斅上人発起にて、来迎院、勝林院等、不断念仏をはじむ。自爾以降、洛中辺土、処々道場、修してつとめざるところなし[18]。

とある。湛斅によって始められたと伝えられる不断念仏は、湛斅が来迎院に住して良忍の融通念仏と声明を相続していたことを考えることで理解できると思われる。

1　建礼門院と湛斅

源平最後の合戦、壇ノ浦の戦で入水したが、源氏方に救われた建礼門院はその後出家するが、『吉記』元暦二年

（一一八五）五月一日条に、「今日建礼門院有御遁世、戒師大原本成房云々[19]」とあって、建礼門院の出家の戒師を勤めたことで知られる。建礼門院はその後、大原の寂光院に移り住むが、出家の戒師が湛斅であったことから、湛斅かその周辺にいた融通念仏聖たちが、建礼門院を大原の地に案内したのではなかろうか。大原の寂光院での建礼門院の信仰生活の有様について『平家物語』の「大原入」（灌頂巻）には、

（前略）さて寂光院のかたはらに、方丈なる御庵室をむすんで、一間をば御寝所にしつらひ、一間をば仏所に定め、昼夜朝夕の御つとめ、長時不断の御念仏、おこたる事なくて、月日を送らせ給ひけり。

とあり、常に「長時不断の念仏」を称える信仰生活を送っていたとあることから、大原の来迎院や勝林院から不断念仏を始めた湛斅の影響が考えられる。

また『平家物語』には建礼門院の御庵室に来迎三尊を祀り、「八軸の妙文」すなわち法華経と「九帖の御書」すなわち善導の疏を置いていたことについて、五来重氏は「法華経信仰と念仏信仰の並立は融通念仏の特色である」と指摘している[20]。

2　平宗盛と湛斅

平清盛の三男の宗盛は、壇ノ浦の戦で捕らえられ、子清宗とともに鎌倉に送られ、源頼朝と対面後、京都に送還される途中の近江篠原で斬られるが、その臨終の場に招かれたのが湛斅であった。『吾妻鏡』の元暦二年（一一八五）六月二一日条には、

廿一日壬申。卯剋。廷尉（義経）着近江國篠原宿。令橘馬允公長誅前内府。次至野路口。以堀弥太郎景光。梟前右金吾清宗。此間。大原本上人為父子知識被來臨于其所々。兩客共帰上人教化。忽翻怨念。住欣求浄土之志

云々。[21]

とあり、『平家物語』巻第一一、「大臣殿被斬」には、

（前略）戒たもたせたてまつり、念仏すゝめ申。大臣殿（平宗盛）、しかるべき善知識かなとおぼしめし、忽に妄念翻へして、西に向かひ、手をあはせ、高声に念仏し給ふところに（下略）

とあり、平宗盛親子の臨終の際、親子に融通念仏を授け、教化している。

3　髑髏尼と湛斅

『平家物語』の諸本の中で、長門本と延慶本と称される増補系本には「髑髏尼」の話が語られている。およその粗筋は以下のごとくである。

壇ノ浦の合戦後、故平経正の北の方が六条河原において目の前で源氏の武士に六歳になる吾子の首を斬られた。この有様を目撃していた湛斅は吾子の首と身を抱いて泣いている母親にさまざまに教訓し、子どもの身を河原に埋め、経を読み、念仏を申した。そして上人（湛斅）は幼子の首を供の者にもたせ、母君を伴って大原の来迎院に帰り、母君を出家させたという。しかしながら、その後、母の尼は、吾子の首を抱いたまま来迎院を出て行方がわからなくなった。翌年、湛斅が難波の四天王寺へ参詣の折、そこで吾子の髑髏を抱いたみるかげもない乞食姿の尼を見かけるが、それが誰であったか思い出せなかった。翌朝、その尼は渡辺の橋の上から入水往生を遂げた。湛斅は経を読み念仏申した後に、その尼が、経正の北の方であることを知ったという。[22]

この話の中で、湛斅が故経正の北の方を出家させたことは、良忍以来、大原の融通念仏聖の活動の一環であったといえる。すなわち『古事談』第三[23]や『十訓抄』下[24]にあるように、白河天皇の女房尾張局が小女一人を相伴って大

原の来迎院に良忍を尋ねてやってきて出家し、大原に移り住んだとある。この話は聖と称される人たちの世俗性(25)を物語るものと理解できるが、良忍が、特に女性に対する出家作法に通じていた(26)ことによるものともいえる。湛斅が良忍以来の融通念仏聖の流れを受けていたことから建礼門院の出家の戒師を勤めることになったと考えられる。

三　平重盛の大念仏

平清盛の長男である重盛は、京都の東山の麓に四八間の精舎を建て、二八八人の若い女性を集めて大念仏を催した。その様子について、『平家物語』巻第三、「灯炉之沙汰」には、

すべて此大臣は、滅罪生善の御心ざしふかうおはしければ、当来の浮沈をなげいて、東山の麓に六八弘誓の願になぞらへて、四十八間の精舎を建て、一間に一つづつ、四十八間に四十八の灯籠を懸けられたりければ、九品の台目の前にかかやき、光耀鸞鏡をみがいて、浄土の砌にのぞめるがごとし。毎月十四日十五日を点じて、当家他家の人々の御方より、みめようわかうさかむなる女房たちを多く請じ集め、一間に六人づつ、四十八間に二百八十八人、時衆に定め、彼両日が間は、一心不乱称名声絶ず。誠に来迎引摂の悲願も、この所に影向をたれ、摂取不捨の光も、此大臣を照し給ふらんとぞ見えし。十五日の日中を結願として、大念仏有しに、大臣みづから彼行道の中にまじはつて、西方に向かひ、「南無安養教主弥陀善逝、三界六道の衆生を普く済度し給へ」と、廻向発願せられければ、みる人慈悲をおこし、きく物感涙をもよほしけり。かかりしかば、此大臣をば灯籠大臣とぞ人申ける。

とあり、重盛の大念仏は、四八間の精舎の一間にうら若い女性を六人ずつ、四八間で合計二八八人を「時衆」に定

め置いたとある。このことは晨朝・日中・日没・初夜・昼夜・後夜の各時に四八ずつを配して大念仏を催したことを示している。この「時衆」は一遍上人を祖とする時宗のことではないことは、比叡山不断念仏からも知られる。『三宝絵』（九八四年成立、前田家本）下巻、「八月比叡不断念仏」によれば、

念仏は慈覚大師より移し伝へて、貞観七年より始め行へる也。四種三昧中、常行三昧と名づく。仲秋風涼之時、中旬月明之程、十一日暁より、十七日夜まで、山上二千余僧、四番に分結して、七日七夜、不断に行はしむる也。身は常に仏を匝る、身の罪尽く失せぬらむ。口は恒に経を唱ふ。口の咎皆消えぬらむ。心は常に思を運ぶ、心の過惣て尽きぬらむ。(27)

とあって、貞観七年（八六五）より始められた比叡山の不断念仏は、「四番」に「分結」した「山上二千余僧」によって修行されていた実践形態であった。

この比叡山の不断念仏は次第に各地で修せられるようになり、同音に念仏を伴う形態は、融通念仏的な行法であることは、『法然上人行状絵図』（『法然上人絵伝』）第一四巻に記されている次の記述からも知られる。

（大原問答ののち、顕真法印は）又十二人の衆をさためをきて、文治二年正月十五日より、勝林院に不断念仏をハしめおこなハれしに、法印八十二人の随一にて、威刻をそつとめ給ける、関白の夜八十二人皆真参し行道して、同音の念佛を修するに、毘沙門天王烈にたち給へけるを、法印まのあたり拝したまひて、良忍上人の融通念仏には、鞍馬寺の毘沙門天王くみしたまひ、あまさへ諸天善神をすすめ入たまひけることもおもひあはせられ、いよいよ信心をましたうとくおほへけれは、念佛守護のために、毘沙門天王を富堂に安置せられけり、(28)

すなわち重盛の大念仏は融通念仏的念仏であったと考えられる。

四　成経・康頼の行道念仏

『平家物語』巻第三、「少将都帰」には、

（前略）其夜はよもすがら、康頼入道と二人、墓のまはりを行道して念仏申し、明けぬれば、あたらしう壇つき、くぎぬきせさせ、まへに仮屋つくり、七日七夜念仏申し経書いて、結願には、大きなる卒塔婆をたて、「過去聖霊、出離生死、証大菩提」と書いて、年号月日の下には、「孝子成経」と書かれたれば、しづ山がつの心なきも、子に過ぎたる宝なしとて、泪をながし袖をしぼらぬはなかりけり。

藤原成経は治承元年（一一七七）、京都の鹿ヶ谷で平氏打倒の謀議に加わったとして捕らえられ処刑された藤原成親の子で、鹿ヶ谷事件に縁坐して鬼界島に配流された。成経は、後に赦免となり康頼とともに帰京するが、途中、父成親の墓を訪ね、康頼と二人で墓のまわりを行道して七日七夜の間、念仏を申し経を書いて供養した。

この墓のまわりで行道念仏する例は『一遍聖絵』（第五）に、

奥州江刺の郡にいたりて、祖父通信が墳墓をたづね給に、人つねの生なく家つねの居なければ、只白楊の秋風に東岱の煙あとをのこし、青塚の暮の雨に北芒の露涙をあらそふ。よて荊蕀をはらひて追孝報恩のつとめをいたし、墳墓をめぐりて轉經念佛の功をつみたまふ[29]、

とあり、弘安三年（一二八〇）の奥州江刺郡での祖父河野通信の墳墓をめぐる転経念仏と同様で、五来重氏は「（この転経念仏は）謡曲隅田川にみられる亡魂供養の塚をめぐる大念仏とおなじであって、融通念仏なのである」と指摘している[30]。

五　平家滅亡後の伝承

壇ノ浦の戦で滅亡した後、平家一門と融通念仏との関係を窺わせる事例が伝えられている。その一つが平重盛の伝承である。

福井県敦賀市にある浄土宗の西福寺は、越前浄土宗屈指の名刹寺院であるが、この寺の開山良如は、京都の清浄華院八世の敬法から応永七年（一四〇〇）に融通念仏を伝えられ、その後、越前に赴き、融通念仏の勧進によって西福寺をはじめ、諸寺院を建立したという(31)。ところで西福寺の本尊の由来について「大原山縁起」には、

（前略）同十二月十五日無二行末《ユクヘ》一老僧之阿弥陀之三尊持参申、依《サク》レ建二立精舎一本尊御所望之由風聞之間、即可レ奉二寄附申一、上人忝不思儀（議）思召、汝是《ハ》何人問、老僧云、我是洛陽東山之辺住者、重而可レ参迚《トテ》帰給、今之本尊是也云云、翌年商人来而拝二本尊一、此者《ハ》洛陽東山御座間《ヲハシマシタル》如来、一年平家嫡男小松内大臣重盛公、出二東山一四十八日之念仏興行之時本尊阿弥陀仏之御作無レ疑、見知処暦（歴）然、顕二渇仰之気色《ケシキ》一矢（失）給、此者不レ可レ有二唯人一、観音大士之化身也申伝《ル》也云云(32)、

とあり、老僧が持参した阿弥陀三尊仏は、重盛が大念仏を修した時の本尊であるという。融通念仏の勧進でもって建立した西福寺に、平重盛がうら若い女性を集めて大念仏を勧めた時の本尊が、四〇〇年の時をこえて祀られたことに奇しき因縁を感じないわけにはいかない。今も西福寺の本堂には重盛の像が祀られている。

その他、平家落人伝承をもつ集落に融通念仏が伝えられている事例として、徳島県三好郡祖谷地方に伝わる融通念仏を紹介したい。

祖谷地方では、人が亡くなって六日目にあたり、「お六日」と言って集落の「組内《くみうち》」（互助組織）が集まり融通念仏を唱える。以下がその願文である。

願わくば、即今六日追善の志を以って弔うところの霊位、「戒名」様にお念仏を唱え奉ります。どうぞお受け下さい。

極楽浄土の生死が　池の蓮の花が
一本蕾んで　一本開いて（一本から十本まで繰り返し）
開いたお花は　笠にも見えそな
蕾んだお花は　蓑にも見えそな
宵の薬師に　夜中の虚空蔵
明時地蔵に　明けての観音
慈悲が浄土へ　通らせたまえ
融通念仏　南無阿弥陀仏(33)

おわりに

良忍以降、融通念仏が平家一門の中に受容されていったことについて考察した。受容された要因としては、大原別所在住の融通念仏聖たちが、上層階級にも接近し交流をもっていたこと、すなわち勧進活動によると思われる。さらに縁忍や湛斅は当時を代表する聖として知られていたことも、この勧進活動を可能にしたと考えられる。

ところで平家滅亡後も、平家と融通念仏との関係を窺わせる伝承が今に残っていることについては別の要因が考えられる。この点については、融通念仏が亡魂供養に最も適していると考えられていたことに起因すると思われる。養和二年（一一八二）三月一五日に湛斅が顕真らとともに催した如法経勧進は、非業の死を遂げた浮かばれない死者の怨霊に対する滅罪正善、頓証菩提のためになされたものであった。[34]さらに『法然上人行状絵図』第三〇巻にも俊乗坊重源が、源平争乱で死亡した多くの人たちの霊魂の後世の苦しみを救わんがために、多くの人々に勧めて七日の大念仏を修したとある。[35]

このように融通念仏が亡魂供養に最も適していたと考えられていたことが、今日まで平家に連なる人たちの中に称えられていると思われる。

註

（1）五来重「平家物語と仏教」（『国文学 解釈と鑑賞』第三二巻七号、一九六七年）、同「平家物語と宗教」（富倉徳次郎編『鑑賞日本古典文学第一九巻 平家物語』角川書店、一九七九年）、両論文は『五来重著作集 第四巻 寺社縁起と伝承文化』（法藏館、二〇〇八年）に再録。

（2）渡辺貞麿「平家物語にあらわれた浄土教」（『佛教史学』第一〇巻第二号、一九六二年、『仏教文学の周縁』〈和泉書店、一九九四年〉に再録）、同「平家物語における重盛の信仰――二百八十八人の時衆と四十八間の精舎――」（『仏教文学研究』九集、法藏館、一九七〇年、『平家物語の思想』〈法藏館、一九八九年〉に「重盛の信仰」と改題して再録）、同「平家物語と融通念仏――建礼門院の場合を中心に――」（『仏教文学研究』一一集、『平家物語の思想』に「建礼門院の信仰と融通念仏」と改題して再録）。

（3）『平家物語』（『新日本古典文学大系』上四四、下四五、岩波書店、一九九一―一九九三年）。

（4）『新訂増補国史大系』第六〇巻下（吉川弘文館、一九六一年）。

（5）『新訂増補国史大系』第五三巻（吉川弘文館、一九三八年）、四五七、四六九、四七三、四七九頁。
（6）「相蓮房円智記」、円智（平親範）が出家隠遁した承安四年（一一七四）から元久二年（一二〇五）までの三一年間に、円智が実修した種々の宗教活動を記したもの。今のところ原本の所在は明らかでないが、国立公文書館（内閣文庫）・宮内庁書陵部・東京大学史料編纂所・明徳院無動寺にも所蔵されている。いずれも江戸時代末期の書写本で、東大史料編纂所本は国立公文書館本の影写本である（『国書総目録』第五巻）。ほかに天台宗典編纂所編『続天台宗全書 史伝二』（春秋社、一九八八年）収録。なお、国立公文書館所蔵本の紹介と若干の考察を加えたものに、拙稿「内閣文庫蔵「相蓮房円智記」――院政期大原僧円智の宗教活動――」（『佛教史学研究』第二〇巻第一号、一九七八年）。円智の宗教活動について考察したものに、井上光貞「大原念仏、特に良忍について」（『日本浄土教成立史の研究』山川出版社、一九七五年）、平田俊春「平親範の信仰生活について」（立正大学史学会編『宗教社会史研究』雄山閣出版、一九八五年）、三宅敏之「円智（平親範）の埋経について」（『古代文化』第三八巻三号、一九八六年）、善裕昭「想蓮房円智と尊重護法寺」『福原隆善先生古稀記念論集 佛法僧論集』第二巻（山喜房佛書林、二〇一三年）。
（7）『増補史料大成』二九（臨川書店、一九六五年）。
（8）『鎌倉遺文』古文書編第四巻（東京堂出版、一九七三年）。
（9）井上前掲註（6）論文。
（10）五来重『高野聖』（角川書店、一九六五年、『五来重著作集第二巻 聖の系譜と庶民仏教』〈法藏館、二〇〇七年〉に再録）、堀一郎『我が國民間信仰史の研究』（二）宗教史編（創元社、一九五三年）、村山修一『日本都市生活の源流』（関書院、一九五五年）、佐々木孝正「中世における地方社寺の勧進――近江江北の社寺資料による――」（『大谷大学研究年報』二五、一九七三年）。
（11）前掲註（7）。
（12）井上前掲註（6）論文。
（13）『玉葉』第二（国書刊行会、一九〇六年、本稿で特に註がないものに関しては当書から引用）治承三年（一一七九）一一月二二日条。

(14) 井上前掲註(6)論文。
(15)『玉葉』養和元年一二月二五日条に、兼実が皇嘉門院御所で供養の時に大原上人(湛斅)を導師とし六道僧を請侶する。同寿永元年三月二〇日条には兼実、大原上人湛斅から受戒。寿永二年八月二一日条には兼実病、大原本成房来る。元暦元年九月一六日条にも兼実病により本成房から受戒とある。また湛斅が当時よく知られていたことを示す例としては、後白河天皇崩御の際の善知識を勧めている。
(16)『玉葉』第三(国書刊行会、一九〇七年)。
(17) 杉崎大慧「融通念仏の血脈」(融通念佛宗教学研究所編『良忍上人の研究』大念佛寺、一九八一年)。
(18)『浄土宗全書』一七(浄土宗宗典刊行会、一九一三年)。
(19) 前掲註(7)。
(20) 五来重「平家物語と仏教」(前掲註〈1〉)。
(21)『新訂増補国史大系』第三二巻(吉川弘文館、一九三二年)。
(22) 渡辺貞麿「平家物語と融通念仏――建礼門院の場合を中心に――」(前掲註〈2〉)の紹介と考察から引用した。同氏は『源平盛衰記』では、湛斅ではなく、東山長落寺の阿証房印西となっていることについて考察されている。
(23)『新訂増補国史大系』第一八巻(吉川弘文館、一九三二年)。
(24)『新編日本古典文学全集』五一(小学館、一九九七年)。
(25) 五来重『高野聖』(前掲註〈10〉)。
(26) 白土わか「良忍上人と曼殊院本『出家作法』」(『良忍上人の研究』前掲註〈17〉)。
(27) 渡辺貞麿「比叡山不断念仏とその展開」(新井栄蔵、渡辺貞麿、三村晃功編『叡山の文化』世界思想社、一九八九年、『仏教文学の周縁』(前掲註〈2〉)に再録)から引用。
(28)『新修日本絵巻物全集』第一四巻(角川書店、一九七七年)。
(29)『新修日本絵巻物全集』第一一巻(角川書店、一九七五年)。
(30) 五来重「一遍と高野・熊野および踊念佛」(『日本絵巻物全集』一〇「一遍聖絵」、角川書店、一九六〇年)。
(31)「清浄華院誌要」(『浄土宗全書』二〇、浄土宗宗典刊行会、一九一四年)。

(32)『西福寺文書』(『史料纂集』続群書類従完成会、一九七七年)。
(33)この地については、故山本静章氏(天理市嘉幡念佛寺前住職)から実際に現地に行った報告を受けた。筆者もこのうち、東祖谷山集落に赴き、小椋辰幸氏から教示を受けた。
(34)『玉葉』養和二年三月一五日条に「広為レ利二群生一也、殊又為レ直二天下之乱一、又為レ消二戦場終命之輩怨霊一也」とある。
(35)前掲註(28)。

往生伝における良忍と融通念仏

戸田孝重

一　良忍の先行研究

史実としての良忍研究は、岩橋小弥太氏による「聖応大師伝資料の一二に就いて[1]」が最初であろう。その後、塚本善隆氏の「融通念佛宗開創質疑[2]」と井上光貞氏の『日本浄土教成立史の研究』第三章第一節における「大原念仏、特に良忍について[3]」がある。塚本氏は融通念仏と良忍の関係に疑問を示している。良忍の第一次資料として三善為康撰『後拾遺往生伝』巻中・同巻下、蓮禅撰『三外往生記』がある。このうち『後拾遺往生伝』巻中の良忍伝は真福寺所蔵本に入っており、その奥書によれば正嘉二年（一二五八）に乗智が法花山寺において、承久二年（一二二〇）に慶政が書写した本を底本として「或本」「異本」によって校合したもので、良忍伝は底本にはなく「已上九人彼家本無之」とある九名の伝の中の一つである。『三外往生記』の自序には「三種の往生伝の遺漏を集めて編纂した」とあるので、その当時『後拾遺往生伝』には良仁伝（巻下）はあっても良忍伝はなかったと見ることは妥当である。したがって後世の増補であることは確かだろう。しかし、承久二年に慶政は『後拾遺往生伝』『三外往生記』を書写し、『三外往生記』の奥書に「後拾遺伝に出ている五人を省く」とあり、その中に良忍伝は入っていないから承久二年以前に良忍伝はなく、以降に加わったと塚本氏はするが、それは『拾遺往生伝』であるのでよく意味がわからない。

井上氏は天台流念仏の一展開として念仏者の同行関係を強調したものであり、この時代における一般的傾向として融通念仏的なものを考えられると述べている。そのように別所念仏的展開であるとして一段階を設定したことは、当時の別所浄土教の考察にあたって重要な意味をもつと評価されている(4)。しかし、同行関係について「我唱ル所ロヲ廻シテ衆人ニ融会シ　衆人ノ唱ル所ロヲ又我ニ通ズ」という『元亨釈書』以降の考え方を引用している点については疑問がもたれている(5)。

これら両氏の説を参考にしつつ、良忍伝を整理し当時の別所の動向や問題点などを論考したものとして西口順子氏の「院政期における別所浄土教の考察――良忍上人伝をめぐって――(6)」がある。ここでは良忍とその同行者たちの行った念仏と、いわゆる融通念仏との間にはかなりの差があると論じられている。

また、横田兼章氏の「大原如来蔵における良忍上人関係資料(7)」と佐藤哲英氏と横田氏による「良忍上人伝の研究(8)」においては、良忍の自筆本・手択本を紹介し、良仁＝良忍であるとしその実在を証明した。そして、良忍と融通念仏の研究には史実としての研究と、もう一つ信仰中心の見方があることを指摘し、とくに後者は史実に関心をもたず独自に護教的立場をとってきたが、氏は二つの立場を尊重し初期の素朴な良忍伝が因子となってのちの神格化された良忍像ができあがったのではないかという見解を出している。今から約九〇〇年前、良忍は歴史の中に登場し彼に出会った多くの人たちが存在した。そのかけがえのない体験を通して念仏衆団が生まれ、その信仰がのちの世に伝えられていったのである。

さらに、五来重氏の「融通念佛・大念佛および六齋念佛[9]」は民俗学の立場から融通念仏を捉えることを提唱した。このほかに声明や布薩・出家作法などの律における研究もある。

二　『三外往生記』に見られる良忍と融通念仏について

そもそも融通念仏という言葉が最初に見られるのは今のところ『三外往生記』であり、そこに良忍の夢告として語られていることはよく知られている。蓮禅は久安五年（一一四九）以後ほどなく没しており、良範伝の保延五年（一一三九）が最も降る年号で、これ以降間もなく成立したとするのが定説である。写本には㈠宝生院真福寺蔵本、㈡宮内庁書陵部蔵本、㈢日本大学情報センター所蔵黒川家舊蔵本、㈣東北大学所蔵狩野文庫蔵本、㈤天理図書館蔵本がある。㈡、㈢、㈣は㈠の転写本で、㈤のみが別系統の伝本である。また続群書類従本および日本仏教全書本等の活字本は真福寺本系である。その真福寺本の奥書には次のようにある。

承久第二秋、於西峯方丈草庵書之。抑尋寂法師、講仙沙門、平願持經者、永觀律師、南京無名女、已上五人、爲康拾遺傳載之、仍漏了。而其徳行、全無加增之故也。蓮禪自序云、粗得遺漏之輩、重爲胎方來云々。仍且書漏了。若有深趣、可追書入歟。抑今見賢趾、愚涙難抑。唯願若干新生菩薩、哀愍知見、草庵暝目之時、必來迎引接矣。抑此本、申出持明院宮御自筆本書寫之了。文字有脱直之。

沙門慶謹題之

正嘉二年六月十二日酉剋　於法花山寺書寫了　乘忍記之[10]

すなわち、慶政は承久二年（一二二〇）に持明院宮（守貞親王）自筆本を書写し、その際に彼の判断で尋寂・講仙・平願・永観・南京無名女の五人の伝を削除したとある。

㈤天理図書館蔵本は『天理図書館善本叢書　第五七巻　平安詩文殘篇』の解題によれば、南北朝時代の書写と見られ蝕損が著しく補修改装がほどこされている。包紙二葉があり、第一紙に「法隆寺勸學院本　三外往生記殘欿」、第二紙に「法隆寺古寫本　三外往生傳」と記されており、法隆寺勧学院旧蔵本であったとする。五三人の伝を収録しており流布本にある近江志賀郡女と敦光の二人の伝はない。しかし、慶政が削除したという五人の伝は収められており、蓮禅によって編纂された本来の形を保持している点において書写年代の古さでは真福寺本に劣るが、きわめて高い価値を有しているとされる。(11)

そこで系統の異なる㈠真福寺蔵本と㈤天理図書館蔵本の良忍伝を比較してみるとおよそ同じであり、「融通念仏」の言葉は両者に見られる。ゆえに蓮禅の自筆本にも同様に記されていたと考えられ、『三外往生記』が成立したところの保延五年（一一三九）、つまり良忍滅後数年ごろには「良忍」と「融通念仏」の結びつきは確認できる。ここに、『真福寺善本叢刊　第二期　七　往生伝集』に収められている『三外往生記』の影印と『天理図書館善本叢書　第五七巻　平安詩文殘篇』に収められている『三外往生記』の影印を校合して翻刻を試みてみた。

良忍上人者、延暦寺東塔常行堂衆也。往年之比、一千日間、詣無動寺。不着麁履之類。如忘名聞之思。傍輩同法以奇特。是祈菩提心也。其願成就、永絶交衆。〔結〕構小庵止住太《ママ》原。十二時修三昧行、年来不懈倦。兼披閲一切経論、造立堂舎仏像。多年練行齡首難記尽矣。沈痾之間、遷化之後、往生極楽瑞祥炳焉也。暗夜観仏相好、光明現（眼）前。又入棺之時、其〔身之〕軽如鴻毛。太《ママ》原律師覚厳夢、上人来告云、我過本意、在上品上生。是融通念仏之力也〔云々〕。天承二年二月

〔　〕は天理図書館蔵本によって補った文字。（　）は真福寺蔵本の文字。

三　往生伝における融通念仏の問題点

『三外往生記』の良忍伝は僧伝として書かれ宗祖伝としてのものではない。しかし、融通念仏とは具体的にどのようなものなのかということについてはわからない。蓮禅はせまりくる死の恐怖により往生伝を編纂したのだろう。そして、とくに身近な人たちの往生に関する記事を集めている。そこで別所聖と呼ばれる人たちの事例を少しあげてみたい。

そもそも大原は、皇慶の弟子であった寂源（源時叙）が勝林院を建立し念仏生活を始めたことにより東塔系になり[12]、それは浄土教の盛んであった第一期に画される[13]。その伝は『拾遺往生伝』によれば、

少將源時叙者。一條左大臣雅信之五男。母朝忠卿之女也。天元年中。生年十九。捨世出家。〈法名寂源〉住于大原。俗呼云大原入道。有一禪門。名勝林院。自占蘭若。始結草庵。行四種三昧。向四十餘年矣。于時三月背二禁。醫師見之謂。可療治。入道云。悪瘡者多年之望也。住於正念。為遂往生也。我本立誓願。何更求醫方哉者。至四月四日。香湯沐浴。着新淨衣。招門弟子。撃磬合殺。十念成就。忽兮滅矣[14]。

とあり、「四種三昧を行ふこと　四十余年に向むとす」と伝え、東塔常行堂系の不断念仏をその行としていたことが知られ、臨終にあっては、「門弟子を招きて、磬を撃ちて合殺し、十念成就して忽として滅せり」とある。

不断念仏は『三宝絵』に、

念仏ハ慈覚大師ノモロコシヨリ伝テ。貞観七年ヨリ始行ヘルナリ。四種三昧ノ中ニハ。常行三昧トナヅク。仲秋ノ風スヾシキ時。中旬ノ月明ナルホド。十一日ノ暁ヨリ十七ノ夜ニイタルマデ。不断ニ令行也[15]。

とある。『慈覚大師伝』には承和一四年（八四七）に帰朝した円仁が、仁寿元年（八五一）に五台山念仏三昧の法を移して初めて常行三昧を修し、また入滅後の貞観七年（八六五）八月一一日には円仁の遺志に基づき相応が初めて東塔常行三昧堂で不断念仏を行ったことを伝えている。

つまり、これらの念仏は円仁の入唐当時、華北五台山で行われていた念仏三昧法にほかならず、いわゆる法照の五会念仏だった。しかし、この記事を裏付ける事実を確かめることはできないようだが、法照流の五会念仏には当時、五台山以外の各地に普及していたという説があるので、これを見聞し習得したとしても矛盾はないとされている(16)。そして、これは音曲の念仏であることは言うまでもない。また、安然の『金剛界大法対受記』には、

昔斯那国法道和上現身住極楽国、親聞水鳥樹林念仏之声、以伝斯那、慈覚大師入五台山、学其音曲以伝叡山、此有長短二声合殺五声(17)

とあるのも「五台山念仏三昧法」を説明したものであろうと考えられている(18)。

さらに、不断念仏は尋常において修されるものと、臨終において修される場合があるとすでに指摘されている(19)。

しかし、以上からも明らかなように不断念仏に音曲がないということはありえない。

そして寂源は門弟子を招いて合殺し、十念成就して滅したと伝えている。これは先の合殺五声を指すものかもしれない。いずれにしても音曲念仏のなか十念成就して往生したのである。

次に快賢について見てみよう。『後拾遺往生伝』巻下には、

上人快賢者。下野國人也。生年廿歳。離桑梓之郷。登台嶺之崛。五六年間。師事西塔菩提房矣。而間師縁已闕。依怙已絶。忽發道心。移住大原江文寺。建草菴於巖泉之畔。故人號泉下房矣。（中略）爰保延元年仲冬九日平旦。招近隣之僧徒。羞氣味之飲食。僧侶皆曰。上人室如懸磬（ママ）。身無擔石。何儲味饌。殊

與僧衆乎。上人答云。年來扣謁。是猶宿縁也。運命在今日。自爲後思出也。衆僧低頭。皆以拭涙。食訖而云。頃之上人盥嗽束修。凭几向西。身無苦痛。口唱彌陀。端坐氣絶。[20]

とあり、寂禅についても同じく、

爾時結縁道俗。隣里親疎。以吊門。其中神崎郡居住僧壽眞來語曰。去曉假寐夢。威儀具足僧侶八人。圍繞聖人。左右二人。捧紫金臺。聖人乘臺。往生西方。又檀越女人夢。容顔端正僧三人。自西方來。一人持寶輿。示曰。爲迎聖人也者。又性圓同法夢。聖人住房西去十餘歩。紫雲如虹。伎樂滿空。聖人乘其雲而去。又同僧。聖人入滅前七箇日。禪室爐下。獨睡之時夢。日光射室。内外照耀。夢覺目送。餘映猶在。又定圓同法夢。聖人誦曰。我捨穢土。往法身土。（中略）

如此奇夢異相。遠近甚多。[21]

とある。快賢は保延元年の仲冬九日平旦に近隣の僧徒を招いて飲食を供養し訖わると弥陀を唱え端坐して滅したとあり、そこには結縁衆の存在がうかがえる。また寂禅も「奇夢異相、遠近甚多し」とあるように奇瑞を見た人が多勢であったと記しており、快賢と同様のことが考えられる。

さらに『三外往生記』では祥蓮以下七人の楞厳院結縁念仏衆をあげており、蓮禅は「結縁」を重要視していることがわかる。源信は永延二年（九八八）、『二十五三昧起請』八箇条を補訂して十二箇条にしている。その中に、

一可結衆相共永成父母兄弟之思事

右三界如車。誰母誰父。六道似毬。何弟何兄。矧又我等出二親之家入三尊之道玄四恩之境。刮五乘之門。方今同尋栴檀之香。共受醍醐敎之味。敬順之志。父恩如輕慈愛。誡母德似薄飲泉。宿樹皆恆昔緣。結契通情。豈啻今語乎。抑遇一善友。忽免地獄之憂。頻數良伴。何事天堂之樂乎。[22]

とある。すなわち別所においては不断念仏をその行とした「結縁主義[23]」とも言える傾向がうかがえる。

『二十五三昧式』に引用される寛和二年五月二三日付『楞厳院二十五三昧根本結衆二十五人連署発願文』は会の趣旨を述べており、これは『往生要集』大文第六別時念仏の文によっていることは一般に明らかである。そこでは別時として尋常の別行と臨終の行儀に分けて説いている。そして往生伝の記事は、①経歴、②晩年もしくは罹患などによりとくに往生を意識してからの行、または臨終の行、③奇瑞を収録している。このうち②と③を次に一覧表にしてみた。②については『往生要集』の別時念仏を基本型としていると考え、主に臨終の行を採った。記載のない場合は『往生要集』における尋常の別行と察せられる往生を意識しての行を採取した。

表　往生人の臨終もしくは往生の行と奇瑞の一覧[24]

＊傍線引用者。【　】は元の文字。

	名　前	臨終もしくは往生の行	奇　瑞
1	阿闍梨増全	昼入経蔵、開覧正教、夜坐仏堂称念弥陀仏	延喜三年正月夢河西有僧、三年後、我来相迎也云
2	沙門理満	誦宝塔品是名持戒行頭陀者即為疾得無上仏道之文	自夢、祇園精舎聴衆、為結縁上人、所群集也
3	薩摩国一沙門	焼身	群集結縁之輩各垂感涙
4	好延法師	修法花懺法、念阿弥陀仏	徳大寺闍梨某夢上人口誦法華、乍坐蓮華、指西而去
5	大僧都実因	誦提婆品、信心作礼	夢有七宝塔婆、釈迦多宝、二世尊光明赫奕也
6	沙門祥蓮	偏以念仏、又修印仏勤	往生之趣、即入覚超僧都之夢

7	妙空沙門	造丈六仏	朝寿律【彼】師夢、妙空一類、依良縁悉蒙引道之益
8	相助大徳	扶人而起、礼拝恭敬、僅及十遍	有往生之瑞
9	阿闍梨明普	念仏不退	或人夢、明普闍梨忽然出来、驚問、自何処来答、従西方来也
10	沙門念照	正念念仏	往生之瑞炳焉也
11	阿闍梨良陳	臨終念仏不退	尋円律師夢、慶有闍梨之、此良陳阿闍梨被説曰年ヲヘテヲモフヲモヒノカヒアリテ蓮ノウヘノ露トミルカナ
12	阿闍梨聖全	〔招請衆僧、修念仏〕取梵網経、打磬而発願自亦誦寿量品、又令読往生要集諸僧相共、竟夜念仏	
13	行空沙門	普賢摩頂、文殊加護	
16	仙久比丘	正念唱滅	夢想為結縁、多尋到
17	沙門円久	口誦妙法	死骸置幽谷、七々之間、於藁里有誦法花之声
19	高野山両聖人	招請衆僧、令唱宝号、自午及申念仏不断	隣里之人、視聴涕泣而已
20	沙門覚勝	六時修阿弥陀供養法	我滅度荼毘之日浄侶自然群集者以我可知往生極楽也（中略）客僧集会七十余人
21	二品法親王	常以念仏、臨終正念	右大臣藤原俊家暁望西漢、遥有紫雲、不疑其往生

22	阿闍梨教真	毎月二箇度、必修百万遍念仏	臨終之夕、異香満室、又大宝蓮花、繽紛而下、見花色之者八人粗聞香気之者十人也
24	土左国金剛定寺一上人	焼身 合掌向西、高声念仏、衆僧門弟同音合殺	或人夢、雲外有二鶴、有人云彼鶴一双者、焼身上人小童也
26	沙門如幻	奉念観音	里人邑老、多語往生夢
27	沙門隆尋		有夢徴 有同法之聖、相共誓曰、我随先死、必示生所
25	僧永助	焼身	近邑之人、或見紫雲之瑞
28	興福寺学徒経源	大都誦往生要文及数返、其間衆僧合殺（中略） 唱観音合殺	
29	僧良範	不断念仏	隣里之人、多伝往生瑞夢
30	入水之聖	入水 念仏合殺、衆僧同音	後日打寄西岸之上、合掌不破、結跏猶存
31	大法師賢円		異香満室、傍人皆聞
32	念西比丘	手擎香呂、念仏声立	遷化之後、三日之間、香呂在手香気留庵、群集見之、随喜讃嘆
33	権僧正勝覚	西方繫望常以念仏	瞑目寂滅之刻、光雲満精舎
34	沙門永覚		丹波国穴緒寺住僧ム、天承元年冬夢、有人云、為迎永覚上人
35	勝義大徳	阿弥陀供養法如例	迎雲満寺内

36	良忍上人		大原律師覚厳夢上人来告云、在上品上生、是融通念仏之力
37	叡山宝幢院住僧ム	念仏八千余遍	覩其瑞之者多々
38	沙門信敬	発大音声、称南無大悲阿弥陀仏只一声、翌日微々念仏	陽快夢、天童一人降来云、此山可有迎講也、一度既過了、迎信敬上人也
39	比丘尼某	向西合掌	異香頻散、在傍之者、或臭之
40	尼妙法	高声念仏	異香満室、傍人染衣
41	尼某		常陸介実宗妻夜夢、指西去、後朝有人云、去夜上野尼上人入滅
42	尼某	有相知之僧、為善知識、念仏読経、終夜勤之高声念仏	
43	比良山麓村一老尼	正念念仏	近隣之人、聞香気者八人、望光雲者六人
44	甲斐国一俗人	限百箇日、招請衆僧十人、令転読法華経、或令修弥陀念仏	相語親友云、死去之日、必可来会
45	近江国愛智郡胡桃浜一父	焼身高声念仏	結縁之者、無不随喜
46	左近将曹下野敦季	念仏不退	
47	左近将曹秦武元	念仏三百遍	

48	右大臣源俊房	念仏不退	紫雲従耳来、瑞光照室、或女人夢、一僧侶称禅府使、伝書札、其文云、適雖往生未覚悟依最後念仏、得住不退地
49	入道念覚	焼身 礼拝千返、高声合殺、同法客僧異口同音	紫雲弥天
50	大納言源雅俊卿	念仏	人皆称往生
51	散位道俊	火急念仏	葬斂之夜、山中有異香
52	僧勢賀一男児	二親祖母等同音唱西方極楽、高声念仏	隣人邑老見聞流涕
54	江州志賀郡山麓一女人	衆僧打磬、不断念仏	其時聞音楽者八人　見光雲者二人
55	女弟子藤原姫子	唱弥陀宝号、幾千万返	時時有異香、人以驚歎
14	尋寂	修□□懺法、誦法花経	郷里之人、多夢光□□□
15	講仙沙門		寺僧即夢、礼云衆僧、依善知識離□□虵道往生浄土
18	平満持経者	転急念仏不退	白蓮華数千茎自生、花鮮香薫、見者称美讃嘆
23	永観	正念念仏	弟子阿闍梨覚叡夢、一有精舎、衆僧□座、同乗在其列
53	南京一女人		

ここでは、まず先に見た快賢や寂禅のように奇瑞を見た人が多くいたとの記述がある。そして臨終の行について

は寂源と同じように「招請衆僧」「衆僧合殺」「同音合殺」などとあり、音曲念仏の合唱が修されていたことが考えられる。ゆえに融通念仏においても同様なことと推察できる。しかしなにゆえに融通と言ったのかわかりにくい。そこで融通という言葉について若干検討してみたい。

四　融通について

融通という語は相即を表す言葉である。中国では智顗の著作である「三大部」などにおける法華経の統一的真理観に基づいた絶待相即論理は天台教学の中核をなしており、またその一言一句が相即論理を表明する語義と考えてもよいであろうとさえ言われる(25)。そこでは一色一香無非中道をはじめ多種の相即論が説かれている(26)。ここで彼の相即論について少しみておきたい。まず智顗の立場である教観相依は、たんなる教禅一致ではなく教観相依と教禅一致は区別されねばならない。なぜなら教禅一致はただ教禅不異を要求するのみであって、必ずしも教の存在を必要と考えないが、教観相依はあくまでも教を禅定の指針として要求するからであるとされる(27)。たんなる一致とは異なるということに注意しなければならないと言われている。

そして、その論理の基礎として『法華玄義』巻五下の三法妙段に見られる天台三法説をみるべきであるとの指摘がある(28)。「三法と言うは即ち三軌なり」とあり、それぞれ真性軌、観照軌、資成軌である。真性は真如実相。観照は真如実相を開顕する智慧のこと。資成は観照を資ける万行のこととされる。さらに「此の三は定んで三ならず、三にして一を論ず。一は定んで一ならず、一にして三を論ず。不可思議なり。並ならず別ならず、伊字・天目なり」とあり、これは「不並不別」といい三軌が一体不離であるとし、悉曇文字の伊や大自在天の三目が縦や横ではなく三角形をしている様子に譬えている。またそこには煩悩や悪法を菩提や浄法の資成軌と考えるところに顕著であるような相対種という考え方のあることも重要な点であると言われている。[29]

この三軌三法が一切法の基本論理に属するのに対し、三諦は実相規定の根本範疇である。智顗は『瓔珞経』『仁王般若経』などの三諦説を歴別三諦・次第三諦とし『法華経』に基づいて円教の円融三諦説を主張した。諸法は即空即仮即中であり、但空や但中ではないとする。主に『維摩経玄疏』巻三、『法華玄義』巻二下などに詳説されている。三諦の一々がそれぞれ空諦の中に仮と中を本具するように他の二諦を摂し三即一、一即三となり、個別即全体の円教の立場を示し一切を自己と同体であるとして内包するところのものであると知られている。

さらに差別相である諸法の相即について明らかにしたものが十界互具、百界千如、一念三千の互具相即である。主に『法華玄義』巻二上、『摩訶止観』巻五上などに説かれている。地獄・餓鬼・畜生・修羅・人間・天上・声聞・縁覚・菩薩・仏界の十界のそれぞれが互いに他の九界を具し百法界となり、さらに『法華経』方便品に説いている十如是をかけあわせ百界千如、それにさらに五陰世間、衆生世間、国土世間の三世間をかけあわせ三千世間とした。どんなに微細な一念心であってもその中に三千世間を具していると言う。これが一念三千の法門としてよく知られている。個別がそのまま全体であり、煩悩のままに菩提であり生死のままに涅槃である。この互具の論理こそ天台教学の中核をなすものとされる。

それでは「融通」もしくは「融ず」という語についていくつか検討してみたい。この言葉は『大正新脩大蔵経』（以下、『正蔵』と略す）においては智顗以前に使われていないようである。漢語としては任昉（四六〇—五〇八）の『斉竟陵文宣王行状』に「公道識虚遠、表裏融通」とあり、とどこおりなく通じるという意味に用いられている。『法華玄義』では、迹門の十妙、境妙において一諦を説くところで、『涅槃経』の「言う所の二諦は其の実は是れ

一なり。方便もて二と説く」を引用し、方便をすてて一諦を説くのであるとしている。そこに、

執著此實。實語是虚語。生語見故。故名爲麁。融通無著是故言妙。(30)

とある。とどこおりなく通じるという意味で統一的真理観を説いている。

また智妙では、

至理玄微非智莫顯。智能知所非境不融。境既融妙智亦稱之。其猶影響矣。(31)

とある。智は対象を認識することができるけれども境によらなければ融合した完全なものとはならない。境はすでに融合した妙であるので智もまた境に合致する。(32) つまり智と境の相即関係である境智冥合を説いている。融合という意味で用いられており、統一的世界観が描かれている。

五重玄義の顕体において、第四段の実相に入る教行を明かすにあたり、別教の四門と円教の四門は未融と円融の相違はあっても同じく円真の理に通じるとし、蔵教・通教・別教・円教それぞれの観を説くところで、別教と円教の差異について一〇項目に整理している。その第一の融・不融に、

別敎四門。所據決定妙有善色。不關於空據畢竟空。不關於有。乃至非空非有門亦如是。四門歴別當分各通。不得意者。作定相取似同性實。殆濫冥初生覺云云。(33)

とあり、別教の四門は歴別で不融であるとし円教は、

圓門虚融微妙不可定執。說有不隔無約有而論無。說無不隔有約無而論有。有無不二無決定相。(34)

とし、互いに融通していることを明かしている。そして、ここに「約して」というあり方が示されていることに注意したい。

また破会に約して融と不融を説くに、別門は外道の邪見を破しても二乗の邪曲や大乗の方便を破せず、善悪の法

をすべて会しても悪人や二乗人を会せず、その作仏を説かない。しかし、円門においては、すべてを破しすべてを会すとし、統一的世界観が示されている。

次に『摩訶止観』では、外方便の持戒清浄において理戒を明らかにするところに、理戒を持つに空・仮・中の三品ありて、おのおのに上・中・下ありと説き、

私諮云。下中三品皆約發眞。上品何意約眞似爲三品耶。(35)

という問いに対し、

答。前三道未合可得分張横辯。卽中既融宜約一道竪判。又亦得約横者。別接通別圓三品云云(36)

とあり、「即中既融」とは『止観輔行伝弘決』(以下、『輔行』と略す)によれば、

若入中已。毫善悉融。(37)

とあり、『止観輔行講義』では、

謂中観稱性。一切無所隔。(38)

とし、前の三品は中を悟らないので分けて説くことができるが、中を悟れば隔たりがなくなるので、そこで六即について竪に説くのであるとしており、つまり中は相即の立場で、そこは隔たりのない一体の世界だと考えていることがわかる。ここでは、隔たりがないという意味で用いられている。

また正修の破法遍において、中道の観を説くところで正しく中道の観を修するとし、

復次智障心中。卽有三假四句止觀。信法迴轉四悉檀巧修。皆例如前説。如是四句卽是觀門。若離此四無修觀處。善巧方便因門而通得見中道。見中道時非卽四觀若於一觀得入。餘句卽融不須更修。(39)

とあり、もし一観において入ることを得れば余の句はすなわち融じてさらに修することを須いずとある。ここに見

られる〝融じて〟について『輔行』は、

會有相應。相應卽融[40]。

と註しており、もし一種の観によって入ることができたならば、他の観はそれに相応するので改めて修することはないということで、ここでは相応するという意味で用いられている。

『天台四教儀』には、

次說般若。轉教付財融通淘汰[41]。

とあり、赤松法宣述『天台四教儀集註講述』などによれば　融通は般若の功能の一つであり、大乗小乗の法門の隔たりをなくすることを融通というとしている。

日本では『往生要集』総相観に、

三世十方。諸佛三身。普門塵數。無量法門。佛衆法海。圓融萬德。凡無盡法界。備在彌陀一身[42]。

とあり、「三世十方の諸仏の三身」「普門塵数の無量の法門」「仏衆の法海の円融の万徳」の仏・法・僧の三宝について弥陀の一身にありとしている。僧宝すなわち僧団における完全に欠けることなく一つに溶けあっている万徳とは、真理ではなく人のうえにおいて相即を述べていることが確認できる。

次に『観心略要集』は、その撰述年代については西村冏紹・末木文美士両氏の説に委ねたい[43]。第四章では仮諦が主に論じられ「我身は即ち弥陀、弥陀即ち我身なれば、娑婆は即ち極楽、極楽即ち娑婆なり」と仮諦即法界を述べている。そこに、

觀一塵法界。我心無分齊。三千融通。心念朗達[44]

とあり、「三千融通」という言葉を見出すことができる。これは一念三千を指している。「我が心に分斉無ければ」

とあるように、いわゆる顕現的相即論[45]にあたると言えよう。また阿弥陀三諦説は名号のうえにおいて円融三諦の絶待相即論を述べたものである。このような展開の中で「融通念仏」という言葉も現れたと考えられる。

五　結び

融通念仏の語は『三外往生記』に最初に見出すことができ、撰者蓮禅は久安五年（一一四九）以後ほどなく没しており、良範伝の保延五年（一一三九）が最も降る年号であるから、これ以降間もなく成立したとするのが定説である。また系統の異なる写本である宝生院真福寺蔵本と天理図書館蔵本を比較することにより、原本にも良忍伝は同様にあったと言える。ゆえに良忍は長承元年（一一三二）に入寂しているので、彼が融通念仏によって往生したことは間違いない。また、そこには何らかの衆団が存在したと考えられる。

そして、この融通念仏は具体的にどのようなものであったのか。さらに良忍によって創唱されたのかということについて明確にするためほかの記事を検討してみると、彼らは東塔常行堂系の不断念仏をその行としていたことが知られ、臨終にあっては衆僧合殺や同音合殺が少なからずあり、音曲念仏の合唱を修していたと考えられる。融通念仏もまた同様のことと推察できる。

しかし、融通の意味がよくわからない。これは相即を表す言葉で統一的真理観・世界観を描く。一般には「とどこおりなく通じる」という意味である。『正蔵』においては智顗以前には使われていない。そこで彼の著作について若干考察してみると、統一的世界観を示すとともに、「約して」または「相応して」などの具体的なあり方を述べている。

良忍は東塔常行堂の堂僧であり日本における声明の大成者でもあったことから、そこで修された念仏合唱は調和にすぐれ、その一体感により融通念仏と呼ばれ、また資料のうえからは明確ではないが、創唱者として彼は最も相応しい人物と考えることができる。また結縁信仰の普遍平等性は相即という教義によって裏付けることができ、無縁社会を解決する糸口が見える。今後、さらに仏教における相即論について詳しく探究したい。

註

（1）岩橋小弥太「聖応大師伝資料の一二に就いて」（京都帝国大学史学科編『紀元二千六百年記念史学論文集』内外出版印刷、一九四一年）。
（2）塚本善隆「融通念佛宗開創質疑」（『日本仏教学会年報』二一、一九五五年）。
（3）井上光貞『日本浄土教成立史の研究』（山川出版社、一九五六年）。
（4）西口順子「院政期における別所浄土教の考察――良忍上人伝をめぐって――」（『史窓』一五、一九五九年、のち『平安時代の寺院と民衆』〈法藏館、二〇〇四年〉）。
（5）同右。
（6）同右。
（7）横田兼章「大原如来蔵における良忍上人関係資料」（融通念佛宗教学研究所編『良忍上人の研究』百華苑、一九八一年）。
（8）佐藤哲英・横田兼章「良忍上人伝の研究」（前掲註〈7〉書、所収）。
（9）五来重「融通念佛・大念佛および六齋念佛」（『大谷大学研究年報』一〇、一九五七年）。
（10）『真福寺善本叢刊　第二期　七　往生伝集』（臨川書店、二〇〇四年）。
（11）『天理図書館善本叢書　第五七巻　平安詩文残篇』（天理大学出版部、一九八四年）。
（12）前掲註（4）に同。

(13) 前掲註(3)に同、二〇四頁。
(14) 『続群書類従』第八輯上。
(15) 『大日本仏教全書』一一一巻。
(16) 薗田香融『平安仏教の研究』(法藏館、一九八一年) 一七一頁。
(17) 『日本大蔵経』台密章疏三、九頁。
(18) 前掲註(16)に同、一六九頁。
(19) 奈良弘元『初期叡山浄土教の研究』(春秋社、二〇〇二年) 一〇九頁。
(20) 前掲註(14)に同。
(21) 同右。
(22) 『恵信僧都全集』(以下、『恵全』と略す) 一、三四二。
(23) 加地伸行氏は日本人一般の感覚として集団性・共同体性を最重要視する家族主義を指摘している (二〇一四年二月二四日『産経新聞』など)。
(24) 前掲註(10)の訓読篇による。なお、この表は二〇一三年「融通念佛宗史研究会」において寺川良信氏、徳野良裕氏の協力によって作成したものの一部であることを付記しておく。
(25) 大野栄人『天台止観成立史の研究』(法藏館、一九九四年) 三三三頁。
(26) 前掲註(25)、三三二頁。
(27) 安藤俊雄『天台性具思想論』(法藏館、一九七三年) 三九頁。
(28) 前掲註(27)、四〇―四一頁。
(29) 前掲註(27)、四五頁。
(30) 『正蔵』三三、七〇五ａ。
(31) 『正蔵』三三、七〇七ａ。
(32) 菅野博史『法華玄義を読む――天台思想入門――』(大蔵出版、二〇一三年) 二〇〇頁。
(33) 『正蔵』三三、七八八ａ。

(34) 同右。
(35) 『正蔵』四六、三八a。
(36) 同右。
(37) 『天台大師全集』摩訶止観　二。
(38) 同右。
(39) 『正蔵』四六、八二b。
(40) 『天台大師全集』摩訶止観　四。
(41) 『正蔵』四六、七七五a。
(42) 『恵全』一、一〇七頁。
(43) 西村冏紹・末木文美士『観心略要集の新研究』(百華苑、一九九二年)。
(44) 『恵全』一、二八八頁。
(45) 田村芳朗氏は天台本覚思想の由来するところとして相即論を知るとし、それを基本的相即論、内在的相即論、顕現的相即論、顕在的相即論の四段階に区分している(田村芳朗「天台本覚思想概説」〈『日本思想大系　天台本覚論』〉)。

念仏と声明

――良忍をめぐる〈声〉――

柴　佳世乃

はじめに

良忍（一〇七三―一一三二）は、洛北大原に住し、融通念仏の祖、あるいは声明の中興の祖として有名である。鎌倉後期に作成された『融通念仏縁起』では、良忍の行業がつぶさに記され、絵画化されている。現存する中で最も早く成立した正和本（シカゴ美術館・クリーブランド美術館蔵）から一貫して、融通念仏の効能を阿弥陀如来より感得し、勧進につとめる良忍の姿が描かれている。また良忍は、声明の中興の祖として、諸曲の相承を一身に受け統合する要に位置している。声明の口伝書は一致して良忍の名を掲げるのである。

本稿では、院政期から鎌倉初期にかけての〈音声〉を軸とした宗教文化の中に、あらためて良忍がどのように捉えられているかを眺め、論じてみたい。それらの時代にあっては、仏事法会や宗教活動の活発化の中で、音声の持つ意義が深まり、多様に展開していったことが認められる。声明においても、念仏においても、また読経においても然りである。融通念仏が縁起作成と勧進を通じて広められていく前夜に、〈声〉の宗教文化の中でどのように良忍は捉えられ、また位置付けられていったのであろうか。あらためてその中に良忍像を考察するものである。

一　融通念仏の祖としての良忍

良忍[1]のまとまった伝を載せる最も早いものは『後拾遺往生伝』（保延五年〈一一三九〉以前に成立）であり、そこには良忍の大原隠棲や、念仏三昧の日々があらわされている。

沙門良仁（忍）者、叡山住侶也。……隠居大原山、永絶世営。偏願往生。日別誦妙経一部、念仏六万遍。三時行法、多年不怠。（後略）　（巻下）

書中に重複して載せられた中巻の良忍伝ではより詳細な伝記が示され、末尾に、亡き良忍が常陸律師なる僧の夢に現れて「我倍本意、生上品上生。是融通念仏力也」と告げたことが記されている[2]。また、『三外往生記』（保延五年以後まもなく成立）にも、末尾に同様に、大原律師覚厳の夢に現れた良忍が「融通念仏の力」によって上品上生に往生を遂げたことが示される（『後拾遺往生伝』巻中の伝とは人物名が異なるのみ）。

『古今著聞集』（建長六年〈一二五四〉）に至っては、融通念仏創始に関わる良忍の伝記を詳細に描き、良忍四六歳、天治元年（一一二四）における阿弥陀仏の示現を、

蓋可教速疾往生之法。所謂円融念仏是也。以一人行為衆人。故功徳広大。順次往生、已以易果修因。已融通感果。盍融通一人令往生衆人。盍往生。

という具体的文言を引きつつ記す。さらに良忍の、念仏結衆となる名帳加入への勧進の様子が描かれる。

没後まもなく、念仏への傾倒ぶりや「融通念仏」の功徳への言及が見られ、その後一〇〇年余を経て、融通念仏

の創始にかかる伝承がたしかに形成されていたことがわかる。

『融通念仏縁起』正和本[3]（正和三年〈一三一四〉の奥書を有す）は、それら先行する伝承を受けて、良忍とその創始した融通念仏の功徳を、絵と詞で以て描出したものである。阿弥陀仏の示現を受けて勧進を行う様は、

この阿弥陀如来の告げに驚きて、年来、自力観念の功を捨てて、偏に融通念仏勧進の志起こり、他力称名の行者と成り給ひて、天治元年甲辰六月九日より始めて、聚落に交はり、上一人より下万民に至るまで、道俗・男女・貴賤・老少、相合ふに従ひて、普くこれを勧め、其の姓名を記録して、如来蔵にこれを納む。

（上巻、第三段[4]）

のように描かれる。

さて、正和本が編まれたのとほぼ時を同じくして、法然（一一三三―一二一二）の伝が編まれているが、その中には融通念仏を創始した良忍への言及が見られる。法然没後およそ一〇〇年後に編纂された『法然上人絵伝』（知恩院蔵『法然上人行状絵図』、いわゆる四十八巻伝）には、良忍および融通念仏に関するくだりが数カ所に見える。先に見た、良忍伝や融通念仏内部における祖師像を客観的に捉えるために、以下に掲げよう[5]。

○あるとき上人、「往生の業には、称名にすぎたる行あるべからず」と申さるるを、慈眼房は観仏すぐれたるよしをの給ければ、称名は本願の行なるゆへにまさるべきよしをたて申たまふに、慈眼房、又「先師良忍上人も観仏すぐれたりとこそおほせられしか」との給けるに、上人、「良忍上人も先にこそむまれ給たれ」と申されけるとき、慈眼房腹立したまひければ、（後略）　（巻六。傍線引用者、以下同）

○又十二人の衆を定めおきて、文治三年正月十五日より、勝林院に不断念仏をはじめおこなはれしに、（顕真）法印は十二人の随一にて、戌刻をぞつとめ給ひける。開白の夜は、十二人皆参じ行道して、同音の念仏を修す

るに、毘沙門天王列に立ち給へりけるを、法印まのあたり拝し給ひて、良忍上人の融通念仏には、鞍馬寺の毘沙門天王くみしたまひ、あまさへ諸天善神をすすめ入たまひけることも思ひあはせられ、いよいよ信心をましたうとくおぼしければ、念仏守護のために、毘沙門天王を当堂に安置せられけり。（巻一四）

○安居院の法印聖覚は、（中略）上人の第三年の御忌にあたりて、御進善のために、建保二年正月に法印真如堂にして、七ケ日のあひだ道俗をあつめて、融通念仏をすすめられけるに、往生の要枢、安心起行のやう、上人勧化のむねこまごまとのべたまひて、（後略、この記事の後、聖覚自身の臨終の様子が「端座合掌し、念仏数百遍をとなへ、往生の素懐をとげられける」と記される。）（巻一七）

○（前略）恵心僧都の要集には三道をつくりて一心のものはまよひぬべし。永観律師の十因には十門をひらきて一篇にはつかず。空也上人の高声念仏は聞名の益をあまねくすれども、名号の徳をあらはさず。良忍上人の融通念仏は神祇冥道をすすむれども、凡夫ののぞみはうとし。爰我大師法主上人、行年四十三より念仏門にいりてあまねくすすめ、易行道をしめしてひろくおしへたまふに、（後略）

（巻三六、法然赦免の後の法会における聖覚の説法）

すなわち、念仏の先師として良忍を捉え（巻六）、良忍の融通念仏創始に関わる伝承を引く（巻一四、巻三六）。また、聖覚が追善供養のため「融通念仏」をすすめて法要を営んだことも記される（巻一七）。ただし、法然における念仏に直結するわけではなく、融通念仏における神祇の名帳加入に言及しつつも、「凡夫ののぞみはうとし」として、専修念仏とは一線を画するものと捉えられていた（巻三六）。一四世紀初頭において、良忍創始の「融通念仏」が周知されていたことがわかる。ここに良忍が「念仏の先師」として位置付けられていたことは重要であろう。

こうした良忍の捉え方は、一遍（一二三九—八九）の伝でも同様である。

勧進のおもむき冥慮をあふぐべしと思給て、本宮証誠殿の御前にして願意を祈請し、目をとぢていまだまどろまざるに、御殿の御戸をおしひらきて、白髪なる山臥の長頭巾かけて出給ふ。……かの山臥、聖の前にあゆみより給てのたまはく、「融通念仏すすむる聖、いかに念仏をばあしくすすめらるるぞ。……」（中略）凡そ融通念仏は、大原の良忍上人、夢定の中に阿弥陀仏の教勅を受け給て、天治元年甲辰六月九日はじめ行ひ給ふときに、鞍馬寺毘沙門天王をはじめたてまつりて梵天帝釈等名帳に名をあらはして入り給ひけり。

（『一遍聖絵』巻三）[7]

法然伝に記されたのと同様に、念仏の先師としてしばしば言及があり、また阿弥陀仏感得の後の毘沙門天の奇瑞譚を載せている。また、一遍が熊野の神より「融通念仏すすむる聖」と呼ばれていることも注意される。

これらに言う「融通念仏」とは、自他に口称念仏を行い、その功徳を共有せんとする融通の理念が反映された文言と取れる。[8] その創始者として良忍が広く認識されていたのである。

さて、『融通念仏縁起』には、鳥羽院（一一〇三—五六）とその后待賢門院（一一〇一—四五）の良忍への帰依が記され、王権の関与が示されている。

鳥羽院、この念仏百反受け坐して、猶重ねて、数遍を千遍に増し、長日怠りなく御勤めありける上、諸僧綱に仰せて、盛りに此の念仏衆に入れしめ給ひけり。

（下巻、第四段）

広隆寺女院、この念仏を受けさせ御坐して、法金剛院にて百ケ日の間、御念仏。即ち、六口の禅侶に仰せて、尽未来際の御願として、日夜不断の御念仏を始め置かれけり。

（下巻、第五段）

右に見るように、鳥羽院・待賢門院ともに良忍に帰依して念仏結衆に入ったとされ、女院御所・院御所にてそれぞれ良忍が勧進する様が絵画化されている。

縁起に描かれた良忍との関わりや融通念仏への結縁の事実はひとまず措くとして、実際に念仏に対して、鳥羽院およびその周辺はどのように関わったのであろうか。『融通念仏縁起』が制作されたのは正和三年（一三一四）であるが、近時、承久四年（一二二二）に記されたと考えられる『諸仏護念院言上状』が見出され、これまで不明であった鎌倉前期の融通念仏をめぐる動きの一端が明らかになった(9)。阿部美香氏は、右資料の読解から、上西門院（鳥羽院と待賢門院の皇女）の祈願所として創建された諸仏護念院が、現融通念佛宗大本山大念佛寺の前身であろうことを明らかにし、それが上西門院から女院に継承されたことから、待賢門院の念仏勤行の様が特筆される意味を論じている(10)。良忍の行業として、院および女院への勧進を記すのは『融通念仏縁起』が初例であり（先行する『古今著聞集』他には示されない）、縁起生成の場を推測させるものだが、良忍とも同時代を生きた鳥羽院その人の念仏への関心は、実際どのようであっただろうか。あらためて記録類に辿ってみたい。

その西門が極楽浄土の東門に通ずると考えられた四天王寺は、浄土信仰の中核として多くの念仏聖を集めるが(11)、鳥羽院は、久安年間頃より四天王寺への度重なる参詣が確認できる。例えば、久安二年（一一四六）九月一三日からの参詣では、百万遍念仏(12)に院が参加している。藤原頼長（一一二〇―五六）の日記『台記』には、それら院の動向がつぶさに書き留められている。

始二恒例弥陀百万一、式日今月十八日也。而明日、法皇御共、詣二天王寺念仏一。（『台記』久安二年九月一二日条）

此日法皇詣二天王寺一。（同一三日条）

一旬念仏人及二数十人一云々。其身有レ障者、進二其代人一、法皇令レ受二九月中旬一給。仍令レ参給也。但今度早還御、不レ能レ満二百万一。因レ之、左衛門尉季実為二御代一、去九日参二此寺一満二百万一。依レ有二道心一勤二此役一云々。……法皇幸二念仏所一。余同参。……僧礼仏廿一遍、法皇同礼仏廿一遍、余已下同レ之。事了還二御天王寺一。有下号二出雲聖人一者上、三四年以来、始二初後行法一、於二西門外鳥居内屋一行レ之。……其聖人京中人不レ論二貴賤一、勤二毎年一度百万遍念仏一。（後略）

（同一四日条）

すなわち、四天王寺周辺で活動していた出雲聖人なる念仏聖が百万遍念仏を行い、院もそこに参加し、自らも念仏を唱えたのであった。

ちなみに、この出雲聖人は念仏結衆に入ることを勧進していたようで、関白をつとめた藤原忠実とも接触がある。

渡二御出雲聖人念仏所一、令レ逢二行法時一給。可レ入二念仏衆一之由、有二御約一。但今度不二令レ入許一。

（『台記』久安四年〈一一四八〉五月一四日条）

これは、前後の記事より、藤原頼長が父忠実に付き従って四天王寺に参り、父と共に出雲聖人の活動の場であった念仏所に向かったことを記すものである。(13) 忠実は念仏衆に入ることを勧められて約諾したが、その折には入らなかったという。権門に関わる貴族においてこうした動向が認められる事実は見過ごせない。

また次の久安四年（一一四八）の一連の記事からは、百万遍念仏に院が積極的に関与し、自ら念仏衆に加わって番衆を勤めたことがわかる。

又勅云、自二昨日一始二弥陀仏百万遍一。廿一日可レ満二終一。

（『台記』久安四年九月一一日条）

（前略）亥一刻〈法皇、戌番念仏者也。而講説之間、解及二此刻一、其状予使三信西詔二聖人一〉幸二念仏所一。

（同一五日条。〈〉内は割注、以下同）

（頼長の念仏所への参上が遅れたことについて、鳥羽院との問答）

問曰、公来何遅。対曰、昨日蒙レ詔曰、朕為二中旬番衆一、明日非番。因レ之不レ可レ逢レ時、臣信二此詔一無レ念二参上一、

今依二忠盛朝臣之告一所レ参也。上曰、聖人奏下雖二非番衆一無レ妨レ逢レ時之由上、是以俄向耳。（同二一日条）

なお四天王寺での念仏のみならず、鳥羽院は、法勝寺あるいは鳥羽殿などにて不断念仏を繰り返し行ってもいる(14)。

こうした念仏信仰の中で、鳥羽院は久安五年（一一四九）一一月、四天王寺に念仏三昧院を建立するに至る（『本朝世紀』『百錬抄』他）。藤原永範が作成した「天王寺念仏三昧院供養御願文」（久安五年一一月一二日）が残されているが、そこには、院の念仏への取り組みの様や行われた念仏の様子がよく映し出されている。例えば、次のような文言が見える。適宜抄出して掲げよう。

年々致二参詣一。念々専二精勤一。或唱二百万遍之仏号一。或挑二十万点之慧燈一。或修二舎利会一。或行二逆修善一。凡厥効能。不レ遑二具記一。

其（円聖なる念仏上人の名が直前に掲げられる）念仏之為レ体也。毎月分レ衆。毎旬定レ番。上都下邑之尊卑。信向帰依之男女。赴二勧進一者。寔繁有レ徒。専致二昼夜不断之勤行一。漸積二星霜数廻之薫修一。

染二緇襟於桑門之露一。屡修二西門之念仏一。繋二素意於華界之風一。深懺二下界之依身一。豈謂レ忌二尋常之儀度一乎。偏為レ慕二順次之往生一也。

（『本朝文集』巻六〇）

院自ら、順次往生を願って百万遍念仏を唱えた行いの様が浮かび上がる。院の念仏信仰は、四天王寺の念仏三昧院(15)の建立に結実し、以後も継続して行われたのである。

『融通念仏縁起』には、鳥羽院と待賢門院の帰依が描かれるが、良忍の直接の勧進はともかくとして、それが縁起に記される素地は、鳥羽院周辺に存在していたとみてよいであろう。縁起作成自体には直接には女院から継承されていった祈願所が果たした役割と意味が大きいであろうが、この時代をおおう念仏や読経、声明といった法会をいろどる音声に関わる芸能の深化は、良忍の位置付けにも関わるものと思われる。こうした権門の念仏への帰依や関心は、後述するように、例えば読経が芸能的要素を帯び、王権がそこに関与する時期とも重なるのである。

二　良忍と声明

念仏とりわけ融通念仏の祖として広く知られた良忍であるが、一方で、声明における中興の祖として重要な位置を占める(16)。

良忍の高弟であった家寛は、後白河院の求めに応じて声明の譜をあらわしたが、その「声明集」の序文が残されている。家寛が、能説の誉れ高い安居院澄憲に草案を依頼し、記したものである。その文中に、良忍について以下のように言及されている。

> 夫《レ》声明者《ハ》、五明之《ノ》中其《ノ》一也《ナリ》。（中略）齊会之《ノ》場、修善之《ノ》所、以二法用一為レ先、以二音韻一為レ事。声為二仏事一、蓋《シ》此謂歟《カ》。如《キハ》二長音・唱礼・云何唄一者、密宗以レ之為二規模一。如《キハ》二九條錫杖・始段唄一者、顕教以レ之為二準的《ト》一。此外《ノ》唐梵諸讃・経論伽陀・普賢懺法・弥陀念仏、悉《ク》以二音曲一而成二道儀一。皆以二声明一而辱《導カ》二観行《ヲ》一。道之《ノ》興事之《ノ》用是《ナリ》。世之《ノ》所《ナリ》レ知也。人之《ノ》所《ナリ》レ好也。
> 小僧家寛、随二大原良忍上人一、久《ク》提二携此道《ノ》一。雖レ恨三音声之《ノ》不二清徹一、尚思《シ》三妙典之《ノ》不二謬誤一。良忍上人者《ハ》、受二彼堂別当観成《ニ》一。観成者《ハ》受二延暦寺権少僧都懐空《ニ》一。懐空者《ハ》受二四條大納言公任《ニ》一。次《ニ》以往《ノ》諸伝師資散在《シテ》、不二一二一。由来不二分明一者也。
>
> （『声明集序』(17)）

根源的な仏教における声の功徳をうたい、顕密にわたる声明の曲を掲げながら、この道に通じた良忍とそれに師事した家寛自身について記すものである。良忍がこれら多様な曲の相承を一身に受けたことは、大原に伝わる『魚山聲曲相承血脈譜』(18)に明らかである。慈覚大師円仁から継がれる天台声明の流れが、良忍において各曲すべて結ばれ、以下に連なっていくことが可視化されている。良忍―家寛の系譜ももちろん示され、家寛からは後白河院への相承も示されている。

良忍を声明系譜の要に置いて記すのは、以下の諸書にも共通する。永仁六年（一二九八）の年紀を持つ、歌論・声明の書『野守鏡』には、次のように記される。

大原の良忍上人は、三十の年を過ごすべからざるよしをまさしき宿曜相人ども勘へ申しければ、二十五の年ながら山を出でて、大原の奥にうつり居つつ、来迎院を建立して、声明法則をただしくして、出離をいのりけるに、夢のつげありて稲荷社へまうでたりける時、命婦いでさせ給て、水精の錫杖をくはへて上人の前におかせたまひたりければ、やがて七ケ日こもりて九條錫杖を誦せられけるに、金の五古の尾をたれたりける命婦いでさせ給ひて御聴聞ありける。これによりて上人の寿命たちまちにのびて、ななそぢあまりにいたれり。又かの上人入滅の後、家寛法印先師の跡を尋ねて稲荷の社にこもりつつ、この水精の錫杖を持して九條錫杖を誦しけるに、上人の時の如くなる命婦出でさせ給ひて御聴聞ありければ、錫杖の霊験いまだうせざる事をたとび、声明の秘典あやまりなかりけることをよろこびけるとかや。（『野守鏡』下）

良忍の奇瑞譚が記され、良忍から家寛への流れの正統性がうたわれている。また、他流については、

蓮入房といひし人くはしく良忍上人の口伝をうけざりし流にて、ただはかせにまかせて大原の声明を興行せしよりして、上人の妙曲をうしなへり。（『野守鏡』下）

とある。良忍以後の流派に分かれて混迷する相承の現況を伝えるが、良忍が声明の流れの中核であることは揺らぐことがない。

天台声明のみならず、他宗、例えば東大寺を本拠とした凝然の手に成る声明書においても、良忍は諸流を統合する位置に捉えられている。『声明源流記』は、先に掲げた『野守鏡』とほぼ同時代に成ったもので、天台・真言を含めた声明の現状を捉えており、良忍を高く評価していることでも注意されよう。

然《ニ》日本声明、昔《ヨリ》来《タ》名匠各〻有《リ》レ取レ司《ル》。或《ハ》窮《メ》二四箇五箇《ヲ》一、雖レ有《ト》二兼通精研之《ノ》能一、而有《リ》レ所レ秀《ル》。各〻存《ス》レ所《ヲ》レ司《ル》。至《テ》二良忍上人《ニ》一、普随《ヒ》二諸哲《ニ》一、広値《テ》二多般《ニ》一、諳二練《シ》諸曲《ヲ》一、貫二括《ス》多門《ヲ》一。入二大原松林院《ニ》一。別建二立《シテ》来迎院《ヲ》一、弘《メ》二所習《ノ》声明《ヲ》一、伝《フ》二所研《ノ》音曲《ヲ》一。感応数〻彰《ハレ》、祥瑞頻《リニ》現《ス》。門輩多般《ニシテ》、徙属森羅《タリ》。清曲万般《ニシテ》、習伝一依《ナリ》。家寛法印《ハ》、是《レ》良忍声明高足《ノ》門人。瀉瓶不レ遺《サ》、伝燈無レ墜《シルコト》。

（『声明源流記』）

ここにもまた、良忍が諸流諸曲の相承を一身に受けたこと、また高弟家寛についても触れられる。

さて、『元亨釈書』（虎関師錬、元亨二年〈一三二二〉）は、鎌倉末の仏教芸能を独自の視点で捉え、活写している。巻二九「音芸志」に、経師（読経）、唱導、声明、念仏の四つの仏教に関わる音芸を挙げ、それぞれの芸道の内容、師資相承について記すものである。古は「行」であったはずが今は「伎」となってしまっていることを歎くものの、それらが仏事法会を荘厳し、かたちづくっていることを認め記述するものである。そのうち「声明」の項は、良忍について次のように取り上げる。

声明者、（中略）誓（寛誓）伝二良忍一。忍事已見二感進伝一。自レ居二大原山一、盛唱二此業一。以為二法事之荘儀一。忍博索二支派一統二于己一。其受二尋宴一者五世。受二瞻西一者四世。顕密声明、諸師音訣、皆能括嚢。忍深二于声明一。一日披二唄策一画二墨譜一、忽策中出二光明一。自レ此世推二忍之業一焉。継二其後一者、乏二忍之感応一、只受二音韻一。因レ是大原之地成二梵唄之場一。方今天下言二声明一者、皆祖《トス》二于忍《ヲ》一焉。

「天下に声明を言ふは、皆忍（良忍）を祖とす」とあるように、曩祖として位置付けられている。他の項に比べ、声明には師錬の批判的な言辞が少なく、これは他と比べてより専門性を保っていたからであろうか。ちなみに、「念仏」の項には良忍の名はない。「念仏は持誦の一支なり」と始まるその項は、法然が専修念仏を宗として立てたことにまず言及し、その後の念仏の広がりと低俗な行いの様を述べ酷評している。『釈書』の時代の、念仏の独特の風潮、進化に主眼が置かれた記述であり、その前時代の念仏には筆が割かれず、良忍にも触れられないのである。

三　仏事法会と〈音声〉、王権

良忍の融通念仏や声明の祖師としての位置付けが固められていく時期は、音声をめぐって宗教的、あるいは芸能的な熟成がなされ、多様な展開が見られる時期であった。

例えば、読経――『法華経』読誦に関しては、芸能的要素が洗練されて、平安末から鎌倉初期にかけて「読経道」としてかたちを整えた[19]。そこには、音曲に関する口伝や師資相承、それらにまつわる説話伝承が存している。芸能的要素を持つ読経は、平安中期より資料に確認できるが（『紫式部日記』『枕草子』『更級日記』など[20]）、いっそう芸能性が増し、音曲について何らかの工夫や曲調が出来したらしいのは、平安後期の鳥羽院代あたりからである。歌唱の具体的な様相はわからないが、貴顕の前で芸能的読経が披露された例を見出せるのである[21]。先にも引いた『台記』には、関白忠実より読経を請われて、藤原敦兼が見事に読誦する様が、次のように記される。

仁和寺女院、新御堂供養習礼也。予不参。只参二近衛殿一。入レ夜、敦兼朝臣参入、暫御対面。大殿被レ仰曰、可レ有二読経一。敦兼読経。殿中人、自二殿已下一、驚レ耳感。（保延二年〈一一三六〉一〇月九日条）

また、父忠実に従って四天王寺に参詣した帰途、頼長は酒宴にて読経の興に身近に接する（「有二朗詠・今様・読経等之興一。」康治二年〈一一四三〉一〇月二四日条）。また同じく四天王寺参詣時にて行われた次の催しは、鳥羽院のもとでなされたものであった。

（前略）青海波・竹林楽・伯柱・千秋楽・朗詠・今様・風俗、各数反〈資賢〉、読経二度〈俊盛、人々□□□□□□□□□歎美、伝二外祖敦兼朝臣之風一〉。興酣、覚暹・信西、弾二揚仁操一。

（久安三年〈一一四七〉九月一四日条）

俊盛の読経が外祖父敦兼の風を伝えるとされ、聴く者が讃歎したという。この前後、数日にわたる四天王寺参詣の間、鳥羽院は連日、出雲聖人の念仏所に向かっている。すなわち、念仏が行われたのと時や場を同じくして、芸能性を帯びた読経が育まれつつあったのである。

鳥羽院は、法会における音声への関心が高かったと見え、久安三年（一一四七）の舎利講の際に、出声の高さを正し、法会の後に読経や管弦を催している（『台記』『古今著聞集』他）[22]。鳥羽院が在位したのは嘉承二年（一一〇七）―保安四年（一一二三）、その後保元元年（一一五六）に亡くなるまで、政治・文化の中核にあった。読経道を伝える各種の文献には、鳥羽院の名が見出せる。『元亨釈書』音芸志「経師」の項には、「承保帝《白河》は命（道命）の四世永覚を召して音旨を承け、寛治《堀河》・天仁《鳥羽》・保元《後白河》四聖は系付して台閣に鳴る」（原漢文）とある。また、後代のものであるが、書写山に伝わる読経道系譜「法華経音曲相承血脈」には、「白河院―堀河院―鳥羽院―後白河院」という流れが明示されている[23]。王権をこうした系譜に組み入れて記すのは、象徴的意味合いが多分に含まれていようが、事実、鳥羽院代には芸能性を帯びた読経が行われており、自身も音曲に関心を寄せていたことが確認できるのである。さらに、鳥羽院に次ぐ後白河院は、読経道の中興の祖として口伝書に記されており、諸記録には持経者としての行いが具体的に確認できる。読経を能くした「能読」なる者が資料に見出せるようになるのは後白河院代からである。

読経道は、後白河院が深く関わることによって芸道として整えられる道筋ができたと見て誤らないであろう。後白河院の関与が果たしたものは大きかったであろうが、この代に初めて読経が芸能化したのでないことは、先の鳥羽院代の事例からも明らかである。

読経のみならず、念仏においても、鳥羽院から後白河院への行いの連続性が認められるであろう。『法然上人絵伝』には後白河院の念仏勤行の様が、以下のように記されている。

後白河の法皇、ひとへに上人の勧化に帰しましまし、御信仰他に異なりしかば、百万遍の御苦行二百余ケ度まで功をつみ、比類なき御事にてぞましましける。（巻一〇）

『絵伝』にはこの後、院の建久三年（一一九二）三月の臨終に際しての念仏往生が語られ、また十三回忌においては、「能声」を撰んで六時礼讃の勤行がなされたことが記される（巻一〇）。

鳥羽院の念仏への傾倒ぶりは先に見たとおりだが、後白河院もまた、自ら不断念仏にいそしみ、鳥羽院同様に念仏行者であった。例えば、承安元年（一一七一）七月一〇日に一〇〇日の不断念仏を始め、一〇月二一日に結願している（『玉葉』）などの他、日を限っての不断念仏の記事は多い。あるいは御逆修において「三七日之間、法皇御所作、法華三百八部、百万返三度」（『吉記』寿永二年〈一一八三〉二月二九日条）と、院自らが『法華経』の読誦に加えて百万遍念仏を、特記されるくらいの回数で行っているのである。

また、鳥羽院が建立に関与した四天王寺の念仏三昧院が焼亡した折（建久二年〈一一九一〉九月一八日）には、その再建に尽力していることも確認できる（『玉葉』『百錬抄』）。

鳥羽院代に、読経や念仏といった仏事法会の音声が重視され、芸能的要素を孕みながら洗練されていき、後白河院代においては、それらがより積極的、自覚的に行われていく様を見て取ることができる。念仏では、法然の活動によって専修念仏が大きな潮流となって、後鳥羽院代に至ると念仏停止にまで発展するようなうねりを呼ぶが、その前夜においては、かくして、王権が関わって先導するように行われていたことは重要であろう。

後白河院は、仏事法会のさまざまな音声に関わる行いに自ら手を染め、読経も念仏も、そして声明にも通じていた。先に見たように、良忍の高弟である家寛に面授を受け、声明の譜の撰進までさせたのである。後白河院から見れば、自らが連なる系譜の大元に良忍が位置し、その正統な流を継いでいるという意識は、きわめて重要である。その後の諸流が立つ状況を考えるとなおさらであろう。

念仏、読経、声明といった仏事を支える音声は、それぞれに口伝や系譜を以て展開すると同時に、相互に連動し、影響し合って展開したと考えられる。一段と芸能的要素が増し、洗練されていったのは、平安末期から鎌倉初期にかけてである。院政を担った鳥羽院や後白河院らは、自らもそれに関わって、宗教文化を確実に牽引したのであった。その意味で、鎌倉末期に著された『元亨釈書』音芸志は、前代から続く宗教芸能の展開と、当時の状況をつぶさに伝えていて、あらためて注意される。経師（読経）・唱導・声明・念仏と並べて立項された四つの音芸は、個別に独自の歴史と展開があることはもちろんだが、相互に関連し影響し合って行われた点も多く、ここに書き留められたと言えるだろう(24)。それぞれに堪能な者は、読経は「能読」、唱導は「能説」、念仏は「能声」と呼ばれ、これらの語が見られるようになる時代は共通する。

おわりに――良忍と音声――

良忍が、融通念仏および声明の祖師として高く認識されていく時代の、宗教的音声をめぐる状況について見てきた。芸能的要素が重要視され、音声というものの捉え方が変容していった時代にあって、良忍の位置付けはあらためて重要な意味を帯びたであろう。それは、融通念仏が勧進を通して広められていく時期とも重なる。鳥羽院皇女の上西門院（後白河院の姉）が発願し、諸仏護念院なる祈願所が創建されるのは、右に見てきた時代と地続きである。

良忍その人の具体的活動は不明であるが、念仏が大きな宗教的、社会的うねりとなっていく中に、あらためて〈良忍〉が象徴的に位置付けられていくのであろう。声明の中興の祖として、「弥陀念仏[25]」をも能くした良忍は、平安中期から続く叡山浄土教の念仏の伝統を継ぎつつ、口称念仏が重視され台頭してくる前時代を生きた。良忍創始と伝える融通念仏という理念や実践が、宗という枠組みとはまた一線を画して広義に行われたのは、良忍像を考える上で看過できないものである。

註

（1）良忍伝については多くの研究の蓄積があり、参照に与った。融通念佛宗教学研究所編『良忍上人の研究』（百華苑、一九八一年）所収の各論、特に佐藤哲英・横田兼章「良忍上人伝の研究」。伊藤唯真監修、融通念佛宗教学研究所編『融通念仏信仰の歴史と美術』論考編、資料編（東京美術、一九九九・二〇〇〇年）。小松茂美「「融通念仏縁起」をめぐって」（小松茂美編集解説『続日本の絵巻　融通念仏縁起』（中央公論社、一九九二年）他。

（2）『後拾遺往生伝』には、巻中、巻下にそれぞれ良忍伝が重複して載せられるが、巻中の伝は増補されたものと推定され、その増補時期は承久二年（一二二〇）以前とされる（西口順子「院政期の大原別所――良忍伝をめぐって――」（『平安時代の寺院と民衆』法藏館、二〇〇四年、初出は一九五九年）。

（3）『融通念仏縁起』正和本については、以下の諸研究を参照。田代尚光『増訂 融通念仏縁起之研究』（名著出版、一九七六年、初版は一九四七年）。松原茂編著『絵巻　融通念仏縁起』（『日本の美術』三〇二　至文堂、一九九一年）。『融通念仏信仰の歴史と美術』論考編、資料編。梅津次郎「初期の融通念仏縁起絵について」（『仏教芸術』三七号、一九五八年)。『続日本の絵巻　融通念仏縁起』。阿部美香「『融通念仏縁起』のメッセージ――正和本絵巻成立の意義をめぐって――」(昭和女子大学女性文化研究所編『女性と情報』御茶の水書房、二〇一二年)、同「中世メディアとしての融通念仏縁起絵巻」(説話文学会編『説話から世界をどう解き明かすのか』笠間書院、二〇一三年)。なお以前に、図様の観点から良忍像を考察したことがある(柴「『融通念仏縁起』をよむ――良忍像、良忍房に着目して――」〈池田忍編『「もの」とイメージを介した文化伝播に関する研究――日本中世の文学・絵巻から――』科学研究費報告書、二〇一〇年三月〉)。

(4) 引用は、『続日本の絵巻　融通念仏縁起』(中央公論社)により、適宜表記を改めた。章段は、同書および先行研究を参照した。

(5) 引用は、『法然上人絵伝』上・下(大橋俊雄校注、岩波文庫、二〇〇二年)による。適宜表記を改めた。

(6) 伊藤真徹は、本条が『真如堂縁起』の同一箇所では「百万返の念仏」と記述されていることから、「四十八巻伝」では百万遍念仏を融通念仏としていることを指摘する(「百万遍念仏」、後掲『平安浄土教信仰史の研究』第二篇第六章)。

(7) 引用は、『国宝・一遍聖絵』(京都国立博物館、二〇〇二年)により、小松茂美編『日本の絵巻　一遍上人絵伝』(中央公論社、一九八八年)を参照した。正安元年(一二九九)の奥書あり。

(8) 「融通念仏」については、歴史学・文学・民俗学の各分野において多くの先行研究がある。堀一郎『我が国民間信仰史の研究(二)宗教史編』(創元社、一九五三年)、仏教大学民間念仏研究会編『民間念仏信仰の研究　資料編』(隆文館、一九六六年)、伊藤真徹『平安浄土教信仰史の研究』(平楽寺書店、一九七四年)、同『日本浄土教文化史研究』(隆文館、一九七五年)、伊藤唯真『聖仏教史の研究』上・下(伊藤唯真著作集、法藏館、一九九五年)、佐藤哲英『叡山浄土教の研究』(百華苑、一九七九年)、五来重『踊り念仏』(平凡社、一九九八年)、渡辺貞麿『平家物語の思想』(法藏館、一九八九年)など。それぞれ、専修念仏との関わりで説いたり、浄土信仰の流れに位置付けたり、さまざまな角度から論じられている。どこまでを「融通念仏」と捉えるかには少しく幅があるようである(例えば渡辺貞麿『平家物語の思想』は、集団で行う念仏を広く融通念仏としている)。私は、資料に見える「融通念仏」の語に依拠しつつ、良忍と融通念仏が結びつけられ(一二世紀半ば頃)、さらに融通念仏が勧進されるようになる（一三世紀前半）という動態に注目する。以下に述べる鳥羽院の念仏は、その揺籃期に当たるものと考えている。

(9) 西岡芳文「融通念仏宗の草創に関する新資料――新出「諸仏護念院言上状」について――」（『金沢文庫研究』三二四号、二〇一〇年）。

(10) 阿部美香「安居院唱導資料『上素帖』について」（『金沢文庫研究』三二六号、二〇一一年）では、金沢文庫寄託称名寺蔵聖教の中に見出された『諸仏護念院言上状』の読解を通じて、融通念佛宗大本山大念佛寺の前身たる「諸仏護念院」の存在と来歴が論じられている。諸仏護念院は上西門院（鳥羽院皇女で、後白河院の姉）の祈禱所として創建され、その後、殷富門院、そして宣陽門院へと継承された祈願所であったことが明らかにされている。

(11) 菊地勇次郎「天王寺の念仏――空阿弥陀仏の念仏――」（『源空とその門下』法藏館、一九八五年、初出一九五九年）。

(12) 渡辺貞麿「四天王寺百万遍念仏考――『台記』の場合を中心に――」〈前掲註〈8〉『平家物語の思想』所収〉。

(13) 前掲註(11)菊地「天王寺の念仏」では、『台記』本条により、鳥羽院の結縁を論じているが（上島享「鎌倉時代の仏教」〈『岩波講座　日本歴史』第六巻、中世Ⅰ、二〇一三年〉も菊地を踏襲）、当該記事は忠実の結縁を言ったものであり、鳥羽院の言動を示すものではない。

(14) 鳥羽院の不断念仏は、例えば以下のような行いが挙げられる。

・大治四年（一一二九）八月三日―一〇日、七箇日不断念仏
・長承三年（一一三四）九月二日―六日、鳥羽殿念仏
・保延元年（一一三五）七月九日、鳥羽殿七箇日不断念仏
・康治元年（一一四二）八月二七日―九月五日、鳥羽殿念仏
・久安五年（一一四九）一一月一二日、四天王寺念仏堂供養
・仁平二年（一一五二）四月二九日―八月一〇日、鳥羽殿百日念仏
・仁平三年（一一五三）八月二七日―九月五日、鳥羽殿彼岸念仏
・久寿元年（一一五四）八月一〇日―一七日、浄菩提院彼岸念仏

・嘉応元年（一一六九）八月二五日、法皇、不断念仏始

(15) ちなみに、この時の四天王寺の別当は行慶であるが、この行慶は、後述する読経道の口伝書に名が見える人物で「能読」とされ、行尊より線引きされた系譜が存する（行尊から後白河院と行慶とに描線されている）。四天王寺は、読経道にとっても、その芸能が展開し、継承される磁場と考えられる（柴「『沙石集』の道命和泉式部説話――読経道伝承から読み解く――」〈長母寺開山無住和尚七百年遠諱記念論集刊行会編『無住　研究と資料』あるむ、二〇一一年〉）。

(16) 天納傳中「良忍上人と魚山声明」（『良忍上人の研究』一九八一年。のち『天台声明――天納傳中著作集――』法藏館、二〇〇〇年、所収）。

(17)『続天台宗全書』法儀1（春秋社、一九九六年）、天納傳中校訂、解題。

(18) 同前『続天台宗全書』法儀1、天納傳中校訂、解題。

(19) 読経道の形成と展開については、柴『読経道の研究』（風間書房、二〇〇四年）に詳しく論じた。清水眞澄『音声表現思想史の基礎的研究』（三弥井書店、二〇〇七年）をも参照されたい。

(20) 例えば、読経が芸能として行われたと思しき、次のような記述がある。「八月二十余日のほどよりは、上達部・殿上人ども、さるべきは、みな宿直がちにて、橋の上、対の簀子などに、みなうたた寝をしつつ、はかなうあそび明かす。琴、笛の音などには、たどたどしき若人たちの、読経あらそひ、今様うたども、ところにつけては、をかしかりけり。」（『紫式部日記』）。

(21) 田中徳定「芸能としての読経――『紫式部日記』『栄花物語』にみえる「読経争ひ」を発端として――」（『駒沢国文』三四号、一九九七年）。以下の『台記』記事にも言及がある。

(22) 前掲註(19)『読経道の研究』に言及した。

(23) 但馬温泉寺蔵『法華経音曲』所載。享徳四年（一四五五）に書写山僧豪盛によって記された法華経読誦の師資相承である（前掲註(19)『読経道の研究』）。

(24) 五味文彦「中世芸能の諸段階」（五味文彦編『芸能の中世』吉川弘文館、二〇〇〇年）をも参照。

(25) 家寛『声明集序』。

＊資料の引用は、以下のものによる。
『後拾遺往生伝』（日本思想大系）、『古今著聞集』（新潮日本古典集成）、『台記』（増補史料大成）、『吉記』（日本史史料叢刊、和泉書院）、『本朝文集』（新訂増補国史大系）、『野守鏡』（日本歌学大系）、『声明源流記』（続天台宗全書）、『元亨釈書』（大日本仏教全書）、『紫式部日記』（新編日本古典文学全集）。
＊本稿は、科学研究費補助金（基盤研究（C）25370206）による研究成果の一部である。

不断念仏の受容背景

伊藤茂樹

はじめに

日本浄土教の発展に、天台の不断念仏のひろまりが大きな要因であったとする見解は衆目の一致するところであろう。天台浄土教の発展がその後の源信の『往生要集』を生み、良忍や法然といった念仏聖の登場に至り、日本において念仏信仰が定着することになるのである。その一方で奈良時代の南都には、追善を主体とした阿弥陀悔過がみえており、特定の階層に阿弥陀の願生信仰が受容されていたとする見解もみられる。古代より続く阿弥陀信仰と中世の念仏信仰。不断念仏の受容と展開が、古代より続く阿弥陀信仰であるか、中世よりはじまる念仏信仰であるかということは重要な課題と考える。不断念仏は、『摩訶止観』四種三昧の常行三昧であるが、その内実は円仁が中国の五台山で実見した法照の五会念仏にあり、独特の節廻しをもって唱える行道念仏が主体となった音曲念仏にある。それでは、円仁が日本に持ち込んだ念仏は、教理的な新奇性や法会の奇抜性から在俗層に浸透したのか。あるいは古代より存した阿弥陀信仰の中で受け容れられ展開したのか。本稿ではこれまでの研究では着目されていない不断念仏の受容背景について考察し、中世にひろまる念仏信仰の起源を明らかとしたい。

一　円仁伝来の五会念仏

日本浄土教の濫觴とされる不断念仏[1]であるが、その創始は、『叡岳要記』常行堂の記載からみえ、

右堂四種三昧令伝教大師弘仁九年七月廿七日分二諸弟子一配二四種三昧一。令三慈覚大師便始二常坐三昧堂（中略）貞観六年正月十四日于レ時慈覚大師遷化。七年八月十一日相応和尚依二大師遺言一始三修本願二不断念仏之軌

（『群書類従』二四、五二五頁）

とあり、円仁死後の貞観七年（八六五）に弟子の相応において東塔常行堂で修されたことを端緒としている。

記述にみえるように不断念仏は「常行三昧」にその起源があるが、常行三昧は、『摩訶止観』四種三昧、つまりは常坐三昧、常行三昧、非行非坐三昧、半行半坐三昧の一つであり、九〇日を一期として間断なく弥陀を念じ、弥陀の名号を唱え、弥陀の周囲を行道する行法である。ただし内容は、般舟三昧における念仏であり、現世における見仏、得悟のための手段というものであった。四種三昧は、そもそも叡山の年分度者に遮那業とともに課せる止観業の修行であり、四種三昧を修行することは最澄の理念を実現させることにあった。ただし常行三昧の内実は、円仁が入唐の際に見聞した法照流念仏、五会念仏、引声阿弥陀経にあり、常行三昧が修せられる常行堂の建立は円仁が虚空蔵尾へ建立したことを端緒とし、円仁門下の相応が東塔において実修させた。

さて、特異な念仏行法が日本に持ち込まれた五会念仏の導入は、これを日本浄土教のはじまりとする評価もあるが、実際の行法については名号を唱え、行道にいそしむ行法は奈良時代の阿弥陀悔過会と根本的な相違があるわけ

ではない。五会念仏の導入は法照流の音曲にあり、『叡岳要記』には、

昔斯那国法道和尚入定。現身往二極楽国一。親聞二水鳥樹林念仏之声一。出定以伝二彼法音一流二布五台山一。大師入唐求法之時登二五台山一。一夏之間学二其旨曲一。又伝教師資之所レ承不レ可二軌□置一者也（『群書類従』二四、五二五頁）

とあるように、円仁入唐求法の折に、五台山で目の当たりにした法照流の音曲念仏を、一夏に現地で学び、帰国してからその音曲を日本に持ち込んだことが記され、『古事談』三に、

慈覚大師、音声不足に坐《おは》さしめ給ふ間、尺八を以て引声《いんぜい》の阿弥陀経を吹き伝へしめ給ふ。「成就如是、功徳庄厳」と云ふ所をえ吹かせ給はざりければ、常行堂の辰巳《たつみ》の松扉にて吹きあつかはせ給ひたりけるに、空中に音《こゑ》有りて告げて云はく、「やの音を加へよ」と云々。此れより「如是や」と云ふ「や」の音は加ふるなり。

（新日本古典文学大系『古事談　続古事談』二六一頁）

とみえる。音曲を伝える道具は尺八とあるが、『天台霞標』五には、

象牙笛　一管

右大師。於二五台山大聖竹林寺一一夏九旬間。以二此笛一。吹二伝極楽世界水鳥樹林。所レ唱七五三等妙曲一也。件曲五台山法道和尚。詣二極楽世界一所レ伝也

（『大日本仏教全書』〈以下、『日仏全』と略す〉一二六、一九頁）

として、象牙の笛が音曲を伝える楽器であったことが記されている。

『法然上人行状絵図』一二四にも、「彼常行堂の念仏は、慈覚大師、渡唐のとき将来し給へる勤行なりとぞおほせられる」（『法然上人伝全集』〈以下、『法伝全』と略す〉一四六頁）とあり、鎌倉期には、常行堂念仏が円仁の将来した勤行であるとの認識がまかり通っていたことが理解される。

ここで注意したいことは、諸史料の記載が円仁の法照流念仏の教義的内容にまで特別な注意を払っていないこと

である。たしかに『浄土五会念仏略法事儀讃』（以下、『五会法事讃』と略す）は円仁の将来目録に記載されており、五台山念仏の輸入は教理的な段階においても移入されていたことは間違いない。しかし、道綽の『安楽集』、迦才の『浄土論』にみえる小豆念仏、百万遍念仏(2)は、実修する儀礼と教理の整合につながるのであるが、五会念仏の場合、史実としてみえる内容はその音曲にある。少なくとも、後世の阿弥陀信仰にみる〝悪人往生〟、〝女人往生〟といった個人往生の概念が、この段階で筆記者たちに注視されておらず、持ち込まれていたにせよ、筆記者はそのことに特別な感慨をいだいていないことに着目したい。『五会法事讃』が膨大な数の聖教を引用する『往生要集』に引用されていない事実は、このことを端的に示しているといえよう。

さて、東舘紹見は、入唐において円仁の一番の関心は俗講にあり、経典を平易に講説する俗講の見聞を通じて唐の社会状況を鑑みて世俗社会と仏教をつなぐ存在として重要性を認識したとし、また実際に移入・移修した法会・儀礼の内容が、時として唐での実態と大きく異なることを認識して日本の現状に即した形で導入していったと指摘した(3)。法照流念仏の移修は、平易な形での「平等な参加」を可能とする法会として、阿弥陀念仏を天台の儀礼の中に位置づけすることを目指したという。ただし、不断念仏が「平等な参加」を可能としたのは空也、千観、源信の登場を待つことになり、円仁が目指した念仏儀礼は一世紀を待って円仁の目的に即した法会に転換するのであるが、円仁の不断念仏の導入は、従来の日本仏教にない新奇な思想が持ち込まれたというよりも、仏教伝来以降に日本ではぐくまれてきた環境、土壌の中で、五会念仏という法式があらたに導入され、展開したとみるべきではないか。

円仁伝来の不断念仏は、延暦寺だけでなく、天台寺門派や真言宗の寺院にも広がっている。『寺門伝記補録』八には、

法華堂常行堂

法華堂常行堂並是天台立行道場也　清和天皇貞観十七年乙未天皇詔興二隆三井諸聖跡一是時大師奏請建二今二堂一

（『日仏全』一二七、二四四頁）

として、園城寺では、貞観一七年（八七五）清和天皇の時代、天皇の詔による三井寺興隆の聖跡のために、円珍が法華堂・常行堂の建立を奉請し建立され、ほどなく常行三昧念仏がはじまった。園城寺の常行堂建立は貞観一七年ということから、相応が東塔においてはじめた不断念仏とそれほど遠くない時期にはじめられている。これ以後、仁和寺、無動寺、元慶寺、比叡山西塔、東大寺、嵯峨法輪寺、比叡山横川といった寺院に常行堂が建立され、それぞれ不断念仏がはじまった。

不断念仏は叡山念仏という印象が強いものの、実際に奉修されるのは、山門だけでなく寺門系、真言宗寺院というように、特定の寺院や宗派に限られたものではない。もちろん、これらは、五会念仏が持つ諸宗融合的な教理から躊躇なく導入されたという見解も可能であるが、(4)天台という枠にはまるのではなく、顕密諸宗に順次ひろまりをみせることは、当該期の仏教の事情に反するものではなく、むしろ融合していく要素がみえるのではないかと思う。

東アジアに流布する念仏儀礼は、唐突に受け容れられたというわけではなく、当該期の日本の現状に即して、その音曲性が在来の阿弥陀信仰と融合をはかったとみるべきではないかと思う。次章では、このような五会念仏が定着する背景を探ってみたい。

二　悔過会と不断念仏

円仁伝来の不断念仏は、情報が記載される諸史料において、音曲の導入が主たる要因と考えるが、個人が往生を願う信仰がいまだ民衆層に浸透しない中で、円仁伝来の不断念仏の効験はどのように受け容れられていたのであろうか。いくつかの史料から確認してみよう。

『三宝絵詞』の不断念仏の項目には、

念仏《ねむぶつ》ハ慈覚大師《じかくだいし》ノモロコシヨリ伝《つたへ》テ、貞観《ぢやうぐわん》七年《しちねん》ヨリ始行《はじめおこな》ヘルナリ。四種三昧《ししゆさむまい》ノ中《うち》ニハ、常行三昧《じやうぎやうさむまい》トナヅク。仲秋《ちうしう》ノ風《かぜ》スゞシキ時中旬《ちうじゆん》ノ月明《つきあきらか》ナルホド、十一日《じふいちにち》ノ暁《あかつき》ヨリ十七日《じふしちにち》ノ夜《よる》ニイタルマデ不断《ふだん》ニ令行《おこなはしむる》也。身《み》ハ常《つね》ニ仏《ほとけ》ヲ廻《めぐ》ル。身ノ罪《つみ》コト〲クウセヌラム。口ニハ常経《つねにきやう》ヲ唱《とな》フ。口ノトガ皆《みな》キエヌラム。心《こころ》ハ常ニ仏ヲ念《ねむ》ズ。心《こころ》ノアヤマチスベテツキヌラム。

（新日本古典文学大系『三宝絵　注好選』二〇六頁）

また『今昔物語集』には、

貞観七年ト云フ年、常行堂《じやうぎやうどう》ヲ起《たて》テ不断ノ念仏ヲ修《しゆ》スル事七日七夜也　八月ノ十一日ヨリ十七日ノ夜ニ至《いたる》マデ、是《これ》、極楽ノ聖衆《しやうじゆ》ノ阿弥陀《あみだ》如来ヲ讃《ほめ》奉ル音《こゑ》也　引声《いんじやう》ト云フ是《これ》也。大師、唐ヨリ移シ伝ヘテ永ク此ノ山ニ伝ヘ置ク。身ニハ常ニ仏ヲ迎《むかへ》、口ニハ常ニ経ヲ唱フ心ニハ常ニ思《おもひ》ヲ運ブ。三業《さんごふ》ノ罪ヲ失フ事、是《これ》ニ過《すぎ》タルハ無シ。

（新日本古典文学大系『今昔物語集』三、七五頁）

として、ここからみれば、行修の形態面からは行道、経典読誦であり、効験としては滅罪という割合が非常に大きい。初期不断念仏において求められていた効験は、罪障滅罪に比重が大きいことは疑いない。さて、滅罪から連想される仏教行儀は悔過法要(5)であろう。

日本での悔過の例は『日本書紀』にみえ、皇極元年（六四二）七月には、七世紀半ば、旱魃が続く中さまざまな手だてをうって祈雨を行うものの、一向に効験があらわれず、蘇我入鹿は、「蘇我大臣報曰可下於テ二寺々ニ一転中読大乗経典ヲ上悔過如テ二仏所説一敬而祈レ雨ヲ」（国史大系『日本書紀』一九二頁）として、仏説による大乗経典転読による悔過の祈雨を発議したという。悔過会は仏教伝来より間もない頃から奉修せられていたが、のちに日本において定着し、東大寺、薬師寺、法隆寺という古代寺院において修せられ、その発展型として東大寺二月堂における修二会は祈年の行事として、六時の勤行という型式を崩さず現在まで伝わっている。

このような悔過会のあり方は、空海伝来以前の古密教における祈禱としての位置づけが指摘されている(6)。日本仏教における密教は、空海以前、奈良時代の密教と空海以後における平安期の密教は異なり、空海以前を古密教または雑密とした。空海以後の密教は、大日如来を最高尊として菩薩・明王・天部の諸尊を体系化し、それを図示したのが両界曼荼羅であった。そして僧侶としての究極が生きながらにして仏と一体となる即身成仏にあった。それに対して奈良時代の密教である古密教はいまだ大日如来も現れず、諸尊も体系化されず、後世の密教と比べてもシンプルなものであった。そして古密教の祈禱こそが悔過であり、そこに求められたものは、五穀豊穣、病気平癒といった現世利益を願うことにあった。悔過会とはまさに、古密教の法会であった。

さて、薗田香融は天台の浄土教と当該期の密教思潮との関連性を強調し、天長年間以降に薬師悔過にはじまる夜の法会のはじまりと、天台浄土教における「昼の講説・夜の念仏」は決して無縁ではなく、悔過や礼懺に参籠する「おこもり」は知識結縁の新しい形態であり、「浄土教は天台宗から興ったのではなく《天台宗の密教化》の中から生み出されたのである」として天台の密教化と浄土教の関連を強調した(7)。また速水侑は、摂関院政期における貴族の私的修法と浄土教の発達過程の軌跡が類似することから、浄土教の発展過程と密教は密接な関係にあることを指摘した(8)。

薗田、速水の指摘をふまえれば、古密教の祈禱である悔過会が、不断念仏受容の土壌となっていたと考えることは、儀礼の法則や内容から勘案しても肯首できるものであろう。円仁は天台密教を確立した存在として知られるが、その弟子である相応、また西塔において不断念仏を創始した座主増命も天台密教に深い関わりがあった。

比叡山西塔における常行堂の建立は寛平五年（八九三）であるが、その翌年に増命によって常行三昧がはじめられた。創始者である増命は、(9)

延暦寺座主僧正増命。左大史桑内安岑子也。父母無児。祈生和尚。々々天性慈仁。少無児戯夢有梵僧。来摩頂曰。汝莫退菩提心。如此数矣。受戒乃後未曾臥寝。就智証大師受三部大法。和尚不分尊卑。有客来迎送之。叡岳嶺上透巌如舌。相向西塔。智徳之僧多以夭岩亡。古老曰巌妖也。和尚聞之。望巌歎息。三日祈念。一朝雷電巌悉破砕。其殞片石今在路傍。太上法皇為師受廻心戒。々壇之上現紫金光。見者随喜。若有宿病者。食和尚鉢飯。其所苦患莫不痊癒。和尚俄有微病。酒掃一室。告門弟子曰。人生有限。本尊導我。汝等不可近居。今夜金光忽照。紫雲自聳。音楽遍空。香気満室。和尚礼拝西方。念阿弥陀仏。焼香倚几。如眠気止。斂葬之間煙中有芳気。天子遣使労問。賜謚静観

（日本思想大系『往生伝　法華験記』五〇三頁）

とあり、古老の言葉として常行堂建立の前々年にあたる寛平三年（八九一）に叡山西塔釈迦堂の庵に禅坐して岩を破砕したとみえている。円仁以来、不断念仏の創始に関与した僧侶が、当該期に密教僧としての評価があったことは、浄土教が天台の密教化の過程の中から生み出されたという指摘を裏付けるものであるといえよう。

円仁が持ち込んだ常行三昧念仏の勤修の地である東塔常行堂の所在が、当初、虚空蔵尾求聞持法と関連の深い霊地(10)にあったことも、円仁始修の常行三昧たる法照流五会念仏が古密教と関連することを示唆する。叡山不断念仏の創始者である円仁、相応、増命が密教僧であることは後世の誤伝や潤色ではなく、密教僧と不断念仏の密接な関連を意味するのである。

円仁が日本に持ち帰った、法照流念仏（五会念仏）における比叡山への導入は、東アジアにひろまる新奇な仏教行儀が唐突に導入されたのではなく、奈良・平安時代初期から連綿と続く日本仏教の密教的な土壌（古密教）の中で、悔過会に近似したかたちで導入された点を強調したい。では次に悔過会の中でも阿弥陀悔過から検討を加えたい。

三　阿弥陀悔過から不断念仏へ

1　光明皇后追善浄土信仰と平安浄土教

薬師、十一面観音の諸尊の悔過会については、その名のごとき呪術的な効験が期待されているのであるが、古来より阿弥陀信仰における悔過もあり(11)、奈良時代より東大寺では阿弥陀悔過が行われていたことが確認できる。吉祥悔過が天下泰平・五穀豊穣、病気除去や災害除去に功徳のある薬師如来、数多くの顔や手をもって人々を救済してくれる十一面観音や千手観音、というようにそれぞれの仏の効験にあわせた各種尊別の悔過が行われていた中で、古くより阿弥陀悔過(12)も行われていた。

阿弥陀悔過の勤修は、東大寺においてみえている。『阿弥陀悔過料資財帳』には、阿弥陀悔過を修するに必要な諸資財が記されているが、天平一三年（七四一）三月にはその造作を終えており、その頃までには東大寺では阿弥陀堂が建立され、ここで悔過が行われていたと考えられ、やがて多度神宮寺等の地方寺院でも行われた。興福寺法相宗の昌海には『阿弥陀悔過』という著作もみえている(13)。東大寺を発起点として南都系の諸寺では、阿弥陀悔過が行われていたのであろう。このような初期の阿弥陀悔過については、いくつかの史料が残されているのであるが、ここで次の史料をみてみたい。

故石田女王一切経等施入願文

故従五位上石田女王図仏像一切経等並水田入寺願文

夫極楽浄刹、量等虚空、衆聖登真之勝境。浄過三界、群有入道之英縁、金池帯八徳而流芳、玉樹引七覚以宣法、爰釈迦能仁、垂迹此土、将率四生、弥陀種覚、駆彼浄域、引導三有、故能聞徳号者則滅重障、念相好者、無不往生、是以故女王弘発誓願、近報四恩、遠期菩提、奉造阿弥陀観音勢至等像、奉写一切経等、儲備水田六十町、成往生之因、而未果志、早移浄方者也　今長谷等、歓先遺跡、欲継後業、其仏像等、永奉納寺、請次第僧、読経悔過、奉助　先霊、仰願、以此功徳、弘奉資生〻四恩、世〻六親、永出三界六道、速往生極楽浄土、修六度万行之因、証菩提涅槃之果、普及法界、共成覚道

延暦十七年八月廿六日　従五位下文室真人「長谷」

男　「宮守」

「広吉」

「長主」

（『平安遺文』一、九頁、一七号）

奈良時代よりみられる阿弥陀信仰(14)は、いまだ個人的な阿弥陀信仰が特定の人物にみえるものであり、民衆層における浄土信仰の浸透はみえていない。阿弥陀信仰に求められているのは大部分が個人に対しての追善という側面に比重があり、阿弥陀悔過は亡き人に対しての追善、追福という側面が強く期待されていた。また念仏は観察念仏が主たるものであり、個人願生による口称念仏はいまだみえていない。

平雅行は、一〇世紀以降の人々の宗教意識は、鎮護国家、現世安穏、後世善処、死者追善といった四要素で構成されており、一般に前二者の祈りが密教を中心に行われ、後二者の祈りが浄土教で行われているとする[15]。九世紀以前においても、人々が仏教に求めていることは、この四要素に変わりないであろうが、当該期の人々の宗教意識を充足する役割を担うのが悔過会であり、それぞれの誓願に叶った仏・菩薩を本尊とした悔過により効験を期待することから宗教意識を充足していた。

その意味で、阿弥陀悔過は、いまだ往生を願う口称念仏ではなく、吉祥天や薬師といった諸尊悔過と変わることはなく、諸尊悔過の一つという位置づけにあり、後世の弥陀信仰のような突出した信仰ではなく、諸尊悔過会と同じくして僧侶に修法されていたのが実情であった。

このような奈良時代阿弥陀信仰の展開は、悔過会の盛行とリンクしたものであった。中野玄三は、現存する地方国分寺において薬師像が本尊とされる寺が多いことから、薬師信仰のひろまりは、国分寺の薬師像を核として民間にひろまったとされ、十一面観音や千手観音など主に雑密像に対する悔過も、諸国の国分寺を中心にひろまり、これら雑密における諸像はすべて悔過会による本尊であると指摘したが[16]、阿弥陀信仰においてもこの説は該当している。

石田茂作は、奈良時代浄土教、阿弥陀仏像の特色を三つあげており、①定印や来迎印の阿弥陀仏像はいまだみえず、説法印の像が多い、②阿弥陀・観音・勢至という三尊、③当麻曼荼羅や智光曼荼羅といった浄土画図が流布される、と言及したが[17]、これらは悔過にまつわる本尊仏と考えられる。

阿弥陀信仰の展開は、浄土曼荼羅や『称讃浄土経』の書写と流布[18]、また丈六阿弥陀仏像・三尊像の造像の展開と連動するが、これらは光明皇后の追善御斎会に伴うものであった[19]。天平宝字四年（七六〇）七月には、

設《ク》二皇太后七々《ノ》斎《ヲ》於東大寺並《ニ》京師《ノ》諸小《ノ》寺《ニ》一。其《ノ》天下諸国。毎《ニ》レ国《ニ》奉《シム》レ造《リ》二阿弥陀浄土《ノ》画像《ヲ》一。仍《テ》計《リテ》二国内《ノ》見《ノ》僧尼《ヲ》一。写《サシメ》二称讃浄土経《ヲ》一。各於《テ》二国分金光明寺《ニ》一礼拝供養《セシム》

（国史大系『続日本紀』二七三頁）

として、光明皇后滅後の追善として、東大寺を中心に御斎会が行われ、諸国ごとに浄土変相が造られ、国内の僧が計って『称讃浄土経』を書写し礼拝供養したという。また、翌年（七六一）の六月には、

設《ク》二皇太后周忌《ノ》斎《ヲ》於阿弥陀《ノ》浄土院《ニ》一。其《ノ》院者《ハ》在《リ》二法華寺《ノ》内西南《ノ》隅《ニ》一。為《メニ》レ設《ケンガ》二忌斎《ヲ》一所《ナリ》レ造《ル》也。其天下《ノ》諸国《ハ》、各於《テ》二国分尼寺《ニ》一奉《ラシム》レ造《リ》二阿弥陀丈六《ノ》像一躯、脇侍菩薩像《ノ》二躯《ヲ》一

（国史大系『続日本紀』二七九頁）

として、光明皇后の周忌斎会には、法華寺に阿弥陀浄土院を造り、諸国の国分寺に丈六阿弥陀仏像を造るよう勅令が出された。丈六阿弥陀三尊像、浄土画図の流布については、先にみた光明皇后の忌日斎会に、諸国国分寺に阿弥陀仏像と観音・勢至の二菩薩を造立することや、浄土絵図の普及が勅令として発布されたことがきっかけであり、法華寺を中心とした光明皇后追善の阿弥陀信仰から、石田の指摘するように、説法印阿弥陀如来、浄土曼荼羅、丈六阿弥陀三尊像、または『称讃浄土経』が全国的に流布したのである。翌年の天平宝字六年の光明皇后の追善に対しては、

於《テ》二山階寺《ニ》一毎年皇太后《ノ》忌日《ニノ》講二梵網経《ヲ》一捨二京南田《ノ》卌町《ヲ》一以《テ》供《ス》二其《ノ》用《ニ》一又捨《ノ》二田十町《ヲ》一於《テ》二法華寺《ニ》一毎年始《メテ》レ自《リ》二忌日一一七日《ノ》間請《ノ》二僧十人《ヲ》一礼二拝《セシム》　阿弥陀仏《ヲ》一

（国史大系『続日本紀』二七九頁）

として、興福寺で『梵網経』の講読を行い、法華寺では毎年、光明皇后の忌日にあわせて浄行僧を集め、阿弥陀礼拝を行うことが要請された。宮中御斎会は、「金光明最勝王経」の講読と吉祥悔過が行われるが、光明皇后追善の御斎会の場合、『梵網経』の講経と、浄行僧による阿弥陀悔過が行われていたのであろう。

阿弥陀悔過という行法は、それぞれの地方においても光明皇后追善のために法華寺浄土院を中心として諸国の国

分寺で行われていた。奈良時代の阿弥陀信仰のひろまりは、薬師信仰、観音信仰と同様に、諸国国分寺における悔過会が軸となり、諸国に流布したことが知られる。

堀池春峰は光明皇后崩御にもとづく阿弥陀信仰が、平安時代の浄土教として成長していくことを指摘した[20]が、法華寺浄土院を中心として発展した奈良時代の阿弥陀信仰は、平安期の天台浄土教と無関係ではなく、不断念仏の伸張は、光明皇后追善における法華寺浄土院の阿弥陀信仰をもとに展開していく。このことを示すのが、長岡龍作が指摘する光明皇后忌日斎会図様と平安浄土教との関係であろう[21]。

源信は丈六阿弥陀仏像の造像を往生浄土の結縁として勧め[22]、また重源は別所を設け、ここの本尊に丈六の阿弥陀仏像を安置し不断念仏を修した。亀田孜は、重源が関与したという法華寺阿弥陀三尊図と広隆寺講堂に安置される阿弥陀如来像は、説法印で相好がまったく同じであり双方の関わりを指摘する[23]。この見解を継承した長岡龍作は、広隆寺講堂安置の阿弥陀如来像は光明皇后御斎会の図様の系譜をたどり、光明皇后御斎会を規範として承和九年（八四二）七月一五日に崩御した嵯峨天皇の周忌斎会に際して造立されたことを指摘した[24]。法華寺阿弥陀三尊図、広隆寺阿弥陀如来像は、ともに光明皇后御斎会を規範として造立されたといえよう。

そして、興味深いのは『広隆寺来由記』には、

源信僧都夢中有レ人告曰欲レ礼二極楽世界真弥陀仏一。可レ礼二広隆寺絵堂丈六尊像一。以レ故僧都来二于当寺一瞻二礼尊像一。手親一刀三礼刻二二尊像一。像成後。自二同年九月十一日一期二三箇日一。昼夜修二声明念仏一。至レ今永行焉。別有二記録一

（『群書類従』二四、一九一頁）

として、長和元年（一〇一二）に源信が丈六阿弥陀仏像こそが真弥陀仏であるとの夢告を受けたとする記述がみえることである。広隆寺絵堂における丈六阿弥陀仏像を礼し二尊の像を造り、九月一一日より声明念仏が奉修され、

現在に至るまで行われているという。長和元年は源信の『往生要集』撰述後において、迎講や民衆教化の一つの頂点を示す時期でもあるが、南都系寺院と源信の関連は、当該期にひろまっていた南都系阿弥陀信仰を、源信の浄土信仰に取り入れたことが考えられ、広隆寺阿弥陀像と源信の関連を示す伝承はまさにその好例といえる。奈良時代から続く阿弥陀信仰の展開も源信浄土教においては否定されるものではなく、融合がなされたのである。

また法華寺を中心とした奈良時代の浄土教が、平安時代の阿弥陀信仰の先駆となっているという指摘はすでにみえており、福山敏男は、法華寺は光明皇后の邸宅の一部が寄贈されて再興され、皇后の宮の寝殿にあたる箇所に金堂が築造されるが、その寝殿の前庭に苑池があり、この池により法華寺は「中島院」という呼称が生じたとする。奈良時代の寺院にない苑池が法華寺には存在し、以後の法成寺、法勝寺、平等院、平泉といった寺院に伝承されることは、平安期に流行した苑池寺院の先駆となったとする。[25] このような苑池寺院は経説にある浄土信仰を再現することにその眼目があり、丈六阿弥陀仏像が池に浮かぶ様相は『観無量寿経』十三観における観の再現にあるが、[26] 法華寺浄土院の伽藍景観は平安期の浄土教寺院のモデルとなった。

このような見解は南都系浄土教において、天台浄土教が流入されていることからも理解できる。天元四年（九八一）八月一四日付の興福寺法相宗の定昭の上表文には、「定昭従㆓若年之時㆒誦㆓法華一乗㆒併修㆓念仏三昧㆒」（日野西真定編集・校訂『新校高野春秋編年輯録』五六頁）として、源信以前の南都法相宗の僧にも不断念仏が導入されていたことが知られる。[27] 不断念仏の流布は、奈良時代の光明皇后追善の御斎念仏、阿弥陀悔過と無縁なものではなく、奈良時代にひろまった浄土教を基盤として、その展開がみられたのである。

源信、重源は、丈六阿弥陀像を本尊として祀り、広隆寺阿弥陀如来像も法華寺阿弥陀三尊画図も、その手本を「光明皇后御斎会図様」としている。[28] 不断念仏をすすめる僧において光明皇后追善御斎会の発展との関係は軽視できないであろう。

また悔過会の作法は経典読誦・行道・礼拝・称名というように、不断念仏と悔過会は、行儀・法式においても近似した関係にあることもあげられる。阿弥陀悔過には、修法においても称名・礼拝といった称名悔過の要素、さらには『阿弥陀悔過料資財帳』には、『阿弥陀経』四八巻があったことが記されており、『阿弥陀経』読誦や行道といった修法が伴っており、奈良時代から平安初期に展開される悔過会と不断念仏には修法の形態においても近似性が認められる。(29)

おりしも奈良時代は、光明皇后追善の斎会にみた浄土画図の流布にあたり、当麻曼荼羅(30)や智光曼荼羅、清海曼荼羅の成立と流布がみえる。院政期の南都にはじまる智光曼荼羅の百日念仏講、重源が別所で行う不断念仏の流布は、諸国へ浸透していた浄土曼荼羅、丈六阿弥陀像を本尊とする阿弥陀悔過より不断念仏への展開として捉えることも可能であろう。

不断念仏の受容は、奈良時代に浸透した阿弥陀信仰とは無縁ではなく、教理、法式においても阿弥陀悔過と関連性をいだき平安期に浸透していくのである。

2　初期不断念仏――持戒、清浄、修験、自利の側面

初期の不断念仏においては、在俗の信者が法会に参加し結縁する側面はみえていない。円仁が持ち込んだ不断念仏の民衆化は、円仁より一世紀降る頃からみえるのであるが、それ以前は常行三昧における自行という意味合いが強いものであった。

佐藤道子は延暦二〇年（八〇一）一一月三日付の『多度神宮寺縁起伽藍並資財帳』を分析して、同書に記載され

る、

同法阿弥陀悔過　伍伯肆拾束
講経料　壱伯陸拾伍束
（『平安遺文』一、一五頁、二〇号）

という記述にもとづいて、同法とは、「修行を共にする人」という意味であるから、多度神宮寺での阿弥陀悔過は神宮寺で修行をしていた同法が寄り集まり阿弥陀悔過を修行していた、として神宮寺における阿弥陀悔過が、自己修行を目的とした自利のための作法という側面を指摘した[31]。阿弥陀悔過における諸例を確認する中では、追福、追善といった効験を求める以外にも自己修行という自利の要素も非常に大きかったことが確認される。悔過の本質は元来、自己の懺悔により清浄性をたもつという性格を持つことから、自利的な修行という側面も強調されるが、初期の不断念仏にはこのような自行として重視される側面が強く残っている。『類聚三代格』には、遍昭の元慶寺史料が残っている。ここでは、

太政官符
応レ令三元慶寺度者受戒後六年住寺兼二修法華阿弥陀等三昧一事
右得二彼寺牒一称。撿二案内一。寺家依二去元慶元年十二月九日官符一。令下二毘盧遮那金剛頂両業度者。於二五大尊前一。毎日念一読不動真言一止観業度者転中一読仁王般若上。爰寺家亦従二去寛平元年一加二法華金光明等経一。令三惣読二三部経一従爾以来。件三人年分度者等試度。初年如法勤修奉レ誓二国家一一歳之後移二次年人一留住遊行左右随レ心昨日出二乎凡鄙之郷一。今日入二於真如之界一。度脱未レ幾自由是速擬二之道理一事不レ可レ然。謹撿二諸寺例一。延暦寺十二年。海印寺亦十二年。安祥寺七年。金剛峰寺六年。得度之後不レ許レ出レ寺。各因二教法一鎮一護国家一。彼寔報レ国救レ世之道也。今此寺従二去仁和二年一以降所レ修法華三昧阿弥陀三昧等故僧正法印大和尚位遍照。為二国土豊楽法

界利益一起二大弘願一所二始行一也即製二花山元慶寺式一云。両寺各用二六箇之僧一当二十二時一。輪転遥修所レ用之僧入レ局之後。出二入挙三動寺置四至一。不レ許二他行一。不レ指二年限一。専用二心願常住之人一無レ採二往来不定之客一者。望請准二金剛峰寺例一今年分者。六箇年間住レ寺兼修二件三昧法一。然則知恩之思無レ有二懈怠一護戒之心自致二堅固一須下縁レ荘二厳御願之勤一重得上レ支二持宿誓之便一者。左大臣宣レ勅依レ請

寛平四年七月廿五日

（国史大系『類聚三代格』二、一〇〇頁）

として、元慶寺の年分度者は、受戒後の六年、必ず寺に住し、国土豊楽・法界利益のために花山元慶寺式を定めて、法華三昧と阿弥陀三昧を修行することを義務づけている。ここにみえる念仏三昧、すなわち不断念仏は国土豊楽、法界利益がみえ、不断念仏そのものが、最澄が天台宗の伝統として年分度者に課した止観業者の意義役割がみえる。また、傍線部にみえるように、寺に住し持戒堅固にして僧侶の分限を守り、鎮護国家のために不断念仏に従事するという不断念仏のあり方には、古代より悔過作法に求められた行者の清浄性、懺悔滅罪という要素が不可欠な要因となっている。

名畑崇は「密教における陀羅尼・呪を誦持する基本は懺悔による滅罪で、懺悔滅罪＝悔過を前提して誦呪の功能が発揮する」として、密教・加持・陀羅尼の誦呪には斎戒受持、持戒清浄を前提とし、その必要性を指摘したが[32]、阿弥陀悔過、不断念仏においても斎戒受持、持戒清浄が修行の前提となっていることは[33]、阿弥陀信仰と密教・呪術との関連からも理解できる。

元来、悔過が実修される場所としてふさわしいのは閑静な山奥にある「浄処」であり、ここで密教的な験力を持つ持戒清浄な山林修行者が勤めるのが慣わしであった。

先に天台浄土教の導入の意義は、密教の否定でなく天台の密教化の中から生み出されたという薗田・速水の指摘

をみたが、「相応和尚念仏をひろめし」（『法伝全』五五六頁）として不断念仏を創始した相応にしても、浄処において修行にいそしむ密教的な験力をもった僧であった[34]。『法華験記』相応伝には、

相応和尚。不見其伝。但聞故老一両伝言。即是慈覚大師入室弟子也。和尚天性極大精進。志念勇健。断穀断塩。厭世美味。瑩三密法。降伏魔縁。苦行勝人。修験難思。衆鳥翔空悉落不飛。大樹並立合令交縄。或暴流水還令逆流。或止霖雨忽令晴天。尋入葛河久住修行、立深水中満洛刃。遍住十九滝。布十九字。凝十九観。始見明王。矜伽羅童子制多迦使者。随順左右。永承其命。和尚面向明王。祈申二世要事。心有所念明王能満。和尚内心有一願。現身昇都卒内院。親見慈尊供養礼拝。雖有所念非力所及。祈白明王。我有此願。明王威力。令我昇天見弥勒慈尊。明王告言。天上勝妙地。下界不能往。何況其中都率内院。一生補処菩薩所居。所従眷属断惑証果。以具縛身輙得昇哉。和尚祈申念願深。明王告言。我以有不違行者所念奉仕之願。可随汝心。即将和尚昇兜率天。過往外院向内院時。守門天人遮止不入。諸天告言。希有沙門。依於明王本誓力故得過此処。雖然沙門未具可到内院菩提。所以者何。沙門未得読誦妙法華経。不能修行四種三昧。以何為業得入内院。沙門早帰本所居国。読誦法華経。思惟妙恵。以其善力当生此天。和尚不果所願。即得下天。流涙摧骨。慚愧発露。不読法華経。不修行一乗。臨老後始読法華経。信帰一乗。乃至依於定恵薫修顕密修行。最後如念成就所念。見慈氏尊入於円寂焉

（日本思想大系『往生伝　法華験記』五一六頁）

不断念仏を比叡山ではじめた相応は、一二年間の籠山修行のあいだ円仁より不動明王法や別尊儀軌護摩法をあたえられ、激しい修行の成果として不動明王を感得し、山岳行脚の修練である回峯行の開祖ともされる。傍線部にあるように、質実堅固にして、ふだんより穀や塩を断ちて美食を厭い、魔縁を降伏させて、苦行にいそしむ山岳修行者であり、法華経読誦にいそしみ、現身に不動を感得し、最後兜率天へ往生したという。

無動寺相応は琳阿本法然伝に「相応和尚念仏をひろめし」（『法伝全』五五六頁）とみえるように、鎌倉期には念仏をひろめた祖師として伝えられていたが、行動については持戒堅固な密教僧、山岳修行に打ち込む験者、また法華経の持経者であった。また先に見たように、西塔常行堂において不断念仏を創始した増命も、同じく密教的な法力を備えた験者であった。

比叡山は「名山・浄処」であり、[35] 不断念仏を領袖した相応、増命といった天台僧は、これら浄処において修法し、験力をいだいた密教僧であった。不断念仏をはじめた僧侶は、奈良時代に悔過会を勤修した僧とその本質は変わりなく、[36] 不断念仏の導入は、古密教の呪術である悔過との近似性から捉えるべきである。円仁将来の不断念仏の導入は、密教の対立や否定ではなく、またそれまでになかった阿弥陀信仰が日本に移植されたわけでもなく、阿弥陀悔過といった古密教的な基盤のうえに受容されたのである。

3　不断念仏と鎮護国家

しかし、天台の不断念仏は、最澄が想起した僧侶の理想像と護国は無縁ではなかった。[37] 最澄は、山修山学の制規を守り修行に励むことは『顕戒論』に、

明《ニ》知《ヌ》念誦及《ヒ》転読《ハ》衛国之《ノ》良将《ナルカ》也。誠《ニ》願《クハ》大日本国天台《ノ》両業《ニ》授《ケ》二菩薩戒《ヲ》一以《テ》為《シ》二国宝《ト》一大悲胎蔵業《ハ》置《キテ》二灌頂道場《ヲ》一修二練《セシメ》真言契《ヲ》一常《ニ》為《ニ》レ国《ノ》念誦《シ》亦為《ニ》レ国《ノ》護摩訶止観業《ハ》置《キテ》二四三昧院《ヲ》一修二練《セシメ》止観《ノ》行《ヲ》一常《ニ》為《ニ》レ国《ノ》転《シ》レ経《ヲ》亦為《ニ》レ国《ノ》講《セシメン》二般若《ヲ》一然《ルキハ》則一乗《ノ》仏戒歳歳不レ絶《エ》円宗《ノ》学生年年相続《セン》。菩薩百僧不レ闕《ケ》二山林《ニ》一持戒《ノ》八徳祈《ルニ》レ雨《ヲ》易《カラン》レ得也

（『伝教大師全集』一、一三〇頁）

として、山修山学の規制を運用し持戒清浄の菩薩僧を蓄えることは「祈雨易得也」という祈雨の効験への期待が認

められるといい、最澄が目指す僧侶の本質が垣間見える。

また護国という理念は、元来比叡山の四種三昧の修行にもみえるものであり、不断念仏が鎮護国家を標榜することは、最澄が目指す四種三昧の理念の継承、いいかえれば最澄の理念を起源としたといえる。

『法然上人行状画図』一九には、「又伝教大師の七難消滅の法にも、念仏をつとむべしと見えて候」（『法伝全』九七頁）とし、(38) また舜昌の『述懐鈔』には、

又吾山ノ高祖伝教大師ハ、法華長講ノ段々ノ終リニ、殊ニ南無阿弥陀仏ト書シ、七難消滅ノ法ニハ専ラ念仏三昧ヲ出サレタリ　（『続浄土宗全書』九、一〇五頁）

とあり、親鸞の「現世利益和讃」には、

山家の伝教大師は
国土人民をあはれみて
七難消滅の誦文には
南無阿弥陀仏を称ふべし　（『定本親鸞聖人全集』二、五九頁）

とみえるように、法然、親鸞、舜昌は、最澄が七難消滅護国頌による念仏を強調したという伝承がみえる。また浄土宗鎮西義の聖聡は『当麻曼陀羅疏』において、

近比叡山ノ山王ノ前念仏堂ニ曼陀羅ヲ奉二本尊一トシ其故ハ此堂ハ根本伝教大師為二我山建立ノ祈禱一又ハ為二国土人民七難消滅ノ一念仏シ給ヒシ堂也
（『当麻曼陀羅疏』四七〈『浄全』一三、六九一頁〉）

として、比叡山の念仏祈禱堂には曼荼羅が本尊とされて伝教大師が国土人民七難消滅を説いたことが記されている。不断念仏と護国という関係性は、最澄の理念である止観、遮那業の成就が護国につながるという姿勢と同じであり、

そのような念仏のあり方は、雑密の悔過会とも無縁なわけではない。不断念仏と悔過会のつながりを示唆するものであろう。

おわりに

従来の浄土教研究においては、浄土教が中世仏教の特質として取り上げられ、その淵源を円仁による不断念仏の導入とみなす傾向があった。源信以降の浄土教信仰が中世仏教の特質であることは間違いないが、このような視点は古代から中世に至る連続性の中で浄土教を捉えるという視点が欠落していたと思う。本稿ではそのような課題をもって考察をすすめてきたわけであるが、円仁の不断念仏の導入は、それまでになかった新奇な仏教思想を取り入れたわけではなく、奈良時代よりみえた悔過信仰を中心とした阿弥陀信仰の基盤のうえに、東アジア仏教の聖地五台山で流行した音曲念仏の法式が展開したとみるべきである。天台浄土教の勃興は、天台密教と密接な関連を示すが、悔過という「古密教による法会」と近似したかたちで導入されたのであり、光明皇后追善七七斎によりひろまった浄土信仰の基盤のうえに、不断念仏は受容・展開をみたのである。

さて、不断念仏はこののち、在俗層へも浸透する。そこには、貴族や僧侶の臨終観念の成立から、不断念仏が臨終行儀として取り入れられ、また空也、千観の民衆教化のうえには民間僧の結縁法会になって在俗層の広範な結縁を得て浄土教は広く流布する。源信の『往生要集』の撰述はこれらの浄土教を総合的にまとめたものであり、『日本往生極楽記』とともに、以後の浄土教の規範となり、貴族・民衆層に展開していく。

不断念仏は以後も展開を続け、その音曲性は声明という芸能性を生み、また多くの人が結縁する百万遍念仏、融通念仏が在俗層への浸透を促していく。良忍の融通念仏は不断念仏の展開の中から生み出されたといっても過言ではなく、天台声明の成立も不断念仏の儀礼性から発達したものである。

本稿では不断念仏の受容と展開を明らかにすることを目的として取り組んだのであるが、不断念仏の展開については十分な検討ができなかった。怨霊信仰や法華講、仏名会の関わり、臨終行儀の展開、また五台山念仏の浸透という東アジア仏教の視点など、ここにはさまざまな課題が内包されているのであるが、これらは次稿への課題としておきたい。

註

(1)　不断念仏の研究史については、以下を参照されたい。

・高瀬承厳「三井寺常行三昧堂の起原と其の変遷」(『佛書研究』四五、一九一八年)
・同「不断念仏の史的研究序説」(『仏教学雑誌』一―一、一九二〇年)
・塚本善隆「常行堂の研究」(『塚本善隆著作集』七、大東出版社、一九七五年、初出一九二四年)
・泉恵操「不断念仏の研究」(『宗学研究』二二・二三合併号、一九四一年)
・藤島達朗「平安時代に於ける宗教的自覚過程」(『大谷大学研究年報』五、一九五二年)
・光森正士「阿弥陀仏の異形像について」(『宮崎博士還暦記念　真宗史の研究』永田文昌堂　一九六六年)
・久野健「平安初期における延暦寺の仏像」(『美術研究』二六〇、一九六九年)
・伊藤真徹『平安浄土教信仰史の研究』(平楽寺書店、一九七四年)
・宇野茂樹「比叡山常行堂の阿弥陀像――近江梵釈寺像を中心として――」(『佛教芸術』九六、一九七四年)
・薗田香融『平安佛教の研究』(法藏館、一九八一年)
・清水擴『平安時代仏教建築史の研究――浄土教建築を中心に――』(中央公論美術出版、一九九二年)
・光森正士『仏教美術論考』(法藏館、一九九八年)

・奈良弘元『初期叡山浄土教の研究』（春秋社、二〇〇二年）
・冨島義幸「阿弥陀五尊の諸形式と中世仏教的世界観」（冨島義幸『密教空間史論』法藏館、二〇〇七年、初出二〇〇五年）
・大原嘉豊「天台常行堂阿弥陀五尊像の原型とその変容」（中野玄三・加須屋誠・上川通夫編『方法としての仏教文化史：ヒト・モノ・イメージの歴史学』勉誠出版、二〇一〇年）
不断念仏の研究は、仏教史研究だけでなく、美術研究、建築史よりさまざまな観点の研究から取り組まれている。

（2）伊藤真徹『平安浄土教信仰史の研究』第二篇第六章「百万遍念仏」、伊藤茂樹「百万遍念仏」（福原隆善編『八百年遠忌記念　法然上人研究論文集』〈知恩院浄土宗学研究所、二〇一一年〉所収伊藤茂樹他「法然上人のお言葉——元祖大師御法語——』解釈上の諸問題」）。

（3）東舘紹見「円仁の入唐求法と法会の始修——九世紀天台宗における法会催行とその歴史的意義——」（『大谷大学史学論究』一四、二〇〇八年）。

（4）薗田香融「山の念仏　その起源と性格」（同著『平安佛教の研究』法藏館、一九八一年、初出一九六九年）。

（5）悔過については、以下の研究に拠った。
・山岸常人「悔過から修正・修二会へ——平安時代前期悔過会の変容——」（『南都仏教』五二、一九八四年）
・佐藤道子『悔過会と芸能』（法藏館、二〇〇二年）、同「現世の祈りと来世の救い——悔過会にみる——」（『駒沢大学佛教文学研究』九、二〇〇六年）
・上川通夫「神身離脱と悔過儀礼」（ザ・グレイトブッダ・シンポジウム論集　第三号『カミとほとけ——宗教文化とその歴史的基盤——』法藏館、二〇〇五年）
・長岡龍作「悔過と仏像」（『鹿園雑集』八、二〇〇六年）
・『特別展古密教——日本密教の胎動——』（奈良国立博物館、二〇〇五年）
・ザ・グレイトブッダ・シンポジウム論集　第八号『東大寺二月堂——修二会の伝統とその思想——』（法藏館、二〇一〇年）

（6）内藤栄「古密教展概説」（『特別展古密教——日本密教の胎動——』奈良国立博物館、二〇〇五年）。

（7）薗田香融「慶滋保胤とその周辺――浄土教成立に関する一試論――」（『顕真学苑論集』四八、一九五六年）。

（8）速水侑「平安仏教論」（『日本歴史』三二五、一九七五年）、同『浄土信仰論』（雄山閣、一九七八年）。

（9）佐々木令信「天台座主増命祈雨説話について」（『北西弘先生還暦記念　中世社会と一向一揆』吉川弘文館、一九八五年）。

（10）不断念仏の濫觴とされる比叡山東塔の常行堂は、「此堂元者在二虚空蔵尾一而相応和尚承二大師遺命一。元慶七年改移二彼処一」（『山門堂舎記』〈『群書類従』二四、四七二頁〉）とあり、円仁の遺言として相応が講堂北に移築するまで、常行堂が虚空蔵尾に所在したことにも示唆される。虚空蔵尾は、最澄が求聞持法を修した折に明星が降臨した霊地であり、「虚空蔵求聞持法」との関連が深い場所である。虚空蔵求聞持法は、奈良時代の古密教の行者がしばしば行った修法であり、虚空蔵菩薩を祀り虚空蔵陀羅尼を百万遍唱えるもので、これを修めた者は決して忘れない記憶力を得られるといい、若き空海がある沙門に教わり山中で修したことから密教に関心をいだいたという。なお虚空蔵尾については、武覚超『比叡山諸堂史の研究』（法藏館、二〇〇八年）を参照。

（11）奈良時代の阿弥陀悔過については、井上光貞『日本浄土教成立史の研究』（山川出版社、一九七五年）、竹居明男『日本古代仏教の文化史』（吉川弘文館、一九九八年）第一部第三章「東大寺阿弥陀堂――同寺蔵『阿弥陀悔過料資財帳』の一考察――」（初出一九七八年）を参照。

（12）註（11）竹居論文参照。『阿弥陀悔過料資財帳』は、『大日本古文書』（編年文書）第五にみえる。なお、東大寺ミュージアム開館記念特別展『奈良時代の東大寺』（東大寺、二〇一一年）には写真版がある。

（13）昌海は善珠の弟子で興福寺僧であるが、『浄土法門源流章』「大日本国浄教弘通次第」には、「法相昌海ノ欣二楽シ安養一撰ス二西方念仏集一巻並ニ阿弥陀悔過一」（『浄土宗全書』〈以下、『浄全』と略す〉一五、五九〇頁）として、日本浄土教において流布せしめた人師として、智光、礼光、良源、源信、永観、珍海、実範らの名をあげている。

（14）奈良時代の浄土教については、前掲註（11）井上、竹居の阿弥陀悔過研究に加え、藤島達朗「奈良時代に於ける弥陀信仰」（『日本浄土教の研究』平楽寺書店、一九六九年）、大野達之助『上代の浄土教』（吉川弘文館、一九七二年）、堀池春峰「奈良時代に於ける浄土思想」（『日本浄土教の研究』平楽寺書店、一九六九年）、中野聡『奈良時代の阿弥陀如来像と浄土信仰』（勉誠出版、二〇一三年）などを参照した。

(15) 平雅行『日本中世の社会と仏教』(塙書房、一九九二年)。
(16) 中野玄三『悔過の芸術――仏教美術の思想史――』(法藏館、一九八二年)。
(17) 石田茂作『写経より見たる奈良朝佛教の研究』(東洋文庫、一九三〇年)。
(18) 『往生要集』や『安養集』といった書物には『称讃浄土経』が引用されている。奈良時代の写経所では『称讃浄土経』の書写が盛んに行われた。奈良時代の浄土教の解明については『称讃浄土経』が重要であった(前掲註〈17〉石田『写経より見たる奈良朝佛教の研究』、斎木涼子「『称讃浄土経』書写と「中将姫願経」の展開」〈『当麻寺――極楽浄土へのあこがれ――』奈良国立博物館、二〇一三年〉)。
(19) 註(14)における論文に加えて、渡辺晃宏「阿弥陀浄土院と光明子追善事業」(『奈良史学』一八、二〇〇〇年)、三宮千佳『法華寺阿弥陀浄土院と平等院鳳凰堂』(勉誠出版、二〇一四年)。また光明皇后の浄土信仰については、東野治之「橘夫人厨子と橘三千代の浄土信仰」(『MUSEUM』五六五、二〇〇〇年)、岩佐光晴「伝橘夫人念持仏の造像背景」(『MUSEUM』五六五、二〇〇〇年)、金子啓明「生命思想としての白鳳彫刻――法隆寺伝橘夫人念持仏阿弥陀三尊像について――」(『MUSEUM』五六五、二〇〇〇年)。
(20) 前掲註(14)堀池論文。
(21) 長岡龍作「阿弥陀図様の継承と再生――光明皇后御斎会阿弥陀如来像をめぐって――」(『文化史の構想』吉川弘文館、二〇〇三年)。
(22) 妙空大徳が源信に「有時問二源信僧都一云我有二往生願一不レ能レ修二其行一以レ何可レ遂二本意一哉」として、往生について何が必要か問うた時、源信は「僧都示云有レ造二丈六仏像一生二浄土一」と、丈六阿弥陀仏像を造立することが浄土に生ずることであると答え、華台院の本尊には丈六阿弥陀仏像を置いたという(『叡岳要記』〈『群書類従』二四、五五四頁〉)。
(23) 亀田孜「法華寺阿弥陀三尊画像の意想」(『日本美術史叙説』一九七〇年、初出一九五六・五七年)、山本陽子「法華寺阿弥陀三尊及童子図の使途に関する一考察」(『美術史研究』三〇、一九九二年)。
(24) 前掲註(21)長岡論文。なお多度神宮寺本尊も丈六阿弥陀仏像であり、阿弥陀悔過会の本尊は丈六仏というケースが多い。なお、長岡龍作は、多度神宮寺本尊丈六阿弥陀如来像について、時期や設立の意趣からみて、光明皇后七七斎会との関連性が強いことを指摘する。
(25)　福山敏男「創立期の法華寺」(『寺院建築の研究』中、中央公論美術社、一九八二年)。
(26)　前掲註(19)三宮『法華寺阿弥陀浄土院と平等院鳳凰堂』第八章「平等院鳳凰堂の発願と法華寺阿弥陀浄土院」。
(27)　前掲註(11)井上『日本浄土教成立史の研究』第一章第二節「南都六宗の浄土教」七九頁。
(28)　ただし、常行三昧における本尊がすべて丈六阿弥陀像というわけではなく、宝冠阿弥陀像、三尺の阿弥陀来迎像が本尊となるケースがあり多様である(註〈1〉冨島、大原論文)。これらの多様性は、不断念仏の受容展開から関連していくものであり、不断念仏の展開から考察しうる意味で、今後も重要な課題といえよう。
(29)　前掲註(5)佐藤『悔過会と芸能』、同「現世の祈りと来世の救い――悔過会にみる――」、同『東大寺お水取り――春を待つ祈りと懺悔――』(朝日新聞出版、二〇〇九年)。
(30)　『当麻寺流記』には、「正二位横佩右大臣尹統息女字中将、年来専営西方之業長時念仏之行恋慕之余称讃浄土経一千巻手自書写給件経安置寺庫」として、当麻寺所蔵の『称讃浄土経』と中将姫が結びつけられ、以後の当麻寺縁起に登場する(前掲註〈18〉斎木論文)。
　天平宝字四年(七六〇)七月に光明皇后七七斎において国ごとに阿弥陀浄土画像を造らしめ、膨大な『称讃浄土経』の書写事業を完遂させた歴史背景を考えると、当麻曼荼羅成立の意義がここに認められるであろう。
(31)　前掲註(5)佐藤『悔過会と芸能』。
(32)　名畑崇「日本古代の戒律受容――善珠『本願薬師経鈔』をめぐって――」(佐々木教悟編『戒律思想の研究』平楽寺書店、一九八一年)、同「奈良時代密教受容の側面」(『仏教の歴史と文化』同朋舎出版、一九八〇年)。
(33)　小島恵昭「戒律思想の民間受容――八斎戒思想をめぐって――」(『北西弘還暦記念　中世仏教と真宗』吉川弘文館、一九八五年)。
(34)　相応伝に関しては以下に先行研究がある。寺川眞知夫「相応和尚像の変貌」(『叡山をめぐる人びと』世界思想社、一九九三年)、山本彩「相応和尚の幻像――『天台南山無動寺建立和尚伝』考――」(『叙説』二七、一九九九年)、佐藤愛弓「『真言伝』における相応伝の形成について」(『唱導文学研究』三、二〇〇一年)、柴佳世乃「説教道の相応和尚説話」(『共生する神・人・仏』アジア遊学七九、勉誠出版、二〇〇五年)。なお『大日本史料』一―五、には相応の事績がまとめられている。

(35) 村山修一「比良山の修験道――その諸相と歴史――」(『近畿霊山と修験道』名著出版、一九七八年)、阿部泰郎「比良山系をめぐる宗教史的考察――寺社縁起を中心とする――」(元興寺文化財研究所『比良山系における山岳宗教の研究』一九八〇年)。

(36) 谷口耕生は、十一面観音、吉祥、薬師といった古密教法会の悔過について、
①『七仏薬師経』や『十一面神呪心経』、『陀羅尼集経』という古密教の経典を拠り所とし、現世利益的な仏を本尊とした。
②陀羅尼を誦し、香水、鈴(鐃)法螺、柄香炉などを用いる密教的作法を行った。
③密教的な験力をもつ浄行僧・練行僧・禅師と呼ばれる山林修行者が担った。
④実施場所として「名山・浄処」がふさわしく、宮中や都の大寺院、国分寺など平地の寺院で行う場合にも浄行僧が招請された。
⑤悔過の執行機関とみられる「悔過所」、壇を築いて悔過あるいは壇法と呼ばれる密教修法を行った可能性のある「壇院」「壇所」と呼ばれる施設の存在。
として、五つの特色をあげている(谷口耕生「奈良時代の悔過会と造像」〈『古密教』奈良国立博物館、二〇〇五年〉)。

(37) 木内堯央「最澄の企図したところ」(『仏教の歴史と文化』同朋舎出版、一九八〇年)、桑谷祐顕「伝教大師の護国思想」(『福原隆善先生古稀記念論集 佛法僧論集』山喜房仏書林、二〇一三年)。

(38) 山口光円『天台浄土教史』(法藏館、一九六七年、初出一九三五年)。

信瑞『明義進行集』の思想

――無観称名義と多数決原理――

善　裕昭

はじめに

敬西房信瑞（?―一二七九）の撰述になる『明義進行集』は、法然伝の一つに数えられる。その内容は、法然の無観称名義を信受して往生を遂げた顕密諸宗の八名の学僧らの行実で、とりわけ彼らの語りや問答、著書・消息・請文の引用が大半を占め、伝記というより語録集の性格が強い。『明義進行集』が思想に重きを置くことは、大正七年（一九一八）、河内長野市金剛寺から発見されて間もなく、橋川正氏や望月信亨氏によって指摘され[1]、現在では無観称名義という念仏観を軸に構成された伝記であることは承知されている。

信瑞は長楽寺隆寛や法蓮房信空に浄土宗を学び、ほかにも『浄土三部経音義集』四巻、『泉涌寺不可棄法師伝』一巻、『広疑瑞決集』五巻を著した。このうち『広疑瑞決集』は建長八年（一二五六）、諏訪社に奉仕する上原敦広の問いに応じて著述したもので、浄土教思想に限らず神祇信仰、撫民と幕府法、慈悲と殺生禁断、諏訪信仰などとかかわることから研究は多い[2]。また、神祇信仰の世界に念仏往生をいかに浸透させるかを思考するなかで、神々が念仏を好む証拠を示そうと良忍の話に及び、阿弥陀仏から融通念仏を伝授され鞍馬寺参籠で神名帳を得たことを説く。そして神名帳を引いて神々が念仏を愛楽する証拠とする。これは良忍と融通念仏の関係発展をたどる上でも重要な記述とされる(3)。

思想的素材が豊富な『広疑瑞決集』にくらべ、『明義進行集』は無観称名義というシンプルな念仏観ゆえに面白みを欠くようにみえる。しかし、末尾の長い後序は著者の思想的立場を表明した箇所にもかかわらず、あまり検討がなされず全体の特質が十分に捉えられたとは言い難い。そもそも、八人の学僧を無観称名義の一語で括るのは教理的に適切なのか。また、無観称名義に込められた意義や、それを外郭から支える論理は何なのか。嘉禄の法難で浄土宗は大きな打撃を受けたが、その後の再生過程には数々の思想的営為があったはずである。本稿は『明義進行集』から鎌倉中期ごろの浄土宗の動向を探り、中世社会に浄土宗を定着させようとした努力の跡をたどりたい。

なお、『明義進行集』の引用は大谷大学文学史研究会編『明義進行集　影印・翻刻』（法藏館、二〇〇一年）に基づき、引用後に頁を示す。

一　『明義進行集』の全体構成

『明義進行集』全三巻のうち現存するのは巻二・三である（金剛寺蔵弘安六年写本）。法然の教えに帰依した八名の学僧を、没年月の早い者から静遍・明遍・隆寛・空阿・信空・覚愉・聖覚・明禅の順に載せる。各伝は単に個別的に並ぶのではなく、無観称名義という念仏観の趣旨のもとに構成される。

無観称名は法然の言葉ではない。信空段に、彼が下野守藤原朝臣の妻と修理亮惟宗の忠義からの質問に回答した二点の消息を収める。ここに無観称名の言葉がみえるので信空の造語とされる(4)。それによると、無観称名とは精神集中による観想をまったく伴わず、ただ口にひたすら名号を称えることであり、観想と称名は截然と区別される。善導が観仏三昧と念仏三昧を別門に分けたのもそのためであるという。

鎌倉時代に念仏信仰は顕密諸宗で広く説かれた。念仏とは称名であり観想でもある。観想からいきなり入るのは難しいから、称名しながら念じてゆけば心は次第に集中し三昧の状態を得ることができる。称名と観想は連続的に捉えられ、いわば観想を基幹とした称名であった。これに対し無観称名義は両者を厳格に区別して称名の意味に限るもので、法然の念仏観をうまく言い当てている。

失われた巻一は法然の伝記であったとされ、続く巻二・三は諸宗の学僧の行実である。巻二の巻頭に、

抑源空上人ト同時ニ出世セル諸宗ノ英雄ノナカニ、カノ化導ニ随テ、サハヤカニ本宗ノ執心ヲアラタメテ、専無観ノ称名ヲ行シテ、往生ノ望ヲトケタルヒトオホシ、今入滅ノ次第ニヨリテソノ義ヲイハ、（一〇五頁）

とある。巻一から巻二に移る最初にこの一文があり、信瑞が何を構想したかが読み取れる。『明義進行集』発見後、本書が信瑞の著述であることを解明した橋川正氏は、この一文について、

これによつて本書が法然上人門下の人々に関するものであることが判り、既に題して明義進行集といふが如く、且又「ソノ義ヲイハ、」といふが如く、門下の人々の事蹟閲歴を述べる伝記が主ではなくて、その「義」を闡明にするのが本書撰述の目的であることが判る。而してその「義」とは即ち無観の称名に因る西方往生であると考える(5)。

と適切に解説する。これ以下、法然の教えに触れた学僧たちが「本宗ノ執心」をあらため無観称名を実践したことが叙述される。各伝から無観称名の言葉をひろうと次のようになる。

〈静遍〉

〈明遍〉

〈隆寛〉

・（隆寛の）明訓ヲウケテ、無観称名ヲ行シテ往生ヲトケタルモノオホシ（一三二頁）

〈空阿〉

・源空上人ニアヒタテマツリテ、無観称名ノ義ヲキ、テ後ハ、礼讃モセス、阿弥陀経モヨマス（一三三頁）

・定メテ知ヌ、弥陀ノ二菩薩カ、ハタ極楽ノ聖衆ノ化来シテ、末学ノ異義ヲタ、ムカタメニ、外カ闇ク内照テ無智ノ相ヲシメシ、無観ノ称名ヲ行シ給ヒケルナルヘシ（一三四頁）

〈信空〉

・阿弥陀仏ヲ申セハ、極楽浄土ヘマイル事ニテ候ナリ、コノホカニ様アリテ、観法ナトヲシテ申ス事ニテハ候ハス、只口ハカリニテ申ス事ニテ候ナリ、サテコレヲハ無観称名ト申シ候ナリ、観法スルヲハ、善導和尚別ニタテハケテ観仏三昧トイヒ、観法セスシテ只口ハカリニミナヲトナフルヲハ、別門ニタテ、念仏三昧ト説ケリ、観仏三昧・念仏三昧トテ別段ノ事ニテ候ナリ、名モカハリコ、ロモカハレリ（一四五頁）

・観仏三昧トイハ、名ヲトナヘス、縄床ノ上ニ端坐シテ、心ヲ一境ニ閑ニシテ、弥陀ノ相好ヲ観スルナリ、念仏三昧トイハ、一相ヲモ不観セス、只名号ハカリヲ余念ナク一心ニトナフルナリ、是ヲ無観ノ称名トイフ

（一五三頁）

〈覚愉〉

・聖道門ノトキ、本寺ヨリ両三度源空上人ノモトヘ参シテ、律ノ法門ノ不審ノ事トモタツネラレケルツイテニ、

称名念仏ノ詮要ノ事モ沙汰アリケルニヨリテ、無観称名ニオヒテハ上人ノ義ニタカハス（一五六頁）

〈聖覚〉

・ソノ説法ノ大旨ハ、善導和尚諸宗ノ教相ニヨラスシテ浄土宗ヲ興シ、一向専修ノ行ヲ立テ、無観称名ノ義ヲヒロメ給事、末代悪世機根ニ相応シテ、順次ニ生死ヲハナルヘキヲモフキノ至（一五九頁）

〈明禅〉

・永ク本宗ノ執心ヲステ、、無心〔観〕ノ称名ヲ行シ、七万返ヲモテ毎日ノ所作トス（一六九頁）

・又一巻選集ノ要文アリ、浅略称名蔵ト号ス、名詮自性ノ謂、無観ノ義アラハナリ（一七四頁）

信空伝の二文は二点の消息の一節であり、彼の地の文である。このように学僧らが無観称名を実践したことを説く。ただし静遍と明遍伝にはみえず、他伝でも一、二回出る程度である。したがって、くどい印象を受けるわけではなく、無観称名義のもとに全体がゆるやかに束ねられるという感じである。八名の伝記を終えて、

已上、諸徳ノ無観称名ノ義、粗随見及部類訖（一七四頁）

と結ぶ。叙述の意図は明らかだろう。

二　最大公約数の念仏観

以上から『明義進行集』の趣旨は理解できるとしても、注意すべきは八名の学僧の念仏観の一致をも合わせ主張していることである。つまり、彼らは足なみを揃えて同じ念仏観のもとに往生を遂げたというのである。しかし、実際はどうなのか。出身宗派も異なり、個性的な浄土教著書を残す者もいる。はたして思想の実情においてひと括

りにし得るものなのか。そこで八名のうち静遍・隆寛・覚愉を検討しよう。

もと真言宗の静遍（一一六六―一二二四）は、建保五年（一二一七）、法然未見の『般舟讃』を見出し、翌年『続選択文義要鈔』三巻を著した（下巻と他一部のみ存、以下『続選択』）。彼の密教教学の独自色は理智事三点説にあるとされ、密教を基調とした浄土教学は他の門弟とくらべても異色である。(6) 体系的な把握は難しいが、いくつか特色を示すと、『選択本願念仏集』（以下『選択集』）の八選択に五箇選択を加えて拡充を図る。本書にいう「当宗」は浄土宗のことで、その立場にあることを意識する。釈迦の修行について、

久遠《ノ》実成《ハ》専修念仏《ナリ》、三業専修無間業者《ト》、令声不絶《ノ》具足十念《ナリ》(7)

と述べ、久遠の昔に専修念仏で成仏したとの意をうかがわせる。

その一方、彼の経歴を反映して密教的思考が濃厚である。心の自証が重んじられ、「本願《ノ》往生《ハ》自証成仏《ナリ》」といい(8)、本願念仏による往生はそのまま悟りの実現を意味する。阿弥陀の西方出現も衆生の往生も本有一心上の出来事であり、「自証《ノ》覚者《トハ》、自浄《ノ》信心也(9)」と、念仏信心の獲得はそのまま悟りとなる。

仏と人間の関係は不二一体的である。

無生《ノ》一行名超《タリ》二十方一、口称《ノ》念風《ニ》心蓮即開《ヌレハ》、三業《ノ》相応《ハ》不レ仮二余行一、往《ハ》不往《ノ》往、生《ハ》不生《ノ》生、去レ此不レ遠(10)

余行を必要としない口称念仏であるが、此土より彼土へ行くという往生観ではなく、往は不往の往、生は不生の生、つまり自心内の往生である。

極楽《ノ》主伴《ハ》一往生人《ノ》心王心数《ナリ》、更無《ニ》二他類一(11)

とあるのも同じ趣旨だろう。また、『般舟讃』の「念仏即是涅槃門」を「此釈《ノ》、至極也」と注している。(12)

真言宗と浄土宗は別宗でありながら本質的に一致する。

以《テ》二真言《ノ》菩提心《ヲ》一相二応《セリ》于念仏三昧一《ニ》、当宗《ト》与《ト》二秘宗一教門雖二異一《ナリト》、其旨自《ラ》一《ナリ》、念仏三昧《ト》蓮華三昧《ハ》自心《ノ》異名《ナリ》、胎蔵《ノ》中台《ヲ》名《クルナリ》二金剛台一《ト》、自証《ノ》菩提《ノ》言語尽《クリ》窮、心行亦寂《ナルヲ》云《ナリ》二難思議一《ト》(13)

真言宗で得る菩提心の境地と浄土宗の念仏三昧は本質的に等しく、蓮華三昧も念仏三昧も人間の心の異名に過ぎないとし両宗の一致を説く。また、

念仏・戒行者非《ス》レ揚《ルニ》二行一《ヲ》、念仏即戒《ナリ》、戒行専精《ナレハ》諸仏讃《フ》下(14)

念仏と戒を別行とせず一体的にみる。戒をきちんと遵守すれば諸仏はほめてくれる。つまり戒は諸仏の意思にかなう実践である。

以上だけでも思想特色の一班が察知できよう。念仏と真言の一致や持戒念仏の立場は法然と同じではない。法然教学では、阿弥陀仏は西方の彼方に設定され、仏と凡夫が峻別される。念仏は選択本願、戒律などの諸行は非本願とされ、阿弥陀の意思に即すか否かで弁別される。念仏観に限定すれば無観称名の立場と言えようが、全体の思想傾向をみるならば無観称名の一語で静遍教学総体を捉えきれるわけではない。

『玉蘂』によると、承久二年（一二二〇）三月二三日から四月三日にかけ、九条道家は法性寺で静遍に『選択集』を講じさせた。祖父兼実の忌日（四月五日）を期して行われた仏事の一環で、宜秋門院や道家が聴聞した。道家は静遍を「弁才不レ恥二上古一人」と評し、最終日には兼実自筆の「十念」を置き供養している。(15)

長楽寺隆寛（一一四八―一二二七）は天台顕教を学んで最勝講・法勝寺御八講へ出仕し、青蓮院慈円のもとで種々の仏事に奉仕したが、法然との交流から浄土宗へ傾いた。(16) 法然没後、『具三心義』『極楽浄土宗義』などで浄土宗理論を探究し、とくに廻向往生や至誠心釈に独自の他力的思考を発揮する。『具三心義』の至誠心釈に、

答、以二凡夫心《ヲ》一不三為《ニハ》二真実《ト》一、以弥陀願《ノ》一《ヲ》為二真実《ト》一、帰《スル》真実願《ノニ》一之心故《カニ》約二所帰之願《ニ》一名真実心一、例如《シ》下住天台山故

名二天台大師一《ト》、住南岳山故名南岳大師一也(17)

とある。凡夫に真実はなく阿弥陀仏の本願こそ真実である。人間は自身の内的力で真実心は起こせず、阿弥陀の真実心に帰依することで、はじめて真実心となり得る。天台大師や南岳大師のように、居住地に依拠してそう呼ぶのと同じだという。このように他力的思考を人間の内面にまで波及させ、真実の所在を仏の側に置く。念仏を称えるにしても、このような至誠心論が背景にある。

信瑞は隆寛の著書を入手し得る位置にいたはずである。『広疑瑞決集』には『弥陀本願義』を引用し、『明義進行集』には散佚した『得生西方義』を載せる。さらに「惣シテ浄土ノ法ヲアカシ念仏ノ義ヲノヘタル書、大小数巻、粗世ニ行ス」（一三二頁）と述べる。しかし、信瑞の著作から特徴的な他力論を継承した形跡はうかがえず、この他力論は無観称名義という念仏観の枠内で表現し得るものでもない。長楽寺義あるいは多念義という教学的特徴を表わす用語がないことも注意される。

住心房覚愉（一一五八―一二三三）は園城寺で顕密を兼学し、のち隠遁して浄土教を信仰した。教理的著述は残らないが、諸行本願義を立てて長西に教示したことが諸史料にみえる。鎌倉後期の凝然『浄土法門源流章』に、「住心・良遍・真空等《ノ》師《ハ》、皆立二諸行《ノ》本願義《ヲ》一、与二長西《ノ》所立《セリ》一同契会」とある(18)。同時期の『法然上人行状絵図』は巻四三以降を門弟の行状にあて、「覚明房長西は、上人（法然）没後に出雲路の住心房に依止し、諸行本願のむね」を説いたという理由で、一念義の行空・幸西とともに「門弟の列」に載せない(19)。南北朝期の『法水分流記』に覚愉は「興二諸行本願義一」とし、長西は「帰二投覚愉一、立二諸行本願義一」とする(20)。いずれも覚愉の思想特徴を諸行本願義とみる。つまり、念仏・諸行ともに阿弥陀の願意にかなうという考えに立つが、『明義進行集』は諸行本願義を立てたことに触れない。

このようにみると、『明義進行集』には多くの法語や著書を引きながら、その教学理解は局面的と言わざるを得ない。ただし、教学総体を偏りなく紹介すべきことを求めるのは酷である。そもそも法然伝にそれを期待するのは過剰であり、正確な教学理解は彼らの著述から導き出さねばならない。ここで問題なのは、意識的に無観称名義に見合う部分だけを引用し、共通項を導き出して均質化し学僧らの教学的一致を論じることである。この背後には多くの削られた要素がある。静遍の密教的な特徴を削り、隆寛の他力的思考の際立つ部分に触れず、覚愉の諸行本願義に言及しない。思想的個性を捨象して最大公約数を抽出する。すなわち『明義進行集』の無観称名義はこのような営為を経て立論されている。

その結果、どのような性質になったのか。法然の念仏観の一面を受け継いだのは確かであり、同時に学僧らの念仏信仰の一面とも重なりあう。そして重要なのは、専修念仏の思想特質たる念仏と諸行の価値関係が第一義的に論じられておらず、諸行往生の否定論は汲み取れない。当時の念仏信仰一般の次元に還元し得るものであり、したがって顕密諸宗からも容認される念仏観となった。無観称名義は浄土宗と顕密諸宗との思想的接点をなすと言える。

三　多数決原理による正当性

八名の伝記の後には長い後序がある。著者の思想的立場を示した箇所だが、これまであまり検討されていない。後序の最初に、

方今、末学ノ異義ヲタ、ムカ為ニ、先哲ノ微言ヲアツム、是則弥陀本願極致、浄土真宗ノ精要ナリ、観願当求往生者、コノ多分一同ノ化導ヲ信シテ、カノ少分異義ノ勧進ニシタカフコトナカレ（一七四頁）

とある。末学者の異義を絶つために「弥陀本願極致、浄土真宗ノ精要」たる学僧らの言葉を集めた。往生を求める者は学僧たちの「多分一同ノ化導」を信受し、「少分異義ノ勧進」に従ってはならないと主張する。

異義の根絶を強く意識するのが印象的である。注目したいのは「多分」「少分」、つまり多数・少数という考え方である。なぜ多数派に従うべきなのか。次のようにいう。

ナニヲモテノ故ニ、外書曰、占従二人言文、疑問トオモフ問フトキハ、三人ヲモテ定トス、三人コトハルトトキハ《ママ》、必二人カ言フニシタカフ、是多分ニシタカフ心ナリ、多分ニシタカヒヌレハ、多分ノアヤマチナキカユヘニ、世間如此、出世又可然、一種ノ法ニ於テ、異義マチ〳〵ナリトモ、多分ノ義ニシタカハヽ、自行化他サタメテアヤマチナカルヘシ（一七四頁）

仏典外の文献である「外書」は何を指すのかよくわからない[21]。これを根拠に主張するところでは、疑問を解決する場合、三人のうち二人の言うこと、つまり多分に従えば間違いは起きない。一種の教えに異義まちまちでも、多分に従えば自行・化他に誤りはないという。

このように多分と少分に分け、「多分一同ノ化導」たる無観称名義を信受せよと主張する。より所とすべきは多数派の教えだというように、多数決原理に基づいて無観称名義の正当性を示そうとする。

このような論法はユニークにみえる。そもそも多数決ごときで教理の正当性を示し得るのかという疑問も起こるが、何の由来もなく論じたのではない。多数決の歴史がたどられる場合、よく挙げられるのは仏教における多人語毘尼《たにんごびに》（あるいは多覓毘尼・多人毘奈耶）である。インドの初期仏教では教団内に争いが生じた場合、その解決のため七滅諍法の規定があり、その一つに多人語毘尼と呼ばれる多数決による解決方法が定めてあった。仏教における多数決の淵源は、ここに求めることができよう。

しかし、信瑞が影響を受けたという意味では、中世社会の実情を考えねばならない。寺院社会には一山や僧衆が抱える様々な問題を評議する集会制度があり、議決では多数決が採用された。また、一味同心の集団によって起こされる一揆も、合議を経て多数決により全員の意思を決めたという。

そこで、史料がある程度残り、研究で明らかな寺院集会の場合をみたい[22]。多数決は史料に「多分評定」とか「多分に随う」「多分に付く」などと出てくる。一部を示すと、永仁三年（一二九五）「東大寺衆徒等連署起請文」に「随㆓多分之衆議㆒、可㆑評㆓定事㆒」とあり、寛元二年（一二四四）「金剛寺学頭以下連署集会置文」には「衆議評定之時、付㆓多分㆒可㆑有㆓其沙汰㆒也」とみえる[23]。多数決によって事を決めたのは一部寺院に限られるわけではなく、中世寺院の多くにみられた。寺院大衆には厳しい出席義務が課され、集会では公正を旨とした意見が求められた。少数の反対者も多数意見に従わねばならないとされ、異義を唱える者には厳しい罰則が科された。これによって寺内組織の意思統一が図られ、僧団の一味和合の精神も保たれたのである。

さらに、多分は単なる多数意見にとどまらず、道理としての意義さえあった。「任㆓道理㆒就㆓多分㆒、可㆑致㆓沙汰㆒者也」とか「付㆓多分道理㆒、可㆑有㆓成敗㆒」といわれるのは[24]、多分と道理が別のことではなく、多数意見それ自体が道理であるという意味に解される。つまり多数意見は道理そのものであるから正しいと観念されたのである[25]。

具体的な一例を挙げると、出雲鰐淵寺の伽藍は南院と北院にわかれ、南北朝期には内乱の影響から両院の確執が高まっていた。その和解のため、正平十年（一三五五）三月に「鰐淵寺大衆条々連署起請文」が作成され、一山の集会や仏事の執行などに関する細かな取り決めが四八条もの条文に記される[26]。そのうち第五条に、

一、評定時可㆑随㆓多分義㆒事、古書云、三人謀之時、随㆓二人言㆒云々、此事古今之佳例也、諸人可㆑順㆓衆議㆒者也、但雖㆓少分㆒先達古実之深義、不㆑可㆑棄㆑之、雖㆓多分㆒若輩今案之浮言、難㆓許容㆒者歟、可㆑弁㆑之也[27]

とある。評定は多数決によるべきことが示される。「古書」は『明義進行集』に引用された「外書」と同趣である。三人で審議する場合、二人の意見に従うのは「古今之佳例」だと評する。

しかし、単純に多数決をよいものとはしない。少数意見であっても、故実先例に通じた先達の思慮深い判断は重視される。また多数意見であっても、若輩の浅はかな浮言は認められない。多数決は全体の意思統一にはきわめて有効だが、多数意見が必ずしも正しいとは限らない。勝手でわがままな方へ流れ、少数の誠実な意見が顧みられないこともあろう。その欠陥を補う柔軟な工夫がなされる。

このように中世の寺院社会には多数決が広がっていた。信瑞はこの原理を応用して無観称名を実践した学僧らを多数派の正当とし、少数派の異義を排斥した。多数決を重んじる時代背景があってこそ、この論述は意味をなす。八名もの伝記をまとめた意義もここにあろう。

四　多分・少分の勝劣と智体在裏

無観称名義の教理としての正当性は、多数決原理によって支えられる。さらに多数・少数の区別に留まらず、そこには勝劣の価値があるという。

タ、シ多少ノ従不ヲイフ事ハ、等同ノモノニオヒテ論ス、勝劣ノモノニハ論セス、是ハ善〔普〕通道理ナリ、イマハシハラク多少トイフトイヘトモ、ソレ実キ(実義)ニハ、等同ノ類ニアラス、多ハ勝、少ハ劣ナリ、シカレハ勝少〔劣〕トイヒ多少トイヒ、アニカタク信不ヲチキラムヤ（一七五頁）

一般に多数決は同じ立場や組織内の同格者間でなされる。ここはそうではなく、多数は勝れ少数は劣るのであり、両者には質的差があると主張する。それはどういうことか。

> イフコ、ロハ、空上人《（源空）》如来ノ使トシテ利見シテ、惣シテ諸宗通達シ、別シテハ浄土ニ証ヲエテ、無観称名ノ義ヲヒロメテ、愚痴暗鈍ノ類ヲミチヒキ、ナラヒニ時ノ明匠又コレニシタカヒテ、異口同音ニコノ義ヲノヘ給ヲ、顕宗密宗諸宗ノ一宗ヲモ学セス、儒道二教ノ一教ヲモ窺サルトモカラアリテ、恐情見ノ異義ヲタテ、、上人已下ノ多分ノ義ヲ非ス、謂、無観ノ同《（ママ）》ノ義ハ、勝智多分ノ化導ナリ、情見ノ異義ハ、劣恵少分ノ勧進ナリ、勝劣二類ニシテ雲泥万里ナレハ、多ヲ信セヨ少ニナシタカヒソ、トイフニモ不及トナリ、コ、ロアラムヒト、タレカハキマヘサラム（一七五頁）

法然は阿弥陀仏の使者としてこの世に現れ、諸宗を究め浄土に確証を得て無観称名義を広めた。時の明匠たちも異口同音にそれを説いた。それなのに顕密諸宗や儒教・道教の一つも知らない者が、勝手な異義を立てて多数派の無観称名義を非難している。無観称名は「勝智多分ノ化導」であり、異義は「劣恵少分ノ勧進」であるから、両者には勝劣があって雲泥の差がある。多数を信じ少数に従うなということは言うまでもないことだ――。こう信瑞は訴える。

多数と少数の差は、同時に優劣の格差でもある。したがって、この場合の少数意見は尊重されず異義として排斥される。これは柔軟な姿勢を欠くということではない。信瑞は多数決原理を応用して『明義進行集』を構想したが、実際に多数決をとったわけではない。法然の念仏義が非難されたなか、教義の正当・非正当を示すため多数決原理を論法として取り入れたのである。

さらに、「勝智」「劣恵」という語に表れているように、多数・少数の勝劣を根拠づけるのが「智体在裏」という考え方である。信瑞は法然の言葉に拠りながら念仏者の智恵と愚痴について興味深いことを論じる。了慧編『黒谷

上人語燈録』巻一五（『和語燈録』巻五）「諸人伝説の詞」の信空伝説の言葉で法然は、

答ての給はく、なんち本願を信する事またしかりけり、弥陀如来の本願の名号は、木こり・くさかり《（草刈）》・なつみ《（菜摘）》・みつくみ《（水汲）》のたくひことき のもの、内外ともにかけて一文不通なるか、となふれはかならすむまれなんと信して、真実に欣楽して、つねに念仏申を最上の機とす、もし智恵をもて生死をはなるへくは、源空なんそ聖道門をすて、この浄土門におもむくへき、まさにしるへし、聖道門の修行は智恵をきはめて生死をはなれ、浄土門の修行は愚痴に返りて極楽にむまると〈已上信空上人の伝説なり、進行集よりいてたり〉[28]

と述べる。木こりや草刈を職掌とし仏教的には一文不通の人びとが、心から信じて称える念仏こそ本願念仏に最もふさわしい。聖道門は上昇的に智恵をみがいて悟りをめざし、浄土門は下降的に愚痴に還って往生する。この言葉からわかるように、聖道門と浄土門の目標は対極に位置する。智恵は往生に有利な条件とはならず、どのような人であれ愚痴に還ることが本願念仏にかなうことである。

末尾に「進行集よりいてたり」とあり、この問答は『明義進行集』から採られた。ただし、現存の巻二・三にないので散佚した巻一に含まれていたのだろう。信瑞はこの言葉をどう受けとめて智恵と愚痴の問題を論じたのか。信瑞によると、「智恵ハ諸仏ノ母、万行ノ根本」であり、仏身は智恵のきわまった姿であるから観想すべきである。どうして智恵をしりぞけ無観称名ばかりを勧めるのかと自問し、次のように答える。

答曰ク、仏法ニオヒテ智恵ヲ最勝トスト□《（イ）》フ事、不論処也、今一代ヲハカツニ二種アリ、イハク、正道《（聖道）》ト浄土ト也、カノ聖道門ハ智恵ヲキハメ生死ヲハナレ、此ノ浄土門ハ愚痴ニ還テ極楽ニムマル、二門オナシク一仏所説ナリトイヘトモ、廃立参差トシテ天地懸隔、是則大聖ノ善巧利生ノ方便也、常途ノ教相ヲ以テカタク難スヘカラス（一七八頁）

法然の言葉に則って聖道門と浄土門を性格づける。両者の性質が天と地ほどかけ離れるのは仏の善巧方便であるから、通常の教義理解から智恵をしりぞけることを非難すべきではないという。注目すべきは、念仏者をただの愚痴者とはみないことである。

浄土ノ門ハ愚痴ニ還テイヘハトテ、念仏ノ衆生ヲナカク愚痴ノ人ナリトオモフ事ナカレ、故イカン、愚痴相ヲ表ニタツトイヘトモ、智恵ノ体其裏ニ有カ故ニ、シハラクコレ表裏ノカハリメナリ、定執スヘカラス（一八〇頁）

念仏者には「表裏ノカハリメ」がある。すなわち、表面は愚痴でも裏面には智恵の体がある。念仏者は仮に愚痴の面を表に出しているに過ぎない。そして愚痴に還る意味を次のように解釈する。

問曰、浄土門ハ愚痴ニ還トイフ心イカン、答曰ク、モト聖道ノ諸宗ヲ学セル碩徳、後ニ浄土門ニ入テ明ニ宗ノ意ヲウルニ、本願ノ奥旨、往生正業ハ口称念仏ナリトミツメツル上ニハ、自宗ノ観仏三昧ナヲ廃ス、況ヤ他宗ノ深観ヲヤ、唯称名ノ外ハ全ク他事ヲハスル、其体惘然トシテシル事アタハサル物ニニタリ、カルカ故ニ愚痴ニ還ルトイウ、上ニアクル所ノ衆所智識、則其人ナリ（一八〇頁）

諸宗から浄土宗へ転じ、観想行をやめて口称念仏に専念した者は、称名以外のことをまったく忘れている。その姿は、呆然として何もわからない状態に似る。愚痴に還るとは、そうした念仏者の様相を指すのである。つまり、念仏に没頭して何もわからない状態が愚痴に還ることであり、ただの愚か者ということではない。伝記に記した八人の学僧（衆所智識）はそうした人だという。とくに無智とされた空阿の伝では、そうした観点から彼の行実を読み解こうとしている。

では、彼らの本質的性格はどういうものか。

問曰、智恵ノ体其ノ裏ニ有トイヘル心イカム、答曰、原夫弥陀ハ則受用、智恵ノ真身、名号ハ又五智所成ノ物体也、若人有テ信シテ称念スレハ、念々ニ八十億劫ノ罪愆ヲ滅シ、声々ニ無上功徳ノ大利ヲ得、此ノ故ニ可知、念仏ノ衆生ハ一世ニスミヤカニ相好ノ業因ヲ植ヘ、現身ニ福智ノ資糧ヲ蓄フ、表ハ愚痴暗鈍ノ凡夫ニタリトイヘトモ、裏ハ六度万行ヲ修スル菩薩ト同シ、若然ラスハ、イカテカ形チヤフレ、命チ尽キテ、有漏ノ穢国ヲイテ、、無為ノ報土ニマイリ、忽凡夫ノ性ヲステ、、永ク法性ノ身ヲ証セムヤ、定メテ知ヌ、受用智恵ノ仏ヲ仰キ、五智所成ノ名ヲ信シテ、如此ノ勝益ヲウル物ハ、実ニ是智度純熟ノ菩薩ナリ、何ムソ愚痴暗鈍ノ凡夫ト云ハム、是ヲ智体在裏トイフ、其義シツカニヲモフヘシ（一八一頁）

念仏者の裏面に智恵が備わる理由を説明する。すなわち、「五智所成ノ物体」たる念仏を称えると、八十億劫もの罪過を滅し無上功徳の大利を得る。これは、念仏者が阿弥陀仏の相好を拝する業因を植え、現身に福徳・智恵という悟りの資糧を蓄えることを意味する。したがって、表は愚痴の凡夫でも、裏は六度万行を実践する菩薩と同じである。そうでなければ、どうして命尽きて浄土へゆき、そこで凡夫の本性を捨てて法性を体得した身となり得ようか。その本質は「愚痴暗鈍ノ凡夫」どころか「智度純熟ノ菩薩」である。これが「智体在裏」の意味である。

このように、往生後に得られる功徳から、逆観的に穢土の凡夫の本質を規定する。無観称名は智恵を必要とするものではない。しかし、愚痴者は同時に智者であり、凡夫は同時に菩薩である。こうして念仏者はただの愚か者ではなくなる。この人間観に立って智恵の劣る少数派の異義者批判がなされるのである。

ここに疑問が起こる。念仏者は本質的に愚痴ではないと語る時、法然が「われはこれ烏帽子もきさるおとこ也、十悪の法然房か念仏して往生せんといひてゐたる也、又愚痴の法然房か念仏して往生せんといふ也」「尼入道の無智のともからにおなしくして[29]」などと語ることと、人間観において隔たりを生じたのではなかろうか。仏教的学のない者と同一目線に立つ法然とは、異なる人間観が察知できる。法然において智恵と愚痴は対概念で両極にあるが、信瑞においては「表裏ノカハリメ」、つまり一人の念仏者の両面性であり、智恵と愚痴の境界は低くなる。

結びに代えて

以上、『明義進行集』の内容を検討してきた。平板的な念仏観を説くようにみえて、そこには著者の意図や思惑が込められたことを幾分なりとも明らかにできた。最後に異義について触れておきたい。『明義進行集』に異義の具体的説明はなく、どのような者がそれを唱えたのかわかりにくい。門流分化による異説が強く意識された時代であり、浄土宗内に無観称名義と対立するような念仏観を説く者がいたのだろうか。信瑞はインドにおける阿難入滅の話を例示する。釈迦の教えが正しく伝わらず、誤った教えを立てる者が阿難を非難し、誤った教えが人びとに信受された。その状況が耐え難いことを語りながら阿難は入滅したという。その後、次のようにいう。

> 夫阿難ハ多聞第一ニシテ、仏ニ仕フル事二十五年、聞シ所ノ八万法蔵、ミナ誦シテハスレス、仏ト迦葉トヲノソヒテハ、是ヲ大法得〔将〕トス、然ヲ邪見ノ一類アリテ、阿難ヲ非シ自義ヲ是ス、古今異ナリトイヘトモ、邪正ノ旨一ツ也、イハユル昔ハ即天竺ニ一類アリテ、如来已下ノ正偈ヲ非シテ、自カ邪偈ヲ是ス、コレヲ信スルモノアリ、今ハ又日域ニ一類有テ、上人已下ノ正義ヲ非シテ、自カ邪義ヲ是ス、コレヲ信スルモノアリ、昔ヲ聞テ今ヲオモフニ、悲嘆モマコトニ深シ、邪正モワキマエツヘシ、識アラムモノ、ナムトマトハムヤ（一七七頁）

インドでは「邪見ノ一類」が釈迦の教えを非難し邪説を正当化した。この話になぞらえ、日本でも一類の者たちが法然や学匠たちの正義を非難して邪説を広めているという。横行する邪説を何としても食い止め、正しい念仏義を伝えねばならない。信瑞は危機感をあらわにする。

近い時期にこの種の問題意識をもつのは他にもいた。望西楼了慧は、

こゝにかのなかれをくむ人おほきなかに、おの〳〵義をとる事まち〳〵なり、いはゆる余行は本願か本願にあらさるか、往生するやせすや、三心のありさま、二修のすかた、一念多念のあらそひなり、まことに金鍮しりかたく、邪正いかてかわきまふへきなれは、きくものおほくみなもとをわすれてなかれにしたかひ、あたらしきを貴てふるきをしらす(30)

と述べ、法然門流で異説が錯綜し本源が忘れ去られたことを危惧し、法然の言葉を集め『黒谷上人語燈録』を編集した。また、

上人《親鸞》のおほせにあらさる異義ともを、近来はおほくおほせられあふてさふらうよし(31)

を聞いた唯円は、親鸞の言葉を集めて『歎異抄』を作った。想定される異義は同じではなかろうが、『明義進行集』の危機意識と通じるものがある。

田村圓澄氏は西山義を批判したものとみて、「信瑞が、特に無観称名義を、法然の正当としたのは、証空の教義に対して明白な一線を引く意図によるものと思われる」「無観の称名は、当時、京都において最も有力であった西山義を批判の対象としていることは拒みえない」と述べている(32)。隆寛の他力的思考を継承しないことを思えば、西山派のように阿弥陀仏の他力に依存する度合いが強く、念仏よりも信心を重視する一派を想定するのは妥当な線である。また、信心の極度な重視は造悪無碍とも重なる。ただ西山派と断定するにはなお検討が必要で、異義者を特定するのは難しい。

むしろ批判の手法に注目すると、天台宗の安居院聖覚・毘沙門堂明禅、三論宗明遍など高名を残す顕密僧を身内

に取り込んで多数派とし、それに少数派の異義を対置する。異義邪説を排除しながら浄土宗と顕密宗派の共存を図る姿勢がうかがえよう。

註

(1) 橋川正「明義進行集とその著者」(『日本仏教文化史の研究』中外出版、一九二四年、初出一九二一年)、望月信亨「信瑞の明義進行集と無観称名義」(『浄土教之研究』日本図書センター、一九七七年、初出一九二四年)。
(2) 伊藤唯眞「念仏と神祇信仰」「中世武士の撫民思想と念仏者の治政論」(同著作集第四巻『浄土宗史の研究』法藏館、一九九六年、初出一九六八・一九七四年)、松井輝昭「鎌倉時代における仏教受容の問題点」(『史学研究』一六七号、一九八五年)、祢津宗信「中世諏訪信仰成立史料としての『広疑瑞決集』とその意義」(『中世地域社会と仏教文化』法藏館、二〇〇九年、初出二〇〇二年)など。
(3) 塚本善隆「融通念仏宗開創質疑」(同著作集第七巻『浄土宗史・美術篇』大東出版社、一九七五年、初出一九五五年)。
(4) 望月前掲論文。
(5) 橋川前掲書、二六六頁。
(6) 静遍教学については、主に石田充之『日本浄土教の研究』(百華苑、一九五二年)、同『法然上人門下の浄土教学の研究』下巻(大東出版、一九七九年)を参照した。
(7) 仏教古典叢書『続選択文義要鈔』一九頁。
(8) 同右一三頁。
(9) 同右二三頁。
(10) 同右三八頁。
(11) 同右二二頁。
(12) 同右三四頁。

(13) 同右一四頁。

(14) 同右一六頁。

(15) 『玉蘂』承久二年三月二三日、四月三日条。

(16) 隆寛については、拙稿「隆寛の思想形成」（『印度学仏教学研究』四八巻二号、二〇〇〇年）、「長楽寺隆寛の足跡」（『親鸞教学』九八号、二〇一二年）。

なお、隆寛が慈円のもとで行った活動で確認できる最後は、承元二年（一二〇八）一〇月二四日の大懺法院供養である。同院の供僧に補されたのは隆寛を含め三〇人の天台僧で、『明月記』同日条にこの時の供養で「三十僧在㆓懺盛光堂西弘廂㆒」とあり、このなかに隆寛はいたはずである。

一方、坪井剛氏は、嘉禄の法難の原因を思想弾圧ではなく山門内のセクショナリズムに求め、青蓮院関係者が処罰されたとし隆寛を検討している。そのなかで、「隆寛が正式な伴僧として慈円修法へ参加しているのは、判明する限りでは承元二年七月の如法経供養が最後」と述べる。さらにこれ以後も慈円との関係があるとし、①貞応三年（一二二四）、慈円は隆寛『弥陀本願義』を書写、②貞応元年慈円如法経の記録に隆寛がコメントを付した、の二点を挙げ、「隆寛と青蓮院門跡との関係が終生途切れることは無かった」と評している（「法然没後の専修念仏教団と〈嘉禄の法難〉事件」〈『史林』九五巻四号、二〇一二年〉、四二・四三頁）。

はたして①②は青蓮院との関係が終生続いたことの根拠になるのか。①について言うと、『弥陀本願義』奥書に、

貞応三年五月六日、於康楽寺草堂以長楽寺御本願義写之畢、願以書写功自他往生極楽、敬白、三部職位厭苦欣求浄土比丘慈円〈三五、三三〔二三カ〕〉記之

（平井正戒『隆寛律師の浄土教附遺文集』〈国書刊行会、一九八四年〉一二七頁）

とあるが、このとき慈円は七〇歳で年齢がかけ離れる。この「慈円」は隆寛子息の慈胤の誤りだろう（村松清道「隆寛律師について」註(44)、〈『日本仏教史学』二六号、一九九二年〉）。慈胤は台密中心に多くの聖教を書写した。そのうち青蓮院蔵『臨終正念印明』奥書に、

承久二年八月四日、於康楽寺禅房以或人之本奉写了、是都卒御流云々、三部職位遍照金剛慈胤〈三十一、十九〉記之

（『青蓮院門跡吉水蔵聖教目録』四六五頁）

とあり、『弥陀本願義』の書きぶりはこれと似る。
②については、『門葉記』巻八二に貞応元年（一二二二）七月、四天王寺五智光院の慈円如法経供養の記録を収める。『大正新脩大蔵経』図像の活字本では、確かに「隆寛律師」が「私云」以下のコメントを付したように読める（図像一一巻一〇六六頁c）。しかし承元二年から一四年後の貞応元年に、再び慈円との関係が復活するのは違和感がある。同じ記録は『大日本史料　五篇之一』五七八頁以下に収め、それには「隆覚律師」とある。文字の位置は微妙だが、彼が九月六日の十種供養で説法したことを指すのだろう。したがって①②とも根拠とならず、承元二年一〇月以後隆寛と青蓮院の関係は確認できない。
坪井氏による法難原因の分析に対し、平雅行氏は『選択集』焚書に朝廷が関わった事実に触れないことを指摘する（「専修念仏の弾圧をめぐって」註(10)、〈『仏教史学研究』五六巻一号、二〇一三年〉）。さらに、『金綱集』によれば『選択集』の思想内容が隆真法橋らに問題視されているし、隆寛の評価についても拙稿で指摘した三講出仕は看過できないはずである。これらの事実を取り込んだ立論が必要だろう。
(17)『隆寛律師の浄土教附遺文集』四頁。訓点は原文のまま。
(18)『浄土宗全書』一五巻六〇一頁。
(19)『法然上人伝全集』三一八頁。
(20)『法然教団系譜選』（青史出版、二〇〇四年）、三一・一二三頁。
(21)『明義進行集　影印・翻刻』補註一二二頁に、「漢語の〈占三従二〉の意か」と指摘する。
(22) 以下、寺院集会の多数決については、牧健二「我が中世の寺院法に於ける僧侶集会（一）（二）」（『法学論叢』一七巻四・六号、一九二七年）、清田義英『日本法史における多数決原理』（敬文堂、一九七一年）、同『中世寺院の知恵』（敬文堂、一九九八年）を主に参照した。
(23)『大日本古文書　東大寺文書七』三七八号、『大日本古文書　金剛寺文書』六七号。
(24)「金剛寺寺務置文写」（『大日本古文書　金剛寺文書』拾遺九）、「鞆淵庄下司百姓和談起請置文」（『大日本古文書　高野山文書二』続宝簡集三一一三）。
(25) 勝俣鎮夫『一揆』（岩波書店、一九八二年）、二〇頁。

(26) 近年の研究では長谷川裕峰「鰐淵寺における法儀の伝承と南北朝内乱」(『叡山学院研究紀要』三三号、二〇一一年)。
(27) 『大日本史料　六編之二〇』二〇九頁。
(28) 龍谷大学善本叢書『黒谷上人語燈録（和語）』(同朋社出版、一九九六年)、三八三頁、『昭和新修法然上人全集』六七二頁。
(29) 『昭和新修法然上人全集』四五八・四一六頁。
(30) 『黒谷上人語燈録（和語）』七頁。
(31) 『定本親鸞聖人全集』四巻言行篇（1）、一四頁。
(32) 田村圓澄『新訂版　法然上人伝の研究』(法藏館、一九七二年)、二〇三頁。

勧進帳としての融通念仏縁起絵巻

――その成立と展開をめぐって――

阿部美香

はじめに

『融通念仏縁起』[1]とは、不思議な絵巻である。それは、単なる祖師絵伝ではない。縁起といっても、寺社の縁起絵ではない。霊験譚もあるが、験記絵でもない。それは中世絵巻のなかでも他に類型を見ない、特異な絵巻なのである。これをあえて規定するならば、見るものに念仏の心を起こさせ名帳加入を動機づけるべく、絵巻という形をとって創り出された勧進帳といえるだろう[2]。

その成立は鎌倉時代末期の正和三年（一三一四）と考えられている（以下に正和本と称する）。制作の場や伝来は明らかでないが、最古の姿を伝える一本がシカゴ美術館とクリーブランド美術館に分蔵される[3]。そこには、「名帳」を巧みに焦点化しながら、良忍が在世中に世間に勧進するところへ結縁した人々をめぐる数々の霊験譚が、諸天神祇の結縁を含めて絵画化されている。しかも、本来は説話画ではない、摂取不捨曼荼羅という宗教図像までが登場している。その特異な構成はいかなる構想のもとに創り出され、当時の社会にどのようなメッセージを発信したのであろうか。またそれを次世代の勧進聖たちがいかに活用し、作り替えていったのであろうか。正和本を土台に作り継がれた絵巻の方法と機能を考察することは、中世の勧進聖の文化創造の内実を明らかにすることにつながるだろう。

この機会に、正和本の成立と達成を探究し評価するとともに、南北朝時代から室町時代にかけて活動した勧進聖良鎮による絵巻制作を、あらためて問い直してみたい(4)。そこに一貫して注目されるのが、摂取不捨曼荼羅の活用と、絵巻制作を促し続けたプレテクストとしての〝勧進帳〟の存在である。その二点に着目しながら、『融通念仏縁起』の、絵巻としての比類ない独創を探ってみよう。

一　正和本絵巻の独創

正和本は、独特な配列構成を示している。主体をなすのは、良忍の「根本の帳」(名帳)の由来を語る縁起で、これが上下二巻をによって語られる。興味深いのは、その縁起が勧進文を備え、摂取不捨曼荼羅ともう一段の霊験記(正嘉疫癘段)を加えて構成されていることである(参考資料1)。勧進文には「正和三年」の年紀があり、絵巻成立の時点をあらわしている。

かつて絵巻が切断され諸処に散在していたのを再収集し修復が図られたとき、正和三年の記を持つ勧進文は巻末に配されて奥書となった。現在、クリーブランド美術館に所蔵されている下巻を繙くと、巻末は正嘉疫癘段、光明遍照段(摂取不捨曼荼羅)、勧進文という順に配列されている。しかし、それはあくまで修復時の解釈によって配された結果であって、本来の形ではなかった。料紙の寸法を手がかりにして復元すると、修復前は勧進文、光明遍照

参考資料1　諸本の構成比較対照表

［正和本］

上巻
- ①
- ②
- ③
- ④
- ⑤⑥　＊神名帳あり　＊絵は⑥⑤の順

下巻
- ⑦
- ⑧良忍入滅
- ⑨良忍往生の夢
- ⑩
- ⑪
- ⑫
- ⑬
- ⑭
- ⑮
- ⑯
- 正和三年の勧進文
- ⑰光明遍照の偈
- 摂取不捨曼荼羅
- ⑱正嘉疫癘

［永徳至徳勧進本］

上巻
- 序文
- ①
- ②
- ③
- ④
- ＊⑤　神名帳は別立て
- ⑥
- ⑦

下巻
- ⑧良忍入滅
- ⑨良忍往生の夢
- ⑩
- ⑪
- ⑫
- ⑬
- ⑭
- ⑮
- ⑯房翥
- ⑱正嘉疫癘
- ⑰光明遍照の偈
- 摂取不捨曼荼羅
- 正和三年の勧進文
- 良鎮勧進文イ
- 施主願文（奥書）

［明徳版本］

上巻
- 序文
- ①
- ②
- ③
- ④
- ⑤
- ＊⑥神名帳、北野天神示現文
- ⑦
- ⑧良忍入滅
- ⑨良忍往生の夢

下巻
- ⑩
- ⑪
- ⑫
- ⑬
- ⑭
- ⑮
- ⑯房翥
- ⑱正嘉疫癘
- ⑰光明遍照の偈
- 摂取不捨曼荼羅
- 正和三年の勧進文
- 良鎮勧進文　ロ　イ
- 刊記①
- ⑲清涼寺
- 刊記②

［清涼寺本］

上巻
- 名号　偈　託宣・神詠　勅筆
- 序文
- ①
- ②
- ③
- ④
- ⑤
- ⑥神名帳、北野天神示現文
- ⑦
- ⑧良忍入滅
- ⑨良忍往生の夢

下巻
- ⑰光明遍照の偈　征夷大将軍署名
- 摂取不捨曼荼羅
- ⑩
- ⑪
- ⑫
- ⑭
- ⑬
- ⑮
- ⑯房翥
- ⑱正嘉疫癘
- 正和の勧進文
- 良鎮勧進文　ロ　イ
- 刊記①
- ⑲清涼寺
- 刊記②
- 崇賢門院識語

［各段の内容］

①良忍の叡山修行と大原勤行
②阿弥陀の示現
③融通念仏勧進の開始
④鞍馬毘沙門天の名帳加入
⑤良忍の鞍馬寺参籠と毘沙門天からの神名帳授受
⑥諸天神祇の名帳加入
⑦諸天神祇結縁の意趣と、鳥畜類の結縁
⑧良忍の臨終往生
⑨覚厳の夢
⑩鳥羽院の日課念仏と加入の勧め
⑪女院の結縁と法金剛院不断念仏創始
⑫道経女の出家と臨終
⑬心源の父母の往生
⑭青木尼公の往生
⑮牛飼童の妻、産死をのがれる
⑯北白川下僧の妻、冥途から蘇生する
⑰光明遍照の偈と摂取不捨曼荼羅
⑱正嘉疫癘
⑲清涼寺融通大念仏

＊正和本（⑰⑱）、明徳版本（⑰）の段は、現状では修復後の錯簡がある。上記の構成表では本来の位置に改めた。

段、正嘉疫癘段の順であったことが指摘されている。(5)
正和三年の勧進文があるべき場所はどこであったか。(6)それは、勧進文自体が物語っている。いま、その詞の首尾を抜き出して示そう。

右、本願良忍上人融通念仏根本の帳にまかせてしるすところなり。この本帳は良忍上人、厳賢上人につたへしよりこのかた、明応聖人、観西上人、尊永上人、次第に相承せり。（中略）これをゑづ（絵図）にあらはす志は、在家の男女に念仏往生の信心を増進せしめむがため也。仍、正和第三暦中冬上旬候、記之。(7)

「良忍から弟子へと受け継がれた「根本の帳」を絵巻にあらわす。その目的は、在家の男女（すなわち世間）のために念仏勧進をすることにある」という、この詞を素直に読めば、勧進文は〈「根本の帳（名帳）」に基づく縁起〉の後ろにあるべき詞と知られる。もとより、摂取不捨曼荼羅は名帳ではない。正嘉疫癘段が語るのも、良忍没後の鎌倉時代に関東を舞台に語られる別時念仏番帳の縁起であり、「根本の帳」の縁起ではない。したがって、修復前の形こそ、本来のオリジナルな形態であったと考えてよい。

あらためてその勧進文をみれば、絵巻制作の旨趣を語る詞が本文と同じ様式、かつ一段を費やす長文でしたためられている。それは〈「根本の帳」に基づく縁起〉を構成する要素の一つとして積極的に読まれるべき一段であった。そうであるからには、正和本は〈勧進文と一体となった融通念仏の縁起〉が、さらに曼荼羅と霊験記の一段を伴って絵巻化された複合的なテクストであったと捉え直すことができる。それは全体としていかなる意義を負って構想され、創出されたものであったのか。これを読み解く鍵となるのが、摂取不捨曼荼羅である（**図1**）。

正和本が導入した摂取不捨曼荼羅は、他の祖師絵伝や説話絵巻では見ることのない、特殊な図像であった。しかも、その典拠は法然門下で考案されて教化に用いられた摂取不捨曼荼羅にあり、(8)見るものに余行を悔い専修に向かわせる絶大な効果を発揮したという。ゆえに、貞慶の著した『興福寺奏状』では法然の専修念仏を非難する際の格好の標的となり（「第二図新像失」）、念仏門でも捨て去られてしまう。その問題の焦点となった宗教図像が、『融通念仏縁起』のなかに、新たな使命を与えられて生き延びていたのである。

重要なのは、正和本がこれをいかにして取り込んだのか、つまり絵巻化における活用の方法である。絵巻のなかで、摂取不捨曼荼羅はもはや法然門下の摂取不捨曼荼羅そのものではなく、良忍が阿弥陀如来から直々に授かった融通念仏、なにより名帳を介して救済される念仏の核心をあらわした象徴図像として位置づけられている。そのことは、「根本の帳」をめぐる最大の霊験譚である〈諸天神祇の名帳加入〉の段に明らかに示されている。

図１　摂取不捨曼荼羅
（『融通念仏縁起』）

〈諸天神祇の名帳加入〉の段は、良忍の融通念仏に諸天をはじめ日本国神祇が結縁したことを証明する詞（神名帳）と絵が、結縁の意趣を述べる詞を伴い上下巻にまたがって記される、縁起の大事な要《かなめ》である。そのなかに、神々が「良忍の融通念仏は阿弥陀如来から直接に授かったものゆえ、「世間に放光」する融通念仏に結縁しよう」、と名帳加入の意趣を語るくだりがある（下巻第一段）。そこに指示される「世間に放光」する融通念仏なるものを図像に象《かたど》るならば、それはそのまま弥陀の光明が十方を照らす摂取不捨曼荼羅となろう。曼荼羅と共に掲げられる四首の偈頌は、その救済の世界を支える要文（聖句）であり弥陀の本誓にほかならない[9]。正和本は、その縁起において神と人の念仏が「名帳」を介して融通する世界の成り立ちを証明して見せたうえで、結縁すべき融通念仏の世界をほかならぬ神に語らせ、そのありさまを象る図像を巻末に掲げたのである。このことからすれば、正和本はその絵巻化にあたり、初めから密接な関係性を与えるべく、縁起の後ろに摂取不捨曼荼羅を位置づけたことが知られる。

これと同様に、正嘉疫癘段もまた、摂取不捨曼荼羅と結ばれ、〈「根本の帳」に基づく縁起〉と呼応し合う関係をもって成り立つ一段であった。そこに語られるのは、その霊験ゆえに将軍家に召し上げられたという「別時念仏番帳」の縁起である。

正嘉の頃、関東に疫病が流行し、与野郷で別時念仏が催された。このとき、番帳に加入して疫神の判形を受けたものは救われ、他所にいて漏れてしまった名主の女子は死んでしまった。その評判が広まり、番帳は将軍家に召された。ゆえに、念仏行者は別時を修するべきである、という。

ここに登場する「番帳」は、良忍の「根本の帳」に加上された、新しい〝もう一つの名帳〟といえよう。それへの加入を勧める露骨なまでの応報説話は、弥陀の光明に浴するもの（念仏専修）と背を向けるもの（余行の行者）を描き分けつつ念仏による救済の対象を象った摂取不捨曼荼羅とあわせてみるならば、その直喩的な因縁譚として読むことができるだろう。さらに興味深いのは、番帳に判形を加えた疫神たちはみな、「祇園部類眷属」として神名帳に名を連ねる念仏衆でもあったことである。摂取不捨曼荼羅と同様に、この霊験譚も〈諸天神祇の名帳結縁〉の段と関連をもって描かれていたことがわかる。それは勧進文が記された正和三年（一三一四）の時点から見れば、より近代の正嘉年間（一二五七—五九）に関東で起こった災禍の記憶を呼びおこす、生々しい歴史として語られるものであった。

このように捉え直すと、正和本はその全体構想として、いにしえの良忍をめぐる名帳の縁起と、近ごろの別時念仏番帳の霊験譚とが、摂取不捨曼荼羅によって結ばれ、相互に照応する関係をもって布置されていたことが見えてくる。摂取不捨曼荼羅の前後の段に注目してみても、一方には良忍の名帳勧進に結縁した功徳により産死から免れる女人や冥府から蘇った女人の霊験記、一方には正嘉疫癘の折に別時念仏結衆の番帳から漏れて死んでしまった女人の話という具合に、対比は鮮やかである。さらに視野を広げてみれば、摂取不捨曼荼羅の前に語られるのは上皇や女院も加入した「根本の帳」の歴史であり、後ろにあらわされるのは将軍家が認めた念仏の利生であって、これも対照的である。つまり、正和本は摂取不捨曼荼羅を巧みに活用し、異なる二つの縁起を結び付け、当時の社会に勧進するにふさわしい強いメッセージ性をもった縁起（すなわち勧進帳）を、絵巻という新たなメディアの上に載せて発信したのである。そこにおいて摂取不捨曼荼羅は、朝廷と幕府、そのもとにある日本国衆生が神とともに結縁する念仏の核心を象る結縁の図像として機能する。(10) 正和本は、あえて特異な構成をとりながら、それが必然の形として鎌倉時代末期の正和三年という段階で実現した、絵巻による念仏勧進の姿であったといえよう。

このような正和本の独創が、いかに大きな影響を同時代絵巻に与えていたか。それを、東京国立博物館所蔵『不動利益縁起』との関係からも示しておきたい。

『不動利益縁起』は、師（三井寺の智興）の病を引き受けた弟子証空の身代わりとなった三井寺の「泣不動」の霊験譚である。中世に広く流布したこの説話が絵巻化されるにあたって、身代わりとなった不動が冥途に赴く絵のみの段が、新たに設けられた。『発心集』に代表される本来の泣不動説話にはなかったその展開は、母の恩に謝し師の恩に報いる証空に対して、不動が身代わりの霊験をあらわすという宗教的主題を図像化する重要な段として、独自の説話図像を創り出している。注目されるのは、それが描かれるにあたって、正和本の〈北白川下僧の妻〉段における閻魔王庁の構図やキャラクターが、閻魔王をはじめ閻魔王庁の役人から牛頭馬頭に至るまで、そっくり転用

図2　『融通念仏縁起』（上段）の閻魔の庁や登場人物の構図が、
『不動利益縁起』（下段）にそのまま用いられている。

されたことである[11]（図2）。冥府の段だけではない。安倍晴明の祈り替えの祀りの場に居並ぶ疫神やそれにより放たれた式神も、別時念仏の場に描かれた疫神たちを巧みにアレンジして描かれている（図3）。証空が母に別れを告げる場面には、牛飼童の妻の難産の段に描かれた〈井戸の水を汲む女と洗濯する女〉のモチーフも導入されている[12]。『不動利益縁起』は、正和本が摂取不捨曼荼羅の前後に描いた霊験譚から集中的に構図やモチーフを借用して、新たな物語文脈を創り出し、宗教的主題に関わる重要な場面として再構成したのである。

正和本に描かれた冥府のありさまは、『融通念仏縁起』諸本のなかでも独特である。のちの良鎮本になると、破地獄をあらわす〈釜が割れる〉モチーフが導入されるなど、まったく異なった構図を見せる。ゆえに、『不動

図３　御幣を手に駆け寄る疫神。『融通念仏縁起』（上段）が、『不動利益縁起』（下段）では構図を反転させて、晴明の放った式神として描かれている。

利益縁起』が参照したのは正和本と見て誤たず、宗派を問わず勧進聖の絵巻制作を請け負う絵師の側（同一工房）に、粉本（絵手本）として継承されたであろう正和本の図像が参照されたものと推測される。

　正和本の独創なくして『不動利益縁起』は生まれなかった。その『不動利益縁起』は、一四世紀前半の成立と考えられている。正和本と『不動利益縁起』との関係が示す現象は、同じ一四世紀という時代のなかで、中世絵巻の位置関係を見定める座標の一つとしても注目されよう。

二　絵巻とともに変貌する摂取不捨曼荼羅

正和本を創り上げた鎌倉時代末期の勧進聖に連なり、南北朝時代から室町時代にかけて、絵巻による念仏勧進を発展させたのが勧進聖良鎮である。良鎮は勧進に用いる絵巻の制作それ自体も勧進によって行うというユニークな方法で、絵巻を全国へと流布させた。数多く残る良鎮勧進本を、摂取不捨曼荼羅に着目しながら比較・検討してみると、良鎮が絵巻を巧みに作り替えながら、勧進を押し進めた様相が浮かび上がってくる。摂取不捨曼荼羅を導入し勧進の縁起を絵巻化した正和本の創意は、良鎮の絵巻制作においてどのように受け止められ、活用されたのであろうか。これを、良鎮の三段階にわたる絵巻制作の展開において追跡してみたい。

良鎮勧進本の始まりは、永徳から至徳年間（一三八一―八七）にかけて、大和国の有力豪族越智氏を願主として制作された肉筆の絵巻群である。その制作にあたり、良鎮は正和本を土台とした縁起に序文を加え、神名帳を別立てにし、下巻巻末の構成を正嘉疫癘段、光明遍照段、勧進文の順に置き直すなど、いくつかの改訂を行っている。

その新たな序文と、縁起最終段に置かれた摂取不捨曼荼羅の関係に着目したい。序文には、諸行を認めたうえで念仏こそ速疾往生の因であると説いて、過去現在未来の人々に向けて念仏を勧める詞が記された。それに呼応して、摂取不捨曼荼羅は、専修か否かの区別なく、皆が等しく弥陀の念仏に結縁し光明に浴する図像に改められた（**図4**）。これを縁起の巻頭と末尾に置いて枠組みとすることで、良鎮は縁起それ自体を、専修を勧める性格の色濃い正和本から、万民に勧進される融和的な絵巻に作り替えたのである。それに、正和三年の勧進文と自身の勧進文を合わせて付し、さらに施主の願文（および日付と名前）を奥書として置いたのであった。

生まれ変わった摂取不捨曼荼羅には、新たに漁人（あるいは農人）も描かれた。それは、「家をわかず人も漏らさず」勧進することを目指す良鎮の勧進文と重ねてみれば、万民の結縁する理想の念仏世界を象るにふさわしい。それだけでなく、勧進により集められた諸国の結縁名帳は、当麻寺曼陀羅堂の（当麻曼荼羅）瑠璃壇へ奉納し決定往生の因とすることも目指された。勧進文には、それが「願主の志」でもあると指示されている。その詞とあいまって、摂取不捨曼荼羅は、弥陀来迎の霊地である当麻寺の本尊当麻曼荼羅とも重ね合わされて、速疾往生を約束するシンボルとして光明を放ったのである。

この永徳至徳勧進本を土台とし、さらなる改訂と版本化という画期的な方法をもって明徳二年（一三九一）に成立したのが、明徳版本である。その開板にあたって特筆されるのは、長大な詞と絵からなる〈清涼寺融通大念仏の縁起〉が新たに起草され、勧進文と開板識語の後ろに最終段として位置づけられ、刊行されたことである。そこには、円覚上人導御が聖徳太子の夢告を受けて、良忍の遺風を受け継ぎ始めたという清涼寺融通大念仏の縁起が、本尊釈迦像の由来とともに語られている。絵には開板された時点の現在（当代）の世における大念仏の賑わいが描かれた。それを見ると、清涼寺の境内から本堂、さらに内陣に至るまで、老若男女、貴賤僧俗の別なく参詣する人々であふれている。本尊の厨子は開帳され、釈迦像も姿を見せる。その前には、壇上で鉦を叩き踊るように念仏を唱える僧たちの姿も描かれる。

当時の人々はこの場面を見て、「南無釈迦牟尼仏」「南無阿弥陀仏」という清涼寺大念仏ならではの念仏の声を聞き、念仏に結縁する思い

図４　摂取不捨曼荼羅
（『融通念仏縁起』模本）

を催したことだろう。これはそのためにこそ構えられた、やはり勧進のための一段であった。一方で、集められた結縁の名帳は、来迎の弥陀の霊地である当麻寺の当麻曼荼羅に奉納される。とすれば、描かれた大念仏の儀礼空間は、本尊の清凉寺釈迦像と摂取不捨曼荼羅が象徴する弥陀の世界、さらには名帳奉納の霊地の本尊である当麻曼荼羅までもが重なり合う、勧進と結縁の空間であったといえるだろう。良鎮は明徳版本の刊行にあたって、絵巻の内部と外部のそれぞれに構築した釈迦弥陀一体の念仏勧進のビジョンを結実させたのである。

このようにみると、大念仏段は決して単純な追加ではなく、重要な使命を与えられて機能する一段であったことが見えてくる。だからこそ、正和の勧進文と良鎮の識語の後ろにあえて配されたのであろう。それは正和本の形を先例として踏まえたうえでの、良鎮の創意であった。

またこの明徳版本が、詞書の一段ごとに法親王や顕密の高僧、女院や関白以下公家たちの結縁を得て制作されていたことも注目しておきたい。たとえば、「十二月七日」には、妙法院尭仁法親王、聖護院覚増法親王、二条師嗣が一段ないし二段を染筆している。明徳版本はこの日を期して制作が始まったと考えられており、それは第二代将軍足利義詮の二十三回忌祥月命日であった[13]。その日から次々に良鎮の勧進に応じて結縁した人々の名前と日付は、いちいち版木に刻まれ、摺写には幕府の有力被官も参加して、絵巻制作がなされたのである。その結果として全国に流布する明徳版本は、これ自体が名帳化し、総体として格別の権威を帯びた〝勧進帳絵巻〟となった。そこにおいて、これまで光明を受ける人々の構成や配置に変化を生み出していた曼荼羅は、版本化という営みのもとで固定化し、スタンダードな図像になる[14]。摂取不捨曼荼羅は南北朝合一という来たるべき時世に向け万民に勧進され、衆庶の結縁すべき理想の世界を表象する図像となって普及したのである（**図5**）。

そのうえで、上皇や将軍の結縁を得て、摂取不捨曼荼羅を室町王権と融通念仏の結合という象徴図像の次元にまで高めて作られた決定版というべき豪華な肉筆の〝勧進帳絵巻〟が、応永二一年（一四一四）頃に成立した清涼寺本である(15)。

上巻巻頭には後小松上皇の勅筆により阿弥陀三尊名号と偈頌、および八幡の託宣と神詠が掲げられた。それと呼応して、摂取不捨曼荼羅は従来の位置とまったく異なり、下巻巻頭に掲げられる。「光明遍照」の偈頌は第四代将軍足利義持により染筆され、「征夷大将軍」の署名と花押が付された（**図6**）。注目されるのは、その署名の上に八幡をあらわすように「八」字様に配された二羽の鳩と、傍に王城鎮護の鞍馬毘沙門天像が金泥で描かれることである。それは明らかに、八幡神を氏神として戴く「征夷大将軍」に、王城鎮護の鞍馬毘沙門天のイメージを重ねるものだろう。ここに、摂取不捨曼荼羅は、上皇が勧め、将軍が鞍馬毘沙門天のごとく守護する、融通念仏の象徴図像となって立ちあらわれる。

図5　摂取不捨曼荼羅（『融通念仏縁起』明徳版本）

その念仏には、日本国の神祇も社頭図のすがたで結縁する。そこで重要な役割を担うようになるのが、石清水八幡である。鞍馬毘沙門天を勧進の聖として諸天神祇が名帳に加入する段の絵を見ると、正和本では熊野や春日の後ろに描かれる石清水八幡が、明徳版本の段階で前方に進み出で、清涼寺本では神祇の先頭に立って鞍馬毘沙門天の手に持つ名帳に結縁するすがたを見せる。

天皇家の宗廟神であり将軍家の氏神である石清水八幡宮は、釈迦弥陀一体の垂迹である。その八幡を頂点とする神祇とともに、上皇はじめ日本国の衆生が念仏に結縁し実践する場として、清涼寺本がその最終段に

図6　摂取不捨曼荼羅（『融通念仏縁起』清凉寺本）

示すのが、清涼寺融通大念仏であった（図7）。描かれた大念仏の空間は、八幡を戴く室町王権の権威のもとに、本尊釈迦の宝前で一切衆生が念仏に結縁する、いわば室町王権の祝祭空間として見ることができよう[16]。上皇と将軍の結縁によって荘厳される清涼寺本は、崇賢門院の識語も備えて、室町王権全体の結縁を象る記念碑的な〝勧進帳絵巻〟として披露されたのである。

以上のように、融通念仏縁起の絵巻化という営みを、摂取不捨曼荼羅に着目して検討してみると、かつて正和本に描かれた上皇と女院の結縁の歴史および将軍と融通念仏の関わりを、良鎮が自らの勧進活動を通して、絵巻の上に再び南北朝合一段階での皇室と室町殿のそれとして実現させていたことが見えてくる。良鎮はそれらを清涼寺本に象ることで、新たな勧進の歴史を定位したのである。『融通念仏縁起』は、絵巻の内なる勧進の世界、すなわち「根本の帳」に基づく融通念仏の歴史と現実の勧進活動を一体化させ、過去・現在・未来に向けた念仏相続の実現をも目指すという壮大なビジョンを内包したテクストであった。しかも、良鎮が正和本という始まりの絵巻を継承しつつ三段階にわたって作り上げた絵巻は、清涼寺本の完成をもって終結せず、そののちも融鎮など後継の勧進聖の宗教運動に動機を与え、繰り返し書写・制作され、それぞれの勧進の地に根ざして新たな展開を見せる。それらすべてが、融通念仏の歴史と文化創造の営みを証言するものであった。

図７　清凉寺融通大念仏（『融通念仏縁起』清凉寺本）

三　勧進帳としての絵巻／プレテクストとしての勧進帳

祖師絵伝や寺社縁起の流行に棹さしながら、融通念仏の聖が創り上げたのは、〝勧進帳絵巻〟というべき新たな勧進のメディアであった。それは、いかなるテクストに支えられて成立し、展開したのであろうか。ここに注目されるのが、かつて田代尚光師により紹介された、比叡山楞厳院安楽谷の理円による『融通念仏勧進帳』である（以下、理円勧進帳と略称する）(17)。

「勧進沙門山門楞厳院安楽谷理円　啓白」として始まるこの勧進帳は、理円が念仏勧進のために起草した融通念仏縁起で、次のような奥書を持っている。

開板、執筆白川《シラカハノ》 老比丘遊仙、依《テ》レ稟《ウクルニ》二忍上人九代《ノ》 流《ナガレヲ》一故《ニ》書《ス》レ之《ヲ》。
冀《コヒネガハクバ》　彼《ノ》本誓融《センコトヲ》二　我《ガ》欣求《ニ》一(18)矣。

成立年代は判らないものの、これが良忍九代の法孫である「遊仙」の執筆によって、しかも開板されたテクストであったことが知られる点は貴重である。理円勧進帳と正和本および良鎮勧進本との関係については、その全文にわたる比較による注釈的な分析が求められるであろうが、ここではさしあたっていくつかの要点を取り上げ、両者の関係についての仮説を提示してみよう。

理円勧進帳の注目すべき点は、第一に、これが「良忍上人勧進の本帳」への結縁を促すために起草された縁起であるということである。それは、正和本が「根本の帳」に基づく縁起を絵巻にあらわし、勧進するのだと説く姿勢と同調する。

第二に、良忍の伝を通して語られる〈融通念仏の縁起〉を構成する要素（良忍の叡山修行から、覚厳の夢まで）が、正和本と基本的に等しいことである。試みに、良忍伝の冒頭本文を掲げておこう。

【理円勧進帳】

先彼良忍上人と申すは、本者《モトハ》叡山東塔院の浄侶として、顕密優長《ケンミツユウチヤウ》の碩徳《セキトク》なり。しかども、生死をいとひ菩提をねがふ志ふかくして、生年廿三の歳、忽《タチマチ》に常行三昧の交衆《ケウシュ》を固辞《コジ》して、大原一院の別業《ベツゲウ》に籠居《ロウキヨ》し、昼夜十二時、頭燃《ヅネン》をはらふが如くして、片時《ヘンジ》も懈怠《ケダイ》せず、須臾《シュユ》も半臥《ハイグハ》せず、一心に往生の行業をはげむこと、廿四年の春秋《ハルアキ》を送りけるに、

【正和本】

大原良忍上人は、もとは叡山の住侶、顕密無双の碩徳なり。しかりといへども、無上菩提のこゝろざしふかきによりて、無動寺へ千日のあいだもうでゝ一心に菩提心をいのり、つねは隠遁の思たえずして、生年廿三にして、つゐに三千の交衆を辞して、大原の別所にふかく籠居して、四十六のとしにいたるまで、首尾廿四年の間常座不眠にして、厭欣の信心ふかく、往生極楽のゝぞみ猛利にして、日夜十二時の間ひまなく勤行し給けり。

第三に、縁起制作の意趣を語る詞を備え、しかもそれが正和本の勧進文と呼応している点である。特に「本帳」

をめぐっての記述は、次のようにまったく同調している。

【理円勧進帳】

惣じて上人在世勧進の本帳にのる人数三千二百八十二人なり。其の中に奇瑞を現《あらは》し、往生を示す人其数はなはだ多し。具に記すに遑あらず。

【正和本】

凡本帳に入人数三千二百八十二人也。其中、速疾に往生する人六十八人としるせり。この外、朝市に徳をかくし、山林に名をのがれてひとり修行し、ひとりさる輩そのかずをしらず。

第四に、理円勧進帳には正和本の後半に描かれる「本帳」加入の人々をめぐる霊験譚に関する記述はないが、先の勧進文（意趣の詞）に続けて、次のような記述がある。

又、順次往生の業を決定するのみにあらず。或いは現世の厄難《ヤクナン》を払ひ、或いは非業の死怖《シフ》を遁《ノガ》るゝ輩も多く記し侍れども事繁《シゲ》ければ載《ノスル》に及ばず。

「本帳」には現世の厄難を払い、非業の死怖を免れた人々の話が、数多く記されていたという。正和本の語る〈牛飼童の妻が産死から遁れた話〉や〈北白川の下僧の妻が冥府から蘇る話〉は、それを具象化した霊験譚として見ることができよう。

第五に、理円勧進帳の巻末には神名帳の全文が掲げられており、〈神名帳を備えた縁起〉としての形を整えている。正和本も、詞書に神名帳の全文を掲げて絵巻化する。共に神名帳を備えた「本帳」に基づく縁起であることは、きわめて本質的で重要な共通点である。

これらを踏まえ、のちの良鎮本が正和本と同等に理円勧進帳を重んじる姿勢をあわせて鑑みれば、明証はないものの、理円勧進帳は正和本のプレテクストである可能性を提起するに充分な条件を備えているといえるだろう[19]。理円が属していた比叡山楞厳院安楽谷は恵心僧都源信の居住した首楞厳院のある横川飯室谷の別所で、現在高野山にある国宝「阿弥陀聖衆来迎図」を伝えていた念仏信仰の拠点である。そうした天台浄土教の本拠の側から、しかも良忍より九代の法孫と称する遊仙の執筆によって、勧進帳としての縁起が開板されて流布していた。これに刺激を受けて、正和本が生み出されたと考えることもできるのではないだろうか。正和本には、法金剛院に不断念仏を創始した女院（「広隆寺女院」）について、良忍から念仏を受ける結縁の場に数多くの化仏を出現させるといった厚い配慮が見える[20]。また成立を示す「正和三年」とは、鎌倉時代に法金剛院を再興した導御の没後三年目にあたる。これらを踏まえれば、天台側で開板された勧進帳に対し、南都律僧の拠《よりどころ》であった法金剛院に活動する勧進聖の側から、ある種の対抗意識をはらんで創り出された絵巻が正和本であったとの見方もできるだろう。その可能性を仮説として提起しておきたい。

このような理円勧進帳の特色を踏まえつつ、良鎮の三段階にわたる絵巻制作について検討してみると、理円勧進帳が良鎮の絵巻制作に対し、強い規範となって働いていた様相も見えてくる。

たとえば、永徳至徳勧進本では、良鎮が新たにしたためた序文の本文を理円勧進帳の序文と比較してみると、そこに呼応する表現や趣旨を見出すことができる。また、良鎮は北白川下僧妻段に、勧進行者の蘇生譚として大唐の房翥の説話を導入する。これは、理円が勧進の意趣を語る詞のなかで、自らの勧進を動機づけるための鍵となる霊験譚として引用していた説話であった。その本文が詞書とほぼ一致することから、良鎮が正和本を再構築するとき、理円勧進帳を参照していたことが知られる。

注目されるのは、明徳版本の制作である。そこにおいて良鎮は、永徳至徳年間の絵巻制作でひとたび別立てにした神名帳を、再び本体の縁起に組み入れた。ところがそれは正和本が本来備えていたテクストではなく、理円勧進帳が「已上、毘沙門天勧進文」として巻末に掲げていた神名帳と共通している。付属する「北野天神融通念仏行者示現文」は理円勧進帳の現存分にはないが、文の末尾に「此板本在山門楞厳院安楽谷」と記されることからは、両者の密接な関係をうかがうことができる。[21]

良鎮が理円勧進帳を参照しながら正和本を作り替えてゆくこと、とりわけ明徳版本の制作において、理円勧進帳の神名帳を導入することには、いかなる意義があったのだろうか。良鎮にとって、それは正和本と理円勧進帳の融合を意図した試みであったかもしれない。明徳版本は日本の絵画史上最も早い絵巻の版本化として注目されてきたが、その版本化の先蹤として理円のそれを嚆矢とする融通念仏勧進帳の系譜を問う必要があるだろう。

そして清凉寺本という記念碑的な絵巻が誕生するとき、勧進帳としての絵巻をさらに外部から勧進帳が荘厳するという、新たな形態が創り出された。それを示すのが、現在、大念佛寺に所蔵される後小松上皇勅筆の『融通念仏勧進帳』である。これを先例として、のちに勧進聖融鎮のもとで後花園天皇や第八代将軍足利義政の結縁を得て制作された禅林寺本には、後花園天皇・貞成親王（後崇光院）筆『融通念仏勧進帳』（禅林寺蔵）が備わっている。[22]その別立ての勧進帳はいかなるテクストを参照して起草されたのであろうか。果たして、貞成親王がしたためたその詞は、理円勧進帳を手本としその要旨をとって作文されていた。両者の近しさは、標題からもうかがえる。参考までに、後小松院、後花園院・貞成親王、理円勧進帳それぞれの標題を掲げておこう。

【後小松院勧進帳】
　貴賤男女をすゝめて此念仏の名帳に入奉りて、ともに彼国に往生せしめむと請勧進状
【後花園院・貞成親王勧進帳】

殊に貴賤男女の合力を仰ぎて融通念仏の歎修をすゝめ、普濁世の人をしてともに浄刹の台にいたらしめむと請
状

【理円勧進帳】

ことに貴賤上下同心の勧化によりて良忍上人融通念仏の佳躅《カチヨク》を興《ヲコ》し、あまねく濁世一切の群生を導て、ともに
浄刹九品の聖衆につらならんとおもふ状

日本国に念仏を勧める〝王〟の詞が理円勧進帳を参照して創られていたことは、融通念仏勧進の歴史においてこれがいかに重んじられたテクストであったかを物語っている。

以上の検討を総合すれば、理円の勧進帳は、正和本の成立から良鎮の絵巻制作、さらには禅林寺本とその勧進帳の制作に至るまで、一貫して影響を与え続けてきたテクストであったことが指摘できる。それは江戸時代に至っても受け継がれ、良忍の七百回忌を迎える時期に詮海によって再発見され、詮海自身による絵巻刊行（天保版詮海本）をも動機づけた[23]。田代師はさらにそれを再発見して紹介し、正和本成立の過程を示すものとして注目したのである。

詮海の事蹟と田代師の研究に導かれ、理円勧進帳の調査を進めた結果、三千院門跡円融蔵に室町期に遡る写本の存在を確認することができた（図8）。不完本だが詮海が江戸時代に再発見したテクストとは別系統の写本（巻子本）で、本文の一部と勧進文の末尾を逸失している。しかし、詮海が書写した段階ではすでに失われていた勧進文の最後の部分が、わずか数行分ではあるが復元できることが判った。その部分を以下に掲げよう。

此等の誠証に催されて、短き慮り拙き詞をかへりみず、此勧進を思立侍れども、楢渓に学をすてず、柴戸に老をゝくれる身なれば、遠近に歩を運べき暇をも得ず、緇素に志を述べき便もなきまゝに、擁護を如来の願力に

まかせ、勧化を冥衆の奉行に譲て、わづかに此縁起をしるしづけて、有縁の行人に送伝ばかりなり。花洛柳営五畿七道伝はり行むにしたがひて、見及び聞及ばん人、をの〳〵発起勧進の思をなして、我身もくはゝり人をも勧め給べし。余結縁の名字をわきまへず勧誘の（以下欠）

この詞から、理円が「花洛柳営五畿七道」、すなわち朝廷と幕府、そして日本国へと勧進の運動が拡がることを期して縁起を制作していたことが知られる点は重要である。なぜなら、その願念は日本全国への勧進を志して絵巻を制作した良鎮の意趣と響き合うからである。それだけでなく、正和本が朝廷と鎌倉幕府、その双方に向けて発信される勧進の絵巻として構想されていたことをも想起させる。正和本の独創的な絵巻の設計は、理円勧進帳に刺激を受けての所産だったのかもしれない。

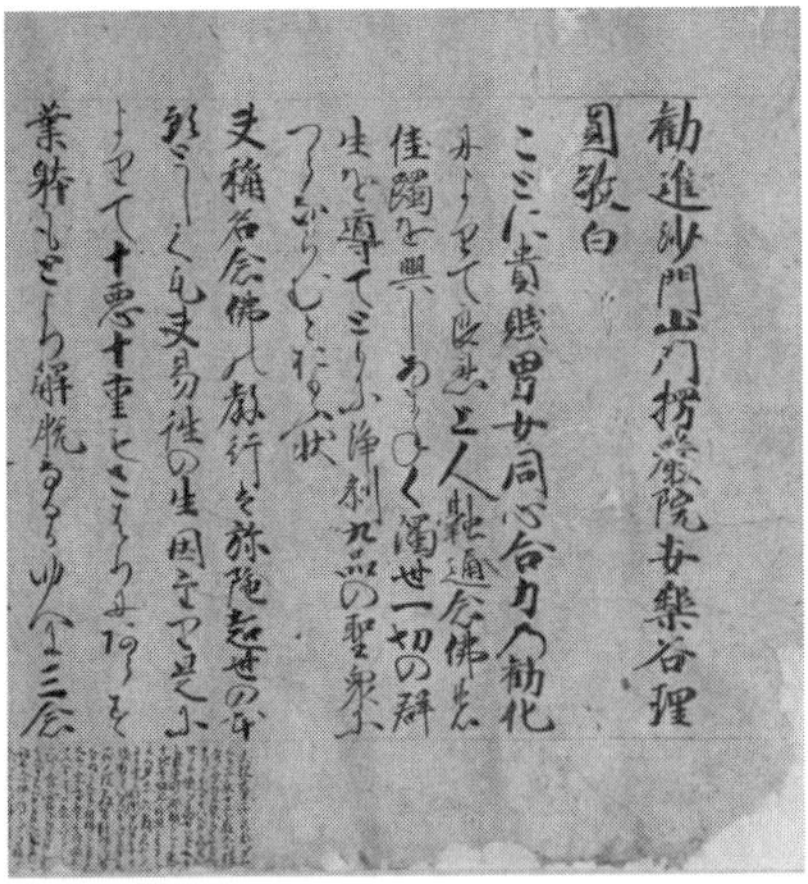

図８　『融通念仏勧進帳』

田代師により再発見された理円勧進帳は、融通念仏縁起絵巻の成立と展開を探究するうえで鍵となるテクストであることは確かであり、今後の研究において必ず参照されるべきものであろう。

おわりに

良忍の「根本の帳」を拠に、その相承系譜を示しつつ、いにしえと近ごろの縁起を摂取不捨曼荼羅をもって結合し絵巻化した独創の所産である正和本は、良鎮の絵巻制作を介して飛躍的な発展を遂げた。その運動を〝勧進帳の絵巻化〟という視点から捉え直した結果、絵巻の位置づけについての成立と展開に一貫して影響を与え続けたプレテクストとして理円勧進帳の存在が浮かび上がってきた。理円勧進帳の再認識は、融通念仏の聖たちが天台の浄土門や法然門下の念仏者たちとのつながりを通して自らの勧進の意義を自覚し、その拠って立つ歴史と権威を絵巻という中世最大のメディアに乗せて表象し発信した営みを照らし出してくれる。

正和本が上皇と女院の結縁の歴史を初めて絵巻化した意義もまたきわめて大きい。それに着目すれば、称名寺聖教『上素帖』紙背文書によって知られるところの、大念佛寺前史としての諸仏護念院の由緒が、あらためて注目される。(24)諸仏護念院とは、大念佛寺の院号に今も受け継がれる、融通念仏の名跡である。それは、平安時代末期に良忍から念仏を継承した導衆によって摂津国味原牧に開かれた不断念仏道場に始まり、上西門院から殷冨門院を経て宣陽門院へと受け継がれた女院の祈願所であった。この上西門院の父母が、鳥羽院と「広隆寺の女院」すなわち待賢門院である。

導衆の事蹟は詳らかでないが、法然の『七箇条制誡』（二尊院蔵）に署名する人々のなかに、その名を見出すことができる。(25)時代的にみて、同一人物と考えてよいだろう。法然の念仏に安居院聖覚が結縁し、三回忌に融通念仏を行ったことは、『法然上人絵伝』（四十八巻伝）を介してよく知られている。諸仏護念院があった摂津国味原牧には法然ゆかりの江口寺もあった。導衆も、法然門下の念仏行者や天台浄土門の人々とさまざまに交流しながら、良忍の念仏を継承し活動する融通念仏の聖であったにちがいない。その諸仏護念院からみて、女院の御願寺たる法金剛院は権威の拠としてふさわしい。

正和本の〈広隆寺の女院〉段には、女院の御願によって法金剛院に不断念仏会が創始されたことが記されている。その法金剛院を鎌倉時代に復興し、清凉寺に融通大念仏を創始した円覚上人導御は、戒律復興の務めを負った西大寺叡尊門下の南都律僧でもあった。良忍の融通念仏に結縁する聖たちの営みは重なり合いつながり合って、宗派を超えた豊かな地平を見せる。そうした基盤から、一六世紀には融通念仏縁起絵巻を母胎として、亀鐘縁起という新たな融通念仏の絵巻も生み出されてくる。

融通念仏という宗教運動において、絵巻とは、拠となる歴史と権威を可視化すると同時に、諸国の聖たちの勧進活動を動機づけ、時代を超えて継承され、絶えず作り続けられ、あらたなものとなる根本の帳（勧進帳）としての宗教テクストであった。その始発となった正和本やそれを再構築して発展させた良鎮本はもちろんのこと、現在に伝え遺された数々の縁起絵巻は、それらのすべてが、文化の創造を担う融通念仏の聖による宗教遺産の精華なのである。

註

（1）「融通念仏縁起」に関する主な先行研究は以下の通り。田代尚光『融通念仏縁起之研究』（名鏡社、一九四七年。増訂版の刊行は、名著出版、一九六八年）、梅津次郎「初期の融通念仏縁起について」（『絵巻物叢考』中央公論美術出版、一九六八年）、吉田友之「融通念仏縁起絵巻について――シカゴ、クリーブランド両美術館分蔵本の検討――」（『新修日本絵巻物全集』別巻1、角川書店、一九八〇年）、松原茂『絵巻＝融通念仏縁起』（『日本の美術』三〇二、至文堂、一九九一年）、融通念佛宗教学研究所編『融通念仏信仰の歴史と美術』（東京美術、二〇〇〇年）、内田啓一A「融通念仏縁起　明徳版本の成立背景とその意図」、B「融通念仏縁起　明徳版本の版画史的考察――大念仏寺本を中心に――」（『日本仏教版画史論考』法藏館、二〇一一年）、髙岸輝A「清凉寺本「融通念仏縁起絵巻」と足利義満七回忌追善」、B「禅林寺本「融通念仏縁起絵巻」と足利義教」（『室町王権と絵画』京都大学出版会、二〇〇四年）、C「絵巻転写と追善供養――室町殿歴代と「融通念仏縁起絵巻」――」（『室町絵巻の魔力』吉川弘文館、二〇〇八年）。

（2）絵巻の母胎は、融通念仏の勧進帳にある。このことは、田代尚光師によって初めて正面から論じられた。これを受けて梅津次郎氏は、「宗祖以後の勧進活動の様相をほのかに想見せしめ、驚くべき活動振りを示した絵巻勧進者としての良鎮の出現をナチュラルに理解するのに役立つ」と指摘している（前掲註〈1〉論文）。なお、勧進帳は標題に「――の状」と記して読み上げることを慣例とするが、本稿では書物としての呼び方を「勧進帳」で統一した。

（3）上巻をシカゴ美術館、下巻をクリーブランド美術館が所蔵する。

（4）本稿は以下の拙稿を前提として、発展させたものである。阿部美香A「『融通念仏縁起』のメッセージ――正和本絵巻成立の意義をめぐって――」（昭和女子大学女性文化研究所編『女性と情報』御茶の水書房、二〇一二年）、B「結縁する絵巻――『融通念仏縁起』に描かれた〈他者〉の表象――」（加須屋誠編『図像解釈学――権力と他者――』仏教美術論集第四巻、竹林舎、二〇一三年）、C「中世メディアとしての融通念仏縁起絵巻」（説話文学会編『説話から世界をどう解き明かすのか』笠間書院、二〇一三年）。

（5）前掲註（1）吉田論文参照。

（6）吉田友之氏は当該段を巻末にあるべき奥書として捉え、奥書のあとに曼荼羅や正嘉疫癘段が続く異例な配列は、底本となった絵巻にすでに生じていた錯簡を忠実に継承・伝写したためであるとして、シカゴ美術館・クリーブランド美術館蔵本が転写本であることを示す根拠の一つとした。この見解は現在まで継承されているが、私見によれば、異例な構成こそ本来の形態であり、転写本とする根拠にはならない。

（7）以下すべての引用本文について、読解の便を図るため、私に句読点や濁点を付した。

（8）真保亨「法然と浄土宗美術」（『月刊文化財』一九八五年三月号）、千葉乗隆「摂取不捨曼陀羅について」（『日野昭博士還暦記念　歴史と伝承』一九八八年）、加須屋誠「二河白道試論」（『仏教説話画の構造と機能』中央公論美術出版、二〇〇三年）、菊池大樹「持経者と念仏者」（『中世仏教の原形と展開』吉川弘文館、二〇〇七年）、大原嘉豊A「浄土宗美術論」（京都国立博物館『法然　生涯と美術』二〇一一年）、B「浄土宗の仏画」（仏教美術研究上野記念財団助成研究会『研究発表と座談会浄土宗の文化と美術』二〇一二年）。

（9）四首の偈頌には、「欲来生者当念我名　莫有休息即得来生／光明遍照十方世界　念仏衆生摂取不捨／相好弥多八万四　一々光明照十方　不為余縁光普照　唯覚念仏往生人／極楽化主弥陀尊　隨順念仏諸衆生　毎日千遍来住処踊躍歓喜無譬喩」と記されている。
(10) 近年大原嘉豊氏は、正和本の要をなすこの摂取不捨曼荼羅に使われた顔料に着目し、絵巻が正和の原本そのものとしても問題はないとの新たな見解を示している（前掲註〈8〉大原論文Bの註〈6〉参照）。
(11) 前掲註(1)吉田論文。吉田氏は、不動利益縁起絵の画家が融通念仏絵の制作体験者である可能性をも含めて、図様転移の諸位相に注目している。図版は『続々日本絵巻大成』伝記・縁起篇四、中央公論社、一九九五年）に収録されている。
(12) 佐野みどり『風流　造形　物語』（スカイドア、一九九七年）、「風俗表現の意味と機能」（佐野みどり・並木誠士編『中世日本の物語と絵画』放送大学教育振興会、二〇〇四年、山本聡美氏のご教示による）。
(13) 前掲註(1)高岸論文C参照。この日付に着目し、高岸氏は明徳版本の制作背景に、足利義詮の追善目的を見出だしている。
(14) 偈頌には「光明遍照」の一首と「一万三千仏十丈金色像　十度造供養一念弥陀勝」がしたためられた。
(15) 清凉寺本の制作の日付は清凉寺の法会と連動し、足利義満の七回忌追善とも関連する（前掲註〈1〉高岸論文A・C）。
(16) 絵巻に描かれた室町王権の祝祭空間が、母子再会の奇跡を物語る能『百万』の舞台と重なり合うことについて筆者は、「祝祭としての融通大念仏と能「百万」――御代の徳を言祝ぐ儀礼・絵巻・芸能――」と題し口頭発表を行った（国立歴史民俗博物館・イリノイ大学・名古屋大学科研共同研究国際研究集会『東アジアの宗教とパフォーマンス、都市と地域』、二〇一三年）。
(17) 前掲註(1)田代『増訂融通念仏縁起之研究』第八章「融通念仏縁起と融通念仏勧進状　付本帳との関係」。
(18) 本文は、恩頼堂文庫所蔵『融通念仏勧進帳』に拠る。加点は詮海の朱筆に基づく。
(19) 前掲註(1)梅津論文。梅津氏は理円勧進帳が絵巻と関わりを持つのは永徳至徳年間の良鎮勧進本以後であるとし、建長の頃までに成立していた勧進帳が一方で理円勧進帳に、一方で正和本の基礎となったとの見解を示して、正和本との関係は否定した。
(20) 前掲註(4)阿部論文A。

（21）前掲註(16)参照。大念佛寺本には「此板」以下の一文が見られないが、明徳版本を転写した三千院本に記載されていることから、本来は大念佛寺本にも備わっていたと推測される。
（22）前掲註(1)髙岸論文Ｂ・Ｃ。奥書に文安四年三月とあり、当初は文安本絵巻に添えられていた可能性も指摘している。
（23）詮海模写本は田代師が紹介するもの以外に、三重県西来寺、四天王寺国際仏教大学蔵恩頼堂文庫にも所蔵されている。
（24）西岡芳文「融通念仏宗の草創に関する新資料――新出「諸仏護念院言上状」について――」（『金沢文庫研究』三二四、二〇一〇年）、阿部美香「安居院唱導資料『上素帖』について」（『金沢文庫研究』三二六、二〇一一年）。承久の乱の前後に諸仏護念院の院主を勤めていたのは、宣陽門院の仏事に関わり、安居院聖覚とも交流のあった天台の僧侶と考えられる。
（25）西岡芳文氏のご教示による。「導衆」の名は元久元年（一二〇四）一一月七日に署名した八〇名のうちに見える。

〔付記〕貴重な寺宝の閲覧をお許しくださりご教示を賜りました、大念佛寺法主倍巖良舜様、宗務総長吉村暲英様、教学部長中江慈光様、西光寺御住職戸田孝重様、西方寺御住職吉井良久様、元三千院門跡執事長大島亮幸様、西来寺山主寺井良宣様、圓解院御住職杉谷秀也様に深く感謝申し上げます。
なお、本稿はＪＳＰＳ科研費若手研究（Ｂ）「中世東国宗教と文芸伝承の綜合的研究――唱導、縁起、物語を視座として――」（２３７２０１１６）の研究成果の一部である。

〔図版について〕
図版１・２（上段）・３（上段）は、クリーブランド美術館所蔵。画像は『続日本の絵巻二一　融通念仏縁起』（中央公論社、一九九二年）より転載。
図２（下段）・３（下段）・４は、東京国立博物館所蔵。画像は東京国立博物館より提供（Image:TNM Image Archives）。
図５は、大念佛寺所蔵。

図6・7は、京都・清凉寺所蔵。画像は京都国立博物館より提供。
図8は、京都・三千院門跡円融蔵所蔵。

円覚上人導御の融通念仏

井上幸治

はじめに

円覚上人導御[1]（英舜、一二二三―一三一一）は、東大寺で出家して長岳寺霊山院[2]などで学んだ後、唐招提寺の證玄に師事して律僧となる。その後、主に法隆寺を拠点とし、勧進などに従事する斎戒僧として活動していたが、文永八年（一二七一）八月に法隆寺夢殿に参籠して託宣をうけ、京をはじめ山城・河内・大和などの諸地域を巡って融通念仏による勧進活動を展開したことで知られている。以来、勧進が一〇万人に達するごとに供養を執り行なったため「十万人上人」と呼ばれた[3]。活動はその後も続き、計三一年間で七四万人に達したと伝えるが、晩年は法金剛院に住してその再興にしたがい、唐招提寺の中興四世長老にもなったことが知られる。そして良鎮系『融通念仏縁起』によって、鎌倉中期に融通念仏を広めた僧侶として、広く知られていった[4]。

中世の融通念仏については、五来重氏による一連の研究が通説的地位を占めている[5]。五来氏は、融通念仏を「一つの宗派でも学派でもなく、一種の宗教運動であったわけで、名帳に名をつらねて同志となり、ともに念仏をとなえるものは、その功徳をたがいに融通して現当二世の莫大な利益がえられるとの主張」と理解され、これを中世の「宗教的署名活動と「うたごえ」運動」と表現された。そして、①院政期に大原の良忍を始祖と仰ぐ融通念仏集団があらわれたが、八代で絶える、②その後も大原以外で、高野山や石清水などにも融通念仏集団が存在したが、俗化・芸能化が進んだ、③一四世紀半ばに、俗化した融通念仏を改革するために導御が持斎念仏を行なった、④しかし融通念仏は芸能化し、六斎念仏へと発展する、という段階を説かれた。以後、これを基準としつつ議論を深めてきたが、①・④については多くの論者が言及・考察しているが、②・③（特に③）を検討するものは数少ない[6]。

本稿で扱う導御については、細川涼一氏が詳細に検討されている[7]。細川氏は、導御による寺院再興を中心に分析されたが、勧進を含むその活動については、「中世顕密仏教が民衆世界に根を掘り下げ、活性化する一つの先兵としての役割を担っていたといえよう」とされ、また「安穏を祈念する民衆の宗教運動を組織することで、中世顕密仏教の活性化をもたらしていた」などと、顕密仏教改革派に属する律僧が民衆とかかわりをもちながら改革を実践した点に注目された。五来氏も、勧進聖としての導御の活動を重視されており、これまで導御については、民衆とのかかわりが注目されてきたといえよう。

融通念佛宗においても導御は意識され、大念佛寺系統の庶流に位置づけられ[8]、旧稿でもその活動地域が、現在の融通念佛宗の広まっている地域と重なることを指摘した。ただその活躍年代は、大念佛寺（諸仏護念院）の中絶期に相当する[9]。本稿では、導御の行なった融通念仏について民衆とのかかわりにも注目しながら検討するが、これは大念佛寺中絶期における融通念仏のようすを明らかにすることにつながるだろう。

一　導御の活動拠点

文永八年（一二七一）以後、導御は京・洛外と山城・大和・河内等の村々を巡って、持斎念仏による勧進活動を行なった。「人数目録」によると導御は、建治二年―弘安元年（一二七六―七八）ごろには光林寺（現存せず）・壬生寺（現存、京都市中京区壬生）・清凉寺（現存、京都市右京区嵯峨）の三寺院を京・洛外での拠点としていた。この三寺院では、それぞれで複数回、各一〇〇〇人以上が持斎念仏に加わっている。[10] そこでまずこの三寺院について、「人数目録」に拠りながら、比較する。

1　立地

まずはそれぞれの立地をみる。光林寺は、洛中の「中御門町」に所在した。現地には、平安時代末まで北側に修理職町があったとされ、北から西にかけては官衙やその関連施設が多く設けられた。それらは一三世紀になると荒廃していったようだが、町並みは維持されていたと考えられる。反対に東側から南側には、公家邸宅も並ぶ中心街である。[11] つまり光林寺のあるところは、上之辺（後の上京）のほぼ中央といってよい。光林寺は、上京の雑踏の中につくられた拠点だったのだろう。

一方の壬生寺は、綾小路壬生に所在する。導御は、そこよりやや北側の六角壬生でも勧進を催していた。これらは大宮よりも西側であり、当時は下之辺（後の下京）の西縁にあたる。壬生寺は、京の中でも下京の外れに設けられた拠点であったといえよう。

そうすると嵯峨に所在する清涼寺は、もちろん洛西における拠点となる。つまり導御は、洛中に光林寺・壬生寺という南北二か寺の拠点を構え、加えて洛西の清涼寺を重視していたといえよう。

なお導御が再興した法金剛院は、この三寺院のほぼ中央付近に所在する。従来、導御は上洛直後から法金剛院を拠点としていたように記されることが多い[12]。しかし「人数目録」をみる限り、弘安元年九月以前に法金剛院とかかわりをもっていた痕跡はまったくない。導御と法金剛院との関係は、弘安五年に始まったとすべきであろう。

2　人数

次にそれぞれの人数を確認する。**表1**は、三寺における勧進の人数を整理したものである。まず総人数をみると、光林寺は合計が四万五三五一人にのぼり、飛びぬけて多い。「人数目録」に記された全一〇万五六九一人の四割以上にあたる。対して壬生寺は一万六六三三人、清涼寺は八六九六人であり。活動の中核が、洛中上京の光林寺であったことがわかる。

次に一日の平均をみるが、「人数目録」に記される郷村での事例をみると、導御が結縁した人数は、一日に二百数十人までのことが大半を占める[13]。三寺における勧進人数をこれと比較すると、多くはこの範疇に含まれる。しかし壬生寺での八日間や清涼寺での一一日間はそれを大きく上まわる。「人数目録」で一日あたりの人数が三〇〇人をこえる事例は、他には河内国茨田郡中振郷（大阪府枚方市）での建治三年二月四―七日の一五七五人だけである[14]。

表1　3寺における勧進の日数と人数

場所	期　間	日数	人数	日平均
光林寺	建治2.4.2～8.15	132	38,642	292.7
	建治3.3.5～4.8	34	5,793	170.4
	—	—	916	—
壬生寺	建治2.8.27～9.5	8	7,787	973.4
	建治3.2.11～2.30	20	4,500	225
	建治3.5.18～7.16	58	4,346	74.9
清涼寺	建治2.8.14～8.24	11	6,350	577.3
	—	—	2,346	—

註）期間・人数は「人数目録」、日数は湯浅吉美編『増補　日本暦日便覧』（汲古書院、1990年）に拠る。日平均は、小数点第2位を四捨五入。

この三事例には短期間という共通点があるが、加えて清凉寺と壬生寺のものが、間に二日を挟んで連続していることも注目される。この期間中には、二条師忠・紙屋河顕教という二人の公卿亭でも勧進を催すなど、特別なものであったことがうかがえよう[15]。この期間は、導御の活動にとって何らかの意味があったため、特別なイベントが催されたのではないだろうか。なおこの両寺には、円覚上人導御を創始者とする大念仏狂言が伝わっている[16]。このイベント的催しとの関係は不明とせざるをえないが、そこで大念仏狂言が演じられていたかもしれない。

導御は、光林寺・壬生寺を生活拠点としながら勧進活動をすすめ、短期間だけ清凉寺・壬生寺でイベントのような特別な催しごとを開いたのではないだろうか。日別の勧進人数が多いのは、そのためと考えたい。

3　要因

ここまで、所在地と勧進の人数から三寺を比較してみた。次に拠点となった要因を考えたいが、光林寺については他の史料が見あたらないため[17]、壬生寺・清凉寺の二寺に限定して述べることとする。

現在、壬生寺は律宗、清凉寺は浄土宗に属している。しかしこの両寺院にはいくつかの共通点もある。まず一三世紀ごろには、ともに真言宗との関係が深かった。壬生寺は、平安時代中期に天台僧の快賢が開いたとされるが、建保元年（一二一三）に現在地で堂舎が再興され、その建物が康元二年（一二五七）に焼失すると、正嘉三年（一二五九）に再建惣供養が実施されたという。この経緯の中、建保再興の供養では、導師を成宝（勧修寺別当）がつとめ、他にも親厳（東寺長者）をはじめとする東寺の僧侶が参加している。正嘉再興の際も、導師は行遍（仁和寺菩提院）がつとめ、これに東寺の僧侶が加わっていることから、仁和寺・勧修寺・東寺などの真言僧によって儀式が執行されたことがわかる[18]。一方の清凉寺は、創建当初から真言宗との関係が深く、平安時代中期に釈迦像を宋から持ち帰ってきた奝然、建保五年（または六年）被災後の再興で活躍した高弁（明恵）は、いずれも真言僧であった。すでに触れたように、導御は東大寺で出家しており、当初は真言僧でもあった。

次に、この両寺院はいずれも地蔵・観音の霊場である。そもそも導御が法隆寺夢殿に参籠したのは、生き別れた母との再会を願ったためであった。そのため、母を想う子としての立場から、導御は子どもを守護すると信じられた地蔵尊を尊んだことが想定される。導御は、持斎念仏勧進をすれば母と再会できるという託宣に基づいて活動したので、地蔵尊の霊場を活動拠点としたのである。

これに加え、清凉寺は念仏・律宗との関係も深い。すでに建長元年（一二四九）に叡尊が清凉寺本尊の釈迦如来像を模刻させ、西大寺四王堂に納めているが[19]、導御の師である證玄も正嘉二年（一二五八）に清凉寺式の釈迦如来像を造らせ、唐招提寺で釈迦念仏会の本尊としている。注目すべきは、その胎内納入文書の中に、「少比丘英舜」の願文があることである[20]。導御は当時、「英舜」と名乗っているので、導御が唐招提寺の釈迦念仏会に加わっており、そこで清凉寺の釈迦如来像を知っていたことは間違いない。しかも清凉寺の本尊である釈迦如来像は、仏陀三七歳の姿を刻んだものとされているが、その経緯には仏陀とその母との再会譚が伝わっている。母との再会をめざした導御にとって、清凉寺は特別な寺院だったといえよう。つまり導御と清凉寺とは、真言・地蔵・釈迦念仏・母子再会という四点でつながっており、一〇万人分の勧進を終えた導御が大念仏供養の場とするにふさわしい寺院であった。

想像をたくましくするならば、上洛した導御はまず関係の深い壬生寺・清凉寺に腰を落ち着け、その後に京都での活動によって光林寺という独自の拠点を獲得したのだろう。

二　導御の融通念仏

1　持斎

導御は「出離生誕之秘術、無レ如二弥陀之名号一、直至道場之要路、啻在二斎戒念仏一」といい、「斎戒念仏」を掲げて活動した（「縁起」）。「斎戒」とは、「人数目録」の冒頭に「奉二勧進一十万人一期間一昼夜持斎念仏人数目録」と書かれている通り「持斎」のことで、八斎戒の一つである不非時食戒を六斎日に護持することをさす。律宗では、戒律の護持をもっとも重視していたが、持斎は毎日行なう必要がないため、俗家の人々でも比較的実行しやすく、持斎護持によって作善・功徳・現世利益などが期待されていた。[21] そこで導御は、念仏と持斎とを人々に合わせて説き、「十万人自他融通者、人別当二十万一、日夜之持戒念毎日毎夜之十念者、書二一日夜各百万遍一也。然則、以二他人念仏一可レ成二我願行一宣、自身他身體無二故、以二我念仏一可レ助二他人願行一」と、参加者各自が相互に願行を融通することで、一人で行なうよりもより大きな作善・功徳・現世利益を得られ、必ずや「依二此念仏一、成二彼往生一」と説いたのである（「縁起」）。融通念仏に際して持斎を合わせ掲げたことは、導御が律僧の立場から融通念仏を勧めていたことを如実に示すものといえよう。

では導御による持斎念仏とは、どのようなものだったのだろうか。「縁起」には、「点二一日一夜一、勤二八分斎戒一、調二三業一、専二一心一、昼夜十二時之間、無レ出二道場一、不レ怠二称名一」とあり、また「人数目録」でも「一昼夜」と記していることから、屋内で一心に念仏するさまが想起される。[22] 後世に作成された史料では、大念仏との関係を強調する記述が多いが、「縁起」・「人数目録」のような同時代のものからは、そのような記述はみられない。導御の融通念仏は、道場で念仏を唱え続けるものだったのだろう。人数が一定の数内に収まることが多いのも、そのためではないだろうか。もちろん、壬生寺・清凉寺という多くの人々が集まれる場所であれば、人数も増え、「踊躍」を含んだ音頭をとるような行動がなされた可能性は残される。

導御の持斎念仏は、多くは小規模なものであったと思われ、そこでは芸能的要素は不要であろう。しかし壬生寺・清凉寺などでは規模が大きいため何らかの手法がとられたと推測でき、そこから芸能的要素も生まれたことが推測される。

2　改革運動という評価

五来重氏は、このような導御の活動を、俗化した融通念仏への改革運動と位置づけられた(23)。しかしそうであろうか。

ところでそもそも念仏といった場合、「南無阿弥陀仏」「南無釈迦牟尼仏」の二種があり(24)、発音するか否かでも称名・観相に分けることができる。それゆえ、一口に「融通念仏」とは言っても、その具体像は一様ではなく、一三―一四世紀には多様な融通念仏が実践されていたと思われる。踊念仏の一遍が、「融通念仏すゝむる聖」(『一遍聖絵』第三)と呼ばれたことは有名だが、他にも天台宗に基づいた良忍、勧進を中心に据えた重源、そして真言宗の明遍や律宗に拠った導御のもの、禅を尊ぶ立場からは覚心(法燈国師)の指導による高野山萱堂聖のものというように、多様な立場からなされた(25)。融通念仏は、勧進という共通項をもつとはいえ、多様なスタイルで実践されていたのであろう。

念仏の様態が一様でないために、等しく「融通念仏」とは言っても、その考え方、実践の具体的ありさまは多彩であったことが自ずから推測される。これを、仮に持斎という視点で区分するならば、戒律を重視する律・禅の立場と、さほど評価しない顕密（天台・真言）・専修の立場とに分けられよう。[26] 五来氏は、『元亨釈書』巻第二九（音芸七・念仏）における「元暦・文治之間、源空法師建二専念之宗一、遺脈末流或資二于曲調一、抑揚頓挫、流暢哀婉、感二人性一喜二人心一、士女楽聞雑踏駢闐、可レ為二愚化之一瑞一矣、然流俗益甚、動衒伎戯、交二燕宴之末席一、受二盃觴之余瀝一」といった記述から、融通念仏が俗化・芸能化したことを強調する。[27] だが『元亨釈書』の著者である虎関師錬は、臨済宗聖一派に属する禅僧であり、主たる批判対象も法然・親鸞らの専修念仏を中心とする人々のことと読める。それゆえこれは、戒律を重視する禅僧による、戒律を軽視する専修念仏の評価なのであり、念仏一般のことをさした記述ではないといえよう。つまり、鎌倉中期に念仏が俗化・芸能化したとするのは部分的・一面的なものにすぎず、それを改革する必要性はなかったのではないか。それゆえ、導御の持斎念仏を改革運動と位置づけることもできないと考える。むしろ中世の融通念仏については、さまざまな考えに基づいてバリエーション豊かに実践されていたことを評価すべきではないだろうか。

3 釈迦念仏と天台

次に注目したいのは、弘安二年（一二八〇）三月の清涼寺大念仏会で導師をつとめた慈弁（仏恵）である。慈弁は澄空（如琳）を師とする天台僧で、大報恩寺（千本釈迦堂）の僧侶であったが、[28] 大報恩寺では文永年間（一二六四—七五）に澄空が釈迦念仏会を創始している。[29]

この釈迦念仏会は独特の旋律で『遺教経』を読みあげるが、それは民衆にもわかりやすいように配慮した結果とされ、安居院流唱導の影響が推察される。抑揚をつけて念仏を唱えるこの手法は、多くの人々で念仏を合唱していたであろう融通念仏に容易に転用できるし、そもそも合唱には抑揚のあったほうが都合がよい[30]。しかも前記したように唐招提寺でも釈迦念仏会が催され、導御もそれに加わっていた。そして導御が上洛したのが文永八年（一二七一）であり、大報恩寺における釈迦念仏会の創始年に近い。

これらのことに前述した諸論点の結果を加味すると、導御はちょうど上洛したころに創始された大報恩寺の釈迦念仏会に触発され、そしてその民衆へ語りかける取り組みに共感し、慈弁との関係が生まれたのではないか。また、自身が行なう持斎念仏においても、民衆への配慮を受けつぎ、規模の大きな勧進では大念仏狂言のような手法を生みだしたのではないだろうか。勧進聖として民衆とのかかわりをもった導御のありようと、天台宗の中でも念仏と深くかかわり、唱導を得意とした安居院流との関係によって、大念仏狂言が誕生したのではなかろうか。

以上、推論を重ねすぎたきらいはあるが、導御による持斎念仏は、戒律を重視する律宗の思想と、わかりやすさを重視する唱導などの天台系の技能を組み合わせたものと位置づけてみたい。つまり導御の活動は、律と天台とを融合させたものでもあったといえよう。さらに導御は、この融合に加え、太子信仰・地蔵信仰・観音信仰までも取り込もうとしている。「縁起」によると、融通念仏に加わった人々の「交名之帳」は、「聖徳太子霊場」である法隆寺夢殿と「地蔵菩薩壇場」である金剛山寺に納められ、また「弥陀三尊」「観音」への信仰も勧めているのである。導御は、さまざまな庶民信仰をも融合させ、より多くの人々に語りかけたのであろう。このような方策は、多くの人々とのつながりを求める融通念仏、そして勧進であればこそ志向されたといえよう。

おわりに

導御の持斎念仏は、律宗を中核に据えていたが、そこにさまざまな庶民信仰を融合させており、そういった意味でも「融通」念仏であった。しかしこのような姿勢は、これまで雑・兼修などと評価され、低く評価されがちではなかっただろうか。

ただ導御は、勧進などを通じて多くの人々と触れあってきた。そのような場合、このような雑・兼修的姿勢は、むしろ有効に機能したと思われる。というのも、それによって人々は自己とのつながりを見いだしやすくなり、多くの人が勧進に加わることが期待できたからである。

このような導御の姿勢は、いわゆる「鎌倉新仏教」の祖師たちとまったく反対のベクトルをもったといえよう。親鸞・日蓮らは、易行・専修といった特徴を際立たせ、既存勢力との違いを強調し、旧来の仏法や世俗秩序を批判するためにも、既存のものとは異なるものを創りだそうとした(31)。これに対し導御の活動は、多くの人々に受けいれられることをめざしていた。そのためには、易行はわかりやすくプラスに働くが、手法を限定する専修では門戸を狭めることになる。そこで導御は、わかりやすい要素が数多く並んだ易行・兼修(雑)という手法を選び、多くの民衆がつながることをめざしたといえよう。

つまり導御は、あえて「雑」であることに意義を見いだし、広くつながりを求め、多くの宗派・思想と関係があるものを創りだそうとしたのである。導御の諱が「修広」であることにも、それがあらわれているように思える。

本稿では、円覚上人導御の持斎念仏を取りあげたが、これによって中世融通念仏の多種多様なありさまが少しでも明らかになれば幸いである。

註

（1）円覚上人導御の経歴については、北川智海編『円覚十万上人年譜考』（壬生寺、一九二九年）、細川涼一「法金剛院導御の宗教活動」（『中世の律宗寺院と民衆』吉川弘文館、一九八七年、初出は一九八四年）が詳しい。
　また史料としては、中世前期（鎌倉期）のものとして「釈迦堂大念仏縁起」（『大覚寺文書』四号、以下「縁起」と記す）、「持斎念仏人数目録」（清水寺所蔵、以下「人数目録」と記す）があり、中世後期（室町期）のものとしては、法金剛院所蔵「自筆肖像」賛文、「嵯峨清涼寺地蔵院縁起」（『大覚寺文書』四四号）、『融通念仏縁起』（明徳版本など）が、近世のものでは「招提千歳伝記」巻上之二（『大日本仏教全書105』所収）、「本朝高僧伝」巻第六一（『大日本仏教全書103』所収）、「法金剛院古今伝記」などがある。

（2）導御が「霊山院」で学んだことは、「又於霊山院稟両部密教、依之嘉声遠播、学人恋慕」（「招提千歳伝記」巻上之二）とあることからも知られていたが、前掲註（1）『円覚十万上人年譜考』は主に大江文坡「壬生謝天伝」（吉野屋勘兵衛、天明八年）を引用・依拠し、これを京都東山の霊山寺のことと解したことから、その理解が広く受けつがれている。しかし、大江文坡は怪談などを得意とした読本作者であり、「壬生謝天伝」の史料としての信頼性はきわめて低いとせざるをえない。むしろ、導御が密教を学んだという霊山院は、大和柳本（奈良県天理市）の長岳寺霊山院（真言宗）とするのが正しいだろう。長岳寺霊山院では、叡尊が嘉禄元年（一二二五）に静慶について修行したうえ、その静慶も仁治三年（一二四二）に覚盛から戒を授けられており、律宗との関係が深い。

（3）筆者は先に、「円覚上人導御の『持斎念仏人数目録』」（『古文書研究』五八号、二〇〇四年）において、嵯峨清涼寺で十万人供養がなされたことを示す弘安元年（一二七八）九月付「持斎念仏人数目録」（清水寺所蔵）を紹介した。以下、拙稿を「旧稿」と呼ぶ。なお上人号は「十万上人」とも伝えられるが、細川前掲註（1）「法金剛院導御の宗教活動」により、「十万人上人」とする。
　また清涼寺での大念仏供養は、前掲註（1）『円覚十万上人年譜考』などでは弘安二年三月のこととされるが、「人数目録」は弘安元年九月付である。本稿では、目録が元年九月に作成され、その供養を二年三月に実施したものと考えておく。

（4）田代尚光『増訂　融通念仏縁起之研究』（名著出版、一九七六年）によると、清凉寺本・明徳版本・応永版本といった新様式形態本にだけ「清凉寺融通大念仏の段」がある。

(5) 五来重「融通念仏・大念仏および六斎念仏」(「日本仏教民俗学論攷」『五来重著作集1』法藏館、二〇〇七年、初出は一九五七年)、同『増補 高野聖』(角川選書、一九七五年)、同「『融通念佛縁起』と勧進」(新修日本絵巻物全集別巻Ⅰ『弘法大師伝絵巻・融通念仏縁起絵・槇峯寺建立修行縁起』角川書店、一九八〇年)など。

(6) 小野澤眞「融通念仏(宗)研究文献紹介」(『大阪の歴史』七八号、二〇一二年)が、主な研究をまとめている。

(7) 細川前掲註(1)「法金剛院導御の宗教活動」。

(8) 『融通総本山 大念佛寺誌』(大源山、一九〇四年)など。

(9) この時期の諸仏護念院のようすについては、西岡芳文「融通念仏宗の草創に関する新資料――新出「諸仏護念院言上状について――」(『金沢文庫研究』三二四号、二〇一〇年)、阿部美香「安居院唱導資料『上素帖』について」(『金沢文庫研究』三二六号、二〇一一年)が触れている。

(10) なお、これらの人数には、実際に対面・参加した人数だけでなく、追善を求めて結縁した故人のものも含まれると思われる。この点については、第三四回日本古文書学会大会(二〇〇一年一〇月)の研究発表において、中尾堯氏よりご教示いただいた。記して謝意に代えたい。

(11) 平安末から鎌倉期の京都のようすについては、京都市編『よみがえる平安京』(京都市、一九九四年)、五味文彦編『中世を考える 都市の中世』(吉川弘文館、一九九二年)などを参照。一三世紀半ばの京都の都市域については、暦仁元年(一二三八)に設置された篝屋の位置などが参考になる。

(12) 前掲註(1)「嵯峨清凉寺地蔵院縁起」、『円覚十万上人年譜考』など。

(13) たとえば、上津屋郷(京都府八幡市)では三日で四二九人、有智里郷蓮台寺(京都府八幡市内里)では一日で一二五人であった(「人数目録」)。

(14) 中振郷の人数が多い理由は明確にはできないが、中振郷の南東には茄子作村が隣接することは、特記せねばならない。もちろん、当時は法明上人による大念佛寺再興以前であるが、茄子作付近がすでに融通念仏の拠点であった可能性も考えられる。

(15) 一七日一昼夜は「二条左大臣家」で一九人、二六日一昼夜は「甲斐河少将家堂」で二〇五人と記される(「人数目録」）。「甲斐河」は、紙屋河（かいかわ）の宛字。

（16）壬生寺の壬生狂言は正安二年（一三〇〇）を、清涼寺の大念仏会（嵯峨大念仏）は弘安二年（一二七九）を創始年としている。この両狂言には、無言であること、演目に共通するものがあるなど、共通点が多い。

（17）光林寺について記す史料は、管見の限りでは他に見いだせないので、いくつかの類推を記しておく。「光林寺」と名乗る寺院は、京都では江戸時代初期から確認でき、いずれも浄土宗である（『京都府宗教法人名簿』二〇〇七年九月現在）。また同名の寺院は他地域にも多く存在するが、それらの多くは浄土宗・時宗である（『角川日本地名大辞典　別巻Ⅱ　日本地名総覧』）。このことから、この光林寺も念仏系の施設であり、規模の小さな草庵・道場のようなものだったと推測しておきたい。他史料にあらわれないのも、小規模のゆえと考えておく。

なお京都市内の光林寺は、下京区綾小路通大宮西入る綾大宮町にあり、浄土宗西山禅林寺派に属している。該地区は「西寺町」とも呼ばれ、一六世紀末に形成されたものなので、それ以前はいずこか別のところに所在していたと思われるが、伝承などは伝わらず、よくわからない。

光林寺は寛永一四年「洛中絵図」にはその名が見えるが、同じ寛永年間の「都記」（寛永平安町古図）や「平安城東西南北町幷之図」では「高野堂」、「新板平安城東西南北町幷洛外之図」（承応三年刊）でも「高野」と記されており、一七世紀半ばまでは「高野堂」とも呼ばれていたことがわかる（大塚隆編『慶長昭和京都絵図集成』柏書房、一九九四年による）。これを手がかりとすれば、現在地から東へ約四〇〇メートルの同区醒ヶ井通四条下るに「高野堂町」という町名があり、ここを旧光林寺所在地の候補にあげられる。

ただ「こうやどう」という呼び名にも注意が必要である。それは、高野堂町から北東二〇〇メートルほどの中京区錦小路通油小路東入るに「空也町」があるからである。この町名は、現在は「くうや」と読んでいるが、古くは「こうや」と読まれていた（『京雀』巻第五・錦小路通など）。そうすると、これまた至近距離にある中京区蛸薬師通堀川東入る亀屋町の「空也堂」（極楽院）との関係にも視野を広げなければならない。

このように、高野堂町が光林寺と関係するものなのか、それとも高野堂＝こうやどう＝空也堂と関係するものなのかは明確にしがたい。だがいずれにせよ導御との関係は見あたらず、空也堂であれば六斎念仏につながる。

（18）元禄本「壬生宝幢三昧寺縁起」（『壬生寺民俗資料緊急調査報告書　第三分冊』元興寺仏教民俗資料研究所、一九七五年）。

(19)「感身学正記」建長元年三月一三日―五月七日条。

(20)正嘉二年四月二九日付「釈迦念仏結縁願文」（大和唐招提寺礼堂釈迦如来像胎内文書、『鎌倉遺文』八二二一号）。

(21)持斎については、大塚紀弘「中世社会における持斎の受容」（『戒律文化』五号、二〇〇七年）などを参照。

(22)註(1)「嵯峨清凉寺地蔵院縁起」の方には、「法服表潜纓帽子、狂人異相之躰、皷二羯皷一踏二拍子一取二音度一、聴衆同心念仏」とあり、念仏に際して羯皷を打ち鳴らして拍子をとったと記される。導御の活動が、当初から芸能的要素を含んでいたかに思われるが、これは「嵯峨清凉寺地蔵院縁起」が嵯峨大念仏の縁起であるためであろう。作成年代からも、本稿では「縁起」の記述を尊重する。細川氏も導御が託宣を受けた際に「踊躍勧喜」したとあることから、「導御の始めた融通大念仏が踊りをともなう踊躍念仏であったことを示している」とされる。

(23)五来前掲註(5)「融通念仏・大念仏および六斎念仏」。

(24)『元亨釈書』巻第二九（音芸七・念仏）にも「修多羅中持于仏仏、此方局弥陀焉、或釈迦焉」とある。

(25)五来前掲註(5)『増補　高野聖』、古田紹欽「栄西の念仏勧修とその時代的意義」（『印度学仏教学研究』八巻二号、一九六〇年）、松下みどり「禅と念仏の接点――法燈国師と萱堂聖をめぐって――」（『日本思想史学』二六号、一九九四年）など。

(26)室町時代になると真盛（一四四三―九五）によって、天台の立場からも持戒・念仏を実践する考えが生まれる。これが天台真盛宗へと続く。

(27)五来前掲註(5)「融通念仏・大念仏および六斎念仏」・「『融通念佛縁起』と勧進」。

(28)『尊卑分脈』第一篇。澄空の師である恵聖（求仏）は、唱導で知られる安居院一門の一人で、澄憲の子、聖覚の弟にあたる。安居院流は、阿部前掲註(9)「安居院唱導資料『上素帖』について」で融通念仏との関係が指摘されているうえ、聖覚は法然の弟子でもあるなど、念仏とは関係が深い。また大報恩寺の開基である義空（求法）は、真言から天台に転じた僧侶で、澄憲の弟子であった。

(29)『尊卑分脈』第一篇。『徒然草』第二二八段に、「千本の尺迦念仏は、文永の比、如輪上人、これを始められけり」とある。この「如輪上人」が、仏恵上人慈弁の実兄である如琳上人澄空のことである。

(30) 融通念仏は「大念仏という合唱形式によって、功徳を自他相互に融通するもの」であり、「一種の宗教的署名活動と「うたごえ」運動と見ることができる」(五来前掲註〈5〉「日本仏教民俗学論攷」)。

(31) 平雅行「鎌倉仏教論」(『岩波講座日本通史8 中世2』岩波書店、一九九四年)では、親鸞・日蓮らの教えを「仏法の一元化・絶対化」と評している。

『融通大念仏亀鐘縁起』絵巻の創造と展開
――中世後期宗教図像テクストの一考察――

阿部泰郎

はじめに

鎌倉時代後期、良忍上人を開祖とする融通念仏の運動は、自ら縁起絵巻を創りだすに至った。正和三年（一三一四）の勧進文を付したこの絵巻（シカゴ、クリーブランド両美術館分蔵）は、祖師としての良忍伝の枠組に、如来の夢告教命による名帳勧進に応じた鳥羽院はじめ貴賤上下の結縁、鞍馬毘沙門天による諸天神祇の結縁と、その利生としての種々の霊験、良忍の往生、摂取不捨曼荼羅を用いた救済の誓願、そして関東での別時念仏の番帳の霊験によって結ばれる、ユニークな複合的宗教図像テクストとして成立した。(1) この縁起絵巻による融通念仏勧進は、南北朝期に、良鎮による全国への流布を目指した肉筆本絵巻の量産から、導御により創始された清凉寺融通大念仏の縁起を加えた明徳版本の、刊本の絵巻という類を見ない画期的縁起制作へと展開した。それは中世国家と結びついた応永二一年（一四一四）の清凉寺本『融通念仏縁起』絵巻に至り、後小松院と足利義持の結縁をしるしづけて、応永三〇年（一四二三）に奉納されることになった。(2)

この、公武が一体となって融通念仏への結縁を遂げた、記念碑的な宗教図像テクストとしての『融通念仏縁起』絵巻の再創造は、さらに室町殿と朝廷が権威を保っていた室町時代の半ばまで継続されたが、以降は、なお模写や転写は行われたものの、あらたな創造的試みは一見、停滞したかに見える。しかし、日本の宗教文化史のうえできわめて大きな足跡を遺した融通念仏の運動における、絵巻という媒体によった文化創造は、ここで終息したのではなかった。

室町時代後期に至って、融通念仏は、自ら「宗」と称して、その拠《よりどころ》とすべくあらたな縁起絵巻を創出した。それが『融通大念仏亀鐘縁起』絵巻である。本稿は、この縁起絵巻を、中世末期における融通念仏のあらたな宗教テクスト創成の運動を表象する宗教図像テクストとして、改めて読み直してみたい。その創造とはいかなるものであったか。また、それは当時の融通念仏にとって、いかなる役割が期され、意義を持つものであったかを問うてみたい。

一　『融通大念仏亀鐘縁起』絵巻の概要と諸本

『融通大念仏亀鐘縁起』絵巻（以下、『亀鐘縁起』もしくは『縁起』とも記す）には、室町時代に制作された二種の伝本がある。天文九年（一五四〇）の施入識語が付される西光寺（大阪府柏原市）本と、およそ同時代の大念佛寺（融通念佛宗本山）本である。西光寺本は、以下に示す施入識語以前、それと大きく隔たらぬ頃の制作と見られ、絵巻としての本縁起の歴史的な成立を位置付ける座標となる重要な遺品である。また装訂も原装状態を留め、さらにこれを納める施入者の識語を銘した麻袋も付属している。中世縁起絵巻の伝来や機能を知る上でもきわめて貴重な事例であり、その墨書銘もあわせて掲げる(3)(図1・2)。

右、國分田邊之大念佛之道場ニ寄進ノ者也／奉為慈父了道禅門三十三廻追善者也／天文九年丙子二月廿二日施主春誉尼

(詞書奥書施入識語)

奉寄進縁起、為慈父了道禅定門菩提／(阿弥陀三尊種子)／于時天文九年丙子二月廿二日　施主春誉尼

(納袋墨書施入識語)

西光寺本は現状では前半に詞書が、後半に絵がまとめて継がれてそれぞれ一括されているが、本来は絵と詞各一二段から成る一巻の絵巻である。復元される各段の構成には、次のような標題が仮に付されるだろう。

一、鳥羽院御所での鏡の鐘改鋳と良忍下賜
二、石清水八幡宮の神人夢告と法明への神勅
三、石清水八幡より宝物搬出と交野での法明への授与
四、上人交野下りの始まり
五、法明の法華持経
六、法明への賀古教心房の夢告
七、法明の渡海に悪風に遭い鐘を沈む
八、賀古教心遺跡にて大念仏興行
九、帰路の鳴保崎にて亀出現し鐘を返す
十、法明、亀に十念を授く
十一、鞍馬多聞天の名帳に諸天神祇万民鳥獣結縁

図１　西光寺本絵第十二段・寄進識語

十二、亀鐘の功徳

「亀鐘縁起」の題のごとく、全体は、鐘制作の由来から始まり、その功徳を讃える結びに至る、鳥羽院より良忍上人の賜った鐘を巡る伝来が、中興法明上人の事蹟を中心に説かれる。その前半は、一旦失われた鐘をはじめとする宝物が法明上人の許に授与される、石清水八幡の夢告がもたらす奇蹟であり、後半はその鐘が海に沈められ亀が出現して返却する、賀古教心（信）の夢告にいざなわれる不思議が説かれて、これにより「亀鐘」と名付ける、その縁起として結構される。

西光寺本の絵巻としての特徴は、一巻という小規模ながら多彩な世界を表現することである。その主な構成要素は、内裏（院御所）、社殿社頭（石清水八幡宮）、山野路辺（交野）、草庵（法明上人家）、海と波浪（鳴保崎、湊）、市庭（賀古）、船舶に加えて、諸天神祇以下鳥獣に至る、上下貴賤から森羅万象が描かれる対象となる。縁起絵としてのモティーフにおいても、夢告（僧形八幡と教心房の影向）や顕現（宝物出現と亀の涌現）、そして諸尊集会の曼荼羅的な図像など、各種の位相に及んでいる。

絵は、比較的速筆で明瞭均質な墨線による確かな描写で、輪郭も乱れがない。人物や建物も的確に描かれて生彩があり、淡彩でやや略筆ながら力量のある絵師の手になるものである。風景には、山岳や土坡などに淡墨で輪郭線を引き彩色中心であらわす部分があり、樹木や波浪などに類型化した単調な趣がある。建築は正面観や破風を概念的にあらわすなど略画的な側面があるが崩れはない。全体として専門の技倆を備えた画家によって作画されたものである。

一方、詞書は、絵巻の詞として書かれたものであり、読みやすい字体で行取りも整っているが、能筆とは言い難く生硬な書風である（**図3**）。本文の傍には後筆朱書の片仮名訓が付され、また第六段と七段および一二段の後に後筆の書き込みがある(4)が、これらは本来の縁起本文には存在しない加筆である。なお、詞書のみの写本に、堺市北花田の澤池家蔵本がある。その本文は、およそ西光寺本と同文である(5)。

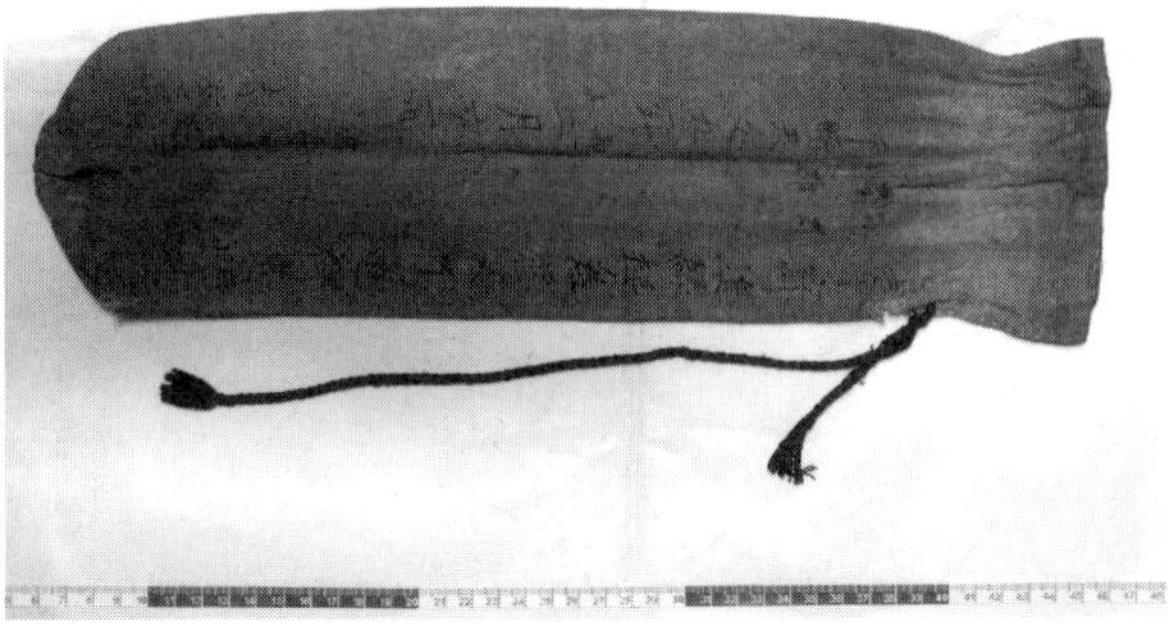

図2　西光寺本納袋

大念佛寺本は、西光寺本と同じく室町後期に制作された古絵巻である(6)。それは、端的に『亀鐘縁起』絵巻として完成されたテクストであると言ってよい。巻末に、元禄八年（一六九五）、大念佛寺四六世大通上人の要請により、近衛家熙が詞書をその祖近衛殖家の筆蹟と認める識語が付され、本紙など他には全く識語が無く、その真偽を確認できないが、詞書は堂上家流の流麗で見事な筆致であり、然るべき能書の手になるものと思われる（**図4**）。その構成は、西光寺本の第三、四段を一続きとし、詞の第四、五段の部分を第四段として続けて書いており、結果として詞は一一段となっている。また、最終段の亀鐘図はこれに無い。詞書本文は、西光寺本と基本的に同文であるが、僅かな異同があり、特に第一段末尾の一文がこれには無い（この異同は次章に後述する）。絵は、一見し

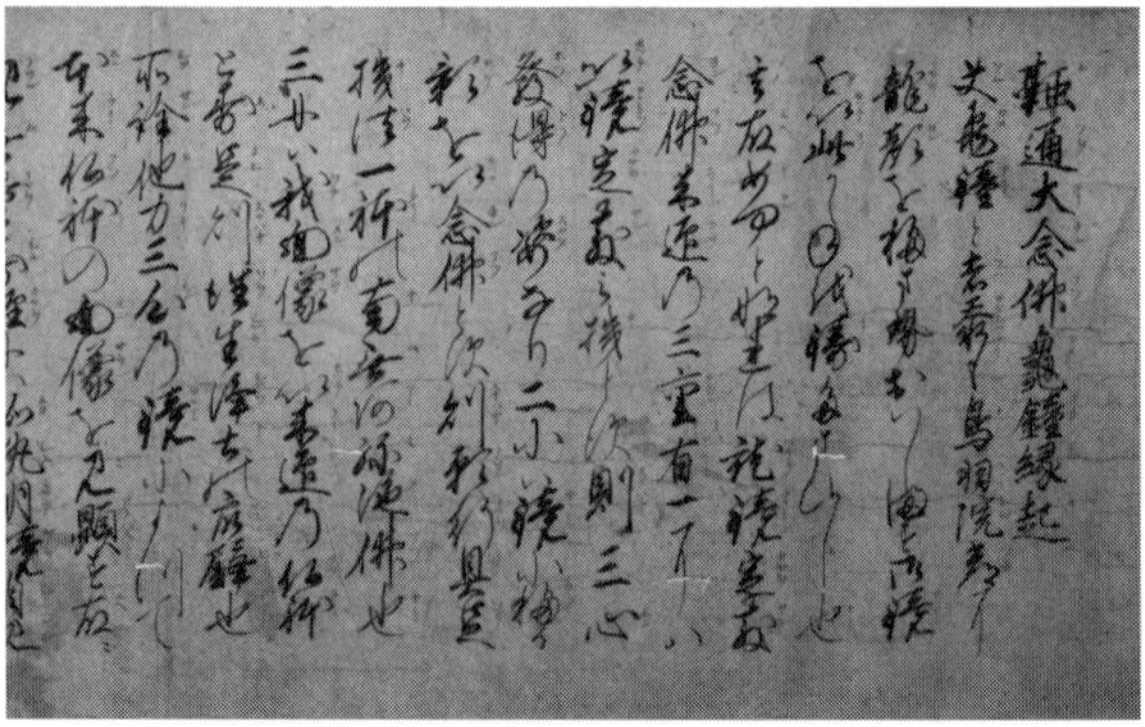
融通大念佛亀鐘縁起

図３　西光寺本詞書第一段冒頭

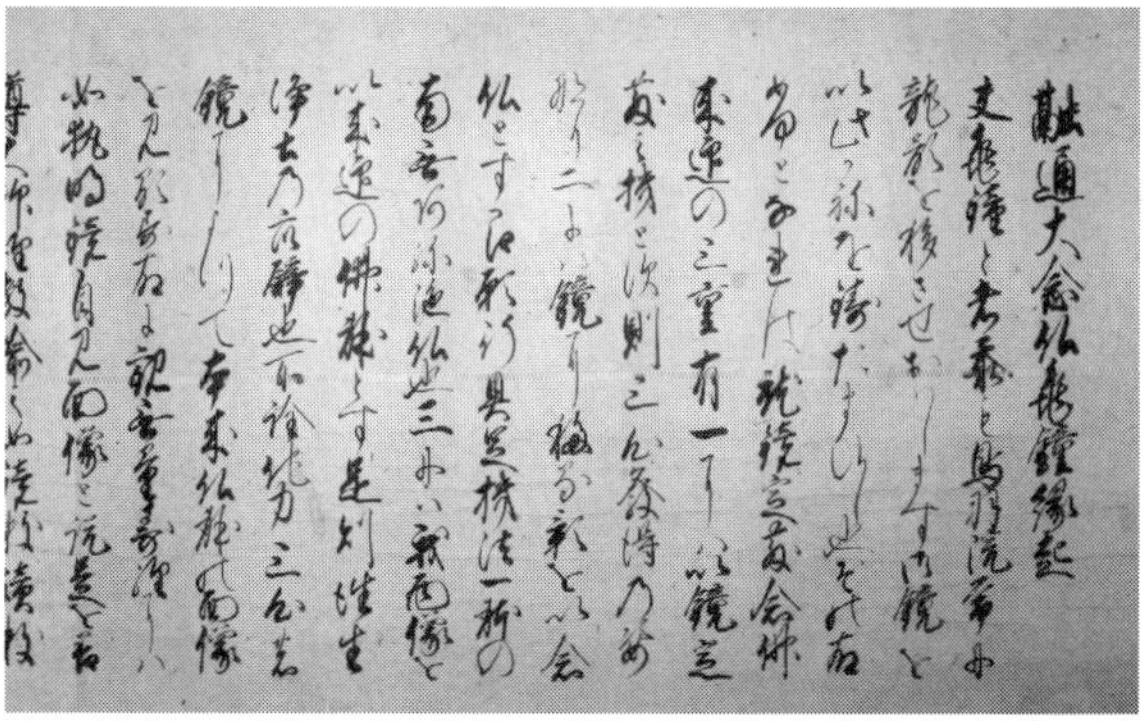
融通大念仏亀鐘縁起

図４　大念佛寺本詞書第一段冒頭

て練達の専門画家によるものと判る、丁寧に描き込まれて整った本格的な作画である。西光寺本と基本的に共通する画風だが、より洗練されている。輪郭線は西光寺本より細いが精確で、定規を用いて線を引く。濃彩で要所に金泥を用いている。構図は、西光寺本と共通しながらも、随所で異なった角度や配置をとり、または人物等をより多く描き込み賑やかである。樹木や草花も細やかに描かれる。すなわち、西光寺本を元に意識的に変更と洗練を加えていることが比較して明らかであり、大念佛寺本の後出性を示すものである。

　両本の絵を比較すると、説話絵巻としての画面構成において、西光寺本に比して大念佛寺本が工夫を凝らし、高度な達成を示していることが見て取れる。その一端を挙げてみる。

（第一段）御所（内裏の南殿）を正面観から斜め構図に変える（鏡が鋳物師の手に渡るところ、鏡が良忍に渡されるところも変える）（図5・6）。

（第二段）石清水八幡宮社殿の破風のみを示す側面観から斜め構図に変える（僧形八幡神から放たれる光明を金泥を用いて荘厳化する）。

（第三段）石清水八幡宮社殿をより精細に描き、社頭景観も男山らしく構成する。

（第七段）賀古教心遺跡に五輪石塔の塚を配し、市庭の描写をより精細にする（大念仏の僧衆を増し、市に集う群衆に変更を加える）。

（第八段）亀が鐘を銜《くわ》える姿から頭に頂戴する姿へ変える（詞の文の変化と呼応し、抹消して描き直した痕跡あり）。

（第十段）諸尊集会の構成と配置を変え、より多勢で華麗に荘厳する（神祇鳥獣の増加など）。

その結果、同じ縁起絵ながら全体に賑やかに荘厳され整えられた作品となっている。ただし、西光寺本にはむしろ初発的な絵の力に満ちた魅力があり、両本の対比を通して、この「亀鐘縁起」絵巻の形成過程の運動を捉えることができることは貴重である。

大阪平野の法明寺に大念佛寺本と全く同じ絵相の絵のみの一巻が伝わり、これは大念佛寺本の下絵にあたる、同じ絵師の筆に成るものと思しい土台（白描で一部に淡彩を施し、随所に彩色指示の注を書き入れた）である。ただ注目されるのは、最末段の亀鐘図がこの本には備わっていることである。(7) この絵も西光寺本と異なり、背景を加え、鐘（鏡）を見て顔を映す鳥羽院と思しい人物は、西光寺本が黒い衣冠束帯で笏をとり威儀を正して坐す姿に対し、法明寺本は風折烏帽子に狩衣の立姿で全く印象は異なる（大念佛寺本にこの亀鐘図が無いのは、失われたのでなく、後述するが、詞の内容から推せば、法明寺本のごとく改めた図様が採用されなかった可能性が高い）。

絵巻としての大念佛寺本の特徴は、料紙において絵と詞の区切りを紙継で分けず（つまり、あらかじめ絵と詞を別

図5　西光寺本絵第一段

図6　大念佛寺本絵第一段

料紙に作り、繋ぎ合わせることをせず）、同一料紙に続けて書かれることである。これは、あらかじめ一定の継紙を用意して詞を書いた後に絵を描く、絵師と書き手が緊密に連携し一体となって制作したことを示すものと思われる。それは、必ずしも単なる模写であることを意味しない。下絵としての法明寺本の存在を念頭に置けば、むしろ清書本として周到な準備の上で完成された証ではなかろうか。同様に詞と絵が同一料紙にまたがるように繋がれて書き、描かれるのは、正和本『融通念仏縁起』絵巻（シカゴ、クリーブランド美術館本）の特徴でもある（ただし、正和本ではスヤリ霞など絵の上に詞が重ねて書かれており、さらに有機的な繋がりを示している）ことは興味深いところである。

両本は、『亀鐘縁起』絵巻成立段階の荒削りではあるが生動する活力を感じさせる西光寺本と、それがより工夫洗練されて整った完成形態を示す大念佛寺本という好対照の関係として位置付けられるだろう。同一系統の伝本でこうした複数の位相を示すものは、中世絵巻の遺品としても珍しいと思われる。それは、『融通念仏縁起』絵巻がきわめて豊かに展開する諸位相の遺例を生み出したことを前提とすれば、その蓄積の上に生み出されたものと言うことができるだろう。

『亀鐘縁起』絵巻は、近世に複数の写本が作られた。それらは、いずれも西光寺本の写しである。天理市蔵福寺に二本（各一巻）が伝わる[8]。甲本は慶長一七年（一六一二）、乙本は万治四年（一六六一）の奥書識語があり、共に大和国添上郡蔵庄村大念仏講衆の所持になるものであった。甲本は「絵供無永法師書与《ニ》申也」と識語にあり、ほぼ西光寺本と等しい図様で、詞も原態のごとく一二段に配され、本文も共通する忠実な書写である。絵は一見して素人の手になり写し崩れと省筆はあるが、原本の趣を伝えている。乙本も同様に西光寺本の転写本であり、奥書に「御本寺宝物之図一句一字《モ》相違无之者也」と大念寺の広空倍巌の書写識語を付すが、詞は仮名から漢文体に半ば書き改められている。絵も写し崩れがあって西光寺本からさらに離れており、甲本以上に素人の手になる、原本を直接参照したとは言い難い、いわゆる奈良絵風の絵巻となっている。

奈良市徳融寺に蔵する一本は、その奥書に当寺五世良道（承応元年〈一六五二〉より寛文一一年〈一六七一〉に住持を務めた）の寄付識語があり、その頃の制作とみてよい、やはり西光寺本の写しである。写し崩れはこれにも認められるが、そこに描かれる人物が当世風の風俗となるなど、独自の変化を見せるところがある。また、この絵巻には、同じ筆者と絵師による『融通念仏縁起』絵巻二巻が一具として伝来しており、これも独自の表現と詞を示す絵巻である。なお、寺には宝物として亀鐘が亀型の台座と共に伝わっているのも、縁起絵の果たすべき役割を想像させる。

以上の『亀鐘縁起』絵巻伝本が、いずれも近世初期に専門絵師の手によらずに作られ、奈良の融通念佛宗寺院に伝来することが注意される。特に徳融寺は、近世初期までは摂津と河内の六別時からは独立した、禅林寺系の融通念仏に属しており(9)、以降も奈良における有力な七カ寺の筆頭であった。それらに伝わる絵巻が平野大念佛寺にある『亀鐘縁起』として完成形態をもつ本山の絵巻に拠らず、むしろ「国分道場」として、大和川沿いの在地の大念仏道場に伝来した絵巻にもとづいて流布するのである。そうした享受のあり方こそが『亀鐘縁起』の絵巻としてのはたらきを鮮やかに物語っているといえよう。

二　『融通大念仏亀鐘縁起』絵巻を読む——詞と絵のテクスト分析——

西光寺本と大念佛寺本『亀鐘縁起』絵巻を、詞書と絵の双方の次元から、両者が有機的に結びついて一体となったテクストとして読むことを試みよう。それを通して、この縁起絵巻が、図像を含む諸言説の体系として、どのような構造を構築し、またいかなるメッセージを発信しようとするのか、それを読み解いてみたい。そのとき、亀鐘を介した「融通大念仏」の縁起とは、いかなる起源《はじまり》を語るのだろうか。

『亀鐘縁起』全一二段の詞の大きな特徴は、それが全体として法明上人の伝記をあらわすものではないことである。そこには、法明上人の誕生や往生をはじめ、伝記としての基本的な要素が全く備わっていない。つまり、もとより祖師伝ではなく、その点は良忍上人伝でもある『融通念仏縁起』との大きな違いである。本文中には、法明上人の事蹟を含め、年代は全く示されない。西光寺本の後筆書き入れが法明上人の事蹟として「元亨三年癸亥」などの年代を含むのは、その信憑性とは別に、そのような『縁起』の無時間性になにがしかの座標を据えたかったのであろう。そうした本質的性格の上で、『縁起』が説き出すのは、良忍上人の融通念仏勧進へ最初に結縁した鳥羽院が、自らの影を映した所持の鏡をもって改鋳せしめた鐘（融通念仏の具としての鉦鼓）を良忍上人に下賜し、それが末代に伝えられるという鐘の縁起である。その輪郭のもとに、『縁起』は亀鐘の流伝により成り立った「大念仏宗」の転変が法明上人を中心に説かれている。すなわち、鳥羽院より良忍上人に授かった宝物としての鐘は、数代の上人（その厳賢―明応―観西―尊永とは、正和本『融通念仏縁起』に言う「本帳」を相伝した上人の名をそのまま用いている）に「次第相承」され、やがて「中絶」し、「此大念仏宗、しばらく退転し畢」（第一段）という。ここに明示される融通念仏の「大念仏宗」を相承する上人の霊宝としての鐘（これは院より「此鐘相伝の念仏の行者、末代大念仏の上人と号すべし」との「勅定」によってその正統性を保証する根拠となった）の縁起は、以下に鐘の一連の転変と法明上人をめぐる出現の奇蹟をあらわす。その「中絶」と「退転」（第一段）により「行方しらず悉失畢」となった鐘を含む霊宝は、ある時、石清水八幡の夢告と「神勅」を経て法明上人に「悉請取」られ（第二段）、この「御経聖」とも呼ばれる法明上人により「大念仏宗再興」が果たされる（第三段）。次いで、法明上人による「大念仏宗相続」をうながすべく往生人賀古教心（信）房による夢の啓示がなされ（第五段）、上人らは賀古の教心遺跡へ赴き大念仏を興行、その途上で鐘を龍神に奪われるが、大念仏の功徳に応えて亀となって出現した龍神が返却し、この奇瑞により「此大念仏宗を末代守護し奉るべき誓約」を示す（第十一段）。最後に、それゆえこの鐘が「亀鐘」と名付けられ、その功徳が讃えられて一篇は結ばれる。つまり、この縁起は亀鐘に象《かたど》られた「大念仏宗」の相承／

退転／再興／相続／末代守護の過程を法明上人を介して開示するのである。

『縁起』は、如上の「奇特」「不思議」を物語りつつ、その随所において「其故」を説き釈す教義的言説を挿入する(10)。第一段は〝鏡の三重義〟というべき釈で、「他力三心の鏡」をもって鐘に籠めたとする。第二段は〝弥陀本誓願〟を釈し、後の上人がこれに背き「自力三業の修行」に執した惑いにより鐘が失せたとする。第四段はもうひとつの宝物である良忍以来の法華経についての〝花菓の重〟を釈し、そのうち普門品こそ法華観音（弥陀）同体の証であり諸経諸行が念仏に収まることを説く。第五段は教心が夢に八幡大菩薩の御告として示す「如来の本懐」が三世諸仏の内証に叶う故を「一切善悪凡夫念仏往生」の理と説く。これを契機とした亀鐘の「不思議」霊験を受けて、第一一段に「此大念仏は、三界の衆生悉心を運び、信仰を致さずと云事なし、其故は」として鞍馬多聞天の勧進により悉皆名帳に結縁すべき理が述べられ、その結びが亀鐘に託された龍神の「末代守護」の誓約だとするのである。最終段の〝亀功徳〟釈は、いかにも唱導文的な修辞を用いて鐘の功徳を讃嘆し、「此亀鐘の功徳なり」と結ぶ。それらの解釈は、『観無量寿経』をはじめ善導の『観経四帖疏』など経疏の本文を引きつつ重義を明かす教相的な理の言説であって、それが亀鐘の「奇特」の物語言説と絡み合い、あわせて周到に法明上人を中興とする融通大念佛「宗」の成立と永続を約束するのである。

その過程は、一貫して石清水八幡による「御告」ひいては「神勅」がうながしている。亀鐘を中核とする「霊宝」の授与が八幡の「神慮」によるものであるばかりか、法明上人の夢に現れた教心房の示現も「今度、八幡大菩薩の御告として」と語り始められるのであり、鐘の出現から「亀鐘」としての感得に至るまで、すべては八幡に導かれてのものとするのである。

ここに、詞書本文の細部にわたるところだが、前述した西光寺本と大念佛寺本の異同について検討しておく。その差異は、『縁起』における「大念仏宗」再興の担い手としての法明上人の認識に関わるものとして注意されるからである。第一段の末尾、「此鐘相伝の念仏の行者、末代大念仏の上人と号すべしとの（鳥羽院の）勅定也」に続き、西光寺本は、「依之、当時に至るまで、代々参内不及、無智の在家入道を大念仏の上人と号する也」と結ぶのだが、大念佛寺本はこの一文を欠く。さらに第三段、西光寺本では夢告により宝物を携えた八幡の神人たちと交野で法明上人が邂逅して名乗るところ、「我は深江の法明と申在家入道にて候」という。次いで宝物が授与されるにあたり、（辞退しようとする）法明上人の詞として、「かゝる在家入道の身として、いかでかたやすく上人の位には上るべき」というところ、これを大念佛寺本はいずれも「無智入道」とする。それは、さきの第一段で大念佛寺本に欠く本文に含まれる「無智の在家入道」の語とも共通し、どれも法明上人の身上に関わる詞であることが重要である。おそらく、西光寺本のごとく中興の法明上人、ひいてはその後継者たる歴代の大念仏上人たちを「在家入道」とする規式（慣習）を、ことさら「無智入道」に改め、また朝廷に参内せずとも自立した「在家入道」が上人位を継職する融通大念佛の「宗」（衆）としてのありかたを、大念佛寺本は本文を最小限省くことによって変更を加えた。それはおそらく、意図的な改変であったろう。

『亀鐘縁起』にとって何より重要なのは、これが絵巻として、詞書が構築する論理を絵がイメージにおいていかに表象し、かつ二つの水準を統合した上で、どのようなメッセージを創り出しているか、ということであろう。以下に、順次各段の絵を（前述した両本の差異も含めて）読んでみよう。

（第一段） 鳥羽院の御所は、内裏の南殿として描かれる。向拝と階《きざはし》を備えた寝殿の左右に桜と橘が植えられ、「花菓の重」を象るかのごとくである。院の姿は見せないが、その許で大臣が渡した鏡を鋳物師たちが庭の一角に設けた仮屋の中で鐘に改鋳する場面と、出来上がった鐘を大臣が良忍上人に授与する場面とが、異時同図の技法であらわ

図7　西光寺本絵第二段

図8　大念佛寺本絵第二段

されている（**図5・6**）。大念佛寺本は御所寝殿を画面の左へ斜めに寄せることで南庭を隔てて仮屋と向かい合い、また庭上で鐘を賜る良忍が殿上に昇っているところにその位置を高めようとする意図がうかがえる。御所中での鋳造の光景は、中世に繁栄した河内国の鋳物師集団が、内裏の燈炉供御人として天皇の綸旨などを携え特権を主張して活動していた姿を重ねることもできるだろう。

（第二段） 石清水八幡宮において、八幡神が神人たちへ夢告する場面に加え、同時に深江の在所の法明上人にも神勅が下される場面を、左隅に同時にあらわす。構図の中心は八幡宮の神殿上に顕現した僧形八幡神（日輪を戴く立姿）から放射状に光明が放たれ、その朱線は社内に寝ている神人や社僧、児にまで等しく夢告が及ぶ様を示し、その一端がやはり草庵の中で就寝姿の法明上人に届くようにする（**図7・8**）。大念佛寺本は、その社殿描写を破風のみならず、より本格的にし、神から放たれる光も金泥でより強調し、この奇瑞を全体に荘厳する。この夢告（神勅）場面は、中世祖師絵伝などで霊験をあらわす説話画の文法に則して応用されていよう。たとえば、万福寺旧蔵（西本願寺蔵）親鸞聖人絵伝第五幅の熊野本宮において、参籠中の平太郎真仏に証誠殿本地阿弥陀如来が社殿上に顕現して夢告する場面が想起される。それにも画面全体に仏から放たれた光明が遍満している。

（第三段）石清水八幡宮の神殿は、扉が開かれ、正面の机上に出現した御宝物（霊宝）が並べられてその顕現を示す（**図17**）。獅子と狛犬がその両脇に控えるのも、内裏の随身に等しい図像として宝物の守護を示す。大念佛寺本はこの宝物を社僧と禰宜が拝見する姿を加えるほか、幣殿の屋根をあらわすなど全体に社殿の描写を参詣人も添えて男山らしく精細にあらわす（**図18**）。社頭から宝物を長持に入れて運びだした神人の一行は、途上で男山に赴く法明上人と遭い、再び路上に陳列して法明上人に授与する。西光寺本はこの一連の出来事が山野を縫う路上で生起し、三場面をひとつの画面に連続して展開するようにあらわす（**図9**）。

図９　西光寺本絵第三段

図10　大念佛寺本絵第三段

（**第四段**）法明上人の一行が神勅を蒙って男山に向かう「交野下り」の姿を、左から右へ、第三段の石清水へ志向するように意識して描く。一行は大きな長い袋を捧げるが、これは今も伝承される御回在の本尊をあらわすものだろうか。大念佛寺本は、この交野下りを第三段の画面と繋げて一体化し（**図10**、以下に異なる大念佛寺本の絵の段数を（）内に示す）、さらに長大な画面とすると同時に、交野における法明上人の宝物授与の場面を中心に、男山社頭から淀川沿いの交野の路辺が、遠く北摂の山並を背景に一層開かれたパースペクティブで展開されており、この路次こそ融通大念仏にとって神聖な中興《はじまり》の意義を帯びた空間であることが、効果的にあらわされる。なお、法明上人ともう一人の僧は帽子を被せられている。

（**第五**（四）**段**）法明上人が家で法華経を前に坐す場面。草庵は柴垣と縁側の水甕壺で象られ、それは第二段左の草庵と共通する。これにより法明の「在家入道」（西光寺本）としての姿があらわされ、それは亀鐘と並んで、良忍上人以来の「御経聖」つまり持経者としての聖《ヒジリ》という天台の学解の伝統を受けた上人（つまり、決して「無智入道」ではない）であることを示そうとするのである。

（**第六**（五）**段**）同じく法明の草庵で、教心房から夢告を蒙る場面。虚空より僧形の教心が雲に乗じて影向する。その雲は教心（信）の往生人なることを示すものか。これは『融通念仏縁起』で良忍上人が阿弥陀如来の教勅を蒙り、また僧に化した鞍馬毘沙門天の訪問を受けるところと重なるが、より平俗に「在家入道」として、その先達であり「弥陀の再誕」としての沙弥教心の夢告に替えるのである。

（**第七**（六）**段**）法明上人一行が難波浦から播磨の賀古へ渡海する場面。海上で悪風に翻弄される場面（恐れる上人たちと水手楫取の姿）と、次いで上人が鐘を投ずる場面が、二艘の船に分けて、右手に重畳する雲と波浪の中に配される。大念佛寺本は雲のみで山を描かない（**図19・20**）。波はただちに収まり、穏やかに岸へ着く船が、上陸する一行と共に同じ画面の先にあらわされる。波浪の海中を渡る高僧の船をめぐる奇瑞の劇的場面は、『華厳縁起』絵巻以来、説話絵巻のモティーフとしてナラティブな絵画文法の伝統があり、それをよく弁えて作画されたものと思われる。

（第八（七）段） 賀古の教心房の遺跡において大念仏する法明上人一行の場面は、市庭の中で貴賤群集のうちに催されるところを描く。念仏衆はすべて僧で、時衆の踊念仏と異なり鉦を打ち整然と右繞する姿であらわされる。西光寺本は、その市に集い念仏を見物（結縁）する人々の姿を、室町後期当時の風俗による衆庶の諸階層として描くうちに、尼、入道、乞食と共に、琵琶法師、猿曳《さるひき》、鉢叩（放下）など芸能民の姿を交える（**図11**）。彼らが融通念仏に親近する存在であることは、早く正和本の良忍名帳市中勧進の場面に暮露《ぼろ》や放下らしき者たちが登場し、やがて良鎮勧進本でそこに乞食を含め各種芸能者

図11　西光寺本絵第八段

図12　大念佛寺本絵第七段

図13　西光寺本絵第九段

図14　大念佛寺本絵第八段

が往来し、ついに明徳版本の嵯峨大念仏が催される清凉寺の境内に貴賤集の中に同様な芸能者の立ち交じる系譜(11)を、明らかに継承するものだろう。ところが大念佛寺本は、そこに彼らの姿を省いてしまう。乞食も追い出され、大念仏を見物するのは尼入道と女子供ばかりである。代わりに西国三十三所巡礼が登場する。その一方で、市庭の賑わいは一層盛んになり、店棚に並べられる商品や取引も、茶を一服する姿も細やかに描かれる（**図12**）。ことに注目されるのは、おそらく教心の塚と思しいところに石造五輪塔をランドマークとして目立たしく建立し、その元で大念仏を興行するように描く点である（なお、西光寺本系統の蔵福寺本や徳融寺本では、大念仏の環から法明上人だけ一人離れて小屋掛けの中に入って念仏衆を見守り音頭を取るようにしているのは面白い。これは大和の大念仏の風儀を反映するものだろうか）。

（第九（八）段） 上人一行の帰りの船路に、海上で亀が鐘を銜えて浮かび現れる。船は平らかな海であるのに応じて帆を上げている（**図13・14**）。西光寺本は詞書の「鐘を口にくはへて」の通りに描くが、大念佛寺本は「鐘を頂

図15　西光寺本絵第十一段

図16　大念佛寺本絵第十段

上して」と改まり、絵もまたこれに応じて一旦口に銜えた鐘を抹消し頂戴するように修正を加えている。亀は甲の上に蓬莱山を戴く吉祥図像であるが、大念佛寺本はこれに金泥を加えてその聖性を強調するように荘厳する。

〈第十（九）段〉は、法明上人が亀に十念を授け、亀が上人の船を見返りながら行き別れる場面で、あえて二段に分けて描かれる。それは、ここで「亀鐘」の来由を明示強調するためなのであろう。

〈第十一（十）段〉鞍馬多聞天を中心とした名帳結縁の場面は、『亀鐘縁起』絵巻全体の中で唯一、曼荼羅的な宗教図像の性格が全面に押し出されるところである。詞は、「是等の事、前代未聞のふしぎと言いながら」と如上の霊験をしめくくり、その上で、「元来、此大念仏は」

と良忍以来の鞍馬毘沙門の名帳勧進に諸天神祇から「万民鳥畜に至るまで」結縁する有様を、多聞天ならぬ広目天（法明誕生伝承に広目天の化身とする説が反映されたものと松浦氏は解釈される）(12)のごとく名帳を持った尊天を中心に、山野と虚空のあいだに諸尊集会の相をあらわして、この絵巻全体を荘厳する（**図15・16**）。大念佛寺本はその集会を、左右に瑞鳥を飛翔させて一層豪華な変相として飾る。それはまた、明らかに『融通念仏縁起』絵巻上巻末尾に位置する神名帳段の諸天神祇集会結縁を踏まえているのだが、その、正和本以来の社頭図像をもって国中諸神をあらわすというユニークな発想はここでは採られない。唯一の掛幅本として伝わる安楽寺本がその中心に毘沙門天に結縁する諸神を垂迹図像として描くのと同じく、西光寺本では、第二段と等しい僧形八幡に加えて、老翁姿の住吉明神と神鹿に現ずる春日明神の三神である。大念佛寺本には、これに祇園牛頭天王と伊勢雨宝童子が加わり、なお神鹿は御正躰の神鏡を載せる白鹿として描かれる。神祇の選択基準は明らかでないが、八幡を別格として、融通念仏の流布基盤である摂津と河内および大和を代表する住吉社と春日社が択ばれ、さらに京洛と全国を代表して祇園と伊勢が追加されたものか。大念佛寺本は、この曼荼羅的画面を大尾として一巻を締めくくり、第十一段は詞のみが置かれる。

（第十二段） 西光寺本は、絵巻の結びに、亀の功徳を説いた言葉に対応した図として、亀鐘（亀の甲が鏡となる、むしろ「亀鏡」というべきもの）を前にした貴人がその顔を鏡の面に映している姿が描かれる。束帯姿で笏を執った貴人の面《おもて》は、眉を作り明らかに化粧しており、おそらくこれが第一段に「常に龍顔を移させおはします御鏡」の様にあたるのだろう。この鏡を賜って鐘に鋳た、それが念仏の奇特不思議を経て亀鐘とあらわされた相を、ここに一篇を集約するように象った図相なのである。鏡に己の顔を映して見る姿とは、特異なものかと思われるが、物語説話図像の中では決して稀ではない（徳川美術館蔵『掃墨《はいずみ》絵巻』など）。ただし、それが帝など王の「龍顔」であるのは、きわめて珍しい例といえよう。大念佛寺本がこれを省くのは、あるいはその禁忌に触れることを慮《おもんぱか》ったものか。下書きにあたる法明寺本の、より卑俗で滑稽でもあるように鳥羽院を描く図様では、なおさら採られなかったことであろう。いずれにせよ、西光寺本がこの図をもって『亀鐘縁起』絵巻の結びとするのは、まさに王から示された末代の亀鏡ならぬ亀鐘を、融通大念佛宗の霊宝《レガリア》として大切に護持して伝えよ、というメッセージなのであった。

三 『亀鐘縁起』プレテクストとしての『大念佛寺旧記』

室町後期、西光寺本において絵巻として成立した『亀鐘縁起』は、どのような過程を経て縁起テクストとして形成されたのか。前章において見たように、この縁起における「融通念仏」は、自らを「大念仏宗」と称している。その本寺としての大念佛寺が、中世の当時においては挽道場として六別時によって構成される大念仏の集団の間を移動する独特の行儀を保っていたことは、周知のところである。近世に平野郷に定寺化する以前の大念佛寺にその完成版として『亀鐘縁起』が備えられるより以前、この『亀鐘縁起』が生み出される背景には、いかなる縁起説が伝承されていたのであろうか。

「大念佛宗」を唱え、その根拠として本寺たる「大念佛寺」の、良忍に発しながら中絶し、法明上人による中興と亀鐘の縁起とをあわせて説くのが、延宝九年（一六八一）成立の『和州旧跡幽考』巻四に収める「大念佛宗大和国本寺」と始まる一文である。その末に「くはしくは大念佛寺旧記に見えたり」とあり、その「旧記」からの引用とみられる。この文献は、『融通念仏信仰の歴史と美術』資料編に収録されているものの、従来さして重要視されていない。成立や伝来が明らかでなく、その所説を位置付けるのが困難であったからだろう。

この「大念佛寺旧記」が一五世紀に遡る記録であることを、奈良の在地資料から明らかにするのが、小林健二氏の紹介された斑鳩町五百井《いおい》の大方《おおがた》家に伝来する『大念佛寺旧記』である(15)。大方家は、中世の大和国人武士として官符衆徒筒井氏の家臣であった大方秀保を家祖とする。秀保は、順慶、定次に仕え、戦国大名筒井氏が断絶した後に帰農してその故地に定住し、近世には大庄屋であった。多数の家蔵文書と典籍を伝えるが、その中に『大念佛寺旧記』の内題を持つ一巻が含まれ、「文明十四壬寅年　大方五郎」と奥書にあり、文明一四年（一四八二）写本と知られる（小林氏は近世の転写本と判断されるが、その内容は文明年間当時の成立の可能性を否定しない）。この大方家本は、『和州旧跡幽考』所引本文とほぼ同文であり、そのことは、『大念佛寺旧記』が中世末期から近世初期の大和において、一定の流布を見せており、かつ室町中期には成立していたことを強く示唆するものであろう。『和州旧跡幽考』（以下、『幽考』とも記す）では、冒頭に「大念佛宗は、大和、摂津、河内などにのみさかりにして、外の国にはなし。それ故、大和国の本寺七ヶ寺をあらはす」とあって南都徳融寺以下七カ寺の在所を挙げるが、これは同書の編集句というべきであって、それ以下が本来の『大念佛寺旧記』であろう。その起筆部分を、大方家本を元にしながら、『幽考』所引本文をもって補い、異なる文を対比させながら示そう。

融通大念佛想（惣）本寺ハ、摂津国カケ郡ノ ニテ 大原山（諸仏）護念院大念佛寺トイウ。（基は）開山良忍上人、ソレヨリノチ六代中絶セリ。中興開山（は）同（摂津）国深江郷（村の）法明上人ナリ。

以下の共通本文は、融通大念仏であり、かつ大念佛寺縁起でもある良忍伝と、中絶の後の法明上人の中興、そして亀鐘の縁起伝承から成っている。その最後に「大念佛寺旧例」として、大念佛寺と吉野蔵王堂の儀礼伝承を記す。ただし、大方家本の最末尾の「本山住持ハ八別寺ヨリ相続スルコト古レイ（例）ナリ」の一文は、『幽考』にはない。この『大念佛寺旧記』（以下、『旧記』とも記す）の、良忍伝と「大念佛寺旧例」の間に記される、中興法明上人の事蹟、すなわち前半の八幡神託・宝物授与と、後半の亀鐘伝承の段りが、『亀鐘縁起』に相当する内容である。以下に、その本文をさきと同様の形で示すことにする。[16]

中興開山法明上人《ハ》、（摂津国）深江（村）《ノ》俗ナリ。男山八幡菩薩《ノ》神託《ニ》マカセ、山城国ニヲモムキシニ、《が》河内国ナス作リノ屋《茶屋にして》ニテ、人アマタ寄合ケリ《伴ふにあひけり》。其内《ニ》翁アリ。ヲキナイハク《それがいふやう。翁はいづくにか行上人は侍らず》。深江（村の）法明上人トイウヲシレリヤ《いふめる》、シラサリケルニヤト。翁イハク《翁聞て、さればさある》。寄合内《ニ》、法明トハ《といふは》我名ニテ（侍る）、我昨夜瑞夢アリテ《ありし程に》、男山八幡《エ》マウテントイウ《まうでなんとおもひたち侍れ》。サテソナタハ、何国へ行トトエハ《いづくよりいづかたに越給ふにや》、（されば）コナタハ《やうのものは》、男山八幡《ノ》神人ナリ。昨日アマネク夢見ケレハ《る》、八幡《ノ》社内《ニ》、融通念仏《ノ》祖師良忍納メヲカレシ《おさめられし》、一佛十菩薩ノ画像幷亀鉦鞁《鼓》、持経《ノ》法花ナトアリ。深江（村の）法明上人、融通念仏ヲ弘ムル志アリ《ひろめ給ふべき時なり》。カノ上人ニコレラノモノヲアタエヨト（の）瑞相ニマカセ、深江（村）法明ヲタツネシカ《をたづねしが》、扨《ハ》ソナタニテサムロウヤ《さまの事にこそ侍らめ》、（皃かたち）誠夢《ニニ》タカハツ、神勅幸ナリ（とて）、カノ宝物ヲエサセタリ。法明、瑞夢モサニテサムラエハ《侍れば》、イト、ウトク請タリ《ぞうけたりける》。此時《ノ》請取渡シノ證文、八幡山杉本坊《ニ》アリ。ソノ時、元亨年（中）《ノ》比ナリ。神勅《ノ》上人号ナレハ、綸旨ヲモ頂戴ナク、代々上人ノ位ヲ（ぞ）ツカレケル。抑、一佛十菩薩ノ画像ハ、自然出現ニシテ社内ニアリ。亀鉦鞁《鼓》トイウハ、鳥羽院ノ御鏡《かゞみ》ヲ良忍上人《ノ》御布施《ニ》給ハリシカハ、御菩提ノ縁トモナレカシトテ、鉦鞁《鼓》ニソ鋳ラレケリ《る》。一トセ上人、（摂州）芦屋ノ浦ヲ漕ワタリケルニ《わたられ》、波風ハケシク、船アヤウカリケレハ、此鉦鞁《鼓》ヤ龍神ノホシカルニコソアラメトテ、波ニソ入ラレケル。ソレヨリ追風ヲタカヤカニ着岸アリ。其後、芦屋ノ浦ニシテ、鉦鞁《鼓》恋シク見ワタサレケルニ、亀イタ、キテ鉦鞁《鼓》ヲ（ぞ）奉ケル。（是より亀鉦鼓とは名づけられしとなり）又、天ヨリ降臨ノ旗一流アリ。

扨、大念佛寺《ハ》他力融通ナリシヲ、良忍上人《ノ》門弟子、嵯峨《ノ》清涼寺ニシテ自力融通ノ法ヲ立ラレケルヨリ後、六代中絶シケルトカヤ。

この末尾の一節は、さきに引いた『旧記』冒頭の、融通大念仏が良忍より六代で中絶し、法明上人によって中興するという前置きと呼応するもので、如上の叙述がその経緯《いきさつ》を明かすという縁起説の枠組を成している。その縁起説は、良忍が男山（石清水）八幡宮へ納めた宝物を八幡の神託によって法明上人に授与される前半と、宝物の由来を説く後半とに分かれ、後者で亀鐘（「亀鉦鞁〈鼓〉」と表記する）の伝承が語られる。宝物については、「一佛十菩薩ノ画像幷亀鉦、持経ノ法花ナド」に「天ヨリ降臨ノ旗（幡）一流」が加えられる。いわゆる天得如来画像については、後段で「自然出現」と言うのみで、持経の法華経については全く言及がない。この点は、『亀鐘縁起』が、（画像や幡については絵にこそ描くが由緒を何も触れない代わりに）法明上人が良忍以来の「御経聖」でもある来由を持経につけて説く法華観音同体の釈を一段を費やして詳述するのとは、全く対象的である。だが、全体として基本的な構成は『亀鐘縁起』と共通しており、より単純な伝承の姿を示している。さらに両者の比較を試みよう。

前半の八幡神託宝物授与のところで、大方家本にはいささか書写の混乱があるが、八幡神人たちと交野茄子作で行き逢った「翁」法明上人とが問答するその詞のうちに、「瑞夢」の神勅の趣と宝物の存在が開示されるという説話の叙法は、すでにこの伝承が久しく語り継がれ練り上げられたものであったことを想起させる。特に、小林氏の考証が備わるところであるが[17]、その結びで男山の杉山坊にこの時の上人の宝物の「請取渡シノ證文」が伝わるということは、法明の大念仏上人としての正統性を保証する文書としての証文（顕密仏教の法流でいえば印信血脈に伴う譲状などに相当する）の存在が、現在の石清水八幡宮寺の一坊に伝来すると具体性をもって示されることは興味深い。加えて、それが元亨年中（一三二一—二四）のことであると、歴史の時間上に定位することが『旧記』の大きな特徴である。これらの、法明上人の中興の事蹟とその存在を歴史上に根拠付ける要素は、前章に指摘したように『亀鐘縁起』には全くなく、夢告に始まる邂逅の奇蹟に終始し、いわばその神話的な神授説を前面に押しだすのである。さらに、これを当時の大念仏上人たちの「交野下《くだ》り」という聖蹟巡礼の風儀（先例）によって、そのはじまりを再現する儀礼を通して記憶する習いを加えるのも『縁起』の側の特色である。

後半の亀鐘伝承は、その結びに（大方家本にはない）「是より亀鉦鼓とは名づけられしとなり」と、亀鐘命名の由来として締めくくる宝物縁起唱導の型をもつ。この縁起説における、『旧記』と『縁起』の最大の相違は、何より『縁起』において、この説話の契機となり導き手である賀古の教心（信）の法明上人への夢告によるその遺跡参詣のことが、『旧記』では全くないことである（この、「在家入道」たる念仏聖の先達であり往生人の祖であった教心沙弥の夢告の中で、八幡の教勅が更に示されるという、いわば二重の証誡を『縁起』は説いており、亀鐘伝承に絡めて法明上人へ正統性を付与する装置は周到に構築されている）。むしろ、『旧記』はこの伝承の素朴な形を端的に示している。鳥羽院が御布施として良忍に下賜した鏡を、上人が鉦に鋳直したというプロセスは、院が内裏で改鋳せしめ鐘として良忍に賜ったという『縁起』とは逆のかたちである。また亀が龍神の化身であることは、その前に芦屋浦で龍神の所望と鉦を沈めることが語られるので察せられるわけであり、その亀が鉦を戴くことは、西光寺本の口に銜えるのとは異なり、むしろ大念佛寺本がわざわざ絵を訂してまで改めるところに重なるのは興味深い。

『旧記』において無視できない、『縁起』との関係でとりわけ注意される一節が、前後の中間に位置する、「神勅ノ上人号ナレバ、綸旨ヲモ頂戴ナク、代々上人ノ位ヲツガレケリ」という主張であろう。法明上人の神勅による宝物伝授を介して、上人号を継職する大念仏上人の地位は、「綸旨」すなわち朝廷の承認に拠らない、いわば無縁の自律的結衆の代表であることを表明しているのであろう。それは、石清水八幡の権威のもとでの神人集団の特権とも何らかの繋がりがあったのではなかろうか。ともあれ、これは、前章で指摘した、『亀鐘縁起』における西光寺本と大念佛寺本の重要な異同の焦点となる箇所に引き継がれる。すなわち、第一段の末尾で良忍が鳥羽院より亀鐘と共に「大念仏の上人と号すべし」と勅定を下されたことを受けて、「依之、当時に至るまで、代々参内不及、無智の在家入道を大念仏の上人と号する也」の一文で結ばれるが、これは前述のように大念佛寺本では削除されているのである。「綸旨」や「参内」によらぬ上人号の由緒は、大念仏の伝統なのであり、そのうえで「宗」を唱える特権を表明しようとしたはずである。その立場と主張を根拠付けるのが、八幡神勅による宝物授与であり、さらに支えるのが、亀鐘の伝承、すなわち鳥羽院より賜ったレガリアとしての鏡／鐘がなお龍神の奪取と返却授与によって聖化される重層的神授の縁起説であった。これを成り立たせる決定的な一文を、惣本寺である大念佛寺に納められた完成版たる大念佛寺本が省いたことは、『大念佛寺旧記』の立脚する中世的な社会と世界観からの「大念佛宗」の変容を示すものと考えられるのである。

『旧記』は、最後に一節を加えて、大念佛寺は「他力融通」であったが、良忍の門弟子が嵯峨清凉寺において「自力融通法」を立てたために六代で中絶した、とことさらに強調する。言外に、この中絶からの「中興」が如上の『旧記』の法明上人の事蹟であることを示し、それがやがて『亀鐘縁起』成立に至るのである。ここに、清凉寺が良忍上人の融通念仏を継承しながら、その中絶の責を負わせられるのに注意しなくてはならない。そこにただちに想起されるのは、清凉寺に融通大念仏を創めた十万上人導御の存在であろう[18]。南都出身の律僧として法隆寺や唐招提寺の勧進活動を行った導御は、後に洛西法金剛院を復興し、文永八年（一二七一）には『釈迦堂大念仏縁起』で嵯峨の大念仏会を発願し、弘安二年（一二七九）に始行する。その念仏行儀の特徴は、律僧出自の聖らしく「持斎念仏」で戒律を保ちつつ念仏を営むことであった。『旧記』の「自力融通法」とは、あるいはこれを指すものか。

清凉寺の融通大念仏はまた、同じく大和で勧進活動を始め、後に嵯峨三宝寺に拠った良鎮による明徳版本『融通念仏縁起』絵巻の大尾として、その縁起と理《ことわり》を詞に述べつつその盛況を描き、あらたな『融通念仏縁起』を代表する中心的宗教空間となる。何より、清凉寺本『融通念仏縁起』絵巻という朝廷・幕府の結縁による国家的作善としての融通念仏の記念碑的宗教テクストの成立は、(19)ここがその活動の拠点であったことを雄弁に物語る。これを、『旧記』は「中絶」として、法明上人による「中興」のみを強調する。ひいては『亀鐘縁起』も同様な認識を示す。その意味で、一五世紀半ばでの「清凉寺」へのこの言及は、きわめて示唆的である。それはちょうど、清凉寺本で頂点を迎えた『融通念仏縁起』絵巻の発展的継承の営みが停滞した後のことである。

応仁・文明の内乱を経て公武の権威が凋落した後、摂津、河内、大和をその基盤としたあらたな「融通大念仏」の運動が湧きおこる。それは、「惣本寺」として「諸仏護念院」号を継承した大念佛寺を中心とする各地の「在家入道」たちによる別時念仏衆に担われ、かつて良忍上人から融通念仏を「請取」った導衆ら不断念仏衆の系譜に連なり、古く後白河皇女宣陽門院御願になる摂津味原牧に建立された「草堂」に由来する在地の大念仏集団であったらしい。(20)醍醐寺本『融通念仏縁起』の寛正六年(一四六五)奥書にその縁起をしるしづけた彼らは、一五世紀後半に至り、「在家入道」の代表としての法明上人を自らの中興の祖として、世上に姿をあらわし、さらに一六世紀前半、あらたな縁起絵巻の創造を通して、その活動を世に示すことになった。『大念佛寺旧記』と『亀鐘縁起』絵巻の間には、そのような水面下の飛躍が秘められている。

四　仏教神話としての『亀鐘縁起』絵巻

融通念仏の中世から近世にかけての展開の中に、『亀鐘縁起』を位置付ける必要があるだろう。そのために、中興としての法明上人をめぐる諸伝と対比して、この縁起の位相を確かめてみたい。

法明上人の故地、深江の法明寺に伝わる元和元年（一六一五）『法名上人由来』では、元亨元年（一三二一）、上人四二歳の時、庵室に光明照曜し、その方を尋ねれば（石清水）八幡宮の宝殿より出る光であり、ついで良忍上人の「御宝物」の所在を霊夢に示され、交野茄子作の松に良忍感得の如来（天得如来画像）を神勅により拝請し、以来毎年「茄子作行」絶えず、という。さらに「是《レ》レ従《リ》、法明上人帰二入《シテ》融通念仏《ニ》一。委《クハシク》可レ見《ル》二亀鐘《ノ》縁起《ヲ》一」と、『縁起』と相互補完の関係を示すが、上人の事蹟をことごとく歴史的時間の中に布置するのは、『亀鐘縁起』と全く対照的である。

堺、北花田の澤池家（『亀鐘縁起』詞のみの写本を伝える）所蔵の寛文八年（一六六八）『法明上人記』は、八幡が法明上人に託宣し、汝に三宝を授け、仏宝の尊容を本尊として日輪に向かうごとくに拝せと告げる。法宝は一切経、僧宝は五戒と六時唱名と示す。また所々の大念仏は吾氏子、寺々は吾宮、仏道をもって神道を顕す理を説き、神仏一致の許に法明上人の出生と使命を教える。さらに、三韓より応神天皇の賜った「三尊十一光仏」とともに、「善女龍王《ノ》亀鉦賜《ハル》二龍神《ヨリ》一」と加えて、神仏習合としての大念仏を説く一環に亀鐘を位置付けている。

大阪、南中嶋の浜村源光寺は、ここも「融通大念佛宗」として『亀鐘縁起』の詞書のみの写本を伝えていた寺[21]であるが、その本尊縁起である正徳六年（一七一六）『天筆如来略縁起』は、賀古教信上人以来の「生身如来」本尊を法明上人が教心の夢告により付属され感得した「天筆如来」の縁起で、亀鐘には全く言及しない。

守口の佐太来迎寺は、融通念仏の有力な拠点のひとつであったが、宝永三年（一七〇六）『河内国大庭庄紫雲山来迎寺縁起』は、また異なった法明伝を示す。これは行教による石清水八幡宮遷座縁起から始められ、石清水に参籠した法明上人への八幡の夢告は、康永元年（一三四二）のこととされ、融通念仏の理を示し、さらにその証を祈念すれば、光明照曜し白馬に乗った八幡神が示現して鞍馬毘沙門天の神名帳を授け、なお「神記」を蒙って石清水への途上、交野で神人と行遭い、「神勅」により宝殿に納める「御本身」をそこで拝受することになる。それは「一には御本身の三尊、二には仏形の舎利、三には行教和尚の紫衣、四には鉦鼓、五には金字の法華経なり」と伝えるが、亀鐘については全く言及がない。同じく八幡と法明上人の夢告と神勅による宝物授与の縁起を説くが、その根拠となる霊宝を全く異なるものに定めて語っているのである[22]。

もうひとつ、丹南町の諸仏山護念院来迎寺の『河内国丹南郡来迎寺御本仏略縁起』を参照してみよう。これは六別時のひとつ、十箇郷辻本別時の大念仏集団の縁起であるが、ここで法明上人へ元亨元年に霊告を授けるのは、当地の菅生天満宮の天神（菅公）である。天神の持念する「融通念仏一尊の画像」が示現して霊樹に掛かり、これを「御本仏」として和光垂迹の善巧方便、神仏不二の習合の霊像であるという。ここには亀鐘どころか鐘自体も言及されない（なお、その儀礼テクストであり、神名帳と和讃を含む『村々念仏会縁起』も同様である）。

こうして一覧すると、河内と摂津を中心に展開した融通大念佛「宗」を構成する六別時の周辺でも、この『亀鐘縁起』が必ずしも等しく共有されていたのではないことが見えてくる。その流布は限られた範囲であり、他の別時や大念仏では、全く異なる本尊と宝物およびその縁起を説いていたことを認めなくてはならない。

改めて『亀鐘縁起』絵巻における「御宝物」を見れば、その「一々《いちいち》」は、中絶退転に際して一旦は失せた「御本尊、法華経、鐘、幡、縁起等」（第二段）と名目が示されるのみで、それらの具体相や縁起は説かれない。もっぱら亀鐘の縁起が展説される中に、法明上人をまた「御経聖」と称す由来として良忍の持経であった法華経に言及する（第四段）ばかりである。それを絵は、第二段の石清水八幡宮社殿での出現と、神人が交野にて上人の前に備える場面において描くが、いずれも机上に並べられるのは、鐘のほかに長軸（御本尊）と短軸（縁起か）および幡で

図17　大念佛寺本絵第三段（部分）

図18　西光寺本絵第三段（部分）

あり（図17・18）、法華経については第五段に、法明上人の草庵で八巻を拝するところであらわされている。絵巻が説き示し、焦点化しようとするのは、持経の聖として大原の良忍の系譜に連なりながら、あくまでも融通念仏の霊宝として法明上人が感得した亀鐘にあり、その来由を上人の中興の事蹟として象ることにある。それは、如上のような他の本尊宝物と共通した、石清水八幡からの夢告や託宣を介した出現と感得を必須の課程として語り、つまり神授の霊宝のひとつとして挙げられ、融通念仏の数ある縁起伝承の一類型に属する。しかし、『亀鐘縁起』は、それらに還元することのできない、亀鐘の名に負う、鐘に関わる格別な由来をその眼目として語る。それが龍神の化身である亀からもたらされたとする縁起後半の「不思議」である。

一宗や一寺院にとっての霊宝が、龍神による奪取と、それが取り戻され寺に収まるまでの経緯《いきさつ》を説く寺院縁起の伝承類型は、古くからあり、きわめて永い歴史を経て受け継がれていた。それは、日本における仏法伝来の神話とも言うべき主題の許に繰り返される伝承であった[23]。それとともに、『亀鐘縁起』の主役である霊宝の亀鐘が、院の御影を宿した鏡をもって鋳造した鐘であることにも留意しなくてはならない。それは、帝の位を象徴する三種神器（重宝）のひとつでもある内侍所神鏡（天岩戸において皇祖神天照大神の御顔を映した、伊勢の御正躰ともいえる八《や》咫《たの》鏡《かがみ》）をただちに想起させる。この神鏡をめぐっては、中世説話絵巻のひとつ『直幹申文《なおもともうしぶみ》絵詞』に描かれた、内裏炎上に際して自ら難を遁れ、南殿の桜樹に懸かり、これを祈った小野宮実資の袖の中に飛び来って納め取られたという奇瑞でも知られるところである。[24]『日本書紀』神代巻や『古語拾遺』以来、神話の中で高天原における鋳造がその祭祀の始まりに説かれる朝廷のレガリアと亀鐘とは、この縁起において二重映《ダブルイメージ》しとして描かれているのではないか。

　三国に渉る仏法伝来伝承の説話モティーフとしてのあらわれは、すでに古代の『続日本紀』元興寺道昭伝に見いだされる。入唐した道昭が帰朝にあたり師の玄奘三蔵から仏舎利以下の法宝を授かったことに関連して、三蔵渡天の際、信度河を渡るにあたり、天竺で師より賜った鐺子《ナベ》を龍神の望みにより沈めたという奇譚が語られる（これはむろん『大唐西域記』などに見えない、伝承の次元で加上された求法譚の一角である）。元興寺はこうした伝承の淵叢であったらしく、平安中期に成立した醍醐寺本『諸寺縁起集』元興寺縁起の異伝は、金堂本尊弥勒仏像の三国渡来伝承で、東天竺生天子聖国の王が化人によって造立された弥勒仏の霊像を「古」（胡）国に渡そうと船を出すが、龍神がこれを望み漂没しようとするのを入道宰相の才覚と海人の働きで無事にもたらされたという。『今昔物語集』にも新羅国のこととして載せられた古い縁起である。[25]

　こうした仏法三国伝来の縁起と念仏唱導が結びついて中世に生み出されたのが善光寺縁起である。天竺毘舎離国月蓋長者の本願により、龍宮の閻浮檀金を用いて生身一光三尊弥陀如来を造るため、釈尊は目連を遣わして龍王にその許しを得る。この念仏守護の本朝最初の弥陀如来が、やはり鋳造された仏として日本では守屋大臣の破仏に遭

図19　西光寺本絵第七段

図20　大念佛寺本絵第六段

い、鋳物師に命じてタタラの中で溶かそうと試みる場面が、如来絵伝に描かれていることも、亀鐘の造られる始めの光景と響き合っている。

　仏宝としての舎利が日本に将来される、その渡海にあたって、奇蹟の表象として龍神の化身である亀が登場するのが、唐招提寺の鑑真が伝えた舎利をめぐる伝承である。それは中世に解脱上人貞慶が創めた釈迦念仏会の本尊として祀られ、その象徴的な荘厳として造立された金亀舎利塔に奉安されて今に伝えられている。その縁起伝承は、早く建久二年（一一九二）に成立した『建久御巡礼記』[26]に記され、鑑真来朝の渡海に臨み、所持の舎利を欲した龍神が悪風を起こし、やむなく舎利を海中に投じたが、和上の祈願に応えて亀が舎利を背に載せて浮かび上がり返し奉った、という。今も釈迦念仏の結願日には礼堂の東庇にこの金亀舎利塔が出御し参詣者に拝される習いだが、それは同じく龍神である春日明神に敬礼するゆえであると後世には説かれるようになった。[27]

このような、南都における仏法伝来をめぐり寺院縁起説の周縁に出没生起する、宝物の将来と龍神との争奪伝承の白眉が、猿沢池をはさんで元興寺の北に位置する興福寺の中金堂本尊釈迦仏の眉間珠の由来を説く、いわゆる海人《あま》の珠取り物語である。それは鎌倉時代末から南北朝にかけて、唱導説話として語られ、その舞台となった能『海人《あま》』や幸若舞曲『大織冠《たいしよくはん》』という芸能として展開する。(28) 中世宗教文芸の源泉のひとつとして、あまねく知られた伝承である。それは、仏教神話というべき伝承の巨大な潮流が生みだした文化の綜合的表象《トータル・イメージ》であったが、宗派や寺院の閾《しきい》を越えて、芸能によって汎く民衆の中に根を下し、また絵巻、絵本、屏風絵など視覚芸術の大きな主題となって大量に再生産され、享受されていった。(29)

室町後期に、南都にも大きな基盤をもっていた融通念仏が、自らを「大念仏宗」としてその中興上人の事蹟を宝物感得の霊験において説きあらわそうとしたとき、そこにこれらの仏教神話伝承がなお生命を持ち、息づいていたのを眼前にしていたはずである。

念仏聖の事蹟のうえで亀が舎利ならぬ宝物を浮かび上がって聖にもたらすという伝承は、中世遊行聖のあいだで共有された話柄であったらしい。すでに伊藤真徹氏が指摘されたところだが、(30) 一遍と同時代にやはり諸国を遊行念仏した一向俊聖（一二三九—一二八七）の伝記中に、それは見いだされる。近江番場の蓮華寺に居した同阿上人が嘉暦三年（一三二八）に著したとされる『一向上人伝記』(31)によれば、彼もまた八幡神と有縁の念仏聖であった。その第二巻、一向が豊前宇佐八幡に踊念仏を修した際、満ずる夜に大菩薩が出現し、鰐口一面を授けた。のち建治元年（一二七五）に薩摩より四国への渡海にあたり、海底に鱗《いろくず》まで結縁せしめんと磬打ち鳴らし念仏して船出すれば、風浪はげしく船を傾け撃破されんとする。船子は重宝あればこそ龍神が欲して海が荒れるのだと、所持の宝物をことごとく海へ沈めさせると、風は静まり磯へ漕ぎ寄せた。四国経廻の後、讃州洲崎の海で上人の夢に龍神化現の青衣童子が来り、上人の念仏の利益により三熱の苦患を脱れた報謝に、磬を返し奉ると告げた。明旦、遥かの沖より亀が口に磬を含み捧げると見れば、元の磬であった、という。これは蓮華寺の「亀歯鉦」の由来、つまり〝モノ語り〟の縁起となって伝承され、それが『一向上人伝記』の文脈に摂り込まれたのである。すなわちこれも、もうひとつの亀鐘縁起であった。寺宝である一向遺物《ゆいもつ》の磬（鉦）も、同じ伝承類型によって象られ聖性を帯びたが、この場合には鉦に焦点化するに留まり、一寺一宗の根拠を背負うほどの神話的聖遺物となるに至っていない。

なお後世にも、この同じ伝承類型が生き続け、繰り返し再生されたことを、やはり融通念仏の周辺において認めることができる。それは奇しくも、嵯峨清凉寺に所蔵される近世初期の縁起絵巻であり、そこでは鐘（鉦鼓）ではなく、本尊の阿弥陀如来像に関わる縁起となる。『棲霞寺縁起』絵巻下巻、本尊と一体となって伝来する「光仏《ひかりぼとけ》」の霊験譚を、絵詞によって抄録しよう[32]。

後宇多院御宇、遊行上人称念がこの光仏を信仰奉持し、四国に渡るため浪華江より船出し讃岐にいたり、風波はげしく船も覆らんとする。船人は上人の重宝を海人に手向けよと迫り、問答の末に上人は人の命を救う慈悲を求める船人の理《ことわり》に伏して、ついに本尊を海中に投ずる。その嘆きは甚だしく、悲しみに耐えず、入海して本尊に遇おうと覚悟し、翌夏に元の讃岐の方へ焦《こ》がれ出て海に身を投げようとするに、「おほひなる海亀のうかび出て、頭にあやしく藻をまとひたるものをいたゞき、たゞちに船に近づきよりて、法師のまへにつとさし入たりけり」。その藻中に光を放つを見れば、紛れもなく本尊であった。歓喜して奉持し、一同「此光仏の霊感をぞ感じあへる。是より亀頭《かめがしら》の如来と称すとかや」と、これまで見てきたのと等しい、霊宝の名の由来と霊験の縁起唱導の型によって結ばれる。清凉寺がかの金字塔というべき『融通念仏縁起』絵巻を蔵し、また室町後期には狩野派の画家による『清凉寺縁起』絵巻を制作し、なおさらなる本尊仏縁起を近世に絵巻として創りだした、そのなかに、『亀鐘縁起』の換骨奪胎ともいうべき縁起譚を再び絵巻化したのである。それは、たしかに亀鐘縁起伝承の典型を利用しながら、自らの世界に拉し来った所産であったが、その発想の底にはなお、根深い仏教神話の伝承の生命が息づいている。

おわりに

室町時代後期、日本にとって〝中世の秋〟ともいうべき季《とき》に臨んで、もっとも中世の宗教というにふさわしい融通念仏が「宗」の拠《よりどころ》として創りだした縁起絵巻は、まことに豊かな世界像を映し出す媒体であった。その主題であり象徴となった、はじまりを託された霊宝としての鏡／鐘は、末代に念仏の声を伝え生み出す具であると同時に、まさしくひとつの鏡として融通念仏の姿はたらきを写しとっている。それは、巻末に掲げられた亀鏡に映された貴人の面影のごとく、なお謎に満ちた問いかけを蔵している。いくつもの位相を示すこの絵巻は、その変奏や写しも含めて、融通念仏の創りだした文化遺産としての宗教テクストの典型として、厖大な『融通念仏縁起』の達成を補うばかりか、なお独自の価値とメッセージを発信している。ただ図像と文字の複合という以上に、中世に融通念仏を担う無名の「在家入道」たちが経た歴史の記憶《レガシィ》が、法明上人に託されて、その物語る宗教経験と奇蹟とに籠められている。それはまた、壮大な仏教の伝流に連なる無数の聖《ヒジリ》や上人たちの集合的な記憶の結晶ということもできるであろう。

註

（1）阿部美香「『融通念仏縁起』のメッセージ——正和本絵巻成立の意義をめぐって——」（昭和女子大学女性文化研

究所編『女性と情報』昭和女子大学女性文化研究所叢書第八集、御茶の水書房、二〇一二年）。
（2）阿部美香「中世メディアとしての融通念仏縁起絵巻」（説話文学会編『説話から世界をどう解明するのか』笠間書院、二〇一二年）。
（3）西光寺本の詞書翻刻は、元興寺文化財研究所編『法会（御回在）の調査研究報告書』（一九八三年）所収。奥書に見える「国分田辺大念仏之道場」は、西光寺の南一〇町ほど離れた場所に所在したと伝える（西光寺住職戸田孝重師のご教示による）。
（4）行昭一郎「『融通大念仏亀鐘縁起』と法明伝承について」（融通念佛宗教学研究所編『法明上人六百五十回御遠忌記念論文集』百華苑、一九九八年）第二章に亀鐘縁起の部分について諸本の異同を詳細に検討される。
（5）『堺市史続編』第四巻（一九七三年）。
（6）『融通大念仏亀鐘縁起』絵巻、西光寺本と大念佛寺本についての基本的な紹介とその位置付けについては、松浦清「融通念仏の三縁起絵巻」（融通念佛宗教学研究所『融通念仏信仰の歴史と美術―論考編』東京美術、二〇〇〇年）に多く拠った。大念佛寺本は同書『資料編』に収録される。
（7）註（6）前掲松浦論文に紹介される。
（8）大澤研一「融通念仏宗の大和国への勢力伸長について」註（4）前掲書所収。
（9）註（8）前掲大澤論文。
（10）『亀鐘縁起』の教義解釈説については、戸田孝重・横田兼章「法明上人伝の研究」（註〈4〉前掲書）に詳論される。
（11）阿部美香「結縁する絵巻――『融通念仏縁起』に描かれた〈他者〉の表象――」（加須屋誠編『図像解釈学――権力と他者――』仏教美術論集第四巻、竹林舍、二〇一三年）。
（12）註（6）前掲松浦論文。
（13）林宋甫編『大和名所記』（影印、臨川書店、一九九〇年）所収。
（14）註（6）前掲書、資料編。
（15）小林健二「大方家所蔵分家資料調査覚書（一）」（『大谷女子大国文』一八号、一九九八年）。
（16）註（14）前掲書所収の翻刻を参照し、国文学研究資料館所蔵マイクロフィルム「大方家資料」で原本をもって翻刻して、註(13)前掲書影印を使用し対校した。
(17) 註(15)前掲論文。
(18) 細川涼一「法金剛院導御の宗教活動」(『中世の律宗寺院と民衆』吉川弘文館、一九八七年)。
(19) 髙岸輝「清涼寺本『融通念仏縁起絵巻』と足利義満七回忌追善」(『室町王権と絵画』京都大学出版会、二〇〇四年)。
(20) 阿部美香「安居院唱導資料『上素帖』について」(『金澤文庫研究』三三六、二〇一一年)。
(21) 源光寺本(元禄三年〈一六九〇〉写本)。
(22) 註(4)前掲行論文(第三章「亀鐘伝承の異聞」)によれば、佐太来迎寺に定地する前身の楫《かじ》来迎寺の縁起が『問答法明上人一代記』に引かれ、その亀鐘伝承を紹介する。そこでは法明上人が賀古の沙弥教心の遠忌に請ぜられて赴くことになり、夢告のことは見えない。
(23) 阿部泰郎「仏教神話を遡る――珠・龍・亀――」(週刊朝日百科別冊『歴史をよみなおす 大仏と鬼』朝日新聞社、一九九八年)。
(24) 阿部泰郎「日本紀と説話」(『説話の場――唱導・注釈――』説話の講座3、勉誠社、一九九二年)。
(25) 阿部泰郎「『大織冠』の成立」(『幸若舞曲研究』第四巻、三弥井書店、一九八六年)。
(26) 藤田経世『校刊美術史料』上巻(中央公論美術出版、一九七〇年)。
(27) 『唐招提寺略縁起』(『大日本仏教全書』寺誌部)。
(28) 註(25)前掲阿部論文。
(29) 泉万里「唐船図の継承――『大織冠図屛風』をめぐって――」(『フィロカリア』五号、一九九八年)。恋田知子『仏と女の室町――物語草子論――』(笠間書院、二〇〇八年)、同『薄雲御所慈受院門跡所蔵 大織冠絵巻』(勉誠出版、二〇一〇年)。
(30) 伊藤真徹『平安浄土教信仰史の研究』(平楽寺書店、一九七四年)。
(31) 『定本時宗宗典』下巻(山喜房佛書林)。
(32) 嵯峨釈迦堂清涼寺に提供していただいた寺蔵資料による。

〔謝辞〕　本稿を成すにあたり、お導きくださった融通念佛宗大念佛寺の皆様、縁起の拝見と調査をお許しいただいた西光寺住職戸田孝重氏、徳融寺住職阿波谷俊宏氏、藏福寺住職北川全宏氏、摂州合邦辻えんま堂西方寺住職吉井良久氏、みくりや観音念佛寺住職浜田全真氏、大阪歴史博物館大澤研一氏、嵯峨釈迦堂清凉寺の大田晴昭氏、そのほかご教示を賜った多くの方々に感謝申し上げる。

なお、本論文は日本学術振興会科学研究費補助金基盤研究（S）「宗教テクスト遺産の探査と綜合的研究――人文学アーカイヴス・ネットワークの構築」（26220401）による研究成果である。

村落内念仏講集団・六斎念仏の諸相
——中世後半以降の動向を中心に——

奥野義雄

はじめに

中世村落内の念仏講集団には、六斎念仏をはじめ、双盤念仏や百万遍念仏など、講を組織したものがある。六斎念仏は鉦講とも称され、〈鉦〉のみを用いて念仏を唱和するところと、〈鉦〉と〈太鼓〉を使って念仏・和讃を唱えるところがある。

また、双盤念仏は〈双盤〉を叩き、念仏を称名する。そして、百万遍念仏は〈珠数〉を繰りながら、年配の女性たちが念仏（大半は六字名号）を唱える。

これらの念仏の集団は〈講〉を組織して、通常〈念仏講〉と呼称されているが、六斎念仏講（六斎講）、双盤念仏講（鉦講）、尼講（百万遍念仏講）、と呼ばれることもある。

念仏講は村落内の寺院と深くかかわっていたこともあるが、大半はかかわりが少ない。なお、念仏講はかならずしも真言宗系、浄土系（浄土宗・融通念佛宗など）に区別されることもない。ただ、村落寺院の宗派が関与していたと考えられる念仏講（奈良市秋篠の双盤念仏講では十夜や法然忌に双盤を打って念仏を唱和したという。六斎念仏講もあった。昭和一〇年以前）は存在していた。しかし、大半の念仏講集団は村落内の村人たちの任意の集団として仏教的行事に関与していたといえよう。ただ、村人によって組織された念仏講の講行事と寺院行事がかかわることは充分考えられよう。

つまり、念仏講の講員は、村落内寺院の宗派に属していることから宗派の行事に関与することはごく自然のなりゆきであろう（奈良県御所市東佐味の六斎念仏講は彼岸に真言宗寺院で念仏を称名する。昭和期まで）。

このように念仏講は、生成してきた村落にある寺院・宗派とかかわりを保ちながらも、念仏講独自の営みを続けてきた。だが、昭和期以後には、存続してきた念仏講の多くは、従来の講集団の形態・内容を変貌させて現在に至るものが少なくない。

ここでは、念仏講の現状把握に焦点を絞って言及することではなく、念仏講とりわけ六斎念仏講の生成期の状況と畿内での六斎念仏講の様子を若干垣間見ながら、中世後半以後の六斎念仏講集団の展開と中世後半以後にみる村落＝惣村社会での六斎念仏講の存在形態について検討していくことにしたい。

一　念仏講の生成と畿内の六斎念仏講集団

従来念仏講は〈念仏衆〉と呼ばれ、一三〇〇年代以前には〈一結衆〉と称されていたが、一三〇〇年代には〈一結衆〉〈念仏衆〉の名称は並存していたことが、講衆碑と呼ばれる祈念碑によってわかる。

そこで、祈念碑の金石文の銘文事例を畿内に絞って二例ほど掲げることにしよう。

まず、正中二年（一三二五）四月日銘の五輪塔の地輪部分に「大願一結衆」「念仏衆敬白」という金石分（刻文）があり、正中二年には、〈一結衆〉〈念仏衆〉が並存していることを示している（奈良県山添村大西の郷墓所在）。また、時期がずっと下るが、これも五輪塔地輪部に享禄五年（一五三二）六月一五日銘の刻文があり、地輪部左右に「念仏講」「一結衆」という金石文がある。この地輪部下部に横並びに四人の人名（泰如／実空／実盛／静恵）が刻文され、いずれも僧侶であったと考えられる。

一結衆と念仏衆の呼称が、一三〇〇年代から一五〇〇年代に至るまで継承されていることがわかるが、一六〇〇年代以後は「一結衆」の呼称・刻文はほとんど消え去って、「念仏講」「六斎念仏衆」などの名称・刻文が多くなってくるようである（一二〇〇年代には、「結衆」「一結衆」「念仏結縁衆」などと称されていたことが、善光寺念仏用途の寄進状〈『鎌倉遺文』第七巻、五〇五五号文書〉、奄治花園寺念仏料田寄進状〈『鎌倉遺文』第八巻、五四五二号文書〉などから窺える）。

〈一結衆〉や〈念仏衆〉、そして〈念仏講〉や〈六斎念仏衆（講衆）〉などの講集団の存在は、数多くの講碑によって提示し得るであろう。

そこで、畿内で多数存続してきた念仏講である六斎念仏講に焦点を絞り、大和と山城を中心にして、六斎念仏講の様相を窺っていくことにしたい。ただ、大半の念仏講の多くは講自体の消滅、講衆減少にともなう講運営の縮少、そして講運営の形骸化（講行事の縮少化から進んで講衆の集まりの減少なども含め、講自体の活動の弱体化）をもたらしてきた。つまり、この事態が昭和末期から平成初期の六斎念仏講の状況である。それゆえ、ここでは昭和期中頃から後半に至る時期（昭和四〇年代から昭和五〇年代まで）の六斎念仏講の様相を提示することになろう。

まず、大和と山城の地域に絞っていくが、さきに摂津（大阪府）・近江（滋賀県）・紀伊（和歌山県）の六斎念仏講を一例ずつ掲げておきたい。

箕面市止々呂美の村落には、〈ヒッツンツン〉とも呼ばれる六斎念仏講があり、八人衆によって太鼓四つと鉦二つで、発願文をはじめ念仏が唱えられていた。また、池田市旧尊鉢の村落では、太鼓四つ、鉦四つで、和讃や念仏が唱えられていた。箕面市隣接の池田市の六斎念仏講では持ち物の数に差はあるが、太鼓と鉦である(1)。

また、大津市真野の村落に六斎念仏講があり、太鼓と鉦が用いられる。この真野法界寺の六斎念仏には、シゼン念仏・ハクマイ念仏・オロシ念仏の三種類の念仏があり、春秋彼岸・地蔵盆・十夜・葬式などの行事に二つないし一つの念仏を唱えた。法界寺が関係する真野六斎念仏※は京都の干菜寺系統とみられる（京都の空也寺系統の六斎念仏は、朽木谷針畑の村落にあり、太鼓と鉦を用いる(2)）。

日高郡みなべ町晩稲《おしね》の村落に伝わる六斎念仏講※は、六、七人の講員によって盂蘭盆行事の期間に光明寺地蔵堂で念仏和讃を高唱する。晩稲の六斎念仏講では鉦に合わせて念仏を唱える講員は、往時には十余人であったが、現行の行事運営時は五・六人になってきた(3)。

摂津・近江・紀伊の三地域の六斎念仏講の様子を一例ずつ示してきたが、太鼓と鉦で念仏と和讃を唱えるところと、鉦のみで念仏を称名するか、鉦を打ちながら和讃を称名するところがある。また、六斎念仏講は各地域によって異なるが、七、八人の講員のところと四十余人の講集団のところがあり、講員数を断定することはできない。では、大和と山城の地域での六斎念仏講の昭和期後半までの状況はどのような様子を呈していたのであろうか。

そこで、大和の各地に存在している（存在していた）六斎念仏講について五例ほど提示していくことにしよう。

まず、六斎念仏講と講運営行事の一つである盂蘭盆での六斎念仏の称名に出会った御所市東佐味《ひがしさび》の村落にある六斎念仏講※を挙げることにしたい。

東佐味の六斎念仏講は、昭和五〇年当時には八人ほどの講員であり、村落内の念仏講員および旧講員の家を盂蘭盆の期間に二組に分けて盆供養のために鉦を叩き念仏を称名していく。念仏講の運営行事には、毎月の輪番宿（ヤド）での集会、盂蘭盆（八月）、春秋彼岸（三月と九月）、十夜、葬式に関与して、六斎念仏を称名する。

このように東佐味の六斎念仏講は村落内の講員関係者のために六斎念仏――シヘン・ハクマイ・バンドウ・シンハクマイ・シンコロ・ソオロシの六斎（曲）――を行事に応じて鉦を打ちながら称名する（平成の時期には、講員の高齢化と死亡により休止）。東佐味の念仏講の行事で村寺（真言宗）とのかかわりはほとんどなく、彼岸に寺本堂で六斎念仏を称名する程度である。

次に奈良市八島と藤原の村落の六斎念仏講※の状況を窺うことにしよう(4)。

八島と藤原の六斎念仏講はいずれも太鼓と鉦を打って念仏を称名する。八島ではハクマイ・バンドウ・シセンの三斎（鉦念仏）とサイノカワラ・ジゴクゴクラク・ミタツカン（?）の三斎（太鼓念仏）であるが、藤原では鉦による念仏はこれら三斎ともに伝承され、サイノカワラの和讃は現存している。

八島と藤原の村落とも六斎念仏を称名する行事として、涅槃会（二月）・春秋彼岸・盂蘭盆・葬式・講員集会があり、いずれも講員数は十余人ほど（八島）と八人ほど（藤原）に減少している。

八島と藤原の六斎念仏講は村寺とのかかわりはほとんどなく、講衆の宿《ヤド》でおこなわれている。この二つの六斎念仏講以外に、奈良市域には、大安寺・法華寺、秋篠、佐紀の村落内にも六斎念仏講※があるが、ここでは割愛して、次に他地域の六斎念仏講を一例ずつ掲げることにしよう。

まず、京都市域の六斎念仏講の一つである上京区千本の六斎念仏を挙げることにしたい。この千本六斎念仏講※は太鼓と鉦を打ち、加えて笛を鳴らし念仏や和讃を称名する。六斎念仏講は盂蘭盆の精霊迎えの時期から二三日の地蔵盆の頃までの期間に活躍する。この時期に営まれる六斎念仏は、他地域の六斎念仏と異なり、太鼓・鉦・笛が打ち鳴らされて、〈囃子〉のような状況を呈し、念仏・和讃が詠唱される。〈六斎踊〉と呼称され、身振り・手振りのある六斎念仏である。

京都市域には、千本六斎念仏と同様な六斎念仏講が一三ほどあり、土蜘蛛や獅子の出てくる六斎念仏もある。京都市域の六斎念仏講を掲げると、千本六斎念仏をはじめ、壬生（中京区）、嵯峨（右京区）、梅津（右京区）、桂（右京区）、西七条（下京区）、西京極（右京区）、小山（北区）、西賀茂（北区）、上久世（南区）の六斎念仏講とともに、中堂寺（下京区）、吉祥院（南区）、西院（右京区）の六斎念仏講※などがあり、六斎念仏を鉦や太鼓に合わせて称名する様態とは異なり、あたかも芸能的要素を帯びて六斎念仏を詠唱する特色を帯びている。

次に、吉祥院と千本の六斎念仏講の特色ある六斎念仏を中心に挙げることにしたい。吉祥院と千本を含む京都六斎念仏は、他地域では見られない風流的（芸能的）色彩を帯びているが、六斎念仏は〈発願〉の念仏和讃の称名から始まって、〈阿弥陀打ち〉の念仏和讃の称名で終了する。この六斎念仏の演技曲目一五曲目の間に、〈なにわ〉〈道成寺〉〈素雅楽〉〈山姥〉を豆太鼓で、〈萬歳〉〈砧〉〈法縁祭〉を四ツ太鼓と豆太鼓で表現し、〈願人坊〉を手踊りで、また獅子による〈獅子太鼓〉〈獅子碁盤乗り〉や蜘蛛による〈蜘蛛の精〉なども六斎念仏の演技曲目※として営まれる。とくに、獅子と蜘蛛の六斎念仏の演目は芸能的要素をもち、京都六斎念仏の特徴であると言っても過言ではない。

このように京都市域の六斎念仏講以外に、山城地域にもいくつかの六斎念仏講が存在しているが、〈講〉としての機能を喪失して保存会（老人会他）によって復活しているところもある。たとえば、木津川市加茂町仏生寺、木津東、八木町神田《こうだ》にも六斎念仏講※が現存し、盂蘭盆あるいは地蔵盆、そして村寺または墓地などで六斎念仏が称名されるが、それぞれの六斎念仏講（擬似講といえよう）によって営まれる行事対象は若干異なる。ただ、仏生寺・木津東・神田の六斎念仏には太鼓と鉦が用いられている（仏生寺六斎念仏は地蔵盆では鉦念仏であった）。

このように畿内の六斎念仏講（含擬似講）と六斎念仏の行事の営みと鉦・太鼓などの念仏用具などについて垣間見てきたが、六斎念仏講や六斎念仏の様子を充分に示し得なかったことはご容赦いただきたい。

ただ、畿内の六斎念仏講や六斎念仏の状況については、すでに公にしているので詳細はそれらに譲りたい(5)。

ところで、この六斎念仏講と真言宗あるいは浄土宗または融通念佛宗の村寺とかかわりは明確にしがたいが、融通念仏と六斎念仏の関係は、講員が称名する〈バンド〉の「ユウヅウ　ネンブツ　ナムアミダァ」「ユウヅウ　ネンブツ　ナムアミダアンブツ」という文句によって窺える。「ユウヅウ　ネンブツ」云々という文句は〈シンバクマイ（シンハクマイ）〉にもみられ、融通念仏とのかかわりを示している。

では、次に六斎念仏講の生成時期以後の六斎念仏講の展開を、念仏講碑に遺された金石や古記録から検討していくことにしよう。

二　中世後期以後の六斎念仏講集の展開――主に大和の六斎念仏講の講碑から――

畿内の六斎念仏講の状況を垣間見てきたが、ここでは六斎念仏講が、中世後期（とくに一六世紀以後）から近世初期に至る時期にはどのような様子を呈していたかについて、現存する念仏講碑や講所有の古記録などを検討しながら六斎念仏講の歩みを窺うことにしよう。

まず、念仏講碑ではないが、一六世紀の六斎念仏講衆が遺した六字名号碑の銘文には、「□□（六斎カ）念仏衆」「永正九年壬申三月」という銘文が五輪塔残欠に陰刻※※されている。また、「永禄八年乙丑八月廿日」「法印権大僧都　真尊」「法印権大僧都　実遍」「権律師　快遍」「勧進六斎念仏之衆（この後に「良珍」「弥三郎」などを含み二二名の講衆の名前がある）」という銘文※※が吉野山勝手社の梵鐘にみられる。そして、

「慶長十七壬子年三月二十六日　道玄　妙春（改行）道観　道西」

「南無阿弥陀仏」

「六斎念仏衆　道□（改行）道□　道裕（改行）道春　弥六」

という銘文※※もある。

永正九年（一五一二）、永禄八年（一五六五）、そして慶長一七年（一六一二）に六斎念仏講が遺した金石文を見るかぎり、寺僧に加えて在家僧と考えられる念仏講員の名が刻まれている。ただ、在家僧でない庶民層の名も多くあるが、庶民層を中心にした六斎念仏講にまで至っていないことを示唆しているのかもしれない。

このような六斎念仏講の状況から視野を転じて、念仏講所在地域での講集団の展開について講碑から考えていくことにしたい。

そこで、念仏講が遺した講碑などの金石文の銘文を奈良市の法華寺六斎念仏講の事例から窺うことにしよう。その銘文には、

①慶長十七年十二月十三日
法華寺□（六カ）斎衆十人（多数の人名を刻む）

②和刕法華寺村念仏講中
寛文十一歳

（下略）

③于時嘉永六癸丑年七月

南都法華寺六斎念仏講

という文言※※があり、法華寺六斎念仏講の歩みを見ると、慶長一七年（一六一二）から寛文一一年（一六七一）を経て、嘉永六年（一八五三）に至り、さらに伝承によると昭和期中頃まで存在し続けたことになる。

次に、桜井市の栢森六斎念仏講の講碑銘文の事例を示すことにしたい。

（1）萩原《六十人》　修理枝《三十人》　藤井《四十人》　栢森《七十人》（中略）

奉供為逆修六濟念仏《……道……》弟子衆千人……

（梵字）南無阿弥陀仏〔人名十余人省略〕

慶長十四年二月廿四日（以下省略）

三谷《七十人》　芹井《三十人》　白木《五十人》（下略）

（2）（梵字）南無阿弥陀仏六斎念仏供養　栢森村牌　八月彼岸建立

（3）嘉永元年申十月仏日　萱森村

南無阿弥陀仏

世話人　弥四郎　弥治　定七

利八　源四郎　長右門

兵治　弥二兵ヱ　伝治

という銘文※※があり、慶長一四年（一六〇九）から正徳五年（一七一五）を経過して、嘉永元年（一八四八）に至るまで存続し、さらに栢森の古老による伝承から、昭和期後半まで栢森六斎念仏講は存在していたことがわかる。

もう一例として、平群町の椿井六斎念仏講の講碑の金石文の銘文例を窺うことにしよう。

〈1〉天文十三年六月十四日

　椿井六才（斎）念仏衆四十八人　夜念仏人□

〈2〉天正十一年七月七日

　六斎八十人

　逆修　各敬白

〈3〉慶長十八年七月十五日

　六斎念仏講衆四十八人逆修

と推移[※]してきたことがわかり、その後（江戸期以後）の存続については鉦の銘文や古記録がないが、昭和期（四十年代頃か）に活動していた伝承がかろうじて遺ってきた。

つまり、椿井六斎念仏講は、天文一三年（一五四四）から天正一一年（一五八三）を経て、慶長一八年（一六一三）に至り、古老の伝承によるかぎり、江戸期を経過して昭和期中頃まで存在し続けていたことが理解し得る。

三事例の六斎念仏講の展開を金石文の銘文の提示によって、六斎念仏講が一五〇〇年代中頃または後半から存在し続けていたことを指摘するのではなく、むしろ一五〇〇年代中頃あるいは後半よりも以前から六斎念仏講は存在していたと考えている。

なぜならば、現在の六斎念仏講まで辿り得る講碑や鉦などの金石文と古記録の検出・公表は明らかではないが、香芝市二上に遺っている弥陀石仏に陰刻されている「寛正四癸未十月十五日」「六斎念仏之為」という銘文[※※]や五条市牧野の畑田六斎念仏講の供養碑の「延徳二年九月十五日」という年銘※※によって、寛正四年（一四六三）および延徳二年（一四九〇）には村落内部で六斎念仏講が活躍していたことになろう。そして、この一四六〇年代前後には、〈念仏講〉〈念仏一結衆〉という呼称ではなく、〈六斎念仏講〉として存在していたとみて大過ないであろう。

また、六斎念仏講の講碑に刻まれている銘文から講員とその遂行が窺える。たとえば、生駒市乙田六斎念仏講の金石文を見ると、

ⓐ天正四年十月十五日
　　乙田村六斎念仏人衆十二人
　　　　居念仏五十六人各々敬白

ⓑ慶長六年二月十五日
　　六斎念仏講衆卅八人
　　　　居念仏八十七人　乙田村

という銘文※※によって、乙田六斎念仏講の講員は一二人（天正四年）から三八人（慶長六年）になり、昭和中期には十余人へと減っていることがわかる。ただ、天正四年（一五七六）から慶長六年（一六〇一）を経過して、昭和中頃までの一、二年ごとの講員数が明らかでないため、本来の増減状況は明確ではない。ただ、昭和期の六斎念仏講の講員が一五人前後であるのに対して、講員数の多いことが理解し得る。

六斎念仏講の講員数を表現している事例は、すでに桜井市の栢森六斎念仏講の講碑（1）で示した「柏森《七十人》」以外にも、「萩原《六十人》」「修理枝《三十人》」「藤井《四十人》」という銘文に、それぞれの村落内の六斎念仏講の人数が明示されている。少ない村落の六斎念仏講の講員数は三〇人であり、講員数の多い村落では六〇人または七〇人であるが、講碑〈1〉で提

示していない村落八カ村に「白石《九十人》」という銘文があり、参集した村落内の六斎念仏講の講員数は白石村の九〇人が一番多いことになる。

ただ、これらの講員数は村落内の六斎念仏講の集団総数で、それぞれの六斎念仏講に何人の講員がいたものかは明らかでない。また、生駒市の乙田六斎念仏講の講員数は村落内での総数とも考えられなくはない。それゆえ、各講の講員数は明確にしがたいといえよう。

だが、さきの桜井市の講碑の銘文は、村落内の六斎念仏講の存在や講員数を明示するのみならず、村落と村落の繋がりを示している金石文資料としては貴重であることを考えるべきであろう。

さらに、さきの乙田六斎念仏講と同じ生駒市の萩原六斎念仏講の講碑の金石文にも

（ⅰ）天文十六年十一月十三日

念仏人数二十六人

居念仏人数四十七人敬白

（ⅱ）天正十三年三月吉日

萩原十五日念仏人数五十一人　敬白

六斎衆二十六人

という銘文※※があり、天文一六年（一五四七）と天正一三年（一五八五）の銘文を対比すると、念仏人と居念仏人あるいは念仏人と六斎衆をそれぞれ加えると七三人（二六人と四七人を加算）あるいは七七人（五一人と二六人を加算）という多人数になる。ただ、天正一三年のみ「六斎衆」と明示されているが、天文一六年には〈六斎念仏講衆〉の表現はみられない。もし、「念仏人数二十六人」と「六斎衆二十六人」が同一であるなら、この念仏人は六斎衆と

いうことになろう。この想定には確証し得るべきものはないが、萩原六斎念仏講は天正一三年の時期に二六人の講員が存在していたことになる。

ところで、萩原六斎念仏講の講碑の銘文で表現されている〈念仏人数〉〈居念仏人数〉をはじめ、すでに掲げた乙田六斎念仏講の講碑、大和郡山市の小泉六斎念仏講の板碑形地蔵石仏に刻まれた銘文にも表現されている（「天正二年十月十五日」「奉造立名号六濟衆三十六人居念仏衆五十五人為祈仏果菩提也※※」）〈居念仏〉、そして栢森六斎念仏講の関連で挙げた桜井市の万福寺にある六字名号碑（これも多数の六斎念仏講による祈念碑といえよう）に表示されている数多くの村落内の六斎念仏講の存在形態は、いかなる状態を語りかけようとしているのであろうか。

六斎念仏講は村落内部で生成し、発展したことは確かであるが、六斎念仏講自体による運営だけでなく、村落内外での講の活動は不明である。だが、念仏人や居念仏人（居念仏衆）と協業して祈念碑造立をおこなうことと、各村落の六斎念仏講の参集を企てて講衆仏弟子として供養を意図し、そのための六字名号碑造立を遂行した各村落の村人でもある六斎念仏講衆が存在することを把握すべきであろう。

このように六斎念仏講を地域あるいは村落とのかかわりを視野に入れて考えていくことは、中世で生成し、展開してきた六斎念仏講講基盤の中世村落つまり〈惣村※※※〉での講集団内外の在り方を少なくとも想定させてくれるものといえよう。

言い換えると、中世村落の自治組織である〈惣村〉から、村落内任意組織である六斎念仏講の存在形態を検討することは必要であるかもしれないと考えている。

しかし、現時点では六斎念仏講と村落を結びつける資料（主に金石文）はあるが、その村落内での六斎念仏講の立場を知る手掛りとなる史料（金石文以外の古記録など）の集積もない状況であるゆえに、〈惣村〉と〈六斎念仏講〉とのかかわりは論及しがたい。

ただ、六斎念仏講であったとは断定しがたいが、一七〇〇年代末から一八六〇年代までの念仏講の村落での状況から類推することはできるかもしれないので、次で検討したい。

三　一八世紀以後の村落内での念仏講の状態と六斎念仏講

中世における六斎念仏講の展開と講員の状態を窺い、村落内外での六斎念仏講の状況も見てきたが、中世の〈惣村〉と繋がる〈証〉を検出し得なかった。

それゆえ、中世における六斎念仏講の村落内部の規制と自治での存在形態を知る手掛りとして、近世での念仏講の実態を捉えることにしたい。

とりわけ、ここで提示する近世の念仏講は、六斎念仏講であるのか、否かは明らかでない。ただ、一五〇〇年代前半から後半にかけて、明日香村内の梵鐘や地蔵石仏（蓮台に八〇人の名前がある）などに、次のような金石文・銘文が見られる。

すなわち、「永正十年」「大和国高市郡桧前」「奉道興寺鐘一本造立」「浜太郎　七郎太郎」「一結講衆等」「辰五郎与三郎」という銘文（梵鐘）と「天正四年丙子五月吉日」「奉造立念仏講中各々」という刻文※※（地蔵石仏）があり、この地域も例外なく〈一結講衆〉から〈念仏講〉へと移行してきたことがわかる。ただ、この念仏講が六斎念仏講であるのか、ほかの念仏講であるのかは明確にしがたい。この地域には、ほとんど六斎念仏講やほかの念仏講と称される講碑は検出されていないことからも、容易にその推移は言及できない。

だが、明日香村の東山の村落に現存する念仏講文書によって、六斎念仏講でないとしても念仏講の近世（後期）社会における村落内部での存在形態の一端が、六斎念仏講の村落内での事態を考えさせる契機になるといえる。

この東山念仏講が保存し続けてきた念仏講文書は二冊であり、寛政六年（一七九四）と文政八年（一八二五）の年銘を持つ長帳である。一冊は『念仏講中覚帳』（寛政六年銘帳）と、もう一冊は『念仏講中帳』（文政八年銘帳）と表紙に墨書されているのである。(5)

とくに、『念仏講中覚帳』には、文政七年（一八二四）から文久三年（一八六三）までの念仏講の講山（講田）の年貢請取などに関する事柄が記録されている。この『覚帳』には、単なる年貢請取の記載のみではなく、近世での村落内規制とでもいうべき管理統制がその記載に見られる。嘉永三年（一八五〇）の欠年銘を除いて文久三年まで連続して記録されているが、次にその内の二つの年銘事例を抽出して掲げることにしたい（関連写真参照）。

（A）天保七年

十二月　　庄屋
　　　　九兵衛㊞

中年御年貢請取之通

念仏講山

一　高三升弐合六勺

取米弐升四合六勺

内

壱升壱合弐勺　　畑免

（下略）

兼帯庄屋
（B）安政弐乙　　猪兵衛㊞
卯御年貢請取通
念仏講山
支配作兵衛殿
高三升弐合六勺
此取米弐升四合七勺
内
八合弐勺　　三分一
代六分三厘
銀方江出ス
（下略）

このように念仏講山（講田）からの年貢請取に庄屋や兼帯庄屋が関与していることがわかる。また、念仏講山には「支配作兵衛殿」というように講山支配の者がいることも窺える。ただ、この支配とは講山管理者または耕作人であろう。その根拠として、「支配藤兵衛殿」（天保八年）から「支配作兵衛殿」（文久元年）に変更していることは、講山の支配者＝所有者とは考えがたい。

このことよりも注視すべきは、〈講〉所有の講山（講田）が存在し、この講山からの年貢請取に必ず庄屋または兼帯庄屋が関与してきたことである。幕藩体制の末端に組み込まれていた〈庄屋〉は、村落内部に存在する〈講〉

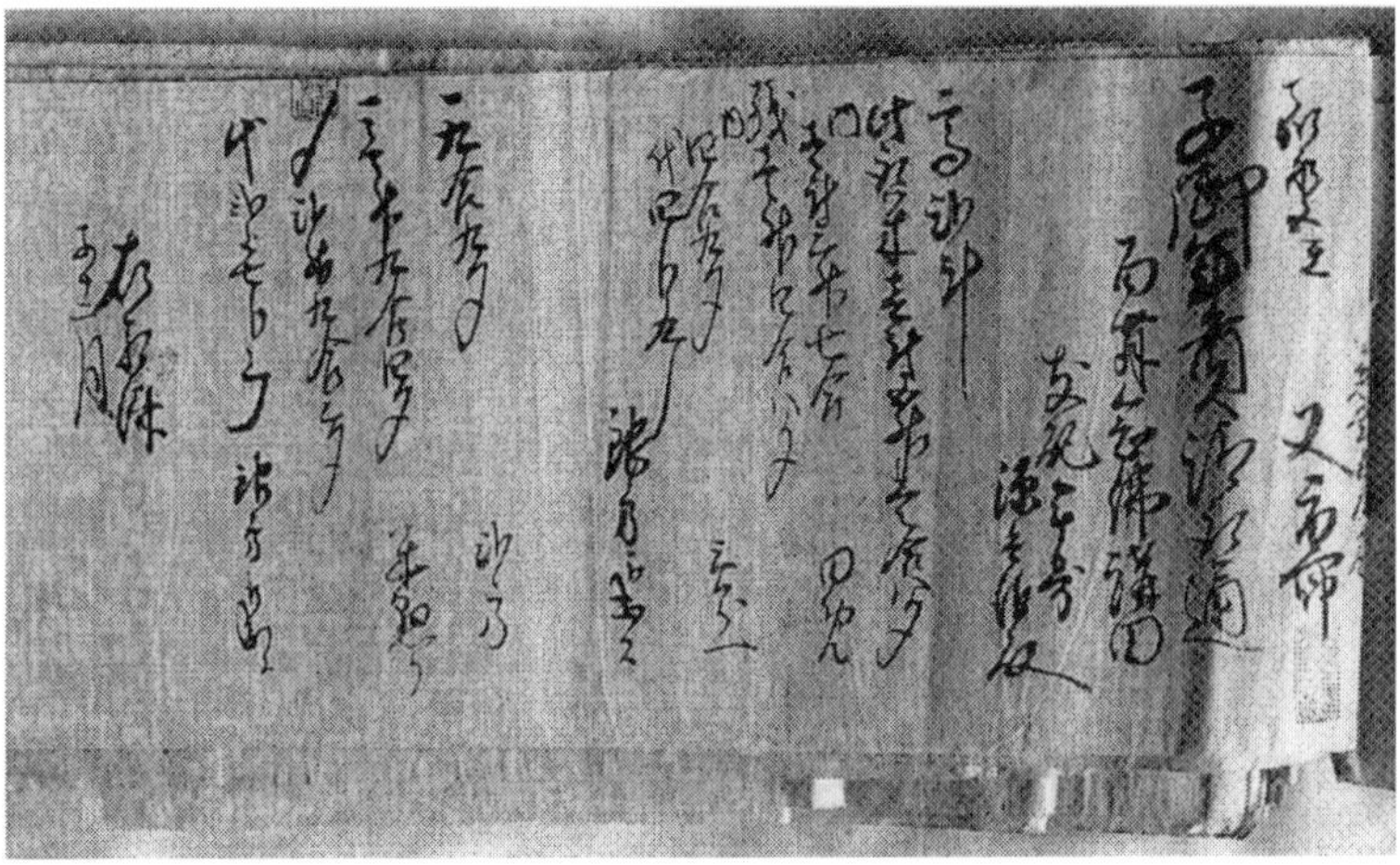

図1　念仏講文書（嘉永五年銘）

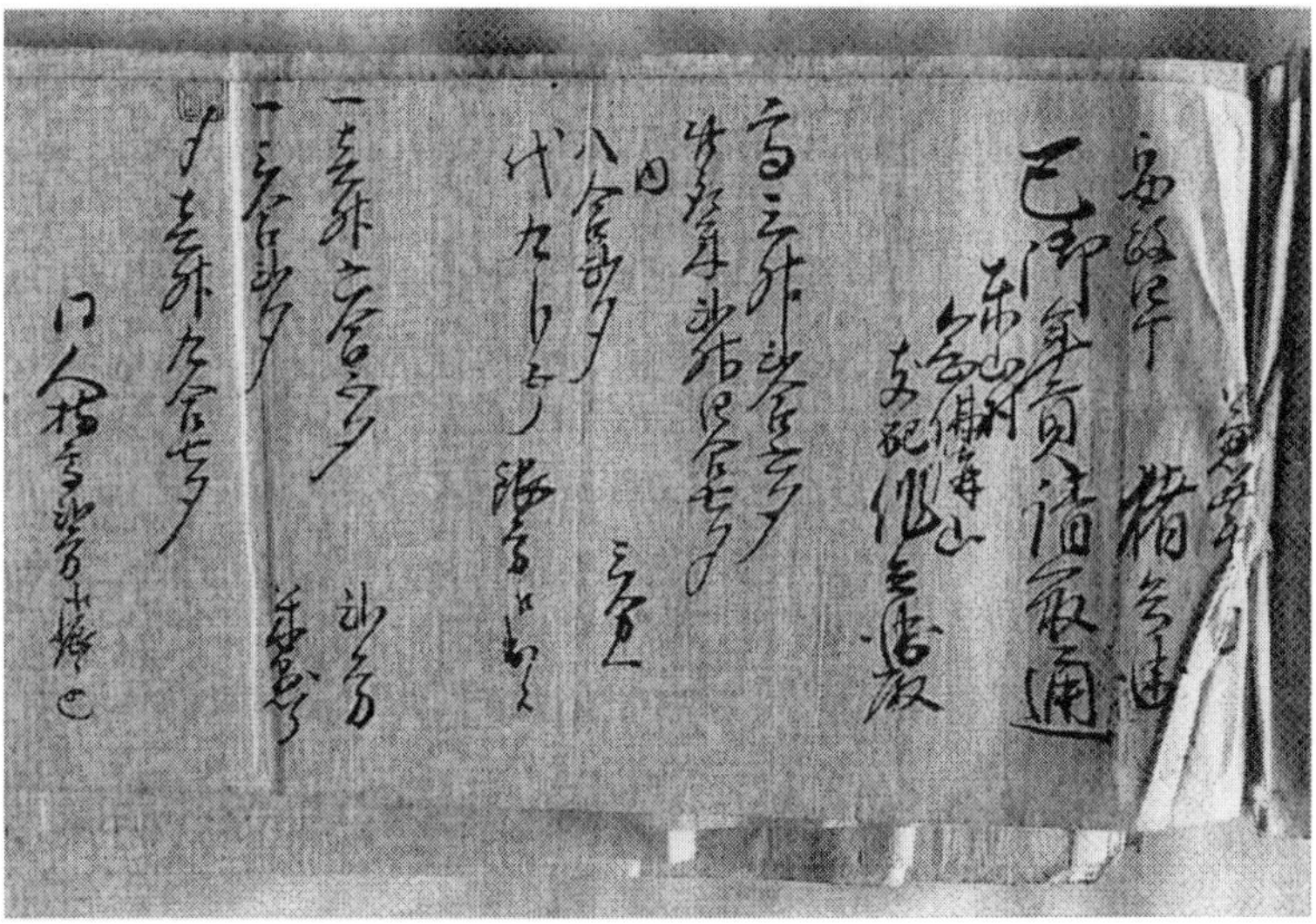

図2　念仏講文書（安政四年銘）

所有耕作地にともなう年貢米徴税を執行するとともに、念仏講運営のためのいく分かの米の保証を容認していたようである（この念仏講文書の嘉永元年の年貢請取には「百苅念仏講田」から、講田山の山田＝水田と考えられる）。

このように念仏講自体も幕藩体制下の村落内規制を受けながら講運営をおこなっていたことを明示する事例であろう。

このような事態は、念仏講のみでなく、東山念仏講所在地にも釈迦講に講田があったことを講文書（万延元年銘、「釈迦講田」とある）によって窺える。また、周知されている伊勢講に講田があったことも講文書（嘉永五年銘、「伊勢講田」とある）によってわかる。それゆえ、六斎念仏講にも講田があり、村落内部の規制を受けていたことは充分想定し得るであろう。

結びに

中世の念仏講、とりわけ六斎念仏講は、村落内外で活動していたことをはじめ、中世後期の社会を経て、近世の幕藩体制社会で息づいてきたことは確かなことであろう。

ただ、中世の六斎念仏講の実態は明確にしがたいが、近世の六斎念仏講は幕藩体制社会、とくに村落社会での規制のもとで管理統制されながらも村人や講員の供養のための六斎念仏を唱名してきたであろう。

近世での六斎念仏講は絶えることなく、近代を経て昭和期まで存続してきた。その存続基盤には、村落内部での要望があったからであろう。だが、六斎念仏講（村落内部の諸講集団も）へのこの要望が消失してきたとき、六斎念仏講も消え去るのかもしれない。

ただ、中世以後の六斎念仏講は融通念佛宗を含む各宗寺院と直接かかわらないが、〈融通念仏〉との関係は存在したであろう。

註

（1）高谷重夫『日本の民俗27　大阪』（第一法規出版、一九七二年）。
（2）橋本鉄男『日本の民俗25　滋賀』（第一法規出版、一九七二年）。
（3）野田三郎『日本の民俗30　和歌山』（第一法規出版、一九七四年）。
（4）奥野義雄「大和の六斎念仏について――盆行事とかかわる六斎念仏講とその変遷を中心に――」（『奈良県立民俗博物館研究紀要』第九号、一九八五年）、同「念仏講について――大和の六斎念仏を中心として――」（『祈願・祭祀習俗の文化史』岩田書院、二〇〇〇年）。
（5）奥野義雄「飛鳥に遺る念仏講文書の語り」（『続明日香村史』中巻、明日香村、二〇〇六年）。

補註―※印の事例は奥野が実見し、六斎念仏講行事・運営の伝承踏査したものである。
補註―※※印の金石文の銘文は、土井実『奈良県金石文集成』所収のものである。
また、奥野義雄「中・近世の講集団と宮座」（『改訂　都祁村史』上巻、都祁村史編纂委員会、二〇〇六年）の金石文銘文による。
補註―※※※三浦圭一「惣村の構造」（『日本中世の地域と社会』思文閣出版、一九九三年）ほかも含む惣村論による。

戦国期の大念仏上人権力と融通念佛宗教団

小谷利明

はじめに

本稿は、戦国期権力論の立場から融通念佛宗教団を検討する。[1]戦国期の権力は、幕府、守護、国人などの武家権力だけでなく、本願寺・一向一揆権力・寺内町などの宗教権力・地域権力がある。それぞれの権力が相互に連関しながら社会を統合する構造を明らかにすることが戦国期権力論である。[2]

戦国期の融通念佛宗教団を見ると、惣村を基礎に地域的に結合した講中のなかから辻本が選ばれ、六つの念仏講集団（六別時）の辻本のなかから大念仏上人が選出され、[3]その選出のされ方が籤引きであるなどユニークな選出のされ方をした。[4]融通念佛宗教団は、大念仏上人―辻本―講中―惣村の構造で出来上がっていた。この構図は、近世の史料から復元されたため、戦国期の国人・同名中、被官・百姓などの身分で説明できていないことに問題がある。また、近世の融通念佛宗は摂津・河内・大和教団であり、その中心は、摂津・河内に展開する六別時であった。これは、蓮如が大坂御坊を中心に組織した地域である摂津・河内の淀川・大和川流域地域よりも広い範囲である。[5]

ただし、大澤研一は、[6]六別時による大念仏上人選出が成立したのは近世初頭であり、それ以前は、三つの集団であったことを指摘した。六別時は、すべて南北朝期の法明から始まるとする由緒を持つが、大澤の指摘は念仏講集団にさまざまな変遷があることを想起させる。さらに大澤は、六別時の中心を下別時とする。[7]これは、蓮如の大坂教団の範囲とさほど変わらない。[8]

つまり、戦国期の大坂御坊を中心とした大坂の本願寺教団と融通念佛宗教団は、地域がほぼ重なるのである。これは武内善信が指摘する雑賀一揆と雑賀一向一揆は別であるとしたことと共通の問題となる。[9]寛文六年（一六六六）一〇月一五日付の「大源山諸仏護念院融通大念仏本寺住持世譜」[10]には、大念仏上人二三世道通は、「河州渋川郡久宝寺村ノ庄也、永亨(享)十年戊午年ヨリ同十二年庚申年迄三年住」とある。道通が大念仏上人となったのは、永亨一〇年（一四三八）から同一二年であり、これは本願寺では巧如から存如に移行する時期に当たる。河内で最も古い真宗寺院である久宝寺道場慈願寺が寺号を得るのは存如の時代であり、[11]同じ時期に久宝寺村から大念仏上人を生んだことになる。真宗と融通念佛宗教団がそれぞれ同じ地域に根差しながら存在していた可能性が考えられよう。

戦国期は、村が自前の武力を基に自立しており、[12]国家的な戦争にも参加する集団であることが解明されている。[13]村を母体とした念仏講集団が存在しているならば、それは軍事力を持ち、複数の村を組織して地域的に結合する権力であったと考えるべきである。

また、中世の融通念佛宗は、六別時による籤引きによって大念仏上人を選定することからボトムアップする教団像が注目される。念仏を融通するだけの信仰形態であれば、名帳に名を載せるだけでよいはずだが、地域ごとに結集を遂げ、その頂点である大念仏上人[14]を選ぶのは、大念仏上人に特別な役割や意義を見出しているからであろう。教団とはなんであろうか。例えば、中世真宗教団を分析するに当たって、草野顕之は、「教団とは「共通の宗教活動」を行ううえでの「組織と制度」を有し、その「組織と制度」が正当であると保障する思想的な背景（統一原理）を有していることを前提とし、そのようなあり方に共通の価値観をもつ人々の集団」と規定した[15]。融通念佛宗教団の「共通の価値観」とは、いかなるものだろうか。まず、考えられるのが、六別時と法明との関係である。良忍から法明につながる法脈が六別時の正当性を担保している。これが明文化されたのが、『融通念仏亀鐘縁起』の成立だろう。この絵巻が初めて良忍と法明の関係を明らかにした。その初見は、現在のところ、天文九年（一五四〇）とされる[16]。また、近世に融通念佛宗の本尊となる十一尊天得如来図の下賜が永禄元年（一五五八）で道祐によってであった[17]。融通念佛宗教団独特の本尊が生み出されたのは重要である。大念仏長老による地域編成が具体的に始まったことを示しているからである。

以上を見ると、少なくとも大念仏上人権力が見えはじめるのは、道祐の頃の一六世紀中頃と言えるだろう。本稿はこの周辺について検討を加えていきたい。

一　大念仏上人はなぜ「吉野郡八郷衆並に大和国方々曖証文」に署名したのか

ここでは、大念仏上人が権力であることを証明するため、一つの史料を具体的に検討していく。これは、教団内部の史料以外で「大念仏上人」が登場するめずらしい史料である。

今度当山内輪不慮之紛出来、既及大破、数ケ日之合戦ニ双方数多討死候、殊寺中過半放火候、言語道断之次第、前代未聞之儀候、然間当八郷衆・方々、此面之為曖罷出令馳走、無事堅固申合候、向後引起此意趣、寄事左右、謀叛手を被出方へ者、南都一乗院殿・本善寺殿・願行寺殿・大念仏上人・八郷・多武峯四ケ院・同方々御曖衆

為一味、成御敵与、達而侘言可申候、此旨於偽申者　蔵王権現・子守勝手之太明神・天満大自在天神之可罷蒙
御罰者也、仍後日為証文一筆如件
永禄十年三月廿一日　　　八郷（印）
越智民部少輔使下善兵衛（異筆、以下同じ）「正安（花押）」
越智伊予守使堤又兵衛「吉清（花押）」
秋山使飯岡左馬之助「心深（花押）」
平殿使大串満介「俊（花押）」
丹下使三ケ飛驒守「頼盛（花押）」
多武峯南院「賢盛（花押）」
同　多楽院「寛盛（花押）」
同　平等院

「祐慶（花押）」
同　浄土院
「宣乗（花押）」
願行寺使苗村左近進
「清尚（花押）」
本善寺使山村大炊介
「家則（花押）」
南都一乗院使上田兵部
「舜芸（花押）」
大念仏上人使調声
「真阿（花押）」
万歳使福田善左衛門尉
「重俊（花押）」

上下
満堂
上下
地下
御中

この史料は、「平木家文書」といい、「吉野山内の俗人侍衆であった地下衆」の一人であった平木家が残した文書である[18]。この文書の写真については、『吉野町史』上巻に「一味連判状」として掲載されている。

翻刻文については、朝倉弘[19]によって「一紙連判之事」として翻刻されたものと、吉井敏幸[20]により「山内安穏八ヶ郷衆等連署置文」として紹介されたものと、首藤善樹[21]によって「和睦曖衆起請文」と題して紹介されたものがある。文書名が統一されていないのも問題だが、それぞれの翻刻も違いがある。ここでは首藤の研究を基にしている[22]。

この史料については、いくつかの研究で触れられているが[23]、この文書が出された永禄一〇年（一五六七）三月二一日時点での政治状況や署名者について詳細に検討した研究は管見の範囲ではない。まして、大念仏上人に関しては全く検討されたものはない。まず、この文書を理解するため、署名者について検討を加える。

署名者は、本文から見ると、「八郷衆」と「方々」と区別して書かれ、「此面」の曖として罷り出たと書かれている。このことから、この八郷衆が主体となり「方々」と「此面」つまり吉野山に対して曖をするため罷り出たと理解できる。

また、別の場所では「南都一乗院殿・本善寺殿・願行寺殿・大念仏上人・八郷・多武峯四ケ院」と「同方々御曖衆」に分けて説明する。「同方々御曖衆」とは、武家権力を指していると思われる。前者は宗教権力と八郷衆である。ただし、署名の順番は、これとは違い、宗教権力と武家権力が混在している。

具体的に個別に見ておこう。まず、「八郷衆」について見る。これについては、吉井敏幸の研究がある[24]。吉井は、吉野郡には一八郷があったが、戦国末期にこの地域に「地域的な共同権力である「八郷」が成立していた」として吉野郡の地域権力の一つとして紹介した。また、首藤は、天文の畿内一向一揆との関係で「八郷」の性格を検討している[25]。天文期の問題は次節で検討するので、それに譲る。

越智民部少輔と越智伊予守は、高市郡高取町の高取城や貝吹城を拠点に高市郡を中心に支配していた国人である。『談山神社文書』に永禄七年七月一五日付越智伊予守家増が多武峰の護国院に大般若経料田を寄進しており、家増であることがわかる。また、民部少輔については、永禄一二年段階で家高であることから、ここでは家高と理解して問題を整理する。家増と家高は、伯父・甥の関係だった[26]。

秋山とは、大和国宇陀郡本郷（大宇陀町）の国人秋山教家である[27]。飯岡左馬之助心深については、よくわからないが、『沢氏古文書』では、秋山氏の被官と考える飯岡左近大夫実次がおり、彼は他の四名の被官とともに連署している一人だが、最も奥に署名している[28]。

平殿は、畠山秋高の家臣と見られる人物で、この史料の署名部分で唯一「殿」の敬称を持つ[29]。畠山氏は、宇智郡を領主支配しており[30]、平氏はその代官であった。大串満介俊は、宇智郡の国人の名前にないことから平氏の内者だろう。

丹下は、畠山氏奉行人の丹下遠守であろう[31]。遠守の先代は丹下盛知で彼はもともと宇智郡代官の平氏から丹下を継いだ人物である[32]。三ケ飛驒守頼盛は、弘治四年（一五五八）二月八日付宇智郡国衆連署状のなかの三箇治部左衛門尉頼盛と同一人物である[33]。

多武峯は、十市郡に属する。南院賢盛・多楽院寛盛・平等院祐慶・浄土院宣乗については、ほとんどわからなかったが、多楽院については慶長一二年（一六〇七）一一月吉日付「御破裂記録」に名が見える程度である[34]。

願行寺は、吉野下市にある真宗寺院で、応仁二年に蓮如が吉野を訪れて、そこにあった道場を取り立て、寺号を与えたという。近江木部錦織寺の叡尚上人の子、勝恵法師に蓮如の娘妙勝を娶らせ、勝林房の号を与えた[35]。また、明応四年（一四九五）、吉野衆は、飯貝に本善寺を建立し、蓮如の子兼継（実孝）を迎えた。本善寺佐順は、永禄九

図1　大和国郡図

年（一五六六）に院家になっている[36]。それぞれ使者の苗村左近進清尚、山村大炊介家則については、今後の課題である[37]。

南都一乗院とは、興福寺一乗院のことである。一乗院は、大乗院と並び大和一国の支配権を持った。上田兵部舜芸についても今後の課題である。

万歳氏は、葛下郡平田庄（大和高田市）を本領とする国人で興福寺一乗院坊人であった。万歳は、松永久秀の大和侵攻では、筒井順慶方として活動し、のち、松永方となる[38]。福田善左衛門尉重俊については今後の課題である。

以上、これら署名者は、吉野郡の勢力である八郷・真宗寺院願行寺・本善寺、高市郡の越智氏、宇陀郡の秋山氏、宇智郡の畠山内衆、十市郡の多武峯、奈良の一乗院、葛下郡の万歳氏など大和吉野郡およびその周辺の勢力が署名者であることがわかるのである。

それでは、大念仏上人は、何を代表していたのであろうか。摂津・河内に基盤を置く大念仏上人がなぜ、吉野山に対して噯衆に加わる必然性があったのだろうか。

まず、この問題を考える前に、戦国期の融通念佛信仰集団は、近世の融通念佛宗教団と同じとは限らないため、ここから検討すべきである。例えば、大和郡山市の矢田寺南僧坊所蔵の『融通大念仏縁起』には、大永八年（一五二八）五月二八日付の奥書のある「和州山辺郡丹波大念仏道場」の縁起を写したとあり、稲城信子は、守口市佐太来迎寺の末寺迎乗寺と比定した[39]。佐太来迎寺が大和国山辺郡に進出しているのである。

一方、「はじめに」で触れた大念仏寺三二世道祐が、永禄元年（一五五八）に大和国萩原に十一尊天得如来図を与えている。これは、宗祐の所望で与えたものだが、これは宇陀郡の融通念佛宗の中心寺院である宗祐寺の中興である[40]。宇陀郡萩原は、宇陀郡の国人の中心である沢氏が支配する地域である[41]。大和において吉野山に影響を与える地域としては、隣接する宇陀郡が相応しい。また、宗祐寺は、近世に多くの末寺を持つことから教線を比較的広く持つ寺院と評価できる。以上の点から、「大念仏上人」は、大念仏寺三二世道祐と考えたい。

道祐は、宇陀郡の沢氏が支配する地域に教線を張り、このため、宇陀郡の沢と並ぶ秋山とともに署名者に加わったのである。真宗の願行寺・本善寺は、地域で格別の地位にあり、それ以前から一向一揆を催した権力であったが、宇陀郡に展開したばかりの融通念佛宗教団は、宗祐寺が署名者にはなれず、大念仏上人道祐の使者調声真阿が署名せざるを得なかったのだろう。

以上から、この史料は、吉野山内での合戦に対して大和の武家権力と宗教権力が「嗳衆」として起請文言を付した「証文」であることがわかった。以上の考察から、ここでは「吉野郡八郷衆並に大和国方々嗳証文」（以下、「嗳証文」と略す）と呼んでおく。

二　天文の畿内一向一揆と八郷衆・宇陀郡国人一揆

永禄一〇年（一五六七）の吉野山内輪の戦争とその仲介に結集した勢力との関係は、天文の畿内一向一揆の段階でそれぞれの関係が説明できるところがある。ここでは、天文の畿内一向一揆以後の大和の状況を検討しながら、永禄一〇年の「曖証文」の背景を考えていきたい。

天文の畿内一向一揆は、将軍権力の分裂に伴って起きた畿内の内乱状態から生じた事件である。(42)京都にいる将軍足利義晴と阿波から堺に上陸した「堺公方」足利義維が大永六年（一五二六）一二月から戦闘を続け、「堺公方」と対立した細川高国が享禄四年（一五三一）六月に敗死すると、「堺公方」方の勝利は確実となった。ところが、そこから「堺公方」内部の抗争に発展する。同年八月、河内では、飯盛城に籠る木沢長政を主人である畠山義堯が攻め、これに三好遠江守長家が義堯を応援した。「堺公方」方の細川晴元は木沢長政を応援し、義堯らは退却した。享禄五年六月、再び三好長家が飯盛城を攻めると、細川晴元は本願寺証如に援軍を求め、同月一五日に一向一揆は蜂起する。これにより三好長家と畠山義堯は滅ぼされ、堺にいた三好元長も滅んだ。

畠山義堯を滅ぼした一揆は、七月、奈良七郷を攻め、高市郡高取城を攻めた。『山上雑用明鏡(43)』から奈良の状況を見ると、「同廿九日（天文元年七月）ニ国中・吉野八郷一揆起、十万計ニテ越智ノ高取へ推寄」とあり、八郷とは、吉野十八郷のうち、本願寺門徒が中心になって成立した組織であり、彼らの敵は越智氏であったことがわかる。ところが、「吉水院実遍、同八月八日ニ後詰」し、一揆を追い落とした。吉水院実遍は金峯山寺の僧と見られ、彼らは一揆と対立する立場であった。また、奈良の一揆は、飯貝の本善寺に入り、これを越智が攻めている。天文三年（一五三四）五月二八日には、八郷は吉野山を攻めるが敗退する。しかし、六月一五日と二八日には、山上に打ち入り、坊舎などを焼いている。

以上のように越智・吉野山と八郷・本善寺は対立していた。一向一揆は、武家権力や宗教権力と深刻な合戦を繰り広げたのである。

それでは、同じ時期、大念仏上人と関わる宇陀郡はどのような状況だったのだろうか。宇陀郡は、他の大和国と違い、応永二〇年（一四一三）頃から伊勢国司北畠氏が同郡の沢・秋山らを早くから支配していた。[44]一方、興福寺大乗院は祈禱料として宇陀郡の管領を委ねられていた。宇陀郡の国人はこの二つの権力のなかで自立していたのである。

それでは、畿内天文の一向一揆が起きた時期の宇陀郡はどのような状況だったのだろうか。宇陀郡では享禄五年六月二九日付で「宇陀郡掟」が作られた。[45]一向一揆が河内で起きた一四日後、奈良で一向一揆が起きる十数日前である。畿内の政治状況が緊迫していた時期であり、この掟が一向一揆との関係で成立したと考えるべきだろう。郡掟は沢・芳野・小川・秋山によって成立したものだという。[46]四氏の権力は、同名と与力から組織される「方」と呼ばれる集団を持っていた。郡一揆は、郡内部での自力救済を否定し、協同して被官下人の逃亡に対処することを神誓した。

また、天文三年（一五三四）三月六日付御領中法度は、[47]同名被官中の給恩や、寺庵領の売買について「時之住持」が認めたとしても、旦那の判形が必要であるとし、領内の土地所有秩序と知行秩序の確立を狙ったものである。四氏は領を持ち、一円的に惣村支配をしていたと見られる。

宇陀郡では、一向一揆が起きた兆候は見られない。これは、真宗の進出がこの地にまだ十分に届いていないためであろうか。しかし、この機会に宇陀郡では領主権力の強化に走ったのである。ただし、一向一揆が終わった後、天文六年五月には秋山が「違篇」した。[48]沢と秋山の対立は、室町戦国期を通じてたびたびあった。一向一揆の危機が去った後、領主による地域支配の論理が前面に出てきたのであろう。

次に畠山権力が強い宇智郡についてみると、弘治四年（一五五八）二月二日付宇智郡百姓連判状と弘治四年二月八日付宇智郡国衆連判状が残されており、百姓連判状が高野山蔵本から銭を借りるために徳政訴訟などを起こさないことを国人に誓約した内容で、国衆連判状は、これを保障し、領主代官平殿も心得たことが書かれている。恐らく、高野山蔵本に二通が出され、銭の返済とともに文書が返されたのであろう。この文書を保管していた人物が、永禄一〇年の吉野山曖衆証文を署名した三箇頼盛である(49)。

宇智郡と宇陀郡の違いは、宇智郡が国人一揆と百姓一揆が平殿を頂点にそれぞれ横の関係で構成されている。国人は、二〇名を数え、村落領主ほどの規模である。一方、宇陀郡は、「方」組織による縦関係の組織が四つあり、四人の国人によって郡内が支配されている。このうち、沢と秋山が大きな勢力を持っていた。

大念仏上人道祐は、天文の一向一揆の和睦交渉が軌道に乗りはじめる天文一二年（一五四三）に大念仏上人となり(50)、永禄元年（一五五八）に宇陀郡の沢氏の支配地である萩原に教線を伸ばした。当然、萩原・大念仏上人双方から働きかけがあり、天文・弘治年間には、両者の接触があったものと見られる。領を形成し、縦関係の強い宇陀郡では、国人の了解なくして教線を伸ばすのは困難であったと想定できる。

三　松永久秀の大和侵攻と大和南部の平和

大念仏上人が宇陀郡に教線を伸ばした翌永禄二年八月から、松永久秀による大和侵攻が始まる。これにより筒井順慶、十市遠勝、万歳某が没落した(51)。また、久秀方に与する国人も増え、万歳も松永の傘下に入った(52)。永禄三年一一月、宇陀郡の沢太菊も攻められて檜牧城が落ち、沢は所領のある伊勢に逃げた。それに代わって入城したのが松永久秀配下の高山飛驒守であった。高山右近の父である。飛驒守は、城内に三〇〇人の兵を抱えていたが、そのうち一五〇人が洗礼を受けたとされる。領内でもキリスト教布教に力を入れていたのであろう。

また、沢氏は、有力農民を使って策略をめぐらしたが、密告によってこの有力農民は城に呼び出されて成敗されたという。旧沢領のなかで、キリスト教と仏教勢力との緊張関係があったことが窺える内容である[53]。新しく入った融通念佛宗が沢の権力を背景に宇陀郡に入ったのであれば、高山飛騨守による旧沢領支配は、大きな痛手であったと考えられる。また、同郡の秋山は松永方となる。ところが永禄六年正月、松永久秀は、多武峰衆徒を攻めたが敗北して引き退いた[54]。同年四月には将軍足利義輝の仲裁で両者が和睦している[55]。

以上、松永久秀による大和侵攻で、大和の勢力は大きく変わったのである。

さらに大きく変化したのは、永禄八年五月一九日に三好三人衆と松永久秀らが将軍足利義輝を殺害したことで、各地で反三好の軍勢が展開する。特に注目されるのは、丹波に勢力を持つ松永久秀の弟内藤宗勝が敗死し、丹波は反三好勢が大勢を占めた時、久秀の家臣竹下秀勝が上洛するが、それに対抗して「秋山・小夫・多武峯」が出陣したことである[56]。久秀についた宇陀郡の秋山も反久秀となったのである。

また、永禄八年一一月一五日に三好三人衆と松永久秀が対立したため[57]、「筒井六郎殿布施城へ被入了、国中心替衆数多在之[58]」と筒井六郎が布施城に入り、さらに国人たちが松永から離散しはじめた混沌とした情勢となった。そのなかで、永禄九年正月に越智伊予守が越智の本拠である貝吹城を取り戻した[59]。

一方、三好三人衆は、永禄九年二月には、河内で畠山氏および和泉衆と戦い大勝している。これと敵対する松永久通も筒井平城を攻め[60]、入城している[61]。永禄九年四月四日には、三人衆が奈良に侵攻、三人衆は筒井平城を奪う[62]。一方、筒井の郡山衆が松永方と戦い[63]、筒井六郎は三人衆のいる筒井平城を「噯」により奪い返した[64]。

この状況下で再び政治的状況が大きく変わるのが、永禄一〇年二月一六日に堺で松永久秀と三好義継が和睦したことである[65]。このため、三人衆方の武将は動揺しはじめる。その直後、この吉野山内の合戦が生じたのである。四月はじめには、堺から松永久秀が帰り、筒井順慶が奈良を引き上げ本拠に戻る。[66]一方、三人衆は大軍を奈良に向けた。これが東大寺の大仏を焼く合戦へとつながるのである。

以上から「噯証文」につながる吉野山内の戦争は、畿内の軍事的緊張が最も高まった時期に起きた。あるいは、吉野山内で三人衆方と久秀方に呼応する勢力の対立が生じたのかもしれない。

ここで「噯証文」について改めて考えたい。この大和国南部の平和を作り出したのは、一向一揆勢力である「八郷」であった。「八郷」は、吉野郡内や周辺の宗教権力・武家権力に呼びかけ、一味した。『細川両家記』永禄九年八月には、細川氏綱の弟細川藤賢が摂津中島の堀城に居城していたが、三人衆方が相城を造ると、本願寺の噯で藤賢が退城している。また、同じく永禄一一年六月、細川藤賢が信貴山城に籠城し、高屋城の三好康長が通路を塞ぐと、本願寺が噯で退城させている。本願寺はこの時期、三好義継と三人衆の戦争に「噯」している。[67]本願寺・一向一揆戦力は畿内の戦争に「噯」を行う権力として関わりはじめたのである。

永禄年間、畿内では多くの寺内町が建設され、平和空間を実現した。[68]大和でも今井寺内町や真宗寺院が多く造られ、真宗が浸透していった。[69]本願寺・一向一揆勢力・寺内町は、松永と三人衆の戦争によりその存在を高めていったのである。

大和宇陀郡に教線を広げた大念仏上人、融通念佛宗教団から見ると、その庇護者である沢太菊は伊勢に没落しており、沢氏は物理的にこの和睦に加わることはできなかった。旧沢領からこの噯に参加できる権力は、松永久秀の与力高山飛騨守ではなく、これ以前に新しく入ってきた大念仏上人権力だった。高山飛騨守が領内にキリスト教を広げているなかでも、融通念仏信仰は、農村に強固に維持されたのである。

ところで「噯証文」には、この噯を破った山内勢力に対して、御噯衆が一味して御敵となすと書かれており、この曖衆は武力を持ち、場合によってはそれを行使する権力であることがわかる。大念仏上人は、宇陀郡の旧沢領を組織して武力行使する権限を持っていたか、あるいは武力行使を期待されたのである。

なお、道祐の使者であった調声真阿については明らかにできないが、「調声」については、『大源山諸仏護念院融通大念仏本寺巻物』(70)に破損した絵巻をあらためて寛文六年（一六六六）に書写した時、連署した人物に「四十三世良恵舜空上人」とともに「調声馨誉」「筆者教誉」が署名している。「調声」は、大念仏寺上人に近侍し、奥書に大念仏上人とともに署名するだけの地位にあった人物と規定することができる。道祐の時代には、すでにこのような組織があったことがわかる。貧弱ながらも官僚組織を持っていたと評価すべきだろう。

また、真阿の花押は、他の武家権力や宗教権力の花押と遜色がなく、彼が国人出身の人物であることを示している。このことは、融通念佛宗教団の上層部は、地下身分ではなく、それよりも上のクラスであることが明確になったといえよう。

おわりに

以下本稿で明らかにした点をまとめておきたい。

一、永禄一〇年（一五六七）の「吉野郡八郷衆並に大和国方々曖証文」は、大和国吉野山周辺の武家権力と宗教権力が署名している。大念仏上人は、宇陀郡の旧沢領に基盤を持ち、沢太菊に替わり、これに署名した。

二、大念仏上人は大念佛寺住持道祐である。道祐の時代は、六別時が法明開基を明確にし、十一尊天得如来図を作成しはじめるなど、念仏講集団に対して共通の価値を明確にした。

三、大念仏上人は武力を行使する権限を持ち、大和国南部に平和領域を作る諸権力を構成する一つであった。
四、大念仏上人は、官僚組織を持ち、その構成員は村落領主と考えられ、融通念佛宗教団の上層は、村落領主身分の集団であった。

以上から、戦国期の融通念佛宗教団には、村落領主集団が中心となった領主連合である六別時の講中とその下に地下百姓を組織した村落レベルの講中が存在したと考える(71)。これは、国人一揆・地下一揆の関係では、宇智郡一揆に近い。しかし、六別時の筆頭である下別時は、複数の国と複数の郡から成る。これは、蓮如の大坂御坊と摂津・河内の坊主・門徒と同じ関係だが、その結集の要は「大坂五人坊主」であった。彼らは、それぞれ地域教団を組織し、その結集形態が大坂御坊体制と言えよう(72)。下別時も本来、国や郡ごとに結集し、その頂点にいたのが、辻本と言えよう。融通念佛宗教団は、この国人一揆・地下一揆が複数存在し、その上に大念仏上人が教団を支配する構造であったと思われる。

註

（1）　融通念佛宗教団は、近世に成立した教団であるが、その前身に六別時と呼ばれる念仏講集団を基盤とする大念仏上人を戴いたプレ教団があったと理解されている。この段階では、「大念仏宗」と呼ぶべきであるが、ここでは便宜的に「融通念佛宗教団」と呼ぶことにする。
（2）　拙著『畿内戦国期守護と地域社会』序章第一節（清文堂、二〇〇三年）。宗教権力の定義については、矢田俊文「戦国期宗教権力論」（『講座　蓮如』第四巻、平凡社、一九九七年）によれば、戦国期には軍事力を持ち、支配領域内に町場を持つものを戦国期宗教権力とする。また、比叡山は、全国の宗教権力に軍事動員を行う権力で、中央権力と定義する。中央権力と全国の宗教権力を総体として理解することが戦国期の国家権力を明らかにすることになると指摘する。ここでは、大念仏上人権力を矢田の定義に従って比較検討する。

（3）戦国期の大念仏上人や六別時については、稲城信子「融通念仏信仰の展開」（『法会（御回在）の調査研究報告書』元興寺文化財研究所、一九八三年）、同「中世末から近世における融通念仏信仰の展開」（『近世佛教』二一号、一九八八年）、同「大和における融通念仏宗の展開――特に宇陀地域を中心に――」（『国立歴史民俗博物館研究報告』第一一二集、二〇〇四年）や大澤研一「融通佛宗の六別時について」（『大阪市立博物館研究紀要』二四冊、一九九二年）、同「融通念仏宗の大和国への勢力伸長について」（融通念佛宗教学研究所編『法明上人六百五十回御遠忌記念論文集』大念佛寺、一九九八年）などの研究を批判的に継承している。

（4）上田さち子『修験と念仏――中世信仰世界の実像――』（平凡社、二〇〇五年）二〇五頁参照。

（5）拙著前掲註(2)第二部付論一参照。従来、大坂の本願寺教団については、天文期や永禄期をモデルに議論しているが、蓮如期に接続する永正期の河内錯乱・大坂一乱期の教団構造が重要である。この範囲は、淀川・大和川流域地域だけが教団の主要地域である。

（6）大澤前掲註(3)、一九九二年論文。

（7）大澤前掲註(3)、一九九二年論文。

（8）六別時について、簡単に地域と特徴を挙げておく。下別時は、講中に摂津国東成郡八人、河内国渋川郡六人、同茨田郡二人、同若江郡七人（「延宝末寺帳」）。八尾別時は、摂津東成郡七人、同住吉郡一人、大和平群郡一四人（「延宝末寺帳」）。八尾別時は、摂津と大和と地理的に離れており、その間に河内の八尾があれば地域的に一体となるため、大澤研一（大澤前掲註〈3〉、一九九二年論文）は、もともと河内国若江郡等が含まれていたと想定している。十ケ郷別時は、河内国丹南郡三〇人、同八上郡二三人、同丹北郡五人（「延宝末寺帳」）。錦部別時は「延宝末寺帳」には人数は書かれていない。石川別時は、人数のみ二五人とする（「延宝末寺帳」）。高安別時も人数のみで一九人とする（「延宝末寺帳」）。大澤は、六別時のなかで下別時が特に傑出した政治的・経済的力を有していたとする。

（9）武内善信「紀伊真宗の開教と展開――蓮如期を中心に――」（『講座　蓮如』第五巻、平凡社、一九九七年）。

（10）伊藤唯真監修、融通念佛宗教学研究所編『融通念仏信仰の歴史と美術―資料編』（東京美術、二〇〇〇年）。

(11) 八尾市立歴史民俗資料館特別展図録『久宝寺寺内町と戦国社会』(二〇〇一年)。
(12) 自力の村論については、多くの研究があるが、藤木久志『戦国の作法――村の紛争解決――』(講談社学術文庫、二〇〇八年)、久留島典子「中世後期の「村請制」について――山城国上下久世庄を素材として――」(『歴史評論』四八八号、一九九〇年)を挙げておく。
(13) 酒井紀美『応仁の乱と在地社会』(同成社、二〇一一年)を参照。
(14) 大念仏上人とここで呼ぶのは、一節で検討する「吉野郡八郷衆並に大和国方々曖証文」に「大念仏上人」とあることからこの用語で統一した。
(15) 草野顕之『戦国期本願寺教団史の研究』序論(法藏館、二〇〇四年)。
(16) 西光寺本「融通念仏亀鐘縁起」。大澤前掲註(3)一九九八年論文は、これを評価する。
(17) 『法会(御回在)の調査研究報告書』融通念仏史料　1、裏書集　六九、観音寺所蔵(元興寺文化財研究所、一九八三年)。
(18) 『吉野山修験道関係資料調査報告書』(元興寺文化財研究所、一九八三年)。
(19) 朝倉弘『大和武士団』(奈良県史第一一巻、名著出版、一九九三年)所収の「霊鷲寺常喜院旧記」を基に翻刻されたものである。
(20) 吉井敏幸「吉野山周辺の地域的特質とその歴史――地域史研究の一事例――」(『奈良歴史通信』四〇・四一合併号、一九九四年)。
(21) 首藤善樹編『金峯山寺史料集成』(国書刊行会、二〇〇〇年)。
(22) ただし、本文中の「南都一乗院」の部分に欠字を挿入しているほか、句読点を変えている部分がある。
(23) 『吉野町史』上巻(吉野町役場、一九七二年)、『人淀町史』(大淀町史編集委員会、一九七三年)、宮坂敏和『吉野――その歴史と伝承――』第四章(名著出版、一九九〇年)吉井前掲註(20)論文など。
(24) 吉井前掲註(20)論文。
(25) 首藤善樹『金峯山寺史』(国書刊行会、二〇〇四年)。
(26) 朝倉前掲註(19)。

(27)『桜井市史』上巻、一九七九年。
(28)この文書の解釈については、西山克「戦国大名北畠氏の権力構造――特に大和宇陀郡内一揆との関係から――」(『史林』六二巻二号、一九七九年)に従った。
(29)平氏については、拙稿「宇智郡衆と畠山政長・尚順」(『奈良歴史研究』五九号、二〇〇三年)。
(30)従来、郡単位の守護支配は、分郡守護概念で説明されていたが、山田徹「「分郡守護」論再考」(『年報中世史研究』三八号、二〇一三年)によって領主と改める。
(31)弓倉弘年『中世後期畿内近国守護の研究』第五部第一章(清文堂出版、二〇〇六年)。
(32)弓倉前掲註(31)、拙著前掲註(2)参照。
(33)この史料については、田中慶治『中世後期畿内近国の権力構造』第三部第二章・第三章〈清文堂出版、二〇一三年〉)、久留島典子『一揆と戦国大名』(日本の歴史一三、講談社、二〇〇一年)、同「戦国~近世初期における大和宇智郡の国衆と村落」(勝俣鎮夫編『寺院・検断・徳政――戦国時代の寺院史料を読む――』山川出版社、二〇〇四年)を参照。
(34)『談山神社文書』(談山神社刊書奉賛会、星野書店、一九二九年)。
(35)前掲註(23)『吉野町史』上巻、秋永政孝「真宗吉野教団の成立とその活躍――とくに本善寺を中心に――」(『奈良文化女子短期大学紀要』二号、一九七二年)。
(36)矢田前掲註(2)論文、秋永前掲註(35)論文。
(37)『真宗人名辞典』(法藏館、一九九九年)によれば、苗村家は、江戸時代では真宗大谷派の家臣として名が挙がる。
(38)『当麻町史』(当麻町史編集委員会、一九七六年)。
(39)稲城前掲註(3)、一九八二年論文。
(40)この史料の解釈については、大澤前掲註(3)、一九九二年論文による。
(41)『新訂 大宇陀町史』本編(大宇陀町、一九九二年)。
(42)拙稿「畠山稙長の動向――永正から天文の畿内――」(矢田俊文編『戦国期の権力と文書』高志書院、二〇〇四年)。

(43) 前掲註(21)『金峯山寺史料集成』(首藤善樹編、国書刊行会、二〇〇〇年)。
(44) 秋山氏の研究については、西山前掲註(28)論文、森田恭二「大和宇陀郡国人の動向――秋山・沢氏を中心に――」(『帝塚山学院大学日本文学研究』三九号、二〇〇八年)を参照。
(45) 『沢氏古文書』(稲本紀昭編、京都女子大学、二〇〇六年)。
(46) 松山宏『日本中世都市の研究』第三編第一章(大学堂書店、一九七三年)、村田修三「戦国期の宇陀郡の在地構造」(『奈良歴史通信』一一号、一九七六年)、西山前掲註(28)論文。
(47) 『沢氏古文書』。
(48) 『沢氏古文書』。
(49) 前掲註(33)参照。
(50) 前掲註(10)参照。
(51) 『二条寺主家記抜萃』永禄二年八月一〇日条。松永久秀の大和侵攻については、朝倉前掲註(19)参照。
(52) 『細川両家記』。
(53) 森田前掲註(44)論文、天野忠幸「三好長慶・松永久秀と高山氏」(中西裕樹編『高山右近――キリシタン大名への新視点――』宮帯出版、二〇一四年)。
(54) 『厳助往年記』永禄六年正月二七日条。
(55) 『御湯殿の上の日記』永禄六年四月一四日条。
(56) 『多聞院日記』永禄八年一〇月八日条。
(57) 『多聞院日記』永禄八年一一月一六日条。
(58) 『多聞院日記』永禄九年一二月一八日条。
(59) 『多聞院日記』永禄九年正月一五日条「今日貝吹城へ爪田引級ニ依テ越智伊予守入城云々」。
(60) 『多聞院日記』永禄九年二月二九日条。
(61) 『多聞院日記』永禄九年三月一七日条。
(62) 『多聞院日記』永禄九年五月二四日条。

(63)『多聞院日記』永禄九年六月一日条。
(64)『多聞院日記』永禄九年六月八日条。
(65)『多聞院日記』永禄一〇年二月一八日条。
(66)『多聞院日記』永禄一〇年四月条。
(67)拙稿「畿内戦国期守護と室町幕府」(『日本史研究』五一〇号、二〇〇五年)。
(68)本願寺宗主が門跡となり、「国家的認知」の体制となった段階を「大坂並」体制と考える。この時期の「嗳」は、この体制の延長線上に位置づけたいと考える。拙著前掲註(2)第二部第三章参照。
(69)秋永前掲註(35)論文。
(70)伊藤唯真監修『融通念仏信仰の歴史と美術―資料編』(東京美術、二〇〇〇年)。
(71)大澤研一前掲註(3)、一九九三年論文の理解を基にしている。
(72)拙著前掲註(2)第二部付論1、第二章参照。

〔付記〕本稿脱稿後、『柳沢文庫平成二十五年度秋季特別展　筒井順慶』が刊行され(平出真宣氏執筆)、「吉野郡八郷衆並に大和国方々嗳証文」が写真図版とともに、丁寧な解説が掲載されている(名称は「八郷・越智民部少輔使下善兵衛正安等起請文」)。合わせてご参照いただければ幸いです。

なお、本稿作成に当たり、史料について元興寺文化財研究所高橋平明氏と関西大学アジア文化研究センター橘悠太氏にお世話になった。記してお礼を申し上げます。

『賜紫大通上人行実年譜』再考

神﨑壽弘

はじめに

融観大通は、近世初期に融通念佛宗総本山大念佛寺第四六世住持となった僧で、融通念佛宗では、元祖聖應大師良忍（一〇七三―一一三二）、中興上人法明良尊（一二七九―一三四九）と並び、融通念佛宗の成立に尽力した僧として、再興上人と称されている。

近世初期の江戸幕府では、宗教統制政策の一環として本末制度が確立され、本寺における末寺に対しての管理意識が高まり、既成の宗派は本末関係の固定化へと進んでいた。あわせて寛文五年（一六六五）「諸宗寺院法度」(1)により法式の重要性およびその法式を知る僧侶の寺院住持職就任が取り決められていたため、本末関係を結べていない寺院や法式を知る僧侶が育成できていない教団においては、幕府政策上、既成宗派へ改宗を余儀なくされる場面もあったと考えられる。

大念佛寺の住持は、法明以降代々、摂津・河内にあった六つの講集団「六別時」（下別時・八尾別時・高安別時・

十ヶ郷別時・石川別時・錦郡別時）の各々選出した禅門（在俗のままで僧侶となった人物）が鬮を取って決めていた[2]。このように禅門によって運営されていた融通念仏教団も、まさにその危機にあったと推測される。

大通は、鬮による大念佛寺住持選出の仕組みを改め、僧侶育成の機関を新たに開設し、その学僧の中から然るべき人物を大念佛寺住持に選出する制度へと移行、これによって教団の土台は盤石となり、幕府に一宗派として認められることとなる。

この大通の一代記に相当するのが、『賜紫大通上人行実年譜』（以下『行実年譜』と記述）であり、大通滅後四年、継嗣であった融海忍通（大念佛寺第四七世住持）の委嘱によって製作、編纂の任に当たったのは慧日慈光という僧である。

今回取り扱う『行実年譜』の底本は、昭和四〇年、大通の二五〇回御遠忌に際し、大念佛寺より印行された刊本『再興賜紫大通上人行實年譜』[3]を採用した。あとがきによると、奈良県生駒郡安堵町大寶寺蔵の書写本を底本に製作されたと記されている。

残念ながら慧日慈光が製作した原本および大寶寺蔵の書写本を含む他の書写本について、大念佛寺内では確認することができず、わずかに今回採用した刊本をもってしか『行実年譜』の内容を知ることができない。また、原本紛失が原因か、良忍の『融通念仏縁起』[4]や法明の『融通大念仏亀鐘縁起』[5]に比べると、宗成立に功績があった大通の記録としては評価されていないのが現状である。

編纂形式は、序に続き、本編において大通の出生から入滅までを編年体で綴られている。各項の書き出しは、天皇即位年には天皇名・年号・干支・年齢で表記が統一されている。明治三六年（一九〇三）に刊行された融通念佛宗の公式史書とも言える『融通總本山大念佛寺誌』[6]大通項に比べると、美辞麗句で飾られ、一見すれば事象の表現が誇張されたように感じられる。また、編纂した慧日慈光の表現が格式高く、より一層仰々しい印象となっている。慧日は『行実年譜』序文中に、「大通は、融通念仏教団を復興させるという悲願を推し進めるために、忽然として本山である大念佛寺に現れ、宗門を再興し群衆を救済する。さらにまた、天皇に謁見して寵愛を受け、香衣付与の権限を許され、檀林を開闢、学侶の育成に力を注いだ。これによって、宗門は繁栄し、融通念仏の教えは大いにみなぎり、一宗として成立を果たした」と記している。

本編においても、融通念佛宗成立という目標に向かい生きた大通の生涯を一貫して語っており、この功績を記すことが主題と考えられる。

『行実年譜』を用いた先行研究では、塩野芳夫氏の「近世融通念仏宗の成立——念仏講から一宗独立へ——」(7)があり、大通が大念佛寺住持に就任していた時期を中心に史料考証が行われている。また、大澤研一氏が「融通念仏宗成立過程の研究における一視点——『融通大念仏寺記録抜書』の紹介を通して——」(8)で明確にした『融通大念仏寺記録抜書』は、塩野氏の考証を裏付け、なおかつ近世融通念佛宗の研究を飛躍的に進捗させることとなる。

本稿では、まず、先行研究で指摘された史料実証を確認する意味を踏まえて、一宗成立へと導いた大通の功績に焦点を当て『行実年譜』の概要を述べる。次に先行研究では実証が不足している大通の出自について一毫ではあるが新出史料を使い考察し、最後にその存在に不明な部分が多い編者慧日慈光について言及していきたい。

書誌学の見知から考えれば甚だ問題はあるのだが、拙論によって『行実年譜』が再評価され、大通の研究における一つの指針になれば幸いである。

一　『行実年譜』における大通の功績

では、『行実年譜』の主題である、大通がいかに一宗成立へと導いたのか、その概要を記す。
慶安二年（一六四九）、摂津国住吉郡平野庄の徳田家で生まれた大通は、寛文二年（一六六二）一四歳時に良忍の夢告を受け、融通念佛宗復興を感じ仏門の道へと歩み始める。延宝元年（一六七三）二五歳時、宗派が乱立する中、融通念佛宗が一宗派として世に知られていないことを嘆き、宗門再興の願いを奮起、亡父祐徳が八尾別時良明寺住持に就任していたこともあり、大念佛寺第四五世覚意良観へ相談する。大通は、この対談で幕府の許可を得られなければ、宗門の再興は容易ではないことを知ることになる。[9]
良観との対談を契機に、大通は「善知識」になることを望み、他宗派の高僧たちに教えを受けている。真言系では覚彦浄厳や快円恵空、禅系では黄檗の鉄眼道光・高泉性潡や臨済僧賢巌禅悦、加えて天台僧妙立慈山や泉涌寺天圭照周、浄土宗西山派瑞山龍空からも奥旨を学んだとある。[10]
ただ、『行実年譜』では、戒を大通に授けた僧として記されているのは、天和元年（一六八一）に得度式を行い融観の法名を与えた覚意良観と梵網戒および瑜伽戒を授けた快円恵空の二人だけである。
貞享元年（一六八四）、三六歳、この頃、八尾別時辻本良明寺住持に就任していた大通は、良観の命により江戸へ赴き、寺社奉行に再興を願う。しかし、協議の難航で允許が遅延することとなり、大通は江戸に逗留しながら諸願を重ね、裁許を待つことになる。[11]
貞享三年（一六八六）、良観が大通に後事を託し遷化した後も、大通は江戸へ向かい幕府に再興を願い続ける。

元禄元年（一六八八）、とうとう宗門再興の願いを幕府が許容するのだが、当代は鬮による選出を、次代から後は学問修行によって法式を学んだ僧侶が、代々大念佛寺住持を継承し、末寺を統括するよう命じられる。[12]

元禄二年、大通四一歳、鬮によりついに大念佛寺第四六代住持となる。[13] 大通が宗門再興のためまず着手したのは、大念佛寺内の整備であり、本堂内の荘厳や諸堂の修理と新堂の建立を行っている。

元禄五年（一六九二）には、良忍が行った法会の故事に従い、四天王寺での融通念仏会を復活、[14] また、同年は東大寺大仏修復開眼供養が行われた年でもあり、大通は三月二八日に末寺の僧侶、数百人を従えて出席したと述べられている。[15]

元禄七年（一六九四）、大通四八歳、紫衣が勅許され、[16] 元禄九年には、檀林の開発ならびに修学の末僧への香衣勅許永宣旨を得ることとなる。[17] 大通はすぐさま「融通本山檀林清規」と「衆寮規矩」を作成して修学僧の規式を整備し、当年より末寺の子弟の入衆を開始する。また、同年には二十五菩薩の面相を修補して、聖衆来迎会を復活、一〇月一日から七日間にわたって法会が執り行われていたとある。[18]

元禄一六年（一七〇三）、五五歳時に『融通圓門章』を撰述、[19] 宗義を定め末僧の指針を構築した大通は、当年、宗内で初めて修学僧に法脈を伝授、円頓菩薩戒および宗脈の所伝が行われる。

同年製作の大念佛寺蔵『大源衆寮幷規矩記』[20] 内にある「学侶各位」（**図1参照**）によると、「和州結崎村超圓寺禅通」と「河州菩提村長圓寺傳悦」は、いずれも元禄九年一〇月に入宗、元禄一六年五月晦日に融通念仏の法を授ける法脈の儀式が行われ、六月四日には円頓菩薩戒の相承、六月七日には融通念佛宗の教理を授ける宗脈の儀式が執り行われたとある。

宝永二年（一七〇五）には『融通念佛信解章』二巻を撰述、[21] 同時期には、大通の継嗣として、三条西実教息男豊

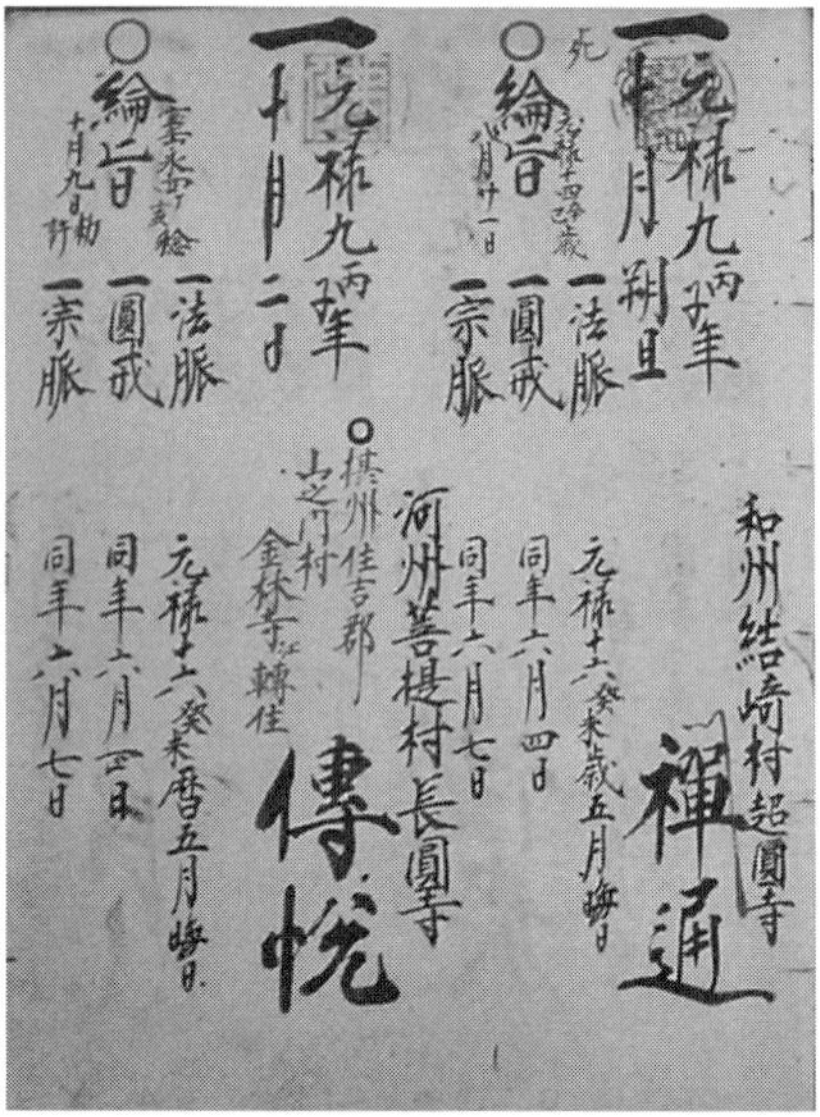

図１　『大源衆寮并規矩記』（大念佛寺蔵）

丸が入山したとある。宝永三年、豊丸は剃髪して融海忍通と称し、宝永五年、大通によって円頓菩薩戒を授けられる(22)。

宝永六年（一七〇九）、忍通が大念佛寺第四七代住持継承、大通は、実父の菩提所でもある祐徳院に六一歳で隠居する。当時期より大通は、精力的に大念佛寺境内敷地や祠堂田などにかかる年貢の免除を請い、たびたび江戸を訪れ、幕府へ奏上している(23)。

同じく、京都での弘通にも力を入れていた記載も見え、元禄一五年（一七〇二）に北野天満宮周辺に建立された大祥山円満寺に滞在、貴賤を問わず名帳に勧進したとある。

正徳六年（一七一六）閏二月一二日、大通六八歳、年貢の免除を求め滞在していた江戸にて遷化。遺体は茶毘に付され、大念佛寺に帰院、四月に葬儀が執り行われたとある。

二　大通と徳田家

『行実年譜』には、大通が、摂津国住吉郡平野庄徳田家の生まれであると記されている。融通念佛宗史の上でも、大通が徳田家出身であることは定説である。

そもそも、平野庄は、戦国時代、堺と同じく周囲に環濠を巡らせ、自治都市として発展を遂げた町で、その発展を支えたのが、平野庄の開発領主である坂上広野（征夷大将軍坂上田村麻呂次男）の子孫と称した「七名家（七苗家）」である。坂上広野の一族は、本家である坂上家（平野殿）を支える野堂（末吉）・則光（三上）・土橋・成安・利則（西村）・辻葩（辻花）・西脇という七つの家に分かれた。その中でも末吉家は七名家の中心として、江戸時代、平野庄が天領の頃には代官職に任命されている。[24]

また、元禄期（一六八八―一七〇四）には七名家をはじめとする上層町人の間で、サロン風の漢学学習会が活発に催されていた。その中心であった土橋七郎兵衛友直は、享保二年（一七一七）に学問所である含翠堂を創設する。当初から維持運営に携わる構成員（「同士」と呼ばれる）は六名いたとされ、七名家三名と平野庄（平野郷町）の有力者三名で構成されており、その同士の一人に「徳田四郎左衛門」という人物がいる。[25]

左記に紹介する文書（**図2**）は、大念佛寺内に収蔵されている史料で、宝永八年（一七一一）三月五日、大通から大文字屋徳田四郎左衛門へ送った置文である。[26]

告二徳田四郎右(左)衛門《ニ》一
慈父菩提所祐徳院、及二大破《ニ》一候付《ニ》、為二
報恩《ノ》一此度致二修理一候、此所若《シ》存命《ニは》、
愚老隠居所《ニ》存候、依レ之《ニ》道具付置候間、
後々迄紛失無《キ》レ之様《ニ》可レ被レ致候、
右祐徳院《ハ》、不《ル》レ預二外人之支配《ニ》一所也、
其方寺元《ニ》候間、子孫《ニ》至《ル》迠連々

加《ヘ》ニ修復《ヲ》一、破壊無之様肝要也、尤
祐徳存命之内、被ニ付置一候祠堂田《ハ》
不レ及レ云《ニ》、愚老付置候田畑等、別紙《ニ》
書付之通《リ》也、又其方《も》為ニ冥《ニ》加一候間
些少成共寄附可然候、住持之義、
随分如法之僧見届《ケ》、其上《ニ而》忍通《ヘ》
相達《シ》、熟談之上可ニ相究《シ》一、忍通代
已後《ハ》、其方心任《ロセニ》住持可《シ》ニ相定《ム》一
雖レ然《ト》入院之届《ケ》等諸事、本末之
儀式、略義有之間敷者也、且亦
不住菴之義、愚老居士之時造立之
一宇也、故《ニ》些子祠堂附置候間、後々
相続之外護可有候、為ニ後鑑《ノ》一
手書《シヌ》畢

本山四十六代
大通老人（花押）
（丸印）（角印）

宝永八辛卯載

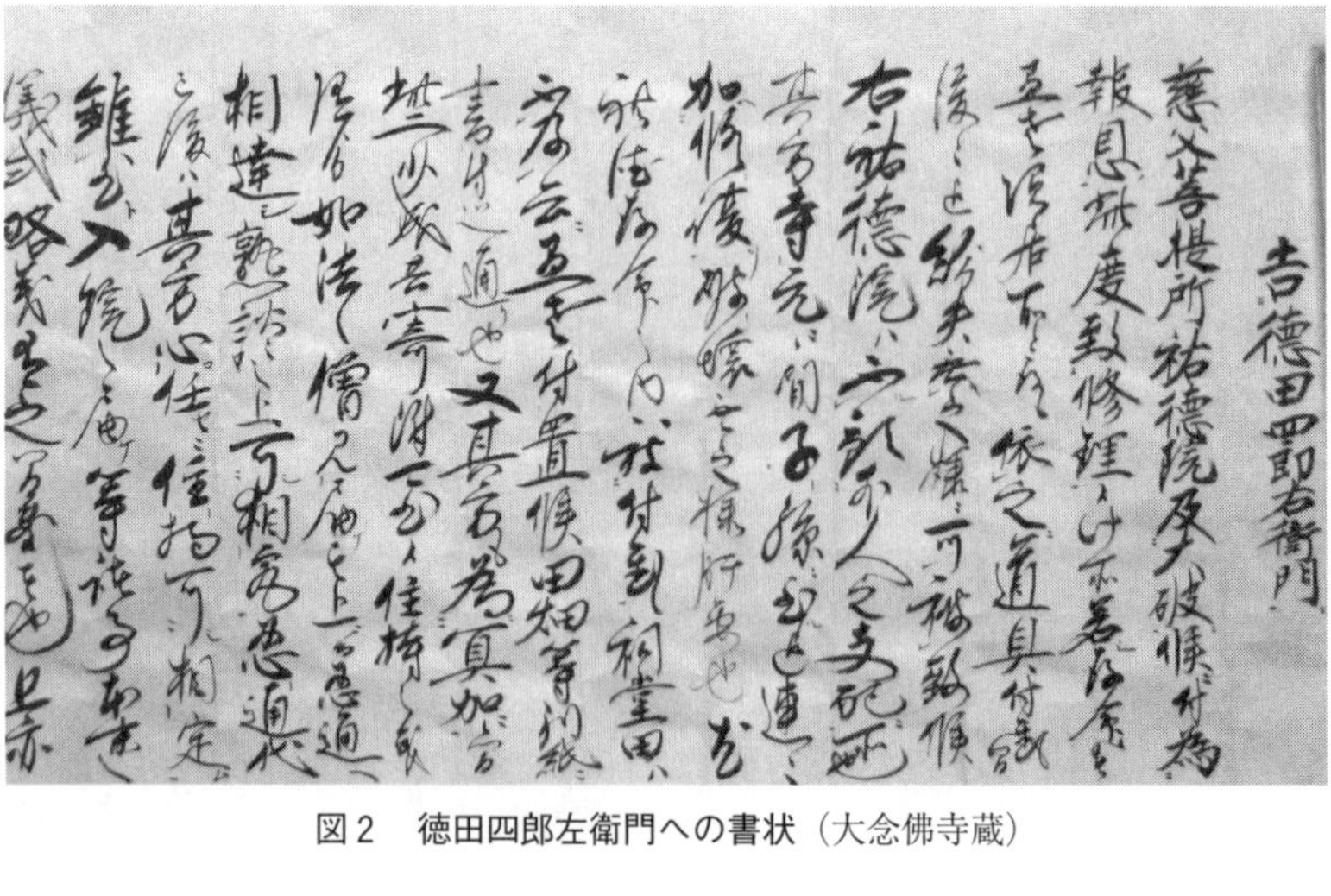

図2　徳田四郎左衛門への書状（大念佛寺蔵）

三月五日

大文字屋
四郎左衛門

示
并ニ後代子孫共江（当史料および以下の翻刻史料について、訓点等は原文のまま）

内容は、まず、大通実父の菩提所である祐徳院の修理ついて報告している。大通は、この祐徳院を隠居所とする旨も示しており、『行実年譜』においても宝永六年（一七〇九）、忍通に大念佛寺住持を譲った後、祐徳院に入院したとの記事が見える。この祐徳院は、「外人」つまり徳田家以外の人物の支配を受ける堂舎ではないとされ、徳田家は「寺元」であるため、子孫に至るまで修復を加え、破壊することのないよう堂舎の管理を託している。なお、ここにある「寺元」とは、住持の実家を指す用語であると考えられる[27]。

次に大念佛寺次代住持について言及しており、継嗣に相応しい僧侶をいろいろと吟味してきたが、その上で忍通へと決まったと報告している。忍通以後の住持については、四郎左衛門の心のままに定めるよう述べているが、実際に忍通以降、徳田家より大念佛寺住持に就任した上人はいない。「寺元」の用語としては、寺院に子弟を入院させる権利や住持を任命する権利を持つ家のことも指すため、今後、徳田家と大念佛寺を考えていく上で注目すべき一文であると思われる。

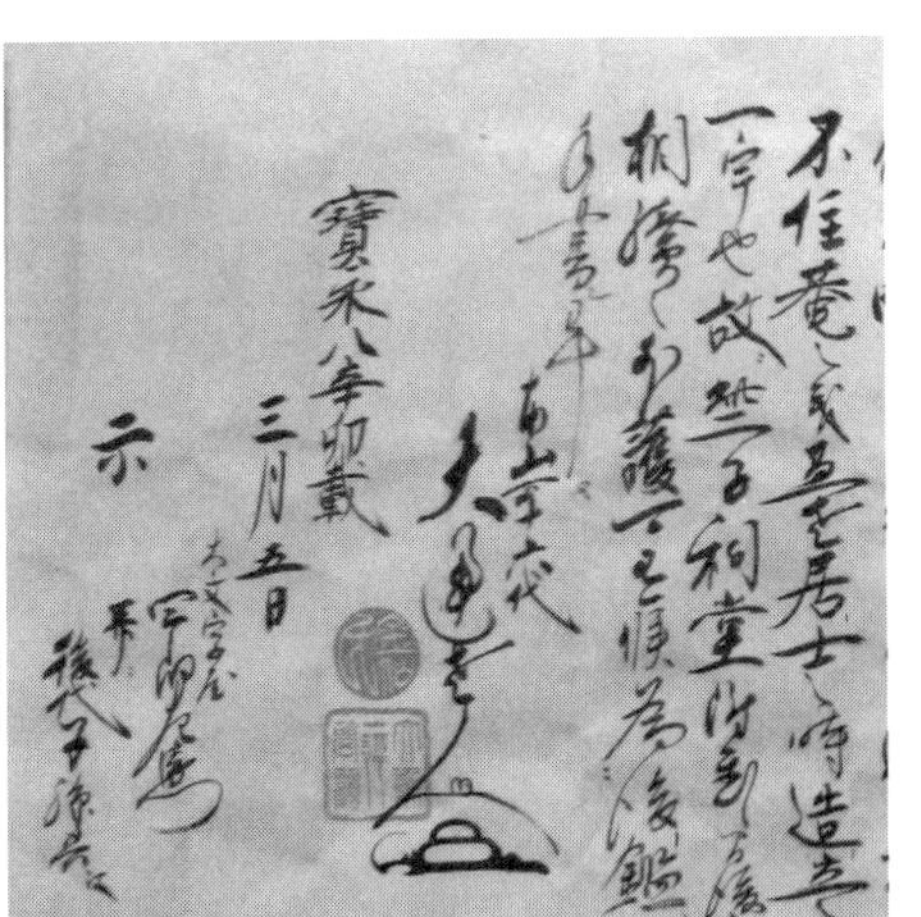

さらに置文は、不住庵についても触れている。不住庵は、大通が「居士」つまり良観より得度を受ける以前に建立した堂舎であり、祐徳院同様に後々の維持を委託している。『行実年譜』では、天和元年（一六八一）、大通が当庵を建立し実母の位牌を祀ったという記述が見える。ちなみに祐徳院と不住庵は、「大念佛寺境内建物大槩之図」[28]によれば、経蔵のすぐ北側、現在宝物館があるあたりに、東西に並んでいたことが解る。

以上のように当書状内容から見ると、大通と徳田四郎左衛門の直接的な関係は判明しなかったものの、両親の菩提を弔う堂舎であった祐徳院・不住庵の維持を徳田家に頼っている点から、単に親密な関係というよりは、血族関係にあったと考える方が妥当であると思われ、徳田家を「寺元」と呼んでいることも理解できる。

三、編者慧日慈光と快円恵空

『行実年譜』を編集し記録したのは、序および題字にも記されているとおり、「洛西栗隈禅教律兼学親伝融通念佛宗沙門慧日光」という人物で、印形より法諱は慈光であることが解る。序には「余曽受大通上人之法愛」とあり、「融通念佛宗沙門」と称している点からも、大通に伺候した僧であると考えられるが、大通と直接的に送還している手記類は見えず、むしろ、大通から法灯を継いだ忍通と深く繋がりを持っていた形跡がある。

享保期（一七一六―三六）に製作された『大源雑録』[29]には、「融通本山檀林清規」をはじめとして融通本山規約総式など、大通が残した融通念佛宗組織形成に関わる重要書類がまとめられている。その編纂に慧日慈光が携わっていたことが、序文に明記されている。

また、忍通が遷化する直前、享保六年（一七二一）八月一日に、直弟子や末寺僧侶に対し後事を託す意味で作成された「忍通海遺告」(30)は、その奥書によると、「華洛千代古道如意輪草創沙門蓮花子慧日光、應命執筆」とあることから、慧日が執筆したもので、同じく遺言の場に立ち会った貞松院龍海、辨瑞、了通、秀海、通照、石潭、流水と互いに内容を協議した上で作成したと添えられている。

なお、「忍通海遺告」本文内、忍通の次代住持入院に関する部分で、新住持の補佐役として「嘱累之師主」（＝煩わしいことを託すことができる師）慧日慈光を推挙するとの遺言があり、さらに大念佛寺に納められている文書には、慧日から忍通に送られた漢詩の書簡が多数残されていることから、慧日と忍通は非常に親しい関係であったと考えられる。

慧日は『行実年譜』を作成する以前に『西大勅諡興正菩薩行實年譜』(31)を記している。『西大勅諡興正菩薩行實年譜』とは、奈良西大寺を復興した真言律僧叡尊思円の一代記であり、叡尊の自伝『金剛仏子叡尊感身学正記』を骨子に、数多くの史料を引用して編集記録されたもので、元禄期（一六八八―一七〇四）に製作されている。『行実年譜』と同様に、編年体で記述され、各記事の表記も、天皇名（天皇即位年のみ）・年号・干支・叡尊の年齢の順番となっており、『行実年譜』と酷似している。

慧日の履歴については『西大勅諡興正菩薩行實年譜』序文中に記されている。

閻浮日《ノ》出勝域、豊葦原中津瑞穂国人皇百十三代　仙洞太上皇御即位之《ノ》年、霜月望《ノ》鬼宿《ノ》日、余感生《シ》於《ヲ》河内州科長楠氏之家《ニ》、襁褓《シテ》知《リ》仏陀、年甫《テ》七歳《ニシテ》　発抜俗《ノ》志《ヲ》、考妣諾《スレトモ》　之、太守石川主殿頭《ノ》昌勝鞠愛《シテ》　弗《ス》聴《サ》、而《トモ》　余出家如《ニシテ》帰《ルカ》　無所《ロ》顧恋《スル》、臻《テ》吾祖　興正大士落髪之歳《ニ》、礼《シテ》　大和岡本斑鳩宮法起中興第二世純空性和尚《ヲ》、以《テ》為受業師《ト》、削除《シテ》周羅《ヲ》、稟《ケ》慈息戒、聴渉精苦《シテ》　鋒芒少《シ》露《ハル》、貞享乙丑三月二日辰時下分、於泉之千種《ノ》森神鳳僧寺《ニ》、以《テ》大乗菩薩三聚通受羯磨自誓受具《ス》、時年二十二矣、

慧日は、霊元天皇が即位する寛文三年（一六六三）に「河内州科長」（大阪府南河内郡太子町）の楠家に生を受け、幼少の頃より仏事に努め、七歳で出家を志す。父母は慧日の出家を許すが、当時の領主であった石川昌勝が許可せず断念、それでも出家の意志を捨てなかった慧日は、一七歳で法起寺（奈良県生駒郡斑鳩町）中興第二世の純空恵性から「慈息戒」を受け修行を行い、貞享二年（一六八五）三月二日、慧日が二三歳の時に大阪府堺市大鳥大社の神宮寺にあたる神鳳寺（神仏分離により廃寺）において、三聚浄戒を自誓受具したとある。

慧日が受戒した神鳳寺は、和銅元年（七〇八）行基によって開創されたと伝わっており、戦国時代の兵火により焼失、豊臣秀頼によって慶長七年（一六〇二）に再建されるが、大坂の陣で十三重塔を残して再び灰燼に帰した。その後、寛文二年（一六六二）、幕命により堺町奉行石河利政が大鳥神社および神鳳寺の復興に着手する。この復興に大きく貢献したのが、大通と親密な関係を結んでいた快円恵空である。(32)

神鳳寺には、延宝五年（一六七七）から慶応二年（一八六六）にかけて受戒した僧侶の年月日を記した「神鳳一派僧名帳」が残されており、その中に慧日慈光の名も見て取れる。(33)快円は、延宝五年から元禄期に至るまで神鳳寺の住持に就任しているため、貞享二年（一六八五）に神鳳寺で三聚浄戒の自誓受具した慧日とは師弟関係にあったと考えられる。(34)

快円恵空は、当時の仏教界で大きなムーブメントになりつつあった戒律復興運動(35)の一翼を担った真言律僧である。江戸時代、檀家制度の定着により、僧侶の堕落が大きな社会批難を受けることとなる。その批判に呼応するように僧風の粛正と戒律の復興運動が各宗に起き、特に真言宗はこの戒律復興運動にいち早く先鞭をつけていた。奈良西大寺で学んだ明忍律師が、慶長七年（一六〇二）、京都槙尾山西明寺（平等心王院）にて自誓受戒を行ったことに端を発し、当寺を戒律復興の道場とすることによって多くの律僧を養成した。そういった中で、明忍と同じく西明寺

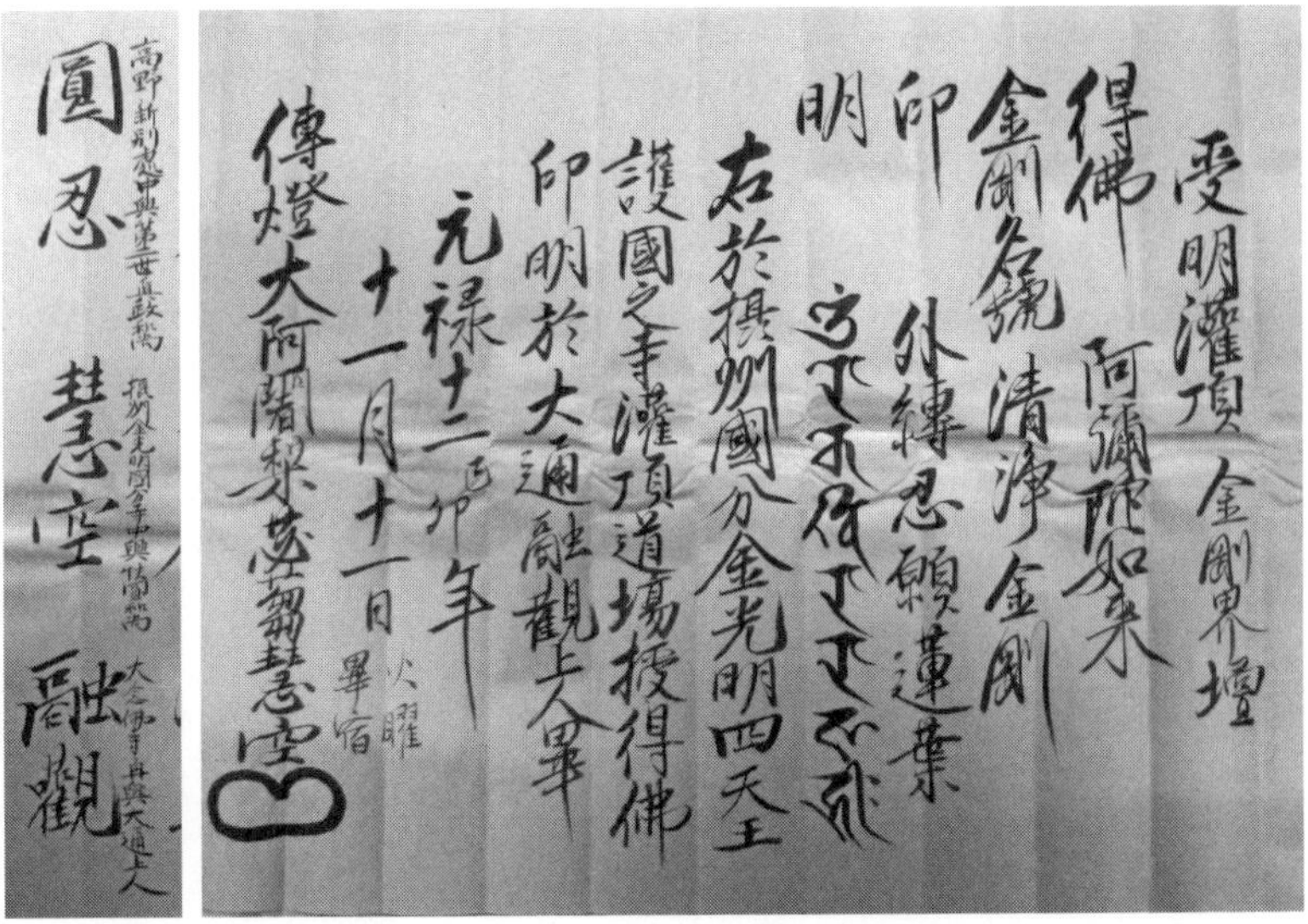

図３　「受明灌頂金剛界壇」（右）と「受明灌頂相承血脈」末尾（左）（大念佛寺蔵）

に入院していた慧雲より受戒した賢俊良永が、高野山真別処圓通寺を律院化する。賢俊の跡を継いだ真政円忍が圓通寺を隠居した後、住持として任命されたのが快円恵空であった。

大通と快円恵空は、先述した『行実年譜』のみならず、大念佛寺蔵『日鑑』にもたびたび往来が確認できる。特に元禄一二年（一六九九）には頻繁に交渉していた記事[36]が残されているのだが、『行実年譜』元禄一二年の記事を見ると、大通が快円より、摂津国分寺[37]において金剛界曼荼羅の受明灌頂を受けたとの記述があることから、受明灌頂に関連する交渉が行われていたものと推察される。最後にこの受明灌頂の証書が、大念佛寺内に残されていたので紹介しておく[38]（**図３**）。

灌頂とは、如来の五智を象徴する水を、弟子の頂きにそそぐ作法によって、仏の位を継承させる密教の儀式のことで、受明灌頂においては、一尊（大通の場合は阿弥陀如来）を対象とした印契・明呪を受ける。この証書と同じ包紙には儀式の際に使用した散華[39]や金剛線[40]とあわ

せて「受明灌頂相承血脈[41]」が添えられている。その血脈譜末尾を見ると、

高野新別處中興第二世眞政和尚　圓忍
攝州金光明國分寺中興快圓和尚　慧空
大念佛寺再興大通上人　融観

とあり、大通が、大念佛寺の再興上人という立場をもって灌頂を受けていることが解る（図3参照）。

おわりに

第一章では、『行実年譜』の概要を述べ、大通の融通念佛宗成立までの行程を確認した。特筆すべきは、大通が多くの僧侶と交流を持ち、融通念仏以外の教えを受けていることである。その中でも、快円恵空は、得度を受けた覚意良観以外で唯一、大通に受戒した僧として、他の僧とは区別して取り上げられている。また、近世期融通念佛宗史を語る上で必要不可欠な存在である「六別時」について、『行実年譜』ではほとんど触れていない点も特徴の一つと言える。

先行研究においても考証はなされていたが、今回改めて内容と史料を吟味すると、編者慧日が一つ一つ史料を細かく分析し、当年譜の編纂に利用していたことがわかった。ただ、逆に言えば、検証が不足している箇所、たとえば先ほど述べた他宗僧侶との関係や晩年まで頻繁に往来していた江戸滞在時の状況についても、何らかの根拠になる史料が大念佛寺に残されていると考えられ、今後の発見に期待したい。

第二章では、その検証が不足している箇所の一端を補うため、大通が徳田四郎左衛門に送った置文をもとに大通と徳田家の関係ついて考察した。内容は、大通が徳田四郎左衛門へ両親の菩提所にあたる諸堂の修復管理を依頼す

るという極めて私的なもので、徳田家が大念佛寺の「寺元」であるという記載もあることから、大通と徳田家は血縁関係にあったと考えられる。

第三章では、『行実年譜』の編者である慧日慈光が、真言律僧であることを明確にし、慧日の師にあたる快円恵空と大通の関係にまで言及することができた。

快円は、大通の受戒の師として『行実年譜』でもたびたび登場しており、大通が大念佛寺住持就任後に灌頂を伝授している。慧日は、『行実年譜』を編纂後、忍通から次代住持の補佐役に指名されており、忍通の重要なブレーンの一人であったと考察される。

このように快円恵空や編者慧日慈光の経歴を理解した上で、再度『行実年譜』における他宗高僧との交流を考えると、快円恵空はもちろんであるが、如法真言律を起こした覚彦浄厳や安楽律を唱えた霊空光謙の師である妙立慈山の名前が挙がっていることから、『行実年譜』は律僧との結び付きを強く意識して記されたようにも見受けられる。

さらに言えば、快円や慧日との繋がりを鑑みると、大通と近世期における戒律復興運動の関係性を視野に入れながら宗史研究を進めていく必要性があり、今後の研究課題としていきたい。

註

（1）法制史学会編『徳川禁令考』前集第五（創文社、一九五九年）所収。本末制度に関わる研究は、圭室文雄・大桑斉編『近世仏教の諸問題』（雄山閣、一九七九年）を参考にした。

（2）『大念仏寺四十五代記録并末寺帳』（融通念佛宗教学研究所編『融通念佛宗年表』大念佛寺、一九八二年附録）に

よると、

右大念仏住職者、中興法明上人帰依之檀那、六別時講中之内、一別時宛内御鬮取当之者、従六別時一人宛立合、於本山如来前、御札鬮揚、六人之内御鬮取当之者、為上人之旨、

六別時講中のうち、一別時ずつ鬮によって選ばれた人物（在俗）が、六別時から一人ずつ立ち合い、本山の如来前において、再び札鬮をあげ、取り当てた者を上人（大念佛寺住持）とするというものである。法明の次代上人である修観興善（第八世）は、この方法で選出されており、以後、第四五世まで続けられた。

六別時については、浜田全真「融通念仏宗の成立について」（『尋源』二八号、大谷大学国史学会、一九七六年）、『新修大阪市史』第二巻（大阪市、一九八八年）、大澤研一「融通念佛宗の六別時について」（『大阪市立博物館研究紀要』第二四冊、一九九二年）、拙稿「摂津・河内地方における大念仏上人と挽道場」（『鷹陵史学』第二九号、二〇〇三年）を参照。また、八尾市立歴史民俗資料館の平成一一年特別展図録『融通念仏行者　楽山上人と幕末の八尾』（一九九九年）において、各別時の末寺の分布が作図されている。

（3）『再興賜紫大通上人行實年譜』（大念佛寺、一九六五年）。

（4）田代尚光『増訂　融通念仏縁起之研究』（名著出版、一九七六年）。

（5）『融通大念仏亀鐘縁起』は、大阪府柏原市西光寺所蔵本が『法衣（御回在）の調査研究報告書』（元興寺文化財研究所、一九八三年）に、大念佛寺所蔵本が伊藤唯真監修『融通念仏信仰の歴史と美術―資料編』（東京美術、一九九九年）に、大阪市北区源光寺所蔵本が平祐史・西本幸嗣編『摂津国南浜村　源光寺文書』（佛教大学文学部史学科平祐史研究室、二〇〇二年）に所収されており、その他、大阪府堺市の沢池利三文書に所収されている諸本（『堺市史』続編第四巻、堺市、一九七三年）や奈良市徳融寺所蔵本・奈良県天理市蔵福寺所蔵本がある。

（6）本書は、明治三一年（一八九八）、大念佛寺の諸堂が焼失した後、大念佛寺の由緒来歴を伝える目的で明治三七年（一九〇四）に大念佛寺で製作され、大念佛寺の由緒・沿革・堂宇・什宝・歴代上人の系譜・教育制度・主要文書などが掲載されている。平成二年（一九九〇）三月再版。

（7）塩野芳夫『近世畿内の社会と宗教』（和泉書院、一九九五年）。

（8）大澤研一「融通念仏宗成立過程の研究における一視点――『融通大念仏寺記録抜書』の紹介を通して――」（『大

阪市立博物館研究紀要』第二八冊、一九九六年）。

（9）『大念仏寺四十五代記録并末寺帳』（前掲註〈2〉）八尾別時の項によれば、

八尾別時辻本良明寺者、従中興法明上人相始至今、代々講中之内、如来之御鬮次第為住持、挽道場也、但寺号ハ本山三代以前、寛文二壬寅舜空上人出之、従其時摂州東生郡平野庄馬場町、同年堂建立、祐徳禅門為住持、生国者平野庄人、寛文十二壬子死、

良明寺は、法明創建の道場で、当初、鬮によって選ばれた住持の居宅に道場が移動する「挽道場」であったが、大念佛寺第四三世良恵舜空により寺号が与えられ、堂舎を大念佛寺と近接した平野郷馬場町に建立、当時の住持は祐徳であると記す。住持期間について『行実年譜』と差違はあるが、祐徳死去記載は寛文一二年（一六七二）と『行実年譜』に合致している。

（10）・覚彦浄厳は、河内国錦部郡出身、慶安元年（一六四八）高野山で出家後、畿内を中心に各地で講経、元禄四年（一六九一）に幕府の援助を受けて江戸湯島に霊雲寺を建立した真言律僧。

・快円恵空は、国学者契沖に菩薩戒を授け、大きな影響を与えた真言律僧、第三章にて詳しく述べる。

・鉄眼道光は大阪市浪速区瑞龍寺を再興した黄檗僧で、黄檗版（鉄眼版）大蔵経の開版に尽力。大念佛寺一切経蔵にも黄檗版大蔵経が納められている。

・高泉性潡は明から渡来した黄檗僧。寛文三年（一六六三）の萬福寺初の授戒会では、引請阿闍梨の任を担った。後に萬福寺第五代住持に就任。

・賢巌禅悦は大分県臼杵出身の臨済僧。愛媛県宇和島市大隆寺の節巌道円の印可を受け、臼杵市多福寺の住持となる。

・妙立慈山は、天台僧の頽廃を糺すために戒律兼学することを唱えた僧で、弟子の霊空光謙は安楽律院を復興した。

・天圭照周は、泉涌寺塔頭戒光寺住持を経て、泉涌寺第八三世住持を継承した人物で、兵庫県尼崎市守部観音堂に伝来する聖観音菩薩立像背面の万治三年（一六六〇）に当仏像の由緒を記した墨書には「戒光寺住持賜紫沙門天圭」との銘が記されている。尼崎市教育委員会　歴博・文化財担当による水曜歴史講座（第四回、講師伏谷優子、二〇一一年）「守部観音堂の仏像――尼崎に伝えられた文化財調査から――」講座レジュメ参照。

・瑞山龍空は深草誓願寺の僧で真宗院の中興の祖。大通と瑞山龍空の関係については、未定稿「近世初期における融通念佛宗と他宗との関わり」（平成二三年度西山学会研究大会）にて報告。

(11) 大澤前掲註(8)論文『融通大念仏寺記録抜書』で紹介されている「乍恐願状」および「本山之住持代々知識之例乍恐以書付言上」によって、当時八尾別時良明寺住持であった大通が、幕府と融通念佛宗再興のための協議を重ねていることが解る。

(12) 大澤前掲註(8)論文『融通大念仏寺記録抜書』内の貞享五年（一六八八）「今度被為仰付候趣」によると、

一当一代者禅門札持之儀

一従今時若年之者為致学問、従二代目此者致住持、知識二而相続之儀

大念佛寺後住について、当代は禅門による鬮で、二代目より修学した僧侶が住持となり、「知識」（能化）による相続を幕府より指示されている。

(13) 法明所縁の宝物である亀鉦（大念佛寺蔵）の裏に貼付された大通の書付によると、「元禄二己巳三月廿五日、愚衲蒙佛勅当山住職、故元祖従来次第相承此龜鐘、謹頂戴以而四十有六世為上人」とある。

(14) 塩野前掲註(7)論文にて「彼岸中日之法事往古例ニ願之目録」を引用し、史料考証が行われている。なお、現在でも四天王寺で行われる春秋の彼岸会には、大念佛寺より本尊十一尊天得如来が出光し、融通念仏会が行われている。

(15) 桐山家所蔵『添上郡櫟本村永代帳』（天理市同和問題関係史料調査委員会編、一九九六年）には、元禄五年の東大寺大仏修復開眼供養記事において「かわち平野ト人廿八日ノしゃし、大和かまつ寺不残同道也」と記されている。

(16) 大澤前掲註(8)論文参照。大通の紫衣勅許に関する文書が収録されている。

(17) 徳融寺蔵「大念仏寺記録」（『法衣（御回在）の調査研究報告書』所収）（前掲註〈5〉）に「元禄九丙子九月十六日、於吾宗、始賜檀林開発幷修学之末僧香衣勅許永宣旨、同年十一月十日依勅定参内而拝龍顔」とある。

「大念仏寺記録」は、宝永二年（一七〇五）、大通によって製作された記録で、大念佛寺の歴史・法要・什物・祠堂などが詳細に載録されている。

(18) 大阪市立博物館編『融通念佛宗――その歴史と遺宝――』（大念佛寺、一九九一年）掲載（目録番号85）の大念佛寺蔵の二十五菩薩面「木箱蓋銘」に「元禄九丙子十月朔日ヨリ、日和七ヶ日、来迎供養法事執行」と記されている。

(19)『融通圓門章』巻末には「元禄第十六歳次癸未王春穀旦」との記載がある。
(20)同史料に添えられた書付によると、元禄一六年に行われた加行（伝授などを受ける前に行う修行）には、「所化七十一人加行相勤」とあるように、「和州結崎村超圓寺禅通」と「河州菩提村長圓寺傳悦」の他に七一名の修学僧が参加し、いずれも法脈・円頓菩薩戒・宗脈を伝授されたと記されている。
(21)『融通念佛信解章』序末に「宝永二年歳次乙酉五月吉旦、摂州大念佛寺大通観、敬題於所居之丈室」との記載がある。
(22)忍通の出自や入院時期については、大澤前掲註(8)論文「告当山後々之住持状」に記述がある。また、拙稿「大念佛寺と公家――第四十八世信海の妙法院門跡院家兼帯について――」（『宗教文化研究―錦渓学報―』第五号、極楽寺宗教文化研究所、二〇一一年）に詳しく記している。
(23)『行実年譜』によると、大通は、江戸滞在中、水戸天聖寺蘭山や増上寺祐天顕誉と親交を結び、法談を交わしたと記されている。水戸天聖寺蘭山については未詳。祐天顕誉は、徳川綱吉とその生母桂昌院、徳川家宣の帰依を受け、幕命により下総国大巌寺・同国弘経寺・江戸伝通院の住持を歴任し、正徳元年（一七一一）増上寺第三六世となった浄土宗の僧。
(24)『平野区誌』（平野区誌刊行委員会、二〇〇五年）参照。
(25)含翠堂については、梅溪昇・脇田修編『平野含翠堂史料』（清文堂史料叢書第4刊、清文堂出版、一九七三年）を参考にした。なお、含翠堂運営に関する資金は、原則的に有志の寄付金によって賄われていたが、同士中からも一定の金額を集金しており、徳田四郎左衛門も七名家と同金額を支払っている。
(26)大念佛寺文書仮目録番号九。包紙に「附二與徳田四郎左衛門一状」とある。
(27)「寺元」については、幡鎌一弘「近世寺僧の「家」と身分の一考察――興福寺の里元を手がかりに――」（『ヒストリア』一四五、大阪歴史学会、一九九四年）、朴澤直秀「寺元慣行をめぐって」（『国立歴史民俗博物館研究報告』一一二、二〇〇四年）を参考にした。
(28)日本仏教研究所編『良忍上人と大念仏寺』日本仏教の心8（ぎょうせい、一九八一年）に写真が掲載されている。
(29)『法衣（御回在）の調査研究報告書』（前掲註〈5〉）所収。

(30) 大念佛寺文書仮目録番号六。
(31) 『西大寺叡尊傳記集成』（奈良国立文化財研究所史料第二冊、大谷出版社、一九五六年）所収。なお、『西大勅諡興正菩薩行實年譜』においても、慧日は「華洛西山千代古衢如意輪草創禅教律兼学通受菩薩戒苾蒭慧日光」（序文末）、「如意輪精舎後裔熩蒭慈光」（上巻文頭）、「洛西栗隈千代古道通受菩薩戒沙門慈光」（下巻文末）と署名している。解題によると、「洛西栗隈千代古道」の「如意輪（寺）」とは、京都市西京区にある浄住寺となっている。
(32) 快円恵空の動向については、高林誠一「快圓和尚と神鳳寺の再興」（『堺文化』第一輯、堺古文化調査研究會、一九五〇年）を参考にした。快円は、寛文七年（一六六七）、当時神鳳寺を管轄していた家原寺久蔵院（大阪府堺市西区）の快意より、いまだ荒廃に及んでいた神鳳寺を譲られ再建する。寛文一二年（一六七二）、快円の師である真政円忍を中興の祖として招聘し神鳳寺を再興、快円は住吉地蔵院に退去して引き続き神鳳寺の発展に寄与、翌寛文一三年には幕府の許可を受け、神鳳寺は「真言律宗南方一派」の総本寺となり、僧侶養成の僧坊として戒律復興の潮流に影響をもたらすこととなる。住吉地蔵院は、明治三四年（一九〇一）、高野鉄道（現南海高野線）建設のため大阪市大正区に移転しており、寺伝によると快円恵空によって元禄元年（一六八八）に開創されたと伝わる。
(33) 「神鳳寺一派僧名帳」は、『日本における戒律伝播の研究』（元興寺文化財研究所、二〇〇四年）所収。
(34) 高林前掲註(32)論文参考。
(35) 近世戒律復興運動については、前掲註(32)・(33)および藤谷厚生「『三国毘尼伝』にみる近世真言律の特徴について」（『印度學佛教學研究』第五四巻第二号、二〇〇六年）を参考にした。
(36) 大念佛寺蔵『日鑑』。塩野前掲註(7)論文においてすでに指摘があり、参考にした。
(37) 現状では摂津国分寺は廃寺となっている。後継寺院は、大阪市天王寺区天徳山国分寺と大阪市北区護国山国分寺の二説あるが、創建時の遺構はいずれも明らかではない。天王寺区の国分寺付近からは瓦が出土している。
(38) 大念佛寺文書仮目録番号八〇八。
(39) 大念佛寺文書仮目録番号八一四。
(40) 大念佛寺文書仮目録番号八一五。
(41) 大念佛寺文書仮目録番号八〇九。

融通念佛宗の唯心浄土思想

――大通『融通念佛信解章』における他土浄土の問題――

栗山康永

はじめに

『融通圓門章』（以下、『圓門章』と略す）は、融観大通上人が、元禄一六年（一七〇三）に開版[1]したものである。『圓門章』の教えをさらに分かりやすく説くために、その二年後の宝永二年（一七〇五）に、『融通念佛信解章』二巻（以下、『信解章』と略す）を開版した。

『信解章』は、唯心浄土思想による心のあり方を説いている。浄土は、西方にあるのか、心にあるのかという論議は、永明延寿（九〇四―七五）が最初に提唱したといわれる唯心浄土思想に始まり、今日に至るまでの課題といえる。

特にその論議が活発になったのは、四明知礼（九六〇―一〇二八）などが活躍した趙宋時代（九六〇―一二七九年）以降といえよう。その代表的な見解が指方立相論と唯心浄土思想である。指方立相というのは、極楽浄土は西方を指し、報土という相を立てて存在すると考える。また、西方有相浄土ともいう。一方唯心浄土は、浄土の相を立てず心の中の存在とする。もちろん融通念佛宗は「唯心の浄土、己身の弥陀」[2]を説いている。また成仏論から捉えると、西方往生に対して速疾往生[3]といえよう。

よって『圓門章』「速疾往生之勝因」[4]、『信解章』「速疾取辨ノ法門」[5]も同じ意味である。

この二つの考えを対立的に捉えるのではなく、いかに融合していくかが、天台系に属する天台浄土教や禅宗に属する禅浄融合思想[6]の課題であった。同様に融通念佛宗も取り組まなければならないテーマになり、『信解章』の撰述に至ったといえよう。その一つは唯心浄土の立場に立脚しつつ、西方有相浄土（指方立相）をもどう容認していくかという点である。そしてもう一つは、すべての人々が救われるための凡夫往生という点であった。

よって『信解章』は、融通念佛宗における唯心浄土思想を明確にし、いかに二つの課題を克服するかに力点が置かれている。

一　唯心浄土と西方有相浄土

1　『観無量寿経』の位置づけ

『信解章』で説く唯心浄土における経典の根拠は、『観無量寿経』（以下、『観経』と略す）第八像想観の「是心作仏、是心是仏」にある。その『観経』の解釈も大きく二つに分かれる。一つは、観心を説く経典、つまり、三昧経典（止観）としての位置づけで、行を重んじている。もう一つは、西方往生を説く経典としての位置づけとなる。凡夫往生をいかに考えるかということから信を重んじるといえる。『観経』解釈の疏として、前者は、浄影寺慧遠（五二三―九二）『慧遠疏』、『天台観経疏』があり、後者は、善導（六一三―八一）『観経四帖疏』、智顗（五三八―五九七）説『浄土十疑論』（以下、『十疑論』と略す）が代表的である。

特に『信解章』では、『天台観経疏』の註釈である、四明知礼撰述の『観経疏妙宗鈔』（以下、『妙宗鈔』と略す）の思想が大きく影響している。それは柴田泰氏の論文において、「知礼こそ唯心浄土、本性弥陀を最初に主張した真の浄土思想家である(7)」といわれるゆえんといえよう。その論文に、『妙宗鈔』における唯心浄土思想が列挙されているが、示されていない箇所を挙げておく。

『妙宗鈔』第十三観の解釈において「以重心観令成就勿疑、身謝不生西方(8)」とある。つまり死後の往生ではなく、観仏（観心）による唯心浄土を説いている。

また『観経』第十四観「即便往生(9)」の解釈においても、親鸞(10)等の解釈と違い、『妙宗鈔(11)』では、経文通りの素直な解釈で、三種の心（至誠心・深心・廻向発願心）を修して円教の十信に至るというこの土の証《さと》り(12)を説いており、まさしく唯心浄土の解釈である。

さらに『観経』の「修行六念(13)」における六念（仏・法・僧・戒・施・天）の解釈においても、「修行六念者。涅槃疏云。前三念他後三念自。戒施是自因生天是自果。戒是止善施是行善。天有近果遠果。遠即第一義天也(14)」と述べている。この点について、灌頂（五六一―六三二）撰述『大般涅槃経疏(15)』の「近果遠果」の解釈は、近果を凡聖同居土への往生（西方往生）、遠果を中道の理に称う第一義天、常寂光土（唯心浄土）と捉えている。

また『観経』の上品中生における「經於七日應時即於阿耨多羅三藐三菩提得不退轉(16)」においても、『妙宗鈔』では、西方往生して不退転の位に入ると解釈する。さらに不退転の位にも、行人の己心本具の性として三つに分けている。つまり位不退・行不退・念不退として、それぞれ菩薩の五十二位の階位である十住・十行・十廻向にあてはめ、西方往生後に菩薩の修行の階位「聖種性」という無明を断ずる十地の菩薩に上ると説いている。これら『妙宗鈔』における解釈を受け、後述の楊傑の論、西方往生して不退転の位に入り、常寂光土（唯心浄土）に至るという思想に受け継がれたと考えられる。

ここで便宜上、『信解章』に引用されている経典の典拠も挙げておく。

『観経』――「阿彌陀佛、去此不遠[17]」

『般舟三昧経』（三巻本）――「我所念即見、心作佛、心自見[18]」

『維摩経』――「若菩薩欲得淨土當淨其心。隨其心淨則佛土淨[19]」

『華厳経』――「心如工畫師畫種種五陰　一切世界中無法而不造如心　佛亦爾　如佛衆生然心佛及衆生　是三無差別[20]」

などがある。

2　『信解章』が説く唯心浄土

『信解章』第六章「心法互融」には、

経中ニ。佛国土ノ莊嚴ヲ説タマフヲ以テ。悉是表顯ニシテ。皆實法ナシト。自ラ謗法ノ咎ヲ招ク。須ク知ベシ。心外ニ法ナシ故ニ唯心トイフ[21]。

とある。つまり、西方有相浄土（指方立相）を肯定し、信がなければ謗法の咎を招くとし、さらに、心外に法なしと説いている。これは第五章の「菩提心の体」で説いた色身仏という観仏（事）に託して、実相の理という観心（理）を覚るのである。つまり観仏＝観心とする『妙宗鈔』における「心観為宗」の思想を述べている。

また後述する、浄土三部経における西方有相浄土は仏言であることの信を説き、そして唯心浄土思想へと導こうとするのである。その唯心浄土と西方有相浄土との問題については、『浄土十疑論』（以下、『十疑論』と略す）を取り上げなければならない。

融通念佛宗の往生は、いわゆる仏勅の「是名他力往生」の解釈から『圓門章』『信解章』ともに「無生而生、生即無生」と述べている。

『圓門章』では、浄穢取捨の論を取り上げて「欲捨穢取淨須生乎彼[22]」と述べる。

この問題は、『十疑論』の第二疑にあたる。その解釈に関しては、福島光哉氏の著述[23]が分かりやすい。西方浄土に往生するという有相の実践は、空の理論に背反するのではないか。そして『維摩経』の「心浄ければその土浄し」という教説からみれば、他土に往生するという浄土は認められないのではないか、と質問されている。いわゆる他土往生という教義に対して、これは大乗仏教といえるかどうかの問題である。『十疑論』では、この答えとして、空・仮を超えた中を説き、此土と彼土とを相対的に分別するのを超越した智慧の獲得を目指している。機根が高い賢者は、実際の西方有相浄土、つまり事の往生を求めて、その事の往生の体は、不可得と知る。一方機根の低い愚者は、生と聞けば生なりと解し、無生と聞けば無生と解して、そのことの執着を離れられないので分別を超えることができない。機根の高い智慧の獲得、つまり大乗の空なりを悟れば、西方浄土への往生を求めること自体も矛盾しないのである。中道実相の道理に基づいたものであるとしている。

この他土浄土問題に関して『信解章』では、

若空理ヲ談ジテ。便因果ヲ撥略シ。若自心ヲ談ジテ便心[24]外ニ諸法有コトヲ信ゼズンバ。豈ニ唯法ヲ謗ズルノミナランヤ。亦自心ヲ謗ジテ。萬劫ニ殃墜ス。良ニ痛ムベキカナ。[25]（傍点引用者）

とある。これは慈雲遵式（九六三―一〇三二）の『依修多羅立往生正信偈』の一部の文である。『信解章』だけの文だけでは、意味が分かりにくいが遵式の主張は、先に述べた『十疑論』第二疑の解釈にあたる。

たとえば、

中論云。因縁所生法。我説即是空。不云滅無後空也。維摩經云。雖知諸佛國及與衆生空。而常修淨土。教化諸群生。(26)

とあるように、浄土が自心にあるとか、心外にあるとか、どちらにも執着してはいけない。まさしく天台の教義より中道実相の道理を説いているのである。

一方禅宗系からの解釈として、長蘆宗賾(27)禅師（生没年不明、一一世紀）の文が『信解章』に引用されている。この禅師は唐代の雲門系の禅僧で、坐禅以外に在家を教化するためには、念仏も有効な手段として勧めていた。よって禅宗系の唯心浄土思想として挙げられている一人である。

『信解章』の宗賾禅師の引用箇所は、

夫、念ヲ以テ念ト爲。生ヲ以テ生ト爲ル者ハ。常見ノ所失ナリ。無念ヲ以テ無念トシ。無生ヲ以テ無生トスル者ハ。邪見ノ所感ナリ。念ニシテ無念。生ニシテ無生ナル者ハ。第一義諦ナリ。（中略）所以ニ終日念佛ニシテ。而モ無念ニソムカズ熾然トシテ往生シテ。而モ無生ニソムカズ。故ニ能ク。凡聖ハ各自位ニ住シテ。而モ感應道交ス。東西相往來セズシテ。而モ神ハ淨刹ニ超フ。(28)

とある。

『信解章』と宗賾禅師の文と較べてみる。蓮華勝會録文(29)　慈覺禪師宗賾

夫以念爲念以生爲生者。常見之所失也。以無念爲無念以無生爲無生者。邪見之所惑也。念而無念生而無生者。第一義諦也。是以實際理地。不受一塵。則上無諸佛之可念。下無淨土之可生。佛事門中不捨一法。則總攝諸根。

蓋有念佛三昧。還原要術。示開往生一門。所以終日念佛。而不乖於無念。熾然往生。而不乖於無生。故能凡聖各住自位。而感應道交。東西不相往來。而神遷淨刹。（傍点引用者。傍点の部分は、原文のみで『信解章』には省かれている）

これに関しても、福島光哉氏の解釈を引用しておく。(30)宗賾禅師は、理としては一切法空を説き、念仏も往生も必要なしとして、事としては、一切法を捨てず、一切諸根を摂取するので、念仏も往生も必要と説いた。そして華厳思想の四法界の事理無礙の論より、修禅の理と浄業の事とは矛盾しないと捉えた。さらに唯心浄土・自性弥陀の原理に基づき、念仏三昧とは、空性の理を悟る方法であり、往生の事相をも開く道と考えた。念仏して往生をするという因果を勧め、その浄業の実践方法として、称名念仏を勧めた。その根拠は、この文の後にも引用されているように、『阿弥陀経』や『無量寿経』に拠る。

この宗賾禅師の思想の基は、天衣義懐（九九三―一〇六四）にあるといえよう。

若言捨穢取淨厭此忻彼。則取捨之情。乃是衆生妄想。若言無淨土。則違佛語。夫修淨土者。當如何修。復自答曰。生則決定生。去則實不去。若明此旨。則唯心淨土。昭然無疑。(31)

「若し穢を捨てて浄を取り、此れを厭ひ彼れを欣ふと言ふは、則ち取捨の情、乃ち是れ衆生の妄想なり。若し浄土無しと云はば、則ち仏語に違く。夫れ、浄土を修する者は、当に如何が修すべきや、と。復た自ら答へて曰く、生は則ち決定して生ず。去るは則ち実には去るにあらず。若し此の旨を明せば、則ち唯心の浄土昭然として疑ひなし。(32)」

これに対しても福島氏は、「浄土に往生するというのは、わが心の浄土往生することへの絶対的信を表すので、その生は決定的に生そのもの。でも去るといえば、来、去は不可得なりという空観の原理に背くことになり、従って、真実に去るのではない[33]」とする。

禅宗系の浄土思想は、この宗賾禅師のように、禅の方法が機根の高い理であり、浄業という念仏は機根の低い事としている。

さらに『信解章』下巻では、元の時代の天如惟則（一二八六―一三五四）撰述の『浄土或問』から「欣厭取捨ハ。愛憎能所ノ過無コトヲ得ンヤ[34]」と問い、ここでも同じように事理融通の論理を展開している。機根が高まれば「取捨若し極まれば、不取捨と亦た異轍無し[35]」と知礼が説いたように、取捨と不取捨とは異ならないことなどから欣厭は有るようでまた無いということなのである。これは娑婆即寂光土の道理を顕している。

『圓門章』における唯心浄土と西方有相浄土の問題は、禅宗系では華厳の事理無礙の思想を用い、天台系では事理不二の概念という両面の教理で説明している。この二つの問題に際して、『信解章』下巻に引用されている楊傑の論も付け加えておこう。楊傑（生没年不明）は、『浄土十疑論序』（一〇七六年）、『直指浄土決疑集序』（一〇八四年）などの浄土教の書物を撰述し、浄土教の本質を禅や天台の教理に即して解明している。宗賾禅師と同じように、両浄土を事理無礙の論で展開している。

經典多教念彌陀生淨土。祖師則云。心即是淨土不用更求生西方。其不同何也。答曰。實際理地。無佛無衆生。無樂無苦。無壽無夭。又何淨穢之有。豈得更以生不生爲心耶。此以理奪事也。然而處此界者。是衆生乎是佛乎若是佛境。則非衆生。又何苦樂壽夭淨穢之有哉。試自忖思。或未出衆生之境。則安可不信教典至心念彌陀而求生淨土哉。淨則非穢。樂則無苦。壽則無夭矣。於無念中起念。於無生中求生。此以事奪理也。故維摩經曰。雖知諸佛國及與衆生空。而常修淨土。教化於群生。正謂是也[36]。

「経典多く弥陀を念じて浄土に生ぜんことを教ゆ、祖師即ち云く、心即是れ浄なり。更に求めて西方に生ぜんことを求ふるを用せず、と。其の不同何ぞや、と。答へて曰く、実際の理地には仏なく、衆生なし。楽なく苦なし。壽なく、夭なし。又何の浄穢かこれあらんや。豈更に生不生を以て心となすを得んや。此れ理を以て事を奪ふものなり。然り而して此の界に處する者は是れ衆生か是れ仏か。若し是れ仏境ならば則ち衆生に非ず。又何の苦樂・壽夭・浄穢これあらんや。誠に自ら忖り思ふに、或は未だ衆生の境を出でずんば則ち安くんぞ経典に、至心に弥陀を念じて浄土に生ぜんことを、求めしむるを信ぜざるべけんや。浄は則ち穢に非ず。楽なれば則ち苦なし。壽なれば則ち夭なし。無念の中に於て念を起し、無生の中に於て生を求む。此れ事を以て理を奪ふものなり。『維摩経』に曰く、諸仏の国及び衆生との空なるを知ると雖も、而も常に浄土を修し、群生を教化す、とは是れを謂ふなり。[37]」

この楊傑の「以理奪事・以事奪理」は、華厳の事理無礙における十門の思想、「理を以て事を奪う門」を受けたものである。事は理が完全に顕現したもので、理という禅と事という浄土を融合していくことによって、禅と浄土への矛盾に応えたといえる。『信解章』に引用されている楊傑の文は、西方有相浄土の信の問題で後ほど解説したい（第三章第1節）。

3 『浄土指帰集』と『信解章』の関係

中国天台では、知礼以後の南宋時代（一一二七—一二七九年）には、山家派の法門は、広智系、神照系、南屏系の四明三家と称されて相承された。

時代は下るが、華厳思想を基盤とした禅宗系の長所を取り入れた思想の調和をはかることによって長く存続した南屏系[38]の系統を相承する蘧庵大佑《きょあんだいゆう》（一三三四—一四〇七）の撰述した『浄土指帰集』二巻（一三九三年）が、『信解章』のテキストともいえる。

『信解章』における『浄土指帰集』の引用は、『信解章』第一章「仏祖出興」では三頁、第二章「元祖の仏の開示」二頁、第五章「菩提心の体」、第六章「心法互融」ではほぼ全文で各六頁、第七章「伝法要文」では一五頁にわたる。上巻六四頁の約半分にあたる三〇頁に及ぶ。下巻においては、第八章「像即真身の義」、第九章「十種無礙の義」もほぼ全文で合計一六頁にあり、第一〇章「宗要の義」の一〇種なども全文で三七頁に及んでおり、下巻では七二頁の約三分の二にあたる五三頁に及んでいるのである。このように、思想の根幹になる教理は、『浄土指帰集』に拠っている。

明代の四大名家[39]といわれる高僧が活躍したこの時代の特徴は、天台、華厳、唯識、浄土などの異なる仏教を取り入れる融会思想という諸宗融通にある。『浄土指帰集』も同様に、浄土教の教理を天台の思想に根幹を置き、また禅を取り入れながら解明していく。

『浄土指帰集』の内容や思想については、今後の研究課題である。その思想概念の解明こそが、『信解章』の思想を明らかにする手掛かりになるであろう。

二　天台系と禅宗系の浄土思想における唯心浄土と西方有相浄土の関係

禅宗系浄土教では、修行方法つまり、禅の坐禅を理、念仏を事として、念仏の方法による西方往生を低い位置づけとした。そのため念仏に対する考え方は、機根の低さゆえ本願力による安易な浄土信仰になり、また西方往生も低い凡聖同居土に限定した。それに対して、天台系浄土教では、行者の機根の違いによる分別と考えた。よって天台実相論に基づいた浄土の理念を探究することにより、阿弥陀仏浄土も当然常寂光土と位置づけた。

天台系浄土教においては、唯心浄土と西方有相浄土との関係をどう位置づけたか。智顗説『十疑論』の「機感相応」という考えが基本になっている。これは、のちに知礼の『妙宗鈔』による仏と自己との「感応道交」と「解入相応」という解釈によるものである。(40) この往生の理解は、唯心浄土、本性弥陀の原理に立って、仏と自己との一体を解釈するものである。

『十疑論』における「機感相応」の重要な概念になった根拠は、第四疑「念仏衆生摂取不捨なれば、若し念ずる者あれば、機感相応して決定して往生を得る」。第五疑「仏願力に乗じて機感相応し、即往生を得る」。第七疑「但だ衆生能く阿弥陀仏を念ぜば、機感相応して必ず往生を得るなり」である。知礼ののち、楊傑なども『浄土十疑論序』に「聖凡一体にして、機感相応するなり。諸仏心内の衆生なれば、塵塵極楽にして、衆生心中の浄土なれば、念念弥陀なり(41)」と述べて、仏と自己の関係概念を相承して追究している。

この二つの浄土の関係は、禅宗系、天台系どちらも『十疑論』の第二疑の「大乗の空理と往生の問題」よりの解釈が基本になっている。禅宗系では、理（唯心浄土）と事（西方有相浄土）として、事理無礙の概念より矛盾を説いていく。一方天台系では、理（仏）と事（自己）との機感相応の概念で説いていく。

融通念佛宗における唯心浄土と西方有相浄土の関係は、『圓門章』『信解章』の祖釈の願「無能念無所念(42)」の文に注目しなければならない。そして、この二つを結びつける概念には、華厳思想が大きく影響を与えている。

三　融通念佛宗における唯心浄土思想

1　西方有相浄土との接点

今までに検証してきたように、『信解章』は唯心浄土思想に基づいている。その中で、指方立相という西方有相浄土をどう位置づけているであろうか。結論的には、『信解章』の根幹である「信解行証」の信をまず第一とす。仏言ということから「信」を強調している。そのことは、『信解章』下巻、「十種勝利」の箇所、楊傑が浄土教に対する禅師の非難のために説いたといわれている『直指浄土決疑集序』の浄土教の「三種不信心」を取り上げている。

一ニハ曰ク。吾當ニ佛ヲ超ヘ祖ヲ越テ。淨土生ズルニ足ズ。二ニハ曰ク。處々皆淨土ナリ。西方ニ必シモ生セズ。三ニハ曰ク。極樂ハ聖域ナリ。我輩凡夫ナリ生ズルコト能ズ(43)。

一は「不足生」、二は「不必生」、三は「不能生」として、三種の不信心を挙げている。

さらに「寶積經ニ云ク。若佛語(44)ヲ信ゼザル者。念佛ヲ信ゼザル者(45)」とある。楊傑の『直指浄土決疑集序』では、

大寶積經云。若他方衆生。聞無量壽如來名號。廼至能發一念淨信。歡喜愛樂。所有善根。迴向願生無量壽國者。隨願皆生。得不退轉。此皆佛言也。不信佛言。何言可信(46)。

「大寶積経に云く、若し他方の衆生無量寿如来の名号を聞き、ないし能く一念の浄信を発して歓喜愛楽し、所有善根、無量寿国に廻向し、願生せん者、願に随って皆生じて、不退転を得べし、と。此れ皆仏言なり。仏言を信ぜずんば、何れの言をか信ずべきや(47)。」

『阿弥陀経』等で説かれた西方有相浄土は、仏言だから信ぜよと説得している。釈尊だけでは説得力に欠けるの

か、さらに龍樹(48)・天親菩薩を始め基や智顗までも、西方往生を遂げたことを挙げて、信を強調している。宗賾禅師も、西方有相浄土に対しては、在家の教化としても同様に信仰第一を挙げ、まずは仏言であることを強調して、その信を強く説いている。

『圓門章』の常寂光土を説く箇所においては、「極楽浄土方域を標指すること機信を成ぜんが為なり(49)」とある。まさしく西方有相浄土の「信」を説いているのである。

融通念佛宗では、在家伝法で円頓戒を授けるように、自ら菩薩の自覚に立って、菩薩道を歩むことが仏道である。しかし、念仏三昧のあり方は、『観経』における観仏、観心という約心観仏という厳しいものである。だからこそ、称名念仏に依存する安易な浄業は菩薩の自覚に立ったものという批判に対して、「信」を強調する必要性があった。この「信」に対しては、道綽や善導の自己凝視を通して、凡夫の自覚をうながされる「信」、つまり善導の二種深信(50)などの自己の罪悪性の告発というべき「信」から見れば、消極的な「信」にすぎないような印象を受ける、と福島光哉氏は述べている(51)。

2　凡夫往生の問題

すべての人々を救うという凡夫往生の問題になるのだが、禅宗系では、禅の行を機根の高い者とし、そして浄業は機根の低い凡夫ということになる。機根が低い凡夫だけに、弥陀の本願力に乗じた易行の浄業が必要と考えた。

一方天台系では、浄土の往生の難易は、『観経』に基づいて、一心三観による約心観仏という禅定が可能な者は、唯心浄土という往生が可能だが、三昧能力の低い者は、西方有相浄土による往生でもよいとした。

機根の高い者は、『天台観経疏』による観心、観仏の難行、つまり、『観経』に拠る。観仏三昧、「修心妙観」や

「性具」説に基づく観法理論である行法を行う。それに対して機根の低い凡夫は、禅宗と同じく本願に呼応する易行の念仏三昧でもよいとした。その根拠は、『十疑論』第五疑の他力の縁による即得往生をもって、仏力による浄業としての救いに求めた。

月と水に映るその影の譬喩として、阿弥陀仏と凡夫の関係をあらわしている。

月は遍く十方を照らし、水が清くかつ静かであれば月の全体が現れる。この場合、月が水に趣いて遥かにやってくるのではない。しかし水が濁りかつ動いていれば、月の相貌は無いが、この場合、月が水を捨てて遥かに去るのではない。水には清濁動静があるけれども、月に取捨去来があるのではない。つまり、凡夫の機根の問題をクローズアップさせたといえよう。

たとえば、楊傑の『直指浄土決疑集序』に「衆生は注念せば定めて弥陀を見る。弥陀来迎し極楽は遠からず[52]」とあるように、阿弥陀仏は単なる内在的なものではなく、超越的な仏としての側面と考えている。よって阿弥陀仏の願力（本願力による救済）を説いているのである。

また『浄土十疑論序』には「阿弥陀仏は浄土摂受の主なり、釈迦如来は浄土を指し導く師なり」「阿弥陀仏は、唯、済度を以て仏事となす」「弥陀の光明遍く法界を照し、念仏の衆生を摂取して捨てたまわず」など[53]と述べているように、願力による救済を説いている。

もちろんこの本願力によって機感相応し即得往生することは、『十疑論』第四、五、七疑[54]を根拠としている。

さらに第六疑[55]では、具縛の凡夫が弥陀の本願力によって、浄土に西方往生することは、不退転位に入ることが明記されている。

この西方往生（凡聖同居土）から唯心浄土（常寂光土）という段階的な発想は、知礼の『妙宗鈔』に拠る。

善巧迴向。願生淨土速證法忍。廣抜一切衆生苦惱[56]。

「善巧に迴向して浄土に生じ、速に法忍を証じて、広く一切衆生の苦悩を抜んと願を以てなり。」

願生淨土。證無生後廣度含識[57]。

「善巧に迴向して浄土に生ずることを願に、無生を証じて、後に広く含識を度すべし。」

とあるように、まずは西方往生して無生法忍（不退転）を得ることが強調されている。

以上の見解から、融通念佛宗は唯心浄土の立場から、西方有相浄土と唯心浄土の一致を説いていったのである。また、四明三家の南屏系の蘧庵大佑撰述『浄土指歸集』の影響が多大なことを考慮すると、華厳の教理を基盤にした禅宗系の長所を融会した天台系の浄土教思想ということになろう。

『圓門章』では第一〇章「文義を解す」の祖釈の願で「中下濡根於縁縮退。佛引往生。淨土縁強、唯進無退[59]」と中下根の者も常寂光土に往生することを説くのであるが、ここには先ほど述べた、西方往生により不退転に入ることによって常寂光土に往生するという段階的な考えが見受けられる。

『信解章』には、「下品ニ居スト雖モ亦退轉セズ[60]」とあるように、唯心に達しないときには、まずは西方往生という事を得ることを説いている。下巻においては、

深人淺法ヲ觀バ。淺法亦深ト成。淺人深法ヲ觀バ。深法亦淺ト成ス[61]。

上ニシテ。コレヲ言トキハ。頓ニ是心是佛ヲ悟テ。念念圓明。中ニシテ。コレヲ言フトキハ。深是心作佛ヲ信ジテ。念念理ニ入ル。下ニシテ。コレヲ言トキハ。深佛力無量ナルコトヲ信ジテ。念念ニ罪ヲ滅ス[62]。

要するに、観法の浅い心の浮いた者は、散善になる事相の観法しかできないので、西方浄土に生まれ、観法の深い者は、『華厳経』などで説く「心外無別法」に基づいて、定善にあたる理性の観法が可能なので、唯心浄土（速

疾往生）を得ることができるのである[63]。

しかし最終的には、観法の浅い者でも、西方往生をすれば、不退転なので、そこで優れた縁によって菩薩道を行じ、常寂光土に導かれるとする。方便も真実となる権実不二、性相融会の考えを基に、西方往生を方便としている。『圓門章』の「常寂光土」の解説の箇所に、「教境の真実は[64]」と述べ、西方往生は機信を成就せしめるための方便と示している。上根の者は唯心浄土、下根の者は西方往生としているといえる。

『信解章』による、凡夫往生が力説されていると思われる箇所を挙げておく。

衆生ノ罪ハ猶シ巨石ノ如シ。彌陀ノ願力ハ彼大船ノ如シ。石本沈ミ易シ。船ニ因テ渡スベシ[65]。

正ク佛ノ名號ヲ念ズルヲ以テ宗トス。下機ヲ救ヲ以テ本トス[66]。

佛ノ本願ト相應スルガ故ニ教ニ違セザルガ故ニ。佛語ニ順スルガ故ナリ[67]。

専稱名號ノ方法タル佛。下機ノ爲ニコレヲ説玉フコト明シ。（中略）我宗ニ彌陀直授一多融通他力往生口稱ノ念仏ハ。三根同沐スト曰ト雖モ。正ク煩惱具足。濁世ノ凡夫ヲ救濟スルヲ以テ。佛懐ト為玉フコト。其旨昭々タリ[68]。

以上の文から、凡夫往生を含めて上下根を問わず一切衆生を救済し得る接化確立を目指すために、この機根による思想を取り入れ、最終的には、常寂光土（唯心の浄土、己身の弥陀）への往生導きを明らかにしたといえよう。

また『浄土指歸集』より、四明知礼『妙宗鈔』の思想を取り入れて、上根は天台系の考え方、下根は天如惟則『浄土或問』などが引用されているように、禅宗系の思想も取り込んだ。

そこには、禅宗系の上根＝禅、下根＝念仏という抵抗も見受けられる。

おわりに

『信解章』における他土浄土の問題は、第一は、唯心浄土思想の立場を明確にして、西方有相浄土の位置づけを構築し、二つの浄土の一体化を説いた。

第二は、『妙宗鈔』の思想からまずは西方浄土に生まれ、必ず救われる身となり不退の位に入り、十地の菩薩になると説く考え方を採用して、すべての人々の救済という凡夫往生をなし得たことである。これについては先に述べたように、天台系、禅宗系の浄土思想である機根の発想を取り入れた。その中でも華厳教理を基盤にした禅宗系思想との調和をはかった天台の南屏系による浄土思想の影響が多大である。機根による視点から、速疾往生と西方往生とを区別し、さらには西方往生（凡聖同居土）から常寂光土へと導いたのである。

大通はこの二点を重視して融通念佛宗の唯心浄土思想を打ち立てた、と考えられる。

註

（1）『圓門章』の撰述に関しては、戸田孝重「『融通円門章』の書誌学的研究」（『印度学仏教学研究』〈以下、『印仏研』と略す〉第五四巻一号、二〇〇五年）。

（2）中国では「唯心の浄土、本性の弥陀（あるいは自性の弥陀）」である。「己身の弥陀」という用語はどうも源信から始まる日本浄土教の用語らしいのである。柴田泰「中国浄土教における唯心浄土思想の研究（二）」（『札幌大谷短期大学紀要』第二二号、一九九〇年）。柴田氏の文献研究により「本性弥陀」は天台系、「自性弥陀」は禅系と分けられる。

(3)「速疾往生」とは、死後往生でなく、現世での喜び、幸せな世界を築くことである。
(4)『圓門章』四丁右（『大正新脩大蔵経』〈以下、『正蔵』〉八四・一中）。
(5)『信解章』上、一八丁左（『大日本仏教全書』〈以下、『仏全』〉九下）。
(6)「禅浄融合思想」という語は、前掲註(2)柴田論文の言葉で、従来の用法では、禅浄双修、禅浄兼修、禅浄和合、禅浄同帰、禅浄合行、禅浄混和、禅浄一致、禅浄習合、禅浄併習、禅浄双修和合、念禅一致、禅宗系浄土教、融合浄土教、教禅和合思想。
(7)前掲註(2)論文。
(8)『妙宗鈔』（『正蔵』三七・二二八上）。
(9)『観経』（『正蔵』一二・三四四下）。
(10)即と便を分けて、他力の往生を即往生、自力の往生を便往生という（『愚禿鈔』下）。また西山浄土宗の証空上人『定善義他筆抄』によれば、「此世とは即便往生をいひ、後生とは当得往生をいふなり」（『西山全書』五・四六上）。
(11)『妙宗鈔』（『正蔵』三七・二三〇上）。
(12)華厳経の入法界品の善財童子の悟りの世界に入る経過を信・解・行・証の四つの段階に分けて説いている。その観点を意識して『信解章』も説いているので、ここでも「証《さと》り」とした。
(13)『観経』（『正蔵』一二・三四四下）。
(14)『妙宗鈔』（『正蔵』三七・二三〇中）。
(15)『大般涅槃経疏』（『正蔵』三八・一四五上）。
(16)『観経』（『正蔵』一二・三四五上）。
(17)『観経』（『正蔵』一二・三四一下）。
(18)『般舟三昧経』（『正蔵』一三・九〇六上）。
(19)『維摩詰所説経』（『正蔵』一四・五三八下）。
(20)『華厳経』（『正蔵』九・四六五下）。
(21)『信解章』上、一二丁左（『仏全』七上）。

(22)『圓門章』二七丁右(『正蔵』八四・四中)。
(23)福島光哉『楽邦文類の研究』(真宗大谷派宗務所出版部、一九九九年)四六頁。
(24)『浄土指歸集』では「便不信有心外諸法」。原本の出典である『依修多羅立往生正信偈』では「便不信有外諸法」で、「心」はない。
(25)『信解章』上、二九丁右(『仏全』一四上)。
(26)『卍続蔵』二・六・二、『天竺別集』所収。『楽邦文類』(『正蔵』四七・二一六中)。
(27)「頤」ではなく「賾」が正しいに関しては、近藤良一「長蘆宗賾について」(『印仏研』第一四巻第二号、一九六六年)参照。
(28)『信解章』上、二五丁右(『仏全』一二下)。
(29)『蓮華勝會録文』(『楽邦文類』第二、『正蔵』四七・一七七中)。
(30)前掲註(23)福島、一〇一―一〇二頁。同『宋代天台浄土教の研究』(文栄堂書店、一九九五年)二二一頁。
(31)守訥『唯心浄土文』一一一三年(『楽邦文類』第四、『正蔵』四七・二〇八上)。姑蘇守訥(一〇四七―一一二二)は唯心浄土思想を唯識の論理で説いた。よって浄土は心外の相ではないと考える。
(32)『国訳一切経』諸宗部七、二三九頁。
(33)前掲註(30)『宋代天台浄土教の研究』一一八頁。
(34)『信解章』下、三一丁左(『仏全』二九上)。『浄土或門』(『正蔵』四七・二九八中)。
(35)『妙宗鈔』(『正蔵』三七・一九六下)。
(36)『大宋光州王司士伝』(『楽邦文類』第三、『正蔵』四七・一九五下―一九六上)。
(37)『国訳一切経』諸宗部七、一九七頁。
(38)『信解章』上で「念佛往生の三種の力」の解説でも取り上げられている『会宗集』を撰述した円通思梵(?―一一六八)もこの学派である。
(39)藕益智旭(一五九九―一六五五)。雲棲袾宏(一五三五―一六一五)。紫柏真可(一五四三―一六〇三)。憨山徳清(一五四六―一六二三)。

(40)「感応道交」「解入相応」の解釈については、安藤俊雄『観無量寿経妙宗鈔概論』(東本願寺出版部、一九六七年)、前掲註(30)『宋代天台浄土教の研究』などを参照。
(41)『楽邦文類』第二、『正蔵』四七・一七一上。
(42)『信解章』下、二六丁左(『仏全』二七上)。『圓門章』三一丁左(『正蔵』八四・五中)。
(43)『信解章』下、二七丁左(『仏全』二七下)。
(44)『信解章』では「佛語」、『直指浄土決疑集序』は、「佛言」となっている。
(45)『信解章』下、二七丁左(『仏全』二七下)。
(46)『直指浄土決疑集序』(『楽邦文類』第二、『正蔵』四七・一七二上—中)。
(47)『国訳一切経』諸宗部七、一一〇頁。
(48)『楞伽経』には龍樹が安楽国に往生したことを知るし、『浄土論』には天親も願往を表している。
(49)『圓門章』一六丁左(『正蔵』八四・三上)。
(50)「機」の深信は、救われがたい罪悪生死の凡夫であると信じること。「法」の深信は、そんな凡夫でも阿弥陀様は救ってくださると信じること。
(51)前掲註(23)、一九二頁。
(52)『直指浄土決疑集序』(『楽邦文類』第二、『正蔵』四七・一七一下)。
(53)『浄土十疑論序』(『楽邦文類』巻二、『正蔵』四七・一七〇下—一七一上)。
(54)浄土教に関する疑難十カ条を挙げ、その一々について決答したもの。第四疑は、十方仏土のうち、なぜひとえに西方の阿弥陀仏のみを念ずるのか。第五疑は、悪業重く一切の煩悩の一毫も断ぜざる凡夫が、三界を出過せる西方浄土に往生することは可能であろうか。第七疑は、兜率浄土と西方浄土との優劣はどうであろうか。
(55)第六疑は、たとえ凡夫の往生は可能としても、邪見三毒の煩悩がつねに起こるので、不退を得ることができないのではないか。
(56)『妙宗鈔』(『正蔵』三七・二三〇中)。
(57)『妙宗鈔』(『正蔵』三七・二三〇中)。

(58) 原本「湍」に作る。今智儼撰述『華厳経内章門等離孔目章』(『正蔵』四五・五七六下)により「濡」に校訂す。
(59) 『圓門章』三三丁右(『正蔵』八四・五下)。
(60) 『信解章』上、一四丁左(『仏全』八上)。
(61) 『信解章』下、三五丁左(『仏全』三一上)。この文は、『霊峰藕益《ぐうやく》大師宗論』(『嘉興大藏經』〈新文豊版〉第三六・三三二中)。
藕益智旭は、明末の天台宗の僧。儒学を学び、のち仏教の天台・唯識などの諸学に精進、諸宗を体系づけようとし、またキリスト教(景教)も研究した。
(62) 『信解章』下、三六丁右(『仏全』三一上)、『霊峰藕益大師宗論』(『嘉興大藏經』〈新文豊版〉第三六・三三〇中)。
(63) 図に表すと左記のようになる(前掲註〈2〉柴田論文による)。

弥陀浄土 ┬ 唯心浄土—理性—理観・定善—上根
　　　　 └ 西方浄土—事相—事観・散善—下根

(64) 『圓門章』一六丁左(『正蔵』八四・三上)。
(65) 『信解章』上、一一丁左—一二丁右(『仏全』六下)。
(66) 『信解章』下、三三丁右(『仏全』三〇上)。
(67) 『信解章』下、三三丁左(『仏全』三〇上)、天如惟則『浄土或問』(『正蔵』四七・三〇一下)。
(68) 『信解章』下、三四丁左—三五丁右(『仏全』三〇下)。

融通念佛宗の声明について

――『融通聲明集』編纂指針から見える特徴――

吉井良久

はじめに

良忍は融通念佛宗の宗祖である。

『聲明源流記』を撰述した凝然は、本書の中で良忍について、

慈覺大師弘傳聲明以後。各達一曲。習學練磨飛名。良忍上人謁彼哲。習聚精研以為一。流傳弘通。即於大原建立来迎院。除興福寺内梵音。餘諸音曲諳練一統。(1)

と紹介している。実に後世において声明業中興の祖と仰がれるゆえんがここにある。

声明史上重要な位置にある良忍を宗祖に戴くことは宗徒としての誇りでもあり、また良忍の声明についてわずかでも見識を持ちたいという願いにも心が及ぶ。現行の声明が良忍大成の声明とどのように繋がり、また「融通声明」と呼称される独自の内容や特徴が認められるのかどうかについては、宗内外から関心が持たれるところである。

本稿ではこうした研究課題の考察に少しでも参加したいとするものである。

現在、融通念佛宗に声明集は四種類を見るが、まずその代表でもある『融通聲明集』に注目して融通念佛宗の声明について考えていきたい。四種類をその成立順に見ると『大源聲明集』[2]『融通聲明集』[3]『融通如法念佛』[4]『融通常用聲明』[5]となる。最初の『大源聲明集』は所有する末寺は少なく文献としても貴重な声明集である。

さて、『融通聲明集』編纂者である夏野義常師は、この声明集編纂作業の苦労話とともに二つの重要な編纂方針をその緒言の中に記している。そこには、

尚作譜に当たっては『大源聲明集』を中心とし、先輩諸師の相伝を参酌し[6]、

とあり、『大源聲明集』と「先輩諸師の相伝参酌」の二つの方針を挙げているのである。

そこではじめに、『大源聲明集』を取り上げ、『大源聲明集』の内容、撰述の経緯、撰者そして成立意義を見る。そこから大原流魚山声明大成者とされる良忍との繫がりの一端を見ることができれば幸いである。

さらに、もうひとつの方針とした「先輩諸師の相伝を参酌」とは、具体的にはどのような内容を指しているのだろうか。ここではいくつかの声明と、声明集『融通如法念佛』発刊までの経緯をたどりながら、融通念佛宗の声明の特徴を考察したい。

一　『大源聲明集』について

1　『融通聲明集』

まず、『大源聲明集』を中心に据えたという『融通聲明集』の概略を見ておこう。

昭和三四年（一九五九）、編纂者夏野義常師は京都市大原の浄蓮華院多紀道忍[7]に師事し、西洋音譜による三二一曲

の声明曲を載せた『融通聲明集』を発刊した。西洋音譜による作譜は、多紀道忍が手がけた取り組みで、『天台声明大成』という他には見られない貴重な成果を見せている。この取り組みの後に完成したのが『融通聲明集』であり、西洋音譜を表に載せ、回旋譜は裏面に載せている。

収載声明曲は『大源聲明集』の「総礼伽陀」以下二二曲をすべて収載し、さらに魚山声明の「懺悔伽陀」「三礼如来唄略様」「揚勧請」「四弘請願」も追加収載している。収載順は『大源聲明集』とは異なり、「香偈」から始まって「散華」「三奉請」「甲念仏」「歎佛」「礼讃」など、おおむね融通念佛宗課誦の経文に沿う順になっている。

また、「日中歎佛」「夕時歎佛」「礼讃」「発願文」と「融通如法念佛」については、苦労をしつつも理論に照らして音階を定めたと著者は述べており、なかでも一〇八遍の念仏を連続して唱える「融通如法念佛」は相伝が複雑で容易に決定し難いとして『融通聲明集』には、前半の三輩九品五四遍のみの収載となっている。

2　『大源聲明集』

一方、『大源聲明集』に収載されている声明曲は、先にも触れたように二二曲である。

収載順は伽陀から始まり「総礼伽陀」「釈迦伽陀」「回向伽陀」の三曲は大原流魚山声明であり、天台宗はいうまでもなく他宗でも唱誦されている。「甲念仏律曲」「甲念仏呂曲」「八句念仏律曲甲様」「八句念仏律曲乙様」「四智讃呂曲甲様」「四智讃呂曲乙様」「毀形唄」「後唄」「佛名」「三礼如来唄」「六種」の一一曲も同じように大原流魚山声明に伝わる曲である。

上記以外の「観経伽陀」「金口伽陀」「中祖伽陀」の伽陀三曲と「香偈」「散華」「奉請」「一心頂礼」「無常偈」の五曲は、声明曲としては大原流魚山声明にはないが、調子・五音・旋律型・博士などは大原流魚山声明の楽理に則ったものである。

『大源聲明集』成立の経緯については、その序文と跋文によく示されている。文政七年（一八二四）、融通念佛宗第五一世真海[8]は融通念佛宗徒のための声明集編纂を、大原流魚山声明家の宗淵に依頼した。『大源聲明集』の序文には、

鼻祖聖應大師深於音律挙世所知也古今業聲明者皆依焉然於吾門却失其傳偶有習之訛謬亦甚矣以故須者請洛北魚山宗淵僧都正其曲節以命梓人吾徒其模範之且策進此業云爾文政七年甲申初夏融通正傳五十有一世権僧正真海序[9]

と記されている。

真海は声明集の編纂を、『魚山聲曲相承血脈譜』（覚秀撰『魚山叢書』舌九五）にも収め、宗淵版『魚山六巻帖』開版の他に『北野文叢』一〇〇巻、『阿叉羅帖』五帖、『山家本法華経』八巻、『三國音韻考』一〇〇巻、『魚山叢書』七二巻などの編纂著作で知られる幕末の碩徳魚山声明の大家宗淵に直々に依頼した。真海の声明整理統一への並々ならぬ思いは大原魚山の声明家宗淵に直接働きかけるという行動を呼び起こし、宗淵も要請に応えることになるのである。宗淵は『大源聲明集』編纂の跋文に次のように記している。

聖應大師傳魚山遺風續華芳之聲塵蓋自初祖為十葉又大師至于予為二十三世矣嗚呼律川餘響綿乎莫絶於今杉飆湯雲猶憾不似於古矣須者眞海権僧正就予傳習因請校其聲疏懇求整黙故手墨契譜以附属云

聲明業沙門宗淵誌[10]

宗淵は真海の要望に応えて、融通念佛宗所用のための『大源聲明集』一帖を編纂した。宗淵は、初祖慈覚大師円仁から良忍を経て自分が魚山声明を正統に継承してきたと自負するとともに、自分が師となって真海に相伝することをあえて声明集跋文に明記した。旋律型を改め博士を整えた声明集をここに編纂し、自分の責任のもとで真海に

授けたのである。跋文は、元祖聖應大師良忍が大成したこの大原流魚山声明の伝統と遺風をどうか絶やさずに継承していってほしい、という期待が感じられる文面になっている。

さて、ここでひとつの問いが見出せる。跋文の中に「猶古に似ざるを憾むがごとし」とあるが、「古」は遥か昔の良忍上人に思いを馳せて大原流魚山声明のことを指すと思われるが、「似ざる」とは何が「古」と似ざるなのだろうか。さらに、「其の聲疏に校を請い懇ろに整黙を求む」とあるが、「其の聲疏」とは何か。具体的には何の校正を依頼したのであろうか。真海の時代にすでに融通念佛宗に校正すべき声明集のようなものがあったかのような書き方をしているが、当時、そのような声明の資料類は見出せない。

一方、経本類の方に目を向けると、元禄版『弥陀所傳融通妙宗課誦』二巻（以下『元禄版課誦』）の存在が見出せる。そして、この『元禄版課誦』に沿うかたちで「香偈」「散華」「奉請」「無常偈」などの声明曲が『大源聲明集』に収載されていること。また「聲疏に校を請い懇ろに整黙を求む」と書かれているが、『元禄版課誦』には博士を見ることもできることなどから、真海は宗淵にこの『元禄版課誦』を示して、新たな声明集編纂を依頼したのではないかと推察できるのである。

3　『元禄版課誦』

ここで、『大源聲明集』編纂の対象にされたと思われる『元禄版課誦』について触れたい。

『元禄版課誦』が成立したのは元禄一〇年（一六九七）、『大源聲明集』策定より遡ること約一三〇年である。一七世紀後半から一八世紀初頭に至る頃、江戸幕府による宗教統制が進み、融通念佛宗でも教団存立体制の整備を急いだ時代で、四五世良観の大念佛寺末寺帳の作成提出、さらには四六世大通が勤行法儀制度整備、学頭職檀林許可受理、宗書撰述など宗門復興に努めた時代である。このことから『元禄版課誦』は教団基盤整備の重要項目のひとつであったわけである。

課誦整備については、織豊時代からの教団成立過程で、浄土宗、真言宗などの僧侶あるいは堂守役らが末寺・道場に関わり、関連宗派の経典課誦や勤行儀式を取り入れ、あるいは影響を受けながら整備が進められていったと考えられる。それでも法要行事や勤行次第などの制度面、さらには声明実唱や法儀儀礼などの作法面では、なお統一を欠いていたであろうことは推測できるのである。『再興賜紫大通上人行實年譜』の元禄一〇年の項に、

十年丁丑

上人四十九歳。融通一派、晨昏勤行、各意任楽、宗風不一、故撰課誦二巻、命工鋟版、以布遐邇。由是、非只末寺僧侶同其軌、亦如一宗檀家、尼僧士女、依之勤之。本末同風、願行一規、功徳交融。(11)

とある。大通上人のこの『元禄版課誦』撰述によってようやく勤行の制度、作法の統一の方向が示され、まとめられていったと思われる。

ここで、『元禄版課誦』の声明集としての要素について述べておきたい。

晨朝と日没の両方の「香偈」に博士が付せられている。魚山声明集にない博士である。真言宗で使用している五音博士の形に似ているが実唱判読ついては不明である。この博士の記載が発刊時のままとすれば、「香偈」には発刊時点ですでに何らかの旋律があったということになる。

斎供儀の「甲念仏律曲」にも博士が付せられてあるが、これは大原流魚山声明の甲念仏とよく似た博士であり、調子・出音・旋律型などが同じとすれば実唱可能である。

「礼讃」には、出音音位「初重・二重・三重・二重・三重・初重」の指示が現行課誦と同じ箇所に、また適所に

唱法が指示されている。

「無常偈」「散華」には博士や唱法の指示はないが、「無常偈」は維那が唱え、「散華」は（散）華師が唱えてのち大衆同和と示されている。

「如法念仏」は「宗祖正傳称念寶号今名融通如法念佛」と題され、現行の「融通如法念佛」の前半部分に相当する三輩九品の念仏と「佛」の読み方（フッとフ）が示されている。

「引接讃」は、音の大小（高低）を表わす「中音・上音」が指示されている。

なお、「七奉請」「発願文」「日中歎佛」「夕時歎佛」は、それぞれ経文は載せられているが、今日に伝わるような旋律で唱えられていたかどうかは不明である。教団構成に影響を与えた浄土宗や天台宗、真言宗の僧侶などを中心に各宗派に伝わる旋律をもとに唱えられた可能性は高い。

『元禄版課誦』発刊から『大源聲明集』成立までの約一三〇年の間に、勤行制度や声明作法の整理統一は進められてきたと思われる。しかしながら、『大源聲明集』序文の中に「訛謬亦甚し」とか、「其の曲節を正さんことを請う」とあることから、この時点でもなお十分には整えられた状況にはなかった様子も窺われるのである。「鼻祖聖應大師音律に深きこと世を挙げて知る所なり。古今の業聲明は皆これに依る。然るに吾門却って其の傳を失す」とあるように、真海は大原の魚山声明と現行声明との隔たりを憂い、なんとか良忍の声明を融通念佛宗に取り戻したいと思ったのではないか。真海にとって宗淵との出会いは千載一遇の好機であったに違いない。

宗淵はもと京都市北野天満宮社僧の子息で、天明六年（一七八六）に生まれる。二五歳で出家し、二七歳の文化九年（一八一二）に大原普賢院に住職として入山する。菅原道真研究でも権威を持つが、すでに紹介したように天台教学をはじめ、声明学・音韻学・悉曇学・経本研究など幅広く仏教の研鑽を積んだ、幕末随一の学僧といわれている。宗淵の声明における重要な面目は、声明資料を収集書写した『魚山叢書』の編集、「声律羽位私記」の撰述、声明集「例懺本」「声明例時」「六巻帖」の開版など、近代大原流魚山声明発展の礎を築いた功績にあろう。また音楽理論にも詳しく、声明継承上、口伝相承と声明楽理の間でどちらがより継承に重要な要素であるかという優位性を問う問題で、同じ大原流魚山声明家の秀雄と激しい論争を展開している。これは声楽の継承発展史に見られる口伝派対楽理派の論争として、鎌倉時代の「蓮入坊湛智・蓮界坊浄心の論争[13]」に続く天台声明史上二度目の論争とも言われる[12]。口伝相承か音楽楽理か、どちらか一方だけで声楽文化の継承はなされるものではなく、口伝と楽理が相互に補いあってこそ継承伝承が果たされるものであり、この意味合いを誰よりも深く熟知する宗淵はまさに声明継承史に精通した人物であったといえるだろう。その宗淵により直接声明集を授かるということは、声明継承史上、注目すべき出来事であり、まさに歴史的な出来事であるといわねばならないのである。

二　『大原聲明集』伝授と良忍

1　宗淵編『大原聲明集』と良忍

それでは、この宗淵編纂『大原聲明集』伝授はどのように良忍と繋がるのだろうか。

大原流魚山声明集の原点とされる声明集に『二巻抄[14]』がある。その声明集掲載の「声明集序」は、良忍の弟子家寛が後白河法皇に声明を伝授し献上した時に付けられた序文である。この声明集の本体「二巻抄」は伝存せず書写されたものが伝えられているが、「声明集序」の方は独立して書写流布したものがあるとされている。新井弘順氏は上野学園日本音楽資料室『日本音楽史研究』第五号の中で、「この序は、天台声明大原流の伝承系譜と、後白河法皇という最高の権門への伝授という栄光と権威を示す重要な一種の証文として尊重され書写流布したものと思われる。伝本が次の諸本に収録されている」として、九種類の史料を紹介している。この序文の中に次のような文章がある。

小僧家寛随大原良忍上人久提携此道雖恨音声之不清徹尚思妙曲之不謬誤。（中略）方今禅定法皇廃四海之政究仏海之底。軽七宝蓄重三宝之道。忝勅小僧受聲明譜所令進上仙洞也。冀使此道永不失墜。(15)

家寛は、後白河法皇の要請に応えて声明曲を伝授するために、声明集『二巻抄』を撰述し、その巻頭に序文を載せて献上した。この序文に家寛は、自分は良忍に付き随い久しく声明を研鑽してきた。声の調べは良忍のようには清らかで上手ではないが、せめて誤りのない声明曲集を撰述することができたと記している。以降この声明集は江戸時代に至るまで熱心な僧侶によって書写され継承されてきた。寛文五年（一六六五）になって、大原流魚山声明家憲真はこの声明集を抄出して六冊に分けて版本とした。ここで初めて版本の声明集『六巻帖』が完成した。そして江戸時代後期に至り、宗淵はこの憲真版『六巻帖』を一冊にまとめ、三種の旋法・甲乙出音位・調子名・五音の目録、さらには仮名・五音名、旋律名も加えて、文化一三年（一八一六）、新しい六巻帖を改版し発刊した。いわゆる宗淵版『六巻帖』である。この声明集は現在天台宗の根本声明集となっており、各宗派も多くはこの声明集に依拠して声明法儀を整えている。

良忍の高弟家寛が初めて編纂した声明集『二巻抄』、書写本の『二巻抄』、六分冊された憲真版『六巻帖』、一冊に纏め直された宗淵版『六巻帖』、そしてその宗淵の手を経て『大源聲明集』が編纂成立したわけである。したがって『大源聲明集』は、良忍以降の『二巻抄』を継承した「血脈的相承声明集」なのである。

2　『大源聲明集』編纂の意義

ここで『大源聲明集』編纂の意義について考察をすすめたい。

収載曲二二曲のうち一七曲は「伽陀」を含めて大原流魚山声明曲をそのまま収載している。問題は、「香偈」「散華」「奉請（三奉請）」「一心頂礼（十頂礼）」「無常偈」の五曲に付けられた旋律型である。宗淵にどんな思いがあったのかわからないが、「香偈」に明らかなように新たに旋律が付け直され、ひとつの漢字にひとつの旋律が乗せられて、しかも連結旋律型ではなく単一旋律型を多用する声明曲となっているのである。「奉請（三奉請）」「無常偈」の出音は双調で高音重視の声明であり、「香偈」「散華」「一心頂礼（十頂礼）」の出音は平調の声明である。調子は異なるが旋律型は基本旋律の中でもスク、カナ上、ヲル、アタリ、イロ、タレ、ユリなど単一旋律型を効果的に活用して、簡潔でわかりやすく、しかも流麗さと哀調感漂う特徴のある声明を生み出している。

宗淵は唱えられる頻度の高い経文に、なにゆえ、こうした簡素な旋律型を多く用いたのか。宗淵の考えや思いが気になるところである。

宗淵は大原の声明家として、寛文元年（一六六一）の大原南の坊浄蓮華院本末争論[16]の経緯も知り、良忍上人開祖とする融通念佛宗教義についても見識が深かったのではないだろうか。晩年、山主を務めた伊勢西来寺の蔵書の中には、『融通大念佛伝燈儀』や『融通勧進帳』の写本なども見られ、生前、大念佛寺参詣や融通念佛宗僧侶との親交が確認できるなど、その手元には融通念佛宗課誦以外にも聖典[17]や種々関係資料がもたらされていた可能性が考えられる。

『元禄版課誦』編纂者大通の撰述『融通圓門章』の第六の章「修行の要方」には、次のような文章がある。

六修行要方者。不簡僧俗。受課之外。毎日清晨盥漱已後。向西合掌。擧揚弥陀所伝融通念佛億百萬遍決定往生。以心縁歴。不高不低。不緩不急。調停得中。字字分明称念果号。十聲為度。盡此一生。暫莫放過[18]。

この項は日課念仏・早旦念仏勤修の大切さを説いているが、念仏の唱え方や声の出し方についても述べられている。高低・緩急・調子は中くらいに極端でなく平易であること。はっきり明瞭に声を出すこと。この要領は、一人の念仏が一切多数の念仏と和合するにふさわしい内容でもある。宗淵は日課念仏「一人一切人。一切人一人。一行一切行。一切行一行。十界一念。融通念佛。億百万遍。功徳円満」など宗旨の御文について見識を持っていたのではないか。それは声明が和合する「同音」の営みといってもよく、和合する旋律が自分の唱える旋律のすべてであると自覚できる境地そのものである。声の音量・音勢・高低・音色などが異なっていても、「〝声と旋律を合わせよう〞と他者を自覚してしっかり自らも唱える」ことに目標を置くとすれば、スクなど単一旋律型の活用はより目的に適《かな》った声明が得られやすいことになる。宗淵は「融通」の心を声明に持ち込み、単一旋律型を効果的に活用してわかりやすい声明を生み出し「同音重視」の課題に備えようとした。

宗淵へのこうした推測がたとえ認められなかったとしても、出来上がった『大源聲明集』は、結果的には大原流魚山声明を継承する古来の「伽陀」「四智讃」「甲念仏」「佛名」「後唄」「毀形唄」などの伝統声明に加え、「同音」の適い易い新しい声明の加入を実現させている。経文の一字一字の「正しい読み」「明瞭な母音の発声」を実践し、同行者すべてが〝音《こえ》になりきり、耳で唱える〞ことを大切にした「同音重視」の声明を獲得し得たのである。

このことがまさに今日では「融通声明」の特徴となり、誇るべき実績となったわけである。夏野義常師は、この特徴を秘める宗淵編纂『大源聲明集』の声明曲すべてを収め、さらに、『元禄版課誦』に沿いつつ、別の新たな声明曲収載をも手がけたのである。

なお、余談になるが、この『大源聲明集』刊行四年後の文化一二年（一八二九）、真海の代に『元禄版課誦』は廃止するかのように、博士と声明関連部分を修正整理のうえ『文政版課誦』を改版刊行している。

三　「先輩諸師の相伝参酌」の内容について

1　日中歎佛・夕時歎佛・礼讃・発願文

夏野義常師が『融通聲明集』編纂の中でもうひとつ大切な指針であるとしたのは、「先輩諸師の相伝参酌」である。夏野師は具体的には何を指して「先輩諸師の相伝参酌」と記したのだろうか。『大源聲明集』に収載される二二曲以外の声明曲に注目して、「先輩諸師の相伝参酌」の内容について考えてみたい。

宗淵が『大源聲明集』に取り上げなかった声明曲で『融通聲明集』に収載されている声明曲に「日中歎佛」「夕時歎佛」「礼讃」「発願文」と「融通如法念佛」がある。これらの曲は『元禄版課誦』に経文があり、一定の旋律のもとに唱えられていたと思われる。旋律がすでにあったので宗淵は手をつけずにいたとも考えられるのである。

「日中歎佛」「夕時歎佛」の経文は部分的に天台宗の課誦などにも見られるが、旋律は異なっている。融通念佛宗での旋律は、四句ごとに唱えやすい単一旋律型を多用したまとまった繰り返し構成になっており、その明瞭さがこの声明の特徴となっている。「夕時歎佛」の方は、融通念佛宗では僧侶はいうまでもなく在家課誦にも収載されていて、今日では、僧俗が一堂に同音で唱える代表的な声明である。しかし、旋律の詳細や唱法について相伝が複雑であったので採譜と旋律の確定には夏野師は困難を極めたと記している。

「礼讃」は六時礼讃の中の初夜讃の経文である。浄土宗の課誦『浄業課誦』や『蓮門課誦』にも経文に音位の指示（上中下の文字）が付けられている。『元禄版課誦』の音位指示は初重・二重・三重となっており、指示の文字が異なっているので同じ旋律とは確定はできないが、先行する浄土宗課誦との繋がりは想定できる。

「発願文」は六時礼讃の中の日没讃の経文であるが、『元禄版課誦』には現行のような旋律、鉦の叩き方は指示されていない。詳細は不明だが『融通聲明集』によって整えられた声明である。

『融通聲明集』掲載に際し夏野義常師は、これらの声明は先輩諸氏によって継承されてきた相伝の例が多いため、複雑で苦労の採譜を強いられたと緒言に綴っている。

2　融通如法念佛

採譜に最も困難を極めたのは「融通如法念佛」と推測される。『元禄版課誦』では下品・中品の念仏が順に取り払われ、そのまま上品の念仏に集約されていく様子は見て取れるが、旋律や鉦の作法は『元禄版課誦』からは想定できない。とりわけ後半の言葉や文字による説明には馴染まない生仏不二の連声念仏《れんじょうねんぶつ》に至っては、『元禄版課誦』には「若干聲」とあるだけで具体的に何も示されていない。昭和の時代にまで種々複数の相伝が複雑に見られたと考えられる。

ともあれ「融通如法念佛」は大原流魚山声明にはないまったく異質の声明であり、融通念仏信仰のもとで独自に育まれ継承されてきた念仏の詠唱とみる。その背後にあるのは「融通念仏」勧進弘通の営みであり、一四世紀以降、二八種もの『融通念仏縁起絵巻』を輩出した融通念仏の篤い信仰の力を髣髴とさせるのである。

ここに、大原流魚山声明にはない融通念佛宗内に独自に相伝されてきた「日中歎佛」「夕時歎佛」「礼讃」「発願文」「融通如法念佛」は、初めて統一採譜されて『融通聲明集』にその姿を確立したのである。

なお、夏野義常師は、「融通如法念佛」全編を収載するという意志を貫き、あらためて相伝をまとめ採譜を確定させ、昭和四三年（一九六八）『融通如法念佛』を発刊した。

おわりに

日常的には『融通聲明集』と同じくらい、あるいはより多く利用されている声明集に『融通常用聲明』がある。この声明集は『融通聲明集』の中から常用の必須声明一五曲を抜粋した声明集である。その跋文には、

本宗声明中興の人、夏野義常師により昭和三十四年（一九五九）『融通聲明集』完成。これは回旋譜と洋楽譜に訳され宗徒皆唱えること容易になり、漸く本宗の声明大成の完成をみるに至った。然るに声明とは魚山中山玄雄師[19]曰く「その精緻微妙なる譜曲の理解は誠に困難なるものがあり、而も依然として伝授口訣の演練を相またなければその実態を体得することは難しい」と。よって今回その博士と回旋譜を相添えて即ち大源聲明集と融通聲明集の常用の部分のみを編集して対照しながら唱えれば少しでも理解し易いと考え[20]、　＊（　）は筆者

と記されている。

この声明集で「発願文」「礼讃」「日中歎佛」「夕時歎佛」の四曲に博士が付されたことにより『融通聲明集』三二曲の博士採譜がおおむね出揃い、『大源聲明集』を補完するかたちで博士が整った。

また、声明曲掲載順を『大源聲明集』に合わせたことは伝統声明の重視であり、博士と棒線譜を共に掲載したこ

とは「博士」への留意喚起でもある。「博士」はもともと口伝相承を踏まえることを想定した記譜法であり、声明継承の基本回帰の意図が見られる。「融通声明」の全貌を捉えつつ必須声明一五曲を選定し、博士を身近に置いて口伝相承の重要性を再確認するなど、『融通聲明集』の補完と捉え直しを意図したまさに『大源聲明集』編纂以降の歴史を振り返るまとめの声明集であるということがいえる。

さて、最後に、融通念佛宗で唱える声明曲はどのような内容で、それらはいかなる特徴を持つのかという問いに対して、「融通声明」の特徴を簡単にまとめてみた。第一に、宗淵の『大源聲明集』により、「伽陀」「四智讃」など良忍以降の大原流魚山声明を継承する伝統声明と、同音重視の旋律型を活用して新たに博士が付せられた「香偈」「散華」などの声明、これら二種類の大原流声明を「融通声明」として持ち得ているということ。第二に、良忍の融通念仏信仰と弘通を基盤として、宗内の相伝を重んじる過程で整えられてきた「歎佛」などの声明、さらには教義を反映した「融通如法念佛」という独自の声明が存在していること。以上対照的に二つの異なった要素を兼ね備えた声明が、いわゆる「融通声明」の特徴であるということがいえるだろう。

註

（1）『聲明源流記』。『正蔵』第八四巻（八六五頁上段）。声明史書、東大寺凝然（一二四〇―一三二一）著。在世当時の奈良および天台真言の声明の状況を述べる。成立年不詳。著者の凝然は奈良東大寺学僧で華厳に通達し、戒律・唯識・密教・浄土・声明にも詳しい。『華厳探玄記洞幽鈔』一二〇巻、『音律秘要抄』など一六〇部千余巻にわたる著作がある。

（2）宗淵編。文政七年（一八二四）、融通念佛宗五一世真海上人の依頼に応えて二二曲を収載した声明集を編纂。目安博士による譜記。宗淵は大原流魚山声明の最大規模の相承図譜『魚山聲曲相承血脈譜』に名を連ねる声明家。

『魚山聲曲相承血脈譜』は覚秀（一八一七―八三）編集の『魚山叢書』一九四冊の中にある。この血脈は、覚秀が種々の血脈譜・記述文を参考にして編集したもの。宗淵については、眞阿宗淵上人鑽仰会編『天台學僧宗淵の研究』（百華苑、一九五八年）に詳しい。

（3）夏野義常編。昭和三四年（一九五九）刊行。多紀道忍・吉田恒三による『天台声明大成』編纂時期と重なり、共に西洋音譜からなる二六種類三二の声明曲が収載される。裏面に棒線譜も掲載。

（4）夏野義常編。昭和四三年（一九六八）、『融通聲明集』の中の「融通如法念佛」のみを独立させて刊行。

（5）融通聲明研究会編。平成一〇年（一九九八）、日常法要必須の声明曲一五曲を選抜収載。

（6）『融通聲明集』緒言。編纂者夏野義常による。

（7）多紀道忍。明治二三年（一八九〇）―昭和二四年（一九四九）。大原浄蓮華院にあって大正昭和期に多岐に及ぶ活動に努めた大原流魚山声明家。声明集『天台声明大成』刊行。『天台声明の梗概』を著すなど著作も多い。浄土宗、日蓮宗、融通念佛宗の声明指導に力を尽くす。

（8）第五一世大念佛寺住持。寛政元年（一七八九）―天保四年（一八三三）。勧修寺家より入山。継席文化四年（一八〇七）―天保四年（一八三三）、在職二七年。逝年四五歳。

（9）『大源聲明集』序文。第五一世真海による。

（10）『大源聲明集』跋文。編纂者宗淵による。

（11）『再興賜紫大通上人行實年譜』の元禄一〇年の項。享保四年（一七一九）、慧日慈光編録。昭和四〇年（一九六五）、原文に読み下し文を加えて冊子本として発刊。大通は慶安二年（一六四九）―正徳六年（一七一六）摂津国平野生まれ。元禄二年（一六八九）大念佛寺第四六代住持となり、諸々の宗門復興活動に取り組む。融通念佛宗三祖のひとりで再興大通上人と呼ばれる。

（12）宗淵・秀雄の「羽位」論争。天保二年（一八三一）、宗淵上人は、同じ大原流魚山声明家秀雄との間で、口伝実唱と声明楽理の相克葛藤に関連する問題について激しい論争を起こしている。秀雄は『律羽位之事』を書き、宗淵は『声律羽位私記』を書いて論争を起こす。

（13）蓮入坊湛智・蓮界坊浄心の論争。鎌倉時代、同じ大原流魚山声明家間の口伝派対楽理派の論争であり、声楽継承発展のための重要度に関連してよく知られる論争である。宰円は『弾偽褒真抄』（一二七五年）を記して楽理派蓮入坊湛智を讃え、一方源有房は『野守鏡』（一二九五年）記して口伝派蓮界坊浄心を支持。この両書は湛智・浄心両師の対照を語っている。湛智、浄心、宰円はそれぞれ『魚山聲曲相承血脈譜』に名を連ねる大原流魚山声明家である。刊行年『研究覚書』平成一六年七月三一日。

(14) 声明曲集の名称。良忍の高弟家寛（―一一七三―）は後白河法皇の要請によって、大原魚山流声明を法皇に伝授し、声明集『二巻抄』を献上したとされる。現存するのは、覚淵の自筆本（勝林院本）、喜渕の自筆本（三千院本）、覚秀本魚山叢書所収本（勝林院蔵）などいずれも魚山流声明家による書写本である。

上巻七分類四七曲、下巻七分類四〇曲を収載する勝林院蔵の了性房大進法院覚淵自筆二軸本を江戸初期、魚山声明家憲真が寛文五年（一六六五）抄出し六分冊の版本としたのが憲真版『六巻帖』である。良忍、家寛、後白河法皇、覚淵、喜渕、憲真、覚秀はそれぞれ『魚山聲曲相承血脈譜』に名を連ねる大原流魚山声明家である。

(15) 声明集序。憲真版手入れ宗淵校正『魚山集略本』。文化九年（一八一二）宗淵写。実光院蔵。『続天台宗全書法儀一』（頁一）所収、春秋社、二〇〇四年。良忍の高弟家寛、声明集『二巻抄』にこの序文を付けて献上したとされる。

新井弘順氏「研究覚書　宗淵校正『魚山集略本』と魚山版『声明集』について」（『日本音楽史研究』第五号、二〇〇四年）には、「声明集序」の伝本はこのほか八種の諸本に収録されていると紹介されている。それは①『声明類集』上下二巻。巻上所収。一四世紀初期。金沢称名寺第二世劔阿手沢本・旧金沢文庫蔵・前田育徳会尊経閣文庫現蔵。②『声明集序』一軸。三千院円融蔵。桐箱甲箱上段四（『三千院円融蔵文書目録』五七〇頁）。③『声明集序及用心條々』。叡山文庫般舟院本。内典七・一一五、一九一九年九月。④宗淵集九巻本『魚山叢書』第一巻。上野学園日本音楽資料室蔵。⑤宗淵集『魚山叢書』第一巻。上野学園日本音楽資料室蔵。⑥宗淵校正『魚山集略本』第一帖『四箇法要』文政七年（一八二四）義円写。叡山文庫。池田史宗蔵書六―一。⑦宗淵校正『魚山集略本』一冊。上野学園日本音楽資料室蔵。⑧覚秀本『魚山叢書』鼻箱第六二「声明口伝雑書」。天保一五年（一八四四）覚秀写である。

(16) 大原南の坊浄蓮華院本末争論。江戸時代初期の寛文元年（一六六一）の大原南の坊浄蓮華院と大念佛寺の間の本寺末寺争論のこと。寺社奉行は、大念佛寺は融通念佛宗本寺であり、大原南の坊浄蓮華院は天台宗の寺院であるとし、決着させた。

(17) 融通念佛宗聖典。三種の聖典。『圓門章』一巻(元禄一六・一七〇三年)、『融通念佛信解章』二巻(宝永二・一七〇五年)は、融通念佛宗第四六世大通によって撰述された宗義の綱要書。『融通念仏縁起絵巻』二巻は正和三年(一三一四)初制作と見られ、現在まで二八本確認。上巻には良忍の伝説、下巻には融通念仏の霊験譚が載せられている。

(18) 『圓門章』。『正蔵』第八四巻(二頁上段)。大通融観撰述。第六の章「修行の要方」の文章。

(19) 中山玄雄。大原流魚山声明家。明治三五年(一九〇二)—昭和五二年(一九七七)。多紀道忍に師事。浄蓮華院の住職も兼務し、秘曲「唄匿」の伝授を行い弟子の養成に努める。昭和二九年無形文化財保持者の指名を受ける。著書解説書多数。

(20) 融通聲明研究会編『融通常用聲明』跋文。

「香偈」史考

山田陽道

一　「香偈」の原典は『華厳経』か

融通念佛宗（以下、本宗とする）で勤行の初めに唱えられる「香偈」の文は、

戒香定香解脱香　光明雲台徧法界
供養十方無量仏　見聞普薫証寂滅[1]

である。これは『華厳宗在家勤行法則』[2]の冒頭に「香讃」として、『薬師寺勤行集』[3]には「焼香偈」として掲載されているのと同じ文である。同様に曹洞宗にあっても「焼香偈」[4]として用いられている。

この文は『大正新脩大蔵経』（以下、『正蔵』とする）の中に唯一、道宣（唐：五九六―六六七）撰『四分律刪繁補闕行事鈔』（以下、『行事鈔』とする）に、

華厳云。戒香定香解脱香。光明雲台遍法界。供養十方無量仏。見聞普熏証寂滅。（『正蔵』四〇・三六c）

とあるのが見られる[5]。またこれにかなり類似した文として道世（唐：？―六八三）撰の『諸経要集』（『正蔵』五四・

四五b)、『法苑珠林』(『正蔵』五三・六一二b)に「戒香定香解脱香　光明雲台遍世界　供養十方無量仏　見聞普熏証寂滅」という文がある。こちらの文についても著者の道世は「依華厳経」と記している。ところが、高崎直道氏が『諸経要集』『法苑珠林』を引き合いに「『華厳経』に依るという意味はいま一つ明らかでない」と指摘している(6)ように、これと同一の文は少なくとも『正蔵』中の華厳部の経典中には見あたらない。ただ、「戒香」や「定香」「普熏」の語はすぐに見出された。よって、それらの語から香偈の文が創出されたのだろうという推察は容易に成り立つのであるが、確かにこれだけで「華厳経に依る」とするのは心許ない。そこで、さらに詳しく文の各語句を検索に掛けてみると、仏駄跋陀羅訳『大方広仏華厳経』(以下、『六十華厳』とする)には次のような例が見られた。

令一切衆生施香**普熏**悉捨所有。令一切衆生**戒香普熏**得仏浄戒。令一切衆生忍香**普熏**離毒害心。令一切衆生精進之香具足**普熏**。勤修大乗弘誓荘厳。令一切衆生**定香普熏**。具足諸仏現前三昧。令一切衆生慧香**普熏**。於一念中得無上智王。令一切衆生法香**普熏**。成就無上無畏之法。令一切衆生徳香**普熏**。成就一切功徳智慧。令一切衆生無上菩提妙香**普熏**。得仏十力究竟彼岸。令一切衆生白浄法香具足**普熏**。断除一切諸不善法。是為菩薩摩訶薩施塗香時善根回向。(『正蔵』九・五〇一a)

爾時釈迦牟尼仏。従眉間白毫相。放菩薩力光明。百千阿僧祇光。以為眷属。普照**十方**諸**仏**世界。靡不周遍。三悪道苦。皆得休息。悉照**十方**諸**仏**大会説法之衆。顕現如来不思議力。是**光明遍**照**十方**諸**仏**大会諸菩薩身已。於上虚空中。成大**光明雲台**。**十方**諸**仏**亦復如是。従眉間白毫。倶放菩薩力光明。百千阿僧祇光。以為眷属。普現如来不思議力。悉照一切諸仏大会。及娑婆世界釈迦牟尼仏一切大衆。并金剛蔵菩薩。及師子座。照已於上虚空中。成大**光明雲台**。時諸大**光明雲台**中。諸仏神力故。(『正蔵』九・五四四a)

無量光明雲　悉与**法界**等

普賢所行智　無上勝妙地

於光荘厳中　皆悉具足聞　（『正蔵』九・四一二c）

於念念中。各放**無量光明雲**。普照**法界**覚悟衆生。所謂出一切宝**香光明雲**。讃歎三世諸**仏**功徳。微妙音声充満**十方**。（『正蔵』九・六八五c）

能教衆生清浄道　仏為一切智慧燈

如来法身甚弥曠　周**遍十方**無涯際

智慧光明方便力　**寂滅**禅楽亦無辺　（『正蔵』九・四〇〇c）

無量劫海修功徳　**供養十方**一切**仏**

教化無辺衆生海　盧舎那仏成正覚

放大**光明**照**十方**　諸毛孔出化**身雲**　（『正蔵』九・四〇五c）

供養十方仏　**遍**一切世界　（『正蔵』九・五七七b）

出諸化身雲　**供養十方仏**　（『正蔵』九・七二六b）

普出種種**香**光焔　常流一切**十方**界

一切**香**河出**無量**　雑種妙勝諸珍宝

衆宝積集為華蓋　**光明**普照**香**水河

十方無量世界中　**仏光明**照見宝王

如来道場宝輪地　衆宝**香**河盈流満

諸宝羅網相扣摩　演仏音声常不絶　（『正蔵』九・四一三c―四一四a）

如是得**見聞**　諸仏及仏法
具足清浄願　究竟無上道（『正蔵』九・四八六ａ）
我仏国土中　満諸大菩薩
諸菩薩同心　**見聞**皆不空（『正蔵』九・五四八ａ）
若有**見聞**者　悉獲功徳利
専求菩薩道　成就仏菩提
若有**見聞**者　発大歓喜心
遠離悪道難　除滅諸煩悩（『正蔵』九・七二二ｃ）
仏子。菩薩従何地来。能入**寂滅**。金剛蔵言。従六地来。能入**寂滅**。今住此地。於念念中。能入**寂滅**。而不**証寂滅**。是菩薩成就不可思議身口意業。（『正蔵』九・五六二ｂ）
但発専念正法之心。如来力心。充満一切衆生願心。大慈悲心。観察諸法真実之心。安住実語**証寂滅**法。（『正蔵』九・六四六ｂ）

これらにより、『六十華厳』では『行事鈔』にある四句の文で「解脱香」を除くすべての語が確認できる。また、引用文中で各語句を繋げていくと、四句にかなり近い文ができあがってくる。この事実を踏まえると、道宣が「華厳云」としたのも、もっともなことと納得できる。

ここにおいて、「香偈」の原典は『華厳経』特に仏駄跋陀羅訳の『六十華厳』であることが明らかになったと言えよう。

それでは、『華厳経』にない「解脱香」の語はどのような由来であろうか。

「戒香」「定香」「解脱香」という語句の出典を調べると、『正蔵』では『雑阿含経』や『増一阿含経』に出る「戒香」が最も古く、独立した『戒香経』（『正蔵』二巻）が『正蔵』に収録されているほど、「戒香」は古代インドで確立されていた語句である。さらに、大乗経典では「定香」は『悲華経』『宝積経』『涅槃経』に見られるが、『華厳経』において初めて前に示した例の通り、塗香を施すことによる功徳を説く中で「戒香」と並立して説かれる。そこへ『大般若経』（『正蔵』七・九二三c）に一度見られるだけであった「解脱香」が竺仏念訳『菩薩従兜術天降神母胎説広普経（菩薩処胎経）』（『正蔵』一二・一〇二二b）において「戒香定香慧香解脱香解脱知見香」として戒・定・慧・解脱・解脱知見の五分法身にそれぞれ「香」を付けた「五分法身香」の形で「戒香」「定香」とともに初めて記される。その後、「慧香」と「解脱知見香」が落とされる形でできあがった(7)「戒香定香解脱香」の文は、『行事鈔』により収録されるに至る。「戒香定香解脱香」の句の成立に当たっては仏典史上では、このように跡付けることができる(8)。

二　『正蔵』に見られる「香偈」・「焼香偈」という名称の由来

前に戒香から始まる四句が『行事鈔』に出ていることを論じたが、『行事鈔』ではそれを「香偈」とは明示していない。戒香から始まる四句を「香偈(9)」とするのは『行事鈔』の注釈である元照（北宋：一〇四八―一一一六）撰『四分律行事鈔資持記』（以下、『資持記』とする）においてである。まず『資持記』「釈自恣篇」の文には、

今言**布薩**処並須改之。然行事之時須知次第。至於説清浄妙偈已即須梵唄。散洒華水亦須供養有云。説戒須供戒法。**自恣**不須非也。此供三宝。豈唯戒法。又**自恣**法豈不須共梵唄既畢。説伝**香偈**已上座即叙事告衆。

（『正蔵』四〇・二四七c）

とある。これは『行事鈔』が「清浄出家和合**布薩**」（『正蔵』四〇・三六b）の次第を示す中で、「清浄妙偈」（同三六b）を出し、「供養梵唄作之」（同三六b）、「三五年少比丘持香水僧前左右灑水。留中空処擬行来也。香湯及華亦同水法。散灑已余有中央。当持水華合著一槃。」（同三六b―三六c）、「維那云行香説偈。此法安師毎有僧集人別供養。後見繁久令一人代衆為之。広如本文。各説偈言。華厳云。戒香定香解脱香。光明雲台遍法界。供養十方無量仏。見聞普熏証寂滅。」（同三六c）と述べていることと対応しているから、戒香から始まる四句のことを指して『資持記』が「香偈」と呼んでいることは間違いない。

この『資持記』の文は日本における康永四年（一三四五）照遠撰『資行鈔』の以下の文、

正戒法也。下自恣篇記釈⑽云。此供養三宝。豈唯戒法文。抑実通三宝也　鈔。抽聖僧座在下云云意云。説戒師座在第一。聖僧上也。（中略）小者供養且約出衆云云供養者。指伝**香偈**。故論行事出下。今云小者供養者。梵唄之時先立出礼拝等也。故約出衆也　鈔。梵唄作之云云　（『正蔵』六二・四五七a）

にも対応し、南都で『資行鈔』の著わされた時代に戒香の四句が「香偈」と呼ばれていたことがわかる。

また少し年代は前後するが、嘉暦三年（一三二八）忍仙撰の『律宗行事目心鈔』にある「**布薩**略次第」の中では、

次維那唱告　次説戒師登高座　次散華　次唄二種随時　次**戒香偈**　（『正蔵』七四・一二五c）

と記され、「結夏略次第」では、

次入堂打輪引入私云。如**布薩**引入次維那引入之座本夏臈次第著座　次三礼互跪合掌　次**焼香戒香偈**上座作之

（同一一二六b）

とあり、「**自恣**略次第」では、

次散花香水香湯同灑之　次唄唄間散花役者散花　次焼香役者焼香唄半分過程起座三礼。終程焼香捧持　次**焼香偈**唄畢出之（『正蔵』七四・一二六c―一二七a）

となっている。

これらの出典はすべて「準建長年中旧記」と建長年中（一二四九―五六）の旧記であることが記されているが、「香偈」→「戒香偈」→「焼香戒香偈」→「焼香偈」と順を追って呼び方が変化していった過程が示唆されており、非常に興味深い。

三　諸宗派の「香偈」・「焼香偈」

今回諸宗派の典籍を渉猟する中に探しあてることができた「香偈」・「焼香偈」に類する偈文をここに列挙したい[11]。

(一)**華厳宗**　『華厳宗在家勤行法則』「香讃」

戒香定香解脱香　光明雲台徧法界　供養十方無量仏　見聞普薫証寂滅

(二)**法相宗**　『薬師寺勤行集』「焼香偈」

戒香定香解脱香　光明雲台遍法界　供養十方無量仏　見聞普薫証寂滅

(三)**天台宗**

（1）『天台宗　祈願作法手文[12]』巻四「開眼・加持・撥遣作法」

願此香華雲　遍満十方界　無辺仏土中　無量香荘厳　具足菩薩道　成就如来香[13]

（2）『台門行要抄[14]』「焼香偈」

戒香定香解脱香　光明雲台徧世界　供養十方三世仏　妙法蓮華大海衆

(四)臨済宗　『諸回向清規[15]』「焼香偈」

戒香定香解脱香。光明雲台遍世界。供養十方無量仏。見聞普薫証寂滅（『正蔵』八一・六八三c）

(五)曹洞宗

（1）『瑩山清規[16]』

戒香定香解脱香　光明雲台遍法界　供養十方無量仏　見聞普薫証菩提（『正蔵』八二・四三三a）

（2）『曹洞宗常用偈文集[17]』「焼香偈」

戒香定香解脱香　光明雲台徧法界　供養十方無量仏　供養十方無量法　供養十方無量僧　見聞普薫証寂滅

(六)浄土宗

（1）『浄土苾蒭宝庫[18]』「焼香偈」

戒香定香解脱香　光明雲台徧法界　供養十方無量仏　見聞普熏証寂滅

（2）『浄土宗法要集[19]』「香偈」

願我身浄如香炉　願我心如智慧火　念念焚焼戒定香　供養十方三世仏[20]

（3）『浄土苾蒭宝庫[21]』「香讃」

『浄土宗法要集[22]』代用偈文ノ部「香偈」

願此香煙雲　徧満十方界　供養一切仏　尊法諸賢聖　無辺仏土中　受用作仏事　普薫諸衆生　同生安楽刹

（1）（2）の文は後に述べる『浄家諸回向宝鑑』（以下、『宝鑑』とする）では右の順に「焼香回向文」として記載されている。[23]

(七)日蓮宗

（1）『日蓮宗法要式』[24]「焼香偈」

戒定慧解知見香　遍十方刹常芬馥　願此香煙亦如是　周偏自他五分身

（2）『日蓮宗法要式』[25]「供養偈」

願此香華雲　偏満十方界　供養一切仏　妙法蓮華経　菩薩声聞衆　受用作仏事

（3）『新編　日蓮宗信行要典』[26]釈尊降誕会「焼香偈」

戒香定香解脱香　光明雲台偏法界　供養十方無量仏　見聞普薫照寂滅

以上により、右に挙げたすべての宗派の典籍で「戒香定香解脱香」の系統の「香偈」または「焼香偈」の掲載が確認できた。[27]

右のうち「戒香定香解脱香」系でない偈文は天台宗（1）、浄土宗（2）（3）、日蓮宗（1）（2）がある。天台宗（1）と浄土宗（3）、日蓮宗（2）は同系統である。

この天台宗の「願此香華雲　遍満十方界　無辺仏土中　無量香荘厳　具足菩薩道　成就如来香」の偈は遵式（北宋：九六四―一〇三二）撰『往生浄土決疑行願二門』の、

願此香煙雲遍満十方界。無辺仏土中無量香荘厳。具足菩薩道成就如来香（『正蔵』四七・一四六b）

にある「煙」[28]を「華」としたものであり、この系統の偈文は『正蔵』で智顗（隋：五三八―九七）撰とされている『法華三昧懺儀』の、

願此香華雲遍満十方界。供養仏経法。幷菩薩声聞縁覚衆。及一切天仙。受用作仏事（『正蔵』四六・九五〇b）

の文と灌頂（隋：五六一―六三二）纂『国清百録』にある、

願此香華雲。遍満十方界。一一諸仏土。無量香荘厳。具足菩薩道。成就如来香。（『正蔵』四六・七九四a）

とに拠っている。

さらにこれらの文は、戒香の四句の起源である『六十華厳』と同じ仏駄跋陀羅訳の『観仏三昧海経』にある、

願此華香満十方界。供養一切仏化仏并菩薩無数声聞衆。受此香華雲以為光明台。広於無辺界無辺作仏事。

（『正蔵』一五・六九五ａ）

を起源としている。

この「香華雲」の語は『六十華厳』でも二度見られる語であり、訳者も同じ仏駄跋陀羅ということもあって『観仏三昧海経』自身が『六十華厳』との関わりの深い経典と考えられるが、この『観仏三昧海経』の文が『六十華厳』を起源とする戒香の四句の成立にも影響を与えたことは間違いなかろう。

これら「戒香定香解脱香」系の偈文、また「願此香華雲」系の偈文は、ここにあるほかにも『正蔵』中にいくつか見られる。その傾向を概観すると『観仏三昧海経』を引用して五言の形に整え、おもに中国・日本の天台宗家によって発展して受け継がれて来たのが「願此香華雲」系の偈文で、『観仏三昧海経』を参照して『六十華厳』から七言で創作され、おもに律宗家や禅家により発展して受け継がれて来たのが、「戒香定香解脱香」系の偈文であると捉えることができる[29]。

また、「戒香定香解脱香」系と「願此香華雲」系、両方の要素が見られる日蓮宗（1）の偈文は宝思惟（唐：？―七二一）訳『浴像功徳経』に、

戒定慧解知見香　遍十方刹常芬馥　願此香煙亦如是　回作自他五種身　（『正蔵』一六・七九九ｂ）

にある文がもとであろう。

浄土宗（2）の偈文は善導集記『転経行道願往生浄土法事讃（法事讃）』（『正蔵』四七・四二七ｃ）からまったく

同文の引用である。

この文は時宗の経本では「焼香讃」[30]と記されている。現行では、浄土宗で「香偈」と言えばこの四句のことであるが、調べてみると浄土宗でも過去には「香偈」が「香讃」とも呼ばれていた。

また、本宗と同じ戒香の四句の文を使っている華厳宗でもそれを「香讃」と呼んでいる。

これら「香讃」と呼ばれる文に共通していることは、それが勤行の冒頭に唱えられることである。次章ではこの冒頭に唱えられる「香讃」がどこから来たのか、それを探ってみたい。

四 「香讃」の伝来

「香讃」という語は古くは『蘇悉地羯囉経（蘇悉地経）』（『正蔵』一八巻）にも出ており、この経は最澄が請来したとされるから[31]、経の流伝とともに「香讃」という語も日本に入って来たであろう。しかし、『正蔵』中の江戸時代に入るまでの日本における諸宗の典籍の中に「香讃」の語は現れない[32]。

そして現在でも「香讃」という語は日本仏教の中で頻繁に見られるものではない。そのことを指して福井文雅氏は「中国本土ばかりでなく、台湾、東南アジア等々にある漢民族の仏教寺院では儀式の冒頭に「香讃」が唱えられる場合が多いが、それと同じ香讃は日本仏教には無い[33]。つまり「香讃」は中国仏教と日本仏教とを儀礼の点で区別する一大特徴である[35]」と指摘している。では華厳宗や時宗に見られる儀式の冒頭に唱える偈を「香讃」[34]とする様式はいつごろ日本に入って来たのであろうか。福井氏はここでは「同じ香讃は日本仏教には無い」と、やや誇張した表現で書いている[36]が、漢民族地域と同じ「香讃」を儀式の冒頭に唱え、それを非常に重視する一派が、江戸期以来の仏教宗派である十三宗の中に存在する。
それが黄檗宗である。[37] 黄檗宗の『黄檗宗檀信徒勤行聖典』では懺悔文、三帰戒に続いて「香讃」から始まっており、[38] ほかに「開山忌香讃」と「諸先覚設忌香讃」の二つの「香讃」とで、合わせて三つの「香讃」が掲載されているほどである。[39]
黄檗宗は知られているとおり承応三年（一六五四）、隠元隆琦の来日によって伝えられた宗派である。[40] この隠元が宇治に萬福寺を開いたことによって、仏教儀式の冒頭で唱えられる「香讃」は本格的に日本へもたらされた。隠元に始まる黄檗文化が禅家を中心として日本仏教に与えた影響は非常に大きい。[41] 浄土宗においても獅子谷法然院の中興の祖である忍澂（一六四五―一七一一）や、善導『観経疏』の優れた講説者であった義山（一六四七―一七一七）は萬福寺の第四世である独湛性瑩（明、日本：一六二八―一七〇六）と非常に深い親交を持ったことがわかっている。[42]

五　浄土宗における「香偈」の誕生

浄土宗における日常の勤行は「香・三・四」と呼ばれる「香偈」「三宝礼」「四奉請」の順でなされる。この様式は非常になじみが深く、浄土宗僧侶にとっては生活の一部と言っても過言ではないほどであろう。ではこの次第が形成されるにあたって決定的に重要な影響を与えた人物は誰であろうか。ここでは特に「香偈」「三宝礼」について考えてみることとする。この「香偈」「三宝礼」という次第が初めて見られるのは珂然（一六六九―一七四五）が享保一二年（一七二七）に著わした『忍澂和尚行業記』[44]（以下、『行業記』とする）中に収録されている忍澂が制定した『獅谷六時行法定式』（以下、『六時行法』とする）においてである。その最初の部分を引用する。[43]

獅谷六時行法定式曰。一後夜。自鳴鐘声。報五更。則殿司須巡寮。撃梆（廖文英曰。木三尺許。背上穿直孔。今官衙設之。為号召之節。）警覚。衆僧耳梆。則起臥榻。盥頮披衣。既而聞堂殿喚鐘。鐘声未尽。須共会殿後。徐徐而行。不得馳走。各随次。倚両単念仏。慎勿雑話。俟鐘声尽。即従上座。次第上堂。就位而坐。導師拈香。立於中座。維那鳴磬。導師大衆。斉展坐具。異口同声。唱上**香偈**。**敬礼三宝**。四誓偈一過。次挙後夜讃。連声念仏千遍。五種回向。別挙諸霊法名。毎霊十念回向畢。唱舎利礼文。及大覚世宝号。以報答慈恩。誦般若心経。培増　護神鎮祠威光。以奉祝延睿算億万。台齢綿長。次諷浄業呪願。又次立四弘誓願。三拝而退

（『浄土宗全書』〈以下、『浄全』とする〉一八・二一一a）

ここでは後夜における入堂、着座までの作法を細かく記した後、維那が磬を鳴らしてから「香偈」、「敬礼三宝」を同声する次第を記している。

続けて晨朝には「自鳴鐘声。―中略―上堂拈香。斉展坐具。唱偈作礼。（同前《ママ》）」日中は「諷経礼讃。五会念仏。五種回向挙霊名。十念回向。（其余式。同後夜晨朝）」、日没は「諷経礼讃。―中略―十念回向。（余式同前）」初夜、中夜は「―前略―（初夜中夜余式。皆与前同）」とある。ここで晨朝の次第が「唱偈作礼。（同前）」としているから、「唱偈作礼」の内容は「香偈」「敬礼三宝」を唱えて「礼を作す」ことであるのは一目瞭然である。後の四時はそれと同じであるから、六時にわたってその都度に「香偈」「敬礼三宝」を上げる勤行作法がここにおいて忍澂によって確立された。

またこの『六時行法』に続いて収録されている『獅谷白蓮小清規』(45)（以下、『小清規』とする）には年間の法要が細かく記されている。毎月一日のお勤めは「初一日。寂恵上人忌。斎時上供。諷経回向。（已下諸祖忌。皆同之）」とある。ここには「諷経回向」とあるが、『六時行法』の日中の次第からすると「諷経回向」には「香偈」「三宝

礼」から始まる次第を含意している。そのことは「十二月初六日。至初八日」の「拝懺会」の次第に「上堂香讃。三宝礼如常。」の文があることからも窺える。

それではなぜ、天和元年（一六八一）に忍澂が編んだ『浄業課誦』にはまったく見られなかった「香偈」「香讃」から始まる次第が『六時行法』や『小清規』の段階では見られるようになったのか。その理由として、「已載宝鑑」（同二三一b）と忍澂が『小清規』の中に示していることにより、参照したことがはっきりしている元禄一一年（一六九八）刊『宝鑑』[46]巻二の構成が一「焼香回向文」（二「塗香之神呪」、三「釈迦三礼回向文」）、四「三宝礼誦文」と続いていることの影響もあるかもしれない。しかし、それ以上に注目すべきはここにある「香讃」の語である。

前に儀式の冒頭に「香讃」を唱える様式は隠元禅師がもたらした黄檗宗の様式であることを述べたが、この忍澂が制定した次第はまさにその形を踏襲している。これは黄檗の影響に拠るとしか考えられない。これはまた、忍澂と独湛との交流の経過からも明らかとなる。ここで簡単に忍澂と独湛の交流の軌跡を辿ってみることにしたい。

『行業記』の記述からすると、延宝七年（一六七九）に忍澂が『光明大師別伝纂註』を撰し、刊行した。それを読んだ独湛が「他日」漢詩[47]を贈っている。『行業記』にはっきりと示されている訳ではないが、これが忍澂と独湛が交流を持った始まりであると推察される。延宝七年の時点で初めて手紙のやり取りをした忍澂と独湛の関係は、急速に親密になっていったということはなかったであろう。この年から忍澂は萬無和尚（知恩院第三八世）の侍者となり、また次の延宝八年からは法然院の建設も始まっている。忍澂にとっては非常に多忙な時期で、独湛との交流を深めるには時間的な余裕も少なかったと思われる。そんな中で天和元年（一六八一）に『浄業課誦』を編んだが、ここではまだ「香讃」から始まる次第を取り入れていない。

その後、独湛との交流が深まる中で、「是故師与禅師。道交和睦。屢為面謁。」（『浄全』一八・三二b）とあるように、忍澂と独湛とは「仲睦まじく意気投合し、しばしば顔を合わせる」という関係になっていく。そのことは独湛の弟子で萬福寺第八世である悦峰道章（一六五五―一七三四）が『行業記』に宛てた序文の中で記した「師曽親近吾獅林老人[48]。問候不断。時時来訪玄譚。亹亹竟日。」（忍澂師はかつて獅林老人〈独湛〉に親近し、たえず寺を訪ね終日ずっと奥深い話を語り合った。）（同五三b）にも表わされている。このように一日中、萬福寺の山内に居ることがあったという忍澂は、勤行にも当然のように随伴したであろう。そうした中、忍澂が『六時行法』や『小清規』を制定するころ[49]には、黄檗の勤行作法や「香讃」のことは自然に身に着いており、自らが勤行の次第を定めるに際しては当然のように「香讃」から始まるものを作った。ただ、黄檗の「香讃」は中国語[50]の読みであるのと、仏典からの引用ではない[51]ので、文言をそのまま移入することは避け、先行する『宝鑑』の「焼香回向文」にある偈文のうち「戒香定香解脱香」の四句か「願我身浄如香炉」の四句のどちらかを採用したと考えられる[52]。

そうしたことにより、忍澂自身も同じものを「香偈」と呼んだり、「香讃」と呼んだりしていたことが窺える[53]。

六　本宗における「香偈」「礼文」の次第の成立

今回の調査の中で『宝鑑』を見て、一「焼香回向文」、四「三宝礼誦文」に記載されていながら、現在においては浄土宗でほとんど使われなくなった偈文が、そのまま本宗の「香偈」「礼文[54]」の偈文であることは大きな発見であった。しかもそれは浄土宗の「香偈」「三宝礼[55]」の次第の順に対応しているのである。これは決定的なことかと思われたが、本宗では大通上人によって課誦が制定されたとするので年代が合わない点も出てくる。

本宗の大通上人も黄檗僧の鉄眼道光（一六三〇—八二）や高泉性潡（一六三三—九五）への参謁が『大通上人行実年譜』[56]に記されている。また悦山道宗（一六五九—一七〇九）とは、大通上人の大念佛寺住持への就任と、紫衣を賜った際の二度にわたり、賀詩が贈られるという交流もあった。そして、本宗の清規「檀林清規」には『黄檗清規』からの影響が見られるということも指摘されている。[57]これらのことから、本宗で「香偈」から始まる次第の成立に黄檗から直接、影響を受けた可能性が考えられようか。

次に、本宗の「香偈」と同じ文を「香讃」と記載している華厳宗の東大寺と黄檗宗との間では、寛文四年（一六六四）に曹洞宗の卍山道白[58]（一六三六—一七一五）、東大寺の敬阿公慶（一六四八—一七〇五）と鉄眼がたまたま同席したとき、卍山は宗統復古を、公慶は大仏殿建立を、鉄眼は大蔵経開板を誓い合ったという。[59]また元禄五年（一六九二）、東大寺の大仏開眼供養の第一八日目には黄檗宗として、悦山は一七〇名の僧とともに参列した。そこでは「先導師曲録坐。次和尚各着床。次大衆東西壇上立列。次挙香讃。次誦大悲呪等十呪。[60]」という、まさに「香讃」から始まる次第で法要を行っている。また、黄檗僧が江戸期における東大寺大仏殿・大仏重興の際に碑文作成や讃頌集編集で大きく関わった事実もある。[61]そして、東大寺には貞享四年（一六八七）に真敬法親王（一六四九—一七〇六）から寄進された大香炉が大仏殿前にあり、そこには本宗とまったく同じ「戒香定香解脱香」の四句が刻まれている。[62]本宗がこの東大寺を中心とする南都からの影響で「香偈」を採用した可能性もあるだろうか。

しかし、「大仏殿再建記」[63]の翻刻文書には、宝永六年（一七〇九）に再建された大仏殿[64]へ、融通念仏《ママ》宗として大通上人が衆僧二一五人、伴僧四三〇人を連れて出仕した際の次第が記載されている。

その次第は「先三拝　次讃鉢　次転読法華経　次梵網経　次釈迦宝号大行道　次大念仏回向　次退散」となっている。これは讃鉢[65]を含む、かなり真言宗の影響の強い次第であった。

また、「大仏殿再建」に関わる東大寺自身の法要の次第でも、「香讃」は挙がっていない。東大寺による「香讃」の次第の採用も、少なくとも大仏殿再建供養の各法要が営まれた宝永六年より後のことのようである。

これらのことからすると、本宗課誦の成立年代については、記載された年号も含めて今後に残された研究課題ということになるであろう。[66]

七　まとめ

以上、「香偈」の出典を求め、本宗の勤行式で用いられるまでに至る過程を跡付けた。最後に、本稿の論点を箇条書きの形で整理したい。

・「戒香」から始まる四句の出典は『四分律行事鈔』で、その原典は『六十華厳』であることが確認できた。また「戒香」から始まる四句に対して、『四分律行事鈔資持記』では「香偈」と確かに呼んでいる。

・中国系の寺院では多く、儀式の冒頭に「香讃」が唱えられる。中国大陸からの渡来僧である隠元によって開かれた黄檗宗の本山である萬福寺でも、同じように儀式の冒頭に「香讃」が唱えられる。

・浄土宗の勤行式において「香偈」「三宝礼」の次第を成立させたのは忍澂である。「香偈」は勤行式の形式が成立する初期には「香讃」とも呼ばれていた。浄土宗で「香讃（香偈）」が儀式の冒頭に唱えられるようになった背景には、黄檗からの影響が窺える。

・融通念佛宗の勤行式における「香偈」「礼文」の次第は、浄土宗の「香偈」「三宝礼」の次第と相関して成立した可能性がある。『浄家諸回向宝鑑』では「香偈」の文例として本宗の文と浄土宗の文がそれぞれ掲載され、「三宝礼誦文」のうちの一つに本宗の「礼文」が挙げられている。

註

（1）『新修 融通念佛宗聖典』（融通念佛宗宗務所、一九八七年）、一頁。
（2）『華厳宗在家勤行法則』（華厳宗宗務所、二〇〇三年五月一五日改訂）。
（3）『薬師寺勤行集』（法相宗大本山薬師寺）。
（4）厳密には井上哲也編『曹洞宗常用偈文集』（青山社、一九九三年）、一八頁では「供養十方無量仏法僧」と表記されている。また『昭和改訂 曹洞宗行持規範』（曹洞宗宗務庁、一九六二年）にこの文は見られない。曹洞宗僧侶に聞いてもあまり使われることはないようである。
（5）『正蔵』の引用はすべて「SAT大正新脩大藏経テキストデータベース」の検索に基づいた。本稿中にある引用文中の太字はすべて引用者による。
（6）高崎直道『日常唱える『偈文の解説』』（大本山總持寺出版部、一九九九年）、一一七―一一九頁。またその解説では『集諸経礼懺儀』や『禅苑清規』にも言及している。
（7）七言の偈にまとめるためであったろうか。
（8）『入唐求法巡礼行記』にある「赤山院講経儀式」の中の次第で「「戒香定香解脱香」等という」と円仁は記している。『入唐求法巡礼行記』一（東洋文庫、平凡社、一九七〇年）、二〇一頁。
（9）『正蔵』における「香偈」の語の初出でもある。
（10）「自恣篇記釈」は『資持記』「釈自恣篇」のことである。
（11）藤井正雄『祖先祭祀の儀礼構造と民俗』（弘文堂、一九九三年）も参考になった。
（12）即真尊靇・谷玄昭監修『天台宗　祈願作法手文』（四季社、二〇〇三年）。
（13）「焼香」中の偈文であり、天台宗内で一般的に「焼香偈」と呼ばれている文である。
（14）梅田圓鈔・都筑玄妙編著『台門行要抄』（金聲堂、一九三九年）。

(15)『小叢林略清規』(『正蔵』八一巻)とともに現在でも臨済宗諸派の規範となっている。
(16)曹洞宗で太祖とされる瑩山紹瑾(日本：一二六八―一三二五)が著わした清規。
(17)前掲註(6)高崎著書にもよった。
(18)金井秀道編『浄土苾蒭宝庫』(教報社、一八九五年)、上巻七五丁。
(19)浄土宗務所編『浄土宗法要集』(一九三九年)、三七頁。
(20)浄土真宗でも明治一七年刊の『如法念仏作法』には記載されている。昭和九年の声明改正によって廃止されたという。
(21)前掲註(18)上巻二四丁。
(22)前掲註(19)、一一五頁。
(23)『宝鑑』巻二、三丁の「焼香回向文」には、あと二つ文が掲載されているが、これらは「偈」の形をとっていないので、ここでは取り上げないこととする。
(24)北尾日大『日蓮宗法要式』(平楽寺書店、一九二一年)、八八頁。
(25)同、二一八頁。『礼法華経儀式』(『正蔵』四六・九五六c)に同文がある。
(26)宮崎英修編著『新編　日蓮宗信行要典』(平楽寺書店、一九六七年)、一六六頁。
(27)「戒香定香解脱香」系の四句は、南都はもとより浄土宗から日蓮宗まで唱えられた実績があり、その原文である本宗が使っている『行事鈔』の偈文は日本において通仏教的な広がりを持った偈文と言える。
(28)『六十華厳』には「百万億丸香煙雲。充満十方。」(『正蔵』九・四七九b)の文も見える。
(29)大きな傾向を記述したものであるから、例外はもちろんある。
(30)永田文昌堂編集部編『在家日用　時宗勤行式』(永田文昌堂、一九四〇年)。時宗の勤行式は浄土宗とほとんど同じである。今では浄土宗で使われることがなくなっている「香讃」という言い方が、時宗の経本では残されていた。
(31)大蔵経学術用語研究会編『仏典入門事典』(永田文昌堂、二〇〇一年)。
(32)『正蔵』では「焚香讃檀度」や「拈香讃揚仏事」の語が検出されるが、これはおのおの「香を焚いて檀度を讃える」や「拈香して仏事を讃揚する」と読むべきなので、「香讃」として見るのは間違いである。

(33)『続曹洞宗全書』第二巻（六七八頁）所収の明和六年（一七六九）面山瑞方撰『大般若講式』には「香讃偈」として「鑪香乍爇　法界蒙薫　般若海會　諸佛現身」の文が見られる。面山は『黄檗清規』の影響を受けて成立した『椙樹林清規』を非難し、「あらゆる明様行法を排し、純一に祖規に復古せしめんとした」（山口晴通「椙樹林清規の性格と意義」〈曹洞宗宗学研究所『宗学研究』六号、一九六四年〉）立場であった。その面山がなぜ、隠元がもたらした明様の「香讃」を改変して受容したのか。そこから、面山以前に曹洞宗内で明様の「香讃」が行われていた可能性を見ることはできるが、今回その証拠を示すことはできなかった。

(34) 手許にある韓国寺院の経本では「五分香偈」として「戒香　定香　慧香　解脱香　解脱知見香　光明雲臺　周遍法界　供養十方無量佛法僧」の文が掲載されている。

(35) 福井文雅「「香讃」の初出資料について」（『印度学仏教学研究』四二巻一号、一九九三年）。

(36) 福井氏は『増補修訂 道教の歴史と構造』（五曜書房、二〇〇〇年）、二一六頁の中では、宇治の萬福寺で読まれていることを記している。

(37) 江戸時代までは「臨済宗　黄檗派」と呼ばれていた。

(38) 経本では厳密には冒頭になっていないという指摘もあり得るが、木村得玄『隠元禅師と黄檗文化』（春秋社、二〇一一年）、二五五頁にも「香讃は通常、香を焚いて道場を浄める経典で、儀式の初めに読誦し」とある。

(39) 初めの香讃は「爐香乍爇　法界蒙薫　諸佛海會悉遙聞　隨處結祥雲　誠意方慇　諸佛現全身」で、「るーひゃんつぁぜ　ふぁきゃいむんひん　ちーふはいふぃしーやううん　すいちゅけーちゃんいん　ちんいふぁんいん　ちーふへんちぇんしん」とルビが振られている。福井氏によれば「爐香讃」と呼ばれるこの文が現代中国仏教においても代表的な「香讃」で、その成立は明の時代にあるとしている（福井前掲註〈35〉論文）。

(40) 隠元来日の前にも長崎には中国大陸からの渡来僧が住持をつとめる興福寺、福済寺、崇福寺の三つの中国系寺院はすでに開かれていた。

(41) 木村得玄『初期黄檗派の僧たち』（春秋社、二〇〇七年）、同、前掲註(38)書。

(42) 田中芳道「独湛と浄土宗の諸師――忍澂と義山を中心にして――」（『佛教論叢』五四号、二〇一〇年）、前掲註(41)『初期黄檗派の僧たち』、七八頁。

（43）浄土宗総合研究所編、浄土宗総合研究所研究成果報告書2『浄土宗日常勤行式の総合的研究』（浄土宗総合研究所、一九九九年）によれば忍澂以前の勤行式には見られない。
（44）その現代語訳として、枡田英伸訳『師、威厳あって温厚なり——法然院の忍澂上人のはなし——』（風濤社、二〇一〇年）がある。
（45）厳密には『行業記』の中では間に『六時礼讃規式』が挟まれている（『浄全』一八・二二a—二三b）。
（46）『浄家諸回向宝鑑』初版は元禄一一年であるが、文化七年（一八一〇）、また一九七七年に復刻されている。一九七七年版は『浄土諸回向宝鑑』と名が付されている。
（47）その詩は「纂註細看大義彰。光明祖徳又重光。乾坤眼窓古今事。樹起法門一鉄」（『浄全』一八・一七a）である。
（48）独湛は退隠後、黄檗山内の塔頭「獅子林院」に住した。
（49）『宝鑑』の刊行年からすると少なくとも一六九八年以後。
（50）正確には福建語（閩南語）。前掲註(38)、二五五頁。
（51）前掲註(36)（二二九頁）によれば黄檗の香讃は民間の歌辞文芸から発祥した「詞」の一種であるとされている。
（52）忍澂が『光明大師別伝纂註』を著わし、善導大師に対する崇敬の念が深かったことを考えると「願我身浄如香炉」の四句であったかもしれない。
（53）その後のことは前掲註(43)『浄土宗日常勤行式の総合的研究』に詳しい。その中の清水秀浩氏の論稿「忍澂以後『六時勤行式』に至る各種勤行式の検討」によれば、忍澂の後を受けた直弟子の宝洲（?—一七三八）、また貞極（一六七七—一七五六）により「香偈」「三宝礼」の次第は受け継がれていった。ただ、両者は「香偈」よりも「香讃」の語を多く使っている。本書の中では勤行式の次第形成における忍澂の重要性は指摘しながらも、「香偈」「三宝礼」の次第を忍澂が確立したことについて、はっきりとは示していない。また、黄檗への言及もない。これからの調査で『六時行法』や『小清規』の原本が発見され、翻刻されることを願っている。
（54）「我此道場如帝珠　十方三宝影現中　我身影現三宝前　頭面摂足帰命礼」（『新修　融通念佛宗聖典』一〇頁、『宝鑑』巻二、四丁）。
（55）「一心敬礼十方法界常住仏　一心敬礼十方法界常住法　一心敬礼十方法界常住僧」（『浄土苾蒭宝庫』下巻二丁、

『浄土宗法要集』三七頁)。『宝鑑』巻二、四丁では「一心敬礼十方三世尽虚空遍法界微塵刹土中一切常住仏宝両足尊此界他方人間天上法報真身舎利形像一一塔廟　一心敬礼十方三世尽虚空遍法界微塵刹土中一切常住法宝離欲尊天上人間龍宮海蔵十二部経一切聖典　一心敬礼十方三世尽虚空遍法界微塵刹土中一切常住僧宝衆中尊宝刹浄土居阿石室諸大菩薩縁覚声聞一切賢聖」となっている。
(56) 大念佛寺蔵版『再興賜紫大通上人行實年譜』(一九六五年)、二四—二五頁。
(57) 谷村純子「黄檗宗が大通上人(融通念仏宗)に与えた影響」(『黄檗文華』一二三号、二〇〇三年)、同「『黄檗清規』序文と「檀林清規」(融通念仏宗)序文との比較」(『黄檗文華』一二二号、二〇〇二年)。
(58) 前掲註(33)『椙樹林清規』を月舟宗胡(一六一八—九六)とともに著わした。
(59) 前掲註(41)『初期黄檗派の僧たち』、二三五頁。
(60) 『大日本仏教全書』東大寺叢書二「大佛開眼供養記」(一二二・八七b)。その後に続く次第は「(次誦大悲呪等十呪。)次心経。次摩訶般若波羅蜜多三称。次念光明真言。次辺仏釈迦宝号。次大衆朝上。次唱回向偈。次退出。」。
(61) 高井恭子「初期日本黄檗における『華嚴経』——宗旨と経典の関係を視点にして——」(『黄檗文華』一二五号、二〇〇五年)。
(62) 東大寺における「戒香定香解脱香」の四句の使われ方は『在家勤行法則』の記載とこの香炉の文以外には、今回明らかにできなかった。
(63) 島津良子・坂東俊彦「玉井家蔵「大仏殿再建記」解説および史料翻刻　第三回」(『南都佛教』八九号、二〇〇七年)。
(64) 前の大仏開眼供養の一七年後のことになる。
(65) 稲谷祐宣『真言秘密加持集成』(東方出版、一九九八年)には「灌頂讃鉢次第」として鉢の突き方が出ている。鉢は鈸に同じ。『密教大辞典　増訂版』第四巻(法藏館、一九六九年)「鈸」の項には「鐃鈸を用ふるは讃の後、又は行道、進列の時なり」とある。
(66) 浄土宗でも現在の日常勤行式の起点に立つものは、安政四年(一八五七)の『六時勤行式』にあるとされる(大谷旭雄「『蓮門六時勤行式』の制定と展開」〈前掲註〈43)『浄土宗日常勤行式の総合的研究』所収〉)。

東大寺大仏と融通念佛宗

――東大寺江戸復興期を中心に――

坂東俊彦

はじめに

奈良東大寺は永禄一〇年（一五六七）、松永久秀と三好三人衆との戦乱に巻き込まれ、八月には戒壇院戒壇堂が、一〇月には鎌倉時代に再建された大仏殿が炎上、大仏も「湯にならせ給いおわんぬ」(1)ほどの大きな損傷を受けた。戦国期の政治、社会混乱の中、大和国の山田道安を中心として、大仏は頭部が木枠に銅板を張り付けるといった仮修復がおこなわれた。大仏殿については大仏の頭上を覆うだけの仮堂（大仏仮厨子）として建てられるのみであり、本格的な修復、再建という復興は元禄期、龍松院公慶上人を中心とした復興活動まで待たなくてはならなかった。

大仏の本格的な修復は龍松院公慶上人の個人の地道な勧進活動をはじめ多くの人の寄進によって、元禄四年（一六九一）二月三〇日に完了、現在みられるような大仏の姿となり、翌元禄五年三月八日から四月八日までの三一日間にわたって大仏開眼供養会がおこなわれた。さらに大仏殿再建事業が進められ、宝永五年（一七〇八）一二月に現在みられる大仏殿が完成した。翌宝永六年三月二一日から四月八日までの一八日間、大仏殿落慶供養会がおこなわれ、東大寺をはじめ南都、畿内の諸宗、諸寺が連日、法要を勤仕した。融通念佛宗もいずれの法要にも律宗や黄檗禅宗などの他の宗派と同じように一座を設け、宗門の僧侶が出仕して法要を勤仕していることが記録されている。

元禄九年（一六九六）に宣旨によって融通念佛宗が一宗として確立することを一つの頂点とする融観大通上人の宗門再興の活動は、大仏修復、大仏殿再建を主とした東大寺江戸復興の時期と重なり、一連の東大寺復興に関連する法要への勤仕を通して、融通念佛宗として一宗を確立するまでの過程を垣間見ることができるのではないだろうか。

そこで本稿ではこれら東大寺江戸復興の主要な三つの法要における融通念佛宗に関わる諸史料[2]を紹介し、その内容についての基礎的な考察を加えることにしたい。

一　大仏殿釿始千僧供養会における融通念佛宗

公慶上人による東大寺の江戸復興は、貞享三年（一六八六）二月に大仏修復のための鋳掛けが開始されたことにはじまる。その後、貞享五年（元禄元年・一六八八）四月二日から八日にかけて大仏殿再建のための起工式である釿始の儀式、法要がおこなわれた。釿始の法要には一〇〇〇人の僧侶と幕府大工頭・中井主水支配の五〇〇人の番匠や結縁のための匠人三〇〇人が出仕しておこなわれている。

この時の様子は東大寺惣持院英秀の筆による「大仏殿釿始千僧供養私記」[3]に法要の次第が図などとともに詳細に記されているほか、奈良奉行所の与力・玉井定時が書き記した東大寺江戸復興の一連の記録、「大仏殿再建記」にも記録されている。

まず「大仏殿釿始千僧供養私記」の該当部分の記事をみてみよう。

（表紙）

「　貞享五戊辰年四月　日

大仏殿釿始千僧供養私記

物持院

法印　英秀」

貞享五戊辰暦従二四月二日一至二同八日一之
内五畿内之番匠都合五百人　棟梁二
人幷白衣神人今云八幡座於二大仏殿中門一
毎日釿始規式勤レ之其外為レ結-縁出仕
之匠人三百人餘役義人名如二下録一

一、玉女神祭柱木三寸

京中井主水正頭棟梁和州法隆寺住
衣冠今村淡路少掾平正長

（中略）

第六日　同七日晴天

一、内山永久寺　上乗院家亮忠従僧二人学侶五人焼香
院家素絹長衣五條紋白紫指貫餘黒絹衣五條

（中略）

南都
一、一向宗東本願寺門下五人従僧九人　誦経焼香

和州之内
一、同西本願寺門下拾人従僧廿二人　誦経焼香

同（和州之内　著者補注　以下同）
一、大念佛宗卅一人　但伴僧共　焼香誦経

従二中門一行列先へ亀鐘華器持之花平入之至二佛前一
立列　鐘二三声打レ之花ヲ散〆一人宛着本座右之通
成レ之訖而誦経退出

郡山鎮西派
一、西岸寺　従僧四人　焼香

北京山城愛宕郡
一、丸山安養寺時宗七人焼香

大工頭中井大和守家配下の棟梁である今村淡路による玉女神祭にはじまる七日間の釿始の供養会は、初日、開白は東大寺が、第二日目以降は薬師寺や興福寺、西大寺などの南都諸寺や京都の諸宗派本山が法要をおこなっている。融通念佛宗は第六日目に当たる貞享五年四月七日に大和国内の僧侶、三一名が法要に出仕したことが記されている。また法要の内容に関する記述には「亀鐘」の言葉も見受けられ、融通念佛宗に伝わるいわゆる「亀鉦伝説」の話は広く認識されていたことが確認できる。なお「大仏殿釿始千僧供養私記」中には「諸宗僧名之事」との項目があり、提出された請定から出仕した僧名を書き上げている。融通念佛宗もその中にあり、次のように、寺名、所在地、僧名が書き上げられている。[4]

一、大念佛宗
鳴川町 徳融寺良空　十輪院町 法徳寺厳誉　郡山矢田町 円融寺團譽

生駒 安養寺信空　龍田 西光寺岷空　齊音寺町 蓮生院幽音
下長村 正念寺三誉　稲葉村 成安寺三空　葸符村 成福院恵忍
三碓村 多聞院行誉　藤木村 極楽寺円我　同村 弥勒寺壽益
狭川村 光明寺善益　同所 西念寺達空　二名村 法融寺良円
田中村 地蔵寺感空　櫟本村 大興寺円察　林村 金福寺覚誉
河州水越村 薗光寺徹禅　合拾九ヶ寺侍者十四人

次に「大仏殿再建記」中にある「大仏殿釿始千僧供養」記録の該当日、四月七日の記事をみてみよう。

第六日　四月七日
京 智恩院名代勝厳院、同役者徳林院同寺中平僧四十五人京同門中
長老四人
南都長老　同平僧
郡山長老　同平僧　都合八十一人
内山永久寺　上乗院家　学侶五人　各焼香
郡山 西岸寺　随僧四人　焼香勤レ之
京 霊山時宗七人　焼香勤レ之
南都 東本願寺門下七人　法味勤レ之
西本願寺門下十九人　法味勤レ之
一、朝五ツニ与力士、同心は罷出ル

麻上下

十楚又四郎

羽田新五兵衛

橋本権兵衛

坂川武右衛門

大井市右衛門

寺嶋藤太夫

斎藤専右衛門

中嶋庄左衛門

湯浅次左衛門

福井小右衛門

西山文左衛門

河合次郎左衛門

桜井清右衛門

月山六右衛門

小川一郎兵衛

橋本長兵衛

中川平左衛門

松田太兵衛

杉本五兵衛
太田彦六郎
下司沢右衛門
郷同心
廿人

一、長柄鑓、ことち、幕万端如二昨鳥（朝カ）一
一、仏餉如レ例備たてまつる
一、今日出仕の大工七十二人　三輪村　勢野村　水間村　櫟本村　龍田村　山中村　奥留村　組也
一、今日　安井御門跡御参詣之後、於二穀倉院一御斎上ル
一、於二勧進所一斎給候者九千人　白米十七石余
一、未ノ下尅与力士、同心ハ番所退散

というように浄土宗鎮西派の京都、知恩院の名代としての勝厳院、役付の徳林院や同門の長老を含めた僧侶四九人が出仕したことが記されている。南都の寺院についても内山永久寺、郡山西岸寺の寺院名のほか、東、西の本願寺の門下、山城国の時宗といった宗派の名もみえる。しかし他の寺院については個別の寺院名の記載はなく、南都、大和郡山の長老・平僧の出仕人数が合わせて八一人であったと記されているのみである。

ここには大念佛宗との名はなく、大念佛宗が宗として法要の一座を設け勤仕したことやその式次第についての記載は見当たらない。その場に居合わせた人々の目を引くであろう「亀鐘（鉦）」の記載も見当たらないのである。

ところでこの「大仏殿再建記」中の大仏殿釿始式の第六日目以外の記録状況をみてみると、三日目には禅宗黄檗派、浄土宗西山派が法要に出仕したとの記載があり、玉井定時は法要内容や僧衣、経典などによる宗派の違いは認

識していたようではある。警備に出仕した与力・同心の名前や服装については詳細に記録している一方で、僧侶については主に出仕した僧侶の合計人数のみを記録している。「大仏殿再建記」は玉井定時が奈良奉行所与力というわゆる雑踏警備につくという立場から警備体制を主眼として記録したものと考えられる。すでに近世前期までには宗派として確立していた宗派の出仕僧侶の宗派の違いは書き記している。

融観大通上人が宗門再興の裁許を幕府から得た元禄元年（貞享五年）におこなわれた釿始の供養会に勤仕、出仕する大念佛宗の僧侶集団を、奉行所役人として一つの宗派としてとらえることができていなかったものと思われる。なお「大仏殿釿始千僧供養私記」は東大寺惣持院英秀が作成したものであり、法要に際し事前にそれぞれの宗派と法要の次第や進行、出仕僧侶の人数などは話し合い、調整していたものと思われる。(5)もちろんそれぞれの宗派で法要の次第などに差異があることから、融通念佛宗も一つの宗派として一座を設けることを認識した上で記録したものであろう。

二　大仏開眼供養会における融通念佛宗

さて足かけ六年半の歳月を要した大仏の修復が元禄四年二月三〇日に完了、翌五年三月八日から四月八日までの三一日間にわたって開眼供養会がおこなわれた。この法会もさまざまな立場から多くの記録が遺されている。(6)

まず東大寺側の記録、法会の進行役であった会奉行の金珠院庸性と地蔵院浄性の筆になる「開眼供養記」をみていこう。なお当時の東大寺公的な日次記に一年間寺務を担当する年預所の「年中行事記」がある。しかしこれには開白日や結願日、専寺（東大寺）の法要日などの重要な日の記載はあるものの、法要全体の進行役である会奉行に

よる記録が作成されるために日々の法要状況の詳細はあまり書かれていない。(7)

さて「開眼供養記」には、

第廿一日　同月（三月）廿八日

法華千部経法式準上

巳刻河州大念佛宗大通上人大和山城河内ノ門中ノ

長老平僧伴僧二百五十人出仕行列同知恩院

先ッ本尊亀鐘佛前ニ置レ之　次上人登高座拈香

次衆僧惣礼　次上人下高座坐ス二曲彔ニ一　次讃鉢

次十重禁　次大行道奏楽　次尺迦宝号　次融

通念佛　次廻向　次十念　次退出奏楽

とある。

一方で玉井定時筆の「大仏殿再建記」には、

第廿一日　三月廿八日

与力士同心者巳尅出

十楚又四郎

橋本権兵衛

鳥山彦助

湯浅次左衛門

月山六右衛門
杉本五兵衛
中川平左衛門
松田太兵衛
琴乳二本　郷同心四人
物代壱人
髪結者二人

法華千部経法式準上
大念仏宗河内国融観大通上人出仕　大和山城門中長老平僧伴僧二百五十八人余　先本尊幷亀鐘等持之　次上人登高座拈香　次衆僧惣礼　次上人下高座坐曲彔　次讃鉢　次十重禁　次大行道　次釈迦宝号　次融通念仏
次廻向　次十念　次退出出仕行道退出共有二音楽一
行列如二西本願寺一

とある。

両記録をみると、大念佛宗として供養会の第二一日目、元禄五年三月二八日に勤仕したこと、大仏殿釿始供養会と同様、本尊と寺宝の亀鐘（鉦）を持参して法要をおこなったとの内容、次第を記している。内容に関して両記録とも詳細に記しており、その差はあまりみられない。

この元禄五年の開眼供養会の時点では両記録ともに大念佛宗との名がみえ、宗派として一座を設けて法要を執りおこなったことがわかる。そして大通上人をはじめとした出仕僧侶の数が二五〇人あまりであったことを記している。出仕僧侶数をみてみると、釿始千僧供養会時の三一人に比して約八倍に増加したこととなり、畿内で河内国、大和国、山城国の宗派組織、僧侶集団としてのまとまりができはじめている様子が窺える。

なお「大仏殿再建記」の第二冊目に当たる「地」の巻にも同じく大仏開眼供養会についての記録がある。この巻には「大仏開眼設斎日記」と題して各日の法要に参加した寺名、参加者名が列挙されている。融通念佛宗がおこなった三月二八日条には次のような寺院名、僧名が記されている。

三月廿八日
摂州伊丹　法厳寺灌誉令稱　伴僧二人
和州茆原　中之坊栄秀
真言方　浄土方
和州當麻寺惣代　地藏院良専　念佛院徹秀
和州畑天神村真言衆　正深實性　頼見慶雄
頼俊實慶　唱俊實惠　秀善長栄　良玄實音
教清重實　秀見實存　尭専實宥　定音宥専
唯心正栄　宥心真栄　浄誉長音　教誉實真
見利實俊　圓心實春　亮雲重盛　俊竜實春

遍行永雄　千識實運　教真重祐　尭見慶宥

文俊頼清　長識實意　暁式實應　唱玄實盛

唱識實意　圓快永吽　順教實春　文眞實勝

運心皓淳

河州大念佛寺　黄衣 融觀大通上人

大原山 山号（朱字・朱線）　護念院 院号（朱字・朱線）　大念佛寺 寺号（朱字・朱線）

真光院因懐　貞松院寂道

来迎寺融源　極樂寺宗純　大念寺文呈

興善寺廓誉　光明寺感空　大念寺見空

西光寺岻空　圓融寺團誉　安養寺信空

来迎寺可空　徳融寺逞誉　法徳寺豁空

常念寺　金福寺　浄安寺　浄福寺

西念寺　大福寺　長福寺　超圓寺

念佛寺　香性寺　大念寺　西方寺

大念寺　頓光寺　浄念寺　大念寺

浄徳寺　宗泰寺　安樂寺　長福寺

大通寺　眞福寺　常福寺　西蓮寺

源正寺　西向寺　西方寺　大融寺

西方寺
金林寺
清慶寺
大善寺
坪井寺
寂光寺
觀泉寺
徳融寺
石福寺
浄閑寺
正念寺
佛光寺
植槻道場
法善寺
浄念寺
浄徳寺
稱名寺
西念寺

稱念寺
觀音寺
来福寺
泉福寺
大念寺
極樂寺
法融寺
清照寺
西方寺
増福寺
極樂寺
傳樂寺
多聞院
極樂寺
大念寺
金輪寺
大通寺
西福寺

浄谷寺
善光寺
神宮寺
寶積寺
心念寺
泰樂寺
専称寺
極樂寺
西蓮寺
石佛寺
西融寺
阿弥陀寺
本願寺
西念寺
大念寺
正念寺
普現寺
阿彌陀寺

長覚寺
大通寺
法隆寺
大永寺
光照寺
他蔵院
西光寺
有里道場
極樂寺
正福寺
増福寺
宗念寺
常樂寺
西福寺
融福寺
蓮生寺
常樂寺
西岸寺

園光寺　金田寺　善光寺　恩覚寺
山井寺　大通寺　観光寺　良念寺
正福寺　松井寺　西光寺　蓮華寺
田嶋道場　法照寺　極樂寺　常念寺
安樂寺　青谷寺　西方寺　地藏寺
心念寺　長圓寺　林昌寺　専稱寺
西光寺　般若寺　西福寺　西誓寺
元暦寺　西教寺　伴僧二十八人

洞家
越前敦賀郡　金傳寺禅尭　圓乗寺正残
宗泉寺璠瑞
右之外
無縁僧　五十三人
俗　六百六人
高合八百七十二人

このように三月二八日に法要をおこなった當麻寺、大和国畑天神村内の真言宗の僧名とともに大念佛宗に属する一四五の寺院や道場の名前が書き上げられている。これに伴僧二八人を加えた一七三人が大念佛宗の僧として数えられているのである。開眼供養会への参列僧侶の人数と差異があるものの、この日に斎を受けた僧侶集団としては一大勢力を誇るものであり、ここにおいても大念佛宗という一宗の集団として組織化が進行している姿が垣間見えるのである。

三　大仏殿落慶供養会における融通念佛宗

さて、東大寺は宝永五年（一七〇八）一二月にようやく現代にみられる大仏殿が完成し、翌六年三月二一日から四月八日にかけて一八日間の落慶供養会がおこなわれた(8)。開眼供養会の時とは違い一八日間と少し短い期間の法要となったが、融通念佛宗は第一六日目、四月六日に法要をおこなっている。この法要のまとまった記録は多くは現存していない。東大寺には役僧、三綱職の薬師院祐想の筆になる個別記録「東大寺大仏堂供養日記　草書」(9)があるほか、同じく祐想の筆になる「東大寺三綱所日々記」（「執行寺主祐想」との署名がある）があるのみであり、開眼供養会の時のような会奉行の手による記録も現存していない(10)。

「東大寺大仏堂供養日記　草書」には、

一、同（四月）六日　和州釜口惣代成就院純盛同普賢院
　圓榮同國西松尾寺惣代福壽院同國當麻寺
　惣代地藏院右四人各於㆓佛前㆒拈香有㆑之日中
　法事河州平野融通大念佛宗大通和尚出仕
　勤㆑之衆僧凡二百人余

とある。また「東大寺三綱所日々記」には次のように書かれている。

六日曇天
御寺務へ相談也大念佛宗河州平野上人大佛
出仕法事有之衆僧二百人余也御寺務廳聞ニ
御出御供ニ参也

大通上人をはじめ二〇〇人あまりの僧侶が出仕して法要が営まれ、それを寺務（別当・安井御門跡道恕）が聴聞したことを記している。

さて「大仏殿再建記」には、

第十六日　同六日
午刻融通念仏宗河州平野大通上人并門中衆僧
二百十五人伴僧四百三十人出仕　行列同知恩院出仕退散奏楽
先三拝　次讃鉢　次転読法華経　次梵網経
次釈迦宝号大行道　次大念仏回向　次退散
拈香僧衆同上
和州釜口惣代成就院　同西松尾寺惣代福壽院
同当麻寺惣代地蔵院
酉刻有蜂起作法　十楚勘右衛門
中条五左衛門

河合次郎左衛門
杉本五兵衛
寺嶋茂大夫
下司兵大夫
小川久左衛門
湯浅藤兵衛
松田武兵衛
橋本作左衛門
郷同心十弐人

というように記されている。

東大寺側と幕府方ともいうべき与力の両記録とも融通（大）念佛宗との名がみられており、開眼供養会と同規模の二〇〇人を超える僧侶が出仕して法要が営まれているのである。「大仏殿再建記」に記されている伴僧の数をも含めると六〇〇人を超えているのである。

他日のこの大仏殿落慶供養法要の出仕僧侶の数をみてみると、初日開白の専寺（東大寺）は四七人、八日目の唐招提寺が三五人、一二日目の法隆寺が三二人など南都諸寺の出仕僧侶は三〇人前後であり、一三日目の京都知恩院の門中は長老、平僧など合わせて一六四人、一三日目の大坂の知恩院派でも合わせて二五一人といったようなもので、合わせて六〇〇人を超える数は突出した僧侶数である。

このように宝永六年の大仏殿落慶供養会において、融通念佛宗が他の宗派と肩を並べる一大宗派、畿内一円に組織化された僧侶集団となっていた姿を窺い知ることができる。なお大仏殿落慶供養会での記録は、宗派としての名が大念佛宗から融通念佛宗へと変化していることを指摘しておきたい。融通念仏の教義が広く浸透し定着してきているからであろう。

おわりに

大仏開眼供養会前夜、元禄元年（一六八八）に大通上人が幕府から宗門再興の裁許を得るなど、この時期に融通念佛宗は一宗としての復興、確立の動きを活発化していたことはよく知られている。裁許に前後しておこなわれた大仏殿の釿始の供養会には融通念佛宗は一つの宗派として出仕している記録が東大寺には遺されているものの、幕府の出先機関である奈良奉行所の与力の記録には宗派としての名も記されておらず、このような記録状況からも一宗としての再興はまだ緒についたばかりであった感がある。

その後、元禄五年三月八日から三一日間にわたっておこなわれた大仏開眼供養会の期間中、奈良には三〇万人を超える人々が訪れた。公慶上人の幕府が関与しない「勝手次第」の大仏修復の地道な勧進活動からはじまった東大寺江戸復興活動が、大仏殿再建に至っては幕府主導による「公儀御普請」によってなされるまでに昇華するほどこの開眼供養会が人々を引き付け、東大寺にとって将軍をはじめとした幕府をも動かす一大契機となった。

同時期に一宗としての再興途上である融通念佛宗にとっても大仏開眼供養会において、法要の一座を設けることは僧侶集団・宗派組織として、その存在をアピールする絶好の機会であったことは想像に難くなく、実際に大仏開眼供養会の奉行所与力の記録にもはっきりと一つの宗派として記されることになったのである。

大仏開眼供養会での法要を率いた大通上人は、その後、元禄一六年（一七〇三）に『融通圓門章』、宝永二年（一七〇五）に『融通念佛信解章』と、根本の教義書を相次いで著し、一宗の体制強化、裾野を広げる活動を活発におこなったのである。そして宝永六年の大仏殿落慶供養会には融通念佛宗として六〇〇人の僧侶を率いて法要の一座を設けているのである。

以上、東大寺の江戸復興に関わる諸法要の記録中で融通念佛宗に関するものをみてきた。元禄元年からの大通上人を中心とした宗派再興の諸活動が実を結び、融通念佛宗が一宗として確立、再興して大いに発展していた姿がこれら一連の記録の中に如実に表れているのである。

註

（1）興福寺多聞院の僧・英俊は永禄の大仏、大仏殿炎上の惨事について「猛火天ニ満、サナカラ雷電ノ如ク、一時ニ頓滅了、尺迦像モ湯ニナラセ給了」（『多聞院日記』第一四）と書き遺している。

（2）奈良奉行所の与力、玉井与左衛門定時の記した玉井家蔵「大仏殿再建記」二巻は東大寺の江戸復興の過程を知る上で欠かすことのできない史料である。筆者は島津良子氏と共同で平成一七年の公慶上人三百年御遠忌を記念して全文を翻刻し五回にわたって『南都佛教』誌上に掲載した。本稿での「大仏殿再建記」はこの翻刻文を使用する。

（3）活字本は『大日本佛教全書』一二二（大日本佛教全書刊行会、一九三〇年）を参照。誤読、誤植などと思われる箇所は原本（一四一部五八一号）によって訂正した。

（4）大通上人が四六世の大念佛寺の住持となった元禄初年、大念佛宗の末寺の状況は他宗派の僧侶が乱居していたとされ、書き上げられた僧侶の名も他宗派を窺わせるようなものもある。

（5）後述する、宝永六年の大仏殿落慶供養会の時には法要に出仕する東大寺末寺の僧侶の請定が作成されているようであり（宝永六年三月日附「大仏供養末寺分出仕請定案」東大寺新修文書聖教第一・三九函九号）、開眼供養会でも東大寺や末寺はもちろん他宗派の僧侶についても同様な請定が作成されていたものと思われる。

（6）「開眼供養」との名称のある記録は東大寺内で草案なども含め以下のものが確認できる。なお括弧内の番号は東大寺内における整理番号である。

①「大仏開眼供養記録」〈仮題〉一四一部五七三号）②「東大寺大仏開眼供養記　草本」（一四一部五七四号奥書に「法事奉行　金珠院庸性　地蔵院浄性」、後表紙左下に「勧進所」とある）③「大仏開眼供養記」（一四一部五七五号　奥書に「法事奉行　金珠院庸性　地蔵院浄性」とある）④「大佛開眼供養記録」〈仮題〉一四一部五七六号　明治四十一年五月に東大寺へ寄贈との墨書あり。橋井善二郎氏旧蔵本）⑤「大仏開眼供養記」（一四一部五七七号　表紙左下に「金珠院庸性」とある。『大日本佛教全書』一二二に活字翻刻あり）⑥「東大寺大仏開眼供養」（一四一部五七八号　奥書に「元禄六癸酉年二月日御他筆令書写筆　二品（花押）親王」とある。二月堂供養、戒壇院講堂釈迦像供養、能恵得業大般若供養、新院堂供養、僧正堂事、行基舎利供養を合冊。元禄以前の過去の開眼供養会を諸本から書写したもの）⑦「元禄度大仏開眼供養記」（一四一部五七九号）⑧「大仏開眼万僧供養私記」（一四一部五八二号　奥書に「総持院法印英秀　執筆高嶋玄端重信」とある）

これらは内容に訂正、書き込み、切り貼りなどが多数見受けられ、少なからず差異が認められる。これらは公慶上人修復以前の様子をも含め記録するもの、大仏開眼供養会そのもののみを記録するもの、過去の大仏開眼供養会の記録をまとめたもの、というようにいくつかのグループに系統立てることができる。草書から何度か書き換えられて「開眼供養会記録」となったものと考えられる。本稿では特に断りのない場合は記載内容が最も充実している②「東大寺大仏開眼供養記　草本」の記載事項を使用する。特に断りのない限り、史料名は「開眼供養記」の略称を用いている。

（7）元禄五年度（元禄五年二月二五日から元禄六年二月二四日）の年預五師（年番の寺務責任者）であった清涼院興海が書いた「年中行事記」の「開眼供養会」関係の記事は次のものである（「東大寺年中行事　自元禄五壬申二月廿五日至同六癸酉二月廿四日」一四一部二三号）。

同（三月）八日大佛開眼供養開白有之但開眼供養方者両会奉行衆（筆者註　金珠院庸性・地蔵院浄性）被記処之記録年預証文箱江納置畢依之具不記之

同（三月）廿七日興福寺ヨリ大佛江出仕法事有之（後略）
同（四月）八日大佛開眼供養結願首尾能相済畢

（8）大仏開眼供養会の後、将軍・綱吉、幕府の援助もあり、大仏殿再建は宝永二年（一七〇五）閏四月に上棟式がおこなわれるなど順調に進んだが、江戸復興の立役者・龍松院公慶は上棟式直後に向かった江戸で客死しており、大仏殿完成時には公慶の後を継いだ公盛が大仏殿落慶供養会を営んでいる。

（9）「東大寺大仏堂供養日記　草書」は『大日本佛教全書』一二二に「大仏殿堂供養記」と題して、全文が活字翻刻されているものである（薬師院文書第二—二六九号）。もう一つの記録、「東大寺三綱所日々記」（薬師院文書第二—五五号）には本文に示したように日次の記事があるのみである。

（10）大仏殿落慶供養会の会奉行は蓮乗上院晋因と義山房公祐が務めたことが前掲註（7）史料に記されている。開眼供養会でみた年預五師の日記「年中行事記」の落慶供養会期間中には法要に関する記録や別記の存在を示す記述はなく、宝永六年四月分の記録として「一、同十一日大佛堂供養無障成満ニ付為レ御礼役者清冷（涼）院上京畢」との一文があるのみである。年預五師などが主体となった「大仏殿落慶供養会」の記録は作成されていないものと思われる。

近世大念佛寺の来迎会

大東良清

はじめに

融通念佛宗総本山大念佛寺では、五月一日から五日まで、「二十五菩薩聖聚来迎阿弥陀経万部法要」が行われる。もともと「二十五菩薩来迎会」と「阿弥陀経万部法要」は別の法会であったが、大念佛寺第四九世通弘堯海（不明―一七九九）の頃に合同で行われるようになったと伝えられている。(1)

「二十五菩薩来迎会」とは、臨終の際、阿弥陀如来が菩薩たちと迎えに来る聖衆来迎のありさまを描いた迎接曼荼羅、来迎図などが起源となり、そのすがたになぞらえて人が菩薩役となり、実演にて極楽往生の様相をあらわす儀式のことを指す。(2) 迎接会や迎講、練供養とも称され、大念佛寺においても、法要の各日に行われる「二十五菩薩来迎会」は、「お練り供養」や「万部おねり」と呼び、特によく知られている。

法要の流れは「入御」「阿弥陀経万部法要」「還御」となっている。「入御」とは、来迎橋を渡って本堂へ練り込むことである。本堂南側の後門より架けられた来迎橋（長さは東西に約五〇メートル、南北に約三〇メートルで、全長約八〇メートル、橋の高さは平均約三・五メートル）を練り歩き、本堂に入堂し、外陣、内陣を通過し後門に至るという経路で執行される。次に「本堂内法要」では、菩薩が手渡しにて本尊に供物する伝具が行われ、声明、供養楽、「阿弥陀経万部法要」が執行される。最後の「還御」では「入御」と逆の経路で来迎橋を練り還る。

現在、毎年二五体の菩薩が来迎橋を練り渡るのだが、平成一四年一二月二〇日、この法要が大阪市の無形民俗文化財に指定される前は、祖師御遠忌年の法要のみ二十五菩薩（二十五菩薩と地蔵菩薩）による「お練り供養」が行われ、それ以外の年は一〇体の菩薩によって執行されていた。

大念佛寺の「二十五菩薩聖衆来迎会」（以下、大念佛寺で行われる菩薩が練り歩く儀式を来迎会と記す）の起源は寺伝によると、融通念佛宗中興の祖、大念佛寺第七世法明良尊にさかのぼる。法明は、衆生教化の仕事を終えた七〇歳を過ぎた頃、弟子の興善房に衆生教化の務めを委ね、念誦三昧の起臥閑寂の生活をしていたが、奈良當麻寺の「聖衆来迎供養会式」を見て、願わくば生前に臨終の行儀を習って聖衆来迎の勝相を目のあたりにしようと二十五聖衆来迎の行装を整備し、貞和五年（一三四九）春、自らが行者となって執行したことが始まりとされている。(3)

『私心記』(4)の天文一一年（一五四二）九月二六日条には、

平野ニネリ供養トテ、大念仏上人シ候、

と平野で行われた来迎会の記事が見え、その後、元禄九年（一六九六）に近世の融通念佛宗再興の祖とされる大念佛寺第四六世融観大通（一六四九—一七一六）が、法要を大々的に復活させる。

なお、奈良市徳融寺所蔵の『大念佛寺記録』(5)によると、

来迎供養、世人云踟供養、住持一世一度大法事也、

とあり、来迎会は、住職一世一度の大法事と記されているが、大通執行後、大念佛寺所蔵『日鑑』（以降、『日鑑』

と記す）を確認する限りでは、第四九世堯海代の宝暦一三年（一七六三）まで来迎会が執行された記録はなく、第四七世融海忍通、第四八世通存信海の住持就任期では行われていない。

本稿では大通代の元禄九年と堯海代の宝暦一三年に執行された来迎会、および同じく堯海代の「阿弥陀経万部法要」と合同で行われるようになった明和六年（一七六九）の来迎会に焦点をあて検討し、近世大念佛寺で行われてきた来迎会の展開について論ずる。

一　元禄九年の来迎供養

大念佛寺第四六世融観大通は、元禄期にそれまで幕府に認められていなかった教団を一宗派として成立させたことで、融通念佛宗では祖師の一人として挙げられる僧である[6]。

この大通の行跡を記した書物である『賜紫大通上人行実年譜』[7]には、元禄九年（一六九六）に行われた来迎会の記載が残されている。

又、本山自古有供養来迎儀式、久絶不行、上人修補二十五菩薩面相、造営天衣、瓔珞、諸持物等、事事既成、遂自十月初朔以至七日大建其會、厥之為儀式也、楽人日日自天王寺来奏音楽、本末衆僧数百口整儀雁列庭際簸梵音於舌頭、二十五口僧即着二十五菩薩面、而服天衣、悉懸瓔珞、持寶幢、播蓋、蕭笛、琴笙琵、羯鼓等楽器、或打大鼓、或鳴磬鐘、或作霓裳羽衣舞、

大通は、往古より行われていた「供養来迎儀式」を復興するため、二十五菩薩の面相を修理補修し、天衣や瓔珞など新調の上、一〇月一日から七日間の法会を行ったとある。

その法会は、天王寺方の楽所より毎日楽人を招き雅楽の演奏が行われ、中本山格の寺僧から末寺僧に至るまで数百人の衆僧が威儀を整え庭前に整列して声明を唱えたという。二五人の僧が演じる二十五菩薩は、修補された面を着け、天衣、瓔珞をかけ、それぞれに法具や楽器を持ち、太鼓や磬鐘を打ち鳴らし、舞を舞う菩薩もいるなど、躍動感のある来迎会であったと記されている。

大念佛寺には、当時に修補新調された面や衣装が残されており、菩薩の面が収められていた木箱の蓋裏には、当時の法会日程が記されている[8]（**史料1**参照）。

来迎会は七日までの予定であったが、五日が雨天のため、一日延長して八日まで行われており、天王寺方の楽衆は毎日音曲を変えて舞楽を奉納していたことがわかる。

また当法会に際し、寺社役人をはじめとする公儀の与力や同心が数十人毎日警護にあたっており、さらに当時の平野庄の領主であった武蔵国川越藩主柳沢保明（吉保）の役人衆も毎日外護していたとある。法会中は、平野庄内外から見物客が拝観に来寺していたようで、その見物客には精進料理の膳が供応されたと記している。

天理市櫟本町桐山家に所蔵されている『添上郡櫟本村永代帳[9]』にも元禄九年に行われた来迎会の記述があり、

平野大念仏寺ねりくやう之覚、元禄九年ヒノエ子ノ十月朔日ゟ七日迄ノはつニて後座候、朔日、二日、三日、四日、五日、六日ニハ雨ふり申候故御ねり不被成候、七日、八日、右〆七日分ねりくやうアリ、本堂ノ未申ノ方ゟ西戌亥うしとらのかと迄、やらいヲ成候、

とある。この史料では六日が雨天であったので、その代わり八日も執行して、あわせて七日間分の来迎会を執行したとある。また本堂の南西の方から、西、北東の角まで、矢来が設置されていたとの記述がある。

次に記事は、来迎会で菩薩が渡る来迎橋（渡御橋）について述べている。

ねりくやう之様ハ本堂ノうしとらノ角ゟ御出被成候、北いぬい西未申ノ方へ、御返り被成候とての、そてニ橋かゝりぶたいニなりそれヲ御ねり被成候、

来迎の儀式は、本堂の東北の角より出て、北↓北西↓西↓西南の方面に還ったとあり、本堂のそでには橋が架か

元禄九丙子年十月朔日ヨリ
日和七ヶ日来迎供養法事執行
音樂 天王寺 樂人衆
初日 十天樂 迦陵頻 天氣 法事 巳刻始 未刻終　二日 慶雲樂 皇鹿章 天氣
三日 賀殿 武徳樂 天氣　四日 海青樂 蓮華樂 天氣
五日 雨天 無法事　六日 鳥向樂 採桑老 天氣
七日 太平樂 天人樂 天氣　八日 菩薩 安樂鹽 天氣 法事竟
従 公儀与力 寺社役人 与力衆 盗賊役人 取者役人 目付役人 同心巳下 數十人毎日外護
地頭柳澤出羽守殿役人衆毎日外護
法事中平野庄内之百姓或商人其外客等之
膳部迠總精進矣 現住大通上人識

史料1　木箱蓋銘（元禄9年・大念佛寺蔵）

って舞台になっている所で儀式が執り行われたとある。ただ、この方角で橋が架けられ来迎会が行われたとなると、本堂の裏側を利用したこととなり、いささか疑念が残る。

橋を渡る順番であるが、

一はんハ大通上人様御ねり被成候、二はんニ御本尊様御ねり被成候、三はんニでる了専様御ねり被成候、四はんニ廿五之菩薩立御ねり被成候、五はんニ□□くわんニて、ふゑたい子ニて御ねり被成候、未申ノ方ニてしゃば堂アリ、

とあり、一番に大通が渡り、続いて御本尊、当時大通の継嗣であった了専、その後に二十五菩薩が橋を渡り、笛や太鼓が後に続いたと述べ、南西の方に娑婆堂があったと記されている。なお、当法会において、随時祈禱が行われており、「大坂口」「さかい口」「やまい口」、以上三カ所には祈禱所があったとの記事も見える。『摂洲平野大絵図』(10)によると「大坂口」とは平野庄から大坂道へ通じる「馬場口」を指し、「さかい口」は住吉堺道へ通じる「堺口」と推察されるが、「やまい口」については不明である。

二　宝暦一三年の来迎供養

次に、第四九世堯海が大念佛寺住持時代の宝暦一三年（一七六三）に行われた来迎会を検討する。

堯海は『融通總本山大念佛寺誌』(11)によると、勧修寺家顕道の息男で宝暦一一年一〇月に大念佛寺に入山、同一二年に紫衣が勅許され、大念佛寺住持を継承している。妙法院兼帯、毘沙門堂、書院など数宇を建立し、寛政一一年（一七九九）三月二六日に遷化するまでの間、三七年間在職している。

「はじめに」で紹介した通り、堯海は阿弥陀経一万部を読誦する阿弥陀経万部会と来迎会を合同で執り行うことをはじめた僧であるが、その以前の宝暦一三年三月二日から三月一六日まで、来迎会を執行している。堯海にとっては、住持を継承して二年しか経ていないにもかかわらず執行した最初の大事業といえるかもしれない。『日鑑』宝暦一二年（一七六二）五月一九日の記事によると堯海は来迎会を執行するにあたり、大坂町奉行所へ「勘例」と題し、元禄九年に行われた来迎会の儀式内容を述べた上で「二十五菩薩来迎会」を開催する許可を願っている。

その裁許について『日鑑』では語られていないが、宝暦一三年三月一七日に大坂町奉行所へ大念佛寺役者梁松院が提出した「口上」の覚書を見ると、

先達而御願申上候菩薩法事之義、昨十六日満座仕候間、御届ケ申上候、以上、

とあり、三月一六日まで来迎会が執行されていることがわかる。

この宝暦一三年に執行された来迎会の様子は、図1・図2で示す大阪歴史博物館に所蔵されている二枚の絵図によって明らかにすることができる。図2については、年号の記述はないが、『日鑑』にて調べる限りでは、未年の三月二日に行われた来迎会は、宝暦一三年の来迎会のみのため、ここでは同一の行事の絵図として考える。

まず図1の絵図から検討する。題字を見てみると、

寶暦十三年癸未三月二日ヨリ　晴天二七日之間来迎會執行

三月二日より始まった来迎会は、晴天の中、一四日間執り行われたと記している。

絵図を見ると、「本堂」「一切経蔵」「圓通殿」「正門」「不退場」の諸堂が見られる。来迎会が行われる橋は、本堂を取り囲むように配置され、本堂の正面から延びた橋は、正門と本堂の間にある灯籠の前で周囲の橋と合流して

いる。また、橋の周りには幡が立てられており、絵図の向かって左側の橋は下側の「不退場」と呼ばれる堂舎へと続いている。

『融通總本山大念佛寺誌』堂宇の項目を見ると、「不退場」とは、当時本堂南東にあった阿弥陀堂のことを指す。七間四方の堂舎は大通が建立したと伝わり、その扁額には萬福寺第五代住持高泉性潡の筆による「不退場」の三大字がかけられていた。

来迎橋の上には、上部に融通念佛宗の本尊「天得如来」を護持する一行が見られる。融通念佛宗の本尊は阿弥陀如来を中心に一〇体の菩薩が囲繞する来迎図（掛軸）であり、童子の後で橋を渡る僧の肩に乗っているのが「天得如来」である。

中央には横笛、笙、篳篥、太鼓を奏でる「樂衆」に続き、「宮殿」、その後にはそれぞれに持物を携える二十五菩薩が橋を渡っている。

左側の橋は、「審龕」を護持する一行である。洒水器を持った僧侶の次には幡と釣香炉を持った童児が橋を渡り、鉢、鐃を打つ僧侶の後には「審龕」が見える。「審龕」は、明治三一年（一八九八）火災で焼失したと、「萬部大會式靈輿再調勧進簿緒言」[12]に記述がある。以後勧進により復活するが、昭和一三年（一九三八）より使用されなくなっている。「宮殿」については資料が不足しているため、今後の研究課題となるが、いずれも中に経典や日牌、月牌など先祖供養に関する永代帳を入れて渡っていたものと想定される。

次に**図2**を検討する。題字を見ると、

摂州平野　本山融通大念佛寺　未之三月二日ヨリ　⫼五しゃうらい次第

と題されている。

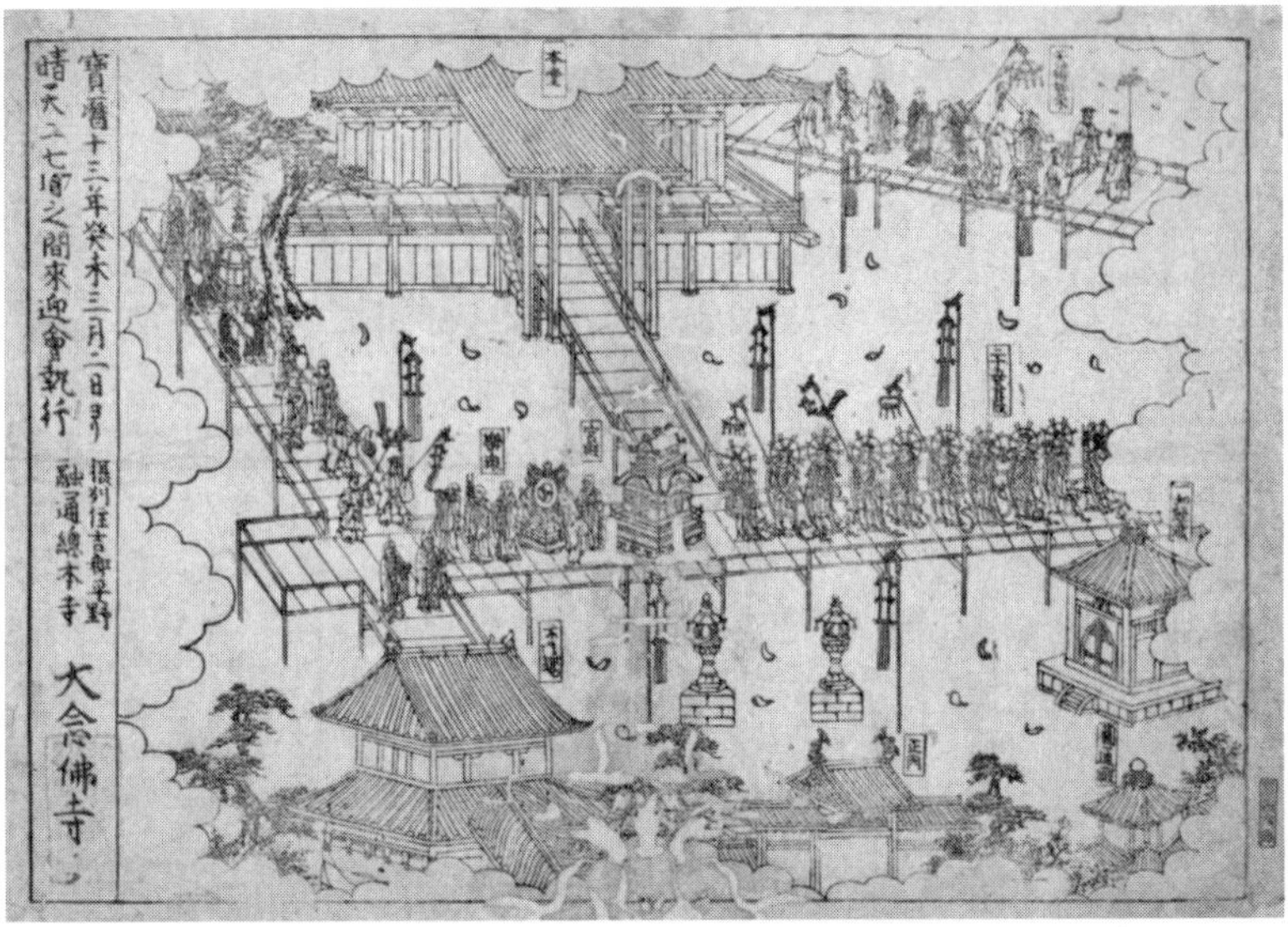

図１　来迎会図（宝暦13年・大阪歴史博物館蔵）

図２　摂州平野本山融通大念佛寺しゃうらい次第（大阪歴史博物館蔵）

図1の絵図と比べると来迎橋とそこを渡る二十五菩薩を強調した構図になっており、「本堂」「八まん處」「経蔵」「對面所」の諸堂と「回向仏」とかかれた堂舎がある。来迎橋は**図1**の絵図と同様の架け方となっているが、本堂に向かって左側の堂舎「對面所」に向かって橋が延びている。

「對面所」とは『融通總本山大念佛寺誌』によると、方丈にあった大念佛寺住持と対面する部屋のことを指す。ちなみに「八まん處」は、宝暦一三年版の『摂洲平野大絵図』と『摂津名所図絵[13]』からも確認でき、大念佛寺の鎮守として祀られていた八幡社であると考えられる。

図2の絵図内には書き込みがなされており、行事の細かな様子を知ることができる。「本堂」と「對面所」の間に記された書き込みには、橋を練り歩くコースとスケジュールが述べられており、

　朝四ツ時より多いめん所より禰り出、ひる九ツとき本堂爾て大法事有りて、
　八まん處のまへを禰り、八ツ時恵可う堂爾入累、

朝一〇時より、本堂の左隣に建つ対面所より練り出し。正午にて大法事が勤められ、その後本堂から北向きに練り出し、「八まん處」の前を通り、午後二時回向仏の堂舎に入ると記されている。

本堂右側の橋の下に記された書き込みでは、当時使用されていた来迎橋の高さと長さを知ることができる。

　橋《者し》の高さ八尺、さん介い此下を通る
　者しの長さ百八十けん

橋の高さは約二・四メートルあり、参詣者はこの橋の下を通ることができたとあり、橋の長さは約三二七メートルあったと記している。

来迎橋の上では二十五菩薩のお練りが執行されている。この絵図には菩薩名が記載されており、通常の来迎会と

照らし合わせ、図右下の観世音がお練りの先頭であると考えると、練り歩く順番は、以下の通りとなる。

1く王んせ於ん（観世音）↓童子形↓2せいし（勢至）↓3やく上（薬上）↓4やく王宇（薬王）↓5ふ个ん（普賢）↓6だ良爾（陀羅尼）↓7本うじさいをう（法自在王）↓童子形↓8びゃくぞう王（白象王）↓9こくうぞう（虚空蔵）↓宮殿↓10とくぞう（徳蔵）↓11本うぞう（宝蔵）↓童子形↓12こんぞう（金蔵）↓13さん可い恵（山海慧）↓14かうめう王う（光明王）↓15こん可うぞう（金剛蔵）↓16けごん（華厳）17日世う王（日照王）↓18志□本宇王（衆宝王）↓童子形↓19月可う王（月光王）↓20三ま以（三昧）、21志ゝく（獅子吼）↓22大いとく（大威徳）↓23でう志さい王（定自在王）↓24大志さい王（大自在王）↓25ぢそう（地蔵）↓女二口↓男二口↓害龕↓男二口

またこの図には、本堂正面に「阿□多（阿弥陀）」と記された阿弥陀如来像を見ることができる。大念佛寺には来迎会で使用されたと考えられる、人が中に入ることができる阿弥陀如来像が残されており、絵図に描かれた阿弥陀如来像と同一のものと推察される(14)。

三　明和六年の来迎会

『日鑑』明和五年（一七六八）一〇月一八日の記録を見ると、大念佛寺役者寸松院が大坂町奉行所に出した「口上」の覚が残されており、

　来丑年四月朔日ゟ同十日迄、備歳當寺おゐて、阿弥陀経萬部讀誦菩薩十躰来迎音楽法事、施主御座候ニ付執行
　仕候奉願候、

施主があったので、翌年の明和六年（一七六九）四月一日から一〇日まで「阿弥陀経萬部讀誦菩薩十躰来迎音楽法

事」を執行する願いを奉行所ならびに役所へ提出したとある。

この法要は、「はじめに」で説明した通り、今に伝わる「二十五菩薩聖衆来迎阿弥陀経万部法要」の原型と考える。

翌年明和六年四月一日より「阿弥陀経萬部讀誦菩薩十躰来迎音楽法事」は滞ることなく行われ、『日鑑』四月一〇日の記録には法要が満座したと記されている。

さらに『日鑑』明和六年四月一日の記事には儀式次第が記載されており、来迎橋を渡る順次や法要の内容まで知ることができる。

一阿弥陀経万巻御開闢

　　作相

九ツ時

一番太鼓　着衣

二番喚鐘　衆会

乱聲　　開帳

　在㆓後殿㆒、定㆓列次㆒

音楽

　聖衆臨御具、大衆悉進復道

山主殿、後入殿、假着北座

洒水林昌寺　楽奏同同同同　郡川千成房　天冠童子　蓮臺

大鼓　散華　菩薩

洒水正楽寺　楽奏同同同同　黒谷恵明房　皮屋元治郎　半田風輪寺

合掌　玉幡　腰鼓　琵琶　笛　笙

同　同　同　同　同　同

小山称念寺　新堀心念寺　豊浦浄國寺　蔵堂常福寺　堺良慶　堀村浄念寺

奚婁鼓　供華　羯鼓　天冠童子金屋文吉　寶幡小明稲藏寺

同　同　同

安堵観音寺　八尾天龍　西宮来迎寺　天冠童子谷村佐源太　寶幡神立正福寺

西堤玉湛　護者安堵大宝寺　八尾西願寺　衆僧……

提香爐　本尊　天蓋

護者山内金林寺　小平尾道場　同同……

正午の太鼓の合図で法要出仕の僧侶は着衣を始める。半鐘の合図で衆会、楽の乱声で準備が整ったことを知らせ、楽衆による音楽が流れる中、法要が開始される。

次に記されているのが練り渡る順次である。

洒水器を持った僧侶二名（林昌寺・正楽寺）、その後に楽衆、大鼓（郡川千成房・黒谷恵明房）、散華する天冠童子（皮屋元治郎）が列に続く。

十菩薩の順次は蓮台の菩薩（半田風輪寺）↓合掌の菩薩（小山称念寺）↓玉幡の菩薩（新堀心念寺）↓腰鼓の菩薩（豊浦浄國寺）↓琵琶の菩薩（蔵堂常福寺）↓笛の菩薩（堺良慶）↓笙の菩薩（堀村浄念寺）↓奚婁鼓(15)の菩薩（安堵観音寺）↓供華の菩薩（八尾天龍）↓羯鼓の菩薩（西宮来迎寺）となっている。

二人の天冠童子（金屋文吉・谷村佐源太）の後には、宝幡（小明稲蔵寺・神立正福寺）と提香炉（西堤玉湛）を持った僧侶を先頭に、本尊を持つ護者僧（安堵大寶寺・山内金林寺）、本尊に掛ける天蓋を持つ僧（八尾西願寺・小平尾道場）、衆僧の列が続いている(16)。

この後『日鑑』には、万部法要の内容が記されている。

本堂に一行が入堂すると、菩薩が須弥壇前で左右に分かれて整列し、その中を本尊が進み、須弥壇に安置される。

声明と雅楽が演奏される中、「聖衆傳具」（伝具）の儀式が行われる。

その後、山主の発句に合わせて、衆僧の阿弥陀経読誦が行われる。読誦後、「霊名廻向」が修せられたようで、「龕中簿」つまり「龕」の中の霊名簿を山主が廻向したとある。

再度、楽衆による音楽奉納があり、二度目の阿弥陀経読誦が行われる。読誦後には、再び「霊名廻向」があり、

山主回二向名簿一了上、役者持レ簿納二龕中一

山主が霊名簿を廻向し終わると、役者はその簿を「龕」の中に納めたと述べられている。なお、この「龕」については、第二章で述べた「宮龕」と同一のものと考えられる。

その後、衆僧によって法要の終わりに唱えられる光明偈、略如法念仏で誦され、本堂で行われる儀式が終了し、渡ってきた橋を練り還ることとなる。

『日鑑』では式次第の後に練り還る順次についても図解されている。それによると、本堂に入堂した同じ順次で練り還っていることがわかるのだが、入堂時にはなかった霊名簿を入れた「龕」と阿弥陀経を入れたと思われる「御経函」が、本尊後の順次で記載されている。この明和六年に行われた「阿弥陀経萬部讀誦菩薩十躰来迎音楽法事」以後、『日鑑』を確認していくと、尭海代だけに止まらず、ほぼ毎年、この法要は執行されていくこととなる。

おわりに

以上のように、元禄九年（一六九六）に大通が行った来迎会、宝暦一三年（一七六三）と明和六年（一七六九）に尭海が行った来迎会を考察した。

大通が元禄九年に来迎会を修して以降、約六〇年を経て、堯海が法会を復活する。さらに、明和六年以降、一世一度の大行事とされていた来迎会は「阿弥陀経萬部讀誦菩薩十躰来迎音楽法事」と称され、毎年行われるようになり、現在でもまだ「二十五菩薩聖衆来迎阿弥陀経万部法要」として継続して修せられている。

先の二つの来迎会に比べて「阿弥陀経萬部讀誦菩薩十躰来迎音楽法事」は、練り渡る菩薩が二五体から一〇体へと減少した点や阿弥陀経万部法要が合修されるようになった点が、大きな展開であると考えられる。

今回、三つの来迎会のそれぞれ提示した史料からは、いずれの来迎会も全体像を読み取ることが難しい結果となった。しかし、検討していくといくつかの共通点があることに気付かされる。以下に列挙する仮説については、今後の研究課題としたい。

まず、練り歩く橋の形状は、元禄九年と宝暦一三年の来迎会は、位置が違えども本堂を囲むように配置されているることがわかる。これは、他の寺の来迎会事例が極楽を模した本堂から娑婆堂へと行き来する形状とは異なり、本堂を中心に行事が執行されていることを物語っている。宝暦一三年の行事内容と明和六年の行事内容は大差はないため、明和六年も同じような橋の形状であったと考えられる。

ただし、宝暦一三年の来迎会絵図でも見られるように練り還る場所と、練り始める場所は違う堂舎であった可能性が高く、元禄九年の来迎会においても『添上郡櫟本村永代帳』の記述には練り還る場所は「しやば堂」との記載も見える。

次に元禄九年、宝暦一三年、明和六年の三事例共に楽衆が参加しており、元禄九年の来迎会には、天王寺方の楽所が各日に音曲の奉納を行い、演目から舞楽の奉納も行われていたと推察される。宝暦一三年の来迎会絵図には楽衆が練り渡っている姿が見受けられる。さらに明和六年の来迎会になると「音楽法事」と法要名にも題されており、音曲の奉納が法要の一部へと展開していることがわかる。この頃には他の楽所に頼らない、融通念佛宗独自の楽衆が形成されていたのかもしれない。

最後に宝暦一三年と明和六年の来迎会に見られる「龕」の存在である。明和六年の『日鑑』によると「龕」には「霊名帳」が入れられていると述べられている。さらにこの「龕」は本堂内法要後の還る時のみ橋を渡っている。これは極楽の世界から来迎した菩薩衆が、法要によって追善供養を受けた先祖の諸霊を極楽世界へ引接する様をあらわしているのではないだろうか。また、元禄九年の来迎会において、史料の破損により断定は難しいが、『添上郡櫟本村永代帳』の記述にある「五はんニ□□くわん」は、この「龕」のことを指すものと推察される。

註

（1）融通念佛宗における聖衆来迎会の先行研究。永田衡吉「大阪大念佛寺の来迎會」（『民俗芸術』第一巻第五号、一九二八年）。

（2）二十五菩薩来迎会については、大串純夫『来迎芸術』（法藏館、一九八三年）、望月信亨「八菩薩臨終来迎の説」（『仏教史の諸研究』望月仏教研究所、一九三八年）、『古事談』（『国史大系』第一八巻「宇治拾遺物語　古事談・十訓抄」、国史大系刊行会、一九三二年）、『京都泉涌寺即成院来迎廿五菩薩像大観』（飛鳥園、一九二四年）、柴田實『日本庶民信仰史　仏教篇』（『柴田實著作集』2、法藏館、一九八四年）、五来重「当麻寺縁起と中将姫説話」（『五来重著作集』第四巻、法藏館、二〇〇八年）、元興寺仏教民俗資料研究所編『当麻寺来迎会民俗資料緊急調査報告書』（国書刊行会、一九七五年）。なお、現在各地で行われている迎講・来迎会の事例については、融通念佛宗教学研究所編『法明上人　その生涯と信仰』（法藏館、一九九八年）の「写真史跡探訪」45「二十五菩薩の装束を新調」の項を参考にした。

（3）平岡順亮『融通念仏三祖略伝』（大源山勧学林蔵版、醒井倍全、一八八六年）。

（4）順興寺実従『私心記』（『石山本願寺日記』下、清文堂出版、一九六六年復刻）。解題を欠く。蓮如上人の末子たる順興寺実従の日記である。天文元年八月から永禄四年一二月まで三〇年間に亘って記されてあるが、その中で天文七・八・九・一二・一五・一六・一七・一九・二三、弘治二・三、永禄元年の一二年分が欠けている。

（5）徳融寺所蔵『大念佛寺記録』（『法会（御回在）の調査研究報告書』元興寺文化財研究所、一九八三年）。

（6）融観大通については、『新修大阪市史』第二巻（一九八八年）、塩野芳夫『近世畿内の社会と宗教』（和泉書院、一九九五年）、大澤研一「融通念佛宗成立過程の研究における一視点――『融通大念佛寺記録抜書』の紹介を通して――」（『大阪市立博物館研究紀要』二八冊、一九九六年）、神崎壽弘「摂津・河内地方における大念仏上人と挽道場」（『鷹陵史学』第二九号、二〇〇三年）がある。

（7）吉井良顕編『再興賜紫大通上人行實年譜』（大念佛寺、一九六五年）。

（8）面が収められていた木箱については大念佛寺所蔵。大阪市立博物館編図録『融通念佛宗――その歴史と遺宝――』（一九九一年）にも掲載。

（9）天理市同和問題関係資料調査委員会編『添上郡櫟本村永代帳』（天理市教育委員会、一九六六年）は天理市文化センターで調査・収集した関係資料のうちから、櫟本町の桐山家に所蔵されている「永代帳」を翻刻し収録したもので、寛文五年（一六六五）一二月より文久二年（一八六二）五月までの記録である。記事は、村政にかかわる内容が中心で、櫟本村およびその周辺地域で起きた様々な出来事が多岐にわたり、詳細に記されている。「五はんニ□□くわんニ」の□は判読不可能の箇所（虫損・汚損・破損など）である。

（10）『摂洲平野大絵図』については『平野郷町史』（清文堂出版、一九九一年）付属の地図を参考にした。

（11）『融通總本山　大念佛寺誌』（大念佛寺、一八九八年、一九九〇年再版）。

（12）明治三六年（一九〇三）に大念佛寺が勧進した『萬部靈輿寄進勧進帳』に添付されている「萬部大會式靈輿再調勧進簿緒言」を参考にした。

（13）森修編『摂津名所図絵』（『日本名所風俗図会10　大阪の巻』角川書店、一九八〇年）のなかで『摂津名所図絵』が紹介されている。

（14）「阿□多」の□は虫損。来迎会に使用される阿弥陀如来像については關信子「〃迎講阿弥陀像〃考1―4」（『仏教芸術』二二一・二二三・二二四・二二八、一九九五―九六年）を参考。

（15）奚婁鼓《けいろうこ》とは、中国・日本の太鼓の一種。小型で胴は球形に近く、古代中国の胡楽（西域起源）で鼗《とう》（振り鼓）とともに使用された。日本でも伝来初期には唐楽で使用した。

（16）十菩薩にはすべて僧侶が扮しており、寺院名および僧名が記されている。

近世京都における融通念佛宗寺院の展開

――北野圓満寺をめぐって――

高橋大樹

はじめに

▲三番町　此町の南の方両がは《(側)》寺也、東側慈眼寺薬師堂也、大念佛寺圓満寺、西側松月院、正覚寺、いづれも浄土宗也、此南の辻下立売にて行当也、

これは、宝暦一二年（一七六二）に編纂された京都の地誌『京町鑑』の「三番町」の記述である[(1)]。京都西京を南北に貫く七本松通りにある三番町は、天正一五年（一五八七）に豊臣秀吉による聚楽第造成に際して設定された一番町から七番町のひとつで、以降、右の『京町鑑』の記述にもあるように寺町の様相を呈していた。

本稿は、『京町鑑』に記された寺院のうち、「大念佛寺圓満寺」の歴史的変遷について検討を加えるものである。この「大念佛寺圓満寺」は、『京町鑑』の記述にしたがえば、慈眼寺・松月院・正覚寺と並ぶ「いづれも浄土宗」の一カ寺だったことになる。しかし、周知のように大念佛寺は近世に一宗として確立する融通念佛宗の本山であり、圓満寺は本稿にて考察を進めるように、近世中期に創建された融通念佛宗の関係寺院であった。したがって、圓満

寺は大念佛寺と並列の関係にあるのではなく、また単なる末寺として記された訳でもない、〈大念佛寺の圓満寺〉という意味である点に注意を要する。

すでに近世における融通念佛宗の確立過程については研究の蓄積があり、寛文元年（一六六一）に起こった大念佛寺の末寺化を図る天台宗大原来迎院子院南之坊との争論、それに対する幕府の裁定によって、大念佛寺は本寺としての位置を確立していく。その後、一宗としての再興を目指す大念佛寺第四六世の融観大通による一連の活動（住持の選定方法の変革、檀林・教学の整備）によって、融通念佛宗教団としてさらなる整備が進められていった。(2)

また、融通念佛宗の本末関係についても、中近世において広く展開した摂河地域を中心に、教団の母体となった講集団である六別時の分析、また大和国における展開などの考察が進んでいる。(3) その一方で、洛中洛外・山城国の融通念佛宗およびその末寺の展開をみてみると、その数は教線が拡大した摂河や大和国と比べてはるかに少なく、論及も皆無に等しい。もちろん、中世以来、京都では融通念仏信仰が広く展開していたものの、圓満寺創建以前において融通念佛宗寺院の京都における教線拡大はほとんど見られないのである。

本稿で取り上げる圓満寺は、京都における融通念佛宗の教線拡大の要となるにもかかわらず、大通による同宗再興の事績において触れられるのみで、その創建の経緯や位置付け、またその展開を検討した研究はない。(4) そこで本稿では、第一章において圓満寺創建の経緯を明らかにし、第二章で宗内での位置付けおよび京都における融通念佛宗寺院の展開について検討したい。

一 融通念佛宗寺院圓満寺の創建

1 圓満寺の創建と融通念仏の興隆

圓満寺の創建は、近世融通念佛宗の再興を図った大通による活動の一つに位置付けられる。大通は、これまで在俗講集団である六別時の中から鬮によって上人を選出する方法を改変するだけでなく、幕府の寺院統制の基調に沿いながら[5]、檀林・教学を整備し、末寺関係を再編していく。圓満寺は、そうした宗の確立を目指す中で創建されたものであり、その経緯や大通の意図、その位置付けを考えていく必要があろう。ここではそうした圓満寺の位置付けを考えるとともに、その創建の経緯について明らかにしておきたい。

まず『融通念佛宗年表』（以下、『年表』と略記）の元禄一五年（一七〇二）の項をみると、「大通上人京都に円満寺を建てここに盛んに融通念仏を勧進せらる（寺誌・尊略）」とあり、大通による圓満寺創建と勧進活動の事績が記されている[6]。以下、まずはその創建の事情をいくつかの記録類からみておきたい。大通入寂後に編纂された事績記録である『賜紫大通上人行実年譜』（以下、『行実年譜』と略記）には次のように記されている[7]。

此年（元禄一五年）、於洛陽北野天神霊廟之側、建立大祥山圓満寺、永為融通念佛之場、冬十二月廿二日、修落成入佛之法会、

これによれば、元禄一五年、洛中「北野天神霊廟」の側に「大祥山圓満寺」が、永く融通念仏の場として建立されたとある。圓満寺は、冒頭に示した『京町鑑』にある三番町ではなく、もともとは北野社の側に創建されたのである。この『行実年譜』の史料性は厳密に検討されねばならないが、他の史料にはみえない一二月二二日に落成の入仏法会があったことを伝える唯一の記述であるといってよい。

次に「大念佛寺記録」（徳融寺所蔵）には次のようにある。(8)

△洛陽末寺無之、念佛弘通難成故、元禄十五年冬　公儀願之、大祥山圓満寺新一寺預許容、則於北野一宇建立、
「愚和案、老上人京都無寺曰者、摂州大念佛寺一流無寺事曰、先洛陽永観堂、嵯峨清凉寺、寺院数多皆以良忍上人有縁之寺、于今融通弘通道場也、雖然当時非唯当宗寺、各自他門兼寺迄也、元当山之因縁無之、悉良鎮上人已前大念佛宗也、然第六代良鎮上人迄、融通本山京都成分明也、其故鞍馬山、大原山、信州善光寺血脉及諸国諸山融通念佛之血脉拝見、自元祖六代上人迄、摂州本山同従神明再授、法明上人以来我本寺大念佛寺代々而已、
然者津刕（ママ）本山宗門元祖良忍上人、寺開基法明上人哉、」（傍線、傍点、読点は筆者による。以下同様にて略）

これは大通が自ら記したといわれる記録で、右は圓満寺創建に関する部分にあたる。傍線部によると、洛陽には融通念佛（宗）の末寺がなく、念仏の弘通のために、元禄一五年に公儀へ願い出て、大祥山圓満寺という新たな一寺建立の許可を得、京都北野に一宇を建立したという。また、傍線部以降（「　」部分）は、文政一二年（一八二九）の「大念佛寺記録」写本に記されている筆写者の注釈部分で、そこでは、京都における摂州大念佛寺一流の寺院がないことを確認し、永観堂や嵯峨清凉寺の融通念仏との差異を明記して「因縁」がないこと、自宗大念佛寺こそが良忍上人の系譜を引く法門であることを記す。(9)

したがって、この「洛陽末寺無之」は、あくまでも融通念佛宗の末寺の状況を指摘したものであり、京都における融通念仏信仰は、禅林寺（永観堂）、嵯峨清凉寺、壬生において広く展開していた。(10)これを裏付けるように、延宝五年（一六七七）に作成された歴代住持の来歴と末寺を書き上げた「大念仏寺四十五代記録幷末寺帳」をみてみると、(11)山城国の末寺はわずか五カ寺（いずれも綴喜郡）で、洛中・洛外には一寺も確認できない。その中で大通は、

元禄一五年に洛中における「念仏弘通」、あるいは融通念佛宗寺院の展開の端緒とするために圓満寺を創建したのである。また、〈末寺がない〉という記述に対照させるならば、圓満寺は末寺として創建されたともいえよう。

　このように、大通による圓満寺の創建は、中世以来、京都において融通念仏信仰が展開する中で末寺がないという認識のもと、洛中での融通念佛宗の伸展を意図したものであった。その元禄期の融通念佛宗の展開を確認しておくと、これまでの研究でも明らかなように、まず元禄七年五月一七日に紫衣の着用を許され、元禄九年九月六日には本山大念佛寺が一宗の檀林となった。元禄一五年一一月には、かつての第一四世道音への融通念佛勧進帳御序（後小松院宸筆）下賜を先蹤として、大通による「天下之人民」への「念佛勧進」のため、霊元上皇より融通念佛勧進帳の御序・院宣を賜っている。そして同年一二月に圓満寺が創建される。さらに元禄一六年（一七〇三）に「大念佛宗」から「融通念佛宗」となり、宝永元年には三条西実教の息豊丸公を後継（忍通）に迎える[12]。

　また、松浦清氏が指摘するように、大通は一宗再興を進める中で、王家葬礼仏事へ参与し、朝廷・公家との関係を深めていった[13]。すなわち、近世における大念佛寺の寺格の整備、融通念佛宗の確立、紫衣勅許や住持の貴種招請にかかる京都（朝廷・公家）との関係において、圓満寺が一つの拠点となっていたことが指摘できよう。

2　圓満寺普請と「吾宗開発之末寺」

　では、圓満寺は京都北野のどこに創建されたのか。具体的な経緯とともに、その立地について、大念佛寺文書を通じて検討したい。次に示すのがその創建にかかる「圓満寺普請請文」である[14]。

（包紙上書）「京都圓満寺普請ニ付、元禄十六癸未年二月六日大工吉兵衛方ゟ取置候一札」

一札

今度圓満寺御普請、拙者ニ被仰下候付、忝奉存候、随分精出働可申候、若御心ニ叶不申候ハヽ、不依何時ニ、何方之大工江成共、御申付可被成候、其時一言之御恨申間敷候、尤後之大工江差構之儀、毛頭仕間敷候、為後日仍而如件、

元禄十六年　　大工
未二月六日　　吉兵衛（印）

大念佛寺御役人
和田式部殿
須藤外記殿

右は大工吉兵衛が大念佛寺役人の和田・須藤に宛てたもので、圓満寺は元禄一五年冬に幕府の許可を得て翌一六年二月にかけて普請が行われたことが明らかとなる。

だが、その圓満寺が創建された場所は、先に示した「大念佛寺記録」では「於北野一宇建立」とあり、『行実年譜』には「洛陽北野天神霊廟之側」とあるのみで、具体的な位置は不明である。ところが、より具体的な創建の経緯やその位置を次の史料から知ることができる。

洛陽北野圓満寺、依為無本寺之古跡、公儀（時ノ奉行安藤駿河守殿也（次行））江相達、元禄十五年極月廿二日ニ於洛陽、始而吾宗開発之末寺ニ蒙許容候ニ付、先住春盛方ゟ請取候附属状幷礼銀遣之候ニ付、請取状等以上三通、此内ニ有り、摂之平野融通本山大通老人

これは、後掲の〔1〕「愛染院付属状」、〔2〕「銀子請取状」、〔3〕「愛染院境内堂舎指図」（**図1**）を一括した包紙に記された上書である。[15] 元禄一六年の圓満寺創建・普請に関係する書付をまとめて付したものと判断できる。そ

の記述によれば、「無本寺之古跡」である北野圓満寺は、京都町奉行安藤次行へ願い出て、元禄一五年一二月二三日に洛中における、融通念佛宗の初めての末寺として許可された。そして、これら包紙に入る〔1〕から〔3〕の「以上三通」の史料から圓満寺の創建・普請の具体的な手続きと経緯を知ることができる。

〔1〕「愛染院付属状」

一札

一、今度当院義、大念仏寺江附属仕候儀実正也、以来此寺ニ付拙僧ハ不及申、外ゟ一言之子細申候者毛頭無御座候、若不埒御座候ハヽ、証人罷出埒明、御町中へも御苦労掛申間敷候、仍而為後日如件、

証人
三条神泉院下ル町
元禄十六癸未年二月朔日　浅田太郎右衛門印
愛染院
春盛印

御町中
御年寄

右之通り春盛ゟ取遣候証文之控也、

〔2〕「銀子請取状」

請取申銀子之事

一、合丁銀五貫目者

此度愛染院、上人様へ附属仕候ニ付、為礼物被遣、請取申所実正也、右之寺ニ付、借銀、或ハ買懸り等之
滞毛頭無御座候、為後証仍而如件、
元禄十六癸未年二月朔日
愛染院先住
春盛（印）
三条神泉院下町
浅田太郎右衛門（印）
摂刕平野融通念佛宗
本山大念佛寺役者
貞松院

〔1〕は、圓満寺普請の五日前、同年二月一日付の愛染院春盛が真盛町年寄に宛てて出した一札の控で、大念佛寺へ当院（＝愛染院）を「附属」するという証文である。これによって愛染院が大念佛寺の「付属」となり、院主春盛は、以後その差配について関知しないことを確認した。また、この付属は本末関係や同宗門内における関係でなく、売買によって成立したものであったことが〔2〕から判明する。

この〔2〕にみえる「上人様」は大念仏上人である大通のことで、その付属にあたっては大念佛寺から礼物丁銀五貫目の受け渡しがあった。この時、すでに春盛は「先住」となっており、その寺地・堂舎の受け渡しがこの請取状をもって成立したものと考えることができよう。すなわち、寺地・堂舎の権利が春盛から大通へと委譲されたことになり、その上で五日後に圓満寺の普請が始まったのである。

そして〔3〕は、その付属となった愛染院の境内指図である（**図1**）。この指図は春盛が大念佛寺御役者へ宛て

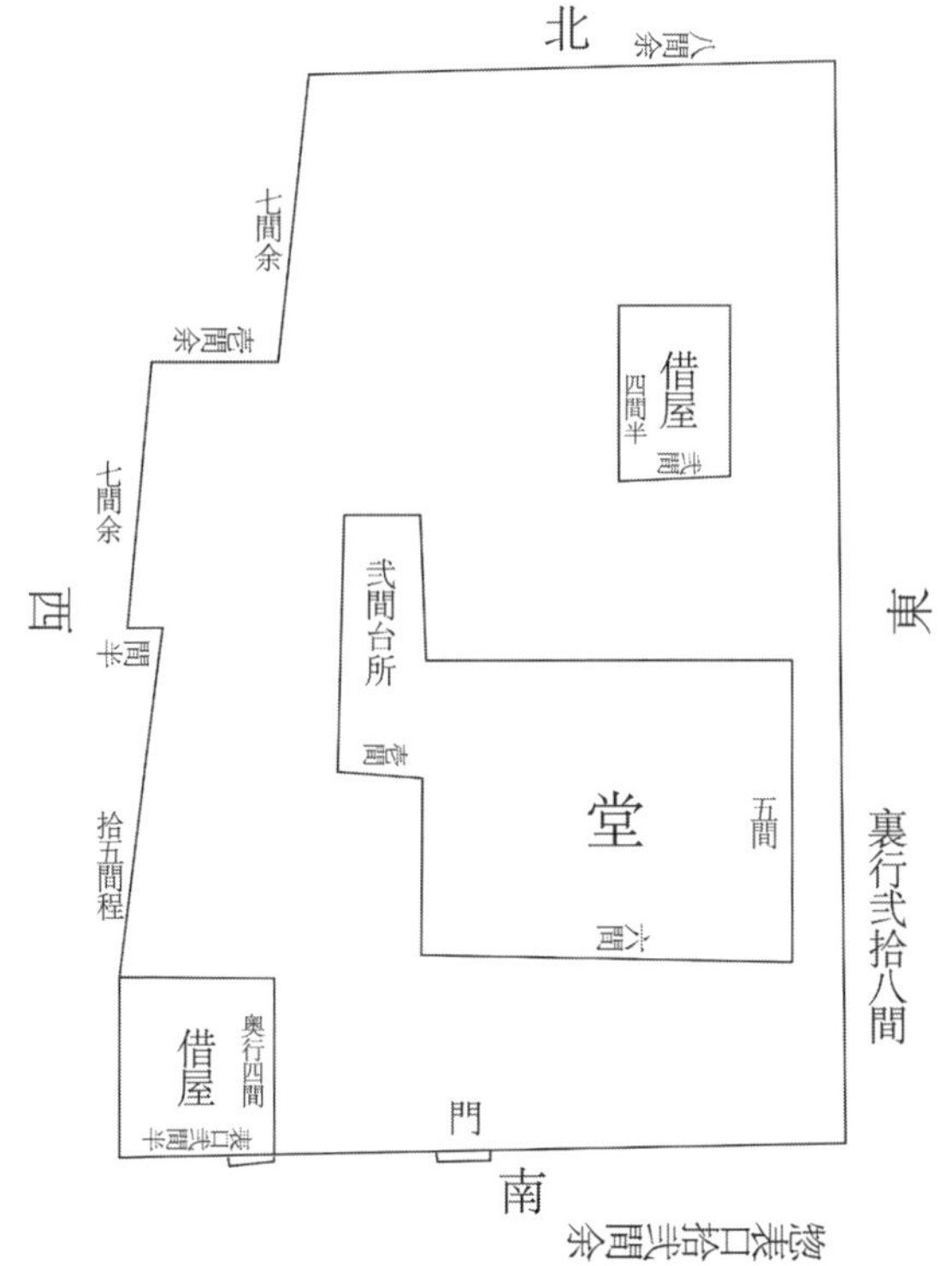

図１　「愛染院境内堂舎指図」指図部分トレース
（元禄16年２月１日付　大念佛寺文書仮0034-2号　大念佛寺蔵）

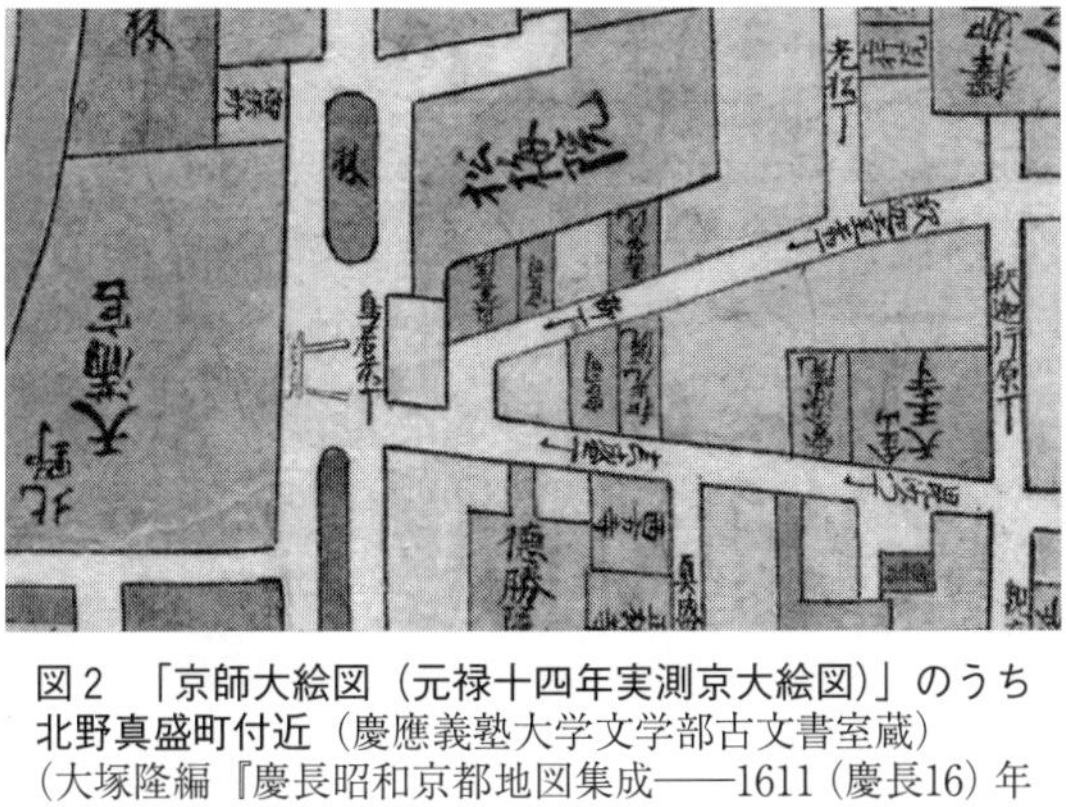

図２　「京師大絵図（元禄十四年実測京大絵図）」のうち
北野真盛町付近（慶應義塾大学文学部古文書室蔵）
（大塚隆編『慶長昭和京都地図集成――1611（慶長16）年
―1940（昭和15）年――』柏書房、1994年）より転載たもので、「今度大通上人様江附属仕候愛染院境内幷堂之図」とあり、真盛町の通りに南面して、境内には堂・借家二カ所があったことがわかる。

さらに「京師大絵図（元禄十四年実測京大絵図）」（図2）によって、この愛染院が北野社の東にある真盛町に位置し、「金山天王寺」の西側に存在した寺院であったことが確かとなる。すなわち、「洛陽北野天神霊廟之側」（『行実年譜』）とは真盛町であった。

なお、北野天満宮の目代の記録である「目代諸事留書」（明暦三年〈一六五七〉）には、洛中の三十三所観音の参詣順を示した「京辺卅三所観音道筋」が記されており、そのうち二八番「天王寺北野紅梅殿向」、二九番「能円寺北野也」、三〇番「愛染堂」、三一番「朝日寺ノ観音」、三二番「東向ノ観音」、三三番「大将軍寺」となっている。[16] 道筋を順に追い、北野社周辺の関係寺社である点を考えると、この「愛染堂」が愛染院であることは間違いないだろう。

3　「北野天神霊廟之側」と圓満寺移転

以上のように、京都北野圓満寺は、北野社の東に位置する真盛町の愛染院を買得するかたちで創建された。ただし、ここで問題となるのは、『行実年譜』にも記される「北野天神霊廟之側」に創建された理由である。これは単なる偶然によるものだろうか。

真盛町は、大正五年（一九一六）に刊行された『京都坊目誌』によると、近江坂本西教寺の開祖真盛が創建した西方尼寺の存在にちなんでいるという。[17] この西方尼寺については、当麻曼荼羅の文亀曼荼羅制作説話を『月庵酔醒記』により分析した日沖敦子氏が、その制作に携わった説話中の「まんだらの尼」の活動と「北野の三昧に入て、よる〳〵念仏をぞ申ける」との関連性から、「北野には三昧が処々に点在し、念仏比丘尼の集う場所としても機能していたことが推察される」として、その拠点たる西方尼寺の存在と、北野三昧における念仏比丘尼の活動を指摘する[18]。もちろん、これらを北野社と直接的に結びつけることには慎重でなければならないが、北野社東方の真盛町は、念仏興行の地として認識されていた可能性がある。この点は、北野社門前研究の進展とともに、念仏興隆の地としての性格を考えていく必要があろうか。

さて、こうして真盛町に創建された圓満寺であったが、創建から二八年後の享保一五年（一七三〇）六月二〇日に起こった「西陣焼け」の大火によって類焼してしまう[19]。本島知辰が記した見聞録『月堂見聞集』には、その様子が記され、とりわけ焼失した寺社を書き上げた中に「真盛町　円満寺」が確認できる[20]。

そして、この五年後の享保末年、圓満寺は七本松下立売上ルへと移転した。すなわち、冒頭で掲げた『京町鑑』にもあるように、三番町に再建されたのである。『年表』元文元年（享保二一・一七三六）正月二五日の項には「京都円満寺真盛町より七本松下立売上ルへ引移したことを奉行所へ届ける。旧冬」とある。この典拠は管見の限り不明であるが、この移転地が選定された背景を大念佛寺『日鑑』享保一六年四月八日条にうかがうことができる[21]。

△京都ゟ下僕共下ル、山主御旅舎千本通ゟ壱丁西出水上ル東側与申参、圓應書中ニ申越、水口弾正屋敷也、

この記事の二日前にあたる四月六日、方丈（信海）は夜舟にて役者・下人とともに上洛した。右の史料は、京都から大念佛寺に下僕が下向し、僧圓應の書中によって、山主（方丈・信海）の滞在先である「御旅舎」の位置を知らせたものである。そこは、千本通より一町西の出水上ル東側で水口弾正の屋敷であった。この屋敷は、「西陣焼け」で圓満寺が焼亡したのち、山主の滞在地（宿所）として機能していたと考えられる。そして、この水口弾正屋敷付近こそが圓満寺再建の地であり、冒頭に示した『京町鑑』の三番町であった[22]。

以上の経緯を考えると、焼亡・移転し再建された圓満寺は、山主が逗留する単なる「御旅舎」などではなく、恒

常的な「里坊」として機能していたことは間違いない。その意味で、一宗再興に尽力した大通の〈融通念佛宗の末寺がない〉という認識のもと（「大念佛寺記録」）、京都における融通念佛宗の興隆を意図して圓満寺が創建されたことも確かである。ただ、より具体的な創建意図を探れば、一宗として確立していくために、紫衣勅許や王家葬礼への参与など、朝廷・公家社会との関わりの中で拠点として創建された〈末寺〉であったといえよう[23]。

二　「里坊」圓満寺と融通念佛宗の末寺

1　圓満寺の維持と管理

これまでみてきたように、圓満寺は元禄一五年（一七〇二）に創建され、享保一五年（一七三〇）の大火によって類焼し三番町へ移転した。

この融通念佛宗興隆の寺院として創建された圓満寺は、山主（大念佛寺上人）の京都における「里坊」として機能していた。これは宝暦七年（一七五七）に作成された「北野天満宮地図」（森幸安筆）（**図3**）の「愛染院」の箇所に「界《（境）》内ニ摂州平野融通大念佛寺ノ里坊圓満院《（寺）》有リ、享保ノ末年、其ノ里坊ヲ下立売ノ北、千本ノ西ニ移ス」とあり、洛中において圓満寺が広く大念佛寺の「里坊」として認識されていたことが知られよう[24]。

では、その「里坊」圓満寺は、どのように維持・管理されていたのだろうか。たとえば『年表』宝永元年（一七〇四）四月二一日の頃に、「青谷村極楽寺慶覚、京都円満寺留主居を命ぜらる」とあり、青谷村極楽寺の慶覚が留守居に命じられている。圓満寺には留守居が置かれていたことがわかる。

こうした留守居や圓満寺の管理、京都と本山のやり取りなどは、大念佛寺の役僧日記『日鑑』に多く記録されて

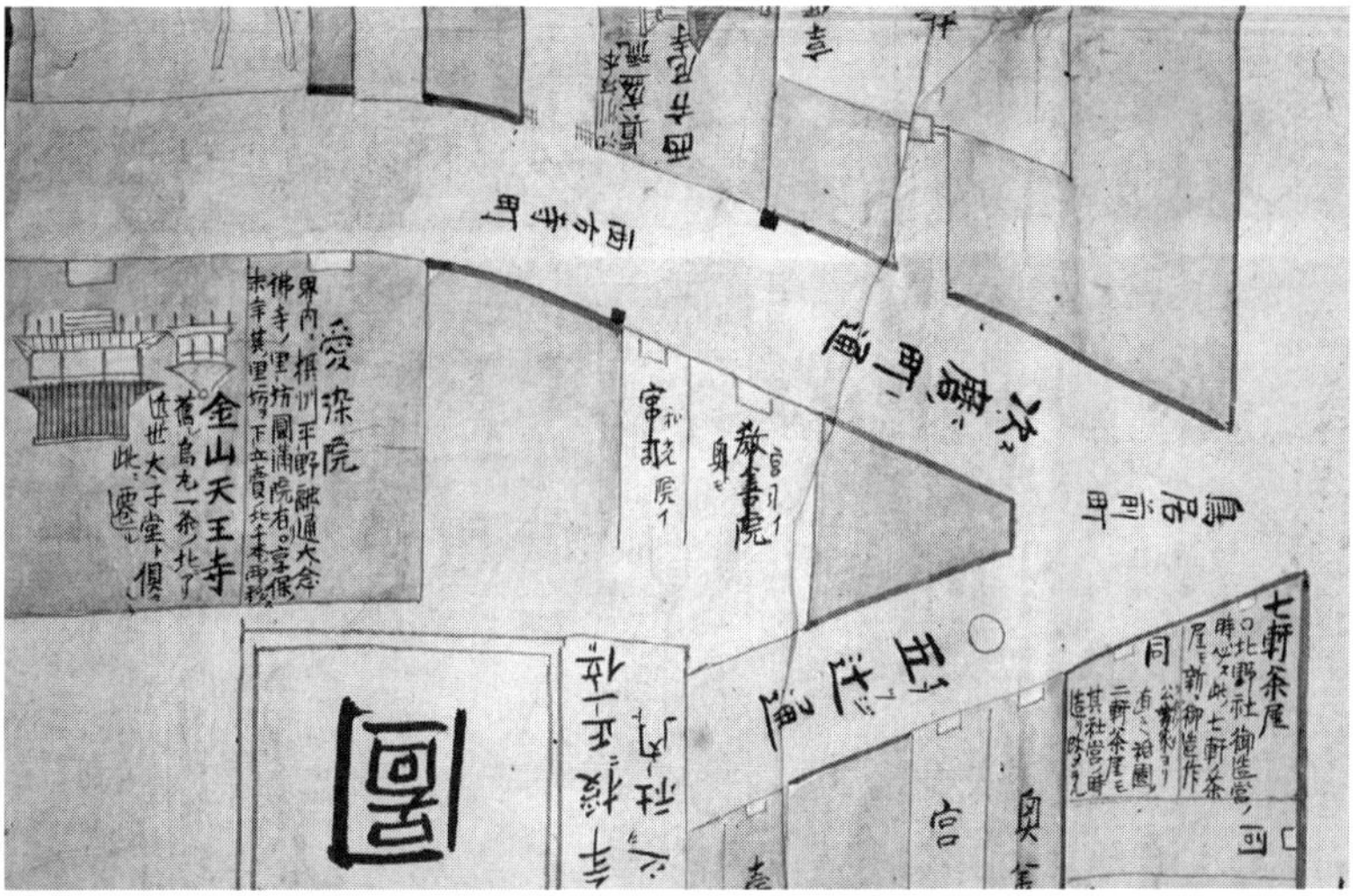

図３　「北野天満宮地図」（上が南）
（宝暦７年、森幸安筆。北野天満宮蔵）

いる。ここで、現存する『日鑑』の中で圓満寺創建から移転にかかる享保年間（一七一六―三六）の記述を確認し、圓満寺の管理・運営を検討しよう。

享保九年正月一四日、京都圓満寺の弁瑞から「了通戢化之由有訃音」との内容の書簡が到来した[25]。了通は、当該期大念佛寺の役者の一人であり、圓満寺創建後、先の極楽寺慶覚のように留守居を務めていたと思われる。それは、弁瑞の書簡が到来した一一日後に「恵流義圓満寺留守居被仰付、今日上京」と了通に代わって恵流が留守居に命じられて上京し、圓満寺に入寺した記述からうかがえる[26]。ちなみに、これら訃報を伝達してきた弁瑞は、圓満寺の留守居ではなく、その管理にかかる大念佛寺役者の一人であった[27]。

この後、現存する大念佛寺『日鑑』をみると、享保九・一〇年には義猛、享保一六・一七年には義関が留守居であったことが確認できる[28]。特に義関は、「洛之圓満寺看守義関下向」、「京圓満寺看主義関下向、逗留」とあるように[29]、「看守（主）」として山主に代わって寺院運営を担っていた。

さらに、圓満寺には留守居・看守のもとで世話方だけでなく、しばしば大念佛寺に下向する連絡役を務めた圓満寺付きの下人・下男がいた。『日鑑』享保九年三月九日には「京北野圓満寺市兵衛病気ニ付、義猛方より書札到来、九兵衛交ニ出」と大念佛寺へ義猛から圓満寺の市兵衛が病気になった知らせがあり、九兵衛が交替に出立した。四日後の一三日には九兵衛の交替に素平が圓満寺に出立している[30]。このさらに三日後の一六日には、「京都圓満寺ゟ下人市兵衛一昨日晩相果候由申来ル」と「下人市兵衛」の死去が伝えられている[31]。

また、享保一二年七月二八日には「京都円満寺ゟ御状一通、今在家次兵衛ゟ届ヶ被申候」と圓満寺の書状を今在家次兵衛が大念佛寺に届けている[32]。

さらに同年八月五日には「京都円満寺ゟ書中幷下人作兵衛御使ニ下り申候、方丈十日ニ御下り之由申来ル、毘沙門幷台邪鬼持セ上セ申候」と、圓満寺の知らせを下人作兵衛が持参し、五日後の一〇日に方丈（山主信海上人）が大念佛寺へ帰寺する旨を伝えた。それに対し、下人作兵衛に毘沙門と台邪鬼を持たせて帰らせたとある。この作兵衛も圓満寺下人であろう[33]。

以上のように、圓満寺の管理・運営は、留守居・看守・看主といった僧が務め、留守居の関係者（了通の内縁の尼僧など）も居住していた[34]。さらに、本山との音信・伝達などを下人・下僕が担い、大念佛寺は、その動向を細かく『日鑑』に記録していた。

つまり、大念佛寺役者が有力末寺に留守居として入寺するように、圓満寺も末寺一般ではなく、有力な役者を留守居とすることで、大念佛寺の京都における朝廷や公家社会との折衝において重要な位置付けにあったことがうかがえよう。

2　洛中における融通念佛宗の展開

さて、これまで圓満寺の創建・移転、またその管理・運営について明らかにしてきた。次にここでは元禄一五年の圓満寺創建以降の、洛中における融通念佛宗寺院の展開を検討したい。

先にも述べたように、元禄一五年に永く融通念仏の場として落成した圓満寺は、融通念佛宗興隆の拠点として位置付けられたが、しかし以後、洛中において末寺が拡大したわけではなかった。ただ、その拡大の動向を確認できないわけではない。ここで二つの洛中における融通念佛宗の末寺の動向について、大念佛寺『日鑑』に記載される二点の史料を検討したい。

【A】壬生の宗旨手形

大念佛寺『日鑑』享保一二年（一七二七）一月二日条に、宝永四年（一七〇七）、京都壬生の林清およびその組下からの願いに対し、本山大念佛寺役者が近江国滋賀郡大津町代衆中に出した宗旨手形が写されている(35)。

△京壬生林清宗旨手形願来、則認遣候文言

証文

一、京壬生林清幷組下融通念仏宗ニ紛無御座候、若後日宗旨之儀ニ付、出入御座候ハヽ、従此方可申明候、為後日仍而如件、

宝永四丁亥十月朔日　　摂刕平野融通念仏宗

本山大念仏寺役者　貞松院

大津御町代衆中

この宗旨手形より、壬生の林清と組下が、何らかの理由で近江国滋賀郡大津町に移住することになり[36]、いずれも融通念佛宗であることが本山より確認された。

ここで注意したいのは、中世以来、壬生（および壬生寺）が融通念仏信仰の拡がりをみせる地域として在俗講集団の存在が想定できることであり、大和・河内と同様に、壬生の清林・組下の講集団も元禄期以降の幕府による寺院統制が進む中で、大念佛寺との本末関係が取り結ばれていったといえようか。

実はこの林清について興味深い記録が残っている。宝永四年の宗旨手形が写し留められた享保一二年の記事の二年後、享保一四年（一七二九）六月二六日、京極楽寺住持となっていた林清が弟子林覚を後住にする旨を、圓満寺に滞在していた山主信海に願い出ている[37]。この願いは許可されたようで、今度は翌七月一一日、京極楽寺の林覚・宗林が、先住林清の大通からの色袈裟拝領の由緒、および檀那方の信を得たことにより、当住へも着用の許可を願い大念佛寺に来た。大通は拝領の由緒によって林覚のみに許可した[38]。

これらの一連の流れをみると、宝永四年の宗旨手形は、享保一二から一四年にかけて、後住林覚への色袈裟許可申請のためだけでなく、林清との本末関係および大通との由緒を再確認するために留められたと考えられる。この壬生林清の事例は、元禄一五年の圓満寺創建以降、洛中の融通念佛宗寺院の本末関係を示す一事例であり、これ以前において、洛中における融通念佛宗寺院は管見の限り見出すことはできない。これはそれまで存在しなかったというよりは、寺格が整った融通念佛宗寺院（末寺）がなかったという意味を含めて、洛中における末寺の展開を考えるにあたっては、やはり元禄一五年の圓満寺創建に画期があったといわねばなるまい。

【B】玉蔵院買得一件

次に西陣焼けの翌年、享保一六年（一七三一）の京都玉蔵院の売り渡しに関する事例である。(39)

京都玉蔵院売渡候節一札之覚

譲証文之事

一、京都若杢通下立売上ル町真言宗無本寺玉蔵院、寺地間口弐拾五間半、奥行弐拾五間、表側ニ弐間ニ四間之長屋、内ニ三間ニ六間之之（衍）庵有之、伏見様御領分ニ而年貢弐石壱斗六升也、其外寺地ニ付、掛物少も無御座候、此度依有縁貴僧へ永代譲り申候処実正也、此寺地ニ付外ゟ障り候事毛頭無之候、為後日譲証文如件、

享保十六辛亥年九月十二日

摂州平野大念仏寺役者
貞松院 大坂判
〃 才松院 帳場赤印

江州大萱村住僧
郭随老衲

右玉蔵院譲候節、銀子請取申候一札之覚

一札

一、銀子壱貫三百目新銀也

右者、此度玉蔵院寺地・庵・長屋共ニ其元へ有故ニ付譲候処、為冥加銀、右之銀子被送候処、慥ニ受取申候、為後日請取証文如件、

摂州平野大念仏寺役者
享保十六辛亥年九月十二日　　　　貞松院　印
〻　才松院　印
江州大萱村住僧
郭随老衲

右地・院共年来持来り候処、別而土地悪敷、又ハ破損修理等物入□□借家等之世話多ク難儀筋候故、右之趣方丈へ申達シ、右証文之通売渡シ、此度一札《一札》登ス、尤貞松院於京都埒明方候筈、

右の史料は、大念佛寺が近江国栗太郡大萱村の住僧郭随へ宛てたもので、玉蔵院の譲状と譲与にかかる銀子請取状である。この玉蔵院は、大念佛寺が「地・院共」に「年来持」ってきたものであり、「土地悪敷」また破損・修理が多いので、方丈へ報告して売却したという。

この一件で注目したいのは、玉蔵院が融通念佛宗の末寺ではなく、「真言宗無本寺」として記されている点であり、この売買まで大念佛寺が管轄していたという事実である。おそらく有縁の僧とされる郭随も融通念佛宗とは直接的に関わりのない、圓満寺の前身愛染院の春盛と同様に、真言僧であったと推測される。

3　融通念佛宗の末寺と「無本寺之古跡」

以上の【A】京壬生林清幷組下（在地の講集団の存在）、【B】玉蔵院（無本寺寺院の買得）の事例は、いずれも京都における事例ではあるが、圓満寺創建を含めた元禄期以降の融通念佛宗の末寺編成を考える上で欠かせないもの

である。

これまで塩野芳夫氏が指摘しているように、融通念佛宗の末寺については延宝五年（一六七七）の末寺帳に詳しく、特に末寺の元宗旨については、元浄土宗四一・〇パーセント、元真言宗二二・四パーセント（ただし錦別時が中心）にのぼるという。(40) すなわち、融通念佛宗寺院の大半は、他宗からの改宗によって成立していたことがうかがえる。そして、この融通念佛宗への改宗は、元禄期の末寺編成を通じてさらに多くなると考えられる。

また、杣田善雄氏が指摘するように、幕府の寺院行政・宗教政策は、元禄期に寺院・僧侶の位置・役割を確認し、本寺と末寺の宗旨の一致に関心を払うようになり、さらに元禄五年五月の幕令を契機とする寺院改めの実施によって、よりいっそう地域寺院の宗旨・本末関係が精査され、末寺は奉行所による掌握体制下に置かれていった。(41)

こうした本末関係の錯綜を是正していく中で、融通念佛宗において「無本寺」を末寺に取り込んでいく事例が散見される。たとえば元禄八年（一六九五）七月、「無本寺」であった大和国山辺郡荒蒔村成福寺が大念佛寺に末寺化の願いを出しており、元禄五年以降の融通念佛宗の末寺編成を示す一事例であるといえる。(42) また、現存する大念佛寺『日鑑』元禄一二年以降の記事においても、大和・河内国の末寺を中心に本末証文を取り交わす記事が散見されるのも注目される。

だが、これら本末関係は、なお流動的で、場合によっては容易に元の宗派に立ち戻る可能性を含んでいた。たとえば、大念佛寺『日鑑』元禄一二年閏九月二日条によると、河内国下太子堂村にあった融通念佛宗末寺（道場）にいつの頃か真言宗僧が差し置かれるようになった状況に対して、大念佛寺は寺と寺地を返還し、「其上旦中も古宗之融通宗門ニ立帰」るように庄屋藤兵衛へ通達している。(43) また翌年一〇月には、もともと融通念佛宗門であった大和国山辺郡笠間村のうち下村の者が、いつの頃からか「真言宗ニ罷成」っていたことに対して、再び改宗させる動きがあった。その改宗には、「村之菩提所善福寺無本寺ニ而御座候故、当山御末寺ニ奉願候御許容之上」でとしている[44]。寺院と寺地、および檀那中が融通念佛宗になったとしても、そこが無本寺寺院であるかぎり、在地や檀那中との寺檀関係や意向、さらには競合する宗教者（ここでは真言宗僧）との関係において容易に改宗する可能性があったといえよう[45]。

ここで改めて、圓満寺の場合を考えてみると、先に取り上げた圓満寺創建に関する史料のうち包紙上書に、圓満寺が「無本寺之古跡」であったことにより、京都町奉行へ届け出て、新たに「吾宗（融通念佛宗）」の末寺として「許可」されたという記述が注目される。この京都町奉行への届け出は、元禄一五年の京都町奉行の洛中洛外寺社に対する触れに対応したものであり、幕府の寺院統制に即応したものといえる[46]。

したがって、圓満寺の創建は、【A】京壬生林清・組下の事例や、右でみた在地や檀那らの帰依に支えられた無本寺寺院の末寺編成ではなく、【B】玉蔵院の事例と同じく無本寺寺院を買得することで新たに創建されたものであり、それを末寺と位置付けることによって、これまでみてきたように、融通念佛宗が京都進出を意図したものであったということができるだろう。

むすびにかえて——圓満寺の変転——

大正四年（一九一五）『京都坊目誌』には「圓満寺所在不詳」とあって[47]、すでにその所在は不明となり、その形跡を追うことは難しい。この前後を精査してみると、明治二年（一八六九）の段階では、まだ地福寺の北に「円満寺」の存在が確認できる（**図4**）[48]。しかし、明治一七年（一八八四）、圓満寺の位置に該当する三五三番地民一宅地

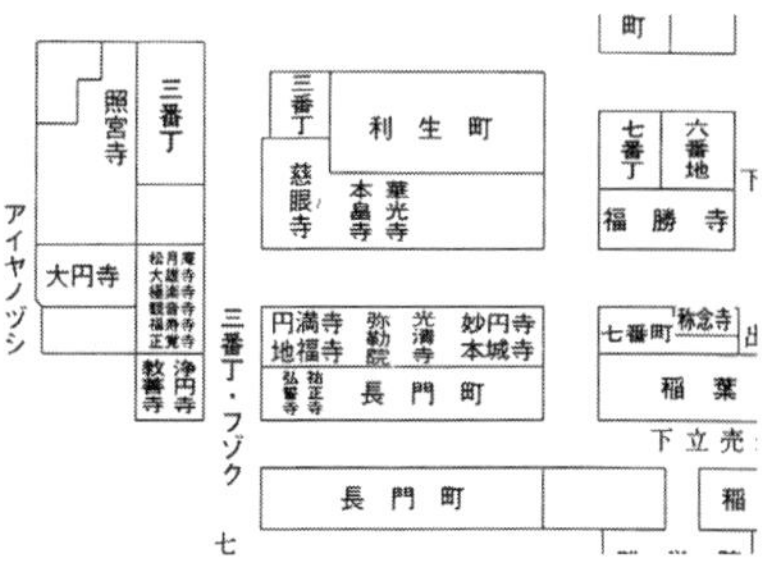

図4　明治2年圓満寺付近図

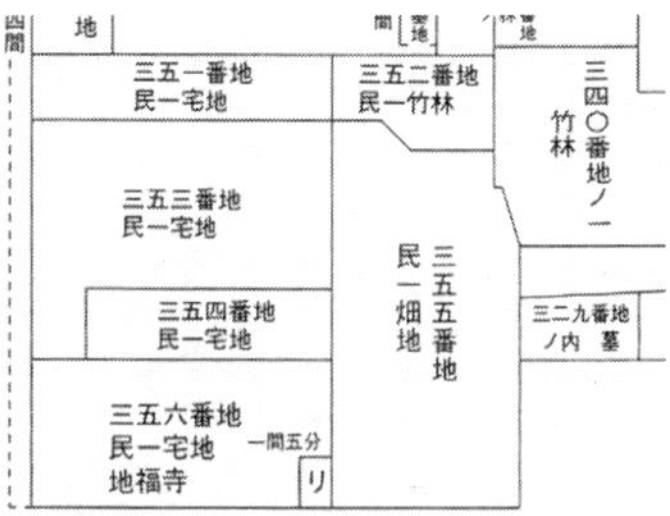

図5　明治17年元圓満寺付近図

（一部）・三五四番地民一宅地は、隣接する地福寺（三五六番地民一宅地）が明記されていることに対して、圓満寺の寺名は記されていない（**図5**）[49]。おそらく明治六年の廃寺令によって寺地等の権利を失い廃寺となったと思われる。また、大正元年（一九一二）では、その三五四番地が個人の所有となり、現在にいたっては、完全に跡を残さず、圓満寺の形跡をたどることはできない[50]。以上が本稿での検討を含めて、圓満寺の創建から廃絶にいたる変転である。

本稿で検討を重ねてきた圓満寺創建と融通念佛宗内での位置付けを、いま一度整理しておきたい。

元禄一五年、圓満寺は京都における融通念佛宗興隆の拠点として、また朝廷・公家社会との折衝のために大通以降の歴代山主の「里坊」として機能した。圓満寺創建は、まさに融通念佛「宗」の確立過程に位置付けられるものであったが、間もなく享保一五年の「西陣焼け」によって類焼にあって三番町に移転する。冒頭の『京町鑑』三番町の記述にあった「大念佛寺圓満寺」は、〈大念佛寺と円満寺〉という並列関係でも〈大念佛寺の末寺円満寺〉という単なる末寺関係でもない、「里坊」としての位置付けにあったことを注意する必要がある。

また、圓満寺創建以降、洛中における融通念佛宗の末寺の展開は、第二章で検討したように大きく進展がみられなかった。それは洛外、山城国でも同様であった。

圓満寺および京都の融通念佛宗の動静を知る上で欠かせない大念佛寺『日鑑』も、宝暦年間（一七五一―六四）を境にその記述方式が変化し、本山における行事記録が中心となり、圓満寺関係の記述が減少していく。そこから、大念佛寺の対朝廷・公家社会との関係の変化を読み取ることもできるかもしれないが、それは同時に京都における融通念仏信仰、すなわち融通念仏関係寺院や講集団と融通念佛宗がどのように近世後期を迎えるのかという、寺院・教団史、信仰史、あるいは寺院行政史の問題とも関わるだろう。元禄期以降の本末関係の展開も含めて、それら残された課題は後日、改めて検討することにしたい。

註

（1）『京町鑑』縦町、宝暦一二年（一七六二）刊（『新修 京都叢書』第三巻、臨川書店、一九九四年）、二三八頁。

（2）塩野芳夫「近世融通念仏宗の成立――念仏講から一宗独立へ――」（『近世畿内の社会と宗教』和泉書院、一九九五年〈初出一九九三年〉）。松浦清「融通念仏信仰と片袖縁起――大念仏寺所蔵「片袖縁起」を中心に――」（『大阪市立博物館研究紀要』二四冊、一九九二年）。大澤研一「融通念仏宗成立過程の研究における一視点――『融通大念仏寺記録抜書』の紹介を通して――」（『大阪市立博物館研究紀要』二八冊、一九九六年）。松浦清「大念仏寺所蔵「片袖縁起」（土佐光芳本）とその「粉本」について」（『同前』二八冊、一九九六年）。大澤研一「近世融通念仏宗における舜空期の意義」（伊藤唯真監修、融通念佛宗教学研究所編『融通念仏信仰の歴史と美術―論考編』東京美術、二〇〇〇年）。

（3）大澤研一「融通念佛宗の六別時について」（『大阪市立博物館研究紀要』二四冊、一九九二年）、同「融通念仏宗の大和国への勢力伸長について」（融通念佛宗教学研究所編『法明上人六百五十回御遠忌記念論集』大念佛寺、一九九八年）。稲城信子「大和における融通念仏宗の展開――特に宇陀地域を中心に――」（『国立歴史民俗博物館研究報告』第一一二集、二〇〇四年）。

（4）田代尚光氏は次のように記している。「元禄十五年（一七〇二）、この年の特記すべき事柄として、京都北野の地に大禅（ママ）山円満寺が建立され、永く融通念仏弘通の場となったことをあげねばなるまい。融通念仏は、ひろく民衆済度の念仏として弘通したわけであるが、一方、後小松院の宸翰を染めて道音に賜った勧進帳の御序にも示されるように、古来宮廷との御縁の浅からぬ一面を持っていた。大通はまたこれによって、この年の十一月、院宣を蒙って、名帳御序の宸翰を賜るということがあったのである、これを期に、円満寺を建て、冬十二月二十二日、落成入仏の法会を修することになったのである。現在多くの円満寺関係史料の所蔵されていることを付記しておく」（田代尚光『良忍上人と大念仏寺』日本仏教の心8、ぎょうせい、一九八一年、一〇六―一〇七頁）。また、塩野芳夫氏も田代氏の言及を再確認し（前掲註〈2〉塩野論文）、松浦清氏は「この年に京都の北野に融通念仏弘通のための拠点として円満寺を建立するのもこのような宮廷との関係を背景としているとみられる」と、京都における朝廷との関係のために建立されたとする重要な指摘を行っている（前掲註〈2〉松浦論文）。なお、稲城信子氏は、圓満寺を「京都別院」としている（稲城信子「融通念仏信仰の展開」元興寺文化財研究所編『法会（御回在）の調査研究報告書』（昭和五七年日本自転車振興会補助事業、元興寺文化財研究所、一九八三年）。

（5）杣田善雄「近世前期の寺院行政」（『幕藩権力と寺院・門跡』思文閣出版、二〇〇三年〈初出一九八一年〉）、一四五―一五三頁。

（6）融通念佛宗教学研究所編『融通念佛宗年表』（大念佛寺、一九八二年）。

（7）吉井良顕編『再興賜紫大通上人行實年譜』（大念佛寺、一九六五年）。

（8）前掲註（4）元興寺文化財研究所編報告書に収録。

（9）融通念佛宗義における良忍の位置付けについては、西口順子「院政期の大原別所――良忍伝をめぐって――」（『平安時代の寺院と民衆』法藏館、二〇〇四年〈初出一九五九年〉）を参照のこと。

（10）洛中の融通念仏の拡がりは、近年発見された導御上人による融通念仏勧進の軌跡から、ある程度類推することができる（井上幸治「史料紹介　円覚上人導御の「持斎念仏人数目録」」（『古文書研究』第五八号、二〇〇四年）。

（11）「大念仏寺四十五代記録幷末寺帳」（『年表』所収）。

（12）前掲註（7）「行実年譜」（吉井良顕編『再興賜紫大通上人行實年譜』）、前掲註（8）「大念佛寺記録」（元興寺文化財研究所編報告書）。なお、三条西家から大念佛寺への融海忍通の入寺、その後の住持招請および妙法院門跡院家の兼帯に関しては、神崎壽弘「大念佛寺と公家──第四十八世信海の妙法院門跡院家兼帯について──」（『宗教文化研究──錦溪学報──』第五号、二〇一一年）を参照のこと。

(13) 前掲註(2)松浦論文。

(14) 「圓満寺普請請文」（大念佛寺文書仮〇〇三〇号、大念佛寺蔵）。

(15) 「愛染院付属状等包紙上書」（大念佛寺文書仮〇〇三四号包紙、大念佛寺蔵）、〔1〕「愛染院付属状」（大念佛寺文書仮〇〇三四―一号、大念佛寺蔵）、〔2〕「銀子請取状」（大念佛寺文書仮〇〇三四―二号、大念佛寺蔵）、〔3〕「愛染院境内堂舎指図」（大念佛寺文書仮〇〇三四―三号、大念佛寺蔵）。

(16) 「目代諸事留書」（『北野天満宮史料　目代記録』北野天満宮、一九八四年）、二八三頁。

(17) 『京都坊目誌』上京第五学区之部（『新修　京都叢書』第一七巻、臨川書店、一九九五年）、一四〇頁。

(18) 日沖敦子「当麻曼荼羅と比丘尼──『月庵酔醒記』所収説話を端緒として──」（『説話文学研究』第四一号、二〇〇六年）。

(19) 『年表』に「京東大火にて円満寺類焼する」とあり。

(20) 『月堂見聞集』巻之二二（『続日本随筆大成』別巻四　近世風俗見聞集四、吉川弘文館、一九八二年）。

(21) 大念佛寺『日鑑』享保一六年四月八日条。

(22) 『年表』享保二〇年一月の項には、方丈が一月六日に上洛し、一五日に「地福寺」から帰院したことを記す。地福寺は、三番町に移転した圓満寺の南隣の寺院であり、再建前にすでに寺地は選定されていたと考えられる。

(23) 『年表』には、宝永二年以降の山主上京の記事を細かく採録している。

(24) 北野天満宮所蔵。国立歴史民俗博物館図録『なにが分かるか、社寺境内図』（二〇〇一年）、辻垣晃一・森洋久編著『森幸安の描いた地図』（日文研叢書二九、国際日本文化研究センター、二〇〇三年）に所収。図の表記に従えば、愛染院の境内に圓満寺が存在したことになるが、元禄一六年に寺地と共に大念佛寺に譲与売却されているので、森幸安は元禄一六年以前から享保末年の移転までの情報を絵図に描き込んだものだと考えられる。なお、大念佛寺『日鑑』文政八年一〇月一七日条には「里坊圓満寺」の記述が確認できる。

(25) 大念佛寺『日鑑』享保九年正月一四日条。また翌日（一五日）には「酉上刻、於本堂了通師葬送之儀式、山主御

出勤」と了通の葬送が執り行われた。「了通師」とも表記されているように、本山内で重要な位置を占めていたことは想像に難くない。なお、この日、同日条には「和劦猶村了通師内縁尼弐人京圓満寺ゟ直ニ登山」とある。
(26) 大念佛寺『日鑑』享保九年正月二五日条。
(27)「忍海遺告」大念佛寺文書仮〇〇〇二号。
(28) 大念佛寺『日鑑』享保九年三月九日・二九日条、享保一〇年正月晦日・二月六日条、享保一六年正月二二日条・二月三日条ほか。
(29) 大念佛寺『日鑑』享保一六年三月一七日条、享保一六年五月晦日条。
(30) 大念佛寺『日鑑』享保九年三月九日条。享保九年三月一三日条「素平、京都圓満寺へ九兵衛交ニ参」。
(31) 大念佛寺『日鑑』享保九年三月一六日条。
(32) 大念佛寺『日鑑』享保一二年七月二八日条。この翌日条には、「京都円満寺へ書状遣ス、御窺申義在之故」と伺いに対する返信の記述がある（大念佛寺『日鑑』享保一二年七月二九日条）。
(33) 大念佛寺『日鑑』享保一二年八月五日条。
(34) 前掲註(25)『日鑑』享保九年正月一四日条。
(35) 大念佛寺『日鑑』享保一二年一月二日条。
(36) 大津町の町代は、大津町全体を統括する惣年寄の補佐役であり、代官所からの触れ書の宛先にも惣年寄と並んで記されることが多く、実務を担うと同時に、惣年寄と並んで重要な位置にあった（『新修大津市史　近世前期』第三巻、大津市役所、一九八〇年）、四〇四頁。
(37)『年表』享保一四年（一七二九）六月二六日の項に「京極楽寺後住林清、弟子林覚・門弟共後住に仕度くと京円満寺滞在の山主へ願出につき使者本山へ吟味願くる。吟味の上、入院格式の一札の下書を遣す」とある。この時、山主信海は六月一八日に上洛し、二八日に帰院している（いずれも『年表』による）。
(38)『年表』享保一四年（一七二九）七月一一日の項。
(39) 大念佛寺『日鑑』享保一六年一〇月六日条。
(40) 前掲註(2)塩野論文、三五〇頁。

(41)　前掲註(5)杣田論文、一四五―一五三頁。

(42)　「無本寺につき末寺化願」元禄八年七月付、大念佛寺蔵。その文面には「従往古無本寺ニ而御座候ニ付、今度融通派貴寺之御末寺ニ罷成申候所紛無御座候」とある。大阪市立博物館図録『融通念佛宗――その歴史と遺宝――』（一九九一年）に収載。

(43)　大念佛寺『日鑑』元禄一二年閏九月二日条「△潮水植松へ宗旨判形ニ参候、因ニ下太子堂村庄屋藤兵衛方へ被遣候御口上、其後ハ久敷御対面も〇不被遊候、弥堅固役儀御勤候哉、随而其村ニ有之候当山之末寺并寺地之義、先年ゟ御公儀御帳面ニも有之候処、いつ時分ゟか真言宗之僧を被指置候由、末寺・寺地共ニ此方へ相返可被申候哉、左候ハヽ、方丈ニも御満足ニ可被思召候、其上旦中も古宗之融通宗門ニ立帰候ハヽ、是以御悦喜可被遊候、右口上藤兵衛留主ニ而弟清左衛門へ申置候、■■〇近日一応之御返事可被申候由申入候所、藤兵衛大坂へ罷越候間、御口上之趣帰宅之節具ニ申聞セ、近日御返答可申上候由被申候」。

(44)　大念佛寺『日鑑』元禄一三年一〇月一八日条「△和刕山邊郡上笠間村之内下村之者共、以前ハ当宗門ニ而御座候処、中比ゟ真言宗ニ罷成居申処、此度致改宗、則村之菩提所善福寺無本寺ニ而御座候故、当山御末寺ニ奉願御許容之上、庄屋年寄判形ニ而証文上ル、登山之人■(々カ)甚四郎、九右衛門、尤川上村次兵衛最初ゟ御願申上、依之、今日も被致同道証文加判有之候」。

(45)　なお、近年朴澤直秀氏は無檀・無本寺寺院の廃寺法令に関する再検討、さらに本末帳などに記載されない無本寺寺院の考察を行っている（朴澤直秀「無檀・無本寺寺院の廃寺に関する法令について」（『東京大学日本史学研究室紀要別冊　近世社会史論叢』二〇一三年）、同「本末帳に載らない「無本寺」寺院――摂津国八部郡・再度山大龍寺――」（塚田孝・吉田伸之編『身分的周縁と地域社会』山川出版社、二〇一三年）。融通念佛宗における無本寺寺院の末寺化についても、朴澤氏が指摘するように、宗派に把握されず、村や檀中の支配・管理にかかる無本寺の競合・本末争論が推測される。こうした近世中後期における融通念佛宗末寺の展開については機会を改めて検討したい。

(46)　前掲註(5)杣田論文、一五一―一五三頁。

(47)　『京都坊目誌』上京第八学区之部（『新修　京都叢書』第一七巻、臨川書店、一九九五年）、二三四頁。

（48）　松本利治『京都市町名変遷史3　聚楽周辺（上京区）』（京都市町名変遷史研究所、一九九一年）所載「仁和（殷富）元学区町別表」（明治二年、上京一四区）、七五五頁。
（49）　前掲註(48)同前書、「七番町」の項所載図、八七六頁。
（50）　前掲註(48)同前書、「七番町」の項所載大正元年・平成二年の図、八七六―八七八頁。

〔付記〕史料調査・利用にあたり、ご協力ご許可賜りました大念佛寺、北野天満宮、慶應義塾大学文学部古文書室、またご配慮いただきました融通念佛宗教学研究所神崎壽弘氏、大阪歴史博物館の大澤研一氏、藤井讓治氏に厚く御礼申し上げます。

大和国宇陀郡宗祐寺の創建とその活動

幡鎌一弘

はじめに

江戸幕府は、法体と俗人の身分、寺地とそれ以外の土地の区別を明確にするとともに、本末体制・宗門改制度（檀家制度）によって寺院を体制下におさめながら統制を加えていった。ここで扱おうとする融通念仏（大念仏）は、もともと宗派でも学派でもなく、一種の宗教運動だったから[1]、近世の教団体制下の「融通念佛宗」との隔たりは大きかった。たとえば、大念佛寺[2]の住持は六別時と呼ばれる講員から鬮によって選ばれ、寺地は固定せずに、上人の在所が「挽道場」となっていた。また、それぞれの別時でも、大念佛寺同様に辻本の住持は講員から鬮で選ばれていたので、本末の関係も僧俗の区別もあいまいであったがゆえに、幕府の政策によって大きな変化を余儀なくされた。

融通念佛宗の教団としての組織化については、すでにかなりのことが明らかにされてきた。たとえば、元和元年（一六一五）に「本寺」が平野に定堂化したこと、天台宗の大原南坊を排し、宗派として幕府に認められたのが寛文元年（一六六一）であること（通説では元禄元年＝貞享五年〈一六八八〉）、それ以後、大念佛寺という寺号が公称され、末寺に対する本寺の地位を確実なものにしていったこと、舜空が本格的な本堂を建設し、法義を整備していったこと、大通の時に鬮によって六別時から住持を選任することはなくなり、「融通念佛宗」と称するようになり、教団体制が固まったこと、『融通念仏縁起』や「十一尊天得如来図」（以下、「十一尊仏」）の下付、毎年の「回在」を通して体制を強化していたことなどである[3]。講を母体とした組織から教団・宗派として組織化されていくプロセスは、ひとり宗派の問題にとどまらず、近世寺院史全体、あるいは神社の本所（吉田家・白川家）支配、民衆宗教の組織化に共通する課題でありうる。

筆者は、奈良県宇陀市の宗祐寺の寺誌編纂にかかわり、同寺の創建やその活動について、いくつかの新しい知見を得ることができた。本稿は、如上の研究動向を受け、宗祐寺の創建からその後の展開に立ち入りながら、融通念佛宗の大和における活動を明らかにしていきたい[4]。

一　宗祐寺の創建をめぐって

1　宗祐への「十一尊仏」の下付

宗祐寺の創建は、「年中行事」（宗祐寺蔵、以下特に断りのない史料は同寺蔵）に収められた「宗祐寺縁起」「歴代」などにより、宗祐が大念佛寺上人から融通念仏の伝法を受け、「十一尊仏」を授かって布教をしたことに始まるとされる。それをもっとも根拠づけるのが次の史料１・２である。

史料１は、以前からよく知られていた観音寺「十一尊仏」の裏書、史料２は宗祐寺蔵の裏書の一紙で、寛文五年

（一六六五）の建立（再建か）時に記されたものである。

〔史料1〕（宇陀郡御杖村桃俣　観音寺所蔵
「十一尊仏」裏書）

謹雖与写本仏像他事於和州萩
原寛可勧何国迄之儀依懇望、即
令開眼十一尊仏也、此故奥州迄寛
可勧此念仏、仍而宗祐大徳頂戴之者也
于時永禄元年　平野
道祐上人判
本尊建立中興開山頼誉
于時寛永拾五年十月十五日
（異筆）「桃俣村観音寺旦那
念仏講中
旦那惣中
安置仏ニ令開眼者也
宗祐寺」㊞

〔史料2〕（宗祐寺所蔵裏書）

謹雖与本仏之写像他事於和州
萩原寛可勧国迄之儀依為懇
望、則十一尊仏令開眼也、此故者
奥州迄寛可勧此念仏、仍而
頂戴之者也　平野
大念仏寺　道祐上人判
于時永禄元年
二月朝（朔）日
本尊建立中興開山頼誉（花押）
于時寛文五年　（異筆）「施主
キノトミ十月十五日　下田屋
吉之丞」

二つの記述は同じではなく、史料2には、宗祐に与えたことは示されず、しかも永禄期には用いられていない「大念佛寺」が加筆されている。さらに頼誉は「歴代」では寛永元年（一六二四）七月二九日、「繰出位牌」では、寛文五年（一六六五）七月二九日に死去したことになっている。[5] そのような問題点を念頭に置きながらも、先行研究に従い、道祐から宗祐への「十一尊仏」の下付を前提に分析を進めるが、宗祐への「十一尊仏」の下付が今日まで意味を持つようになったのは、頼誉の活動によることが大きいと最初に強調しておきたい。また、いままで不明だった宗祐へ下付された「十一尊仏」は、宗祐寺に蔵される「十一尊仏」の一本である可能性が生まれた。

大澤研一氏は、「十一尊仏」の下付が大和国で始まったことについて、摂津・河内両国の旦那・講が別時の支配下にあったためと推測している。[6] 大念佛寺上人が六別時の鬮で決められている以上、大念佛寺として別時のもとにある講を積極的に統率することは難しい。逆に言えば、おそらく大念佛寺あるいは六別時からの距離が、「十一尊仏」の下付を要請し、かつ比較的自由な組織化が図れたのだろう。その結果、宇陀郡では、大和国の他地域と違った編成が生まれた。

延宝五年（一六七七）の「大念佛寺四十五代記録幷末寺帳」[7]（以下、「延宝末寺帳」）に記載された大和国内の寺院のうち、末寺を持つ寺院は、平群郡法隆寺村内久保村浄念寺（一カ寺）、宇陀郡松山町光明寺（二カ寺）、宗祐寺（一三カ寺）、伊賀国名張郡名張簗瀬町宗泰寺（四カ寺）である。浄念寺の末寺は法隆寺村内の道場で末寺と言えるものではなく、宗泰寺は宗祐の弟子である宗泰が開基であって、宗祐寺の末寺としても位置づけられている。つまり、大和国の融通念佛宗にあって、宇陀郡の宗祐寺・光明寺だけが末寺を有するという特徴があった。逆に大和国西部の平群郡には、八尾別時の構成員がいる一方、七カ大寺のような拠点寺院は発達しなかった。大和の東西でこのような違いが生まれたのは、大念佛寺あるいは六別時との距離、および宗祐への「十一尊仏」の下付にあることは言うまでもないだろう。

「奥州まで寛くこの念仏を勧むべし」は、『融通念仏縁起』の「日本ゑぞ《蝦夷》いわう《硫黄》が嶋までも」が参照され、[8] 下付が布教を目的としていることを明示する。しかも、「十一尊仏」の多くが寺や道場あるいは念仏講中・旦那中宛なのに対し、ここでは、宗祐個人に与えられたことになっている。宗祐は念仏講中の一人としてではなく、念仏聖として「十一尊仏」をもって、交通の要衝である萩原を拠点に宇陀近辺を街道筋に布教し、念仏講中を編成していくことになったと思われる。

宗祐寺の末寺は、廃絶を含め五〇カ寺ほどあったとされ、萩原を起点に伊勢北街道の大野・長瀬、黒田・名張（伊賀国）、伊勢本街道沿いの田口・山粕・菅野などで、そこから北に入った曽爾谷に集中している（「年中行事」、**図1**参照）。

もっとも、明治二四年（一八九一）の宇陀郡の寺院一覧[9]を参照すると、萩原から伊勢街道を東へ進む檜牧・自明・八滝・諸木野では浄土真宗の寺院が連なっていて、宗祐寺の末寺はその東側である。また、宇陀松山町周辺では光明寺の末寺が多く、宗祐寺の末寺はその南側に展開した。吉野へはすでに浄土真宗が教線を伸ばしており、萩原の西側には長谷寺があった。伊賀国の名張郡以外では天台系念仏の真盛宗が強く、宗祐寺の末寺は宇陀郡の周辺的な場所に限定された。

このような宗祐寺（融通念佛宗）の末寺の分布は、融通念佛宗の大和国南部での展開が後発だったことを示している。しかし、これは、一六世紀後半ごろまでに、融通念仏が大和国南部に及んでいなかったということではない。第一に、永徳三年（一三八三）、良鎮が発願した『融通念仏縁起』の檀越に越智家高がいたことが考慮されるだろう[10]。有力国人の庇護を受ける可能性があったからである。

ついで、宗祐への「十一尊仏」の下付よりやや遅れるが、永禄一〇年（一五六七）三月二一日、金峯山寺内での紛争を有力国人・寺社で調停したその調停者に、「大念仏上人」がいることが挙げられる[11]（**表1**）。紛争の原因はわ

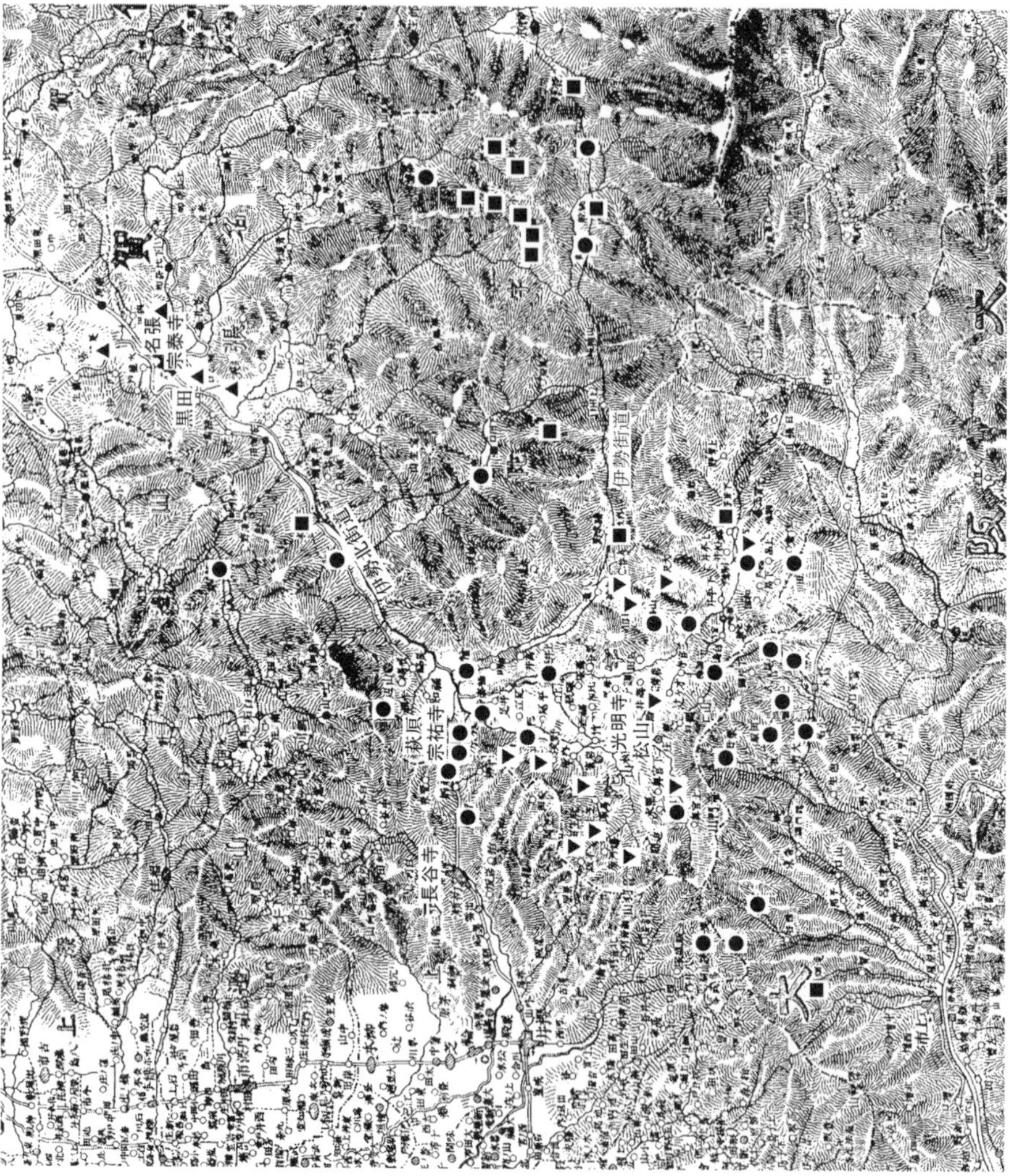

図1　宗祐寺・光明寺・宗泰寺とその末寺の分布
▲「延宝末寺帳」にある宗泰寺末寺
●「年中行事」のみにある宗祐寺末寺
■「年中行事」「延宝末寺帳」両方にある宗祐寺末寺
▼光明寺末寺（『奈良県宇陀郡史料』）

からないが、吉野八郷衆が間に入り、国人と寺院勢力が署名した。ここに、多武峯・興福寺（一乗院）・浄土真宗（願行寺・本善寺）と並んで「大念仏上人」が登場する。念のため補足しておくと、使の「調声」とは、上人を補佐する長老の役名の一つである。(12) また、「真阿」の「阿」は時宗系の僧侶につく名前で、和泉国の大念仏でその存在が指摘されていて、(13) 当時の融通念仏の性格の多様性をうかがわせるものである。

さて、このような調停に大念佛寺がわざわざ加わっているのは、大念佛寺と吉野蔵王堂とが法会などを通して関

表1　金峯山寺争論の調停者

	噯人	備考
	八郷	
寺院勢力	一乗院使／上田兵部舜芸	当時の門跡尊政は幼少。
	多武峯南院賢盛・多楽院寛盛・平等院祐慶・浄土院宣乗	
	願行寺使／苗村左京進清尚	願行寺は下市村。
	本善寺使／山村大炊介家則	本善寺は飯貝村。
	大念仏上人使／調声真阿	当時の平野大念仏上人は道祐、源光寺上人は教真。
国人	越智民部少輔使／下善兵衛正安	越智民部少輔は家盛（『奈良県史』11）。
	越智伊与守使／堤又兵衛吉清	越智伊与守は家益（『奈良県史』11）。
	秋山使／飯岡左馬介心源	秋山同名衆に飯岡姓あり（『沢氏古文書』）。
	丹下使／三ケ飛騨守頼盛	丹下は畠山秋高内衆丹下遠守。三箇氏は、宇智郡国人。
	万歳使／鎌田善左衛門尉重俊	
	平殿使／大串満介	

出典：「和睦噯衆起請文」（『金峯山寺史料集成』）。『柳沢文庫平成二十五年度秋季特別展図録『筒井順慶』』にて一部修正。

係が深かったからである。近世のことながら、「大念仏寺記録」[14]によれば、大念佛寺の住持が一世に一度蔵王堂へ登山して融通念仏を執行することをはじめとして、蔵王堂（蔵王権現）と大念佛寺はそれぞれの年中行事を通して密接に関係していた。また、源光寺の由緒書にも同寺と蔵王堂との関係が記されている。[15]融通念仏（大念佛寺）と蔵王堂との関係は、おそらく戦国期までには成立していただろう。永禄一三年に二条宴乗が六田で「大念仏」二〇〇人と遭遇しているように、[16]吉野には融通念仏が根付いていた。道祐と宗祐の接点を具体的に確認はできないが、融通念仏と吉野との関係はその背景として重要であることは間違いないだろう。

2　宗祐をめぐる言説

従来、宗祐寺の創建については、「宗祐寺縁起」を典拠として語られてきた。この史料は、延宝元年（一六七三）一一月一五日に宗祐寺の音空がまとめ、明治以後、「年中行事」を編んだ時に、その一編として採録された。その要点は以下のとおりである。

①聖徳太子がこの地を訪れ、殺生戒を説き、小堂を建てて地蔵菩薩を納めた。②天承元年（一一三一）、良忍がこの地に堂舎を建て、毘沙門天王を納めて多聞院と名づけ融通念仏を広めた。③永禄の頃、織田信長の家臣の服部時直は弓馬の道を厭い、出家して宗祐と名乗り、多聞院に住んで、大念佛寺上人より融通念仏の伝法と「十一尊仏」を受けた。④宗祐は、織田信長から黄金を賜り、殿堂を再建した。また、梵鐘を造り織田信長の寄進の旨を書きつけた。⑤宗祐は信長から宗祐寺の寺号を許されて人々を教化し、大和国南部の四郡に末寺五〇カ寺・檀信徒三〇〇〇家を得た。⑥宗祐は、天正一八年（一五九〇）七月三日に没した。後住は宗信とし、伊賀国黒田の別院に伊賀・伊勢の末寺・檀家を附属させて、宗泰に任せた。

ここでは、聖徳太子の創建に融通念佛宗の宗祖良忍との関係を加えたうえで、③以下のような宗祐の活躍と宗祐寺の誕生を記している。良忍を開創伝説に加えていることは、教学的説明として大変重要で、このテクストは、多聞院とその後継である宗祐寺が、一貫して融通念佛宗であったとしているのである。

もう一つ、「繰出位牌」にも由緒が記されており、おおむね以下のような内容を持つ[17]。

⑦聖徳太子が、敏達天皇一〇年（五八一）に多聞院を造って恵仁を住まわせた。恵仁は観音堂を建て、跡を恵忠が継いだ。⑧その後、住僧・里人が寺を支えたが、恵忠没後九三〇年余、師子相承しなかった。多くの住僧は天台の法継だが、衰退した。⑨永禄の頃、台僧円空律師が当山に寓していた。⑩伊賀国黒田生まれの服部時直は、兵乱を避け、身を師入道に投じ、宗祐と称し、資財をなげうち堂坊を大修した。

この記述は、「宗祐寺縁起」とは全く異なり、宗祐以前の多聞院を天台宗とし、かつ織田信長との関係は記されていない。「繰出位牌」で融通念佛宗との関係が書かれるのは音空の時からである。

永禄元年（一五五八）に「十一尊仏」を道祐から下付されたことを事実として出発すると、さしあたり③を記した「宗祐寺縁起」の記述に従うことになる。もっとも、服部姓の信長家臣は確かにいたが[18]、⑤のように信長が大和国内の寺院に直接寺号を与えるとは考え難く、また、同時代にそのような事実をうかがわせる記録はない。

信長との関係には検討の余地があり、梵鐘に信長寄進の旨を書きつけた（④）というが、鐘にはそのような文字は書かれていなかった。明治二三年（一八九〇）、宗祐寺の梵鐘鋳直が発願された時、天正一〇年（一五八二）三月に寄進された鐘は元和三年（一六一七）に火事で焼け、音空により造り直されるに際し信長寄進の旨は記されなかった、と説明されている（「梵鐘銘文」）。

これに関係する史料として、宗祐寺の什物の中に、音空が再興した古梵鐘銘文の拓本がある。

〔史料3〕（古梵鐘銘文拓本、点線は紙継を示す）

融通大念仏
諸行無常
是生滅法
生滅々已
寂滅為楽

和州宇陀萩原村良栄山
宗融寺住僧頼誉祐閑和上
代依十方檀那助成令建立
者也雖然以後依為破損又
蒙旦方他力令再興畢

于時寛文十三年癸丑天
七月廿九日
音空代
大工五位堂之住
藤原周防六兵衛尉末次

この銘文によれば、音空が再興したのは、十方檀那の寄進により頼誉が造った鐘である。たしかに明治の再興時の説明どおりだが、この銘文の三カ月半後に作られたのが信長との関係を強調する「宗祐寺縁起」であり、音空が、梵鐘銘から信長の寄進の旨を書き落とすことなど、およそ考えられない。信長との関係を記さない「繰出位牌」のような由緒を念頭に置けば、そもそも信長が寄進した事実はなく、最初に鐘を造った頼誉あるいは音空が、鋳直しを口実にして、信長の寄進の文言の存在を創作したのではないかとの結論にたどりつく。

では、なぜことさら信長伝承を語ったのか。おそらく、当時の宇陀を支配していたのが宇陀松山藩・織田家だったことと関わりがあるはずである。宇陀松山藩祖である織田信雄は信長の次男で、伊勢国北畠家に養子に入り、最後には同家を滅ぼした。天正七年・九年（一五七九・八一）に伊賀攻めをしていて、大和・伊賀に所縁があった。加えて、宇陀松山藩だけではなく戒重藩・柳本藩ともに織田家（有楽斎系）であり、織田信長の由緒を語ることはとても意味のあることだった。たとえば、寛文六年（一六六六）の「御用部屋日記」[19]によれば、宗祐寺は光明寺とともに松山藩の年頭礼に出仕している。徳源寺（臨済宗大徳寺末、織田家菩提寺）や室生寺長老坊（真言宗新義派、織田家廟建立）という織田家の菩提所は独礼であり、織田家以前の福島家から土地などを寄付されていた悟真寺などが惣礼であった。宗祐寺・光明寺は同じ惣礼に加わっているものの、そのままでは他の寺院が持っていたような織田家との関係は希薄である。寺格上昇のためには、織田家との関係は必要だったのではなかろうか。

服部宗祐が信長の家臣ではないとすれば、彼の出自の手がかりは何か。ここでがぜん注目されるのは、宗祐を伊賀国黒田村の出身とする⑩の記述である。服部は伊賀に多い姓であり[20]、黒田村は「別院」（⑥）である宗泰寺のあったところで、同寺はのち名張へ移転した[21]。このことからすれば、黒田出自説は蓋然性が高いことになるだろう。

推論の積み重ねではあるが、宗祐寺の創建伝承を再検討してみた。一六世紀における大念佛寺と吉野との関係を下敷きとして、大念佛寺上人から宗祐へ「十一尊仏」が下付され、宗祐はこれを用いて念仏講中を組織化し、拠点となる堂坊を末寺としていった。しかし、おそらく織田信長と宗祐との間には関係はなく、松山藩織田家のもとで寺格を上昇させるために、当時の住持である頼誉・音空らがそのような創建伝承を語り出したのであろう。

二　近世前期の宗祐寺の活動

1　宗祐寺の住持とその活動

前章で検討した通り、宗祐を明示的に語る史料はなく、むしろ後世に意義づけられているところが大きい。「繰出位牌」に従って歴代住持を示すと、泉与宗祐上人（天正一八年〈一五九〇〉七月三日没）・道雄宗信法師（元和八年〈一六二二〉一一月七日没）・頼誉祐閑法師（寛文五年〈一六六五〉七月二九日没）・音空貞顔上人顕道（元禄五年〈一六九二〉一〇月一五日没）・広空一卓上人龍道（延宝七年〈一六七九〉正月七日没）・専融貞山上人貫道（元禄三年〈一六九〇〉五月八日没）・逞誉敬顔上人穽道（元禄一二年〈一六九九〉九月二四日没）と続く。死去まで住持を務めたわけ

表2　宗祐寺住持による「十一尊仏」の下付

住持	年月日	宛先	現蔵		備考
頼誉	寛永一五年一〇月一五日	桃俣村観音寺旦那念仏講中・旦那惣中	宇陀郡御杖村桃俣	観音寺	永禄元年に宗祐に与えられた画像の写し。
頼誉	寛永一八年四月八日	塩井村中御本仏（福満寺住僧教順）	宇陀郡曽爾村塩井	明安寺	延享元年修復時の裏書写し、菅野村明安寺は明治一四年塩井村福満寺に移転、什物を引き継ぐ。
音空	貞享三年七月一五日		宇陀郡御杖村土屋原	教楽寺	教楽寺檀信徒引導仏。画像は紛失し、のちに寺に入った本尊裏書に経緯を記載。
音空	貞享三年七月		宇陀市榛原区萩原	阿弥陀堂	明治一三年の裏書に音空開眼の旨が書かれる。
音空	元禄三年五月一五日	室生村夜念仏講中	宇陀郡室生村室生	西光寺	
湜誉	元禄九年七月一五日	吉野郡小名村安心仏	吉野郡吉野町小名	白山寺	貞松院より下付。裏書現存（宗祐寺預）。
湜誉	元禄一〇年六月一五日	（玉立村）	宇陀市榛原区萩原	青龍寺	
臨空	（宝永元年八月二六日）	高照寺什物、当村中惣仏、賢空良聖菩提のため（高照寺現住江空楚南）	宇陀郡曽爾村掛	高照寺	日付は箱書による。
秀問	享保二〇年一二月五日	寿勝院天慶元祐禅定門菩提のため	宇陀郡曽爾村伊賀見	地蔵寺	
秀問	寛保三年正月一二日	念仏講中	宇陀市榛原区萩原	東町念仏講中	

参考：『報告書』、浦西勉「仏教儀礼地方伝播過程の一考察」

ではなく、住持を譲って隠遁することもあった。

表2は、現在確認されている、宗祐寺が下付した「十一尊仏」の一覧である。宗祐寺が大念佛寺同様に、「十一尊仏」を下付して念仏講を組織化していったことはつとに指摘されている。大念佛寺上人の裏書のある「十一尊仏」は、河内・摂津より大和国の遺例が多いが、宇陀郡は宗祐寺・光明寺だけである。大念佛寺は直末寺に下付し、宗祐寺の末寺へは宗祐寺より下付するのが原則だったと判断される。例外的に、吉野郡吉野町小名の白山寺の「十一尊仏」は、本山貞松院が下付したものだが、本末の秩序に従い、宗祐寺逞誉によって開眼されている。また、音空が「十一尊仏」を与えた教楽寺・西光寺と逞誉の与えた白山寺は、いずれも「延宝末寺帳」に記載がなく、「年中行事」に末寺として記されるので、「十一尊仏」の下付を通して、新たに末寺化したのだと思われる。

近世前期の歴代住持の中でも、頼誉・音空は特に重要な人物である。

頼誉は、宗祐寺住持による「十一尊仏」の下付を始めた人物で、自ら「中興開山」を称している。その素性は全く不明ながら、一般的にいえば、「誉」号は、浄土宗鎮西派で与えられる戒名である。ためしに、「延宝末寺帳」の住持のうち、「誉」号を称している者を見ると、例外なくすべて浄土宗からの改宗である。その後も、宗祐寺には逞誉のように誉号を持つ者がおり、浄土宗との関係は続いていく[22]。

頼誉の跡を継ぎ、宗祐寺の境内を一新させたのは音空である。音空の業績は「繰出位牌」の裏に詳しく、寛文七年に初めて大念仏を修め、大念佛寺へ入院して客末寺となり、以後、融通念佛宗を相続した。本堂（一〇間四方庇）、観音堂・毘沙門堂・薬師堂・釣鐘堂・玄関（各四間四方）、対面所・客殿・庫裏（各四間七間）、学寮二所・客寮・茶所・物入（各二間半四間）、宝蔵・土蔵四所（二間三間）、釘貫腕木薬医門四所、鐘鋳・井堀の普請・建て替えを成就させた。元禄五年一〇月一日から檀家を招いて法筵を開き、一五日朝勤行ののち合掌して遷化した。檀家は一万一一〇〇家となり、大和・伊賀・伊勢・尾張の四カ国に及んだという。現在でも、宗祐寺の鐘楼脇の井筒には、「音空」の「音」の字が見え、「音空」と彫り込まれた手水鉢も残っている。

音空が頼誉の造った梵鐘を再鋳造した時の銘文の日付は七月二九日である。これは頼誉の祥月命日を意識したのだろう。事物を顕彰するに際し、日付をどう選ぶかは重要で、末寺に「十一尊仏」を下付する日として、もっぱら一五日が選ばれていることには注意が必要だろう。大念佛寺が下付する「十一尊仏」より顕著な傾向で、偶然とは考えられない。先に見た、「宗祐寺縁起」に付された日付も一五日である。延宝六年（一六七八）、広空により、祠堂銀を集めるために表に金箔を押した巨大な「祠堂銀位牌」が造られたが、そのほぞに書かれた日付も、一〇月一五日である。この「祠堂銀位牌」は亡者一人に付銀一〇目を祠堂銭として集めて特別に供養しようというもので、枠は四二四ある。現状では戒名は残っておらず、実際どの程度使われたのか不明だが、全部埋まれば銀四〇〇〇匁以上を集めることになる。このような結縁によって人々から集めた資本をもとにして、右の堂舎を整備したのだろうが、ここでも宗祐寺にとって一五日は特別な日だということが確認できる。

一五日に対するこだわりを明示した史料はないが、理由は三つ考えられる。一つは、六斎念仏との関係で、一五日は六斎日の一つである。奥村隆彦氏の整理によれば、奈良県内の六斎念仏講碑五九基のうち二五基が一五日付になっている。他の斎戒日を含めれば二八基が斎戒日の日付を持つことになり[23]、碑文と斎戒日に強い関係があることがわかる。戦国期から近世前期ではその傾向が強い。

江戸に入ると、念仏講も性質を変えていると思われるが、文化二年（一八〇五）の高照寺（曽爾村掛）の過去帳（曽爾村長野・欣祐寺蔵）によれば、七月一五日から一七日にかけて山粕の念仏寺・高照寺・欣祐寺の施餓鬼、一〇月一五日は、十夜念仏の結願の日だった。こうした行事との関係も想定される。

三つ目に、融通念佛宗の縁起からいえば、一五日は、良忍が永久五年（一一一七）五月一五日に、阿弥陀仏の相好を感得し、融通念仏の教えを授かった日である。

念仏講と寺院（本寺）を結びつけ、念仏講中を組織化する際にもっとも有効な日が一五日だったと理解できるだろう。宗祐寺の「十一尊仏」裏書が、頼誉が死去している可能性のある寛文五年一〇月一五日付になっていたとしても、おそらくあらかじめ開眼供養の日をこの日と定めておいたからだと了解される。また、死期を悟り、二週間に及ぶ勤行ののち一〇月一五日に亡くなった音空の姿は、神秘に満ちた劇的なものだったに違いない。

2　末寺の過去帳

「延宝末寺帳」では、大和国内の融通念佛宗寺院の八六パーセントが看坊であり、宗祐寺末寺の一三カ寺もすべて看坊、そのうち四カ寺は無住だった。浦西氏は、宗祐寺末寺の僧侶の移動を指摘しているが(24)、看坊を管理する村の力が強く、末寺の僧侶の地位が決して安定していなかったことの裏返しだと思われる。

宗祐の「十一尊仏」の写しが残る観音寺（御杖村桃俣）ですら看坊だったが、観音寺には、音空の位牌があり、歴代住持の中に音空も含まれている。おそらく音空は宗祐寺住持を離れたのち、末寺に住むことで、教化活動にあたったのだろう。

欣祐寺には、三冊の過去帳がある。一冊は天和二年（一六八二）八月一五日の年紀を持ち、欣祐寺住持観空と塩井村隠士専誉（福満寺住持）が、それぞれ六字名号と花押を書いている。もう一冊には、貞享四年（一六八七）正月二日、巻頭に音空の六字名号と花押、巻末に欣祐寺観空文察の六時名号と花押がある（三冊目は明治一四年〈一八八一〉に整理されたもの）。現段階でこの二冊の関係は不明であるが、講中を檀家として把握し、定着させるうえで、過去帳の役割は大きく、宗祐寺住持の音空が末寺の過去帳に署名することで、その権威を高めているのである。しかも、これらの過去帳は、単に戒名と命日を書き上げただけではなかった。欣祐寺の天和二年の過去帳の裏面には、数多くの寄付の文言が書き付けられている。たとえば、左のような一文である。

〔史料4〕

奉寄進談義机説相箱欣祐寺常住
為道清信士菩提也　　施主与吉敬白
貞享弐乙丑暦六月十五日　　観空代

多くがこのような先祖・家族の菩提を弔うための寄進であって、過去帳に書き付けることで供養と顕彰の両様の意味を持った。

また、高照寺の過去帳には、正月・六月の『大般若経』転読や七月の施餓鬼の式次第と役割、寄進された田地が書き上げられている。田畑の寄進は、毎年法会を行うための資金の提供であり、間接的には過去帳に記された先祖の供養のためでもあり、当然それは、寄進者の義務ともなった。欣祐寺の過去帳には年中行事も書かれており、年代記のような記述も見られる。過去帳は先祖供養のためだけではなく、寺院の行事を経済的にも支える重要な役割を果たした。

以上のように、村の念仏講中は、寺院（本寺）からの「十一尊仏」の下付、宗派の由緒と在地行事のすり合わせ、あるいは先祖供養と寺院経済・行事の結合により、近世的な本末体制・檀家制度に組み込まれていったのである。

おわりに

二章にわたって、宗祐寺とその末寺の動向の一端を明らかにした。第一章では宗祐寺の創建の背景と宗祐をめぐる伝承を検討して、信長と宗祐の関係に疑義を提示した。第二章では、本末体制・檀家制度という近世の寺院体制のなかで、宗祐寺と念仏講中がどのような方法によって結びついていったのかを検討してみた。

宗祐寺の末寺では、融通念佛宗寺院として、それぞれに「十一尊仏」を奉じ、良忍・法明像が掲げられている。しかし、その一方で、古代・中世以来そこに安置されていたと推定される本尊を引き継いでいる例がほとんどで、堂舎の管理もまた多くは村人にゆだねられている。末寺化されたとはいえ、決して画一化されておらず、宗派を問わない宗教運動としての融通念仏、村を母体とした念仏講の姿を、今なお垣間見ることができる。近世における融通念佛宗の末寺の組織化の達成点と限界点もまた、ここにあったのではないかと思われる。

註

（1） 五来重「融通念佛・大念佛および六齋念佛」（『大谷大学研究年報』第一〇輯、一九五七年）、一二〇頁。

（2） 本山に大念佛寺の呼称が用いられるようになったのは寛文期以後、宗派として「融通念佛宗」が用いられるようになったのは、元禄期以後であるとされるが（大澤研一「融通念佛宗の六別時について」〈『大阪市立博物館研究紀要』第二四冊、一九九二年、一九頁〉、同「近世融通念佛宗における舜空期の意義」〈伊藤唯真監修、融通念佛宗教学研究所編『法明上人六百五十回御遠忌記念　融通念仏信仰の歴史と美術―論考編』大念佛寺、二〇〇〇年、一二〇頁〉）、煩雑なため、それぞれ「融通念佛宗」「大念佛寺」を用いる。

（3）前掲註（2）論文のほか、塩野芳夫「融通念仏宗の成立過程――浄土宗との関連において――」（千葉乗隆博士還暦記念会編著『千葉乗隆博士還暦記念論集　日本の社会と宗教』同朋舎出版、一九八一年）、同「近世融通念仏宗の成立――念仏講から一宗独立へ――」（『近世畿内の社会と宗教』和泉書院、一九九五年、初出は一九九三年）、『昭和五七年日本自転車振興会補助事業による「法会（御回在）の調査研究報告書」』（元興寺文化財研究所、一九八三年、以下『報告書』）、稲城信子「中世末から近世における融通念仏信仰の展開」（『近世佛教　史料と研究』第二一号、一九八八年）、西本幸嗣「近世融通念仏宗における「御回在」と天得如来「御出光」について」（融通念佛宗教学研究所編『法明上人六百五十回御遠忌記念論文集』大念佛寺、一九九八年）、神崎寿弘「摂津・河内地方における大念仏上人と挽道場」（『鷹陵史学』第二九号、二〇〇三年）。

（4）大和国の融通念佛宗をおもに取り上げ、本稿で参照した研究は以下の通り。浦西勉「仏教儀礼地方伝播過程の一考察――奈良県宇陀郡宗祐寺（融通念仏宗）の場合――」（『奈良県立民俗博物館研究紀要』第二号、一九七八年）、吉田清「融通念仏宗と御回在――特に大宇陀町とその周辺地域――」（花園大学文学部史学科編『畿内周辺の地域史像――大和宇陀地方――』花園大学文学部史学科、一九八七年）、大澤研一「融通念仏宗の大和国への勢力伸長について」（『法明上人六百五十回御遠忌記念論文集』）、澤井浩一「御回在と村落――奈良県宇陀郡榛原町宗祐寺の事例を中心にして――」（『法明上人六百五十回御遠忌記念　融通念仏信仰の歴史と美術―論考編』）、稲城信子「大和における融通念仏宗の展開――特に宇陀地域を中心に――」（『国立歴史民俗博物館研究報告』第一一二集、二〇〇四年）。

（5）位牌の銘文は「寛文三乙巳年七月廿九日」である。乙巳は寛文五年であり、ここでは干支に合わせて寛文五年とした。頼誉は本尊建立にあたり、生前に開眼の日を一〇月一五日と決めていた可能性が高い。その理由は本稿第二章第1節を参照されたい。

（6）大澤研一「融通念仏宗の大和国への勢力伸長について」、一三九頁。

（7）「大念佛寺四十五代記録幷末寺帳」（融通念佛宗教学研究所編『融通念佛宗年表』大念仏寺、一九八二年）。

（8）稲城信子「融通念仏信仰の展開」（『報告書』）、三一頁。松浦清「融通念仏信仰と片袖縁起――大念仏寺所蔵「片袖縁起」を中心に――」（『大阪市立博物館研究紀要』第二四冊、一九九二年）、二七―二八頁。

（9）稲城信子「大和における融通念仏宗の展開」、一六九―一七一頁。
（10）稲城信子「融通念仏信仰の展開」、三〇頁。
（11）「和睦嗳衆起請文」（首藤善樹編『金峯山寺史料集成』国書刊行会、二〇〇〇年。『柳沢文庫平成二十五年度秋季特別展図録『筒井順慶』』〈公益財団法人郡山城史跡・柳沢文庫保存会、二〇一四年〉も参照のこと）。塩野芳夫氏もこの史料に言及する（「近世融通念仏宗の成立」、三三八頁）。
（12）神﨑寿弘「摂津・河内地方における大念仏上人と挽道場」、一九二頁。
（13）大澤研一「中世和泉の大念仏について」（塚田孝監修『高橋家と池田下村の調査研究』和泉市史紀要第九集、和泉市教育委員会、二〇〇四年）。
（14）「大念仏寺記録」（『報告書』）、五一頁。
（15）「摂州西成郡南中嶋融通大念仏宗由緒書」（伊藤唯真監修、融通念佛宗教学研究所編『法明上人六百五十回御遠忌記念　融通念仏信仰の歴史と美術―資料編』大念佛寺、一九九九年）、一四三頁。このほか、「和州旧跡幽考」（『法明上人六百五十回御遠忌記念　融通念仏信仰の歴史と美術―資料編』、一四二頁）も参照されたい。
（16）「二条宴乗記」永禄一三年（一五七〇）三月九日条（『ビブリア』五三号、一九七三年）。
（17）『奈良県宇陀郡史料』（奈良県宇陀郡役所、一九一七年）、五六頁。
（18）たとえば、谷口克広『織田信長家臣人名辞典』（吉川弘文館、一九九五年）を参照。
（19）「御用部屋日記」寛文六年正月四日条（宇陀市所蔵写真帳による）。
（20）沖森直三郎編『参考伊乱記――一名伊陽平定志――』（沖森文庫、一九七五年）参照。
（21）『伊賀町史』（伊賀町、一九七九年）、四二〇頁。
（22）享保期には、宗祐寺住持快弁が浄土宗へ転宗しようとして、大念佛寺を巻き込んだ大きな争論になり、一部の末寺・檀家が宗祐寺から離れるということもあった。
（23）奥村隆彦「六斎念仏――金石文資料よりの一考察――」（『報告書』）。
（24）浦西勉「仏教儀礼地方伝播過程の一考察」、二一一頁。

〔付記〕　本稿は、宗祐寺寺誌編纂事業の過程で知りえた史料をもとに記述しており、二〇一五年出版予定の『宗祐寺史』と内容が重複することをご寛恕願いたい。史料調査を進めていただいた宗祐寺住職中尾良彦様・佐々木教人様および本山大念佛寺様にお礼申し上げます。

「壬申の宗難」と融通念佛宗の維新史

行　昭一郎

はじめに

融通念佛宗総本山大念佛寺第四六世融観大通（一六四九―一七一六）は、江戸幕府の公認を得て、宗門体制を整備し、あわせて朝廷より、檀林の開発および香衣勅許の永宣旨を授かり、融通念佛宗繁栄の礎を築いた。

幕府に対しては、年頭御礼へ使僧を遣わし、山主交代挨拶の江戸登城に際し、将軍への御白書院拝礼を許されていた。朝廷に対しては、紫衣勅許による参内が許されており、さらに大通以降の歴代山主を堂上方諸家より迎えるなど、近世期の融通念佛宗は、幕府および朝廷ともに交誼を深めてきたといえる。

ただ、幕末期に至り、朝幕関係の軋みから、融通念佛宗も両者との接触に微妙な調整が求められた。江戸城本丸焼失への献金や、長州征伐への旅陣提供と拠金、東照権現大遠忌法要の執行など、幕府への忠誠心を示す一方で、朝廷とも深く関係を結び、朝幕双方への等距離関係を維持していた。物心両面での負担と貢献は、本末一統にまでおよび、不透明な政情のもと、朝幕の狭間で悩む歳月であった。

そんな折、時代は明治維新を迎え、新政府は、慶応四年（一八六八）に太政官布告（通称、神仏分離令、神仏判然令）を発布、明治三年（一八七〇）に出された「大教宣布の詔」などの政策によって廃仏毀釈の風潮が高まりを見せる。(1)

重ねて、宗教統制による国民教化の目的で設置された教部省は、仏教の所管を天台宗・真言宗・浄土宗・禅宗・浄土真宗・日蓮宗・時宗の七宗と限定し、明治五年壬申（一八七二）、融通念佛宗をはじめ法相宗、華厳宗、律宗などに向けて、前述した七宗のいずれかに所管を置くよう記された太政官布達が発布される。

およそ宗義の異なる他宗への所管は、吸収または廃宗を意味し、ここに融通念佛宗は大きな「宗難」を迎えることになる。

一　維新の嵐

慶応三年（一八六七）一〇月、将軍徳川慶喜の「大政奉還」により、幕藩体制は崩壊し、「王政復古」「天皇親政」を謳う維新政府が誕生した。翌四年には、討幕の戊辰戦争も終結し、新政府は統治機構を整え「明治」と改元した。朝廷内も旧来の摂関・議奏体制を廃止し、中下層の公家集団が政権の中枢を握り、また、討幕戦争の要となった西国雄藩の下層武士たちが連合体制を結成した。公武を問わず身分制の強い社会において観念論的な思考が先行し、実務経験に乏しい政府官員が権力を背景に空理空論に基づく指令を乱発した。その結果、朝令暮改の繰り返しにより、人心不安は高まるばかりであった。

武力を軸にすえた封建社会を覆した新政府がめざす国是とは何か。旧幕政の統治の柱である古格尊重を否定し、世界列国と肩を並べるほどの実力を育てることであった。その一環として、新政府は西欧化を推し進め、のちに「維新政府」と呼ばれるようになる。

政府は、朱子学という儒教体制を否定した上、西欧の文化とキリスト教の流入は防げないとするならば、「祭政一致」をもとに神道を国教とする国家を主張することで、他の宗教へ対抗しようと試み、神祇を司る神祇伯をすべての行政の頂点に置いた。その後、国民教化の「大教」のため宣教使を設けたが、力量不足は隠しきれず廃止となる。

慶応四年（明治元・一八六八）、昂然と発布した神仏分離令の強行策は、廃仏毀釈、仏像破壊、寺院廃合の暴挙に奔る。これにより各地に宗教一揆が続発するを見て、急遽「分離令は廃仏に非ず」の布達を余儀なくされた。

政府は仏教弾圧策をひるがえし、神道を補助する仏教勢力の利用を企て、神仏合同大教院を設け、各府県に中教院、自社自坊を小教院と指定し「三条の教則」（敬神愛国、天理人道の明示、皇上奉戴と朝旨遵守）を下付し、全国の神官僧侶をもって国民教化に当たる教導職（一四等級）という官職に就かせようとした。

維新政府は、思想的観点からのみ仏教弾圧を下したのではない。新政府の財政基盤は弱体の上、幕府の対外債務を引き継いでいた。攘夷戦争による諸外国への賠償金の未払いである。それに対し維新当初の東西本願寺への課徴金に止まらず、社寺領上知令などによる国庫への没収や、版籍奉還（廃藩置県）による土地および藩財産の没収などにより政府は財政を潤し、なおかつ、新しい国是「富国強兵、殖産興業」をめざして、岩倉具視ら使節団が欧米に出発している。

明治五年（一八七二）、政府は、問題の多い神祇省を廃止し、宗教政策担当部署の教部省を設置する。顧みれば宗教担当は、神祇伯・神祇省・民部省・大蔵省・教部省と変転したが、いずれも政府が必要とする角度から宗教を利用しようと試みたすえの変遷であった。

旧幕府の寺院法度を踏襲した維新政府は、教部省内で全国神社の統廃合を強行し、社格を定め、官幣国幣の大中小社格を上位とし、郷村社を摂社末社と吸収併合する所管策に成功した。政府は、それを仏教界にも適用する。仏教諸宗派を七派と限定し、規模の小さい宗派を大宗派に併合させようと試みたのである。

神社の場合と相違し、政府は、政治的経済的に社会生活に根を張る仏教勢力を融合させる基準を定めることすら困難であった。寄り合い世帯の諸藩出身の官員が仏教上の知識に通暁するはずはなく、せいぜい檀信徒数、寺院規模の調査、明細帳作成が限度であった。教導職の一斉任命や、神道勢力の統制を終えたことに気をよくした教部省は、ついに致命的失敗を犯す。

大阪地方の七宗へは教導職任命、各宗管長任命が進むにもかかわらず、融通念佛宗へは何の通知もされず、さらに地方官庁もまた、教導職疎外問題陳情のための上京も抑えたのである。上意下達の指令下にあって、不審の問合せすら許されない状況であった。

融通念佛宗総本山大念佛寺の歴代山主は、第四八世信海[2]以来、堂上方勧修寺家より入山の慣例であり、特に勧修寺経逸の時代に議奏として、宮廷内に声威を振るっていた。その女子が、光格天皇女御として仁孝天皇生母となるや、権勢は頂点に達した。しかし、公武合体思想の孝明天皇の逆鱗（長州びいき）に触れた勧修寺教理は昇殿停止に処せられ、天皇崩御の後も逼塞し、明治四年（一八七一）に死去する。

また、勧修寺家から入山の大念佛寺第五三世教寛[3]は明治二年夭逝、先代第五二世教彌[4]も明治五年遷化という不運が続いた。勧修寺家と対照的に三条家は、実美の時代に孝明天皇に重用され、一時は「長州七卿落ち」をするも、明治の世に元勲と返り咲き太政大臣となる。ただ、政治力に乏しかったためか、岩倉に左右されがちであった。

このように明治五年壬申（一八七二）、仏教弾圧の法難に直面した融通念佛宗は、山主空位、外護関係にあった勧修寺家没落のなか、いかに強権政府の圧力の前に立ちはだかったのだろうか。

二　壬申の宗難

明治五年（一八七二）九月、政府は突如として以下のような太政官布達[5]（第二七四号）を公布、

法相宗、華厳宗、律宗、兼学宗、融通念佛宗之五宗、各派並ニ其他諸宗之内別派、独立本山及無本寺等、夫々相当望之宗内総本山へ所轄被仰付候條、各府県ニ於て此旨相心得、管内寺院へ相達し、願書取纏め、所轄之処分教部省へ可伺出事、

とあり、教部省は、該当の諸宗に対し、政府公認の諸宗七宗への所管を命じたのである。

およそ官庁の通達は、上部から下部組織へよどみなく流れ、通達実行の責めは最終末端の部署が負い、自主判断は許されない。この太政官布達もまた、何の連絡もないままの一方的な公布であり、政府の決定に否応を許さぬものであった。

太政官令の尊厳を盾とする官員にとって、反抗する事態は想像できず、事実、融通念佛宗を除き他の該当諸宗寺院は、心ならずも所管を受け入れたが[6]、教部省は融通念佛宗が布達を拒否した状態のままに年を越す。

このようななか、明治六年三月、京都伏見西養寺の阿満得聞[7]が大念佛寺へ説諭のため来寺する。ここでも末寺僧および檀信徒は、融通念佛宗復活を強く要求した。得聞は、明治六年（一八七三）九月、この状況を教部省に報告の傍ら、太政官正院宛に建白書[8]を提出する。

建白書は、「凡ソ教法ハ民ノ信ズルトコロニ任テ、束縛スベキノ理ナキハ勿論ナリ」と述べたのち、融通念佛宗側の陳情である「元祖良忍ノ宗義ハ、七宗相承スルトコロノ教法ト異ナリ、故ニ教導スルトコロ亦随テ別ナリ」との主張を加えた上で、

ソノ教法民心ニ入テ堅固ノ信心ヲ決ス、ソノ信ハ他ヨリ横奪スヘカラス、強テ之ヲ抑制セハ怨屈シテ擾動セン、恐クハ方今寛仁ノ政体ニ害アラン歟、

と綴っている。

この得聞の建白書を受けた教部省は、「宗号、寺格は従前のままいずれかの宗本山に所管せよ」との執拗な勧告であった。懐柔策とはいえ、「宗義」はそのままでの所管はありえず、異なる宗義のまま所管を許す宗派もあろうはずはない。

万策尽きていた融通念佛宗側は、阿満得聞の建白書提出に学び、教部省に対し九月（「奉歎願口上書」「宗義歎願手続書」）、一〇月（「添願書」「宗義歎願書」）と月を重ねて、融通念佛宗末寺総代清涼得善(9)、大念佛寺執事長清原實聞(10)、大念佛寺第五四世住職秦慈嶺(11)の三人連署の歎願書を提出した。一一月の歎願書については、一通は通例の三名連署の「奉歎願口上」と、清涼得善の「宗義歎願手続口上書」の二通であった。その清涼得善名義の口上書(12)を次に掲げる。

去壬申春、朝廷教部省被為諸宗本山召出ニ相成候由伝承仕リ、当大念佛寺儀ハ、定テ御召洩ニ相成候哉ト存、大阪府ニモ申上数月差控候処、諸宗追々教導職拝命等有之、自宗独リ傍観ニ堪ヘ難ク、依之去年八月大阪府ヘ御届ノ上、役者トモ三名東上仕リ、速ニ大教院ヘ着届申候トコロ、大教院議事真性院聞届ラレ、早々此由本省ヘ通達候間、追テ本省ヨリ其寺御召出可有之候間、自今毎日大教院ヘ出頭、当分随喜席ニテ聴講致シ居ラレ候

ハハ、其内教院ノ事情モ相分リ、傍間不閲出席コレアル可ク旨申渡サレ、爾後銘々出席聴講致シ、御沙汰相待候処、数十日ニ及候ヘトモ、御本省ヨリ御召之無、豈図ランヤ、九月十八日ノ御公布ニ法相以下融通大念仏宗ノ五宗、相当ノ宗内へ所轄致スヘク旨仰出サレ、宗義ハ従前ノママ立置セラレ候義ニ敬承奉リ候上ハ、更ニ申上ヘク義之レ無ク候、去リ乍ラ宗門ニ付堪へ難キ義有之、門末ヨリ苦情申立、役者共モ説諭ノ致シ方ニ当惑仕候余リ、当二月中再願奉リ候、本省へ事情申立候処、宗派寺格従前ノ儘置セラレ、且又、本年八月現今七宗ノ関係セス、直ニ本山住職奏慈嶺恭クモ大講義拝命イタシ、本末一同大慶仕度候ニツキ、何卒自今七宗同列ノ御取扱ヲ蒙リ度旨、別紙願書ヲ以奉歎願候、依テ手続ノ一書奉差上候、以上、

明治六年十一月

末寺総代
長泉寺住職
清凉得善　　印

教部省御中

聞届候事

教部省側からいくら所管を呑ませる条件を出そうと、融通念佛宗にとって「宗義歎願」こそ命であり「宗の面目は宗義にあり」と宗義に誇りを抱く教団の立場は譲れなかった。そんななかで教部省の態度に変化が生じた。すなわち大念佛寺住職奏慈嶺の署名が入った歎願書ではなく、なぜこの清凉得善単独名義の書類に、「聞届候事」と朱書したのか。

上級官庁の教部省が、任命権を持つ下級官員の大念佛寺住職宛にこの「聞届候事」という文言を使うのは面子が立たない。なおかつ無位無官の末寺総代の影響力をもってすれば、「宗門ニ付堪へ難キ義有之、門末ヨリ苦情申立、

役者共モ説諭ノ致シ方ニ当惑仕候」との文言からも、不慮の行動を起こしうる可能性が考えられ、現に教部省側の手落ちを数え上げ、突如の太政官通達に非ありとしている。

なお、得善は、大念佛寺住職秦慈嶺の大講義任官の謝礼を述べるも、「何卒自今七宗同列ノ御取扱ヲ蒙リ度」と詰めることを忘れていない。教部省は、逐一手落ちの結果を列挙され、面子を立てるには末寺総代の恫喝にも似た歎願書に朱書しかなかったと考えられる。

三　宗門の回天

回天とは時勢を一変させることをいう。この場合、廃宗の危機に瀕した融通念佛宗が、甦る状況を指す。教部省内に仏教宗派取締に変化がみえたのは、明治六年（一八七三）頃からである。たとえば開明思想の浄土真宗僧侶島地黙雷は、かねてより「真宗の大教院離脱」を提唱しており、森有礼は「信教の自由」の論文を公表するなど騒然とした空気のなか、岩倉具視欧米使節団が視察を終えて帰国する。留守中の三条実美の「征韓論」決定をめぐり岩倉と対立、「内政」優先の立場から「征韓論」は敗れ、西郷隆盛・副島種臣・後藤象二郎ら諸参議が一斉に下野し、新政府は内部分裂した。

森有礼・福沢諭吉・西周らが「明六社」を設立し、『明教新誌』を拠点に「信教自由」の論陣を張った。このときの教部省は、教部大輔宍戸璣（長州）、教部少輔黒田清綱（薩摩）、教部大丞三島通庸（同前）であり、薩長対立の膠着状態であった。

明治六年一一月二九日、参議木戸孝允は、当時同じく参議（工部卿を兼任）であった伊藤博文へ送った書簡(13)の中で、

教部論宍戸江は、先達而より逐々相論、無理に抑制候而混淆と申事は無之、所詮各人之信仰も自由に任せ候外無之と申候、

と語る。木戸の説得を受けた教部大輔宍戸璣の決断により、明治七年二月一九日、以下の布達[14]が出される。

法相宗其他、夫々相当望之宗内エ所轄被仰付候旨、壬申第二百七十四号公布相成候処、融通念佛宗之儀ハ、詮議之次第有之、特立被差許候條、此旨布達候事、

ここに融通念佛宗は七宗と肩を並べて八宗目の公認を得たことになる。

布達文中の「詮議之次第有之」という文言は極めて意味深長であった。太政官令の撤回はあるはずがないと豪語する官員もあったと思われ、朝廷と融通念佛宗との由緒、歴史的関係を含め、省内議論をめぐる事態の裏面を窺わせた。太政官府は教部省布達というかたちで、教部省に撤回の責任を負わせたことになる。

後段の「特立被差許」という文言はさらに重要な意味を持つ。およそ「特立」とは「他の支配を受けず衆に抜きん出ている」という意味である。単なる独立とは異なる讃辞である。自己の主張に立ち、独り行動する意味に解釈できる。「宗難」に際し、毅然と立ち向かう姿勢に対する表現といえた。

事を議するに対し思慮浅く、加害者となる政府が「遺憾」の意を表わし、苦難に耐えた融通念佛宗に対する「隠微な讃辞」ともとれた。上級官庁が下部組織からの批難に対し、失態を認め、事態を収拾するかたちといえなくもない。

おわりに

明治七年（一八七四）六月には、教部省は社寺の合併を一切禁止するなど、維新当初とは逆の布達が発令され、各宗各派の独立画策が顕著となったのはいうまでもない。融通念佛宗の「特立」事件が大教院体制をゆさぶったともいえる。

かねて神仏合同大教院からの浄土真宗離脱論を主唱していた島地黙雷は、啓蒙的開明僧として有名であったが、明治八年一月、教部省は黙雷の提唱を受け入れ、神道側の反対を抑え、真宗の大教院離脱を承認した。

さらに五月には、神仏合同大教院は解散となり、各宗別の布教が許された。ただし各宗とも「三条の教則」を順守するよう求められた。なお、明治九年には、融通念佛宗に続き、臨済宗より黄檗宗が分離独立している。黄檗宗独立に引き続き、西本願寺より興正寺派が独立（現在の真宗興正派）、浄土宗より西山派（現在の西山浄土宗・浄土宗西山禅林寺派・浄土宗西山深草派）が独立するや、教部省は弱腰を理由に廃止、業務を引き継いだ内務省は、社寺局と縮小して吸収合併したのが明治一〇年（一八七七）一月である。

かくして宗教問題は、明治末期、国民教化の必要から文部省に移管されるまで、政府にとって治安維持上、重要な監察対象となるのであった。それを知る国民の側もこの「特立」事件に強い関心と興味を寄せた。融通念佛宗の「特立」以後に、多くの他宗派の分離独立運動が激増するのを見ても、いかに大事件であったかがわかる。

「特立」後、大教院内に融通念佛宗局を設置、諸宗と同じく、独自の布教活動が始まる。明治八年八月、東京浅草南松山町行安寺是心院を融通宗局出張所と定めた。天保改革で取り壊された「江戸弘通所光徳寺」（東京本所原庭町）の復活であった[15]。総本山大念佛寺から要員の派遣があったものの、活動状況については未解明である。融通念佛宗の受難である「壬申の宗難」は、明治政府が強権を振りかざすことによって出来した悲劇である。次いで「宗門の回天」は、明治六年に起きた征韓論を中心とした政変と同時進行の事案となり、「特立」達成に至ったのである。当時の世間を瞠目させた融通念佛宗の「特立」は、その後他宗へと波及し、独立達成の諸例を呼びこむこととなった大きな契機であったと考えられる。

註

（1）明治期における廃仏毀釈問題については、吉田久一『日本近代仏教史研究』（吉川弘文館、一九五九年）を、当時の宗教制度の移り変わりについては、文化庁文化部宗務課編『明治以降宗教制度百年史』（明治百年史叢書、第三二八巻、原書房、一九八三年）および、文部省宗教局編『宗教制度調査資料』第二巻（明治百年史叢書、第二五七巻、原書房、一九七七年）を、明治期の融通念佛宗の動向については、本霊禅山「本宗の特立について」（『融通念佛宗研究誌　大源』第三〇号、一九七五年）を参考にした。

（2）勧修寺高顕の息男、享保六年（一七二一）に大念佛寺へ入山。宝暦二年（一七五二）、妙法院の院家を兼帯する。『融通總本山　大念佛寺誌』（大念佛寺、一九〇四年、一九九〇年再版）参照。

（3）勧修寺家出身。明治二年（一八六九）六月一八日に大念佛寺住持在職わずか二年で入寂する。『融通總本山　大念佛寺誌』（前掲註〈2〉）参照。

（4）冷泉家出身。妙法院院家を兼帯するが、明治元年二月の太政官命により兼帯を解かれ、明治五年（一八七二）七月一一日、妙法院院家日厳院にて入寂。『融通總本山　大念佛寺誌』（前掲註〈2〉）参照。

（5）「諸宗各派・別派等ノ総本山管轄」大阪府史編集室編『大阪府布令集』一（大阪府、一九七一年）。

（6）融通念佛宗中興法明良尊を開基とする大阪府守口市佐太来迎寺は明治五年に、大阪市北区豊崎源光寺は明治六年にそれぞれ浄土宗知恩院の所管となる。拙稿「浄土依准大念仏教団の終末について――宗教法令を中心として

――」（『奈良文化女子短期大学紀要』二三号、一九九二年）参照。

（7）浄土真宗本願寺派の僧侶。安政四年（一八五七）に京都市伏見区肥後町西養寺の養嗣子となる。倶舎唯識因明を学び、悉曇にも精通。明治三九年（一九〇六）入寂。

（8）内田修道・牧原憲夫編『明治建白書集成』第二巻（筑摩書房、一九九〇年）。

（9）大阪市鶴見区今津出身。明治三三年（一九〇〇）、大念佛寺第五六世住持に就任。『融通總本山　大念佛寺誌』（前掲註〈2〉）参照。

（10）当時は大念佛寺塔頭梁松院住持、のちに大阪市東住吉区田辺大念寺住持に就任。本霊前掲註（1）論文を参照。

（11）愛知県碧南市出身。明治六年、大念佛寺第五四世住持に就任。『融通總本山　大念佛寺誌』（前掲註〈2〉）参照。

（12）本霊禅山「融通念佛宗秘史」（『融通念佛宗研究誌　大源』第一三号、一九六三年）に史料紹介されている。

（13）「伊藤博文宛書翰」木戸公伝記編纂所編『木戸孝允文書』第五（日本史籍協会、一九三〇年）。

（14）「融通念佛宗ノ特立許可」大阪府史編集室編『大阪府布令集』二（大阪府、一九七一年）。

（15）拙稿「私説臺月観亮上人の生涯――融通念仏江戸弘通所創設の先駆者――」（『融通念佛宗研究誌　大源』第五二号、二〇〇三年）を参照。

第三部　仏教文化史

京都の念仏系民俗芸能について

――千本ゑんま堂大念仏狂言再考――

斉藤利彦

はじめに

京都に数ある民俗芸能のなかで、狂言系芸能の系譜をひくのが大念仏狂言である。[1]この芸能は、融通大念仏会（以下、大念仏狂言と略）のおり行われる乱行念仏に端を発しており、仏教の教えをわかりやすく諸人に説くことを目的とした、勧化活動の一種が芸能化したもので、[2]京都の春を代表する念仏系の民俗芸能としても、人々に親しまれている。

京都には壬生寺・千本閻魔堂（引接寺）・清凉寺に、それぞれ大念仏狂言が伝えられており、これらを三大大念仏狂言と総称する。現在は、明治期に壬生大念仏狂言から分かれた「神泉苑大念仏狂言」を加えて、四大大念仏狂言とも呼ばれている。このほかに、福井県小浜市和久里の「和久里壬生狂言」、兵庫県尼崎市大覚寺の「大覚寺身振り狂言」が壬生より分かれ、今に伝えられている。大念仏狂言は、これら以外の全国的伝播は見当たらないため、京都特有の念仏系民俗芸能と考えてよい。

大念仏狂言に関する研究は、戦前からの研究蓄積があるが[3]、研究傾向としては、江戸期から大念仏狂言の代表のように扱われた壬生大念仏狂言を中心に論じられてきた[4]。しかし、この芸能の歴史を繙くとき、文献史料、絵画資料で始原的に把握されるのが、千本ゑんま堂大念仏狂言である。

同大念仏狂言については、早くに平山敏治郎氏の研究「千本閻魔堂狂言」があるが[5]、この論考は、昭和二七年（一九五二）前後の詳細な聞き取りを組み込んだ歴史民俗学的な内容であり、今となっては、単なる論及の域を越え、貴重な資料のひとつともいえる。また、山路興造氏は大念仏狂言そのものの検討のなかで、当大念仏狂言を詳細に考察した[6]。筆者もかつて、その歴史や特徴、さらに、昭和三〇年代に実施された同大念仏狂言の映像記録撮影に関して言及した[7]。

ところで、大念仏狂言の最大の特色は「無言劇」である。ところが、千本ゑんま堂大念仏狂言は二演目を除いて、台詞をもつ。その理由や時期などは、これまで十分には明らかにされてこなかった。先行研究では、この変容を「芸能化」「洗練化」、あるいは「改革」という言葉で位置づけているのみで[8]、漠とした印象をうける。筆者もかつて、この課題に関し若干の考察を加えたが[9]、十分に解明するには至らなかった。ただ、その後の研究成果も出てきたこともあり、再度、この問題について考究してみたい。

なお、本稿中の表記として、寺院は「千本閻魔堂」、大念仏狂言は「千本閻魔堂大念仏狂言」、現行の保存会名は「千本閻魔堂大念仏狂言保存会」と表記する。

一　大念仏会と大念仏狂言

1　大念仏とは

融通念仏を修する大念仏は、声明の大成者である良忍上人によってはじめられたが、基本教義は「一人一切人一切人一人、一行一切行一切行一行、十界一念、融通念佛、億百万遍功徳円満」という言葉に代表される。一人が唱える念仏は他のすべての人の念仏となり、他のすべての人の唱える念仏は自分一人の念仏となり、念仏の一行は他の一切の行を含み、他の一切の行は念仏の一行に集約される、という「融通」の教義は、大念仏会という法会や、念仏聖たちによって、音楽性豊かに、広く流布していった(10)。

大念仏会の始修は弘安二年（一二七九）、清凉寺において円覚上人が行ったものと推考されているが、壬生寺の寺伝では、正安二年（一三〇〇）三月、円覚上人が同寺で始めて修したとする。一方、千本閻魔堂は定覚上人が大念仏会を始修したと伝えるが、『徒然草』第二二八段に「千本の釈迦念佛は、文永の比、如輪上人、これをはじめられけり(11)」とあるように、同寺中興如輪上人の手による、としている。江戸時代では『出来斎京土産』のように、同様の由来を語るものもあれば(12)、貞享年間（一六八四―八八）に編纂された『菟芸泥赴』第六が「千本釈迦念佛は如輪上人のはじめし事徒然草にあるを此寺の事と云説有は大に非也(13)」と記すがごとく、この説を真っ向から否定しているものもある。また、多くの地誌類が亀山天皇の文永頃、如輪上人の手によって始められたと説明する(14)。

その後、大念仏会は壬生寺や清凉寺、そして、千本閻魔堂を軸として、京都の年中行事として定着するが、その開催時期は春の花時を選んでいたと思われる。『迎陽記』応永八年（一四〇一）二月一八日条に、

晴、参聖廟、向三宝院坊、対面、□□少納言、厥后向北小路亞相亭、面〻車二両同乗、向竟鐘三昧寺、自去十五日閻魔堂供養大念佛有之、為丁聞也[15]

とあるように、東坊長秀長は宝鐘三昧寺に詣で、千本閻魔堂大念仏会に寄り大念仏を聴聞しているが、時期としては、千本閻魔堂の名桜「普賢象桜」の盛り時であった。また、『師郷記』嘉吉元年（一四四一）三月一三日条には「参詣清凉寺大念仏、藤少納言・清外史同道之、仁和寺辺花歴覧之、其盛也[16]」とあり、中原師郷が清凉寺の大念仏会参詣とともに、仁和寺近辺で花見を行っている。『康富記』宝徳三年（一四五一）三月九日条をみると、「晴、向賀茂上野之次詣今宮、千本普賢堂桜一見、盛也[17]」とあって、中原康富は賀茂社や今宮社参詣のあと、千本閻魔堂の普賢象桜を見物しに行っている。康富が大念仏会に参加したかどうかは不明であるが、ただし、『親長卿記』明応四年（一四九五）二月一三日条の「今日参詣釈迦堂、遺教経聴聞、次千本桜一覧資畢[18]」といった記事や、『宣胤卿記』文亀二年（一五〇二）三月九日条の「詣千本念佛并普賢堂、桜盛也[19]」という記述からしても、千本閻魔堂の大念仏会聴聞と普賢象桜の花見は兼ねるかたちがとられているので、おそらく、康富も花見だけでなく、大念仏を聴聞したと考えられる。

植木行宣氏の指摘にもあるように、花時の自然の成り行きとはいえ、人々が花を愛でに訪れる時期を選んで大念仏会を開催したのは、花見に境内を訪れた人々を対象に、念仏の教えを勧化するためであったのであろう[20]。

ところで、大念仏会の際に勧化の一種としてなされた芸能が大念仏狂言であり、法会あっての芸能だが、すべての大念仏会に大念仏狂言が付随したわけではない。また、大念仏狂言が大念仏会の始修とともに開始されたという説が存在するが、これは誤謬である。

2　大念仏狂言の開始

大念仏狂言という芸能の基本は、念仏の教えを説く大念仏会に端を発して形成・展開したことにあり、その最大の特色は、鰐口・笛・太鼓の囃子に合わせて行われる「無言劇」という点にある。しかし、その始まりは史料のうえからは確定できない。現在、文献上の初見は『言継卿記』永禄二年（一五五九）三月八日条の、

閻魔堂念佛曲共沙汰也、花最中見事也、同普賢堂見物、是ハ花過候了、[21]

とあるのがそれで、詳細な内容が記されているわけではないが、この日、千本閻魔堂において、何かしらの念仏系芸能が行われたことは察せられよう。

これ以後も史料では明瞭にできないが、一六世紀前半にはその内容を成熟させたようである。というのは、一五六〇年代の京都の景観を描いたと推定される、上杉本『洛中洛外図屏風』左隻第二扇上部にある千本閻魔堂をみると、何かしらの芸能が演じられている様子が認められるからである。[22]この描写については、山路氏も言及しているが、[23]首に縄を掛けられた亡者が閻魔大王の前に引き据えられて鬼に責められているさまや、その後方に三人の僧侶が並び、そのうちのひとりは吊るした鰐口を打って囃し、それを参拝者が仰ぎ見ている様子が描きだされている。

この描画された内容を勘案すると、表現されている芸能は大念仏狂言といえ、上演されている演目は、この芸能において、毎回初番に演じられる儀礼的な無言曲「閻魔の庁（閻魔庁）」と考えられる。この曲は地獄の呵責を演じることによって大念仏の功徳を説く内容であることから、勧化の手段としての地獄劇の姿が屏風にとどめられていると指摘できよう。

同時期、壬生寺、清凉寺も何かしらの芸能が開始されていたことが史料的に確認できる。一例を示すと、壬生寺

については、『言継卿記』元亀二年（一五七一）三月二一日条に「於東寺門前中御門一蓋被振舞之、帰路壬生之地蔵堂念仏猿等見物了」[24]とあり、山科言継は東寺からの帰路、壬生寺に寄って、同寺での大念仏会に参加している。この記事に「猿等」という演目が記されているのは注意しなければならない[25]。清凉寺に関しては、文献史料ではないが、天文一八年（一五四九）三月六日付銘のある女面が伝存している。

ところで、この芸能の最大の特色が「無言劇」であることは、すでに述べた。では、なぜ台詞をともなわない形となったのか、この点については史料で追えない。山路氏は、大念仏会のおり、群集する人々の前で仏教の教えを説いても、その声がかき消されてしまい、また、群集の気を引くために、鰐口と太鼓を鳴らすため、無言で大げさな身振り手振りによって表現して、その教えを伝えようとしたと説明しているが[26]、大念仏会も参集した人々や、花時の群集に対して勧化しようとしたことを考えると、この指摘は首肯できよう。

二　千本閻魔堂と千本ゑんま堂大念仏狂言

1　千本閻魔堂について

千本閻魔堂の正式名称は引接寺《いんじょうじ》といい、寺伝によれば、開基は恵心僧都源信の弟子定覚上人で、中興は如輪上人とされる。『蔭凉軒日録』延徳二年（一四九〇）五月一日条に「蓋春童大夫於千本絵馬堂勧進六番有之云々」と、春童大夫の勧進能が行われたという記事があり[27]、この時期、当寺は町堂としての役割も果たしていたのではないかと推考される。

ルイス・フロイスは『日本史』のなかで、千本閻魔堂が堕地獄を恐怖する人々の信仰を集めていた様子を伝えている。同寺のある閻魔前町は鳥辺野、化野とともに、京中の葬送の地、蓮台野に位置する。つまり、千本閻魔堂は葬送の地の入口に立地していた。たとえば、蓮台野に死体を運ぶ行列は一条通を西に向かい、堀川を東西に架かる一条戻り橋をわたって千本通を北上し、この寺で今生の別れの鐘を撞いた、という。同寺には小野篁伝承が存在するが、こういった立地環境や信仰が、珍皇寺と同様の伝承を残すことになったのであろう。

フロイスが記した「手に裁判のための笏を持っ」た「身の毛もよだつ(28)」同寺の本尊は、定朝作と伝えられる閻魔大王像である。『京羽二重』や『名所都鳥』には、柏野より戌亥の方角に広がる頭野の由来として、同地より、閻魔堂の閻魔像の頭が掘り出されたという伝承を記すが(29)、この地と当寺との関係を示すものとして作られた伝説であろう。

2　千本ゑんま堂大念仏狂言について

前章で考察したように、千本ゑんま堂大念仏狂言の始まりは室町時代末と推考されるが、芸能としての形が整ったのは、江戸時代に入ってからと考えられている。

絵画資料で追うと、寛文一一年（一六七一）刊『後撰夷曲集』にも、「千本念仏　いろいろの狂言綺語の法事こそ讃仏乗の閻魔堂なれ(30)」とあって、演目のひとつ「桶取り」が描画されている。この曲については、元亀・天正頃作製される『扇面京名所図』の千本閻魔堂の一扇に、舞台において「桶取り」と思われる曲が演じられているさまが描かれているので(31)、同曲は古くから存在したことがうかがえる。また、明暦四年（一六五八）板『京童』巻第三をみると、千本閻魔堂境内の舞台で大念仏狂言が行われている様子が挿絵から確認できる(32)。元禄一七年（一七〇四）刊『花洛細見図』一四之巻でも「ふげんさうのさくら」とともに、大念仏狂言の舞台が表現されており(33)、さらに、寛政一一年（一七九九）板『都林泉名勝図会』巻一の「千本閻魔堂大念仏」に至っては、せり出した堂の舞台とともに、設けられた桟敷で、人々が見物しているありさまが描出されている。[34]

文献史料では、寛文一一年板『扶桑京華志』巻之三に「有遊戯之舞以唱仏号俗曰千本念仏[35]」とあって、延宝五年（一六七七）の『出来斎京土産』には「其間に閻魔桶取湯立なんどおかしき舞をいたせり。舞の時は。太鼓を打て。鳧鐘の拍子に合せ。其仕方をいたせり[36]」と記されていることから、『京童』の描写を裏付けるといえよう。

このような点から、千本ゑんま堂大念仏狂言は、おそらく、一七世紀中期には、ほぼ現行に近い形をなすようになり、かつ「閻魔の庁」「桶取り」「湯立」が代表的演目であったこともうかがえる。

既述したように、この寺で大念仏狂言が開催される慣わしは、境内にある普賢象桜の開花にあわせてのものであった。桜花開花とともに、境内から「ガンデンデン」と鰐口などの音色が聞こえたのである。したがって、壬生寺や清凉寺の同狂言のように、日にちが決まっているというのではなく、名桜の開花と一体となった春の行事であった。ちなみに、戦前の当狂言は四月から五月にかけて二週間以上開催され、桟敷席や市もたったというが、現在は五月一日を初日として六日まで行われ、境内は多くの人々でにぎわう。[37]

千本ゑんま堂大念仏狂言の担い手は「本堂地蔵菩薩の前にて近隣の百姓種々の狂言を」したとあるように、もともと門前の農民たちであったが[38]、都市化とともに、千本、北野界隈の諸職人や商人に継受されるようになった[39]。とりわけ、西陣地域の織物関係者のうち、特定の家の長男のみが加入を認められた講（狂言講）と講中によって伝承されたが[40]、今日は保存会と保存会員によって受け継がれている。

さて、千本ゑんま堂大念仏狂言最大の特徴は、「閻魔の庁」「芋汁」以外の演目に台詞があることである。このことは無言劇である大念仏狂言本来の姿とは矛盾するものであり、この芸能の変容を強く印象付ける。したがって、同大念仏狂言が無言劇から有言劇となった時期や理由は、解明されるべき重要な考察課題であり、同時に、当大念仏狂言の特徴を指摘することにもつながる。そのため、以下、この点について検討していきたい。

3　無言劇から有言劇へ

千本ゑんま堂大念仏狂言が無言劇から有言劇へ変容した時期については、これまで漠然と江戸時代後期か、と指摘されてきたが、天保三年（一八三二）、初代早見春暁斎の遺稿をもとに板行された『当時増補大日本年中行事大全』に、

壬生の狂言はものいはずして振をなし、当寺の狂言は物をいふてふりをなす(41)、

とあることから、少なくとも、天保三年前後には無言劇から有言劇に変容していたといえる。

台詞が入った理由については、平山氏は、同大念仏狂言は「餓鬼道の亡者を慰めるから人語をもつて」行い、壬生などは「畜生道のための狂言として身振りによつて功徳を施そう」(42)とした、という俗説を紹介しているが、この説は同大念仏狂言のみに台詞が入った理由が、世間的にも不確かなため、ある時期にもっともらしい理由づけがなされたものと考えられよう。一方、山路氏は芸能としての大念仏狂言が「能狂言から影響を受けての改革」によって「有声」となり、それが「本来の念仏狂言は影を薄くするような結果」となったと言及している(43)。つまり、レパートリーを増やす際、能狂言などをそのまま移入して、「セリフのある狂言を加え」、「その方が勢力を得(44)」た、というのである。

ではなぜ、能狂言の影響をうけたのであろうか。この点が解くべき課題となろう。史料的にはっきりしたことは不明であるものの、先述したように、本来、当大念仏狂言の担い手は西陣の特定の家の長男であった。彼らは、西

陣の富裕層として茂山流の狂言を習うことが多く、それはいまも変わりない[45]。このことを勘案すると、当大念仏狂言の担い手が本式の狂言を習うにあたり、無言劇の大念仏狂言にあきたらず、自分たちが伝承する大念仏狂言へ、習っている狂言の台詞を取り入れていったのではなかろうか。つまり、レパートリーを増やすにあたり、台詞のある狂言を加えて、それが好まれたというよりは、担い手の人々が狂言を習い、彼らが狂言と大念仏狂言を同化させていった、そのため、自然にかつ必然的に台詞が入る結果につながったと考える。

千本ゑんま堂大念仏狂言は、担い手の西陣の商人たちによって、「旦那芸」的色合いを濃くされたことによって、芸能の洗練化、すなわち、無言劇から有言劇へと変容した。しかし、その洗練と同時に、大念仏狂言最大の特色を失うことにもなったのである。

おわりに

以上、京都の念仏系民俗芸能である千本ゑんま堂大念仏狂言について、無言劇から有言劇へと変容した時期と理由に焦点をあて考究した。

従来、なぜ、同大念仏狂言が大念仏狂言たる特色の無言劇から変容したか、その時期や理由は漠とした指摘に止まっていた。本稿では拙稿での成果をふまえて、この点について再考・追考を行ったが、その時期は天保三年あたりには有言劇に変わっていたこと、変容の理由は、担い手である西陣の旦那衆によって、彼らが習っていた狂言とこの芸能が同化され、無声から有声となり芸能として洗練されたこと、しかしその結果、本来、この芸能がもつ本質的特徴を失うことにつながったことなどを明示した。

註

（1） 山路興造「民俗芸能としての狂言」（芸能史研究会編『日本庶民文化史料集成』第四巻　狂言、三一書房、一九七五年）、二二頁。

狂言系芸能が仏教教義の布教に用いられた例はいくつかあるが、大念仏狂言の古形と相通じるとされるのが、千葉県山武郡横芝光町虫生の「鬼来迎」である。この民俗芸能は、堕地獄した罪人を鬼が責めさいなむなか、最後に観音の慈悲によって救済されるという筋を、四場面に分けて劇として仕組んでいる。

（2） 植木行宣「大念仏と大念仏狂言」（『壬生寺展――大念仏狂言と地蔵信仰の寺――』京都文化博物館、一九九二年）、一二頁。

（3） 数多くの研究があるが、ここでは以下の論考をあげることとする。小寺融吉「壬生狂言の起源と発達」（『民族芸術』五―五、一九三二年）、井上錦明「千本狂言の「悪太郎」」（『民族芸術』二―五、一九二九年）、三隅治雄「嵯峨大念仏狂言」（『芸能復興』一六、一九五七年）、竹内芳太郎「千本狂言と能狂言の交渉」（『民族芸術』一―六、一九二八年）、八木聖弥「壬生狂言舞台の変遷」（『芸能史研究』一一六、一九九二年）、山路興造「壬生狂言（京都）」（『大系日本歴史と芸能――音と映像と文字による――』第五巻、平凡社、一九九一年）、芸能史研究会編『日本芸能史』第三巻・第四巻（法政大学出版局、一九八三年、一九八五年）など。

（4） 同右にある、壬生大念仏狂言関係の論考のほかに、元興寺仏教民俗資料研究所編『壬生寺民俗資料緊急調査報告書』（元興寺仏教民俗資料研究所、一九七三年）、同第二分冊（同、一九七四年）、同第三分冊（同、一九七五年）、壬生大念仏講編『壬生大念仏狂言　当代三十五年史年表』（壬生大念仏講、一九八六年）などをあげておく。

（5） 平山敏治郎「千本閻魔堂狂言」（京都観光協会編『京都の郷土芸能』京都観光協会　一九五二年）。

（6） 山路興造「大念仏狂言考」（『演劇学』第二五巻、一九八四年、のちに『京都　芸能と民俗の文化史』〈八木書店、二〇一〇年〉に所収）。

（7） 拙稿「千本ゑんま堂大念仏狂言考」（日次紀事研究会編『年中行事論叢――『日次紀事』からの出発――』岩田書店、二〇一〇年）。関連論文として、同「竹田聴洲と京都の念仏系民俗芸能の映像記録撮影について」（『佛教大学宗教文化ミュージアム研究紀要』第一〇号、二〇一四年）、同「京都文化史学派と民俗芸能撮影の系譜」（『芸能史研究』二〇六、二〇一四年）など。
（8）前掲註(1)および同註(6)、山路氏論考など。
（9）前掲註(7)、拙稿「千本ゑんま堂大念仏狂言考」。
（10）前掲註(2)、植木氏論考。
（11）西尾實校註『方丈記 徒然草』（岩波書店、一九五七年）、二七三頁。
（12）新修京都叢書刊行会編『新修 京都叢書』第一一巻（臨川書店、一九九四年）、五一九頁。
（13）新修京都叢書刊行会編『新修 京都叢書』第一二巻（臨川書店、一九九四年）、四九〇頁。
（14）たとえば、『出来斎京土産』には「閻魔堂は。蓮台野の南にあり。小野篁の建立也堂のゑんま王もおなじ作也。亀山院の御宇。文永年中に如輪上人この堂にとゞまり。釈迦念仏をはじめらる」とある。
（15）小川剛生校訂『迎陽記』第一（『史料纂集』古記録編、八木書店、二〇一一年）、一七一頁。
（16）藤井貞文・小林花子校訂『師郷記』（『史料纂集』七七、続群書類従完成会、一九八六年）、九四頁。
（17）増補「史料大成」刊行会編『康富記』（『増補 史料大成』臨川書店、一九六五年）、二三二頁。
（18）増補「史料大成」刊行会編『親長卿記』（『増補 史料大成』臨川書店、一九六五年）、二六六頁。
（19）増補「史料大成」刊行会編『宣胤卿記』（『増補 史料大成』臨川書店、一九六五年）、一六頁。
（20）前掲註(2)、植木氏論考。
（21）高橋隆三・斎木一馬・小坂浅吉校訂『新訂増補 言継卿記』第五（続群書類従完成会、一九六五年）、二一五頁。
（22）画像については、小澤弘・川嶋将生『図説 上杉本「洛中洛外図屏風」を見る』（河出書房新社、一九九四年）一一八―一一九頁。
（23）前掲註(6)、山路氏論考。
（24）国書刊行会編纂『新訂増補 言継卿記』第四（続群書類従完成会、一九九八年）、四八五頁。
（25）前掲註(2)、一三頁。岡山美術館本『洛中洛外図』には、壬生寺舞台にて猿が三世綱に吊り下がって曲芸を演じている図が描かれている（前掲註〈1〉、山路氏論考、二二頁）。
（26）前掲註(6)、山路氏論考。

(27) 玉村竹二・勝野隆信校訂『蔭涼軒日録』巻四（史籍刊行会、一九五四年）、九六頁。
(28) 柳谷武夫訳『日本史――キリシタン伝来のころ――』三（東洋文庫、平凡社、一九六六年）、八四頁。
(29) 一例を示すと、『京羽二重』巻一（『新修 京都叢書』第二巻、臨川書店、一九九三年）には「柏野の戌亥の方を今は畠なり千本のえんま堂のえんまの頭は此野より掘出す也」とある。
(30) 本書記載内容の言及に関しては、前掲註(1)および同註(6)、山路氏論考参照のこと。
(31) 東京芸術大学所蔵。言及については、前掲註(2)植木氏論考参照のこと。
(32) 新修京都叢書刊行会編『新修 京都叢書』第一巻（臨川書店、一九九三年）、四四頁。
(33) 新修京都叢書刊行会編『新修 京都叢書』第八巻（臨川書店、一九九四年）、三〇八頁。
(34) 新修京都叢書刊行会編『新修 京都叢書』第九巻（臨川書店、一九九四年）、八六頁。
(35) 新修京都叢書刊行会編『新修 京都叢書』第二二巻（臨川書店、一九九五年）、二一五頁。
(36) 前掲註(12)に同じ。
(37) 千本閻魔堂大念佛狂言保存会よりご教示を頂戴した。
(38) 『京羽二重』巻二（新修京都叢書刊行会編『新修 京都叢書』第二巻、臨川書店、一九九三年）、二一五頁。割書に「此寺普賢象花盛り次第始」とある。
(39) 前掲註(5)、平山氏論考。
(40) 同右。
(41) 早稲田大学図書館蔵。
(42) 前掲註(5)、平山氏論考。
(43) 前掲註(1)および同註(6)、山路氏論考。
(44) 同右。
(45) 大蔵流狂言師茂山家ご当主一三世茂山千五郎先生よりご教示を頂戴した。また、三田村鳶魚は「千本狂言の本行」（『三田村鳶魚全集』第廿一巻、中央公論社、一九七七年）のなかで、大正一三年（一九二四）六月一六日に千本ゑんま堂大念仏狂言をみたが、そのおり千本閻魔堂の楽屋で故老から「近年は本行が十種ほど殖えております」

と聞き、さらに「土地柄で能や狂言を稽古するものが多いから、自然と本行になってゆきます」とも聞いている。この芸能の変容の一端をうかがえるものといえる。

六斎念仏とその周縁

岩井宏實

はじめに

良忍は、一人の念仏が一切の衆生の念仏と融通するとして、融通念仏宗を開宗した。この融通念仏こそ、念仏唱導をもってあまねく人々を等しく連帯させる役割を果した。そして鎌倉時代・室町時代に、融通念仏のさらなる展開として、六斎念仏というかたちの念仏唱導の形式が生み出された。すなわち精進潔斎して心身を清浄にすることと、念仏を唱えることを結合させた形式であった。それは仏説でいう六斎日に唱導する念仏ということで、「六斎念仏」と称されたのであった。

こうした六斎念仏は、唱導する者はもちろんのこと、それを聞く者にもある種の感懐を覚えさせた。六斎念仏の「ナンマイダー・ナンマイダー」は、南無阿弥陀仏を略音化した語にみられるが、その音階は格式張らずに親近感をもたせ、連帯の心意をしぜんに呼び起こさせる力をもっている。その間《あい》に響く鐘の音に、心の張りを喚起され、太鼓念仏ではまたその響きが心を躍らせ、ともに無我の境地に誘われる。

ところで、近世村落においてはしばしば雨乞いがおこなわれたが、ことに大和においては雨乞立願にイサミ踊、雨乞願満にナモデ踊がおこなわれた。イサミ踊は神意を喚起する「勇み踊」で、ナモデ踊は「南無手踊」すなわち「南無阿弥陀仏踊」なのであった。事実、踊唄の間の囃子には必ず「ナームアンダーンブ」の念仏が入っている。この念仏の音階はまさに六斎念仏の音階であったと伝えられている。また実際に急に踊り唄い節をつけるとなると、年中時を定めて唱え廻られる六斎念仏が喚起されたのも当然であったろう。

なお、六斎念仏は思いも寄らない芸能にも影響を及ぼしていた。平安末期からようやく擡頭してきた社寺巡礼の風潮にともなって、『梁塵秘抄』に「熊野へ詣るには、紀路と伊勢路のどれ近し、どれ遠し、広大慈悲の道なれば、紀路と伊勢路は遠からず」というように、熊野信仰の勃興と相まって伊勢路が開発され、伊勢は熊野と連結して参宮の対象とされた。

中世にはさらに下層まで浸透し、しだいに集団参宮の風も生み、各地に伊勢講が成立した。そして近世に入って東西の往来が頻繁になるにつれ、参宮はいよいよ流行し、ほぼ六〇年置きに「伊勢の御蔭が頂ける有難い年」と称して、慶安三年（一六五〇）・宝永二年（一七〇五）・明和八年（一七七一）・文政一三年（天保元年・一八三〇）に、大々的な「御蔭参り」がおこなわれた。

なかでも文政のお蔭参りのあと、河内から「御蔭踊」が起こり、またたく間に摂津・山城・大和に伝播し、文政一三年の七月下旬から一二月にかけて、河内・大和において最盛期で、『御蔭参宮次第之事』に「極月掛け取茂取あへず不残相断、おどり候事」とあるように、暮いっぱいまで踊りに精を出したのであった。この踊りにも鉦・締太鼓を鳴り物として整然と踊っていた例がまま見られる。

こうした近世の「いさみ踊」「なもで踊」あるいは「御蔭踊」のなかに、鐘と太鼓を叩いて念仏を唱導する精にして聖なる芸態の一端を、評価・顕彰することを試みようとするものである。

一　六斎念仏

世情混沌とする平安時代末期、良忍（一〇七三―一一三二）が、「念仏勧進帳」に名を連ねて同志となり、ともに念仏を唱えるものはその功徳を融通して、現当二世の莫大な利益を得られると説いた融通念仏は、特異な一つの宗教運動であった。それは、道俗大衆が大勢集まって合唱する大念仏形式と、声明や今様や朗詠調を加えた曲調の芸術性によって、平安時代末期から鎌倉時代、室町時代にかけて都鄙を風靡した。だがその大衆性がまた一方で念仏を俗化させ、地方の郷土芸能などと結合して変質させることにもなった。

こうした俗化の傾向が顕著になってくる鎌倉時代末期から南北朝時代にかけて、京都と高野山を中心に融通大念佛の改革運動・復古運動が起こり、それが六斎念仏というかたちをとったのである。すなわち、精進潔斎して心身を清浄にすることと、念仏を唱えることを結合させた形式である。佛説では、ひと月のうち陰暦八日、一四日、一五日、二三日、二九日、三〇日の六度の日を悪日として、とくに斎戒すべき日とされた。この日が六斎日であり、精進潔斎して行いを慎み、念仏を唱えることとされた。この六斎日に唱導される念仏ということで、六斎念仏と称されたのである。その念仏はそれまでの念仏とちがって、鉦はもとより、ときに太鼓を叩き、さらに踊りを伴う場合もある。

この六斎念仏という名称がいつから用いられたかは明らかではないが、奈良県五條市の待乳峠の西福寺の板碑群のなかに「六斎念佛供養　延徳二年（一四九〇）九月十五日」と銘のあるものがもっとも古く、この名称の固定したのは室町時代中期のことであろうと考えられる。

ところで、この六斎念仏の一つの拠点である高野山の系統に属する念仏、すなわち高野山系の六斎念仏は紀州・大和に分布する。そして多くは真言宗の檀徒の構成する念仏講、一部は融通念佛宗の檀徒によって構成される六斎講によって伝承されてきた。大和では高野山に近い五條市周辺に真言宗檀徒による六斎念仏が多く、御所市東佐味の六斎念仏は、高野山系の詠唱中心の整ったかたちで今日に伝わる随一のものである。大和盆地中・北部や東部山間に伝わる六斎念仏は、ほとんど融通念佛宗檀徒によるものである。

ところが、真言宗系六斎念仏と融通念佛宗系六斎念仏は、檀那寺と六斎念仏講中との関係が異なる。真言宗系六斎念仏は檀那寺と講中との関係が深いが、融通念佛宗系六斎念仏は、本山や檀那寺とのかかわりはほとんどなく、あったとしてもきわめて薄く、むしろ真言宗の矢田寺（金剛山寺）を本寺としている。このことは真言宗と六斎念仏のかかわりの深さを物語り、融通念佛宗という宗門と六斎念仏講中との関係の不明確さを示している。そのことがまた六斎念仏が宗派を超えた民俗的な念仏のかたちをとって伝承されてきたことを物語っている。中世以来広く大和に伝承された風流踊にも大きな影響を与え、きわめて味わいのある民俗芸能に成し上げている。したがってこの念仏をおこなう講は、村落組織とかかわって構成されており、大きくは全戸主によるもの、特別の家筋の世襲によるものがある。またかつては田畠山林など諸財産をもち、独立した経済基盤をもつものも多かったのである。

こうした六斎念仏の唱導は、定期的には涅槃、彼岸、盆、十夜で、臨時には葬式におこなわれるのが普通である。その曲目は〈四遍〉（師遍）・〈白舞〉（白米）・〈阪東〉・〈総下し〉の四曲が基本で、それに〈新白舞〉・〈真光朗〉が加わった六曲が普通である。そしてすべてが南無阿弥陀仏の六字に曲譜をつけたもので、それぞれの曲に一〇〇遍ないし一五〇遍の念仏が入り、しかも一つ一つの南無阿弥陀仏には、各々異なった曲譜がつけられている。〈四遍〉は荘厳であり、〈白舞〉は軽快であり、〈阪東〉は関東の念仏踊の曲をもとにした勇壮な調子である。〈総下し〉は〈四遍〉・〈白舞〉・〈阪東〉の「下し」の部分を組曲したもので、緩急長短変化に富み、〈新白舞〉は〈白舞〉に讃を加えて変化をつけた曲で、〈真光朗〉は讃と鉦の曲打ちと念佛詠唱を合わせた技巧的な曲である。

ところで、大和各地に分布する六斎念仏のうち、鉦念仏のみが伝承されている地域のものは、高野山系の念仏が鉦のみを用いることや、詞章が「南無阿弥陀仏」の繰り返しが主であること、そのなかに「高野のぼり」や「融通念仏」といった文句が見られるところからも、明らかに高野山系の六斎念仏であることがうかがえる。大安寺（奈良市）の例を挙げると、「高野のぼり」と「融通（如来讃）」の詞章本が伝わる。大安寺村が融通念佛宗になったのは元禄時代以降のことで、それまで真言宗であった時代から存在したことが明らかで、高野山系であることがうかがえる。そしてこの講には矢田寺（金剛山寺）の免許状が伝わる。また、「慶安元年（一六四八）子八月廿日」、「承応二巳（一六五三）九月十二日」、「寛文十二壬子（一六七二）」、「天明七未年（一七八七）六月廿一日」銘の鉦などが伝わることなどからも、もとは真言宗であったことが明らかである。この講は東西組より成り、寛政一二年（一八〇〇）の文書によると、東組講中に二二人の名が見え、西組もほぼ同数であったらしい。ところが現代になって継承者が不足し、東組は昭和五〇年頃に、西組は昭和六〇年頃に消滅した。

村落構造の変化、生業の多様化、生活の近代化その他さまざまな事情によって、継承者不足となり、念仏講を解消するところが年々多くなった。そうしたなかにあって、奈良市八島の六斎念仏講は厳然と継承されている。しかも鉦念仏と太鼓念仏をおこなう、純然たる融通念佛宗系六斎念仏である。したがって、ここにその内容を述べることとする。

八島の六斎念仏の草創と因果については、文書記録が残されていないので定かでないが、寛永一〇年（一六三三）銘をはじめ、江戸時代の初期から中期にかけての年紀銘をもつ鉦が多数伝わっており、少なくとも江戸時代初期には六斎念仏がおこなわれていたことがうかがえる。八島の六斎念仏は六斎念仏講中（鉦講）によっておこなわれている。講中は現在二〇軒、原則的には当主が加入する。講中は涅槃会（三月一五日）に会所で涅槃図を前にして鉦念仏で唱える。

盆には八月二日から七日にかけて各家で墓参をおこない、七日盆の日の夜、講中の当番（炊き番ともいい、年長順に毎年三人ずつ交代する）の家に集まり、会食をしてその後、鉦念仏と太鼓念仏を一曲ずつ唱える。そして八月一三日には旦那寺である融通念佛宗徳融寺住職が、新仏のある家に棚経に来る。

二　風流踊

大和には「太鼓踊」「いさみ踊」「なもで踊」と称する「風流踊」が広くおこなわれ、大和の民俗芸能のなかでも特筆されるべきものであった。すでに『経覚私要鈔』の文明三年（一四七一）八月二二日・二三日の条に、大和国添上郡八島郷で「雨乞踊」のおこなわれていたことが見え、そこには「今日於八島ヲトリ念仏在、是も雨乞云々」とあり、念仏踊が雨乞いの踊りとして踊られた。かの『多聞院日記』にも、永禄から天正にかけての記事に、大和国添上郡八島郷、大和国山辺郡布留郷、奈良南北両郷あるいは山城国木津において、雨乞踊が盛んにおこなわれたことが見える。ことに天正二年（一五七四）七月の奈良南北両郷の踊りについては、「美麗見事さ無比類」といわれ、衣裳・作り物などに華美をこらした、当時流行の風流踊であったことがうかがえる。

この踊りを演ずる時期によって分けると、盆に踊る場合、祭や祝賀に踊る場合、雨乞いなどに踊る場合の三通りある。いずれも主たる楽器が太鼓であるところから「太鼓踊」というが、雨乞立願の踊りを「いさみ踊」、雨乞願満の踊りを「なもで踊」と呼んでいる。『大和国高取藩風俗問状答』にも「いさみ踊」に関して、「雨を乞い候に踊をいたし、神をいさめいたす村も御座候」と述べているように、雨を乞うために神をいさめるところからいさめ踊であって、それを「いさみ踊」と称したのであった。「なもで踊」についても同じく、「南無手踊、旱の節、雨乞の立願し、降候と御礼に踊る。願満踊といふ、所々に御座候」と、はっきり願満の踊りとしており、字は「南無手」をあてている。ところによっては「南無天」としているところがあるが　石上社記録「南無阿弥陀佛踊」に、

旧記云、布留乃なもてをとりの事、そ乃権輿しいれ有し大和乃国のなもてをとりハ此布留郷より事をこれり、

南無阿弥陀佛踊と書いてなもてをとりとよめ里

と、「なもで踊」の名称が南無阿弥陀仏踊からきているとしている。扮装・所作・踊唄をみても、ナモデ踊は明らかに念仏踊の要素が多分にみられ、このいさみ踊となもで踊は、踊る目的によって名称はちがうが、踊りの内容はまったく同じである。

ところで、こうした踊りの様相を描いた絵馬が一〇面伝えられている。それは、

高市郡高取町下子島　小島神社　享保八年（一八三七）
高市郡高取町下子島　小島神社　宝暦二年（一七五二）
生駒郡安堵町東安堵　飽波神社　宝暦六年（一七五六）
高市郡明日香村東橘　春日神社　文化元年（一八〇四）
高市郡高取町下子島　小島神社　文政四年（一八〇七）
磯城郡川西町結崎　糸井神社　天保十三年（一八四二）

高市郡明日香村稲渕　宇須多岐比売神社　嘉永六年（一八五三）
生駒郡平群町平等寺　春日神社　文久元年（一八六一）
高市郡明日香村東橘　春日神社　慶応三年（一八六七）
高市郡高取町下子島　小島神社　大正二年（一九一三）

かつては天理市嘉幡の菅原神社、天理市合場の三十八社神社にもあったという。

こうした現存する絵馬のなかで、三番目に古い、生駒郡安堵村東安堵の飽波神社に伝わる宝暦六年の絵馬は、念仏踊との習合形態をうかがうことができる資料として注目される。その図柄は境内の一隅に頭太鼓を据え、太鼓打ちが大きな桴《ばち》をかざして打ち鳴らしており、中央に早馬が三人、唐子衣裳にシャグマをかぶり、巨大なシデを背負った「かんこ」が一〇人、反対側に羽織姿の男が八人、裃姿のシデ振りに導かれ、六斎念仏に用いる締太鼓と鉦を叩いて踊っている（**図1**参照）。明らかにこの扮装は念仏唱導の風態を思わせる。この地方は六斎念仏の普及した地域であり、それとの習合の形態をここに見ることができる。伴林光平が日記『神楫帖』の文久元年六月一一日の条に、

図1　なもで踊図絵馬（奈良・飽波神社　宝暦6年）

図２　なもで踊図絵馬（奈良・糸井神社　天保13年）

図３　なもで踊図絵馬　図２部分

六月十二日夜、安堵村に南無天踊といふをどりをものするに詣あひて打見るに、其様いと古風にて、かの古の設楽舞の遺風なるべくおもはるるふしおほかり。

と述べている情景は、この絵馬に描かれているようなものであったろう。なお、安堵村は大和の六斎念仏伝承地で、奈良市八島と並んでもっとも濃厚に今日に伝承され実践されているところである。

この六斎念仏は空也を始祖として発展したと伝えられ、『空也上人絵詞伝』下では、

毎年斎日ごとに太鼓・鐘をたたき念仏唱へ、衆生を勧め給ひて、往生する人ある時は太鼓・鐘をたたきて念仏を申し、有縁無縁の弔ひをなし給ふなり、是れに依りて、俗呼びて六斎念佛といひ伝へたり（中略）大肩ぬぎ、撥おって、南無阿弥陀南無阿弥陀、と六斎念佛高々といたしければ、

と述べている。なお、月のうち八日・一四日・一五日・二三日・二九日・三〇日の六日を六斎日といい、この日、死霊や怨霊の鎮魂を目的として、鉦を打ち、経文に節をつけて唱え踊り、やがてこれに笛や太鼓も加わったという。

したがって、「太鼓踊」と呼ばれている地域の踊りは、まったく太鼓のみの囃子で、大太鼓を踊りの場の中央に据え、その音に従っていわゆる「かんこ」の腹太鼓を叩いて円陣を組んで踊るのが普通である。それにたいして「なもで踊」には、太鼓のほかに鉦・笛、ときに法螺貝が入るが、鉦が重要な位置を占めている。すなわち念仏踊的要素が強い。「なもで踊」が「南無阿弥陀仏踊」であるといわれる所以である。ちなみに平群町平等寺下垣内では、唄の間の囃子に「ナームアミンダーング」と念仏が入るし、明日香村稲渕でもやはり、「ミンダアンブ、ミダナムアミンダ、ナムアミタンブ」という念仏が入る。ほかにも唄本にこうした例が見られることからしても、「なもで踊」は風流踊のなかでも、念仏ことに六斎念仏と習合した特色ある芸能といえる。

三　御蔭踊

宝永二年（一七〇五）・明和八年（一七七一）・文政一三年（一八三〇）の世に盛んであった「御蔭参り」と称される伊勢群参は、近世の三大巡礼運動とされるほど大規模なものであった。

明和八年三月上旬から、北九州・四国・山陰・山陽・近畿・北陸・東海・関東を席巻して、九月上旬まで熱狂的な群参が続いた。民衆は口々に「おかげでさ、ぬけたとさ」と囃しつつ道中したというが、『明和八年御蔭耳目』が、「前よく熱して十分に実入りありしとぞ、此等は全く神徳の然らしむるなるべし」というように、前年は全般的に旱魃などで困ったが、この年はようやく立直りの兆しを見せて安堵したところであり、そこから太神宮の御蔭を意識したのであった。このとき奈良で泊った人数は、南都の人が記した『伊勢参宮奈良泊人数書』では、四月二六日から五月一四日までの一九日間に、一五八万八七五〇人もあったという。これが奈良だけの数であるから、その規模の大きさがうかがえる。

次の文政一三年の「御蔭参り」の発生は、明和以前のそれに見られるような神異奇瑞のほかに、伊勢太神宮の御蔭を意識するに充分な事情があった。凶作と物価高というよくない年が続いたあと、文政一三年と翌天保二年はともに諸国豊作であって、それが御蔭の意識を呼びおこし、「御蔭参り」が誘発され、閏三月一日阿波国から始まった。それが三日は紀伊、四日に兵庫・堺・郡山、五日に山城・大坂・淡路、八日に摂津・河内・讃岐・小豆島、一二日に近江・伊勢・高松、一三日に三河・尾張、一六日に京都と、近畿・四国・東海の一部に拡まり、以降、中国・東海・北陸まで席巻した。そして三月二五、六日頃を最高潮に、六月には東海地方が中心となり、末にいったん衰え、七月末から再び信濃・遠江以東などで盛り返し、八月末に一応終りを告げたという。この群参の規模については、『文政神異記』は宮川上下渡船場で合計四二七万六五〇〇人としている。

この「御蔭参り」にひきつづき、河内・大和を中心に「御蔭踊り」が流行した。文政一三年の七月下旬から一二月にかけて最盛況で、『御蔭参宮次第之事』に、「極月掛け取茂取あへず不残相断、おどり候事」とあるように、暮いっぱいまで踊りに精を出したのであった。それは『文政十三年御蔭耳目』のなかで、

総て作物例年に倍し、別して綿は常に倍して多く得し上に、当年諸国不作にて値段高かりし故、倍々の利を得たり。御蔭に非ずして、此の如き事あるべからず、躍らずに居られるべきかは、

という、綿作地帯の特別な社会事情と人々の心情からで、河内・大和が中心となった所以でもあった。

事実、この「御蔭踊り」は、文政一三年の五月に河内に始まり、南河内の狭山地方に広まり、六月に入って大和に移り、そこから伊賀へ伝わる。大和で七月やや下火になったがふたたび盛況を呈し、八月また河内に逆流し、一一月にいたって、そこから上（北）河内を経て八幡から山崎へ、一方、翌天保二年になって、山崎から四月に北摂の村々、六月下旬から八月にかけて西宮へ、一〇月にいたって明日まで広まった。この間、文政一三年の七月下旬から一二月にかけてが、河内・大和が最盛期であった。『荒蕪年代記』にも、

同年七月下旬之頃よりおかげおどり始り、初メは河内国より踊り初メ、大和国も在々不残おとり申候

といい、厳然とした踊り集団を組み、整然とした踊りを氏神に奉納したところが多かった。その具体的な様相を物語る資料として、「御蔭踊」図絵馬がある、奈良県磯城郡三宅町伴堂の杵築神社には、文政一三年の際の絵馬が二面伝わっている。

一面は「天保二歳卯三月奉納」の墨書銘があり、画面右上に、竹の鳥居に太神宮の行灯風にあしらった御幣を立

図3　御蔭踊図絵馬（奈良・杵築神社　文政13年）

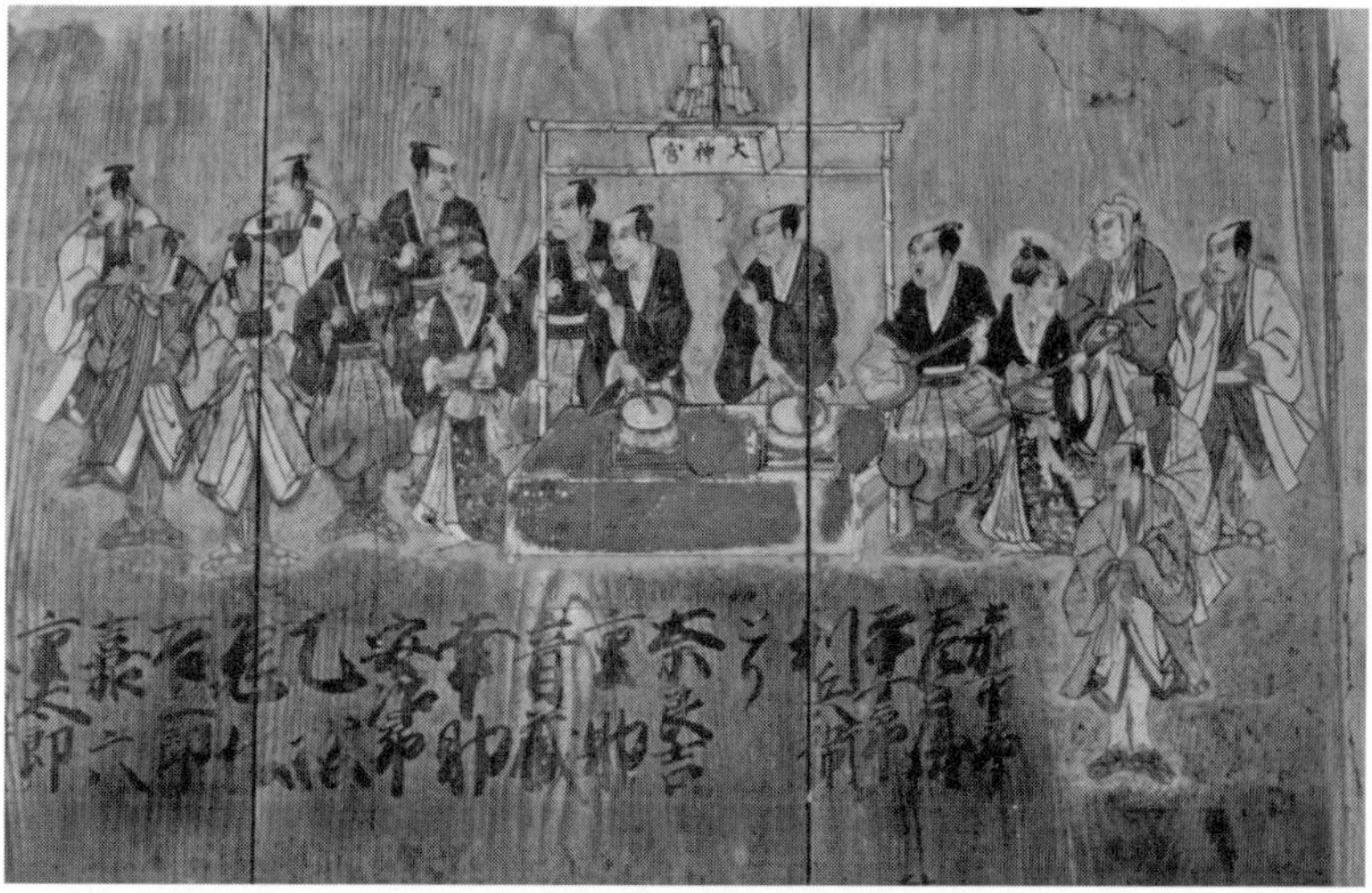

図4　御蔭踊図絵馬　図3部分

図５　御蔭踊図絵馬（兵庫・越木岩神社）

て、その下に太鼓を二つ置き、二人の太鼓打ちが撥をふり、その両側に三味線弾きや拍子とり、音頭とりが一三人並び、画面左下に一二人の踊り手が二列になって整然と手踊りをしている（図３・４参照）。いずれも揃いの衣裳である。そのあいだちょうど画面中央には、音頭とりをはじめ踊りに参加した者の名前がはっきりと墨書されている。

もう一面は「奉納　御奉前　天保二年辛卯六月十六日」の墨書銘があり、前者とほぼ同じ図柄であるが、踊り手が多く、二四人が三列になって手踊りしている。派手な色とりどりの元禄風を思わせる衣裳で、少年あるいは若衆が威勢よく踊っている。これも世話方はじめ踊りに参加した者の名前が克明に記されている。なお、同町屏風の杵築神社にも天保二卯年銘の同じ図柄の絵馬がある。

西宮市甑岩の越木岩神社にも二面の「御蔭踊」図絵馬が伝わる。一面は越木岩の上新田の村から、一面は下新田の村から奉納されたもので、ともに熱狂的な「御蔭踊」のおこなわれた翌年、天保二年六月の奉納である。提灯を立てめぐらせた神社の境内へ「おかげ」提灯を先頭に、大御幣を押し立て、数十人の男女がそれぞれ揃いの衣裳で笠をかぶり、小御幣あるいは日の丸扇子を手にして、踊りながら繰り進んでいく（図５参照）。また、小御幣を捧げ持つのが天狗に扮した男で、そのあとに神官が供を従えているが、下新田の方は、大御幣を持つのが裃姿の男で、そのあとに二人の力士と、奉納する絵馬と扁額を担う大男がいるのが面白い。

この絵馬に描かれている「御蔭踊」の芸態を見ると、文政一三年にいたって新しく生み出されたのではなく、村落に長く伝承されていた民俗芸能を、ここに継承あるいは復活したことがうかがえる。越木岩神社は古くから雨乞祈願の社として有名で、近在近郷みなこの社に雨乞踊などを奉納して祈願した。下新田の絵馬の画面に「大踊り」と書いた提灯を押し立てているが、この大踊りこそがほかならぬ伝統的な雨乞踊の一つであった。

こうした絵馬に描かれているこの踊りの芸態を見ると、近世大和においてしばしば踊られた、雨乞祈願の「いさみ踊」、願満御礼の「なもで踊」ときわめてよく似ている。布留郷・三輪郷・大和郷・和爾郷・多郷では、元禄四年（一六九一）から文政一三年（一八三〇）まで一四〇年のあいだに、二一回も郷村あげて「いさみ踊」や「なもで踊」を踊っている。この踊りは田楽が風流化して念仏踊・六斎念仏などと習合した民俗芸能である。したがって、近年に踊られたこうした踊りが想起され、「御蔭踊」にその名のもとに踊られたであろうことは想像に難くない。

双盤念仏の分類と構成

坂本　要

一　双盤念仏の概要

双盤念仏《そうばん》は直径約四二センチメートルほどの鉦（尺三といって直径一尺三寸の物が多い）を叩きながら、引声《いんぜい》によって唱える念仏で、浄土宗寺院を中心に広まった。

双盤念仏は僧侶の行う双盤と在俗の人の講や連中《れんちゅう》による双盤がある。仮に前者を寺院双盤とし、後者を民間双盤としておく。寺院双盤は浄土宗の法要において行われる双盤で、一人が二枚鉦を向き合わせて叩くので双盤という説と二枚の鉦が雙調《そうじょう》と盤渉調《ばんしきちょう》を奏でるからという説がある。これを二枚鉦双盤としておこう。二枚鉦で叩く浄土宗の双盤念仏は現在鎌倉光明寺と東京芝増上寺の儀軌によって定まっている。浄土宗の西山派・名越派・大日比流・九州の鎮西派や長野市の善光寺には独特の唱え方・叩き方がある。

民間双盤は在家の人が叩くもので双盤講・鉦講・鉦張りといって、四枚鉦から八枚鉦、多いところでは一六枚の鉦を使い、掛け合って「南無阿弥陀仏」を長く延ばして唱える。双盤鉦は同じ向きに並べて叩くので並び鉦双盤としておく。

関東の双盤念仏にはヒラガネ（平鉦）とヤクガネ（役鉦）を区別するところが多い。ヒラガネは三〇分ほどかけて、前半の座付き・六字詰めという引声の念仏の部分と後半の七五三・雷落としなどの鉦の乱打をともなう部分から成り立っている。この念仏は後半の激しい鉦の叩き方に特徴があり、民間ではこの部分を聞かせどころとして発達したものと考えられる。ヒラガネは法要とは別に叩かれることが多い。

法要時にはヤクガネという叩き方で「六字詰め」の念仏を唱え、後半は七五三の鉦を叩く。大きくみるとヒラガネとヤクガネは同じように構成されているが、ヒラガネは最低四人で叩くので、一人一人が順に唱えたり、掛け念仏といって叩き手が二手に分かれて念仏を掛け合うところが入り、ヤクガネより時間が長くなっている。双盤鉦でヤクガネを叩く場合、二枚で叩く場合が多い。

また雲版といって雲形の鉦と太鼓を両腕で叩く叩き方がある。鎌倉光明寺周辺と滋賀県に広がっている。滋賀県は楷定《かいじょう》念仏といい、安土浄厳院から広がったとされる。現在、鎌倉光明寺系寺院や滋賀県では在家の人が叩くが、浄厳院や寺院双盤で行う寺院では僧が叩く。雲版は双盤鉦のヤクガネに相当し法要の前後と法要中に叩かれる。僧侶が入ってくる前にシタク鉦とかシラセ鉦を叩き、法要中「念仏一会」の部分で六字詰め、法要の最後に送り鉦と称して鉦を叩く。

全国的に見て双盤鉦の年代が貞享年間（一六八四―八八）以前のものが見つからないことから、双盤を使う念仏はこの前後に浄土宗寺院で成立し、民間に下降したとみられる。浄土宗寺院の双盤念仏は全国に点在するが、民間の双盤念仏は関東と関西に集中する。浄土宗寺院では十夜法要に双盤念仏を行うが、それ以外にも法然上人の命日である御忌や盆・彼岸に行われ、民間に広がった双盤念仏は薬師・観音・地蔵・閻魔の縁日に叩かれ宗派を問わず、鉦講・鉦張りといって叩くようになる[1]。

二　研究史

「双盤念仏」の語が学術的に研究対象として載るのは、一九六六年に仏教大学民間念仏研究会編で刊行された『民間念仏信仰の研究　資料編[2]』からである。この報告は一九五一年から四カ年に渡って文部省科研の調査として行われた。この資料は大変貴重なもので、筆者が調査を始めた一九七〇年代ですでに行われなくなっていたものが多かった。

双盤念仏の概要は『民間念仏信仰の研究　資料編』の「双盤念仏」を担当した成田俊治によるところが大きい。双盤念仏は「双盤を打ちながら特殊な節をつけて念仏を唱える引声念仏の行事」とある。「この引声念仏は法照の五会念仏を円仁が伝え、比叡山常行堂では不断念仏として行われ、真如堂縁起によると十夜の不断念仏としても行われ、一四九五年鎌倉光明寺にもたらされた。これを以て十夜双盤念仏の濫觴とする[3]」と解説している。

一九五〇年代に精力的に民間念仏の研究を始めた五来重は主に融通念仏・六斎念仏を対象に論を進めたので、双盤念仏について論究が少ないが、「真如堂十夜念仏と十日夜[4]」の中で六斎念仏の一曲であるシコロが発展して鉦講や双盤念仏になったとしている。

『望月仏教大辞典』では「双盤」の項はないが、「鉦鼓《しょうご》」の項で「架に懸け、引声念仏等の時之を打つものを双盤と称す。蓋し釣鉦鼓の変形なるべし」とある。以上の説以外は双盤念仏についてあまり論じられていない。

双盤念仏の発生については真如堂に伝わる「十夜念仏縁起」から十夜法要と引声念仏・双盤念仏が一体として始

まり、民間にまで広まったとされている。たしかに浄土宗寺院では十夜法要に二枚鉦の双盤を向かい合わせにして叩き六字詰めという引声の念仏を唱え、在家の人は双盤を並べて、引声の崩れと思われる念仏を唱える。しかし、十夜法要は一五世紀に始まったとされるが、双盤鉦そのものは一七世紀の貞享四年（一六八七）以前のものが見いだせない。また真如堂で行っている引声は一〇月一四日の僧による引声阿弥陀経会と一一月五日から一五日の在家による十夜双盤念仏があり、別の行事である。さらに引声とは声を引き延ばして唱える声明のことを指し、「引声阿弥陀経」と「引声念仏」がそれにあたるが、「引声阿弥陀経」と「引声念仏」も別の声明であり、双盤念仏に唱えられる「六字詰め念仏」も引声で唱えるのであるが引声念仏とは異なる。「引声阿弥陀経」は引声で「阿弥陀経」を唱えるもので、「引声念仏」・「六字詰め」は「南無阿弥陀仏」の唱えを引声で繰り返し唱える。「引声阿弥陀経」は割笏《かいしゃく》で拍子をとり、双盤鉦はつかない。引声念仏には双盤鉦を使用する場合としない場合があり、しない場合は割笏を使う。民間双盤・六字詰めは雲版もしくは双盤鉦を使う。このように引声と鉦の組み合わせは何通りかになり、一様ではない。したがって、この「引声阿弥陀経」・「引声念仏」・「六字詰め」の三者は別であり、時代をずらして発生・変遷した可能性が高い。

現在、双盤念仏の調査・報告は筆者および埼玉県の小峰孝男、京都府の福持昌之によって順次進められているが、(5)浄土宗諸派の双盤念仏を含め、比較するとかなりのバリュイションがある。以下、このことを事例と史料の双方から探っていきたい。

三　分布

1　関東

関東の双盤念仏は神奈川県の鎌倉光明寺がもとで、民間に広がり三浦半島・横浜に多く分布し、川崎市や県央・県西にも点在している。鎌倉光明寺に近い三浦半島や横浜市南部は雲版と双盤鉦が用いられる。神奈川県の北部や県央・県西になると双盤鉦だけになり、宗派を越えて浄土宗以外の寺や堂でも行われる。東京都や埼玉県では明治・大正時代に双盤念仏が流行り、拠点の寺堂ごとに流派ができて競い合った。

浅草流―台東区浅草寺奥山念仏堂
九品仏流―世田谷区奥沢九品仏浄真寺
滝山流―八王子市滝山大善寺
深谷流―横浜市戸塚区深谷専念寺

などの流派のほか、お互いに古流・新流として他と区別した。古流は大方光明寺の流れを汲むものである。

個別事例は別稿で記したので一覧表として別表1を付した(6)。

別表1にあるとおり、聞き書きによりかつて行われていたことが確認できたものが一八七カ所ある。そのうち神奈川県が八一カ所で断然多い。現行の民間双盤講は二〇〇〇年の調査では神奈川四五カ所、東京九カ所、埼玉六カ所の計六〇カ所で、神奈川県に多く残っていたが、現在はさらに減っていると思われる。僧侶による双盤念仏は増上寺で習って新たに行う寺院もあり、変動する。千葉県の千倉町にも三浦半島の漁民が伝えた双盤念仏の鉦があり、現在十夜の行事はやっているが双盤念仏は行われない。

2　関西

関西の双盤念仏の多くは鉦講といわれているが、数は関東ほどに多くはない。京都市左京区の真如堂以外の民間の双盤念仏は滋賀県が多く、楷定念仏として浄土宗寺院で行われている。京都府の南部に双盤が広まっていたが現行では後述の二カ所である。また浄土宗西山派の双盤念仏があり、僧侶の行う白木念仏とは別に民間の双盤念仏が京都と和歌山県の北部沿岸地区にある。

鉦講としては真如堂（天台宗）が有名である。これに類したものは京都市伏見から南に広がっていたが、現在三カ所である。久御山町東一口《ひがしいもあらい》安養寺と大山崎町の長福寺（浄土宗西山派）に双盤念仏がある。安養寺は真如堂から伝わったといわれ、一〇枚鉦で叩き六字詰めであるがその中にシコロという六斎念仏に共通する名の叩き方がある。また大山崎町の長福寺では地念仏といって在家の人が春秋彼岸の中日と一一月の十夜に八枚鉦で双盤念仏を唱える。(7) 真如堂も八枚の鉦を叩き、鉦の枚数が多いのが特徴である。京田辺市天王の極楽寺には十夜に六字詰めを唱える三遍返しの引声系の念仏があり、極楽寺は双盤鉦一枚が残っている。ほかにも城陽市奈島深広寺などで双盤鉦がある。

滋賀県下では楷定念仏系の双盤念仏が分布している。楷定念仏とは善導が経を順に楷定して講じたことから名がついたとするが、織田信長によって行われた日蓮宗と浄土宗の安土問答に浄土宗側が勝ったので、開城念仏とか勝《かち》鬨《どき》念仏といわれている。開帳の時に唱えたからということも考えられる。楷定念仏は旧蒲生郡安土町（現・近江八幡市）の浄厳院の双盤念仏で雲版と二枚の双盤鉦を同時に叩く。この雲版と双盤鉦を同時に叩く楷定念仏型の双盤念仏は浄厳院以外では在家の人で行われており、鉦講・地念仏といわれている。筆者が実見した五カ寺（野洲市南桜の報恩寺・同市市三宅の安楽寺・守山市小浜の称名院・湖南市の正福寺・甲賀市宮川の法性寺）以外にも野洲市、守山市、栗東市、湖南市、甲賀市、竜王町ほかの浄土宗寺院に広まっている。大津市堅田の真野法界寺には二枚鉦の民間双盤があった。

大阪府では阪南市自然田《じねんだ》の瑞寶寺を中心に黒田寺・宗福寺・裕道寺・西光寺に鉦講がある[8]。この双盤念仏は鎌倉光明寺から習ったと伝える。隣接の貝塚市名越の安養院にも双盤念仏がある。

和歌山県では和歌山市大川以南に西山派の寺が多くあり。大川流・梶取流の民間の双盤念仏が海南市下津町大窪の地蔵寺や有田市糸賀の得生寺まで広がっていた。下津町地蔵寺は大川流で現在も行われている。大川流は和歌山市大川の報恩講寺を起点に、梶取流は和歌山市梶取《かんどり》の総持寺を起点に広まったものである。

3　その他の全国事例

民間の双盤念仏は関東と近畿に集中している。ほかに鳥取県鳥取市栖岸寺が有名である。

栖岸寺は現在一六枚の鉦を使って双盤念仏を行うが、これは最近近在の浄土宗寺院から集めたということで、元は二枚鉦であったという。逆に考えると近在に双盤念仏があったわけで、隣県岡山県の誕生寺との行き来があり、誕生寺にも双盤念仏があった。栖岸寺の双盤念仏は一千日の常念仏の満願日に行ったもので、常念仏が行われなくなった現在、三年に一回行っている。常念仏は承応三年（一六五四）第三世寸誉露天和尚に始まるとされる。在家の道心者が庵に籠って一千日の念仏行に入るわけであるが、「栖岸寺記録」によると以八（広島県厳島光明院の開祖・捨世派）が四十八夜念仏を興行し「殊勝の音ある鉦鼓」を残したとある[9]。それが双盤鉦で叩いたのかは不明である。九州には四十八夜念仏として鎮西流の双盤念仏がある。四十八夜念仏は不断念仏のことであり、現行の栖岸寺で行っているものは、京都真如堂もしくは鎌倉光明寺の双盤念仏と構成が似ている。

関東・関西以外に民間双盤はこの鳥取栖岸寺以外は見当たらないが『民間念仏信仰の研究　資料編』所載では福岡県の玄海灘、石川県の能登半島、兵庫県にあったとされるが、確認できていない。『民間念仏信仰の研究　資料編』の全国双盤一覧五六カ所は筆者調査個所の別表1・2の分布とだいたい重なる。(10)

別表1　関東の双盤念仏

◎現行　×廃絶　(僧)は僧侶による二枚鉦の双盤念仏。（宗派）無印は浄土宗寺院。
神奈川県は雲版と双盤があるのでその区別を記した。他県は双盤鉦のみである。
関東では太鼓はすべての双盤念仏についている。
銘年号無記は戦後もしくは記銘なし。未記入個所は不明もしくは未調査による。

神奈川県

地区	寺（宗派）	開催月・日と現況	行事	鉦種類	銘年号	備考
鎌倉市材木座	光明寺	一〇月一二日―一四日・七月開山忌　◎	十夜・開山忌	雲版・双盤	雲版・延享四（一七四七）	引声は僧・雲版在家十夜の時は山門で在家の双盤。詳細本文
逗子市小坪	小坪寺	×	十夜	雲版のみ		
葉山町堀内	清浄寺	一〇月二七日　◎	十夜	雲版のみ		
葉山町堀内	相福寺	一一月一日　◎	十夜	雲版のみ		

葉山町真名瀬	光徳寺	一〇月二三日	◎	十夜	雲版のみ	雲版・昭和一二（一九三七）	双盤鉦一枚現存
葉山町下山口	万福寺	一一月二三日	◎	十夜	雲版のみ		
葉山町上山口	新善光寺	一〇月三〇日	◎	十夜	雲版のみ		
横須賀市秋谷	正行院	一一月三日	◎	十夜	雲版のみ	雲版・享保三戊戌一〇月八日（一七一八）	銘文　相模国三浦郡秋谷村紫雲山正行院廿二世十夜念仏開闢昇蓮社進誉上人春覚和尚為二世安楽　施主　同村梶谷権左ヱ門
横須賀市芦名	浄楽寺	一〇月一九日	◎	十夜	雲版のみ	雲版台・明治二三（一八九〇）	
横須賀市芦名	南光院	一〇月二四日	◎	十夜	雲版のみ	太鼓台・大正一〇（一九二一）	
横須賀市林	満宗寺	一〇月二七日	◎	十夜	雲版のみ		
横須賀市長坂	無量寺	一一月五日	◎	十夜	雲版・双盤四		
横須賀市佐島	福本寺	一一月一三日	◎	十夜	雲版のみ		
横須賀市長井	不断寺	一〇月二四・二五日	◎	十夜	雲版・双盤四		
横須賀市長井	長井寺	一〇月二三日	◎	十夜	雲版のみ		
横須賀市武	東漸寺	一一月二日	◎	十夜	雲版・双盤四	双盤・天保一三（一八四二）元治一（一八六四）	
三浦市和田	天養院	一一月三日	◎	十夜	雲版のみ	雲版・文化一三（一八一六）	
三浦市三戸	福泉寺	一一月一〇日	◎	十夜	雲版・双盤二	双盤・明治三四（一九〇一）	

三浦市三戸	霊川寺	一一月二四日	◎	十夜	雲版・双盤二	福泉寺の鉦	
三浦市三戸	光照寺	一〇月二九日	◎	十夜	雲版のみ		
三浦市網代	真光院	一一月一二日	◎	十夜	双盤一・太鼓一		
三浦市三崎	光念寺	一一月四日	◎	十夜	雲版のみ	雲版・延享一（一七四四）	
三浦市金田	円福寺	一〇月三〇日	◎	十夜	雲版・双盤三	双盤・安永七（一七七八）専念寺・万延一（一八六〇）光明寺	
三浦市菊名	永楽寺	一一月一三日	◎	十夜	双盤三		
三浦市上宮田	十劫寺	一〇月二〇日	◎	十夜	雲版・双盤三		
三浦市上宮田	三樹寺	一一月一七日	◎	十夜	雲版・双盤三		
横須賀市津久井	法蔵院	一一月八日	◎	十夜	雲版・双盤四	双盤・文化五（一八〇八）文化一〇（一八一三）二枚文政一〇（一八二七）雲版・明治一三（一八八〇）	浜施餓鬼あり
横須賀市久里浜	長安寺	一〇月二八日	◎	十夜	雲版・双盤四	双盤・宝暦三（一七五三）	
横須賀市久里浜	伝福寺	一一月一〇日	◎	十夜	雲版・双盤四		
横須賀市久村	正業寺	一〇月二二日	×	十夜			
横須賀市久比里	宗円寺	一一月一一日	×	十夜			
横須賀市鴨居	西徳寺	一一月七日	◎	十夜	雲版・双盤四		
横須賀市大津	信楽寺	一一月三日	◎	十夜	雲版のみ		
横須賀市上町	聖徳寺	一〇月一九日	◎	十夜	雲版・双盤三		

横須賀市追浜	良心寺	一〇月二五日　◎	十夜	雲版・双盤四	雲版・天明四（一七八四）双盤・文政七（一八二四）鰹漁船銘文有り	
横須賀市浦郷	正観寺	一一月三日　◎	十夜	双盤一		数珠繰り
横浜市磯子区峰	阿弥陀寺	一〇月一七日　×	十夜	双盤四	双盤・正徳四（一七一四）天保六（一八三五）	
横浜市磯子区中原	願行寺	×				
横浜市磯子区栗木	金台寺	×				
横浜市港南区港南	正覚寺	一〇月二五日　◎	十夜	雲版・双盤四	雲版・寛政七（一七九五）双盤・正徳三（一七一三）二枚嘉永五（一八五二）二枚	歌念仏あり
横浜市戸塚区深谷	専念寺	一〇月八日　◎	十夜	雲版・双盤四	明治三〇（一八九七）太鼓	
横浜市戸塚区原宿	大運寺	×				
横浜市泉区中田	中田寺	一〇月二六日　◎	十夜	雲版・双盤四	明治五（一八七二）太鼓	
横浜市旭区本村	三仏寺	一〇月二七日　◎	十夜	雲版・双盤四		
横浜市旭区本宿	浄性院	×				
横浜市旭区上川井	長源寺	×				
横浜市鶴見区生麦	正泉寺（真言）	七月一四日　◎	盆	双盤三		

横浜市鶴見区生麦	慶岸寺	七月第四日曜	×	浜施餓鬼	双盤		
横浜市鶴見区鶴見	東福寺（真言）	四月第一日曜	×		双盤		
横浜市鶴見区矢向	良忠寺	一一月二日	僧	十夜	双盤二		
横浜市港北区菊名	蓮勝寺	一一月二日	×	十夜	双盤三	双盤・嘉永三（一八五〇）太鼓・嘉永五（一八五二）	
横浜市都筑区荏田東	心行寺		×		双盤		
横浜市緑区寺山	慈眼寺（真言）	三月彼岸他	◎	彼岸観音堂	双盤四		
横浜市青葉区市ヶ尾	地蔵堂（真言）	一一月三〇日	◎	地蔵縁日	双盤四		
横浜市青葉区荏田	真福寺（真言）	四月八日	◎	薬師縁日	双盤四	双盤・明治二一（一八八八）嘉永五（一八五二）太鼓	徳本講
横浜市青葉区元石川	陣願堂（真宗）		×	地蔵堂	双盤		
川崎市川崎区大師町	川崎大師（真言）	三月二一日他	◎	御影供・大師縁日・赤札	双盤四（引声〈インジョウ〉念仏・双盤二枚）		
川崎市高津区千年	能満寺（天台）	一一月二四日	×		双盤		
川崎市宮前区野川	影向寺（天台）	一一月一八日	×	薬師縁日	双盤		

川崎市多摩区宿河原	龍安寺	一一月七日	×	十夜	双盤四	双盤・明和八（一七七一）二枚・文政五（一八二二）	
川崎市多摩区菅北浦	薬師堂（天台）	一一月二二日	×	薬師縁日	双盤	双盤・天保九（一八三八）	
相模原市当麻	無量光寺（時宗）	一〇月二三日・一月一日	◎	開山忌・元旦	双盤四		
相模原市当麻	観心寺（時宗）	一〇月一九日他	×		双盤		
相模原市下溝	清水寺（曹洞）	四月八日	×	観音	双盤二		
大和市上和田	信法寺薬王院	九月八日	◎	薬師縁日	双盤四	双盤・享保一（一七一六）太鼓・嘉永六（一八五三）	
厚木市妻田	西福寺	一一月七日	×		双盤		
厚木市温水	源正寺		×	薬師	双盤		
厚木市船子	観音寺	一一月一五日	×	観音	双盤		
厚木市酒井	法雲寺	一〇月三〇日	◎	薬師	双盤四		
伊勢原市桜台	三福寺		×				
伊勢原市一の沢	浄発願寺		×		双盤二	双盤・寛政八（一七九六）宝暦一三（一七六三）	弾誓上人
秦野市鶴巻北	西光寺	一〇月五日	×		双盤一	双盤・明和三（一七六六）	
寒川町倉見	行安寺	一〇月一九日	×		双盤		
藤沢市長後	泉龍寺		×		双盤		
茅ケ崎市南湖	西運寺	一〇月八日	(僧)	十夜	双盤二		

平塚市須賀	海宝寺	一〇月一五日　×	十夜	双盤		
平塚市四之宮	大念寺	一〇月一〇日　(僧)	十夜	双盤二		
大磯町大磯	大運寺	一〇月二〇日　×		双盤		
二宮町二宮	知足寺	一〇月一九日　(僧)	十夜	双盤一		百万遍数珠繰り一枚鉦
小田原市小八幡	三宝寺	一〇月八日　×		双盤		
箱根町塔之沢	阿弥陀寺	×		双盤二	双盤・元禄六（一六九三）二枚	弾誓上人

千葉県

地区	寺	開催月・日と現況	行事	鉦種類	銘年号	備考
木更津市中央	選択寺	一〇月二〇日　×	十夜・閻魔	双盤		
浦安市堀江	大蓮寺	一一月上旬　(僧)	十夜	双盤二	元禄一一（一六九八）寛政七（一七九五）	
千倉市北朝夷寺庭	西養寺薬師堂（真言）	旧一〇月一〇日—一五日　×	十夜	双盤一	文久二（一八六二）	念仏はなく行事のみ
千倉市南千倉	東仙寺十王堂（真言）	一〇月一二日　◎	十夜	双盤一		合図鉦として叩く・鰹節発祥碑

東京都

地区	寺	開催月・日と現況	行事	鉦種類	銘年号	備考
大田区不入斗	密厳院（真言）	一月一六日×		双盤四		
大田区蒲田	安泰寺（天台）	×		双盤		
大田区西六郷	瑞光院（真宗）	×		双盤		
大田区古川	安養寺（真言）	一月一五日・四月八日・八月一五日×	閻魔・薬師・盆	双盤		現存三枚
大田区仲六郷	東陽院（真言）	七月一〇日×	盆	双盤		
大田区蓮沼	蓮花寺（真言）	八月一七日×	盆・観音	双盤	明治一一年	現存三枚
大田区今泉	延命寺	七月二三・二四日・一一月二四日◎	盆・十夜	双盤四		
大田区鵜ノ木	光明寺	五月一四日・一〇月一四日×	善導大師・十夜	双盤		
大田区下沼部	密厳院（真言）	五月一二日・七月一七日・九月一二日×	庚申・十夜			
大田区下沼部	東光院（真言）	一一月二一日×	十夜	双盤		
品川区青物横丁	願行寺	一〇月一二日―一四日㊣僧	十夜	双盤四		
品川区戸越	行慶寺	一〇月一七日㊣僧	十夜	双盤二		
品川区南品川	本覚寺（天台）	×		双盤		

品川区東五反田	宝塔寺（天台）	一〇月 ×	十夜	双盤四	天保九（一八三八）二枚・明治三五（一九〇二）二枚	
品川区西五反田	徳蔵寺（天台）	七月二〇日・一〇月一〇日 ×	施餓鬼・十夜	双盤四	弘化四（一八四七）	
品川区西五反田	安楽寺（天台）	一〇月一五日 ×	十夜	双盤		
品川区大井	来迎院（天台）	七月七日・一〇月一七日 ×	施餓鬼・十夜	双盤	延享二（一七四五）	現存一枚
品川区二葉	東光寺（天台）	×		双盤		
世田谷区奥沢	大音寺	一〇月二四日 ×		双盤		
世田谷区九品仏	浄真寺	五月八日・八月一四日・一一月一四日◎	千部・お面かぶり・十夜	双盤四	元禄一二（一六九九）三枚・文化六（一八〇九）	昔は双盤六枚太鼓二で叩いた
世田谷区深沢	医王寺（真言）	一月二八日・三月二八日・一一月三〇日 ×	不動・十夜	双盤四		
世田谷区用賀	無量寺	一〇月一八日 ×	十夜	双盤四		
世田谷区瀬田	行善寺	一〇月二七日 ×	十夜	双盤		
世田谷区瀬田	法徳寺	一一月四日 ×	十夜	双盤		
世田谷区尾山台	伝乗寺	×	十夜	双盤		
世田谷区下馬	西澄寺（真言）	一一月一二日・正五九一二日 ×	薬師・十夜	双盤四		
世田谷区淡島	森厳寺	一〇月一五日 ×	十夜	双盤		
世田谷区三軒茶屋	教学院（真言）	一月一六日・八月一六日 ×	閻魔	双盤		

世田谷区赤堤	密蔵院（真言）	七月一八日	×	観音	双盤		
世田谷区赤堤	西福寺（真言）	三月二一日	×	彼岸	双盤		
世田谷区用賀	真福寺（真言）	一日・一五日	×	大日如来	双盤		
世田谷区桜ヶ丘	久成院（天台）	三月一五日	×	百万遍	双盤		
世田谷区弦巻	浄光院	一〇月二〇日	×	十夜	双盤	寛政六（一七九四）	現存一枚百万遍に使用
世田谷区喜多見	慶元寺	一一月二四日	◎	十夜	双盤四	貞享四（一六八七）正徳四（一七一四）文化五（一八〇八）	現存五枚
世田谷区世田谷	大吉寺	一〇月一七日	×	十夜	双盤		
世田谷区世田谷	浄光寺	一〇月二〇日	×	十夜・百万遍	双盤		
目黒区上目黒	寿福寺（天台）	一〇月一〇日	×	十夜	伏せ鉦	正徳六年（一七一六）	祐天念仏
渋谷区東	福昌寺（曹洞宗）	一月一六日・七月一六日	×	閻魔	双盤		
港区芝	増上寺	四月一三日—一五日	◎	御忌	双盤		本堂で僧が、境内で在家の双盤を行う
港区芝赤羽橋	閻魔堂	一月一六日	×	閻魔	双盤		
港区白金	西光寺	一〇月一九日	(僧)	十夜	双盤二		山本康彦
台東区浅草	浅草寺（天台）念仏堂	一〇月一八日（大正一二年まで）	×	十夜	双盤		

墨田区吾妻橋	霊光寺	一一月三日	㊝	十夜	双盤二		大河内義雄
墨田区堤通	木母寺（天台）	三月一五日	×	梅若忌	双盤		
文京区大塚	護国寺（真言）		×	閻魔	双盤		
豊島区池袋本町	重林寺（真言）		×	不動	双盤	明治三〇（一八九七）	現存三枚
豊島区長崎	金剛院	一〇月一七日・一八日	×	観音堂	双盤四		
新宿区新宿	太宗寺	七月一六日	×	閻魔	双盤		
中野区新井薬師	梅照院（真言）	八日	×	薬師	双盤		
中野区若宮	福蔵院（真言）		×	十夜講	双盤		
調布市深大寺	深大寺（天台）	一月三日	×	元三大師	双盤		
府中市白糸台（車返し）	本願寺	一一月二〇日	◎	十夜	双盤四	寛政六（一七九四）二枚　文政四（一八二一）　明治二一（一八八八）	文化一三（一八一六）浅草寺念仏堂関連文書あり。現存五枚
西東京市田無	持宝院（真言宗・修験）	一二月二三日	×	冬至祭	双盤		
国分寺市西元町	武蔵国分寺（真言）	九月一八日	×	オコモリ	双盤		
日野市栄町	成就院東光寺（真言）		×	薬師	双盤	寛延一（一七四八）	

日野市日野本町	大昌寺	一〇月六日　×	十夜	双盤	文久一（一八六一）	
立川市柴崎町	普済寺（臨済宗）	×	施餓鬼会	双盤		
昭島市拝島	拝島大師本覚院（天台）	一月二日・三日　×	元三大師	双盤四	明治二五（一八九二）	
昭島市拝島	大日堂（天台）	一月二日・三日　×	大日如来	双盤四	寛政八（一七九六）二枚	
昭島市大神町	観音寺（天台）薬師堂	九月一一日・地蔵堂八月二四日　×	薬師・地蔵	双盤四	天明四（一七八四）太鼓嘉永五（一八五二）	
瑞穂町殿ヶ谷	福正寺（臨済宗）	×	観音	双盤		
羽村市川崎	宗禅寺（臨済宗）	×	施餓鬼・薬師	双盤		
八王子市大横町	大善寺	一〇月一三日―一五日　×	十夜	双盤四	寛保二（一七四二）伝	
八王子市小宮町	東福寺（天台）	粟の須観音　八月一〇日　×	笛継観音	双盤	元文五（一七四〇）二枚	
あきる野市二宮	玉泉寺（天台）	一〇月一五日　◎	十夜	双盤四	文政一一（一八二八）太鼓天保六（一八三五）鐘刻文　元禄一〇年（一六九七）	十夜別時諷誦文回向
日の出町大久野	西徳寺（曹洞宗）	八月一六日　◎	馬頭観音	双盤三	天保一三（一八四二）三枚	
青梅市勝沼町	乗願寺（時宗）	一一月二三日　◎	十夜	双盤二	文化二（一八〇五）	昔は四枚あった

武蔵村山市三ツ木	宿薬師堂（曹洞宗）	一〇月八日・一二日・二四日　◎	十夜	双盤四	太鼓銘　文化一一（一八一四）	
武蔵村山市中藤	萩の尾薬師（曹洞宗）	一〇月一二日　×	十夜	双盤	寛政四（一七九二）	昔三枚あった
東久留米市小山	大円寺（天台）	×		双盤		
清瀬市野塩	円福寺（曹洞宗）薬師堂	正五九月八日一二日　×	薬師	双盤四		
東村山市大岱	大泉寺・地蔵堂	×	地蔵	双盤		
東村山市野口	正福寺地蔵堂・薬師堂（臨済宗）	×	地蔵・薬師	双盤		
東村山市久米川	梅岸寺・阿弥陀堂（曹洞宗）	×	阿弥陀	双盤四	文政五（一八二二）	「後住相伝」双盤念仏儀軌書あり
東村山市南秋津	花見堂	×		双盤		
神津島村	濤響寺	一一月二四日　(僧)	十夜	双盤二		ぎょう念仏

埼玉県

地区	寺	開催月・日と現況	行事	鉦種類	銘年号	備考
和光市白子	東明寺吹上観音（臨済宗）	一〇月一〇日―一七日 ×	十夜	双盤七太鼓二	天明一（一七八一）	
所沢市上山口	金蔵院山口観音（真言）	一〇月一八日・一九日 ×	観音	双盤	安政三（一八五六）	
所沢市荒幡	本覚院・光蔵寺（真言）	一〇月一五日？ ×	十夜	双盤四		
所沢市上安松	長源寺（曹洞宗）他	×	十夜	双盤四		
所沢市北秋津	持明院曼荼羅堂（真言）	×	阿弥陀	双盤四	太鼓銘　明治二四（一八九一）寄進帖明治一三（一八八〇）文政五（一八二二）	「後住相伝」双盤念仏儀軌書あり。久米川梅岩寺の写し
所沢市久米	長久寺（時宗）	×	阿弥陀	双盤台四	台の銘　文化一一（一八一四）	
所沢市北野上組	全徳寺（曹洞宗）	毎月一二日・二四日 ×	薬師堂・十王堂	双盤五太鼓一		
所沢市三ヶ島	薬師堂	×	十夜	双盤四		
所沢市三ヶ島	常楽院	×	十夜	双盤		
所沢市糀谷	阿弥陀堂	×	阿弥陀	双盤		
入間市宮寺	観音堂（真言）	一月一七日・八月一七日 ◎	観音	双盤四	太鼓天保三（一八三二）伝	
入間市坊	太子堂	×	聖徳太子	双盤		

入間市新久	龍円寺（真言）	一月一六日・八月一六日	◎	観音	双盤四		
入間市根岸	地蔵堂	四月一四日・一一月二三日	×	地蔵	双盤四		二枚現存
入間市野田	長徳寺（曹洞宗）		×	薬師	双盤		
狭山市笹井	宗源寺（曹洞宗）	四月八日	◎	薬師	双盤二		
狭山市笹井	笹井観音堂（曹洞宗）	一月二〇日	◎	観音	双盤二		元は薬師堂で行なった
狭山市上広瀬	禅龍寺（曹洞宗）		×	観音	双盤一	天保四（一八三三）	一枚現存
飯能市落合	西光寺（曹洞宗）	四月一二日・一〇月一二日・八月一四日	◎	薬師	双盤四		
飯能市矢颪	浄心寺（曹洞宗）		×	薬師	双盤二		
飯能市双柳	秀常寺（真言）		×	観音	双盤		
飯能市平松	円泉寺（真言）		×	阿弥陀	双盤		
飯能市川寺	大光寺（真言）	四月一三日・一〇月一三日	×	虚空蔵	双盤二		
飯能市川崎	普門寺（真言）	一月一八日	◎	観音	双盤二		明治元年「念仏目録巻」あり

茨城県

地区	寺	開催月・日と現況	行事	鉦種類	銘年号	備考
常総市飯沼	弘経寺	一一月八日 ㊓	十夜	雲版・双盤二（増上寺流）		
常総市水海道	報国寺	一一月七日 ㊓	十夜	雲版・双盤二（増上寺流）		

神奈川	確認	八一カ所	現行民間	四五カ所	僧四カ所
千葉県	確認	四カ所	現行民間		僧一カ所
東京都	確認	七六カ所	現行民間	九カ所	僧五カ所
埼玉県	確認	二四カ所	現行民間	六カ所	
茨城県	確認	二カ所	現　行		僧二カ所
関東地方計	確認	一八七カ所	現行民間	六〇カ所	僧一二カ所

※僧による二枚双盤は変動が大きい。

神奈川県については、坂本要二〇一四「神奈川県の双盤念仏」、東京都については、同一九九〇『東京都双盤念仏調査報告』の筆者の追加調査、埼玉県については、小峰孝男二〇一二『民俗芸能としての双盤念仏』から作成した（註5を参照）。

別表2　双盤念仏　全国調査済個所一覧（関東を除く）

＊僧—僧侶による双盤・在家—在家による双盤

双盤年号無記は戦後もしくは記銘なし。（宗派）は他宗および浄土宗諸流派。

道府県名	地区	寺（宗派）	行事・月日	銘年号	僧or在家
北海道	伊達市有珠町	善光寺（名越派）	九月二二―二四日	大正一三年（一九二四）二枚	僧

青森県	今別町今別	本覚寺（名越派）	毎月二五日・御忌・十夜・九月三日多聞天	明和二年（一七六五）二枚	僧
青森県	外ヶ浜町平館	玉泉寺（名越派）	御忌一月二〇日・十夜一一月二〇日 正月一月二〇日・春秋彼岸 今光上人忌三月二五日以前は毎日朝晩	安永二年（一七七三）一枚	僧
青森県	市浦町十三湊	湊迎寺（名越派）		嘉永六年（一八五三）二枚	僧
青森県	青森市油川	浄満寺（名越派）		宝永七年（一七一〇）・正徳三年（一七一三）二枚	僧
山形県	大石田町	乗船寺（名越派）	御忌二月二五日・施餓鬼八月二一　日・十夜一〇月二〇日	明和九年（一七七二）一枚	僧
山形県	村山市楯岡	本覚寺（名越派）		安永九年（一七八〇）一枚	僧
山形県	山形市中野・船町	向谷寺（名越派）	施餓鬼八月二八日	宝永三年（一七〇六）一枚	僧
山形県	天童市五日町	仏向寺（時宗一向派・現在浄土宗）	踊り念仏一一月一八日	明治二二年（一八八九）二枚	僧
福島県	いわき市仁井田	最勝院（名越派）	施餓鬼五月二日・八月一八日	双盤鉦二枚（年号なし・願主祐天）半鐘　元禄六年（一六九三）寄進祐天	僧
栃木県	益子町七井	円通寺（名越派）		元禄一四年（一七〇一）二枚　烏山善念寺什物	僧
長野県	長野市元善町	善光寺（浄土・天台）	毎日朝昼・盂蘭盆会大念仏七月三一日・十夜一〇月と一一月五―一五日・一二月七日トウトウ念仏・一月一日朝拝式・一月七日七草会	鉦・妻戸　双盤一・元文二年（一七三七）雲版・延宝五年（一六七七）・内々陣双盤四　元禄五年（一六九二）宝永七年（一七一〇）正徳二年（一七一二）	妻戸堂番 内陣　僧

富山県	射水市放生津	曼荼羅寺（水波流）	御忌四月二〇日十夜一〇月一〇日	一枚鉦　年号なし	僧
滋賀県	近江八幡市	浄厳院（楷定念仏）	十夜一〇月九日	雲版・双盤三枚　元禄四年（一六九一）	僧・在家
滋賀県	守山市小浜	称名院	御忌五月一五日	雲版・双盤六枚　正徳五年（一七一五）	在家
滋賀県	野洲市市三宅	安楽寺	御忌三月二五日	雲版　延享三年（一七四六）双盤四枚　明和七年（一七七〇）	在家
滋賀県	野洲市南桜	報恩寺	十夜一一月一四日	雲版　宝暦四年（一七五四）双盤四枚　宝暦九年（一七五九）	在家
滋賀県	湖南市甲西町	正福寺	十夜一一月二三日	雲版　弘化三年（一八四六）双盤二枚　享保二〇年（一七三五）元文五年（一七四〇）	在家
滋賀県	甲賀市信楽町宮川	法性寺	御忌六月二日	雲版　双盤二枚　寛政六年（一七九四）	在家
京都府	左京区浄土寺町	真如堂（天台宗）	十夜一一月五―一五日	双盤八枚鉦　明治一九年（一八八六）	在家
京都府	左京区田中門前町	知恩寺	毎月一五日百万遍時	双盤二枚	僧
京都府	右京区嵯峨釈迦堂	清涼寺（引声〈インジョウ〉念仏）	お身ぬぐい四月一九日	双盤四枚　天保七年（一八三六）　享保元年（一七一六）	僧
京都府	向日市粟生	光明寺（西山派・白木念仏）	御忌四月二五日・西山忌一〇月二六日	双盤二枚明和三年（一七六六）　享保二一年（一七三六年）	僧

京都府	久御山町東一口	安養寺	三月一七・一八日に近い土日	双盤一〇枚　宝暦二年（一七五二）	在家	
京都府	大山崎町円明寺町	長福寺（西山派）	春秋彼岸中日・十夜	双盤八枚	在家	
京都府	城陽市奈島	深広寺		双盤枠一台。踊り念仏があった	在家	
京都府	京田辺市天王	極楽寺	十夜一一月一四日（六字詰め）	極楽寺双盤一枚	在家	
奈良県	奈良市都祁白石	興善寺（融通念佛宗）	十夜一一月一〇日・施餓鬼八月一五・二四日	双盤二枚　享保一〇年（一七二五）	在家	
奈良県	天理市福住	西念寺（融通念佛宗）	十夜一一月一三日	双盤二枚	在家	
大阪府	大阪市平野	大念佛寺（融通念佛宗）	一・五・九月一六日（百万遍時）	双盤二枚	僧	
大阪府	阪南市自然田	瑞寶寺	毎月二五日春秋彼岸・施餓鬼八月三日・十夜一一月三日	双盤四枚　元文三年（一七三八）	在家	
和歌山県	和歌山市大川	報恩講寺（西山派）	円光大師大会式一一月二二―二四日	双盤八枚　宝永七年（一七一〇）・享保二年（一七一七）・享保七年（一七二二）・文政四年（一八二一）	在家	
和歌山県	和歌山市梶取	総持寺（西山派）	善導忌四月一四日	双盤二枚	僧	
和歌山県	海南市下津町大窪	地蔵寺（西山派）	施餓鬼五月七日	双盤四枚	在家	
和歌山県	有田市糸賀	得生寺（西山派）	中将姫大会式五月一四日	双盤二枚　寛政二年（一七九〇）	在家	

鳥取県	鳥取市湖山	栖岸寺	四月（三年に一回）	双盤一六枚　享保五年（一七二〇）	在家
山口県	周防大島町外入	西光寺（大日比流・三匝念仏）	春季大祭四月一九日	双盤二枚　安永六年（一七七七）	僧
山口県	周防大島町沖家室	泊清寺（大日比流）	四月一五日	双盤二枚　享保一八年（一七三三）　宝暦一四年（一七六四）	僧
福岡県	北九州市香月	吉祥寺（鎮西派）	鎮西上人忌四月二七―二九日	双盤二枚　正徳四年（一七一四）	僧
福岡県	久留米市善導寺町	善導寺（鎮西派）	十夜一〇月一五日	双盤二枚	僧
熊本県	熊本市池田町	往生院（鎮西派）	鎮西忌四月二九日双盤二枚	享保一七年（一七三二）	僧
熊本県	天草市栖本	円性寺（鎮西派）	常念仏回向四年に一回	双盤二枚　延享五年（一七四八）　文化元年（一八〇四）	僧
熊本県	天草市河浦	崇円寺（鎮西派）	四十八夜念仏四年に一回	双盤二枚　安永三年（一七七四）	僧
熊本県	天草市河浦	信福寺（鎮西派）	御忌一月二五日　彼岸・十夜・虫追い	双盤二枚　天明四年（一七八四）	在家・僧
熊本県	天草市有明大浦	九品寺（鎮西派）	十夜一〇月五―一五日長念仏	双盤二枚（音聲改）　明治三二年（一八九九）	在家・僧
熊本県	天草市牛深	無量寺（鎮西派）	不明	双盤二枚　昭和二三年（一九四八）	
熊本市	天草市倉岳町柵底	江岸寺（鎮西派）	十夜・虫供養六月	双盤一枚　大正一〇年（一九二一）	在家・僧

4　浄土宗諸派

僧侶の行う双盤念仏は、浄土宗の儀軌として行われていることから九州から北海道まで点在しているが、浄土宗の諸派諸流には独特の叩き方・唱え方の双盤念仏が残っている。

・鎌倉光明寺、芝増上寺

現在、鎌倉光明寺・芝増上寺の差定が普及している。双盤の差定として印刷されたのは、大正五年（一九一六）の増上寺の千葉満定と光明寺の吉水諦立によって発行された、『漢音引聲阿彌陀経譜付全』の経文からである。[11]その後の経過は昭和八年（一九三三）に『浄土宗儀式大観』（浄土宗典刊行会〈復刊名著普及会、一九八七年〉）の「犍椎法各節双盤」の項に載り、昭和一六年（一九四一）に増上寺で『聲明並特殊法要集』の経本に「六字詰念仏（雙盤打方）」として掲載した。光明寺では昭和五七年（一九八二）の『大本山光明寺十夜法要式』を定めている。この間吉水大信による譜ができており、それを使用している。

・西山派

西山上人証空は念仏を唱えるには「白木に為り返る心」をもって唱え、「凡夫なる故に何のいろどりもなし」とし、西山派ではこれを白木念仏として現在に伝えている。白木念仏の逸話は『法然上人行状図絵（四十八巻伝）』の四七巻に載っているので、この絵巻のできた南北朝の一四世紀の中頃には「白木念仏」なる語があり、この精神に沿うような念仏がなされたと考えられる。この念仏をどのように唱えたかは不明であるが、その名のとおり単純な念仏の繰り返しであったことは想像できる。上田良準によると初期の念仏は如法念仏であった可能性が高いが、一連称になったのは双盤鉦が入った時からではないかとしている。ちなみに白木念仏として差定に出てくるのは、万延元年（一七六〇）としている[12]。現行の西山派の白木念仏は双盤鉦を二枚向かい合わせにして叩くものであるが、十一称四十八打といって、一一遍繰り返し、その間四八の鉦を叩く。法要の最後の引き鉦で使用する。

・大日比流

このように双盤鉦をともないながら、南無阿弥陀仏を繰り返すのみの念仏は大日比流の念仏の三匝《さんそう》念仏がある。大日比流は山口県長門市西円寺を中心に山陰・瀬戸内海に広がっていて双盤念仏を残している。山口県長門市の青海島仙崎に大日比流の西円寺があり、江戸中期（一七七九年）から幕末にかけて、法岸・法州・法道という、専修念仏者が住した。俗にいう大日比三師で熱心な念仏修行と布教によって、三師の名は近隣に知れ渡るとともに、西円寺は念仏道場の地となった。大日比三師の教えは大日比流といわれ、山口県に広まっている[13]。戒律に厳しく男女同席せず、専修念仏を説く。双盤念仏も入っている。三匝念仏は須弥壇の周りを三匝一逆といって、念仏を唱えながら三回回り、最後に逆回りになる念仏で、山陽小野田市埴生の西念寺では亡者回向といって五色のミテ（御手）の糸を握りながら唱える。周防大島町外入西光寺や沖家室泊清寺では僧侶の双盤念仏に合わせて僧侶が須弥壇の周りを回る。念仏は「南無阿弥陀仏」をゆっくりした節で唱え、三遍返し・三遍念仏といわれる。

・名越派

名越派は福島県いわき市専称寺を拠点に東北から北海道の伊達市有珠善光寺まで教線を延ばし双盤念仏を残して

いる。派祖は尊観で浄土宗三世良忠の弟子であったが、四世良暁との論争でたもとをわかち、鎌倉名越の善導寺に住んだ。その後名越派はいわき市の専称寺に移り、さらに栃木県益子の円通寺を拠点に関東にも教線を延ばした。明治時代まで浄土宗の別派として活動していたが、以後浄土宗に合流した。したがって教義・儀軌とも独自のものがある。(14)とくに儀軌では鳴り物を多く使い、双盤鉦も多用した。

法要の念仏一会に双盤を用いる。双盤は前半が三遍返しという引声系の念仏を三遍ずつ三回繰り返し、後半は七五三といって鉦を叩く。きざむように早く叩き、七回五回三回と大きな叩きを入れる。現在、山形県大石田町乗船寺・天童市来運寺・山形市向谷寺・青森県今別町本覚寺・青森県外ヶ浜町玉泉寺・北海道伊達市善光寺に残っているが弘前市・青森市でも津軽声明や双盤念仏があった。本山のある福島県下では双盤念仏はなくなってしまっている。

・**善光寺**

長野市の善光寺には雲版と双盤鉦五枚があり、行事のたびに叩かれている。妻戸といわれる入り口の個所は現在堂番が管理しているが、時宗の寺の管理であったとされるところで、火焔太鼓といわれる大きな太鼓と雲版・双盤鉦一枚がある。現在おおかた行事の合図鉦や御戸帳の開閉に合わせて叩かれる本尊前内々陣の双盤の合わせ鉦として叩かれている。内々陣の本尊瑠璃壇前には双盤鉦があり、毎日唐戸をあける時の合図鉦として一枚で叩く。七月三一日の浄土宗の盂蘭盆会にあたる時は大念仏として二枚鉦を叩く。十夜も同様であるが、元旦の朝拝式や一月七日の七草会には浄土宗の徒が堂童子として白衣長素絹に身を包み四枚鉦の双盤を叩く。双盤鉦は本尊の戸帳の開閉帳に鳴らす。善光寺の叩き方はチャンチャンときざむような叩き方で、関東・関西に広まっている双盤念仏の叩き方とは異なる。名越派や九州鎮西派の後半の鉦の叩き方と共通する。善光寺の叩きは七五三によって構成されている。

・九州の鎮西派

九州には浄土宗二世の鎮西上人弁長に関連した寺に僧侶の双盤念仏がある。鎮西上人の誕生寺である北九州市香月吉祥寺、活動拠点にした福岡県久留米市善導寺、四十八夜念仏を始めた熊本市池田町往生院に双盤念仏がある。天草では四十八夜念仏が天草市栖本町円性寺・同市河浦町崇円寺にあり、十夜の双盤が同市有明町大浦九品寺にある。天草ではほかに同市牛深町無量寺や倉岳町江岸寺に双盤鉦が残っている。現在の双盤念仏は吉祥寺が基といわれる。吉祥寺ではこの鉦は祐天上人から授かったという。(15) 熊本県下では鎮西上人弁長の始めた四十八夜念仏であるとする。現行では吉祥寺・善導寺と天草に行われている双盤念仏は小差はあるものの基本は同じである。三遍返しという念仏の部分と七五三という鉦の叩きの部分からなり、鉦の叩きはきざむように早い。名越派の双盤と酷似する。

5　融通念佛宗と双盤念仏

融通念佛宗は大阪府と奈良県に分布しているが、双盤鉦のある寺院が多い。融通念佛宗では江戸時代初期に宗派として独立して以降も浄土宗の影響があり、お十夜を行っている寺院が多い。双盤鉦を使う念仏は僧侶が十夜法要に行ったものと思われる。奈良市都祁白石の興善寺や隣接する天理市福住の西念寺では在家の人による双盤念仏が行われており、かつては天理市萱原にも双盤念仏があり、譜面が残っているほか、宇陀市室生三本松でも鉦講があったという。興善寺を中心とした山間地域の融通念佛宗寺院の法要において、双盤念仏が行われていたものと思われる。[16]

四　形態分類

以上、双盤念仏の概略と分布を見てきたが、形態からもう少し掘り下げて見てみよう。

1　二枚鉦双盤

・僧侶の双盤

概略で述べたように、双盤念仏というと在家の人が寺堂で何枚か（四枚が多い）の双盤鉦を並べて念仏を唱えているという光景を描くが、浄土宗では僧侶による双盤があり、浄土宗諸派ではそれぞれ独特の叩き方があることを述べた。浄土宗すべてがかならずしも宗の儀軌に沿わないのでその寺院寺院の「伝承念仏」としている。[17]僧侶による双盤念仏は大方以下のようである。

二枚鉦を一人で叩く。両手で叩くので双盤は向かい合わせに置き、双盤鉦を抱くような形になる。京都の百万遍知恩寺では八の字型に置いている。「六字詰め」念仏といい、浄土宗寺院の多くは十夜法要に叩く。ただし雲版のある寺院ではこれを叩く。現在、鎌倉光明寺・芝増上寺などは雲版を使っているが、叩き方・唱え方は双盤鉦を使う時と同じである。鎌倉光明寺の十夜法要が基といわれる（後述）が、前半の引声系の唱えと後半の鉦の叩きで構成されていることは、民間の並び鉦双盤と同じである。浄土宗諸派で紹介した西山派の白木念仏・名越派・大日比流・九州の鎮西派も二枚鉦で叩くことは、共通している。その中で白木念仏と大日比流は唱えが中心で、名越派・鎮西派は前半の三遍返しという念仏と後半の七五三の叩きで構成されている。後半の叩き方はきざむように叩く叩き方で鎌倉光明寺系のものとは異なる。

長野県の善光寺にはトウトウ念仏という念仏が一二月七日に叩かれるが、一息の間に念仏を一〇回唱えるというもので激しく双盤鉦を叩く。善光寺は基本的にきざむような叩き方で念仏は口の中で唱える。

なお富山県射水市の曼荼羅寺に伝わる「水波流」という叩き方は、一枚の双盤鉦で叩き、高声で唱える念仏で周辺に広まっていたとする。

また京都嵯峨の清凉寺の釈迦堂では四月一九日「お身ぬぐい」といって念仏会が開かれる。在家の人の嵯峨大念仏と法要の中の双盤念仏がある。法要には僧が二枚の双盤を向かい合わせにして叩く。唱えは南無阿弥陀仏をゆっくりと繰り返す。

・在家の二枚鉦

民間双盤で二枚のみで叩くという例は少ない。現在では奈良県都祁白石興善寺のみであるが、和歌山県有田市の得生寺・滋賀県大津市堅田の真野法界寺と、それに雲版をともなうが滋賀県甲賀市宮川法性寺・湖南市正福寺がある。二枚並べて二人で叩くのであるが、興善寺の場合、須弥壇に向かって左右に分かれて、向かって右をカシラ、左をオトというのは得生寺と共通している。念仏の構成は四枚や八枚の並び鉦と同じで、左右で掛け合う念仏が入っている。興善寺の場合、前半の念仏の部分はほとんどがカシラとオトの掛け合いになる。枚数の多い双盤でもヤクガネとか勤行とかいって、法要に組み入れられている念仏には二枚で行うとするところが多い。

2　並び鉦双盤

民間双盤の場合、何枚もの双盤鉦を横並びにして叩く。関東では多くが四枚であるが、関西では八枚・一〇枚があり、鳥取栖岸寺の一六枚が最多である。叩き方は親鉦・一番鉦・カシラ・カタという鉦がまず音頭をとって、念仏を進める。京都府大山崎町長福寺の地念仏では一番鉦を「調子」、二番鉦を「子方《こかた》」、最後の四番鉦を「音鐘《おとかね》」という。関東では一番鉦は親鉦という。興善寺のカタは親方《おやかた》であろうか。オトは音鐘からきていると思われる。

このはじめの念仏を関東では座付とか半座・長経《ちょうぎょう》といい、関西では地念仏・歌念仏という。この念仏は一人一人が順番に唱えるので、人数が多ければそれだけ時間がかかり、三、四〇分に及ぶところも多い。多くの人が並ぶので、双盤台を作りその上で叩いたり、双盤のため一段高い席を設け見せ場としている。関東ではこの双盤にウマとかカワといわれる太鼓がつき、音頭取りの役目をする。この並び鉦双盤の構成は次の雲版の六字詰めを複雑にしたものと思われる。関東ではヒラガネとして法要の前後や空き時間に一流《ひとなが》れといって叩かれる。僧侶の四枚鉦は善光寺の正月行事の朝拝式・七草会に堂童子の叩くものがある。

3　雲版

雲版は雲形をした平たい鉦で鎌倉時代中国から渡来し、禅宗で食事や法要の始まりの合図にシラセ（知らせ）鉦として使われた(18)。浄土宗の儀軌にいつから入ったかは判明しないが、十夜法要の六字詰め念仏の奏具として使われている。右に雲版が左に太鼓が供えられている。太鼓は雅楽で使うような平太鼓のものと普通の鋲打ち太鼓のものがある。関東ではこの太鼓をヒラガネの双盤時に太鼓として使用するところがある。雲版は外陣の脇方に立て、双盤は下方に双盤を並べる。関東では雲版はヤクガネといって法要に合わせて叩く。僧の入堂にシラセ鉦・シタク鉦、僧の退場には送り鉦・シマイ鉦を叩き、法要の念仏一会の部分で六字詰めの念仏を唱える。現在、鎌倉光明寺では僧侶の引声念仏に続き在家の人が六字詰めを唱える。鎌倉光明寺系の寺院では在家の人が叩くが、在家の双盤講がない浄土宗寺院では僧が叩いている。

滋賀県南部ではこれを楷定念仏という。楷定念仏は旧蒲生郡安土町（現・近江八幡市）の浄厳院から始まり、浄厳院では雲版と三枚の双盤鉦を同時に叩く。この場合の双盤は雲版と同じく叩くので、雲版の伴奏としての役しかない。雲版のあるところでは関東のように双盤は独自の叩き方をしない。関東でもこの雲版の念仏を「カイジョウ」という所があるのは楷定念仏の語を知らずに使用していると思われる。

4　一枚鉦

鉦が二枚で使用するので双盤鉦というとしたが、一枚鉦で使用する場合がある。百万遍の数珠繰りの時使用する。京都百万遍知恩寺や融通念佛宗の本山大阪平野の大念佛寺では二枚鉦を使用するが、ほかの寺院では一枚で行っているところが多い。善光寺では毎日の唐戸の開戸、御戸帳の開閉時の双盤鉦は一枚で叩く。ただし鉦のまん中と端を叩くことで音の高低を鳴らし分けている。また天草の虫供養の時に鉦を一枚貸し出して叩くなど、民間行事に一枚鉦を使用する例がある。遠州大念仏や三信遠地区の大念仏にも一枚鉦の双盤が使用される。

五　構成

現在調査できた個所の民間双盤の曲目を別表3に一覧を記した。それからわかった双盤念仏の曲目の構成を考えてみよう。

別表3　民間双盤念仏の構成

※内容の漢字・かな使いなど表記は現地の記譜に従った。

〈関東〉

寺名	鉦	内容
神奈川県鎌倉市光明寺	雲版	**(六字詰め)** 念仏↓七の玉↓五の玉↓三の玉↓雷落とし↓大間↓四ッ打↓山道（坂道）↓セメ打（『昭和五十七年版大本山光明寺十夜法要式』記載）
神奈川県横須賀市東漸寺	雲版・双盤鉦四枚・太鼓一張	**(ヒラガネ)** 座付↓半座↓半座コロシ↓シズメ↓掛け念仏↓タマノジ↓三二一↓雷落とし↓セメ打ち↓出ハナ（座付）
		(ヤクガネ・雲版) 六字詰め↓オトシ↓カケ（式衆僧の鈴とかけあいになる。）ヤクガネの時茶湯（チャトウ）を本尊に献ずる
神奈川県横須賀市無量寺	カイジョウ　雲版・双盤鉦四枚	**(ヒラカネ)** きょうじろ↓はんざ↓念仏平鉦カケダシ↓掛け念仏↓三つ玉・四つ玉↓七五三↓（念仏ゆっくり）↓連打
神奈川県横須賀市長安寺	雲版・双盤鉦四枚・太鼓一張	**(ヒラ鉦)** はじめ鉦↓座付↓半座↓座付↓半座（六字詰め）↓歌念仏↓玉↓雷オトシ↓山道↓終り鉦

神奈川県横須賀市法蔵院	雲版・双盤鉦四枚	座付→半座→かけだし→玉入れ→雷オトシ→大間→山道（念仏の間に「歌入れ念仏」といって甚句や木遣り念仏を入れた。）
神奈川県横浜市正覚寺	雲版・双盤鉦四枚・太鼓一張	打ち込み→念仏（座付・半座）→二ノ半座→掛け念仏（山念仏又は石堂丸）→玉入れ→雷落し→大間→三ツ山→山道→大間落し→一番鉦→払鉦
神奈川県横浜市阿弥陀寺	双盤四枚	**（ヒラガネ）** ぶっこみ→半座→座付→掛け念仏・石堂丸か七福神→玉入れ→山道→雷落とし→上がり
神奈川県横浜市専念寺	雲版・双盤鉦四枚・太鼓一張	**（雲版・ヤクガネ）** 座付→六字詰め→三下り→玉（捨て玉・本玉）→オモカゲ→雷落とし→大間（おおま）→三ツ目殺し→山道→座付
		（ヒラカネ） 座付→六字詰め念仏（四遍返し）→半座念仏→掛け念仏→玉入れ→雷落とし→大間→三ツ目殺し→山道→念仏二面→座付（掛け念仏は太鼓と鉦の人の念仏の掛け合い）
神奈川県横浜市中田寺	雲版・双盤鉦四枚・太鼓一張	**（ヒラカネ）** 座つけ→念仏（五人）→半座（五人）→掛け念仏→玉（三二一）→雷落とし→大間→三ツ目殺し（三二一）→山道（上り下り）→しまいの座つけ
		（ヤクガネ） 六字→肩おろし→三つ目おろし→山道
神奈川県横浜市三仏寺	雲版・双盤鉦四枚・太鼓一張	**（ヒラカネ）** 座つけ→念仏→掛け念仏→玉入れ→雷落とし→大間→三ツ目殺し→山道→座つけ
神奈川県横浜市滋眼寺（真言宗）	双盤鉦四枚・太鼓一張	長行→半座→二度目半座→駆け出し→三つ拍子→掛け念仏→活し（いかし）→殺し→活し→殺し→四拍子→殺し→二つ上げ→七五三→五行→十鉦（とうがね）→六道→山道上り下り→雷落とし→座付→太鼓の長行
神奈川県横浜市市ヶ尾地蔵堂（真言宗）	双盤鉦四枚・太鼓一張	座付→半座→長経→半座（三番ころし）→掛け念仏→玉入れ（一番・二番・三番）→三二一の切→サスの切り→三ツ鉦→四ツ鉦→二がさね→五行むつ引き→山道→雷落とし→座付
		（六字詰め） 長経→半座→六字詰め
神奈川県横浜市真福寺（真言宗）	双盤鉦四枚・太鼓一張	座付け→念仏（長経・半座）→かけだし→掛け念仏→玉入れ→三二一→雷落とし→遠がね→六道→山道（上り・下り）→二の切り→座付け
神奈川県横浜市蓮勝寺（港北区菊名）	双盤三枚・太鼓一張	**（ヒラカネ）** 座付き半座→半座→掛け念仏→七五三の玉入れ→雷落とし→大魔→四つぜめ→坂道→せめ→座ならし

神奈川県川崎市川崎大師平間寺（真言宗）	双盤鉦三枚・太鼓一張	双盤念仏一鉦（ひとかね）十三の節がある。 座付→手向（ちょうげ）→半座→掛け念仏→玉入れ三三九（さざんく）→七五三→三二一のブッキリ→五行の切り→六道→大開き→山道下り上り→雷落とし→座付 引帳念仏（いんじょうねんぶつ） 座付→六字詰め（お念仏）→玉入れ→山道→雷落とし→十念（僧が授ける）→送り念仏
神奈川県大和市信法寺薬王院	双盤鉦四枚・太鼓一張	**（平鉦）** 座付→念仏（前座・半座）→駆け出し→掛け念仏（三つ鉦イカシ・コロシ）→三つ鉦（イカシ・コロシ）→四つ鉦（イカシ・コロシ）→二つ頭→四つ鉦（イカシ・コロシ）ここまで掛け念仏→刻み（玉入れ・七五三）→坂道上り→二度目の切り（雷落とし）→六辻（むつじ）→坂道下り→坂道上下→十念→座付 **（回向鉦）** 座付き→念仏（回向鉦）→駆け出し（太鼓の念仏）→掛け念仏（三つ鉦・四つ鉦・二つ頭・四つ鉦）→刻み（玉入れ・七五三）→坂道上り→二度目の切り（雷落とし）→六辻（むつじ）→坂道下り→坂道上下→十念→座付（またこの双盤念仏の合間に伏せ鉦で調子を取る歌念仏があった。）
神奈川県相模原市無量光寺（時宗）	双盤鉦四枚・太鼓一張	**（平念仏）** 催促太鼓・半鐘（吊るし鐘）→平念仏（一番鉦～四番鉦・太鼓の順）→六字念仏（二番鉦から）→掛け念仏（一二番鉦と三四番鉦の掛け合い・鉦のイカシコロシを六回繰り返す）→送り念仏→七五三の玉入れ（一番鉦が送り鉦・二番鉦が五の玉入れ・三番鉦が三の玉入れ・四番鉦が二の玉入れ）→三三九→山道→叩きおろし
東京都大田区延命寺	双盤鉦四枚・太鼓一張	座付長命→太鼓念仏→座付念仏→半座→かけ念仏→玉入れ→雷落とし→六念仏→大開き（九行）→三三九→送り念仏→山道（下る・上る・下る）→役鉦長命→終り長命
東京都府中市本願寺	双盤鉦四枚・太鼓一張	座付（鉦太鼓）→座付念仏→半念仏→駆け出し念仏→参の捨玉→五行の入→七五三の玉入→三二一の切り→雷落とし→だら鉦→四つ辻→山道　下り上り→せめ鉦→終座付

東京都武蔵村山市三ツ木宿薬師堂（曹洞宗）	双盤鉦四枚・太鼓一張	百八→さそう→平念仏→六字念仏→掛け念仏（四つ鉦・二上がり・きざみ）→七五三の玉入れ→三三九→四つジ→三つ山道→山道上がり→山道下がり→合掌
埼玉県所沢市金蔵院山口観音（真言宗）	不明	ザズケ→ナーゲ→ハンザ→掛け念仏→玉入れ→三二一のブッキリ→雷落とし→山道
埼玉県入間市西久保観音（真言宗）	双盤鉦四枚・太鼓一張	（座付）→座敷→ヒラ念仏→六字→かっこみ→掛け念仏→マ鉦→きざみ→玉入れ→中の座敷→雷落とし→しまい座敷
埼玉県飯能市落合薬師堂（真言宗）	双盤鉦四枚・太鼓一張	十三鉦→四編返し→五遍返し→掛け念仏（三つ鉦・四つ鉦）→せめこみ→大山越し→龍頭→小山越→天地の鉦→十三鉦

〈関西ほか〉

寺名	鉦	内容
滋賀県近江八幡市浄厳院（楷定念仏）	雲版・双盤鉦三枚	楷定念仏三×四（掛け念仏・維那イノウ×大衆）→三ツ鉦・二ツ鉦・四ツ鉦→中流し→一ツ鉦四ツ鉦→大流し→歌念仏・打ちこみ・セメ
滋賀県野洲市市三宅安楽寺	雲版・双盤鉦四枚	唄念仏→だだり（ぶづけ・だづけ・二つ一つ）→前陀（そそり・地・三つ地・そそり・地・蓮華・そそり・地・流し・そそり・地・大流し）→六拾勤（ろくじつめ）→早そそり
滋賀県湖南市正福寺	雲版・双盤鉦二枚	歌念仏（入場・退場）六字詰め（法要）
滋賀県湖南市石部善隆寺	雲版・双盤鉦四枚	念仏三唱→三つ地・四つ地（掛け）→流し→打ち分け→流し→玉
滋賀県甲賀市宮川法性寺	雲版・双盤鉦二枚	入堂／退堂　歌念仏→ブがけ→座がけ→流れ（大流れ・小ながれ）→拍子（一つ・二つ・三つ）／法要念仏一会・六字詰め
京都府左京区浄土寺町真如堂（天台宗）	双盤鉦八枚	笹付→地念仏（一人ずつ）→佛がけ→陀がけ→三つ地→四つ地→早四つ地→追っかけ→定の入り→素鉦→大鉦→そそり→三つ地ウラ→あてそそり→打ちわけ→たぐり→笹付

京都府久御山町東一口安養寺	双盤鉦一〇枚	（勤行）地念仏→陀ガケ→仏ガケ→トリツギ→流し→三ツ鉦→そそり→シコロ→大流し（山道）→そそり→蓮華くずし→そそり→三つ地（前鉦）六字詰め→ブガケ→ダガケ
京都府大山崎町円明寺町長福寺(西山派)	双盤鉦八枚	地念仏→だがけ→ぶがけずらし→おくぶがけ→大ながし→みよとがね→一ッびょうし→じずらし→三ッびょうし→れんげくずし→入り音→小ながし→きざみ→しもの一ッびょうし→しものずらし→しもの三ッびょうし→一ッびょうし→おわり
京都府京田辺市天王極楽寺（六字詰め）	伏せ鉦	三言返し（みことかえし）→下げくずし→四辻→七五三→八辻→三辻→おせめ
奈良県奈良市都祁白石興善寺（融通念佛宗）	双盤鉦二枚	地念仏→佛がけ→陀がけ→九ツ鉦→七ツ鉦→三つ鉦／迎え鉦・送り鉦
和歌山県海南市下津町大窪地蔵寺（西山派）	双盤鉦四枚	そうばんづけ→六字→ぶがけ→かしらぬき→ぶがけ→地→御つけ→地→二つぬき→地→よせよつじ→回向→もろうけ
和歌山県有田市糸賀得生寺（西山派）	双盤鉦二枚	こうざつけ→ろくじ→ぶがけ→かたぬき→おんづけ→じ→おんづけ二つぬけ→せめやま・いろよつじ→わたりこみ→そそりやま→いつつぎめ→もろそぎ→とんきょう→おわり
鳥取県鳥取市栖岸寺	双盤鉦一六枚	サソウズケ→大念仏→ダガケ→七五三→チンバ鉦→（経文）→タマ鉦→（経文）→サソウズケ→送り鉦→打ち上げ

1　ヒラガネ（平鉦）

一流《ひとなが》れといわれる一連の双盤念仏の曲目を比較してみると、一つ一つの曲や節の名称がばらばらのように見える。念仏の高低や節回し、鉦の叩きの早い遅いはそれぞれに異なり何々流をかたどっているが、全体の構成は大枠では共通している。

関東の例ではまず親鉦（一番鉦）が「座付」という始まりの念仏を唱える。これを「ブッコミ」といい、関西では「ササヅケ」などともいう。ササヅケは「差定付け」から来ていると考えられる。次に「半座」「念仏」「六字詰め」という一人一人が順に念仏を唱える。次が「掛け念仏」で鉦は全員で叩いているが、念仏の唱えが、二手に分かれて掛け合うように交互に唱える。分かれ方は四枚鉦だと、二枚二枚もしくは一番鉦と他の鉦という具合になる。座付の部分が長命《ちょうみょう》・長経《ちょうきょう》・手向《ちょうげ》と言葉が出てくるのは、念仏の音頭取りを調声（「ちょうしょう」または、「ちょうせい」）といっていたことからの変化と思われる。調声は声明や六斎念仏で使われる。

関西では始まりの念仏を「地念仏」とか「歌念仏」という。歌念仏は歌うように唱えるからと思われるが、関東で歌念仏というと念仏の途中や最後に余興として小唄や歌文句を入れることを指す。また「仏がけ（ブガケ）」「陀がけ（ダガケ）」は本来二手で掛け合う念仏の意味で、関西では掛け念仏として行われているところが多いが、関東では半座の一人一人の唱えになっているところが多い。念仏の唱えは引声が崩れて伝承されているので「ブハー」「アハーイ」のようになっている。前半の念仏部分はこのように、念仏を順に唱える部分と掛け合いで唱える部分で成り立っている。

後半は「玉入れ」という鉦を叩く部分から始まる。玉とは大きく鉦を叩くことで、それに小さな叩きを組み合わせて「玉入れ」とする。「生かす」「殺す」「鎮める」は鉦の叩き方で、「キザミ」は細かく連打することである。「セメ」「ソソリ」は鉦をだんだん大きく早く叩くことである。玉の数によって「七五三」「三三一」「三三九」がある。もっとも共通しているのは「七五三」である。

「四辻」（「四つ地」）、「三辻」（「三つ地」）、「六道」などは間に入れる叩き方であったり、念仏の唱えであったりする。

「山道上り・下り」「雷落とし」は激しく鉦を叩く部分で関西・関東ともに入っていて、関西では「大流し」という。叩き鉦の聞かせどころで、叩きのキザミをだんだん強め、また弱くして山道の上り下りを表し、大音声の雷落としで終わる。これは「アララ仙人の苦行を表す」という説明を受けたことがあるが、アララ仙人はアラカン・羅漢の意味であろうか。

「大間」とか「マ鉦」はゆっくり間をおいて叩くとか、拍を置いて叩くことを指す。

このように双盤念仏のヒラガネは前半の引声の念仏と後半の叩き鉦の部分から成り立っている。

2　ヤクガネ

関東では双盤念仏はヤクガネとヒラガネがある。雲版にあるところでは雲版がヤクガネで双盤鉦がヒラガネであり、双盤鉦のみのところでは法要の時はヤクガネとして叩き、法要の前後やあいている時間に一流しとしてヒラガネを叩く。民間双盤念仏の構成の一覧に載っているのはヒラガネである。ヤクガネは「六字」「六字詰め」であるとする。鎌倉光明寺では、この六字詰めを雲版で叩いている。その曲の構成は別表3の冒頭にかかげたが、双盤念仏のヒラガネから掛け念仏の部分を除いた構成になっており、七五三・雷落とし・山道の叩き鉦も入っている。ヤクガネは一人で行うか、双盤で行う場合でも親鉦の唱えのみになるため、各人の唱えや掛けの唱えはできない。逆にいうとヤクガネに掛け念仏を加えると、双盤念仏のヒラガネになる。

3　関西の念仏

関西ではヤクガネの語はなく、ヒラガネ・ヤクガネの区別はない。楷定念仏の地区の双盤鉦は雲版の叩きに合わせていくものとして使われている。この楷定念仏のある地区では安土六声といって前座・法事鉦・回向鉦（六字詰め）・送り鉦・六珠詰・勝鬨念仏の六つの念仏がある。前座・法事鉦・回向鉦（六字詰め）・送り鉦は鉦の叩かれる場を表していて、僧の入ってくる前、法事、回向、僧の送りに叩く意味である。六珠詰は六字詰めで回向の時に唱える。浄厳院で唱えられる勝鬨《かちどき》念仏は、僧（維那）と在家（大衆）の掛け合いの念仏であり、ここにしか見られない。回向鉦に六字詰めが唱えられるので関東のヤクガネにあたるのは回向鉦と考えられる。

これに現行の真如堂・東一口・大山崎・奈良都祁白石を比較すると地念仏・ブガケ・ダガケは共通しているが、叩き鉦の部分は「そそり」「流し」「シコロ」「三ツ鉦」「九ツ鉦」などさまざまであるとわかる。関東ほどには叩き方に統一がとれていない。

念仏については、地念仏・歌念仏を三遍返し・四遍返しというところがあった。

4　浄土宗諸派との関連

浄土宗諸派の双盤念仏についてはすでに説明したが、西山派の白木念仏や大日比流の念仏、それに水波流の念仏のように引声系念仏のみであるものと、名越派・鎮西派のように念仏と鉦の叩きからなるものがあることを述べた。名越派と鎮西派の念仏は似ていて念仏部分は三遍返しと七五三の叩きから構成されており、念仏の部分に比して概して時間が短く叩き方も山道・雷落としというような叩きもなく、その意味ではシンプルである。

5　構成の比較

以上構成の上からみると次のように分けられる。

1、念仏のみ――――――――――口木念仏・お身払い念仏・百万遍知恩寺・大日比流・水波流
2、三遍返し＋七五三＋雷落とし――――――――鎮西派・名越流・（善光寺）
3、六字詰め（三遍返し・四遍返し）＋七五三＋雷落とし・山道――――――ヤクガネ・回向鉦
4、六字詰め＋掛け念仏＋七五三＋山道（流し・そそり）・雷落とし――――――双盤念仏・ヒラガネ

六　引声念仏と双盤鉦

1　ヤクガネの意味――シタク鉦・シラセ鉦

双盤念仏を考える場合、なぜあのような大きな鉦が用いられるようになったのかという疑問がわく。ヤクガネのヤクは法要の開始を告げる半鐘を「叩く役」のことといわれる。半鐘は須弥壇の裏の僧の出入り口に掛けてある。僧侶の入堂する時に、七五三に半鐘を叩く。これを「坊主の出」という。この半鐘を叩くことは喚鐘として浄土宗の法要集にも載っており、本来は役僧の行うものである。双盤念仏を唱える在家の双盤講のある寺では講の人がこの役を担う。鎌倉光明寺近辺の雲版のあるところでは在家の雲版を行う人が半鐘を叩き、法要に臨む。双盤のみのところでは親鉦の人がこの任にあたる。雲版も双盤もシタク鉦・シラセ鉦として僧の入場とともにまず叩き、次に法要の中で念仏を唱えたのち、送り鉦として鉦を叩く。先に述べた滋賀県下でいわれる安土六声の前座・送り鉦がこれに相当する。また奈良県都祁白石興善寺も僧侶の説経・法要の出入りごとに迎え鉦・送り鉦をするので一晩のうちに都合六回も双盤念仏を行うことになる。興善寺の場合、迎え鉦・送り鉦は一流し双盤念仏を唱える。鉦だけを叩いて迎えるのではなく、双盤念仏で迎え・送りになっている。ヤクガネは知らせ役の役鉦でこれ

は半鐘の役鐘からきている。半鐘も七五三に叩くことから、双盤鉦の後半の叩きの部分には七五三の叩きが必ず入る。善光寺・名越派や九州の鎮西派の叩き方が半鐘の叩き方に近いと思われるが、双盤念仏も民間に流布するに従って、三二一・三三九・雷落とし・山道などのさまざまな叩き方が工夫されたと考えられる。長野県善光寺でも秘仏である本尊の戸帳の開閉に双盤鉦を叩く。シタク鉦や迎え鉦・シマイ鉦や送り鉦・戸帳の開閉には鉦のみであることが多い。このようにヤクガネは現在意味がわからなくなっているが、役僧の叩く鉦で役鉦であり、双盤念仏を在家の人が叩くようになり、在家の人も役鉦を叩くようになった。

2　双盤鉦の年代から

双盤念仏を調べていて不思議に思うのは元禄年間（一六八八―一七〇四）前後より前の鉦が出てこないことである。多くの鉦は戦時中に供出したので残っていないともいえるが、今のところ八〇カ所・二〇〇枚ほどの鉦を見た範囲では、双盤鉦の成立は元禄前後といえよう。

双盤鉦の古鉦

貞享四年（一六八七）　東京都世田谷区喜多見慶元寺
元禄四年（一六九一）　滋賀県近江八幡市浄厳院（楷定念仏）
元禄五年（一六九二）　長野県長野市善光寺（内々陣）
元禄六年（一六九三）　福島県いわき市最勝院（名越派）
元禄六年（一六九三）　神奈川県箱根町塔之沢阿弥陀寺（弾誓上人）

元禄一〇年（一六九七）　東京都あきる野市二宮玉泉寺
元禄一一年（一六九八）　千葉県浦安市大蓮寺
元禄一二年（一六九九）　東京都世田谷区九品仏浄真寺
元禄一四年（一七〇一）　栃木県益子町円通寺（名越派）

雲版

延宝五年（一六七七）　長野県長野市善光寺（妻戸）
享保三年（一七一八）　神奈川県横須賀市秋谷正行院
延享元年（一七四四）　神奈川県三浦市三崎光念寺
延享四年（一七四七）　神奈川県鎌倉市光明寺

鉦の多くが第二次大戦時に供出されたので、正確な統計はとれないが、一七〇〇年以降、正徳・享保年間に急に増えている。雲版は鎌倉時代からあるのだが、善光寺の延宝五年（一六七七）で双盤鉦の初出より古い。しかし雲版全体では双盤鉦に比して新しく、また年号の記載のないものが多い。

3　鎌倉光明寺史料から

引声とは声明で声を延ばして唱えることを指す。したがって引声の阿弥陀経・引声の念仏があり、それぞれ長声と短声の引声がある。真如堂の引声は長声であり、鎌倉光明寺は短声である。文献によると引声阿弥陀経・引声念仏の両方が京都真如堂で行われていた。「十夜念仏縁起」によると永享年間（一四二九―四一）の頃、伊勢貞国によって十日十夜の念仏を始めた。「勤行ノ儀式ハ慈覚大師ノ式定タル引声ノ念仏ノ外他事ナシ」とある。明応四年（一四九五）に鎌倉光明寺の九世観誉上人が宮中で京都真如堂の大衆とともに引声阿弥陀経・引声念仏の法要を行った。またこれをもって浄土宗で十夜法要を修することを勅許したとある。すなわち光明寺に十夜法要とそれにともなう引声阿弥陀経と引声念仏がもたらされた。その典拠となっている『鎌倉光明寺誌』（文政四年〈一八二一〉刊）の記述は次のようである。

八世長蓮社観誉上人後土御門院明応四年（一四九五）宮中へ召せられ清涼殿にて浄土三部経並引声念仏引声阿弥陀経を修誦し奉る此とき叡感の餘り関六派惣本山の号を賜い勅願所として綸旨を賜る又十夜法要を浄土宗にて永修せん事を勅許あり。

引声阿弥陀経は鳴り物は使わないが笏《しゃく》で拍子をとる。この時点で十夜法要に双盤念仏があったとは考えられない。その後十夜法要も一時衰退したようで、享保一一年（一七二六）常陸の瓜連《うりづら》浄福寺の観徹上人が光明寺五七世に着任し、京都に三人の弟子を遣わし引声念仏・引声阿弥陀経を習わせ十夜法要を中興したとある。この時はすでに双盤鉦はあったのであるが、どのように使われたのかは不明である。元禄期までに寺院法度が何度か出され浄土宗の儀軌が整備され、十夜法要の中に双盤鉦を使用する念仏が行われたと推測できる(19)。

史料としては延享二年（一七四五）の「天照山永代十夜用事聚」が十夜の様子を事細かに記した記録として残っている。その中に、「階定双□行道引声念仏」とあり、□が盤であるとすると楷の字は異なるが「階定双盤行道引声念仏」でこの期に引声念仏の行道の時に双盤の楷定念仏が行われていたといえる。光明寺蔵の雲版は延享四年（一七四七）でこの直後のものである。とすると光明寺では双盤鉦が先で雲版が後となる。

4　声明史料から

鎌倉光明寺の現行の十夜法要では往生礼讃偈で僧が烏帽《からすぼう》（黒い帽子）をかぶり、香盤行道・薫煙行道という独特の行道をする。普通須弥壇の周りを回るが須弥壇の前をSの字型に行道する。引声念仏は「南無阿弥陀仏」を三回引声で唱えるが、念仏は式衆の僧が唱え、途中から雲版双盤が入り在家が叩く。続く六字詰めの念仏は斎藤八十吉の雲版双盤で太鼓と雲版を叩きながら念仏を唱える。六字詰めは前半の念仏を唱える部分と雲版と太鼓の叩きが主になる部分があるが、行道していた僧は引声念仏の部分が終わると着座し、六座念仏から参詣人の焼香が始まる。十念からは再び上人の儀で、参詣者に十念を授けて終わる。

しかし享保一一年に移入した古式といわれる差定は次のようになっている[20]。

四奉請→甲念仏→阿弥陀経［引声］→甲念仏→合殺《かっさつ》→回向→後唄→三礼→七仏通戒偈→初夜偈→九声念仏→神分霊分析願→大懺悔→五念門

現行では、

四奉請→甲念仏→阿弥陀経［引声］→甲念仏→回向→五念門→引声念仏→六字詰念仏→十念→授与十念→三礼

このように合殺に代わって六字詰念仏が入ってきている。合殺とは仏の名を繰り返し唱えることで、「南無釈迦牟尼仏」とか「南無阿弥陀仏」と唱える声明で、この場合、南無阿弥陀仏であったと考えられる[21]。延享二年（一七四五）の「天照山永代十夜用事聚」には楷定双盤が引声念仏行道と並行して行われているとみられるので、古式で行われていた合殺は双盤鉦で行われたことも考えられる。六字詰めとして雷落としなどが付随したのはそれ以降に民間の叩き方が入った可能性がある。

また甲念仏は高い声で「南無阿弥陀仏」を三回繰り返すことから、三念仏（賛念仏）ともいうので[22]、浄土宗諸派の三遍返しにつながったものと考えられる。

七　まとめ

以上は調査と史料からわかったことである。しかしこれらの念仏と雲版や双盤鉦の叩き方がどのような順で形成され伝播したかは、明確ではない。引声で「南無阿弥陀仏」を唱える甲念仏や合殺が三念仏や六字詰めに変わったことは確かであるが、現行のように民間の念仏の節の介入のあったことも考えられる。また双盤鉦が禅宗での雲版の使われ方と同様に合図鉦・音鐘として入ってきたことは想像できる。しかしなぜ二枚鉦で叩くかは不明であるが、引声系の念仏と習合する。

熊本県天草の九品寺で「音聲改」と墨書された双盤鉦がある。鉦の音程を確かめたとすると「双盤とは二枚の鉦が雙調と盤渉調を奏でるから」という説も侮れない。鉦の年代から元禄期までに浄土宗の儀軌として双盤を使う念仏が成立したと思われる。その後各派各流の浄土系寺院に広まるとともに、民間にも下降した。合図鉦を叩くヤクガネがきっかけとなって在家の人々の関与があり、鉦講・双盤講が結成され、民間双盤の念仏になっていった。鉦の関与が民間双盤念仏の成立と考えると、双盤念仏は別表3に示したように、民間に下降するとともに、念仏に掛け合いが入り、鉦の叩き方が工夫され、念仏だけ、もしくは鉦だけのものから念仏と鉦の習合した双盤念仏に発展し、関東のヒラガネのような複雑な構成を持つに至ったと考えられる。関東では明治から昭和の戦前までに大流行があり、それぞれの双盤講・双盤連中が技を競った。この時代が双盤念仏の最盛期であった。

註

（1）「双盤念仏の概要」は、二〇一四年三月に刊行された「神奈川県の双盤念仏」「奈良県の念仏芸能」（註〈5〉参照）の報告、および映像記録「西久保観世音の鉦張り（埼玉県入間市）」の解説に記したものに準じて記した。
（2）仏教大学民間念仏研究会編『民間念仏信仰の研究　資料編』（隆文館、一九六六年）。
（3）成田俊治「双盤念仏」（前掲註〈2〉）『民間念仏信仰の研究　資料編』一〇一頁。同「民間念仏儀礼の系譜と形態（二）―（三）」（『東方界』一二―一三、一九七四年一一月―一二月）。
（4）五来　重「真如堂十夜念仏と十日夜」（『茶道雑誌』四三―一〇号、一九七八年）。
（5）坂本　要『大田区の文化財　郷土芸能』（東京都大田区教育委員会、一九七九年）
「東京の双盤念仏」（『史誌』一四号、一九八〇年）
『浄真寺文化財総合調査報告書』（東京都世田谷区教育委員会、一九八六年）
『大師河原の民俗』（神奈川県川崎市教育委員会、一九八三年）
『東京都双盤念仏調査報告』（東京都教育委員会、一九九〇年）
『川崎市史　別編　民俗』（神奈川県川崎市史編纂室、一九九一年）
「上和田の双盤念仏」（『大和市史研究』二八号、二〇〇二年）
「神奈川県の双盤念仏」（『民俗学論叢』二九号、二〇一四年）
「奈良県の念仏芸能」（『奈良県の民俗芸能』奈良県教育委員会、二〇一四年）
「大念仏と民間念仏の系譜」（『筑波学院大学紀要』第九集、二〇一四年）
「入間市周辺と関東の双盤念仏」（『入間市博物館紀要』一一号、二〇一五年）
小峰孝男「所沢の双盤念仏」（『所沢市史研究』一一号、一九八七年）
『民俗芸能としての双盤念仏』（東村山ふるさと歴史館、二〇一二年）

福持昌之「真如堂における十夜法要と双盤念仏」(『宗教と社会』学会二〇一三年六月〈発表〉)

(6) 個別事例は神奈川県は「神奈川県の双盤念仏」、東京都は『東京都双盤念仏調査報告』に記した。埼玉県については、小峰孝男『民俗芸能としての双盤念仏』(註〈5〉参照)。僧侶による双盤念仏はほかに東京都深川常照院・駒込青林寺・駒込天然寺などがある。

(7) 織田寿久「円明寺の地念仏」(『円明寺の民俗――山城国大山崎荘の総合的研究――』神奈川大学日本常民文化研究所、二〇〇二年)。

(8) 森成元「瑞寶寺の鉦講」(『大阪府の民俗』大阪府教育委員会、二〇〇九年)。

(9) 林賢一郎「栖岸寺の双盤念仏」(『鳥取博物館研究報告』二一号、一九八四年)。

(10) 『民間念仏信仰の研究　資料編』の一覧表はアンケート調査によるものであるので、解答に双盤と記されていても、確認すると伏せ鉦の念仏であったり、普通の念仏講であったりするものも入っている。

(11) (一九一六年)『漢音引聲阿彌陀経譜付全』は一九七五年、聲明愛好会「ピッパラ」により復刊されている。

(12) 上田良準「白木念仏について」(日本仏教学界編『仏教儀礼』平楽寺書店、一九七八年)・「白木念仏の法語と儀礼」(『西山学報』二六号、一九七八年)。

(13) 大日比流は戒律が厳しく、清規に独自のものがある。法会の次第・念仏の儀礼にもそれはあらわれる。男左《なんさ》女右《にょう》といって、男女席を別にする、足香《そっこう》の儀礼・臨終儀礼の重視・臨終儀礼を模した念仏法要など、また戒律の厳しさは男女の入り口を別にするなど建築空間にも影響を与えた。

また在俗の男の発心者《ほっしんしゃ》である「ナッショさん」や「マンマンさん」「おビイさん」といわれる尼僧集団の存在など、在家の信者の布教・組織に独特のものがあった。かつて四〇〇名を数えた尼僧については現状では大日比の法船寺の三名のみになっている。この尼僧が法要に参加して念仏を唱えるということが、ままあったようで、山口県下の浄土宗寺院の法要に多大な影響を与えたと思われる。

(参考)長谷川匡俊「雲説と七日別行念仏」(『近世浄土宗の信仰と教化』渓水社、一九八八年)。
阿川文正「大日比西円寺と大日比三師について」(『大日比西円寺資料集〈往生伝〉之部』山喜房仏書林、一九八一年)。

上田芳江『長門尼僧物語』（国書刊行会、一九八九年）。

伊藤唯真「捨世の念仏聖」（『聖仏教史の研究　下』法藏館、一九九五年）。

（14）佐藤孝徳「専称寺史」（『浄土宗名越派檀林　専称寺史』一九九五年）。
嶋口儀秋「善光寺と融通念仏」（『法明上人六百五十回御遠忌記念論集』百華苑、一九九八年）。

藤田定興「浄土宗名越派初期寺院と善光寺信仰」（『福島の研究』第二巻、清文堂出版、一九八六年）。

平山一政「信濃善光寺堂童子〈解説〉」（『信濃善光寺秘儀堂童子』白文社、一九八二年）。

（15）吉祥寺双盤鉦の銘
正徳四甲午天正月日　施主　大僧正祐天大和尚
筑前国遠賀郡香月本村吉祥院什物　一誉來道和尚代　願主　浄慶
京佛師　西村左近宗春

（16）「都祁白石・興善寺の双盤念仏」（『奈良県の民俗芸能』奈良県教育委員会、二〇一四年）。
（17）『伝承念仏取材報告書』（全国浄土宗青年会、二〇〇〇年）、福西賢兆・田中勝道・清水秀浩・廣本栄康・坂上典翁・小村正孝「各種念仏の諸相」（『現代と念仏』浄土宗総合研究所、二〇一三年）で紹介・分析している。
（18）久保常晴「雲版」（『仏教考古学講座　第四巻　仏法具（下）』雄山閣、一九七一年）。
安藤孝一「雲版」（『武相の雲版』町田市立博物館、一九八八年）。
（19）相原悦夫「瀧山大善寺の本末形成と浄土宗関東十八檀林への参入」（『瀧山大善寺研究』一号、二〇〇三年）、同「大善寺十夜の法会・縁日」（『桑都民俗』第四号、一九八六年。相原氏は東京都八王子市の大善寺を例に寛文七年（一六六七）、第一一世広誉上人が関東十八檀林の優位をたもつため「十夜法要儀則」を制定し、大善寺流双盤念仏の流儀を整えたとしている。
（20）吉水大信「大本山光明寺の引声について」（国立劇場声明講演引声解説、一九六一年）。
（21）天野傳中「合殺考」（『天台声明』法藏館、二〇〇〇年）。
（22）天野傳中「甲念仏の一考察」（『天台声明』法藏館、二〇〇〇年）、宍戸栄雄・石田典定『念佛浄土宗声明』（レコード解説、日本ビクター、一九六三年）。

第四部　仏教と現代

現代生物学・医学から「生きる」を考えてみる

開　祐司

はじめに

あなたの専門はと聞かれたら、細胞生物学ですと答える。そうでなければ、分子生物学ですと答える。そのような私が思いがけず開宗九百年記念と銘打たれた論集に寄稿することになったのだから、お読みになる方々は戸惑われることだろう。表題には「生きる」を考えてみるとしたが、私にはこれを宗教の範疇で語ることはできないし、人の〃こころ〃といったことについても直接に語るものをもたない。しかし、私が関わっている基礎医学という分野は「ひと」を念頭に置いた生物学とでもいえるものなので、この立場で「生きる」という事態について書かせていただこうと思う。本稿に出てくる「ひと」はあなたや私そのものではなくて、この世を生きている人間という動物種の一般をさすという意味で「ヒト」とカタカナで書くタイプのものです。「わたし」や「あなた」が宿っているヒトを理解するために、物理化学的な実体である分子を存在と認識の基盤に据えて稿を進めようと思います。

一　ヒトのライフスタイルと再生医学

私の研究室がある京都大学再生医科学研究所は京大医学系キャンパスの南端に位置して、京阪・神宮丸太町駅のすぐそばにある。この研究所は一九九八年（平成一〇）に「再生医学」を標榜する我が国初の研究所として設立されたもので、将来の再生医療を目指した基礎研究を行っている。設立以来、教授の数は一度も一五人を超えたことがないから、さして大きな研究所ではない。しかし、基礎医学の中に「幹細胞」という分野が定着するようになったのも、この研究所の設立が契機といってよい。Regenerative Medicine が「再生医学」に対応する英語表記であるが、当時は欧米でもまだ Regenerative Medicine という用語が確立していなかったから、国際的にも「再生の医学」を標榜する最初の研究所ということになる。一般には、二〇一二年（平成二四）のノーベル生理学医学賞でも脚光を浴びたiＰＳ細胞を世に送りだした研究所といった方が馴染みやすいかもしれない。

動物は生まれ落ちると、はじめは親の手助けのもとで成長して成熟個体となる。そうすると雌雄の成熟個体に準備された生殖子が受精して、雌の体内に新たな身体が作られる。これが発育を遂げる（個体発生）と、新しい世代としてこの世に生まれ落ちる。生まれ落ちた子が成熟するまで親がその成長を支えられないと、「いのち」は断絶することになる。そこで、我々は生まれたあと個体として成熟するまでの「成長期」と子を産み育てることのできる「生殖期」を生き抜かなければこの世に生き残っていることができない。一々の個体はいずれ死ぬことになるので、死ぬより早く殖えないと絶滅して姿を消す。生きることはこのような生成と消滅のせめぎ合いの中に成立していて、現に生きている生物種はすべて、この戦略においての成功者である。

ヒトも発生期・成長期・生殖期のサイクルをなんとか回すことで生き継いできた。はじめの一〇カ月間の発生期は胎児を育む母体の時間に数えられるから成長期と生殖期を生ききることができれば滅びない。それ以降には（直接に子孫を残さない）後生殖期と呼ばれるいわば「おまけ」のような時間が残る。短い成長期と長い生殖期がもてるほど生き残りには有利かもしれない。成長期と生殖期の長さは死滅の圧力をくぐり抜ける過程で、ギリギリのところに落ちついてきた。一方、後生殖期は死滅の圧力によって鍛えられることがないので、これが無闇に長くなるような進化は普通には起こらない。

生殖期に到達するというのは大雑把に「おとな」になることで、ヒトではいつごろのことだろうか。風邪薬や鎮痛剤の箱に一五歳以上として成人用量が示されていることでも分かるように一五歳だろう。薬のようないわば毒物に対するヒトの生理的な対処能力がこの年齢で一人前に達するということである。そうすると、成長期は一五年となる。（乳幼児死亡率が高いので）江戸期でも平均五人の子供がいないと人口が維持できなかったとなると、ヒトは一五年プラス一五年の三〇年に五年から一〇年を加えた寿命をもっていないと生き継ぐ命のサイクルは安定して回っていかない。三五年から四〇年の平均寿命がギリギリのラインである。日本人の平均寿命（出生時の平均余命）が五〇歳を超えたのは実に戦後のことで、私の祖父も私が生まれる一九五三年（昭和二八）を待たずに五〇歳そこそこで亡くなった。

日本では二〇歳になると成人に達することになっている。生理的な一五歳との五年の差は、大人として社会に参画するために要求される教育にかかる時間など、社会が作り出した文化要因によって延びた分だ。毎年の成人式にまつわる事件が報道されるたびに、成人式を三〇歳くらいにしたらどうかという議論もある。というのも、私が生まれてからのたった六〇年間で、栄養状態の改善や公衆衛生的な環境整備に加えて抗生物質の開発のおかげで細菌感染での死亡が大いに減った。その結果、寿命が三〇年も延びた。社会の急速な変化がヒトのライフサイクルに急激な変化をもたらしたことになる。生き継ぐ命のサイクルにかかる死滅の圧力が人間生理の適応を促したのではなく、社会の変化がこの圧力を押し戻したことによって「おまけ」だったはずの後生殖期が生殖期ほどにも長くなった。結果として、若者の社会参入を遅らさないと辻褄があわなくなったようだ。

こうして、ヒトは長い長い後生殖期をもつに至った未曾有の哺乳動物となった。この長い後生殖期がヒトのライフサイクルの中にどのような形で取り込まれるべきなのかは、これからの社会に課せられた大きな課題である。生き物の歴史上、前例のない課題なのだと理解すべきだろう。ついこの間まで、ヒトの死に至る病の多くは外傷や結核を含めて細菌感染だった。それが抗生物質の登場によって細菌だけを選択的に殺すことができるようになった。結果として残ったのは、自身の細胞の老化や変化による組織・臓器機能の障害であって、原因が自身の内にあるものばかりである。投薬だけでこれを選択的に取り除くことは格段に困難となった。三大疾病に数えられるガン・脳卒中・心筋梗塞のほか、糖尿病から認知症に至るまで、この範疇に入る。こういうものの対処には外部要因を取り除くだけでは不十分で、医学は失われた組織・臓器機能の再建や再生を目指す必要に迫られている。

病院では治すこと（Cure）が前提である。しかし、組織・臓器機能の重大な障害については、従来、施設で介護すること（Care）になっていて、これまでは医療の守備範囲ではなかった。しかし、人口の三〇パーセントも四〇パーセントもが後生殖期を生きる社会では介護の手が絶望的に不足する。身体機能の維持や再生を通じて社会が健全に高齢者を組み込んでいける状況作りが不可欠となってきた。さもなければ、手にした長い後生殖期がただベッドの上に縛りつけられるだけに終わる。こうして、ヒトのライフスタイルの急速な変化は「生きる」ことの再構築を促し、同時に先端医療としての再生医学への期待をも高めているのである。

二　水のある地球と生命

現在、自然科学の世界で「生命」をどのようなものだと考えているかというと、以下のようになる。生命が地球上にしか存在しないと考える必然はないが、これまでに地球以外で生命と呼べるものが見つかったことがないので、以下の四項目が生命体の共通の特徴ということになる（たとえば、『生命の起源をさぐる――宇宙からよみとく生物進化――』日本宇宙生物科学会・奥野誠・馬場昭次・山下雅道編、東京大学出版会、二〇一〇年参照）。

1、膜により外界と自己を区別している（〝水〟が存在する）。

2、外部から物質やエネルギーを取り込み、体内でそれらを用いた化学反応により自分を構成する物質を合成したり、活動のエネルギーを得たりする（〝代謝〟する）。

3、自己と同じ個体をうみだし、増殖する（〝自己複製〟する）。

4、生物には種があり「進化」する（を加える場合もある）。

第1の項目は、生命が成り立つには水が存在する必要があるといっているに等しい。ここで膜というのは脂質のことで、生命の世界は水とそれに溶けない油（のようなもの）の膜が基本だといっている。化学の世界で物質の間にはたらく力は、基本的に正電荷をもつ原子核と原子核の間に、その周りをとりまく負電荷をもつ電子が介在して生まれる結合力である。こういう力で原子が繋がって分子と呼ばれる我々が触れる物質ができている。水（H_2O）は一つの酸素（O）原子に二個の水素（H）原子が繋がってできている。水が一〇〇度で沸騰するのは誰もが知っているが、この点にこそ水の尋常ではない特質がある。

元素の周期律表で縦に並ぶ元素（同族元素）は化学的に似た性質をもつ。分子は大きくなるほど気体になりにくい（沸点は高くなる）ので、たとえば、第一四族元素では、皆、四個の水素Hと繫がって分子をつくる（**図1、A**）。炭素C・シリコンSi・ゲルマニウムGe・スズSnは、それぞれCH_4・SiH_4・GeH_4・SnH_4をつくるが、これを小さい方から大きい方に並べるとたしかに分子が大きいほど沸点は高くなる。第一五族でも一六族でも一七族でも大まかにはそうなるが、同じ族の中で一番小さな元素の水素化合物NH_3・HF・H_2Oの沸点は一見して異常に高い（**図1、A**）。摂氏一〇〇度という水の沸点は、分子の大きさだけなら実は摂氏マイナス七〇度でも不思議ではない。この大きなギャップは水分子同士が水素結合によって繫がることのできる特別な性質によるもので、ありふれている水がいかに特別な分子なのかをよく物語っている（HFは自身が極めて反応性の高い分子で安定に色々な分子を溶かし込んでいることができない）。

一個の水分子は**図1、B**に示したように、酸素Oの両側に水素Hを結合している。酸素原子は水素原子よりも電子を引きつける性質があるので、水素原子の周りの電子は酸素の方に引っ張られている。その結果、水素原子は僅かにプラスに荷電している（少しプラスという意味で$\delta+$で示した）。一方、酸素原子上の電子は水素とは別方向に角のように突出しているので、その方向に僅かにマイナスに荷電している（少しマイナスの意味で$\delta-$で示した）。全体としてほぼ正四面体の中心に酸素、頂点に二個の水素と電子の角が配置されている感じに近い（**図1、B**）。$\delta+$と$\delta-$の部分で水分子と水分子の間がお互いに弱く繫がりあう（水素結合を作る、**図1、C**）ので、異常に高い沸点を示すのである。このような電荷の偏りによって水は液体として様々な物質を安定に溶かし込むことができる。一方、分子内にこのような電荷の偏りをもたない分子は、水同士の結合によってはじき出されてしまう。油のような性質をもつ脂質ははじき出されて膜をつくる。閉じた膜の内側に外界と区別される水相が自然にできる。

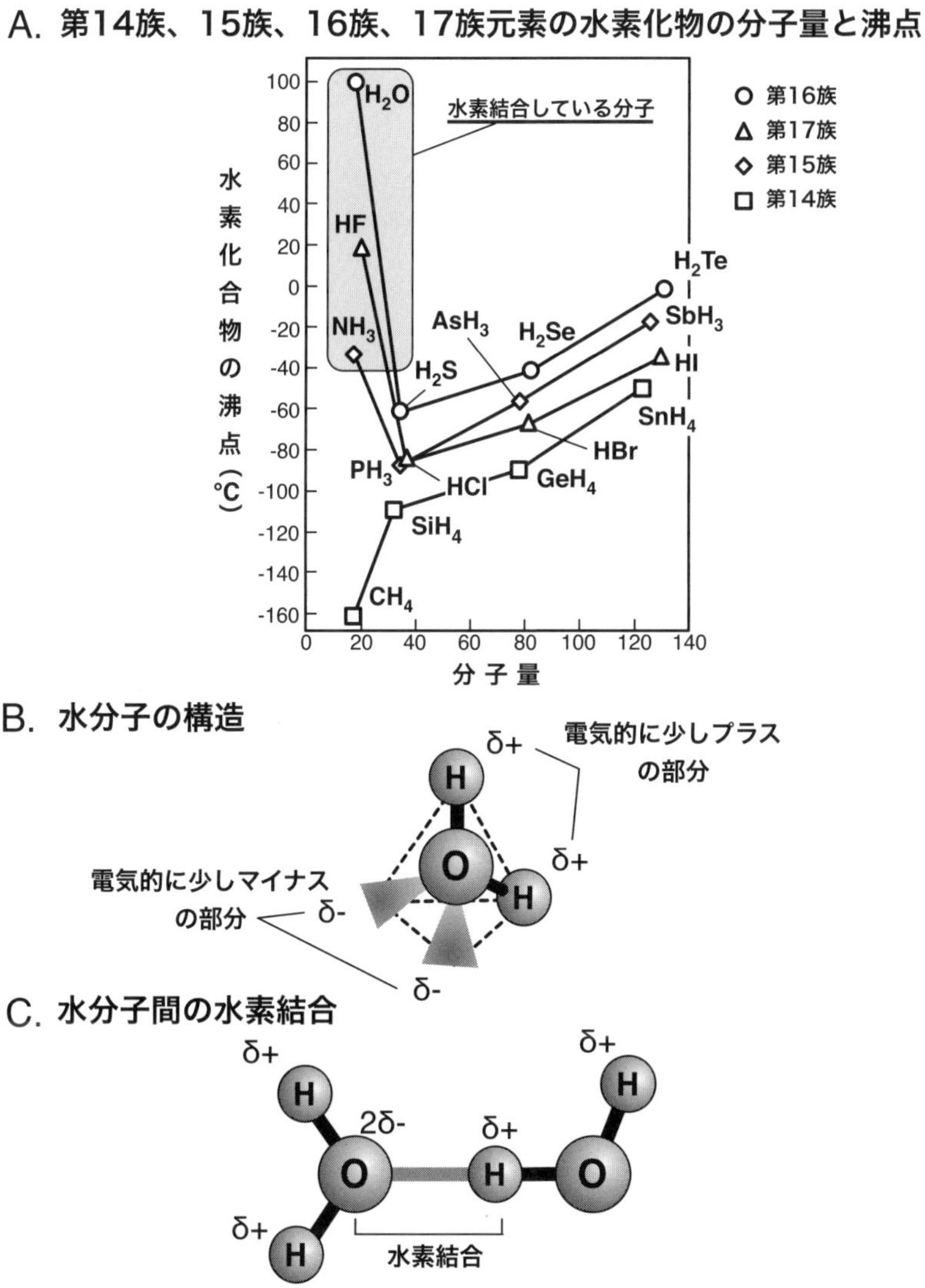

図1　水の分子構造と水素結合

こうしてできた膜を通して物質や熱の移動が起こると、膜の内側から〝無秩序〟を外部に排出して内部に秩序が形成される（上記、第2の項目「代謝する」に相当する）。排出された無秩序が（たとえば、太陽が熱や光を放っているなどのような）外界での大きなエネルギーの移動によって洗い流され続ける状況があれば、生命を支えるより複雑な秩序が膜の内側に形成されうる。こうして細胞が出現することになる。このように生命現象は、水中に浮かぶ柔らかな脂質の膜の内部にできる物理化学的なプロセスとして（化学機械として）営まれる。すなわち生命はすべからく細胞の中に宿ることになる。水の存在は、こうして生命体を特徴付ける四項目の二つに直接に関わっている。地球外の天体に生命を見つけようとする際に、まずは水の有無を調べるのはそのためである。

三　分子生物学の六〇年

前章で言及したように、熱力学の成立を契機に一九世紀中葉から近代科学として姿を現してきた物理学と化学が、体系的な物質存在の形と認識の方法を使って細胞に宿る生命のイメージを結ばせることを可能にした。水に浮かぶ細胞は脆弱で、本来いつまでも秩序を内部に作りつづけることのできない〝うたかた〟の存在である。そういうものが消滅をまぬがれるとすれば、消えてなくなるより早く増えるよりほかにない。しかも、一旦動き出した化学機械としての細胞内秩序を維持して増えることができなければ、とても消滅の確率を超える生成はおぼつかない。このような生命の特徴として第3項目がある。

自己を次世代に引き継ぐ能力を裏打ちするものとして遺伝子が考えられた。これも一九世紀中葉にはじまるのだが、その実体は長らく不明であった。これが核酸と呼ばれる物質であることが理解されるようになるのは、一九五三年四月に『Nature』誌上に掲載されたDNA（デオキシリボ核酸）のX線結晶解析にまつわる三つの論文からである。私が生まれた一月後の出来事である。細胞が分裂しながらいかに細胞内秩序が世代を超えて引き継がれていくのか、その仕組みがDNAという酸性高分子の特異な構造の上に焦点を結ぶことになった。この科学革命の興奮とその後の発展については、その主役のひとりであるワトソンによって生き生きと『二重らせん』（江上不二夫・中村桂子訳、講談社文庫、一九八六年）に書かれている。物理学、化学に続く自然科学の近代化のしんがりとして登場した分子生物学が生まれて六〇年、還暦の私と同い年ということになる。

DNAは核〝酸〟と呼ばれるくらいだから酸性で、細胞の中でマイナス荷電をもつ多数のリン酸がつらなった骨格にA・T・G・Cと略される四種類の板状の塩基部分が糖を介して繋がっている。互いに逆方向に走る二本のDNAの間でAとT、GとCの間に水素結合がかかると安定に二重らせん構造をとる。水素結合は、他の分子間相互作用と違って距離がただ近ければ強くなるというものではなく、一定の方向特異性をもっている（**図1、C**）。このことで互いに逆平行にはしる二本のDNA鎖がらせん構造を安定にとることができる。片側の塩基配列が決まると、対合する反対側のDNAの塩基配列も一義的に決まる。このような分子の存在がまったく同じ塩基配列のDNA分子を細胞の二分裂とともに引き継ぐことを可能にしている。DNAは四種類の塩基がおりなす配列順序によってタンパク質を構成する二〇種類のアミノ酸配列を指定する設計図としての役割を果たすことができる分子なのである。タンパク質が細胞内の化学機械を時々刻々動かしているから、塩基配列が保持されたDNAが分裂によって生じる細胞に分配されていくことでその自己複製が可能になる。ヒトでは約三〇億塩基対からなるDNAがこの設計図の役割を果たしている。

こうして生命体に共通する特徴の三番目にあげた「同じ個体が殖える」仕組みがDNAの塩基配列情報にあるこ

とが分かった。ヒトとマウスに限らずあらゆる種類の生物は、長いものから短いものまで実に様々のＤＮＡを命の設計図として使っている。しかも驚くべきことにタンパク質構成アミノ酸の種類を指定する遺伝コードは、同じものが現在の地上に存在するすべての生命体にあまねく使われている。多様な生物種によって構成される生き物の世界をそれぞれの違いによって分類してきた生物学にとって、世界の果てまで普遍的に貫徹する統一原理を見つけたことは画期的で、物理学や化学に比肩しうる近代科学としての生物学が立ち上がったことを物語っている。

ヒトから類人猿へ、マウスへ、魚類へ、ハエへ、植物や酵母、さらには細菌へとだんだんと離れた体制をもつ生き物に目を向けていくと、同じ遺伝子でもその塩基配列が少しずつ違っていることが分かる。お互いに隔たっているものほど、違いも大きくなる。しかし、すべての生物種にわたって同じ遺伝子の塩基配列は類縁関係をもっていることも明らかとなった。驚くことに、この類縁関係の程度を現在知られているあらゆる生物にわたって系統的に繋いで見せることができる（**図２**）。しかも、我々ヒトのように非常に長いＤＮＡを核の中に折り畳んでいることのできる真核細胞によってできている真核生物と、それよりは遥かに短い環状のＤＮＡをむき出しでもっている細菌（原核生物の一群）との間に、さらに古細菌と呼ばれる別の原核生物（この中にはメタン生成菌、高熱菌や硫黄代謝菌のようなものが含まれる）の一群が割り込むとすっかり一繋がりとなる。その交点に共通の祖先細胞を想定することができる。すなわち、共通の祖先細胞が三つの方向（細菌、古細菌、真核生物）に少しずつ変化したあげくに、すべての現生生物種が類縁関係の先端としてこの世界の住人を構成していることになる（**図２**）。

遺伝子の塩基配列はできるだけ保存されて次の世代の細胞へと受け継がれるが、何度もの世代交代の間には周囲環境からの熱や光、高いエネルギーをもつ放射線や宇宙線などの作用で物理化学的な変化を受けている。長い時間を経るほど、塩基配列の変化は蓄積していく。この過程をＤＮＡ塩基の時間による変異確率と捉えると、ＤＮＡの

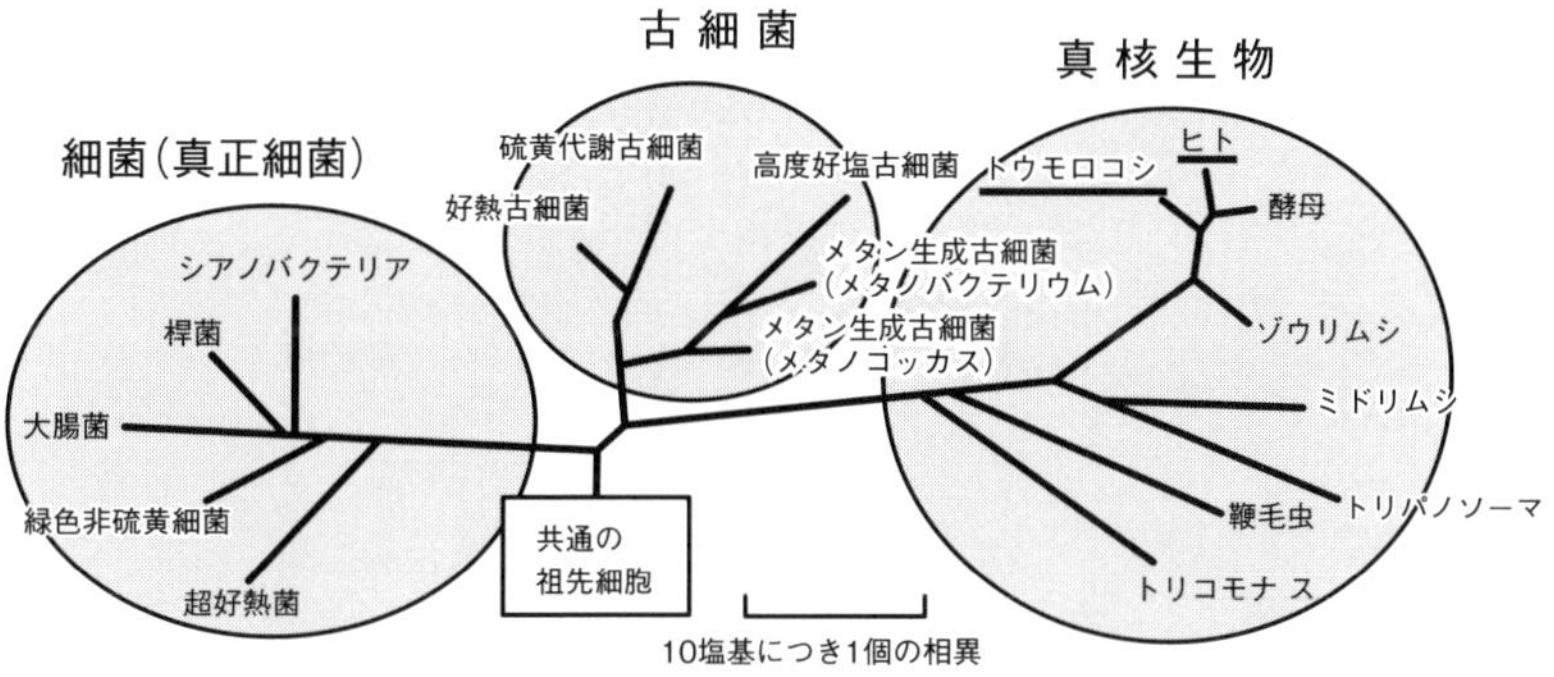

図2　生命の系統樹

すべての生物種は互いに類縁関係があって１つに繋がった３つのドメインを構成している。図中、系統樹の枝の長さは、リボソームRNAの小サブユニットの塩基配列の相異の程度に対応する。

*『Essential 細胞生物学』原書第２版 Bruce Alberts 他、中村桂子・松原謙一監訳（南江堂、2005年）p.310、図9-23より改変

変化を物理的な時間の上に並べ直すことができる。**図2**に示した生物種の類縁関係は、化石生物の観察と地球物理学的な年代解析によって校正すると、生命の多様性を生み出した進化の系統樹にも読み直すことができる。生命体に共通する特徴の四番目の項目「進化する」も遺伝子の中に必然的に埋め込まれていたことになる。進化という言葉はEvolutionの訳語である。「進む」という漢字が使われているので日本語訳では「進歩」の気分がつきまとうが、英語の方が単純に時間の経過とともにだんだんと色々なものが出現してくるという感じが伝わってくる。進化は進歩への変化ではない。生命共通の祖先細胞が生じたであろう三八億年前からみれば、ヒトは僅か一五万年前と極めて最近に現れた生物種である。しかし、生物がヒトに向かって進化しているのではない。生物の世界は一点から放射状に広がった広大な世界で、現在まで絶えることなく生き長らえたすべての生物種は進化の前衛なのである。

四　私たちの身体は機械とはちがう！（細胞社会の「私」）

図2をもう一度見てみる。真核生物のある右上に共通の祖先細胞から酵母に繋がる線が末端の方で分岐してトウモロコシへと向かっている。最後の分岐からトウモロコシまでの短い線分の中にすべての植物が含まれている。同じくヒトに至る最後の分岐の短い線分に魚類も両生類も爬虫類も昆虫までもお馴染みの動物がすべて含まれている。あとは皆、細胞一つで我が身の命である。ついえる前に二分裂して殖えるというライフサイクルを営んでいる。一個の細菌が二分裂すると先代の細胞は新しい二つの細胞の中に拡散していくだけなので、私たちが思うような「死」はない。前章でみたように「生きる」はすべての生き物に普遍的な仕組みであるのに対して、「死」はこの最後の短い分岐につらなるごく限られた生物（かなり複雑な多細胞でできた身体をもつ生物）に限られた特別なものと考えなければならない。死は「生」と同じように普遍ではないのである。

では、ヒトの身体はどのようにしてできているのだろうか。私たちの身体を作る真核細胞は約一〇ミクロンから一〇〇ミクロンくらいの大きさをしている。一ミクロンほどの細菌より遥かに大きくて複雑な細胞である。体積にすると一〇〇〇倍から一〇万倍とケタ違いに大きい。それでもヒト一人分の身体は約六〇兆個もの細胞が集まってできている。仮に一人ひとりが細胞になったつもりで考えると、地球上の人口（六〇―七〇億人）すべてを集めても一人の人間の実に一万分の一にしかならない。細胞が生命の基本単位だとすれば、一人が六〇兆個の部品でできていることになる。その上に「私」というものが一つ乗っかっている。

こんなものがどうやってできるのだろうか。すでに見たようにすべての「いのち」は細胞に宿るので、ヒトも例

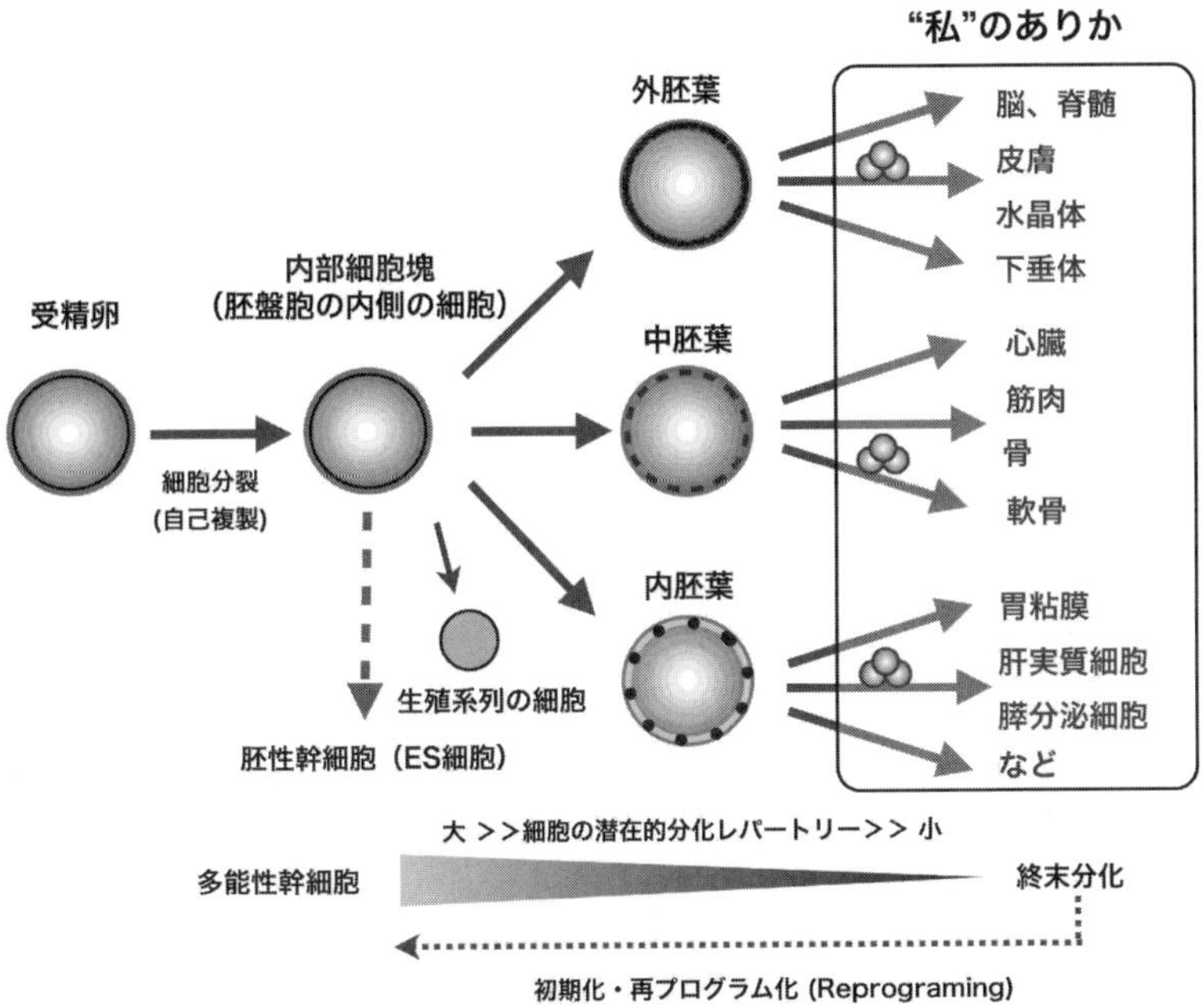

図3　身体の発生と「私のありか」

外ではなく卵子が受精してできる一個の細胞（受精卵）からはじまる（**図3**）。はじめは単細胞生物と同様に、ただ二分裂して細胞が殖える（胚盤胞と呼ばれる時期まで）だけだが、子宮に着床して母体から栄養供給のルートがつくと身体作りがはじまる。まずは、身体の外側の表面を作る細胞群と消化管のような内側の面になる細胞群、さらにその間の空間を埋める細胞群（外胚葉、内胚葉、中胚葉）の三方向へと分かれていく。このとき身体作りとは別に、次の世代に遺伝子を伝える精子や卵子となる生殖系列の細胞がＤＮＡの遺伝情報が毀損しないように大切に取り分けられる。

　外胚葉からは脳・神経や皮膚、内胚葉からは胃粘膜、肝細胞、膵臓の細胞などができる。私が研究対象にしている骨や軟骨など骨格の細胞は皆、中胚葉から生じる。私たちの身体には二〇〇から三〇〇種類ほどの組織が区別され、これに相当する種類の細胞が互いにうまく配置されて全体として機能している。身体作りはこうして、それぞれに決まった機能を果たす二〇〇種類以上の細胞へと運命を分かっていくこと（細胞分化）で達成される。身体作りがはじまるまで、細胞は単細胞生物と同じように殖える。この時期、細胞核に収められているDNA上の遺伝情報のうちほぼ増殖に関わるものだけが使われているのみなので、胚盤胞の内部から細胞を取りだして十分な成育環境（無菌環境、栄養など）を与えてやると、無限に増殖していく。こうして胚性幹細胞（ES細胞）が得られる。この細胞は別の胚盤胞内に移植してやると、また、そこから三胚葉を生じて一つの身体を生じる能力（多能性）を保持している。身体作りに参画する細胞は少しずつ増殖の手を止めて、身体作りのための仕事をはじめる。そして遂には決められた一つの仕事を全力でこなす終末分化した細胞ができあがる（**図3**）。終末分化した細胞は増殖しない。こうして増殖しない「死」の運命を背負った六〇兆個もの細胞でできた身体に〝私〟が宿ることになる。細胞が身体になると決した途端に〝私〟の「死」は不可避のものとなり、その代償として私たちは生殖子をより安全確実に次世代に引き渡すことを選んだことになる。「死」の運命を背負うことによってのみ、私たちは生き延びてきたのである。

図3で身体の各組織へと向かう矢印の上に小さな細胞の塊をおいた。できあがった身体の中にはいまだ終末分化の手前の細胞が目立たない形で保持されている。こういう分化の選択肢がある程度残った細胞は、たとえば髪の毛を作る細胞を長い間供給しつづける必要がある場合や傷の修復などの場面で組織を修復する必要のために保持されている。こういう細胞がたくさんあれば身体の再生能力は高く保たれ、不十分であれば組織の障害は修復されない。現代の再生医療の一つの方向は、この不十分な再生能力を細胞移植によって補おうというものである。

一九九七年（平成九）に羊の乳腺細胞の核を除核した胚細胞に移植することによってクローン羊ドリーが誕生し

たと報じられた。このニュースは身体の一部となった分化細胞でも、その核には個体を作り出すのに必要なすべての遺伝情報が仕舞われたままで身体作りが進んでいくことを見せつけた。心臓は血液を流すポンプであるし、眼は身の回りを写すカメラのようでもあるし、身体を臓器レベルで見ると機械に見立てることができる。しかし、これはあくまで見立てることができるだけのことである。機械の故障を修繕することができるのは、設計図を描いた人間だけである。これを生物にあてはめると、ヒトが作られたのはその上に設計図を引いた神がいるからだということになる。しかし、生き物の仕組みはまったく違う。六〇兆個もの部品のすべてが一個体を実現する完全な設計図を内蔵している。だからこそ、自己修復する能力も備わっている。一方で、六〇兆個もの部品の一つにでも設計図の誤りが生じると、単細胞生物のように栄養を消費できる限り無限に増殖する悪性変異した細胞が身体の内に出現することも起こる。ガンはこうしてはじまる。生殖系列の細胞を発生の早い段階から取り分けておいて、これを運ぶ身体作りの方を別に新たに死の運命を背負った細胞にまかせる方策をとれば、こういう細胞の変異を次世代に移す可能性を大いに下げる結果になる。〝私〟のありかはこの身体の方にあって、私たちは生き終わっていく〝いのち〟を生きていることになる。

iPS（induced pluripotent stem）細胞技術の誕生は終末分化した細胞にでも、たった四つの遺伝子を働かせるとES細胞のような多能性の無限増殖細胞に代わることを示した。単細胞の生き方から「死」を前提にした多細胞生物への体制変更は、予想外に低い障壁でしか隔てられていなかった。生き物が機械の一種ではないことをしっかりと認識しなければならない。

おわりに

福沢諭吉は「東洋になきものは、有形において数理学と、無形において独立心と、この二点である」と述べている。数理学はScienceをさしている。西欧科学の起源をたどればギリシャにはじまることになろうが、近代科学がはっきりと人びとの生活にふれるものになるのは一九世紀である。王侯貴族や僧侶に代わって市井の人びとが社会を動かしだす一八世紀末以降だろうと思う。私のような職業科学者が社会制度の中に根付くのは一九世紀である。都市に出た人びとが自らその運命を切り拓いて生きる必要に迫られる時代が到来したからだろう。

このような状況では、誰でもが自らを容れる世界の有り様を信頼できる仕方で獲得できることが大切になる。科学の世紀といわれる二〇世紀は、すべて一九世紀に姿をあらわした西欧近代科学の延長線上にある。数論、熱力学、電磁気学などいずれをとっても一九世紀は特筆される。見えない世界の基底を摑み取ることへの切実さは、新たな世界像を手に入れた者たちが作り出す技術の力として極東の日本にもやってきた。「発明」が提示する新技術に誰もが圧倒されるが、背後に存在と認識に向き合うScienceを感得した福沢諭吉の感性は鋭い。彼の指摘は二一世紀の現在においてもそのまま通用する。

私が生まれた一九五三年から遡ること一〇〇年、ペリーの浦賀来航にはじまる西欧のこの衝撃は蒸気機関に象徴されるが、新技術の習得とこれを極限まで錬磨する能力は長らく中国文明を受容してきた日本では西欧の驚嘆に値するほど高い。本来、近代科学（Science）と別個に技術（Technology）は存在できる。世界の三大発明といわれる火薬・羅針盤・紙と印刷のすべてが中国文明に帰されるのだから、東洋はむしろ技術に対する高い感性を保持してきたはずである。福沢がいう東洋にない物は西欧文明の基底をなす目に見えぬ実在への希求とその認識に向かう態度のことではないかと思う。暗闇の中を手探りで進む「発見」の世界は誰の手も借りずに一人で歩む恐ろしく孤独な世界である。Science にとっては一人を支える自主と独立、これを裏打ちする自由が不可欠の栄養である。Free-dom の訳語に〝自由〟を与えたのも福沢である（自由の語に、勝手気ままや傲慢さの気分が今も先行するネガティブな語感がつきまとうのは残念だ）。

日本はいち早く西欧文明の取り込みに成功したが、今も一語に造語された科学技術（Scientific technology）の振興が叫ばれるばかりで、世界の「存在と認識」に迫る感度は低い。二〇一三年一〇月一八日付けの『Science』誌は新旧両 Editor-in-Chief 名で Science Demystified（摩訶不思議でない科学）という論説の中で「世界について知るための魅惑的で強力な方法としての（the nature of science as a fascinating and powerful way of knowing about the world）」科学に言及して、科学者がどのようにして世界理解の基盤を構築してきたかを若い世代に伝える構想について述べている。科学への理解の欠如は個人レベルでも社会のレベルにおいても重要な決断の場面に呪術的思考（magical thinking）が入り込む危険をはらんでいる。いつまでも我が国では新技術の開発一点張りで、なかなか無形のものに目がいかない。

世界宗教にあげられるキリスト教・イスラム教（ユダヤ教も）というような一神教では、神が世界を創り人間を誕生させた物語からはじまる。にもかかわらず、なぜ西欧では近代科学による知識の体系化が進んだのだろうと疑問に思ってきた。ボストンにいた三年間の経験もあって、プロテスタントの神が大切な役割を果たしたのではないかと思うようになった。暗闇の世界に孤独に立ち向かう一人ひとりの頭上に神が直に照らしてくれることが福沢のいう無形の独立心と自由を支えたのではないかと思うのである。「私と世界」という構図の外に神がいて、直に光

図4　南海・高野線の車窓から見える欧風建築物のシルエット

が降り注ぐことで西欧の一九世紀が牽引されたのではないか。

面白いことに仏教では創世神話からではなく、私たちを容れている世界を満たす存在の分析とその認識について精密に分析してきた。その意味では、科学の示す世界像は仏教に親和性をもっているように思う。とくに日本化した禅仏教や浄土教は、暗闇にひとり立ち向かう人間を照らしてくれる契機をもつのではないかと思うことがある。技術は文明の産物だが、科学は文化の一側面である。

一九世紀の生物学は物理や化学と同じく見えないものを見にいく方向と同時に、見たことのない物を見にいく方向にもむかった。ダーウィンの進化論は後者の方向の例だと思う。前者の方向へは微生物学にはじまって、この六〇年を経て物理や化学と界面を接する分子生物学が基礎医学の形をとって人の「生き死に」に形を与える時代となった。世界の始まりを神話によって始めない仏教は「生きる」の世界を現代的な枠組みの上に照らすことができるのではなかろうか。

図4は、私が河内長野から京都まで通う道すがら南海・高野線天下茶屋駅をすぎて上町台地上にみつけた、妙に印象的な建物のシルエットである。ギリシャの神殿やイタリアの古い大学のようにも見え、地図を見ても見当がつかなかった。自分で撮った写真を手にして休日に妻と一緒に、阪堺・上町線に乗って探索にでかけた。松虫駅で下車して歩きまわってみた。大谷高校と東大谷高校が並んで建っていたのだ。建物がそんなに古い訳はもちろんないのだが、明治維新後に廃仏

毀釈の嵐を西欧文明に顔を向けて乗り越えようとした仏教徒の気概を示しているような気がした。私は西欧科学の革命的近代化のしんがりとして登場した分子生物学とともに還暦を迎えた。開宗九〇〇年に比べれば西欧近代科学に直面してからの一五〇年など僅かな時間だが、これがもたらした「生きる」ことの理解が仏教にどのように受け取られるのか、興味をもっている。

現世と異なる次元の仏

――仏の世界と科学的背景――

浅田　彬

はじめに

大念佛寺において例年五月一日から五日まで修される「万部おねり」は詳しくは「二十五菩薩聖聚来迎阿弥陀経万部法要」といい、二十五菩薩来迎の儀式が行われ阿弥陀経一万部が読誦される。阿弥陀仏が菩薩と共に死者を浄土に往生させるありさまを具体的に表現した法会で迎講とよぶ。生と死はかけ離れたものではなく、「皆共に浄土に往生せん」という願いには普遍性を認めることができる。私は参詣した際に厳粛さもさることながら、二十五菩薩の少し恐いお顔に身震いした。

古代朝鮮半島の百済の仏たちは穏やかで親しみやすい顔立ちであったが、日本にわたってきてそれが消えている。当時この国には何か深刻な事情でもあったのだろうかと思いを巡らせてしまった。

ところで、『倶舎論』は仏教宇宙論を説いているが、そこには極楽浄土はない。地獄については詳しく述べられており、地獄と極楽は対で考え出されたものではないとされている。「仏土」は大乗仏教において救済の思想によって生まれた概念であり、そうあってほしいという人間の願いを満たそうというものである。また近年スピリチュアルケアでは「私」という観念との関係においてとらえられ、人生の苦しみを生き抜く能力と考えられている。しかし、物質的楽土観が中核となって始まったには違いないともいわれている。さらにまた、須弥山の六道にいう天上界でさえも苦があり、迷いを捨て悟りを開く処《ところ》とされており、人間界を含む他の五道は苦悩や苦痛が渦巻く地獄の最中にあると私にはくみ取れる。苦悩や苦痛のないわれわれの行ける天国はどこにあるのだろうか？

仏教の世界を垣間見ても、前世の宗教者は宇宙の根源とか原理を模索し、宇宙の自然の法則を探り続け、自らの原理を証明しようとして輪廻転生や永劫回帰を、また霊魂不滅の思想などの構想が考えられたが、いずれも概念的である。これらは現在も民衆に受け入れられており、漠然と信じられているにすぎない。さらにまた多くの宗派が派生し、各々の論理を展開し、時には抗争まで起きているが、自らの生存と存続を画した結果であろう。

この世で幸福を期待できない人々が、ひたすら来世での幸せを願って信仰を続けていたものであり、この傾向は現在まで続いている。

一　私心雑考

私は大阪大学微生物研究所の助手を経て、大阪大学大学院歯学研究科生化学講座の助手として赴任し、その間に日本原子力研究所で基礎課程を修了した。その後、中央研究室を設立し講師となり、放射性同位元素使用施設の主任者を兼任し、生化学のスタッフと動物や細胞などを用いて研究を行った。その後、中央研究室が大学院口腔分子免疫制御学講座先端機器分析情報学教室となり助教授となった。これらの間に学術博士の学位の取得や放射性同位元素センターの講師ならびに原子力平和利用委員会委員を務めた。定年後の現在は大阪の柏原市で親の後を継いで春日神社の宮司をしている。社の森の境内には国の文化財の指定を受けた薬師寺形式の田辺廃寺跡遺跡があり、発掘遺跡物を収蔵庫に保管している。

そんな私が数年前に心筋梗塞の発作を起こし、あの世を体験してきた。しかし、そのことを言っても誰にも信じてもらえない。

煙草の吸いすぎで時々胸が痛む時があったが、今回は痛みが長引くので病院に行かされたところ、心筋症と診断されてしまった。ただちにカテーテルの準備が始まったが、手術を拒否し抵抗している間に心臓が突かれているような激しい動悸が起こり、やがて意識が遠のいていった。一時的に血管が詰まり心肺停止状態であったらしく、緊急の蘇生処置で生き返ったようである。やがて意識が戻り眼を開けた時、いきなりたくさんの縦に並んだ目玉にのぞき込まれていて呆気にとられた。その時の異様さを鮮明に覚えている。病室で看護師さんに「手術の準備ができてから倒れるなんて、貴方はよほど生命運があるわよ！　通常、救急車で運ばれてきても間に合わないのよ！」と言われた。しかし、後日、「それなのに病院のルールは無視するは、検査や薬に注文を付けて従わないは、こんな身勝手な人は初めてだわ！」と言われ、担当医の退院許可が出ると早々に出て行かざるを得なくなってしまった。

あの世の体験については、友人や近隣のおばさんたちから「お花畑あったの？」「お花綺麗だった？」「どんな花が咲いていたの？」とうるさくたずねられたので、「真っ暗がりで何も覚えてないよ！」「三途の河の手前で閻魔大王さんの渡河許可が間に合わなかったので、この世に帰ってきたのよ！」「だから極楽浄土には足を踏み入れていないので何も見えなかったのかもね？」とやり返し、ようやく質問攻めから解放された。後日、住職さんに話したところ「今はあの世といえども死亡証明書が発行されないと行けないよ」といなされてしまった。

このような経験をしても私が往生することなどとても考えられなかった。しかし、他人事としてだが人の死生観を少し考えるようにはなった。

二　地球の科学的環境

これは、単純な問いだが難しい。この世の最小物質は、古典物理（物質の世界）では電子や原子核からなる元素と理解される。さらに微少な量子の世界で究極の最小物質は素粒子であり、地球を含め宇宙すべてを覆い尽くしている。

一方、宇宙は一三八億年前、ビッグバンの大爆発で始まり、無限大のエネルギーの放出から時間の経過とともにエネルギーが弱まり、幾多の素粒子が生まれ、さらに重力波により膨張し宇宙が誕生した。これらの素粒子のうちのヒッグス粒子が最近同定された結果、宇宙の標準理論とされている対称性の破れ（最初は原子核に陽と陰、電子にも陽と陰が同数あり、ヒッグス論より原子核が陽で電子の陰が残った）も確定されて、さらに宇宙のひずみ論より質量も確認され、これらの粒子で構成された星々が誕生した。この星々をも包含した宇宙全体に最小物質である最初の素粒子が充ち満ちている。

通常、エネルギーは仕事をした量（力）と受け取っているが、量子論では粒子や物質が完全に崩壊した際の絶対的なエネルギーを意味している。質量のようなものは何も残らずすべてエネルギーとして放出される。抽象的で申し訳ないが、ちょうど原子爆弾が爆発して後に何も残らない状況を想定していただきたい。

付加すると、素粒子や粒子も振動している波（電波）で円運動を行う振動エネルギーそのものであり、強いエネルギー（絶対的な崩壊）と弱いエネルギー（結合など）がある。エネルギーである波は周波数が合わないと互いに無視し何も反応しないが、波長が合うとお互いに力を及ぼし合う。物理では衝突と言い化学では反応と言う。お寺の梵鐘を撞くと波長が一つだとボンで終わるが、二倍三倍の波長とも作用を及ぼし合い共振し共鳴するのでウォーンと余韻が聞こえてくる。

アインシュタインの相対性理論によればエネルギーと質量は等価であり、Ｅ＝ＭＣの二乗（Ｅはエネルギー、Ｍは質量、Ｃは高速度で常数）で容易に換算できる。

三　素粒子の世界

物理の本では、元素の回転する電子の広がりは一〇のマイナス八乗センチメートル、原子核の広がり（大きさ）は一〇のマイナス一三乗センチメートル、原子核の大きさは電子（広がりではなく、そのものの大きさ）にくらべ、およそ二〇〇〇—四〇〇〇倍（平均三〇〇〇倍とする）の大きさと記されている。

この極微な物質を感覚的にとらえにくいので理解しやすい大きさに引き延ばしてみると、今、電子を直径二センチメートルのピンポン玉と仮定すれば原子核は約三〇〇〇倍で小型の樽ぐらいになるだろうか！　そして元素の電子の広がりは一〇のマイナス八乗センチメートル、原子核の広がりは一〇のマイナス一三乗センチメートル、なのでその差は一〇のプラス五乗センチメートル、すなわち一キロメートルとなる。

今ここに小型の樽ぐらいの原子核があるとすれば、一キロメートル先ではピンポン玉程度の電子が樽の周りを回っていることになる。この電子が回っている一キロメートル四方の広がりが元素の大きさであり、お互いに電気的な力で引き合い離れて行かないでいる。われわれの日常でこんなに小さいものが一キロメートルも離れて作用を及ぼすなどとはとても考えられないが、量子の世界では電気的なクーロン力で成り立っているのであり、こういうものだと理解してほしい。

電子は、波や電波ともいう。光や粒子状で質量を持つ粒子、または熱線など環境条件に合わせて自由にかつ瞬時に姿を変える魔法使いである。魔法の種明かしの一つの仮説として、素粒子であるクォークが付いたり離れたりして波になったり粒子状になったりと変化をしているのではないかと推測しているが、いまだ誰にも不明である。もしも、貴方がこの機構を解明できたならノーベル賞ものかも知れない。単純にはそういえるが難しいのである。

元素は団子のように中身が詰まっているのではなくスカスカ（空）なのである。ちょうど、恒星である太陽を核とすると衛星である地球や火星は電子に相当し、この衛星の広がり、すなわち太陽系そのものが一個の元素に相当する。極微な量子の世界も広大な太陽系の世界も、自然界の構造はそっくりでよく似ている。大きさが極端に異なり、回るスピードも桁外れに異なっているだけである。分子は元素の外側の電子同士が結合して大きな分子を作り、大きくなればなるほど反応エネルギーは弱くなり、小さくて高速で回転する元素や電子とは波長が合わずスピードも違うので撥ね返され中には入れないので、最小の物質とされている。

さらに、極微な量子の分野では存在条件や反応過程が特異で距離はいくらあっても瞬時に移動できるとか、エネルギー（振動数が極端に多く）は当然桁外れに大きいとか、瞬間瞬間で成り立っていて連続性のない反応の環境下にありエントロピーは一の状態で自由度はないなど、言葉で表現するのは難しいかも知れないが特異な条件下だと認識して全体像をつかんでほしい。ちなみに、この地球上ではエントロピーは無限大で自由に動き回れる。

一般化学では、元素の一番外側の電子（外殻電子）が電子結合や共有結合をし、連続して連なり分子を作る。さらに物質を形作り核酸やタンパク質を構成しわれわれ人間をはじめ生き物が形造られている。ここでも振動エネルギーの波長が合うところで結合し反応する。人間の身体も元素や分子から見れば空間の中にポツポツと元素があるスカスカの状態なのであり、素粒子や元素さらに分子や人間も円運動をする振動（運動）エネルギーから成り立っている。

四　現実の出来事

1　この世とあの世

視点を変えて、寿命を全うしたわれわれの身体の行く末として、より小さな粒子の方向へ辿ってみると分子状態の連結が離れバラバラで、もはや形を作らず無機物な元素にまで分解され空中に放散する。これこそ形の無い無機化である。

仏教にいうあの世は、「無」（無化）とはよく合致する。地球上の元素数は一定で、人から分解された元素も浮遊しており、何かの物質に取り込まれて再利用されるかも知れないが、人（他人）の一部になる確率は〇《ゼロ》に等しく、ましてや同じ人間への再生は残念ながらまったく無い。

地球や宇宙は素粒子や元素が単独でぎっしり詰まっており、われわれの住むこの世と作用や反応も異なる次元（元素や素粒子の世界）があの世といえるのではないだろうか。

この世に動物や植物も生きており、異なる次元であるあの世もこの世と同居している。極楽浄土を夢見る仏の異なる次元のあの世も生命溢れるこの世の現実世界に共存しており、ただ異なる次元の世界は、地球上のみならず天空の彼方《かなた》まで続いている。

現世の物質と反応するエネルギーは、宇宙全体のエネルギーの三〇パーセント程度で残りの七〇パーセントは未知の分野（異次元並びに異世代）のエネルギーである。

宇宙を構成している全エネルギーも、我々の周りの世界とも同居している。魂や霊の物質的形態を化学的に捉えることはできないが、一つの仮説としてエネルギーが未知のエネルギー分野に存在すると仮定し、受け入れ崇めることは可能である。一九世紀の元《もと》での哲学書では概念上の魂について、あらゆる言語や言葉で人々に伝え示すことは不可能だとされてはいる。

2　自然領域への挑戦

以前、中華人民共和国で先祖返りをした人間が見つかったという話を聞いたことがある。さらに、切断したトカゲの尻尾の再生や、水中生物のプラナリアを一〇〇片に切れば一〇〇匹のプラナリアが生まれたという記録がある。自然（神）の領域への挑戦は英国でクローン羊のドリーを誕生させたのが始まりで、次に人の皮膚細胞に四種類のガン遺伝子を導入してｉＰＳ細胞（人工多能性幹細胞）の発現が公表され、理論上では今回のＳＴＡＰ細胞へとつながるものであった。これらの実験手法として卵子の操作はもちろん、分析法として放射性同位元素を多く用いていたが、ノーベル化学賞に輝いた下村脩博士のクラゲの発光蛋白質の作出を参考として蛍光物質の応用が取って代わり主力として用いられ、核酸や蛋白質さらに遺伝子の同定などが容易となった。

3　細胞生物学の進展

理化学研究所（以下、理研と略）の小保方晴子さん（当時）が培養法の工夫によって万能細胞であるＳＴＡＰ細胞を作り出したニュースはあまりにも衝撃的で心底から驚いた。今までの細胞培養実験で細胞の変異はかなり見られたが、以前からの固定観念から、修復や壊死に向かう過程での変化などとしか従来の培養液の使用では考えられなかった。今回のＳＴＡＰ細胞作成の成果は、培養前に独特の酵素処理などが必要らしい。さらに、白血球や脾臓細胞がＳＴＡＰ細胞へとシフトする過程を蛍光量に応じて、より初期化への同定を容易に追跡できる方法を完成させた結果でもあろう。

最近ちまたで論文の不備が指摘されているが、些細なことは別としてただちに修正すべきであり、多方面の研究者が追跡実験で確認できないことが主因で成果を否定されかねない。ただ、現在までの一般論文でも追跡実験ができなくて疑念を持たれた論文はかなりの数にのぼるとされており、後日、再証明や再提出を繰り返し、承認までは通常、数年を要するといわれている。さらに、彼女のみでなく理研として研究費の確保や存続の常套手段である詳細なノウハウまで公開の必要はないと思うが、今回は早急にさらなる説明は必要であろう。論文のずさんさを指摘されているが、発見や成果についてはいまだ未定であるが、作成途上で発表を早まったのか。ただ、以前のＥＳ細胞や骨髄内細胞の写真を用いているのなら言語道断で、全否定ものだが、これは無いと信じたい。通常、上層部の許可なく彼女単独での提出はできないと思われるので、今回の発表論文のごたごたは彼女のみの問題というよりも理研の体制的な問題と思われ、理研の上層部、『Nature』の審査員、ハーバードの教授、共同著者すべての責任で決着をはかるべきだろう。不幸にも撤回となればできるだけ早く呪縛から脱却し再論文の提出を期待する。

山中伸弥教授のｉＰＳ細胞も細胞分化した一般細胞は初期化の方向（不可逆反応）へは戻らない鉄則がくつがえされ、分化した皮膚細胞をＥＳ細胞様細胞まで戻せたことは驚きであったが、用いた四種のガン遺伝子をいかに取り除くかが重要課題であり、臨床応用まではこの先かなりの年月を要するであろう。

これまで半ばタブーとされていた人の基幹部分で幹細胞の初期化の方向に簡単に組み替えられたことは賞賛ものであり、現在最高の医療行為である再生医療に限りない貢献をするだろう。

反面、意図せぬ方向への可能性も同時に秘めており少し怖さも感じる。とはいえ、ｉＰＳ細胞もさることながら胎盤作成など、これほど斬新な発想の研究に限りない希望を持ちたい。今しばらく静かに見守りたいものである。

4　自然と人との葛藤

現在、地球上に生きる動物や植物は数十万種類といわれ、地球が四六億年かけて多様なエネルギーと未知のエネルギーを駆使して、自然環境に対応させるべく、寿命を与え、進化を繰り返させながら、作り出したものである。対して、人々は科学を発展させ生物学や医学を進歩させてきた。それによって寿命の延長や疾病や難病の克服に寄与し、人類の福祉に貢献して豊かな生命活動を営んできたのである。そして人間は、地球上の頂点に立つものとして生き物を支配し君臨している。自然をも凌駕し得ると錯覚している節も見受けられる。しかしながら、人間の英知を結集してもいまだ虫一匹作れていないのであり、自然を侮ってはならない。

五　福島原子炉の顚末

他方、福島の事故は、地震や津波は想定外かも知れないが安全性の軽視や安全対策の不備が根本原因であり想定内といわねばならない。いまだ終息をみていない。

なぜなら、チェルノブイリの事故から三〇年あまりたつが炉心ではメルト・ダウン（融解）を続けており、放射能をいまだに放出している。現実に終息への対応処置がまったくない事実を意味している。福島においても今後数十年、同様な状態で推移するだろう。毎日放出される放射能も増えこそすれ減ることはなく廃液の保存もまもなく限界がくる。除染処置も現状を見るかぎり有効な方法も見つからず、お手上げ状態とならざるを得ない。今後の処置を鑑みるにしても、故障や事故並びに取り扱いの不備は人間側が起こすのであり、自然界の反応は黙々と進行し失敗はしない。

住民の生活補助や賠償は膨大な税金の投入で改善されるだろうが、原子炉の終息方向への諸問題は莫大な税金をつぎ込んでも解決しない。仕方なく見せかけの尻ぬぐいをいくらやっても醜態をさらすだけだろう。最終的にはすべての放射性物質は海に流れ出る。オリンピックの頃には収拾の付かない事態に陥っているような予感がする。

ここでも、利益を優先させ隠蔽や危険性を半ば無視するような行為で自然を見くびってはならない。何事においても自然と共存共栄が最も望ましいとよくいわれ叫ばれもするが、自然はそんなに甘いものではない。

六　祈りの変遷

1　解放の手段

昔から人々は、自然界が持つ無限のエネルギーを神仏ととらえてきている。密教のマンダラ図を見ても、光輝く星々を図の仏たちに重ね合わせれば心穏やかに清純な雰囲気に浸れる。宗教者の感性でよく宇宙を観察し表現されているると感心する。

過去において、人々の生活は決して裕福で幸せであったとは限らない。各々の時代の環境の中で自らや家族の病気、他人との軋轢や恐怖、飢えの恐ろしさや苦悩を和らげる手段として、祈禱や祈りを通じて未知の力を崇めてきた。

仏教は一般的に寛容な教えであるといわれている。寛容さの意味に曖昧さを加味すれば、祈りの本意には、思想的分野では化学的解説が必ずしも優先はされなくてよいだろう。感性や感覚の範疇として、意見を異にする問題は不確かなままで推移させるか黙認することで済ませ、生き方を大義として妥協を図ることも必要なのであろう。

2　あの世の霊とこの世の御魂

人魂は燐が燃えている現世の化学反応であるが、幽霊や霊また心霊現象や超常現象は幻覚や幻視、幻聴である。これらを見たという人がいれば、その人が知識や先入観、さらに思い入れなどから脳裏に見たのであり、生きている人のように見えたのである。人々が思い出したり考え出したものであり、決して「無」であるあの世から出現したものではない。当然ながらあの世からのコメントと確信できる証は一例もなく、時には教唆とさえ思える場合もある。

この地球上、三六億年前に細胞らしきものが原始の海から出現し、その後遺伝子様の物も作られ、進化を繰り返しながら細胞の魂《かたまり》を形作り、約六億年前（カンブリア紀）に多細胞生物が発生した。さらに、二、三億年前に陸上に草木が生い茂りわれわれの祖先となる哺乳類（ツパイ）が姿を見せた。われわれの身体は約六〇兆個の細胞からなり、この細胞は意志をもって死と進化を繰り返しながらも永遠の存続を図って来た。

貴方《あなた》（私）は父母から生まれ育てられ、次々と先祖を辿れば親は子を作り猿であった時代にもツパイであった時代にも、さらにその以前にも、さかのぼることができる。いずれかの時代に一度でも途絶えれば貴方は今、この世に居ないのである。

貴方の祖先という細胞は、はるか三六億年前にさかのぼり、その細胞や遺伝子は原始の海の資質を内包しながら生きさせる意志、つまり魂《みたま》を貴方に宿らせている。この御魂は数千万年前に人に分化し神経細胞やシナプスまた神経伝達物質を完成させて精神の心を生み思考や感情を発達させ魂（精霊）を貴方に授けた。

余計なことだが、生物学的一生とは子を産み育てるまでで、以後の人生は民族学的繁栄には何の意味も持たず、自己の破壊と断絶という残酷な結果が待っており、せいぜい刹那的快楽ぐらいしか残っていないが、せめて終末には自己満足と悟りに恵まれた幸せを望みたい。

七　看取りについて

以前テレビを視ていたときのこと、田舎の家庭で寿命を全うした老人を看取った放送があり、家族が懸命に看護し穏やかに生活していた。小学生の女の子がいて学校から帰ると必ず位牌の前で手を合わせてから遊びに行く。リポーターが「毎日しているの？」と聞くと、「おじいちゃんが好きやったから！　でも、もう話ができないけど！」と答えていた。

人には寿命があり、人生は元には戻らないこともあることを親の話を見聞きし、また実体験して学び、大人びた答えを返している様が、感情豊かに育まれているように思えた。「看取り」は子供の成育過程に止まらず、成人の人間育成の道しるべとして、さらに教訓として最良の教材であろうと思う。

八　期　待

信徒の抱える苦悩や恐怖の解決をはじめ、彼らが安らかで平穏な生活を営むために、時代考証を充分に考慮した宗教者の説話に、仏徳の高揚のみならず感性の宣揚や昂揚を模索する役割が期待される。

さらに近年の文化を取り入れた新しい宗教形態の構築は不可能なのだろうか？　そして、祈りに霊や御魂は、いかに生きるかを示す糧として享受し、生き方を模索するには必要不可欠なものでもある。

人間以外の生き物は祈ったり考えたりする力はなく、本能や学習能力は持ち合わせているものの弱肉強食の世界であり、唯一、身を守ることに鎬をけずり運に左右されて生きている。

一方、人間は運のみでなく自らの思考や力で快適な生活を営むことができ、情緒や感性豊かな人生には、祈りは人間のみが持ちうる特権であるといえるだろう。それを充分に甘受し穏やかで幸せな未来に邁進したいものと示唆される。

参考文献

定方晟『須弥山と極楽――仏教の宇宙観――』（講談社現代新書、一九七三年）
池田弥三郎『民俗故事物語』（須弥山の六道）（河出書房新社、一九五九年）

大川清編『百済の考古学』（雄山閣、一九七二年）
真継伸彦『仏教のこころ』（筑摩書房、一九七九年）
松長有慶『密教・コスモスとマンダラ』（日本放送出版協会、一九八五年）
井上ウィマラ「サイコロジカルファーストエイドにおける宗教の役割」（『宗教研究』三七五―八六―四）
伊達宗行『物性物理学』（朝倉書店、一九八六年）
スティーブン・W・ホーキング、林一訳『ホーキング、宇宙を語る――ビッグバンからブラックホールまで――』（早川書房、一九八九年）
江尻宏泰・櫛田孝司編『量子の世界――物理研究のフロンティア――』（大阪大学出版会、一九九四年）
毎日新聞科学環境部編『神への挑戦――科学でヒトを創造する――』（毎日新聞社、二〇〇二年）
岡田節人『細胞の社会――生命秩序をさぐる――』（講談社、一九七二年）
木村資生『生物進化を考える』（岩波新書、一九八八年）
野田春彦『生命の起源』（NHKブックス、一九六六年）
柳澤桂子『生命の奇跡――DNAから私へ――』（PHP新書、一九九七年）
大野乾『生命の誕生と進化』（東京大学出版会、一九八八年）
日本放射性同位元素協会編『アイソトープ便覧』（丸善、一九八四年）
江藤秀雄・熊取敏之・飯田博美・伊澤正實・田中栄一・吉澤康雄『放射線の防護』（丸善、一九七二年）

「悲しむこと」の心理主義化・医療化に抗して

――映画「加奈子のこと」から考える――

山本佳世子

はじめに

年老いたふたりは、死ぬのではなく、ある日、眠りにつくばかり。永い永い永久の眠りに……。ふたりはおたがい手をとりあい、あいてに死なれるのがこわいのだが――　けれどやっぱり、どちらかが死んで、どちらかがのこる。善いほうか悪いほうか、優しいほうかきびしいほうか、それはもうどうでもよいこと。のこった者もまた、この世の地獄におちるのだから。雨のような哀しみの中、もう長くはないのと、もうしひらきしながら、生きのこり、生きのびていく……。

（ジャック・ブレル『老夫婦』）

人は必ず、死ぬ。そして、誰かが遺される。大切な人に先立たれる悲しみは、古来、人類が向き合ってきた課題である。日本においても、縄文時代にはすでに死者の埋葬が行われていたと言われる（佐藤二〇〇八）。死者を葬り弔うことによって、死への不安を和らげると同時に、故人の死を悼み、死別の悲しみに対処してきたのである。

私たちは、大切な人を喪ったとき、様々な心理的・身体的・社会的、そしてスピリチュアルな反応を示す。それによって対人関係をはじめとした日常生活に大きな支障をきたすこともある。このような喪失に伴う反応を「悲嘆（グリーフ）」と呼び、悲嘆者の悲しみや苦しみを共に受け止め支援していくことを「グリーフケア」と呼んでいる。日本において「グリーフケア」という語が用いられるようになったのは、ここ三〇年ほどのことである。(1) 死別による悲嘆は、人類が向き合ってきた大きな課題の一つではあるが、それまでは――少なくとも日本においては――特別な「ケアの対象」とはみなされてこなかった。

従来、死別の悲しみに対処してきたのは葬送儀礼などを行う宗教であり、地縁血縁のコミュニティの力であった。それが今日では、死別の悲しみは精神医学や臨床心理学の大きなテーマとしても取り上げられるようになり、精神科医や臨床心理士もまた、死別の悲しみへのケアを担う存在となっている。「死別の悲しみ」という、確かに辛《つら》いけれども人類普遍の営みが、今日では特別な「ケアの対象」として認識されるようになっているのだ。確かに、悲嘆の程度が甚だしかったり極端に長期にわたったりする場合など、精神医学や臨床心理学による専門的介入が必要な場合もある――そうした悲嘆を複雑性悲嘆と呼ぶ。(2) しかし、本来、「悲嘆」とは人として当たり前の反応である。従来「特別なケア」を必要としなかった悲嘆も、近年では「ケアの対象」として捉えられるようになってきているのではないだろうか。それだけ、社会の包容力・ケア力が希薄化しているとも言えるわけだが、それによって、「悲嘆」は「抱えながら生きていくもの」ではなく、「取り除くべきもの」となってしまっているように思われる。

一　「悲しむこと」の心理主義化と医療化

1　「悲しむこと」の心理主義化

Worden（2008）は、複雑性悲嘆に対する介入を「グリーフセラピー」、通常の悲嘆に対する「喪の課題」[3]を促進するための介入を「グリーフカウンセリング」として区別した。前者は精神科医などによる専門的介入が必要だが、後者は専門家のみならず、専門家の指導を受けた看護師、ソーシャルワーカー、ボランティア、自助グループなどによってもなされ、必ずしもカウンセリンググルームに限定されない日常的な空間でも行われ得るとした。

では「通常の悲嘆」とは、どのようなものであろうか。通常の悲嘆における悲嘆反応はショック期、喪失期、回復期に分けられる（拙稿二〇一二）。死別直後の感情が麻痺したような状態（ショック期）が数時間から数日続き、その後、故人への思いに強くとらわれる時期（喪失期）が来る。この喪失期は数日から数年続くと考えられる。喪失期には、心理的反応だけでなく、身体的、社会的、スピリチュアルな様々な反応が起こる。[4]その後、時を経て、日常生活を取り戻し、故人を懐かしさや温かさとともに思い出せるようになる（回復期）。

こうした悲嘆反応はどれくらいの期間続くのであろうか。個人差は非常に大きいものの、Maciejewski ら（2007）によると、悲嘆のピークは最初の六カ月までであり、その後は軽減するとされている。その他の研究でも、個人差はあるものの、時間経過とともに悲嘆反応は軽減することが報告されている（坂口二〇一〇）。また、実際にはこのような「通常の悲嘆」反応をも示すことなく、死別後も日常に適応する者がかなりの割合を占めることも報告されている。Bonanno ら（2002, 2004）による配偶者と死別した六五歳以上の高齢者への縦断的研究によると、①抑うつ水準が死別前は低く、死別後六カ月時点では高まるが、死別後一八カ月時点では死別前と同水準に戻る「通常の悲嘆」型が一〇・七パーセント、②抑うつ水準が死別前は低いが、死別後六カ月時点でも一八カ月時点でも高い「慢性化した悲嘆」型が一五・六パーセント、③抑うつ水準が死別前から高く、死別後も高い「慢性的抑うつ」型が七・八パーセント、④死別前は高かった抑うつ水準が、死別後に低くなる「抑うつ改善」型が一〇・二パーセント、⑤抑うつ水準が死別前も死別後も低い「立ち直り」型が四五・九パーセントであった。このうち、複雑性悲嘆と診断される可能性があるのは②「慢性化した悲嘆」型および③「慢性的抑うつ」型と考えられ、グリーフカウンセリングの対象となるのは、それらに①「通常の悲嘆」型を加えた人たちである。(5)

時間の経過とともに悲嘆反応が軽減し、日常を回復する人たちに対し、その悲嘆が複雑化しないように、喪の課題に順調に取り組めるように、「グリーフカウンセリング」などの介入が求められるようになっている。しかし、これらの人々は、特別な介入がなくとも、時間の経過とともに日常を取り戻す力を持っている。決して楽な経験ではないが、しかし耐え得る経験であり、「悲しむこと」は人が生きる上での普遍的な、当たり前の経験であり、それによって人生に深みが与えられるような経験である。

だが、グリーフケアという言葉が広まり、看護師や介護士、葬送業者、教育者などもグリーフケアについての学びを求めるようになってきている。その学びを進めていく中で、「喪の過程を促進させなければ」「悲嘆からの回復を促さなければ」という意識が強まっていくように思われる。その背景には、きっかけとなる特定の喪失体験――主に死別体験――のみに焦点が当てられ、その根底にある「生きる悲しみ」「人間の悲しみ」への認識が欠けていることが挙げられる（安藤・打出二〇一二）。(6)グリーフケアに関する研修や人材養成を行っている団体の多くでは、精神医学や臨床心理学に基づいた理論や援助技術のみが扱われ、その習得が目指される。「悲しむこと」が「心の問題」のみに矮小化され、「悲しみを悲しむ」意味を問い、深めていくような議論が置き去りにされている。「悲しむこと」の心理主義化である。

2 「悲しむこと」の医療化

時間の経過とともに改善すると考えられる死別後の「抑うつ」状態も、「疾患」であるとすら考えられるようになってきている。ＤＳＭ-４（アメリカ精神医学協会が作成した『精神疾患の分類と診断の手引』[7]改定四版）では、死別後二カ月間はたとえ大うつ病と診断できる症状がそろっていても、大うつ病とは診断してはならないという除外項目があった。それが二〇一三年五月に出されたＤＳＭ-５では、大うつ病の診断の際に死別反応を例外とすることがなくなった。二カ月でも短いと言われてきていたが、ＤＳＭ-５に則ると、死別後二週間で抑うつ状態から回復しなければ病気と診断されてしまうのだ。死別後の悲嘆も治療の対象となり、悲嘆は取り除かれるべきものとなる。これは「悲しむこと」の医療化と言える事態である。

3 当たり前の営みとしての「悲しむこと」

しかし、前述の通り、従来「悲嘆」に対処してきたのは精神医学や臨床心理学だけではない。むしろ、古来、死別の悲嘆に対処してきたのは宗教であり、地縁血縁のコミュニティであった。人が苦悩するところに宗教が生まれ、人がどのように苦悩に向き合うかを考えたのが宗教である。宗教の歴史とは、人が苦悩に向き合ってきた歴史とも言える。仏教やキリスト教などは、相当の年月をかけて、苦悩との向き合い方を洗練させていった。それがまさに、儀礼儀式である。

私たちは、大切な人を亡くしたとき、「故人がもうこの世にいない」という現実に苦悩すると同時に、「故人の魂はどうなっているのか」という思いにもまた、苦悩する。故人の魂の平安を確信することができるようになること、すなわち「故人のケア」をすることで、間接的に遺族がケアされるということがある。﨑川（二〇一三）は、死者が「いないのに、いる」――肉体としてはいないのに、それでも死者は生者に生き生きと語りかける――という、現実と実感との「あいだ」における矛盾を受け入れていくために、死者を葬り、弔うという儀礼を行ってきたとする。そして儀礼を通じて、故人に呼びかけ、故人について語ることで「不在の他者」を「死者」として賦活させるというのだ。グリーフケアとは、「悲嘆に苦しむ人のケア」である以前に「死者に対するケア」を孕み、最終的に「悲嘆者の死者へのケア」をケアすることであると述べている。宗教的な儀礼儀式の執行を通じて、「悲嘆者の死者へのケア」がなされていく。

もちろん、そこには地縁血縁のコミュニティが関与し、宗教者が直接的に遺族に関わることによるケアもなされている。それらが複雑に絡み合うことで「故人がいないこの世」で生きていく術を身につけていく。幼い頃から、地縁血縁の様々な関係性の人を見送り、人が死ぬとはどういうことなのか、死別の悲しみに向き合うとはどういうことなのかを学び、身につけていく。年齢を重ねる中で、徐々に関係の深い人、濃い人を見送ることになっていくわけだが、それまでに少しずつ、自身の死生観を深めていき、「悲しみを悲しむ」ための人としての土台を形作っていく。そして人類は、生きることの悲しみ、深み、意味に生きることの本質を見出し、文学や芸術などを通して多様に表現してきた。

にもかかわらず、グリーフケアに関する研修や講座の多くには、人類普遍の営みとしての「悲しみ」とはどういうことなのかを深めていくような科目、「悲しみを悲しむ」意味を問うていくような科目――宗教、哲学、文学、芸術など――は含まれていない(8)。

そこで本稿では、日本社会における当たり前の営みとしての「死別の悲しみ」がどのようなものなのかを映画「加奈子のこと」(9)を通して見ていくこととする。本映画では、妻を亡くした独居の高齢男性の死別の悲嘆が丁寧に描かれている。独居高齢者の孤独という現代的問題を扱うと同時に、悲しみをどう受け入れていくかという普遍的問題が扱われているのである。死別の悲嘆に関する理論と照らし合わせながら、「死別の悲しみ」とはどのようなものなのかを見ていきつつ、主人公が日常を取り戻していく上で何が力になったのかを考察する。それによって、精神医学や臨床心理学とは異なるグリーフケアの可能性について論じたい。

なお、本映画の監督、横田丈実は融通念佛宗の僧侶でもあり、本映画は、お参りなどの僧侶としての日常において接する人たち、風景を描いたものであるという。悲嘆のさなかにある人に日々接することを生業とする僧侶にとっても、本映画の検討は参考になるものと考える。

二　映画「加奈子のこと」に見る「悲しむこと」

1　ショック期から喪失期

本映画の主人公の孝士（七七歳）は、三年前に脳梗塞を発病し、リハビリを続けていた妻・加奈子を亡くす。妻を見送った直後は雑事に追われ、悲嘆に浸る間もない。ショック期である。それが四十九日の法要を境に、することがなくなる。それまでバタバタと出入りしていた親戚や役所の関係者なども来なくなる。一段落して、急に故人への思いに強くとらわれるようになる。お酒を飲み、酔っぱらった状態で故人の残像を見る。故人に会いたいがために、酒量が増えていく。喪失期に至る様子が窺える。

2　喪失期の悲嘆の様子

二重過程モデル

とはいえ、完全に部屋の中に籠ってできなくなってしまっているわけではない。買い物に出かけ、自炊もし、部屋はきれいに片付いている。Stroebe と Schut（1999）は、死別への対処過程として、二重過程モデルを提唱している。すなわち、私たちは悲嘆のさなかにおいて、「喪失志向コーピング」と「回復志向コーピング」の二つのコーピングに取り組むと言う。前者は、喪の課題に取り組んだり、侵入的悲嘆に陥ったり、愛着や絆が崩壊し、亡くなった人物の位置づけのし直しを試みたり、回復変化の否認や回避をするといった行動を指す。それに対し後者は、生活変化への参加や新しいことの実行、悲嘆からの気そらしや悲嘆の回避や否認、新しい役割やアイデンティティの獲得などを含む。この二つは同時に行うことはできず、二つの間を行ったり来たりしながら、悲嘆の深い時期は喪失志向コーピングの時間が多かったのが、次第に回復志向コーピングに重心が移っていく。しかし、回復志向に重心がおかれるようになっても、時に喪失志向になり、一気に回復するわけではなく、行ったり来たりしながら、揺らぎながら、徐々に日常を回復していくというのだ。映画の主人公の孝士も、喪失期において故人への強い思いにとらわれつつも、回復志向コーピングの時間を確かに持っている。

ただ傍にいるということ

そして、喪失志向コーピング中心の日々から、回復志向コーピングに重心を移すきっかけとなるのが、義妹

（妻・加奈子の妹）裕子からの一本の電話である。裕子が亡くなった妻に手を合わせに訪れる。そこで裕子は孝士の酒量が増えていることに気付くわけだが、さりげなく飲み過ぎないように注意しつつ、それを責めるわけでもなく受容する。まさに、否定するでもなく、批判するでもなく、共感と受容をしながら、「心配していますよ、気にかけていますよ」というメッセージを飛ばしている。井藤（二〇〇九）は、周囲の人が様々な形で悲嘆者に無関心でないことを示し、「あなたがどれほどつらい思いでいるか、わかっています」というメッセージが伝わることを「雰囲気で慰める」と表現している。このような自然な関わりこそが、悲嘆者の慰めとなることがある。きっと、それゆえであろう、孝士は裕子に、少し飲んでいかないか、と誘う。

3　喪失期から回復期

継続する絆

裕子と孝士は一緒にビールを飲むことになるのだが、そこで孝士が酒の肴に出した肉じゃがに、裕子は涙する。姉さんの作る肉じゃがと同じ味がするというのだ。肉じゃがは、脳梗塞で倒れて料理ができなくなった妻から孝士が作り方を教わったものだった。この裕子の言葉から、孝士は亡き妻とつながる術に気付くのである。故人のことを忘れるのではなく、故人への思いを断ち切るのでもなく、故人との関係性を持ち続けること、絆を結び続けることを「継続する絆」と呼び、故人との絆を確認するための「もの・ことがら」を「連結対象」と呼ぶ（Klass 1996）(10)。孝士はまさに、肉じゃがを連結対象とし、亡き妻とつながる術を、お酒ではなく肉じゃがに見出すのである。そしてまた、その肉じゃがを食べて涙する義妹の姿から、亡き妻のことを想い、忘れずにいるのは自分ひとりではないこと、悲しいのは自分ひとりではないことを実感する。

「ひとりではない」

遺族にとって恐ろしいことの一つとして、故人のことが社会から忘れ去られてしまうことがある。そして悲しいのは自分ひとりだという孤独感がある。悲嘆者を前にしたとき、多くの人は、気を遣い、悲しい思いをさせないようにと、故人の話を避けようとしたり、「早く忘れなさい」と声をかけたりすることがある。しかし、遺族にとっては、故人が生きていたことは忘れたくない事柄であり、故人が生きていたことを覚え続けていたいと願っている（クラス二〇〇九）。そしてまた、故人を喪ったことによる悲しみも忘れたくない感情である。悲しみがなくなってしまうことは、故人のことを忘れてしまうことにつながるからである（岡ほか二〇一〇）。「ひとりではない」と感じられることは、悲しみそのものは消えなくとも、悲しみを共に背負ってくれる人がいることでその重みが軽くなることにつながる。

孝士にとって、この裕子と肉じゃがのエピソードは、そうした存在に気付かせてくれる瞬間である。すなわち、故人との関係の結び直しという「彼岸」とつながることで感じる「ひとりではない」という感覚と、現実世界である「此岸」で他者とつながることで感じる「ひとりではない」という感覚があるのである。この二つの「ひとりではない」を実感することができたとき、日常を取り戻していく契機を得るのである。それは喪失志向コーピングに重心をおいていた時期から、回復志向コーピングに重心をおくための舵切りの瞬間でもあった。

とはいえ、映画は肉じゃがを契機にかすかな希望を見出した場面で幕を閉じるが、これは孝士がそのまま順調に日常を回復していくことは意味しない。実際にはこの後も喪失志向に陥る時間も当然あるものと思われる。それでも、継続する絆を実感でき、かつ、この世においてもひとりではないことを実感することができたとき、徐々に日常を取り戻していくことになるのだろう。

三　悲しみをいかに受け入れていくのか

1　彼岸と此岸で大切な人とつながる

本映画からは、死別の悲しみを受け入れ、前を向くことができるようになるためには、彼岸にいる故人とつながることと、此岸にいる他者とつながることの二つが協同することが契機となっていることがわかった。これは「此岸にいる他者と共に、彼岸にいる故人とつながること」と言えるかもしれない。

﨑川（二〇一三）は、遺されたものは「死者へのケア」を行うことで、不在の「他者」を「死者」として賦活し、故人と新たな対話的関係に入るという。しかし、こちらからの「呼びかけ」に生前のような「応答」がないことで、「沈黙」という「孤独」を感じる。そこで救いとなるのが、その死者の存在を「共有」する仲間がいることであるという。それが遺されたものに癒しをもたらす。

本映画で、孝士は当初、お酒を飲むことで亡き妻とつながろうとしていた。しかし、亡き妻の残像を見ることはあっても、そこには「呼びかけ」に対する「応答」がなく、かえって孤独を深めていった。その孤独を埋め合わそうと、ますます酒量が増えていく。そこに裕子が現れ、肉じゃがを通じて亡き妻とつながる経験を共有する。孝士と裕子の間に生まれる「語り」が、加奈子への「呼びかけ」に対する「応答の不在」を埋め合わせる。彼岸に対して「呼びかけ」ることを此岸で共有し、語り合うことで、まさに「死者」が賦活するのである。

ここで重要なのは、死者に呼びかけることと、生者がつながることのどちらが欠けても、「癒し」は実現しなかったということである。裕子が来る前から、孝士は亡き妻に教わった肉じゃがを作り、口にしていたが、その肉じゃがを通じて亡き妻とつながることはなかった。一人、亡き妻とつながることを求めても、実際に孤独を埋め合わすようなつながりを感じることはできなかった。一方で、現実の他者とつながるだけでも、「故人がいないこの世」を生きることの悲しみを埋め合わせることはできなかった。他の誰かとのつながりは、故人とのつながりの代わりにはならないのである。

2　悲しみを悲しむ時間

本映画を観たものの感想として、「このようにならないようにしなくては」という声が聞かれることがあるという。そこで想定されているのは、妻を亡くし、独居となった老人が、他にすることもなく孤立し、悲嘆に暮れ、妻への思いにとらわれ、酒に溺れていく姿であろうか。そのようにならないために、生前から様々な活動をし、様々な人間関係を作ること、趣味を持つことが目指される。しかし、この映画は決して暗い終わり方をしているわけではなく、かすかだが確かな希望を主人公が見出して終わる。主人公は決して孤立してはいない。どちらかというと、ハッピーエンドなのである。にもかかわらず「このようにならないようにしなくては」と思わせるのは何なのだろうか。そこには「悲嘆はできるだけ経験すべきではないもの」「悲嘆は取り除かれるべきもの」という志向が見て取れる。この志向性こそ、「悲しむこと」の心理主義化や医療化につながるものである。

すでに見てきたように、故人の不在を、他者の存在で埋め合わせることはできない。故人と遺された人の関係は、他の誰との関係とも異なる、その二人にしかない関係であり、まったく同じ関係を他の誰かと結ぶことが不可能であることからも、それは明らかである。井藤（二〇〇九）は、夫を亡くした妻が、思いがけず激しく落ち込み、何もできなくなってしまった事例を挙げている。一周忌が過ぎたら、誰にも気兼ねすることなく自由に暮らせると思っていたのに、四十九日を境に、何もできない状態に陥ってしまったというのだ。友人知人がたくさんいても、趣味がたくさんあっても、故人への思いにとらわれ、故人がこの世にいない悲しみを悲しむ時間が必要な場合があることを物語っている。

孝士にとっても、一人で亡き妻とつながろうと求める時間があったからこそ、つまりは亡き妻がこの世にいない悲しみを悲しむ時間があったからこそ、裕子からの電話をきっかけに、裕子と共に亡き妻とつながることができたのではないだろうか。死別の悲嘆は確かに決して楽な経験ではない。だが、確かに時間の経過とともに、前を向くことができるようになる。「時間薬」という言葉があるように[11]、そのためには時間が必要であり、この時間は、人によって異なる。それは、故人と遺された人の関係が唯一無二のものであり、遺された人が此岸で共に語り合う誰かとの関係もまた、唯一無二のものだからである。

そして悲しみを悲しむ時間を経て、故人とのつながりを再構築し、現実の他者とのつながりも結び直すことで前を向けるようになったとき、その人は確かに、悲しみを経験する前のその人とは異なっている。悲しみが消えるわけではなく、そのために悲しみを経験する前と同じにはなれない。それでも悲しみを遠ざけようとしたり、悲しみから逃げようとしたりするのではなく、悲しみを抱えながら生きることを引き受けようとすることができるようになるのではないだろうか。

おわりに――仏教・僧侶の果たす役割――

遺された人が悲しみを悲しむ時間と場が持てること。それによって彼岸にいる故人とつながり、それを此岸にいる他者と共有できる時間と場が持てること。そうしたことを経て、遺された人が故人がいない悲しみ、故人がいないこの世を生きる悲しみを抱えながら、それでも生きることができるようになる。そのために、仏教ないし僧侶が果たす役割とは何であろうか。

葬式仏教と揶揄《やゆ》されながらも、葬送儀礼がグリーフケアに果たす役割は、近年、再評価されるようになっている[12]。僧侶による儀礼儀式の執行は、「死者に対するケア」を行うことであり、遺族がその時間を共にすることは、「悲嘆者の死者へのケア」を行う場を創りだすことになる。年忌法要は、故人を知る人が集まり、彼岸にいる故人に呼びかけ、此岸で故人について語り合う場となる。月忌参りやお墓参りは、仏壇やお墓を介して、故人に呼びかけ、つながりを確認する場となる。菩提寺と檀家という関係から、遺族と故人の両者を知る存在である僧侶は、故人と遺族を媒介する存在、遺族と共に故人とつながる存在となり得る。

にもかかわらず、本映画では、葬送儀礼そのものや僧侶が登場する場面は非常に限られている[13]。なぜだろうか。確かにこれらの儀礼儀式には、宗教的教義的には異なる意味合いがあるだろう。だが、僧侶が遺族にとっての儀礼儀式の意味に意識を向けず、教義に則った意味のみにとらわれるとき、僧侶と檀信徒との間にズレが生じ、儀礼儀式は形骸化する。遺族にとって、儀礼儀式が故人をケアする場ではなくなり、悲嘆者は、故人と共につながる人として、僧侶ではなく、親戚や友人知人を求めるようになる――本映画では、それが裕子であった。そして、そうした親戚や友人知人がいないとき、「特別なケア」が必要となる。

僧侶一人ひとりが、僧侶と檀信徒との間のズレを意識し、それに折り合いをつけていく努力をしていくこと、悲しみを抱えつつ生きる同じ人間として檀信徒と向き合う努力をしていくことが求められる。僧侶が、遺族にとって「彼岸にいる故人と共につながる、此岸にいる他者」として選ばれるとき、それは確かに、「悲しむこと」の心理主義化や医療化に抗し、「悲しみを悲しむこと」を取り戻すことにつながると考える。

註

（1）日本で最初に「グリーフケア」という語を用いたのはアルフォンス・デーケンである。一九八〇年代より「悲嘆のプロセス」を示し、悲嘆教育（グリーフ・エデュケーション）の必要性を説いた。「グリーフケア」という語は、一九九七年の著書が初出である（デーケン一九九七）。精神医学においては、「対象喪失」とそれに伴う「喪の仕事」に関する研究がフロイト以降、積み重ねられてきている。日本では小此木啓吾の『対象喪失』（一九七九）が重要である。

（2）複雑性悲嘆には、①悲嘆の持続期間が極端に長い「慢性悲嘆」、②死別直後には悲嘆を表出せず表面上は適応的に見えるが、あるきっかけで強い悲嘆反応を示す「遅発悲嘆」、③通常の悲嘆反応が極めて激しい「誇張された悲嘆」、④抑圧された悲嘆が身体症状や問題行動として現れる「仮面悲嘆」がある（坂口二〇一〇）。

（3）Worden（2008）は、死別の悲嘆に対処するために悲嘆者が取り組むべき課題を「喪の課題」とし、①喪失の現実を受け入れること、②悲嘆の悲しみを消化していくこと、③故人のいない世界に適応していくこと、④新たな人生を歩み始める途上において、故人との永続的なつながりを見出すことの四つを挙げている。

（4）喪失期の様々な反応については、拙稿（二〇一二）、坂口（二〇一〇）などに詳しい。

（5）立ち直り型の人たちが持つ力を「レジリエンス」と呼ぶ。「回復する力・立ち直る力」を意味し、この型に当てはまる人は、何らかの回避行動を示すわけでもなく、悲嘆が抑圧されているわけでもない。私たちの多くは、喪失による悲嘆にうまく対処できる力を有しているのである。

（6）筆者が勤務する上智大学グリーフケア研究所（http://www.sophia.ac.jp/jpn/admissions/griefcare）のほかに、日本グリーフケア協会（http://www.grief-care.org/）、グリーフ・カウンセリング・センター（http://www.gccto-kyo.com/）、京都グリーフケア協会（http://www.kyoto-griefcare.or.jp/）、仙台グリーフケア研究会（http://www.sendai-griefcare.org/）などがある。

（7）世界各国で用いられており、日本の精神医療においてもガイドラインとして用いられている。
（8）上智大学グリーフケア研究所のカリキュラムには、例外的に、哲学、宗教学、死生学などの科目が含まれている。
（9）横田丈実監督、二〇一三年公開、三三分。http://kanako-no-koto.jimdo.com/
（10）継続する絆において、故人との絆の持ち方として、①故人のように生きようとする「役割モデル」、②人生の岐路などで故人が助けてくれる「状況特異的な示唆」、③故人に恥じないようにと自身の価値観を明確にする「価値観の明確化」、④故人を思い出すことで力を得る「回想形成」がある（Klass 1996）。連結対象とは、物体、歌、行為など、継続する絆をもたらす現象を指す（クラス二〇〇九）。
（11）「時間薬」という言葉は、悲嘆のさなかにある当事者にとっては、時に残酷な言葉であるので注意が必要である。悲嘆が深く、なんとかしてそこから抜け出したいと思っている人にとっては、「時間が解決する」と周囲に言われることは、「今は解決しない」ことを意味するし、「時間が助けてくれるから、私は助けない」という裏のメッセージを感じてしまうこともあるかもしれない。また、悲嘆のどん底にあるときは「時間が解決する」などとはとても思えなかったりもする。本人が、日常を取り戻したときに、過去を振り返ってみてはじめて、「確かに時間薬というこことはあった」と言えることなのだろうと思う。
（12）葬送儀礼とグリーフケアの関係については、大河内（二〇一二）や坂口（二〇一〇）、橋爪（二〇一二）などに詳しい。
（13）なお、本映画で葬送儀礼や僧侶が登場する場面が少ないことは、本文中に指摘したこととは別に、映画の構成としての意図があったことは付記しておく。

参考文献

安藤泰至・打出喜義「グリーフケアの可能性——医療は遺族のグリーフワークをサポートできるのか——」（『シリーズ生命倫理学第4巻　終末期医療』丸善出版、二〇一一年）
井藤美由紀「死別の悲しみとそのかなた」（岡部健・竹之内裕文編『どう生き　どう死ぬか——現場から考える死生学——』弓箭書院、二〇〇九年）

大河内大博「日本社会の伝統的なグリーフケア」（髙木慶子・上智大学グリーフケア研究所編『グリーフケア入門——悲嘆のさなかにある人を支える——』勁草書房、二〇一二年）
岡知史・田中幸子・明英彦「「グリーフケアは要らない」という声が自死遺族にはある」（『地域保健』四一巻三号、二〇一〇年）
小此木啓吾『対象喪失——悲しむということ——』（中央公論社、一九七九年）
クラス、デニス「娘は私に走ってほしかったはずだ——亡き子との絆は続く——」（カール・ベッカー編著・拙訳『愛する者の死とどう向き合うか——悲嘆の癒し——』晃洋書房、二〇〇九年）
坂口幸弘『悲嘆学入門——死別の悲しみを学ぶ——』（昭和堂、二〇一〇年）
﨑川修「沈黙をともに聴く——グリーフケアと言葉の哲学——」（『グリーフケア』創刊号、二〇一三年）
佐藤弘夫『死者のゆくえ』（岩田書院、二〇〇八年）
デーケン、アルフォンス・柳田邦男編『〈突然の死〉とグリーフケア』（春秋社、一九九七年）
橋爪謙一郎「葬送とグリーフケア」（髙橋聡美編著『グリーフケア——死別による悲嘆の援助——』メヂカルフレンド社、二〇一二年）
ブレル、ジャック『老夫婦』（今江祥智訳、ブックローン出版、一九九六年）
拙稿「グリーフケアとは」（髙木慶子・上智大学グリーフケア研究所編『グリーフケア入門——悲嘆のさなかにある人を支える——』勁草書房、二〇一二年）
Bonanno, G. A., Wortman, C. B., et al. Resilience to loss and chronic grief: A prospective study from preloss to 18-months postloss. *Journal of Personality and Social Psychology*, 83(5), 2002, 1150-64.
Bonanno, G. A., Wortman, C. B. & Nesse, R. M. Prospective patterns of resilience and maladjustment during widowhood. *Psychology and Aging*, 19(2), 2004, 260-71.
Maciejewski, P. K., Zhang, B., et al. An empirical examination of the stage theory of grief. *Journal of the American Medical Association*, 297(7), 2007, 716-23.
Klass, D. Silverman, P. R., & Nickman, S. L. *Continuing Bonds: New Understandings of Grief*. Taylor & Francis, 1996.

Stroebe, M. S., & Schut, H. The dual process model of coping with bereavement: rationale and description. *Death Studies*, 23(3), 1999, 197-224.

Worden, J. W. *Grief Counseling and Grief Therapy: A Handbook for the Mental Health Practitioner. 4th Ed.* Springer Publishing Company, 2008（ウォーデン、ウィリアム『悲嘆カウンセリング――臨床実践ハンドブック――』〈山本力監訳、上地雄一郎・桑原晴子・濱崎碧訳、誠信書房、二〇一一年〉）

医療現場における〈宗教〉の実践
――仏教を背景としたターミナルケア施設での経験知より――

森田敬史

はじめに

本稿では、融通念佛宗（以後、文脈に応じて「本宗」と略記する）という伝統的な仏教教団の末寺に属する筆者が医療現場である病院の職員（仏教僧侶という立ち位置であり、〝常勤ビハーラ（vihāra）僧〞と称する）として勤務している経験から、〈宗教（religion）（あるいは宗教的なもの）〉の実践について感じたことをまとめる。その現場とは、新潟県中越地区にある仏教を背景としたターミナルケア（終末期ケア）施設（現在では、「緩和ケア施設（病棟）」と称する）である長岡西病院（http://www.sutokukai.or.jp/nagaokanishi-hp/）ビハーラ病棟である。

河内（大阪府）にある末寺（ホームグラウンド）において法務を勤める立場から、中越地区にある病院という公共性の高い施設（アウェイ）でその職務を全うするということは、同一の人物でありながら、それぞれ必要に応じて別の顔が求められることを意味する。檀信徒とそれぞれの菩提寺ということは、当然同じ宗派に所属する檀信徒と檀那寺を預かる仏教僧侶という関係になる。それが、寺院から一歩外へ出て、公共性が高くなればなるほど、宗派色が薄まり仏教者という立ち位置がより明確になる。そのため、公共性を維持するには、実践の場では、暗黙の了解として、特定の宗派や教派などの特徴が強く前面に出てくる布教や伝道などはなされない。一度でもそれが破られるようになれば、そこには公共性が担保されなくなり、均衡がとれてきた「公共空間の中での宗教」というバランスが崩れることになる。

あるご縁で、病院外からビハーラ病棟を客観視することになった一年間を除き、まる七年という年月をビハーラ僧という立場で居ることが許された。その間振り返って、数えることができるぐらいしか、自分の所属教団名を口にしたことがなかった。かなり篤信的な利用者（以後、文脈に応じて「患者や家族」に対してこう表記する）がどうしても自分の宗派のお勤めでなければならないというケースはあったが、そのような利用者が多いために筆者自身の役割が十分に機能しなかったことは、少なくともそれが理由でということは皆無に等しい。それほど、所属宗派のスタイルでなければならない一般の方々が少なかったということであり、利用者サイドとしては、〝仏教者〟∨〝宗派〟という見方をする場合がほとんどであった。ある意味で、本宗に所属する筆者が末寺も檀信徒もほとんどいないであろうと想定されるこの中越地区で、仏教者として従業し続けることができるということがそれを裏付けている。

一　本稿での〈宗教〉の実践

『広辞苑』（第六版）によれば、宗教とは、「神または何らかの超越的絶対者、あるいは卑俗なものから分離され禁忌された神聖なものに関する信仰・行事。また、それらの連関的体系。帰依者は精神的共同社会（教団）を営む。

アニミズム・自然崇拝・トーテミズムなどの原始宗教、特定の民族が信仰する民族宗教、世界的宗教すなわち仏教・キリスト教・イスラム教など、多種多様。多くは教祖・経典・教義・典礼などを何らかの形でもつ。」と定義されている。また、学術的見地から岸本英夫氏はその著書『宗教学』において、「宗教とは、人間生活の究極的な意味をあきらかにし、人間の問題の究極的な解決にかかわりをもつと、人々によって信じられているいとなみを中心とした文化現象である。宗教には、そのいとなみとの関連において、神観念や神聖性を伴う場合が多い。」と言及している。何らかの現象なり体系なりを目に見えるような形で把握するには、恐らく宗教学などで言及されている行為や行動、営みなるものを必要とするのではないだろうか。究極的には、人間が創り出した文化現象となるならば、その恩恵なり効果なりを判断する材料として、人間自身が実感できないと、その判断の機会すら逸脱するのではないかと考える。

現代社会において、「狭い意味での宗教をはみ出るような領域で、宗教的なものの果たす機能が求められているようだ」と、島薗進氏がその著書『現代宗教とスピリチュアリティ』で表現している。本稿では、宗教に関する多岐にわたる定義づけをいったん横に置き、その可能性あるいは枠組みを狭めるのではなく、宗教あるいは宗教的なもの（それをスピリチュアリティ〈spirituality〉と呼ぶ場合も含めて）を可能な限り大きく捉えながらその希求されているものを模索していきたい。それに伴い、〈宗教〉を可視化できる宗教的空間と宗教者に絞ることにする。詳細は後述するが、舞台となる長岡西病院を一つのモデルケースに捉え、その宗教的アイデンティティを付加させる重要なファクターである宗教的空間（長岡西病院では「仏堂」とされている）および医療現場における宗教者をクローズアップする。

宗教者としては、病棟に常駐している〝常勤ビハーラ僧〟である筆者（**図1**）と、病棟と連携を保持してきたボ

図1　ビハーラ僧の服装（筆者）

ランティア組織である「仏教者ビハーラの会（一九八七年一月発足）［会員数七五名（二〇一五年三月末時点）］」の会員（様々な宗派に属する地元仏教僧侶の有志であるボランティアビハーラ僧）の活動を取り上げる。臨床現場での経験が本稿の大半を占めてしまうため、〈宗教〉と大風呂敷を広げておきながら、仏教に偏向していることは否定できない。ただ、これは何も机上の空論ではなく、現実に具体的な形で仏教という〈宗教〉が機能し、それが二〇年以上もの間継続している実際の臨床現場であることは了解いただきたい。さらに、仏教だけが全てであるという排他的な形で展開しているわけではなく、後述する「ビハーラの三つの理念」（**表1**）にも掲げられているように、いかなる信仰をも尊重するというスタイルは崩されていない。実際には、仏教者である筆者がキリスト教を信仰している患者と関わることは、宗教的な核心部分を除いて、別段不自然なことではない。簡単な表現を用いると、「仏教者とキリスト教者」という構図だけではなく、「病院職員と患者」あるいは「人と人」という構図が、そこには成立するからである。

二　長岡西病院ビハーラ病棟

新潟県中越地区に位置する中規模私立病院（病床数：二四〇床）である長岡西病院の五階にビハーラ病棟はある。

表1　ビハーラの三つの理念

理念1	限りある生命の、その限りの短さを知らされた人が、静かに自身を見つめ、また見守られる場である。
理念2	利用者本人の願いを軸に看取りと医療が行われる場である。そのために十分な医療行為が可能な医療機関に直結している必要がある。
理念3	願われた生命の尊さに気づかされた人が集う、仏教を基礎とした小さな共同体である（ただし利用者本人やそのご家族がいかなる信仰をもたれていても自由である）。

一九九二年、「ビハーラの三つの理念」を掲げ、長岡西病院開設と同時に開棟され（現在の病棟の病床数は、開設当初の二二床から増床し三二床である）、翌一九九三年、全国第九番目の緩和ケア病棟として認可を受ける。ビハーラ病棟の基本姿勢は、一宗一派に偏らない超宗派の活動であり、特定の宗派の布教活動ではなく、ビハーラに関心をもった人が一人でも参加できるものである。そもそも、ビハーラとは、古代インドにおいて仏教経典の記録などに使用されたサンスクリット語で、「休養の場所、気晴らしをすること、僧院または寺院」の意味がある。一九八五年にビハーラを提唱した田宮仁氏の著書『「ビハーラ」の提唱と展開』に、ビハーラの捉え方、提唱に至るまでの経緯が詳述されているので、参照されたい。

ビハーラ病棟の日常は、外出したり、お茶会が催されたり、セラピー犬が来棟したりし、一般的な年中行事が実施され、それとともに、仏教行事（涅槃会・彼岸会・花祭り・盂蘭盆会・成道会・法話会）や遺族会が執り行われる。そこは、自宅と病院の中間的役割を担う場（例えるなら、自宅で過ごしているような環境に、適時、医療・看護・介護・福祉などが介入できる設備が付属されたような感じ）として考えられている。そのような視点から見れば、それぞれの家庭に仏壇や仏間があるのが自然（あるいは当然）であるとするなら、宗教的空間として位置づけている仏堂が病棟内にあることも特に不自然ではないかもしれない。現在の住宅事情を考慮すれば、仏間や仏壇がある部屋で就寝している家族がいても不思議ではないし、特段忌避されることもないぐらい生活の場に溶け込んでいるはずである。それが病院内あるいは病棟内にそのスペースがあるというだけで、その状況は一変する。医療施設は、回復あるいは再生を願ったり、状態が良好になったりと、漠然としたプラスのイメージを持ち合わせている。あまりにも抵抗を感じられるのは、それに反して、恐らくいかに一般の人々が仏教やそれに関連する種々の事柄と死とを直結させ、マイナスイメージを付与させる傾向が強いかということを指し示すからであろう。医療現場に対する一般的認識とは、そういう〝病院〟なのである。近年では、およそ八〇パーセントの人々が病院で最期を迎えるという現状があるものの、自分はそんなことはないと言わんばかりに、自分自身や身内が終末期であるという現実をなかなか病院という場で受け止めることができないケースが散見される。病院に行ったのだから助かるだろうと、安直に病院であったりターミナルケア施設であったりに対して、プラスイメージだけしかもたない傾向がある。そのイメージに反して、ビハーラ病棟はほとんどの患者が死亡退院している。だが、決して最期を迎えるためだけの場所ではなく、その人がもって生まれた寿命がある限り、精一杯いのちを輝かせて生きていく場所である。だからこそ、年中行事をはじめとする様々なイベントを催し、それぞれの利用者にとって、生涯最後のイベントになる可能性が高いその一瞬一瞬を貴重なものとして捉えていく必要性が生じるのである。

三　「仏堂」という宗教的空間

縦横およそ五メートル×七・五メートル、天井が吹き抜けになっている空間が、ビハーラ病棟のほぼ真ん中に占められている。それが「仏堂」であるが、一般的な病院というイメージにはとても描かれないような希有な空間である。入院した患者や家族が必ず決まった時間に参加せねばならないという行事はなく、多岐にわたる生活の援助もそうであるように、仏堂の利用もそれぞれに委ねられているのが現状である。そのため、仏堂を利用するその対象となるべき人は全てではないが、それでも夜間帯であっても扉は施錠されていないので、昼夜を問わず、利用者がお参りをしたり考え事をしたりすることに活用したり、死亡退院後に遺族が手を合わせるために病棟に来たりする。

特に地域性があるかもしれないが、今の高齢世代が神仏に対し畏敬の念を抱く傾向は強く、ハードとしての宗教的空間があれば、その独特の雰囲気の中で自らが手を合わせることにより、自分の心に安らぎを与えることができる。それを利用するかどうかは個々の選択に委ねられるが、その空間すら存在しなければ、ニーズすら表面化してこないということになろう。筆者も感じたことではあるが、病棟の中に仏教僧侶が常駐する際に、自らの仏教者としてのアイデンティティを継続させるためには、この仏堂という独特の雰囲気を作り出す空間が大変重要になるのである。常勤ビハーラ僧だけではなく、ボランティアビハーラ僧もまた仏教者そのもので〝在る〟ことができるわけである。

「この場所の雰囲気で気分が落ち着く」という利用者の声を聴くことがよくあるが、その空間には、言葉では言い表せない救いや癒しが漂い、そして時にはそこは生死について意識する場ではないかと推察する。科学的要素が強く求められる医療現場の中に、非科学的要素を注入する空間になり、だからこそ、そこでいのちの尊さに気づいたり、拠り所になったりすることになる。ビハーラ病棟の特徴である仏教的雰囲気が醸し出している要素は〝仏教〟だけではなく、田宮仁氏が「ビハーラ（もしくは仏教的ターミナルケア）には、救いがなくてはならない」と述べているように、癒しとともに救いが存在する雰囲気なのである。仏堂に安置されているご本尊・釈迦菩薩像（**図2**、一六四センチメートル。一七世紀に現在のミャンマー連邦で作製されたと言われている木製の仏像）は、悟りをひらかれ

図２　仏堂における勤行風景

る前の苦行中のお姿（様々な悩みや葛藤を抱いている利用者と重なる）をされ、仏堂に訪れる全ての人を見守ってくださる。その姿はまるで、仏が衆生を救いとって捨てないことを意味する〝摂取不捨（摂取して捨て給わず）〟であり、「決して見捨てない存在がそこに在る」という安らぎを感じることができる。

　仏堂において、病院を利用する患者や家族、あるいは病棟（病院）スタッフだけではなく、実は死亡退院した患者の家族である遺族にとってみても大切な空間となることを遺族調査から知ることができた。具体的には他稿に譲るが、遺族が遺族会などの定期的な機会ではなく、個別に仏堂を活用している実態を把握し、そこに含まれる宗教的意義を考察した研究概要を紹介する。ちなみに、ビハーラ病棟において、遺族会は年に二回実施され、遺族の会（「ビハーラ野菊の会」と称する）の有志が中心メンバーとなって主催する六月の会と、病棟が主催する秋期の会がある。どちらも、ボランティアビハーラ僧による読経と法話で構成された追悼法要が執り行われ、その後、茶話会という流れになる。中には追悼法要だけは必ず参加する遺族もいて、仏堂で執り行われる宗教的儀式を大切にしていることが窺えた。ある三年間における遺族来棟の実態を調査した結果、病棟に来た家族は、延べ二五五家族（来棟した家族が複数回の場合があるので、実質的には二一七家族）であった。年間死亡退院者数を概ね一三〇名と仮定すると、およそ半数強の家族が病棟に来た計算になる。患者の死亡退院から家族が来棟するまでの期間は、病棟に来た家族のおよそ四割（四〇・四パーセント）が七日後までであった。三日後までに来た家族（九・八パーセント）の多くは、無事に葬儀を終えた旨を話してくれた。それと関連して、四十九日法要や一周忌、三回忌の法事を終えたと報告する家族も少なからずいた。一カ月後の月命日、さらに一年後、二年後、三年後、と祥月命日に来る家族、あるいは患者が死亡退院した数年後、その患者の命日（あるいはその時期）に仏堂にてお参りする家族も確認できた。

一般的には、病院自体は、入院患者や家族をその対象として、退院すれば関係がほぼ断絶されることになる。それが上記の調査結果のように、ビハーラ病棟では、葬儀を無事に終えたことを報告するケースが少なからずあり、退院後も何か繋がりのようなものを感じることができた。故人を想起させるような場所やモノというものは、当然辛いものである。それなのに、わざわざ家族の〝死亡場所〟に立ち寄るというのは、そこに何らかの意味が隠されているのではないかと推定することができる。仏堂を介して、病棟スタッフや病棟という場と繋がりをもつことができるというのは、家族を亡くした遺された者にとっては、非常に心強く、孤独感が広がっていくことを和らげる効果があるかもしれない。実際の家族の立場になってみれば、入院していた患者の退院以降は、その病棟に対してよそよそしく感じることになるのではないか。その中で、仏堂にお参りに来ようとする家族は、そこに何らかの〝繋がり〟であったり〝意味〟を見出したりしているのではないだろうか。すなわち、病院内にあってもそこは、ある種開放された、機会を見つけて立ち寄ることができる場となっているのかもしれないし、それはそれぞれの地域の寺院が持ち合わせている機能ではないかと省察する。

そのことによって、〝救われた〟と感じることができる利用者が一人でもいれば、それこそが仏教の真髄となり得るであろう。心が満たされる度合いは、恐らく人それぞれの価値観に左右されるところがあるが、そこに深い関係性がある「人」の存在を介在させることによって、心が満たされる空間になり得ると言えるかもしれない。「草葉の陰から見守る」という表現があるように、故人の誰かがこちらを見守ってくれている感覚をもつことは、まさに日本人の死生観というべき感覚である。そういう意味では、仏堂もまた、故人という「人」が関わり、遺族にとって生と死という区別をなくした意味付けがなされる空間となるのではないか。そのことは四十九日や命日などの節目に（恐らく意識して）来棟する家族が少なからず確認できたことからも窺い知ることができる。仏堂にお参りするということは、人によっては、そこに故人との対話を求めるという重要な宗教的意味付けがなされたからではないかと考える。

まとめると、病院という〝既知の枠〟にとらわれず、病院内の施設である仏堂が単に内部と外部が明確に区切られる物理的空間として存在するだけではなく、そこに生と死が錯綜しながら人の関わりが生じることによって宗教的意味が付加され、コミュニティの中の〝ふらっと〟立ち寄ることができる、心が満たされる空間となるものと考えている。

四　病棟でのビハーラ僧の実践

常勤ビハーラ僧の動きを中心にして概観すると、まず、患者が入院前にその審査を兼ねて実施される入院相談で紹介されるところから始まる。患者本人が同席することは僅少であり、ほとんどのケースで家族が相談に来るため、その家族を通して仏教僧侶が病棟においてチームの一員として関わっていることが伝えられる。多くの場合、基本情報として病棟の様子を聞いたことがあっても、実際に病棟へ来ると、時間をかけてその雰囲気に慣れようとしている感じを受ける。それほど、病棟なり仏教者なりが独特の雰囲気を醸し出しているのだと改めて痛感させられる。

さらに、日本の宗教事情を反映するように、多くの家族が自分自身の家の宗教に対してそんなに情報をもっていなかったり、信仰についてもそれほど熱心ではなく人並み程度と話す場合が多かったりする。

もちろん、全ての利用者に仏教者が受け入れられるわけではない。そこには、宗教上あるいは信仰上の理由が存在する場合（仏教的な背景をもっている病棟にもかかわらず、キリスト教や新宗教に対して篤信的な利用者も少なからずいる）もあれば、いまだ告知もされないで回復を願う患者本人に仏教者の姿を見せることで、希望を奪ってしまうことに繋がるのではないかと家族側が危惧する場合もある。当然、それも保障されるべきであり、利用者の意思決定に委ねるスタンスをもっている以上、宗教的な関わりはおろか、病室に入ることを控える場合もある。そういった状況が不明瞭な場合は、模索しながらアプローチすることもある。ファーストコンタクトは実に様々で、単独で病室に訪ねる場合、ドクター回診に同行し病室に訪ねる場合、廊下やキッチン、談話室でお会いする場合など、その患者に応じた形で関わりがスタートすることになる。

僧籍をもつことを一応の条件とされているビハーラ僧は、病院職員とはいえ、資格的には専門的な関わりはほとんどできないため、日常的には、食事の配膳や外出の同行、あるいは病棟の環境整備など雑務中心の身の回りのお世話を通じて、関係性を構築している。適時ふらふらと訪室を重ね、関係性を深めつつ、患者（あるいは家族）との会話（主に聴き手）を繰り返しながら関わりをもっている。何気ない身の回りのお世話が実は重要で、それがあるため、関係性を深めやすいことを、現場での実践を通して強く学ぶことになった。よほどの拒否がない限り、すべての患者や家族に対して、関わりをもつようにしている。患者や家族からの訴えが確認されてから病室を訪ねるわけではないため、立場が違うだけで他の専門職と同様のスタンスをとることが多い（他のスタッフから仏教者の来訪を望んでいるという要求を聞いて関わる場合も、もちろんある）。

宗教的行為としては、朝の時間帯（午前八時三〇分から）と夕方の時間帯（午後四時から）それぞれ一五分間、仏堂で勤行を執り行う（**図2**）。基本的には、読経と法話というスタイルではあるが、ボランティアビハーラ僧の中には、所属宗派内で歌われる歌を歌う仏教者もいたりする。お勤めするお経は、浄土真宗に所属する仏教僧侶は「三帰依文」と「讃仏のうた（『仏説無量寿経』というお経の上巻に記された偈文〈詩文〉）」、曹洞宗と真言宗の仏教僧侶は「三帰依文」と「般若心経」である。協力いただく仏教僧侶がこの二つのどちらかのお経を唱えるため、仏堂にはその二種類を準備している（どちらの場合でも「ビハーラでの勤行」と称する）。さらに、それら定型以外は、「総回向（あるいは普回向）」を唱えたり、「念仏」や「真言」、あるいは「略三宝」でまとめたりして、所属宗派それぞれのスタイルに準じる。法衣は、基本的には各自に任せているが、それぞれの檀信徒のお宅に月参りに行くスタイルである。

常勤ビハーラ僧は、**図1**のような開設当初からのオリジナルの紺の法衣に、所属宗派（筆者であれば、本宗）の袈裟（折五条）に蓮肉念珠を準備する。病棟行事等が予定されている場合は、作務衣や私服というスタイルで、臨機応変に対応している。

病棟スタッフは朝勤行のみ、場合によっては利用者に付き添って夕勤行にも参加する。患者や家族の願いを軸にするという理念が示すように、こちらのスタンスとしては、当然この病棟に入院したからといって、勤行への参加を強要しない。あくまでも、自分から参加してみようかなと意思表示があってからお誘いする形になる。病棟サイドとしては可能な限りお手伝いができればと考えているので、参加意思が確認できれば、病室に迎えに行ったり、ベッドごとお連れしたりする。状態によりベッドを移動させるのも辛かったり、大勢の人が集まる場所を好まなかったりする場合は、部屋のテレビで一緒にお参りしてもらうようにしている（仏堂にはビデオカメラが設置してあり、その映像が各病室のテレビに生中継される)。病状であったり、個人の信念や宗教観(仏教に対する見方)であったりが要因となって、毎日の勤行に参加する利用者はある程度限られてくる。だが、参加した患者や家族からは、「自宅で唱えていたお経を唱えることができるので、有り難い」「仏教の話を聞くことによって、気分が落ち着く」という声をよく聴いたりする。夜間帯(この時間帯も施錠されないため、自由に出入りができる)を除き、仏堂の扉は開放しているため、朝夕の勤行の時間帯以外に、お参りに来る利用者もいる。勤行以外に、仏教行事(各宗派の仏教僧侶が数名集まって、ミニ法要のようなスタイルで執り行われる)を執り行ったり、患者や家族の要望があれば、一緒にそれぞれの所属宗派のお経を唱えたり、ペットの供養をしたりするなど、仏教的アプローチをとることもある。

ビハーラ病棟は死亡退院がほとんどであるため、退院される際は患者本人の意思ではなく、遺された家族が諸々の判断を下すことになる。その家族の要望に添う形で、仏堂にてお別れ会や焼香という、病棟での別れの儀式スタイルを執り行っている。この際、筆者は「ビハーラでの勤行」スタイルのお経を唱え、その後、本宗の「観経真身観文」と「光明文」に加えて、念仏を唱えることにしている。ボランティアビハーラ僧は、「ビハーラでの勤行」スタイルのお経を唱える方や、宗派独自のお経を唱える方がおり、厳密には規定されていない。お別れの際には、家族(子どもさん、あるいはお孫さんを含める)はもちろんのこと、医師や受け持ち看護師をはじめとするスタッフも参加する。家族の立場として、現実を受容する辛さは計り知ることができないが、一方で、「一つの区切りをつける意味で、お別れ会が役に立った」「本人とはもちろんのこと、病棟スタッフや病棟そのものとの別れをすることができた」という利用者の声を聴くことがある。また、できるだけ親身に可能な限りのお手伝いをするという病棟の性質上、その機会は深く関わった病棟スタッフ自身のお別れに伴う気持ちの整理にも寄与していると考えられる。

ボランティアビハーラ僧は、当然のことながら、自分自身の寺院の法務を主としているため、時間的な制約を受けながら病棟で利用者と関わりをもつ。特別な状況を除き、病棟の方から時間指定をして依頼するのが、一般的な病棟行事の協力（年中行事や日々のお茶サービスなど）と、仏教行事や法話会などの宗教的儀式の執行である。そして平時は朝勤行と、常勤ビハーラ僧が不在の際のお別れ会を執り行うことである。場合によっては、患者や家族と時間を共有（病室訪問や外出など）したり、利用者への様々な援助をしたり、病棟での環境整備もお願いする。特に、ほとんどのボランティアビハーラ僧が地元寺院の仏教僧侶であるため、利用者の菩提寺の住職であることも少なからずあり、その場合は信頼関係も深いことから、優先的に介入していただいたり、病室訪問の頻度が増加したりすることもある。そのタイミングで、檀家である患者が最期を迎えた後の葬儀や法事などの段取りについて話し合いがもたれることもよくある。その他、特定宗派に関する相談や宗派独自の宗教的ケアが求められる場合は、超宗派の特性を活かし、それぞれの宗派の仏教僧侶に依頼することもある。患者が檀信徒であるという関係性はやはり効果的であるため、大切にすべきである。というのは、やはり病棟に入院されてから関係性を構築するよりも、すでに長年培われた関係性の方がより緊密であると考えているからである。

このような関わりの前提となる病院に仏教的要素を取り入れることについて考えてみる。現状では、仏教に対する見方は非常にネガティブであり（例えば、縁起が悪い、死を連想させる、不吉な存在である、などのイメージを形成されやすい）、医療分野への介入は一筋縄では行かないと言わざるを得ない。もちろん、長岡西病院も例外ではなく、開院当時は「長岡西病院は、死ぬための病院だ」とか「（ビハーラ病棟のある）五階に上がれば終わりだ」と言われたり、仏教僧侶が出入りすることに、「縁起が悪い」「不吉だ」と、ネガティブな印象をもたれたりしていたようである。それが現在は、病院に仏教者が出入りすることや病棟に仏教僧侶がいることとは、ごくごく自然なこととして見られるようになった。これは〈仏教〉という環境下において、利用者が何か能動的に宗教的行為を実践するように求められるというわけではなく、その人そのもので〈在る〉ことが保障され、それが仏教的要素を取り入れた環境であっても受け入れられるようになったからではないかと考えられる。ネガティブな事象に対する直接的な行為だけではなく、ビハーラの理念にもあるように〈見守り〉がなされる雰囲気作りとして、仏教が機能しているということになり、それこそがビハーラにおける仏教の有り様ではないかと思っている。

以上のように、社会的に作られたイメージだけで仏教（あるいは宗教）を判断してしまうと、ゆったりとした、柔らかい雰囲気の病棟に暗くて冷たいイメージを抱くことになってしまう。そのようなイメージからの脱却は、開設当初からの継続した関わりから生じる信頼関係であり、きちんと仏教に関する事項をお伝えする入院相談からの継続した関係性構築の積み重ねの結果にあるのではないだろうか。

五　ビハーラ僧という立ち位置

ビハーラ僧は、医療従事者としての資格を有していないにもかかわらず、仏教者ならではの視点に立って、利用者に関わることができる。当然、医療や看護に関する専門資格を有した他の専門職が各々の職務を全うしているために、チームの一員としてケアに関わることができるわけである。ただ、現在の緩和ケア病棟に同じようなスタンスで関わっている仏教僧侶は僅かであり、特に常駐している仏教僧侶となると、皆無に等しい。つまり、専門職として仏教者が関わることが理想であるとする見方をされても、具現化には様々な障壁があり難航しているのが現状である。患者や家族、あるいは他職種からのニーズがないと判断されてしまっている（厳密には、ニーズがあったとしても、患者や家族はそれを表面化できる雰囲気や環境ではないと言う方が適切かもしれない）のであれば、実現に向けての動きはさらに鈍くなるのではないかと思われる。

だが、先述のように、ビハーラ病棟の利用者の中には肯定的に捉える傾向もあり、一概に不要論を挙げる必要もない。また、他職種である病棟スタッフから、存在意義を含めて、概ね宗教者として肯定的な見方がなされているという報告もある。これは、長年の地道な活動と、看取りの場ということを考えた時に、科学的には証明することが難しい〝何とも言えない〟場の雰囲気（これが〝仏教者がいる風景〟あるいは〝病棟に仏教僧侶が溶け込んでいる〟となるのが望ましい）を作り出すには、仏教僧侶（あるいは仏教）が〝何となく在る〟ことが大切な要素であると病棟全体で認識されていることを示唆している。

現代の宗教事情を考慮するならば、利用者の宗教に対する見方も多様化され、その程度の差も激しい状況において、仏教を前面に押し出していくのではなく、個々のニーズを把握し、その要求に柔軟に対応していくこと（言い換えるならば、宗教を上手に〝加工〟し〝活用〟すること）が望まれる。先の調査報告の中で、ある病棟スタッフが「全く霊的メインでもあれだし、医療メインでもあれだし、そういう融合みたいなのがなされれば一番いいのかなと思います」と言うように、チームアプローチの視点でそれぞれが臨機応変に対応していく、言い換えるならば、ビハーラ僧の立ち位置は流動的な立場が最適ではないかと考えている。

要するに、中心となる患者や家族、つまり利用する側の意思を尊重していくことが優先されるわけで、そういう意味では、ビハーラ僧の役割とは、利用者側でその時々に応じて選択できるような環境の一助と表現できるかもしれない。ターミナルケアにおける患者や家族への関わりという文脈で、「その人らしさ」や「その人の立場に立って」、あるいはケースバイケースに対応するということが、しきりに文言として示されている。これを仏教的に解釈すると、お釈迦様がお弟子さんをはじめとする衆生に応じて法を説かれる際に、一人一人に応じた話し方を心がけておられた対機説法に重ねることができる。これが医療現場における仏教者（宗教者）の望ましいあり方として挙げられるかもしれない。筆者の経験では、ベストな関わりであったと事後評価することは、なかなか難しいという感覚をもっている。それ故、心がけるようになったのは、より良いというベター（とこちらが判断する）な関わりを積み重ねていくことで、それが結果的には利用者の高い満足度に繋がっているような感じを受ける。例えば、〝痛みが少し残るようにしてもらいたい。そのことで自分が生きているということを確認したいから〟と、ある男性患者から衝撃的な一言を頂いたことがある。感覚的に、痛みを軽減あるいは消失できれば、それが主役であるその患者にとってベストであると思ってしまいがちである。だが、それは脇役である〝それ以外の〟人たちが、あくまで当人が〝そう感じておられるのではないか〟と憶測したにすぎなかった。それ以来、自戒の念をこめて、先入観をもたずにベターを積み上げていく関わりをもつようにしている。

ただ、利用者側は利用者側で、身体的症状を含む医療的な側面については医師に、看護師や介護福祉士などにはケアや身の回りの相談事が多いなど、関わる人々をその職種ごとに見事に分別してニーズを表出している一面もある。仏教者には、現時点での生きる意味や人生の意味への問い、苦しみの意味、死後の世界観や神仏の存在を追究する死生観に関する事項、儀式や宗教行動などの宗教的側面など、スピリチュアルペイン（spiritual pain）と呼ばれる訴えを吐露する。医療の場で宗教を具現化した宗教的行為は、宗教的ケアに分類される関わりであるが、あくまで利用者にとっての選択肢の一つである。しかし、実際の臨床場面において、それが決して強制ではなく、選択ができるということが重要ではないかと思う。当然、宗教的行為の中には〝祈る〟という行為も含まれる。およそ一年であったが、筆者は東日本大震災の被災地の方々とご縁をもち、宗教者の特性ともいうべき〝祈ること〟が、独自に具えた機能としてまだまだ必要とされていることを感じることができた。その経験から改めて臨床現場で勤めるようになった今になって、やはり〝祈る〟ことしかできない事象に直面せねばならない我々は、その宗教的行為をどこかで頼りにせざるを得ないことをまた痛感している。

また、ビハーラ僧としての心構えの中で、筆者自身がその考えに共感し、できるだけ実践の中で取り入れるように心がけているものが、田宮仁氏が提唱した仏教者屑籠論である。それは、言葉の通りで、患者が吐き出す不安や恐怖、悩みなどを全て受け入れる〝クズカゴ〟のごとく、患者や家族の話を聴き、それにより利用者自身が自分の心の整理をしやすくなるように、お手伝いをすることである。そして、その対象者は患者や家族といった利用者だけではなく、死亡退院された患者の家族であったり、時には病棟スタッフであったりする。もともと、クズカゴは部屋の片隅にあるもので、部屋の真ん中に置かれることは少ない。我々も常日頃、クズカゴというものを必要とするわけではなく、ゴミが発生し、それを処理するために必要とするのである。同様に、田宮仁氏が仏教者に提案したのは、その宗教者としての存在を主張することなく、心のわだかまり、もやもや感、悩みに至るまで諸々の感情を吐き出してもらいやすい立場をとるということである。吐き出しても、それが吐き出された人に返ってこない保障がなされた中立的立場であることが必須である。ここで、特に都合が良いのは、クズカゴが必要時に自分の傍に来てくれることではないかと思う。それがビハーラ僧の立場であり役割であろうとも思われる。つまり、患者や家族が一番話を聴いてもらいたいというタイミングを見計らい、適時耳を傾けるということが望まれているのではないか。ただ、ここには当然のように、そのタイミングを捉える感覚もさることながら、そのタイミングを示してもらえるような信頼関係を築いておくことが求められる。信頼関係を築くためには、やはり一人の人間として同じ目線で向き合うように心がけることが必要となる。日常の関わりの中で、頻回に頂戴する言葉が「（どんな話でも）聴いてくださるだけで嬉しい」「いろいろな話ができるので、有り難い」である。一般的には、仏教者として関わる以上、仏教的あるいは宗教的な話題が優先して挙げられると思われがちだが、実際は誰かが傍にいてくれる、そして自分の話に耳を傾けてくれるというのが最も要求度が高いものではないかと感じる。もちろん、神仏にまつわる話から死後の世界や来世について、あるいは葬祭儀礼に関する事柄についてが、話題の中心になっていくこともある。

また、（意識的に働きかけるかどうかは別にして）「自分は僧侶ですよ」という声掛けや雰囲気を出すと、「お坊さんにこういうことをしてもらうのは失礼ですよ」「お坊さんに話を聴いていただくのに、まだまとまっていないので、少し整理してからお話しいたします」と、〝構えられる〟ことがよくあった。僅かな経験の中で感じられたのは、こういった反応が先に述べたタイミングを見誤ることに繋がる。すなわち、ビハーラ病棟を利用する人々は時間が限られているため、その時間は一時一時が貴重なものであり、その瞬間を逃すと、次の機会はもう巡ってこない可能性が高いのである。そのため、うまくタイミングを見計らわないと、そこで関わりが終わってしまうことになりかねない。ビハーラ僧としては、宗教者であり病棟スタッフである視点から、構えられてしまう宗教者としてのカラーを前面に出していくのではなく、〈宗教〉のエッセンスを雰囲気として出しながら「人と人」の関わりを重要視していくことが望まれる。関わり始めてから少し時間が経過した頃に、患者や家族からの「そう言えば、僧侶（お坊さん）だったんですね」という一言が出るような在り方が理想ではないかと考えている。

結局のところ、同じいのちを頂いた一人の人間として、人がもって生まれた寿命を全うすることができるように、ケアをするというよりも（どこかで仏教者としての雰囲気を醸しながら）寄り添うことしかできないのである。いくら篤信的であっても、いくら宗教や信仰に精通していても、いくら宗教者という専門家であっても、誰も死を迎えた経験がないわけである。関わる人、関わられる人を含めて、誰しもが思い通りにならない生老病死における四苦に直面し、そしてその時点で、その思い通りにならないことに対して、悩んだり苦しんだり、または悲しんだりすることになる。そうであるなら、同じ人としてしっかり向き合い、その思い通りにならないことに対して、何かストンと、それぞれ自身の中で納得ではないが、気づきをもたらすお手伝いをすることが求められるのではないだろうか。それが結果として、スピリチュアルケア（spiritual care）と呼ばれる関わりになるのではないかと考えている。それを支えてくれるのが長年受け継がれてきた〈宗教〉である。宗教者は、関わりに限界があることを痛感した際、神仏などの超越的存在を希求することができる。そこが精神科領域や心理学分野の専門職と棲み分けができるところなのである。長岡西病院ビハーラ病棟において、ビハーラ僧が精神科医や臨床心理士と連携しながら利用者との関わりをもつことができることは、そういった宗教者への一定の理解を暗に示していることになる。

六　ビハーラ僧がもつ五つの顔

誰かと関わりをもつ際に、〝何もしないでただそこに在る〟という時は大層重い雰囲気を感じる。そこには、〝あなたは何のためにそこに居るのだ？〟という無言の問いかけに応答せねばならないという強い気持ちが働いてしまう。実際、専門職は分業化が進んだ時代背景の中で、より専門化が際立つようになり、それが職業という社会的役割を付与される大きな要因になっている。家族や知人のように、ただ何もしないで傍に居るということは、専門職である以上、許されない雰囲気がそこにはある。だから、〝何かをしなければならない〟という無言のプレッシャーを感じるのである。残り少ない人生を過ごしている方々に、何もしないでただ傍に居て、その気配を感じてもらうように関わる難しさはそこにあるし、それしかできないことも知っておく必要がある。百点満点の関わりは挙げられないが、一生懸命にベストよりベターを積み重ねていくことが重要になる。

特に、医療現場に焦点化して論を進めてきたが、まさに科学技術を結集してサイエンスを重視していこうとする領域においても、アートを重視する要素を取り入れなければならない。それは究極的には人と人の交わりにすぎないからであり、決して人がパターン化されてはならない。筆者はそれを「デジタル的アプローチ」と「アナログ的アプローチ」と表現し、理路整然としたデジタル的な考えの方が当然わかりやすいものではあるけれども、人との関わりの中ではそんなにきちんと筋道をつけることもできない、つまりアナログ的な関わりがまさに良い塩梅を生み出すのではないかと考える。昨今の趨勢は、スピードが求められる上に、合理的な仕事運びをよしとする傾向が強いわけであるが、その中にあって、決して要領が良いわけではないかもしれないが、それでも例えるなら化学調味料で出汁をとるより昆布でじわじわと出汁をとるようなスタイルの方が、対人援助には良いのではないかと考えた。

結局のところ、ビハーラ僧としての経験を重ねていく中で、大きく五つの顔が存在し、それを場面に応じて使い分けることが望まれるのではないかという結論に至った。まずは、宗教者としてのアイデンティティを確立することができ、寺檀関係にある檀信徒との関わりをもつことができる、本宗に所属することで付加される〝宗派に属する顔〟である。さらに、仏教を背景にもつ病棟で位置づけられる〝仏教者としての顔〟、他職種と分類される〝宗教者としての顔〟、病院に勤務するという〝病棟スタッフとしての顔〟、その核心となる〝人としての顔〟である。どの顔もその場の雰囲気に合わなければ、適切なクズカゴとしては機能しないと考えている。

おわりに

本宗では、正依の経典よりも傍依の観経などがよく唱えられるのは、念仏の理論よりも実践面を強調するためであると言われている。都合良く解釈すると、本稿では、まさにその〝理論よりも実践〟に重きを置いて展開してきた。医療の中に宗教を滲ませるビハーラ僧という職種に焦点化し、患者や家族の立場に可能な限り近づけるように、宗教者として、その雰囲気を醸し出しながら向き合うことにより、〈宗教〉の実践をじわじわと広げることができると結論づけた。また、〈宗教〉の実践に不可欠な「場」として、病院内の施設でありながら宗教的特徴をもつ仏堂という空間を取り上げてきた。人智を超えたものに対峙する際、支えを求めようとするのは自然なことで、傍に寄り添う人もまた人間であるが故に、〝死〟というものを前にしては、たとえ宗教者であろうと、できることは限られてくる。そのため、宗教的空間に縋り、「場」の空気を感じることで、何か〝救われた〟あるいは何かを〝感じられた〟感覚をもつことができることを、我々は大切にしてきたし、これからも大切にしなければならない。

ビハーラ僧として立ち位置が定まらなかった入職後半年ぐらいが経過した頃、ある九〇代の女性患者から「仏さまにいい人を紹介してもらった」という言葉を頂戴することがあった。実は、今でも大事にしているぐらい当時の筆者にとっては支えになった言葉である。そういうふうに、筆者のような立場が見られるうちは、デジタル社会に完全に移行しなくても良いのかもしれない。

引用文献・参考文献

岸本英夫『宗教学』（大明堂、一九六一年）。

森田敬史「ビハーラ僧の実際」（『人間福祉学研究』第三巻第一号、二〇一〇年）、一九―三〇頁。

森田敬史「遺族による仏堂の活用実態とその宗教的意義」（『仏教看護・ビハーラ』第九号、二〇一四年）、七八―九二頁。

島薗進『現代宗教とスピリチュアリティ』（弘文堂、二〇一二年）。

新村出編『広辞苑』（第六版）（岩波書店、二〇〇八年）。

田宮仁『「ビハーラ」の提唱と展開』淑徳大学総合福祉学部研究叢書二五（学文社、二〇〇七年）。

礼拝対象のデジタル化の現状と未来

横田善教

はじめに

宗教は「情報・知識の時代」にいかに対処していくことが重要なのか。アナログを基本に据えてきた多くの伝統的宗教にとっては、デジタルな情報機器を媒体とした情報化社会は一見正反対の存在に見えるが、デジタルかアナログかの違いで情報そのものは同じである。新しい宗教団体がネット教化を重視するのに対し、伝統的な宗教者の中にはデジタルに対するアレルギーがあるケースも多く、発信という情報伝達の可能性を自ら制限している。要因はアナログな心の問題をデジタル化すべきでないという短絡的発想と、情報の悪用や漏洩などＩＴ化のもたらす脅威に対処すべきスキルを有しないことへの不安と考えられる。

前者はアナログとデジタルというカテゴリーで判断されているが、両者の持つ優位性や関係性というレベルのものでなく、アナログとして扱ってきたものをインターネット環境で取り扱うことへの、無意味で刹那的な抵抗に過ぎない。それは情報化の中で宗教がどう扱われるのかが明確になることにより、一過性のものとして時間とともに自然解消されていくであろう。しかし、そのアナログとデジタルの根底にある問題は、宗教にとってけっして一過性のものではない。デジタル化の究極であるアナログ的デジタル、つまり完全数式化された人工知能を有したバーチャル教化という未知の世界が待ち構えている。一方、後者はスキルの向上が重要であるが、セキュリティーにある程度の投資をすればカバーできる。それより重要なのは一度社会に送り出した情報は、けっして手元にすべてを回収できないという脅威のほうが深刻である。秘匿性の高い情報であっても守ることが困難な時代になりつつある。宗教にとって秘儀的部分は最重要情報であり、それをいかに守るのか、あるいは秘匿性を排除していくのかを問われる時代がやって来る。今回はこの二点の内、前者の問題について見ていきたい。

一　デジタル化された礼拝対象

私はある仏教系大学で「寺院情報処理」の講座を担当し、その講義中、学生に対して以下のような意識変動調査を数期にわたり行った。いずれも受講者（被験者）は、僧侶を目指す学生である。

まず、プロジェクターによって映し出された阿弥陀仏像に向かい念仏をする信者たちの写真を見せ、「この念仏の会は有効ですか？」と質問したところ、毎回ほとんどの学生は「はい」と答えた。では、「このプロジェクターの電源を切れば、阿弥陀仏像は瞬時に消えますが、それでも有効ですか？」と尋ねたところ、肯定的な意見は全体の三分の一を下回ることがほとんどで、時には二割にも満たない場合もあった。

続いて、「檀信徒が大勢参加した集いで、花・蠟燭・線香などをお供えし、開眼作法をしていない祖師像の掛け軸に向かい読経しましたが、これは有効ですか？」と質問したところ、多くの学生が判断に困り、立場を明確にしない者が大半を占めた。

この実験調査で問題となる点を、以下の三点にしぼってみた。

・実際の信仰修行場面と教室内での判断の相違はどこにあるのか

・視覚化された像が礼拝対象になるラインはどこに存在するのか

・対象がデジタルとアナログで、なぜ温度差が生じるのか

たとえば、質問の順を逆にしたならばどうであろう。掛け軸の質問は、あまり抵抗なく立場を明確にする。この質問だけなら、開眼を絶対的な区切りとみる者は「いいえ」であろうし、たとえ開眼されていなくても、祖師像に違いはないと考える者は「はい」と答えるであろう。「像を開眼の有無でどう捉えるのか？」という比較的単純な質問になる。この場合、態度を保留することは極めて少ない。たとえ掛け軸の質問に続けてプロジェクターの質問をしても、プロジェクターは特殊な例で終わってしまう。質問の順を変えるだけで答えに変化があり、視覚化された像（礼拝対象）に対する被験者の判断が、いかにあやふやなものであるかということが分かる。

では、質問の順を変更するだけで、なぜ判断が異なってしまうのか。当然そこには、一番目の質問が、二番目の質問に影響を与える度合いが大きく関わっていることは言うまでもない。最初のケースの場合、被験者には次のような思考が働いていると考えられる。

1、プロジェクターで映し出された阿弥陀仏像を拝む信者の写真を見て、その姿に共感をおぼえ、肯定的に判断がなされる。

2、しかし、プロジェクターの電源が切られて瞬時に消えた阿弥陀仏像に対し、まったく実体のないデジタル化された対象で信仰的には不適格なものとして、否定的判断へと一気に傾く。

3、その状態で掛け軸の質問をされたなら、たとえ実体があっても、それ自身が宗教的に認められたものでないと、礼拝対象としては不適格なのではないかと判断に迷う。「開眼されていなくても有効」と普段考えている者も、プロジェクターの阿弥陀仏と掛け軸の祖師が同一化されてしまい、判断が困難になる。

一方、実際にプロジェクターで映し出された阿弥陀仏を実際に拝んだ信者たちは、このような開眼されていない像を拝むことに対し、ほとんど違和感を持たない。たとえプロジェクターの電源が切られても、まったくと言っていいほど何の抵抗もなくその状況を受け入れる。しかも、信者が在家の一般人ではなく、出家者であっても同じ結果となった。それは、デジタル化された仏像を「一時的な礼拝対象」として納得した上で拝んでいる部分もあるが、念仏するという行為（行）が重要で、眼前にある礼拝対象の有無に関わることではないという宗教的価値観が底辺にある。とは言え、デジタル化された仏像は価値のないものどころか、神聖なものを軽んじる不遜なものに思われてもおかしくないが、実際にはそのようにならなかった。それどころか、なかには合掌して深々と礼拝する人までいた。たとえ仮の存在であっても、暗くした会場で画面いっぱいに大きく映し出された仏像は威厳があり、礼拝対象になり得たのである。教室での被験者が否定的なのに対し、現場での信仰者が肯定的な態度を示すのは、被験者が否定的な意見を暗に摺り込まれた上で状況を頭で考え、逆に信仰者は何の先入観もなく礼拝対象に信心で行動した差の表れと考えられる。もし被験者が現場で同じ状況になったなら、ほとんど違和感なくこの信仰形態を受け入れたであろう。

開眼というものが像に魂を吹き込むものとして宗教的には重要であるが、だからと言って開眼されたものだけが絶対的価値を有する存在でないことは確かである。開眼という宗教上公に約束された手続きは、存在に対し、崇拝される対象とそれ以外の対象の間に境界線を引くが、それが礼拝対象の絶対的な区分でないことはこれらの事例でも明白である。太陽や山、滝、木など自然界に存在するものが信仰対象の場合、それ自体が本体である以上、当然のことながら開眼など行わない。開眼を行うのは、通常本体を直接感知できない場合、それを模した造形物に対し実施されるものである。つまり開眼を施すものは、相対的価値を有する存在に過ぎず、開眼の有無が、視覚化された礼拝対象の正否に必ずしも結び付かない。それぞれの立場が違えば許容範囲も変化する以上、「視覚化された像が礼拝対象になるライン」はファジーなものと言わざるを得ない。掛け軸の場合のように、開眼の有無を知らされていない者にとって、その像が開眼されていなくても、線香や花を捧げてあたかも開眼されたかのように扱われた場合、礼拝の対象となるのは至極自然の流れである。一方、プロジェクターによる礼拝対象は、通常開眼など行われていないことは少し考えれば誰でも分かることで、礼拝する対象としては不適格なものと知っていながら礼拝対象になった。開眼の有無ではなく、拝むものが礼拝の対象として選択すれば、それが礼拝対象になる。その場合、線香や花、あるいは暗い部屋で大きく映し出されることによる尊厳性の演出など、とりまく環境が整えば礼拝対象となる可能性が自然と高くなる。つまり、環境が礼拝対象を成立させる重要な要因と考えられる。(1) 逆に言えば、開眼が必ずしも礼拝対象を成立させるための絶対的要因でないのならば、非物質のバーチャルなものも礼拝対象として資格を有することが可能になる。

しかし、ここで重要な点がもう一つある。被験者が見る順番、すなわち先にプロジェクターを見た場合、掛け軸まで否定的な意見になる結果を生み出した。開眼されていない掛け軸像が、万人の前で瞬時に現れ瞬時に跡形もなく消え去るプロジェクターの仏像と重なってしまったために引き起こされた現象である。単に見えなくなるのではなく、完全にしかも簡単に出没するその非物質性と希薄性が、開眼されていない宗教的無効性とリンクされ、被験者に否定的意見の摺り込みを行ったと考えられる。この「完全にしかも簡単に出没するその非物質性と希薄性」こそデジタルの問題である。これまでの礼拝対象は見えるか・見えないかのいずれかであった。見える代表が仏像であり、一般人が見えないものには、禅定などの修行上において現前する仏身などがある。その両面を兼ね備えたようなものに、菩提樹や仏塔、法輪など仏陀を象徴する礼拝対象として、仏像が作られる以前から崇められていたものがある。なかでも仏足石は、石やそこに刻まれた転法輪そのものは見えるが、その上に存在するであろう仏身は、像想観のような宗教的イマジネーションでしか可視化できない。これらのパターンとは異なり、プロジェクターで映し出された礼拝対象は、そこに今までなかったものが行法などを伴うことなく、誰の前にでも瞬時に出没する新しい範疇を作り出した。しかも仏教や仏像の知識がなくても、環境さえ整えれば誰でも比較的簡単に出没させることが可能である。宗教の礼拝対象としては、あまりにも簡易で尊厳性に欠ける要素を有している。しかも、非物質のため開眼もできない対象である。デジタルな仏像はこのようにして、礼拝対象として不適格なものとして被験者に否定的発想を導いた。

それにもかかわらず、現場では開眼された仏像と同じ礼拝対象になり得たのである。ではデジタル化された礼拝対象が、人々に抵抗なく受け入れられているかといえばけっしてそうではない。デジタル化はその創作と消去の安易性が、いかにも使い捨て感覚で否定されることが多い。顕著な例が、ホームページ上でのバーチャル参拝である。お遊び感覚的なものも多いが、なかには真剣な信仰場所として設定されている場合もあるものの、スタンダードにはなっていない。礼拝対象のデジタル化が、いまだに市民権を得ていないのはなぜであろうか？

二　バーチャル参拝は有効か

そこで再び、先ほどの教室で行われた二つ目の意識変動調査を紹介したい。いくつかの神社がホームページ上でバーチャル参拝(2)ができるようにしたが、このようなバーチャル参拝は宗教として認められる参拝か否かについて質問をした。こちらの予想通り、毎回八割以上の学生が「認められない」意思を示した。そこで次に、これらの神社の中にはこのバーチャル参拝が話題になり、実際にこの神社へ参拝しようとリアルな参拝者が増えたことを説明し、再度有効性を問うたところ、賛否の割合が逆転し「認める」が半数以上を占めた。なかには最初「認めない」意思を表明した学生の一、二割程度は考え込んでしまい、挙手を棄権した。宗教者を目指す学生たちの意識はなぜ変化したのか?

単純に解釈して、たとえバーチャルであろうが、リアルな教化に有効ならば方便として受け入れたと考えられる。学生は、プロジェクターの意識調査の通り、開眼もされていないクリック一つで簡単に出没する礼拝対象などあり得ないと考え、リアルな教化こそ教化の絶対的方法であると確信している面がある。同じ学生にアンケートで「寺院にパソコンは必要ですか?」(記述形式)と質問したところ、全面的に取り入れるべきだという積極派も少数いたが、多かったのは「実務は活用すれば良いが、教化に使うのは反対」という意見である。理由は「教化は信者と対面で行うべきだ」「心の問題をデジタルで解決すべきでない」「お寺の雰囲気にあわない」などで、大方は旧来のお寺像をイメージして判断していた。寺院は情報化・デジタル化の潮流の中でもっとも保守的で、潮流に流されない最後の砦のような存在であることが重要であると考えている。それは学生自身だけではなく、信者もそれを望んでいることを感じ取っての意見であろう。心の問題は現実に相手に寄り添って考えていかなければならない、お寺はそういう場所であるから、無味乾燥なデジタル化は嫌われ、潤いのあるリアルさが求められていると捉えている。簡単に言えば、デジタルは「お寺らしくない」のである。これら両方の判断が働き、バーチャル参拝は有効でないと判断したと考えられる。

しかし、ここには教化に対する認識の弱さと、伝統の固定化という非発展性の問題がある。まず、教化というものが不特定の対象を想定した場合もあることを判断の材料から除外している。信者を増やすためには、不特定多数に教化することが重要で、その情報の発信媒体としてのネット環境の利便性が軽視されている。同時に、「お寺らしい」というお寺らしさの定義を一切行わず、これまでのお寺の風景や在り方が「お寺らしい」と決めつけて固定化している。たしかに「らしさ」の表現は重要である。たとえば、新聞広告の折り込みチラシは、スーパーマーケットは安さや新鮮さなどを表現したスーパーマーケットらしい紙面であるし、結婚式場のチラシは優雅さや豪華さ、高貴性を強調した結婚式場にふさわしい「らしさ」をそなえた内容・レイアウトになっている。これが逆になれば売れるものも売れない。人は間違いなく「らしさ」を重視する。しかし、ここでいう「お寺らしさ」のお寺とは何なのか原点に戻って考えてみると、伝統というものが過去の遺産の単なる伝承ではなく、その時代に応じて変化していくものであることが自ずと導き出されてくる。ただ静寂さだけを追い求めるのではなく、開かれた寺院像の中にこそ真の「お寺らしさ」が展開されるはずである。

三　宗教のＩＴ化は必要か

そのような問題を包含しつつも、バーチャル教化に否定的な学生たちは、リアルな教化に有効であると知らされた途端に態度を豹変させる。良い結果が得られるのであるならば、否定的なものも受容する結果主義的な態度を示す。では、バーチャル教化がいとも簡単に受容されてしまったのはなぜか？　宗教者を目指す学生は一般人と違い、まず教化というものを最大の判断基準として位置付けることが多い。そして、その教化をもっとも有効的に行うには、「お寺らしさ」という環境が必須条件と考えていた。そのお寺らしさの中では、これまでの常識としてリアルなものだけが礼拝の対象物であるべきと決めつけていたのである。しかし、バーチャル教化の有効性を認識するや、教化を判断基準としているので、有効な教化であるバーチャル教化を受け入れざるを得なくなった。教室内で考え込んで挙手できなかった学生は、この急激な価値観の変化に戸惑っていたのである。

では、宗教者を目指す学生ではなく、一般人はどう捉えているのであろうか。これはバーチャルな対象への参拝ではないが、それに通じるものと考えられる事例を紹介したい。東京都内で、電子マネーで賽銭が奉納できるようになったというので話題を呼んだ神社がある。賽銭箱の横に電子マネーの読み取り機が設置されており、金額を入力した後、電子マネーカードを読み取り機にかざすと「チャリーン　コトン　コトン」とあたかも小銭が賽銭箱へ入れられたような音がしてカードから電子マネーが引き落とされ奉納できる仕組みで、電子マネー会社からの提案で、試験的に導入されたものである。利用者はまだ少数とのことであるが、Twitter で紹介されたのをきっかけに、ブログニュースやポータルサイト系のニュース欄で取り上げられ話題になった。この記事に対するコメントも多く寄せられ、人々の関心度の高さが窺えたが、そのコメントのほとんどは否定的なもので、全面的に賛意を表するものは数える程度しかなかった。「ご利益があるのか?」「情緒がない」「日本文化の否定」「儲け主義だ」「おみくじやお守りの支払いはかまわないが、宗教儀礼であるお賽銭はダメ」「電子マネー会社は賽銭からも手数料を徴収するのか」などの反対意見に対し、「賽銭泥棒対策や小銭の勘定の省略化ができる」「今は目新しいので受け入れられないかもしれないが、将来は当たり前の光景かも」「賽銭が作物→金銭→電子マネーと進化しただけ」（コメントはいずれも筆者が要約）などの賛成・擁護意見もあった。各コメントに意見を述べる紙枚もないので割愛するが、反対意見は先述のバーチャル教化と同じで、その有効性や「らしさ」を問題にしている傾向がある。日々進化するIT社会をどんどん受け入れる半面、それを受け入れてはいけない領域を独断的に設け、そこにIT化が及べば批判の矛先を向ける。日々の生活でIT化を受け入れることにより、バーチャルな信仰を受け入れる土壌を培いながら、一方で、とくに伝統的宗教は旧来の形こそ意味があるとして否定的態度を示す。しかし、IT化が進むからこそ、IT化の及ばない世界を残して欲しいというコメントは皆無であった。ただ、旧態のリアルな形式が良いというのは、IT化であっても手当たり次第IT化することが最善とは捉えておらず、神仏の前では人間らしくいたいという気持ちの表れで、否定されるものではない。IT化の潮流に翻弄されて人間性を見失うことに対する一種のアンカーとしての役目を宗教に期待している面もあろう。逆に賛同者たちは、この流れをIT化時代の潮流に即していると捉え、反対意見が多いのはその潮流の最初期であるからとする。彼らはIT化の必然性を肯定するものの、宗教界がIT化すべきことが喜ばしいとまでは評さない。「必然であるのだから素直に受け入れよう」的な感覚である。賛否両論のコメントであるが、いずれも宗教のIT化は、とくに積極的に行う必要がないと捉えている。

宗教者を目指す学生と一般人の例を見たが、底辺では共通している。宗教のIT化やデジタル化は、現時点ではけっして積極的に推進されるべきものではなく、IT化の潮流の最末尾を追いかけて行くぐらいがちょうどよい程度の感覚であろう。しかし、潮流の末尾であれ、潮流に巻き込まれていることには相違ない。

四　デジタル化による信仰の未来

それではデジタル化された礼拝対象は、仏像代わりの単なる一時品なのであろうか。私たちが現在目にするデジタル化された礼拝対象は未熟なもので、何も語らない単なる写真や映像に過ぎない。しかし、この対象が釈尊と同等の高度な人工知能を有するものとなった場合、それはこれまでの礼拝対象を大きく覆すものになる。開眼の有無とは別の次元と言うより、それを超越したレベルでの礼拝対象の出現となる。僧侶の教化能力をも卓越したバーチャル釈尊の出現も、将来においてけっしてないことではない。端末のタッチやクリック一つで現れるバーチャル釈尊。気軽な相談相手にもなる釈尊が登場すれば、僧侶はその資質が今以上に問われる。ただし、これが実現化されるまでには、まだ相当時間がかかる。現在でもスマートフォンやタブレット端末などで簡単な会話は可能であるが、複雑な会話はもちろん、言葉の裏に潜む微妙な感情などを理解し、それに対し的確な導きを説く対機説法などは夢物語に近い。さらにヒューマノイド型の釈尊ロボットとなれば、ほとんどSFの世界と言えるであろう(3)。

しかしながら、そのようなバーチャル釈尊がもし実現した場合、私たちの信仰はどう変わるのであろうか？　可能性として、三通りの想定ができる。一つは、アイテム化したアプリケーションとして宗教色が薄れていく脱宗教の方向性。二つ目は、バーチャル釈尊が新たな教祖として、これまでの教団をベースにおいた宗教を否定する超宗教的な方向性。そして、三つ目はリアルな教団の宗教者が淘汰されて教団の質が向上し、今以上に宗教者が存在感を増す方向性である。

一つ目の方向性は、仏教をとても信者の身近な存在にする反面、その手軽さは単なる人生相談のアイテムとしても使われ、使用者が気に入らなければ、簡単にアイテムを消去できる。ここには「教」はあっても、「行」やそれに付随する環境、たとえば僧団や信者団体などは提供されないため、宗教としての祈りや礼拝、瞑想はもちろんのこと、信仰体験の他者とのリアルな共有なども欠如し理論だけが先行していく。宗教は倫理ではなく、どのような形であれ行を伴うのであるから、それが欠如すれば、当然それは脱宗教色を濃くすることになろう。

二つ目の方向性は、的確な対機説法のできない宗教者に代わって、バーチャル釈尊がその役割を果たすことにより、信仰の中心軸がそちらへと移動していくことで仏教界全体に変革をもたらす。逆に言えば、バーチャル釈尊のプログラムを恣意に変更したり、各教団が祖師を再現したバーチャル祖師を作ることで、自らの優位性を構築することも可能である。しかし、その完成度が高ければ高いほど、リアルな宗教者の地位は低くなる可能性が大きくなり、新たな礼拝対象の出現に教団が矛盾のスパイラルに陥る(4)。実体のないバーチャルな存在が仏教界を席巻し、リアルな教団を否定して次世代の宗教形態が構築されるまさに超宗教的な存在となり、バーチャル・ニューエイジ運動と呼ばれるようなムーブメントを創出するかもしれない。

三つ目の方向性は、バーチャルな礼拝対象を疑似対象としてその存在を認めつつも、あくまで疑似的なものとして、今以上にリアルな宗教者による教化を重視する。そこにはバーチャルには実現できないものが求められ、より高いレベルの教化力が必須となる。なぜなら、バーチャル釈尊実現の時代になると、今以上に散骨や直葬等の寺院や僧侶に依拠しない信仰形態が進んでいる可能性が高い。その場合、寺院や僧侶に求められるのは墓や葬儀などではなく、純粋な信仰そのものである。寺院や僧侶に依拠しないならば、それらよりも適切な導きがたぶん安価で得られるバーチャルにシフトされ得る。その中で、信者に寄り添って信頼を得ていくためには、教化のプロフェッショナルとして資質が問われてくる。寺院が存続するためには、信者と同じ人間としてのアイデンティティを有している僧侶（人間）としての優位性を最大限に活かし、血の通う教化を行うことが重要となる(5)。

おわりに

前章で述べた三つの想定は、同時に進行する可能性が十分予測できるが、いずれにしても仏教が二千数百年にわたって体験したことのない世界へと向かうことになる。ただ、ここで注意しなければならないのは、バーチャル釈尊ができても、はたして礼拝対象になり得るか、ということである。バーチャル釈尊は釈尊のクローンではない。人間が作り出したバーチャルな創造物そのものに対し、宗教的畏敬の念を持つことは現時点ではあり得ない。プロジェクターの阿弥陀仏も一時的な対象として受け入れられても、それが寺院の本尊である仏像に代わっていくことなど宗教者はもちろん信者も受容しないであろう[6]。それでも、バーチャルの礼拝対象が完全になればなるほど信仰の周辺でその存在感を増し、リアルな宗教者はその力が剝奪されていく傾向を示すことは十分想像できる。

では、宗教者はどうすれば良いのか。当たり前だが、バーチャルな宗教対象の存在に頼ることのない信仰を今から構築することが重要で、そのためには宗教者自身の質的向上が最優先課題になる。宗教者がしっかりと信者に寄り添っている限り、リアルな信仰形態はそう簡単に見捨てられることはない。幸か不幸か仏教は基本的に科学的な面を多々有するので、バーチャルというものに対し、意外かもしれないが寛大である。寛大であるがゆえに、それをも包含してしまう土壌が仏教の中に整っていることを認識しなければならない。その上で、信者への一方的な押しつけではないながらも整然とされた教義の提示と、それをベースにした両者の信頼関係の構築が重要で、信者に寄り添うことができない者は信者から宗教者失格の烙印を押され淘汰されていく世界が繰り広げられるであろう。

註

（1）開眼が無意味かというと、現実にはそうではない。デジタル化されたものと違い、リアルに存在するものはその物質性を社会的にどう扱うかが必然的に問題になる。そこで開眼の重要性が出てくる。開眼・撥遣（閉眼）のスイッチの切り替えにより、美術工芸品と礼拝対象の行き来が可能になる。多くの人の思いが詰まった礼拝対象の修繕や処分が、心おきなくできるメリットは大きい。開眼だけでなく撥遣というシステムの存在が、聖と俗との公的ラインとしての開眼の社会的地位を押し上げている。

（2）バーチャル参拝には、境内案内に重点をおいた仮想散歩的なものと、神仏そのものへの参拝を主にする二つのタイプがあるが、ここでの参拝は後者のタイプである。バーチャル参拝については、黒崎浩行「ヴァーチャル参拝のゆくえ」（国際宗教研究所編『現代宗教　２００８　――特集　メディアが生み出す神々――』秋山書店、二〇〇八年）参照。なお神社本庁は平成一八年七月に、「インターネットに関わる神社の尊厳性の護持について」という文章を包括する神社に対し通知し、バーチャル参拝などを健全な信仰を損なうものと位置付けた。

（3）バーチャル釈尊の実現には、様々な人工知能の問題を解決しなければならない。たとえば、人間は会話の中で自律的応答ができるが、その能力に劣る機械にどのように知能を付けさせるのか（吉村枝里子、芋野美紗子、土屋誠司、渡部広一「知的会話処理における連想応答手法」人工知能学会論文誌Vol.28〈２０１３〉№２参照　https://www.jstage.jst.go.jp/article/tjsai/28/2/28_100/_pdf）。また、会話の間合いや相手が複数の信者の場合、どのように応対するのかなど、ただ言葉や仏教教義の理解だけではなく、会話がしっかりとした雰囲気の整った説法をいかに実現できるのか（豊田薫、宮越喜浩、山西良典、加藤昇平「発話状態時間長に着目した対話雰囲気推定」人工知能学会論文誌Vol.27〈２０１２〉№２参照　https://www.jstage.jst.go.jp/article/tjsai/27/2/27_2_16/_pdf）、杉山貴昭、駒谷和範、佐藤理史「ヒューマノイドロボットが話しかけやすさを予測するモデルの構築」人工知能学会論文誌Vol.28〈２０１３〉№３参照　https://www.jstage.jst.go.jp/article/tjsai/28/3/28_255/_pdf）。これらは問題のほんの一部でしかない。我々の常識に仏教の常識をあてはめて考察し、その上で再度我々の常識に置き換える高度な人工知能を構築する中で、仏教理論の数式化という新たな分野が発達するであろう。その副産物として、仏教の科学性が証明され得る。なお、人工知能はプログラムだけでは限界があり、人工知能自身が学習する必要が重要と言われている（松原仁『鉄腕アトムは実現できるか？――ロボカップが切り拓く未来――』河出書房新社、一九九九年phase4-a, phase4-b参照）。この方式でバーチャル釈尊を養成するならば、どれぐらいの年月がかかるのであろう。

（4）人間は人間としてのアイデンティティを有しているはずで、人工知能はそのアイデンティティまで備えた完全な人間にはなれない。ましてや全能に近い知能を持てば持つほど、それは人間より遠ざかっていくことになる。ある一点までは好意的で近似的であった両者の関係は、その一点を過ぎると反比例するかのように離反していく。なぜなら、人間が求めているのはリアルな絶対神ではなく利便性だけなのであり、相手を支配下に置いておくことこそ利便性が追求できる（Isaac Asimov 著『I, Robot』〈一九五〇年〉に述べられた「ロボット工学三原則」の第二条）。利便性以上の人知を超えた知能は、人間がコントロールできない領域で、それを人は求めない。人工知能の開発は有意義なことであるが、進んだ現代医療が生命倫理に関する未知の領域の大きな問題を提議しているのと同様に、人間の将来を左右する問題となる。

（5）重要なのは、バーチャルであれリアルであれ、信者が何を基準にどれを選ぶのかである。しかしながら、これはたいへん難しい問題で、現代人の気質でそれを考えても、何らまったく意味を有しない。未来人の気質を予想しようとしても、バーチャル釈尊が現れる時期とその時代の様相が分からない限り不可能である。ただ言えるのは、今よりもバーチャルやデジタルに対し、アレルギー的な反応が著しく少なくなっていることは間違いない。現在よりは、よりバーチャルなものを受け入れやすい状況にあれば、リアルの重要性がより問われることとなる。まだ宗教界ではそのような事例は極めて限定的であると思われるが、他の業界ではすでにそのことは始まっている。たとえそれが人工知能の域に達していなくても、それまで人間が行っていた仕事をコンピュータが行うようになった事例など、少し周りを見渡せば山のようにある。コンピュータの進化によって職場を去って行った人がどれだけの数にのぼるであろうか。宗教界もけっして蚊帳の外とは言えない。

（6）キリスト教ではインターネットの活用についてフランシスコ・第二六六代ローマ教皇自身が「This is something truly good, a gift from God.」（"MESSAGE OF POPE FRANCIS FOR THE 48TH WORLD COMMUNICATIONS DAY; Communication at the Service of an Authentic Culture of Encounter" 1 June 2014）とメッセージ内で述べたようにたいへん積極的であるが、一方で神の創造物である人間を人工的に作ることは神への冒瀆という面も有する（松原仁前掲註〈3〉一六―一七頁）。しかし仏教の場合、全知全能の存在をおかないので、教義の面からも人工知能を否定する根拠はどこにも見当たらない。人工知能はあくまで人の行うことをプログラム化して用いる知能のことで、人を超える知能の存在を造り出すことではない。たとえ人を超える知能が存在しても、仏教はそれをも内包する教義を有する。バーチャル釈尊の登場は、極端な話、釈尊滅後、五六億七千万年後に出現する弥勒仏の出現を待たず、仏在世の時代を迎えることができるかもしれない。それでも反対が予想されるのは、人が作ったものに人が支配や指導されることへの反発だけでなく、人工知能が問題の解決を的確に素早く提示できても、個々の人生は味覚や視覚、聴覚など六感で感じ取り思考してきたもの（欲求や欲望を含む）の総体であるため、それらを含んだ感情のくみ取りや、そういうものを背景にした祈りの共有化など宗教としての大切な部分は、バーチャル釈尊に感情がないと実現されないと考えるからである。当然そこには、バーチャル釈尊自身に悟りが必要か否か、もし必要なら悟っているのか否かも問題となろう。

僧侶のあり方

——試論　浄土宗における——

伊藤真宏

はじめに

日本仏教において、「僧侶」という存在は、ややもすると批判の対象になる。もちろん、日本の仏教者全体への批判ではない。その向けられる批判は、主に飲酒肉食妻帯蓄髪に集約される破戒行為であろう。蓄髪に限って言えば浄土僧（浄土宗・真宗・融通念佛宗等）がその対象になろうが、飲酒肉食妻帯は、思い切って言ってしまえば、日本仏教の僧侶が普通に行うことであることは、誰も否定しないであろう。そのあり方に、ともすれば本来の釈尊の仏教のあり方を継承すると考えられる部派仏教圏からは、「仏教とは言えない、釈尊が泣いておられる」といった声が上がる。日本で、仏教者と自認する我々は、そういう批判について、釈尊仏教の思想や大乗仏教などを学べば学ぶほど、甘んじて受け入れざるを得ない。しかし、日本仏教には日本仏教の歴史があり、現在まで培われた伝統が厳然とある。仏教が大乗仏教へと変化し、中国、チベット、朝鮮半島へと広まったことを考えれば、地域と時代に合った仏教を実現した日本仏教も、当然、仏教なのであろう。今、日本仏教におけるあり方を確認し、日本仏教における僧侶のあり方とはどのようなものなのか熟考することは、それらの批判に応えることになり、また我々のあり方を反省し見直す良い機会となりうると考える。

筆者は、浄土宗鎮西派の僧籍にあり、一寺院の住職として歩んでいるが、昨今の日本仏教界への厳しい目に対して耐えてゆけるのか不安である。そこで愚考ではあるが、浄土宗僧侶がどのようにあるべきなのか、そのあり方を法然に求め、確認して、日本仏教の僧侶に呈したい。

本稿では、『方丈記』等に述べられる社会状況を確認、その時代を生きた法然の行動を探り、浄土宗僧侶の行動規範を論じる。浄土宗僧侶のあり方は、法然その人の行動に範を求めるべきと思うからである。

一　『方丈記』について

近年、震災を経験して、日時がはっきりしている『方丈記』の災害を論じられることが多い。またさまざまな研究成果があり、優れた解説も多くあるので、屋上屋を重ねることになるが、あえて確認しておきたい。

『方丈記』は、鴨長明（一一五五？―一二一六）の随筆である。その文学性は高く、日本の中世文学の代表と評価される。『徒然草』『枕草子』とともに日本三大随筆などとも呼ばれていることは周知のことであろう。

冒頭の「ユク河ノナカレハタエスシテシカモ、トノ水ニアラスヨトミニウカフウタカタハカツキエカツムスヒテヒサシクト、マリタルタメシナシ世中ニアル人ト栖ト又カクノコトシ(1)」という一節はあまりにも有名であり、仏教の説く無常観と世情に対する鋭い眼差しを端的に表現していて、心に深く浸透してくる。

四段の構成といわれ、一段目がその深い無常観を述べ、二段目で鴨長明自身が出くわした自然災害や遷都によって寂れゆく都を描写して、一段目の無常観に確証を与える。三段目には出家した自身の様子を述べ、『方丈記』の由来となる方丈（一丈四方、概ね四畳半）の庵を結ぶことが記され、四段目で世の煩わしいことに苛まれない隠遁生活を語る。

成立は建暦二年（一二一二）、まさに法然示寂の年である。鴨長明は法然より二一歳差の後輩に当たるが、共に同時代の京都に暮らしたといえる。鴨長明が生まれた久寿二年（一一五五）には、法然はまだ比叡山にいたが、翌、保元元年（一一五六）、二四歳の法然は、その伝記によれば嵯峨釈迦堂に参籠し、自らの仏道修行が完遂することを本尊生身釈迦如来に祈り、その足で南都教学の諸学匠を歴訪している。[2] その後また比叡山での修行に打ち込んで、承安五年（一一七五）、四三歳にして下山する。はじめに西山広谷、次いで東山吉水へと居を移し、そこを拠点に晩年の讃岐流罪まで、大きく京都を離れることはなかったようである。即ち、『方丈記』の二段目に記す、鴨長明が出くわした自然災害や遷都により寂れる都を、法然もまた見ていたというわけである。

『方丈記』二段目の記述を確認すると、まず安元三年（一一七七）に大火が発生している。

> 去安元三年四月廿八日カトヨ風ハケシクフキテシツカナラサリシ夜イヌノ時許ミヤコノ東南ヨリ火イテキテ西北ニイタルハテニハ朱雀門大極殿大學レウ民部省ナトマテウツリテ一夜ノウチニ塵灰トナリニキホモトハ樋口冨ノ小路トカヤ舞人ヲヤトセルカリヤヨリイテキタリケルトナンフキマヨフ風ニトカクウツリユクホトニ扇ヲヒロケタルカコトクスヱヒロニナリヌトヲキ家ハ煙ニムセヒチカキアタリハヒタスラ焔ヲ、地ニフキツケタリソラニハハヰヲフキタテタレハ日ノヒカリニエイシテアマネククレナヰナル中ニ風ニタエスフキ、ラレタルホノホ飛カ如クシテ一二町ヲコエツ、ウツリユク其中ノ人ウツシ心アラムヤ或ハ煙ニムセヒテタウレフシ或ハホノヲニマクレテタチマチニ死ヌ或ハ身ヒトツカラウシテノカル、モ資財ヲ取出ルニヲヨハス七珎万寶サナカラ

灰燼トナリニキ其ノ費エイクソハクソ其ノタヒ公卿ノ家十六ヤケタリマシテ其ノ外カソヘシルニオヨハス惣テミヤコノウチ三分カ一ニヲヨヘリトソ男女シヌルモノ数十人馬牛ノタクヒ邊際ヲ不知人ノイトナミ皆ヲロカナルナカニサシモアヤフキ京《(京)》中ノ家ヲツクルトテタカラヲツイヤシコ、ロヲナヤマス事ハスクレテアチキナクソ侍ル

とあって、その年四月二八日、風の強い夜、戌の刻というから午後八時頃であろう。都の南東から出た火が北西に広がり、朱雀門、大極殿、大学寮、民部省などが一夜のうちに灰燼に帰した。吹き惑う風に、火が扇のように末広がりになり、遠いところも煙にむせび、近くは地に炎が噴きつけ、空は真っ赤に染まり火の粉が舞っている様子がリアルに描写されている。煙に倒れる人、炎にまぎれて亡くなる人がおり、命からがら逃げられても何も持ち出せず、多くの財産が灰になったという。公卿の家は一六軒、その他数えきれないほどの被害で、都の三分の一に及んだ。死者は数十人、馬や牛の被害は数えられないとある。都の南東部から出た火が大内裏にまで及んでいるのであるから、都の三分の一が焼けたという記述は確かなことであろう。

死者数十人ということについて、大火の割に死者数が少ないようにも思える。これについて、『平家物語』第一巻「内裏炎上」に同日の火災の記述がある。そこには「ひとのやけしぬることすひやくにん、ぎうばのたぐひかずをしらず」(『平家物語』元和九年版本)とあって、数百人の死者としている。火災の様子についての記述は『方丈記』も『平家物語』も概ね一致しているが、火災の規模からいえば、死者の数については数百人という『平家物語』の記述の方がより事実に近いと考えられよう。

次に、治承四年(一一八〇)に「辻風」が発生した。

又治承四年卯月ノコロ中御門京極ノホトヨリヲホキナルツシ風ヲコリテ六条ワタリマテフケル事ハヘリキ三四

町ヲフキマクルアヒタニコモレル家トモ大キナルモチヰサキモヒトツトシテヤフレサルハナシサナカラヒラニタフレタルモアリケタハシラハカリノコレルモアリカトヲフキハナチテ四五町カホカニヲキ又カキヲフキハラヒテテトナリトヒトツニナセリイハムヤイヱノウチノ資財カスヲツクシテソラニアリヒハタフキイタノタクヒ冬ノコノハノ風ニ乱ルカ如シチリヲ煙ノ如ク吹タテタレハスヘテ目モミエスヲヒタ、シクナリトヨムホトニモノイフコヱモキコエス彼ノ地獄ノ業ノ風ナリトモカハカリニコソハトソヲホユル家ノ損亡セルノミニアラス是ヲトリツクロフアヒタニ身ヲソコナヒ片輪ツケル人カスモシラスコノ風ヒツシノ方ニウツリユキテヲホクノ人ノナケキナセリツシ風ハツネニフクモノナレトカ、ル事ヤアルタ、事ニアラスサルヘキモノ、サトシカナトソウタカヒハヘリシ

とあって、その年四月、中御門大路と京極大路が交わるところから発生した辻風が甚大な被害をもたらした。辻風とは、つむじ風のことで、竜巻と考えてよい。六条大路辺りまで吹き抜け、壊れない家はなく、全壊状態や柱だけの状態といい、門が四、五町も吹き飛ばされ、垣根がなくなって隣と一つになった。家財道具が空に舞い、檜皮や葺板が木の葉のように乱れ飛んだ。塵が舞って何も見えず、風が鳴り響いて人の声が聞こえない。家を失ったり壊されたりしただけでなく、修繕中に怪我をして身体が不自由になる人が数知れなかったという。これも『平家物語』第三巻「辻風」に出てくるが、こちらは治承三年五月一二日正午頃の出来事として記載される。しかし記述の内容は同様で、同じ出来事について述べていることは間違いなかろう。いずれにしても、一一七九年から一一八〇年の頃に、特筆すべき被害をもたらした竜巻が起こったことは否定のしようがない。

次に、これは自然災害ではないが、福原遷都によって、京の都が寂れゆく様を述べている。

又治承四年ミナ月ノ比ニハカニミヤコウツリ侍キイトヲモヒノ外也シ事ナリヲホカタ此ノ京ノハシメヲキケ

ル事ハ嵯峨ノ天皇ノ御時ミヤコト定マリニケルヨリノチステニ四百余歳ヲヘタリコトナルユヘナクテタヤスクアラタマルヘクモアラネハコレヲ世ノ人ヤスカラスウレヘアヘル実ニ事ハリニモスキタリサレト、カクイフカヒナクテ帝ヨリハシメタテマツリテ大臣公卿ミナ悉クウツロヒ給ヒヌ世ニツカフルホトノ人タレカ一人フルサトニノコリヲラムツカサクラヰニ思ヲカケ主君ノカケヲタノムホトノ人ハ一日ナリトモトクウツロハムトハケミ時ヲウシナヒ世ニアマサレテコスル所ナキモノハウレヘナカラトマリヲリノキヲアラソヒシ人ノスマヒ日ヲヘツ、アレユク家ハコホタレテ淀河ニウカヒ地ハメノマヘニ畠トナル人ノ心ミナアラタマリテタ、馬クラヲノミオモクスウシクルマヲヨウスル人ナシ西南海ノ領所ヲネカヒテ東北ノ庄薗ヲコノマスソノ時ヲノツカラ事ノタヨリアリテツノクニノ今ノ京ニイタレリ所ノアリサマヲミルニ南ハ海チカクテクタレリナミノヲトツネニカマヒスシクシホ風コトニハケシ内裏ハ山ノ中ナレハ彼ノ木ノマロトノモカクヤトナカナカヤウカハリテイウナルカタモハヘリヒ、ニコホチカハモセニハコヒクタスイヱイツクニツクレルニカアルラムナヲムナシキ地ハオホクツクレルヤハスクナシ古京ハステニ荒テ新都ハイマタナラスアリトシアル人ハ皆浮雲ノヲモヒヲナセリモトヨリコノ所ニヲルモノハ地ヲウシナヒテウレフ今ウツレル人ハ土木ノワツラヒアル事ヲナケクミチノホトリヲミレハ車ニノルヘキハ馬ニノリ衣冠布衣ナルヘキハ多クヒタ、レヲキタリミヤコノ手振里タチマチニアラタマリテタ、ヒナタルモノ、フニコトナラス世ノ乱ル、瑞相トカキケルモシルク日ヲヘツ、世中ウキタチテ人ノ心モヲサマラスタミノウレヘツヰニムナシカラサリケレハヲナシキ年ノ冬ナヲコノ京ニ帰リ給ニキサレトコホチワタセリシ家トモハイカニナリニケルニカ悉クモトノ様ニシモツクラスツタヘキクイニシヘノカシコキ御世ニハアハレミヲ以テ國ヲ、サメ給フスナハチ殿ニカヤフキテモノキヲタニト、ノヘス煙ノトモシキヲミ給フ時ハカキリアルミツキ物ヲサヘユルサレキ是民ヲメクミ世ヲタスケ給フニヨリテナリ今ノ世ノアリサマ昔ニナソ

ラヘテシリヌヘシ

とあって、治承四年（一一八〇）、四〇〇年続いた平安京が突然、福原へ遷都されたことへの、鴨長明自身の驚きが述べられ、世間の人々が驚愕と不安を持つ中で、しかしその命に従って、官職や地位を望む者はこぞって福原へ移り住んだという。結果、京都の家々は荒れ果て、壊れていく。人の心も移り変わって長年育んだ京の雅の文化も変化し、馬を重んじて牛車を用いなくなったり、紀伊や淡路や四国、瀬戸内といった福原に近い領地を望んで、東北の所領を好まなくなった、と指摘、都の荒廃と人の心の荒廃を記述する。また福原新都が平安京に比して、狭く騒がしく、元の居住民と移り住む人との軋轢の中で、貴族役人の衣装も辺国の民衆と変わらないようになり、日が経つにつれて世の中も人の心も浮足立つ様子が述べられる。

平清盛が強硬に行った福原遷都だったが、わずか半年で天皇は京都に戻った。しかしそのわずかな期間であっても、平安京は寂れ、人々は翻弄された、そういう様子がよく理解できる。

次に養和の頃（一一八一—八二）にあった飢饉について、

又養和ノコロトカ久クナリテヲホエス二年カアヒタ世中飢渇シテアサマシキ事侍リキ或ハ春夏ヒテリ或ハ秋大風洪水ナトヨカラヌ事トモウチツヽキテ五穀事々クナラスナツウフルイトナミアリテ秋カリ冬ヲサムルソメキハナシ是ニヨリテ國々ノ民或ハ地ヲステヽサカヒヲイテ或ハ家ヲワスレテ山ニスムサマサマノ御祈ハシマリテナヘテナラヌ法トモヲコナハルレト更ニ其ノシルシナシ京ノナラヒナニワサニツケテモミナモトハヰナカヲコソタノメルニタヘテノホルモノナケレハサノミヤハミサヲモツクリアヘンネムシワヒツヽサマサマノ財物カタハシヨリスツルカ事クスレトモ更ニメミタツル人ナシタマタマカフルモノハ金ヲカロクシ粟ヲヽモクス乞食路ノホトリニヲホクウレヘカナシムコヱ耳ニミテリマヘノトシカクノ如クカラウシテクレヌアクルトシハタチナ

ヲルヘキカトヲモフホトニアマリサヘエキレイウチソヒテマサ、マニアトカタナシ世人ミナケイシヌレハ日ヲヘツ、キハマリユクサマ少水ノ魚ノタトヘニカナヘリハテニハカサウチキ足ヒキツ、ミヨロシキスカタシタル物ヒタスラニ家コトニコヒアリクカクワヒシレタルモノトモノアリクカトミレハスナハチタフレフシヌ築地ノツラ道ノホトリニウヘシヌル物ノタクヒカスモ不知トリスツルワサモシラネハクサキカ世界ニミチ満テカハリユクカタチアリサマ目モアテラレヌコトヲホカリイハムヤカハラナトニハ馬車ノユキカフ道タニナシアヤシキシツヤマカツモチカラツキテタキ、サヘトモシクナリユケハタノムカタナキ人ハミツカラ家ヲコホチテイチニイテ、ウル一人カモチテイテタルアタヒ一日カ命ニタニ不及トソアヤシキ事ハ薪ノ中ニアカキニツキハクナト所々ニミユル木アヒマシハリケルヲタツヌレハスヘキカタナキ物フル寺ニイタリテ佛ヲヌスミ堂ノモノ、具ヲヤフリトリテワリクタケルナリケリ濁惡世ニシモムマレアヒテカ、ル心ウキワサヲナン見侍シ

とあって、二年間、飢饉に苛まれたことを記している。春から夏は日照り、秋は台風や洪水で、穀物が不作だったとあり、人々は国を捨てたり、山に住んで放浪状態だったり、祈禱が流行したがご利益がなかったといい、都は田舎に作物などを頼っているため何も入って来ず、上品ぶってもいられないので財産を食べ物に換えようとしても、誰も見とがめないというような、都の人々のなりふり構わぬ有様を書き記している。

また、翌年には疫病で、人は飢え切って日々困窮する様を「少水の魚」と表現、身なりの良い人も物乞いし、歩く人は急に倒れ、道端には飢え死にした人の遺体が多数あり、片づける方法もなく死臭が漂っており、遺体が変わり果てていく姿は目も当てられない、という、なんとも恐ろしい光景である。

そして、大地震のことが記載される。

又ヲナシコロカトヨオヒタ、シクヲホナヰフルコト侍キソノサマヨノツネナラス山ハクツレテ河ヲウツミ海ハ

カタフキテ陸地ヲヒタセリ土サケテ水ワキイテイワヲワレテ谷ニマロヒイルナキサコク船ハ波ニタ、ヨヒ道ユク馬ハアシノタチトヲマトハスミヤコノホトリニハ在々所々堂舎塔廟ヒトツトシテマタカラス或ハクツレ或ハタフレヌチリハヒタチノホリテサカリナル煙ノ如シ地ノウコキ家ノヤフル、ヲトイカツチニコトナラス家ノ内ニヲレハ忽ニヒシケナントスハシリイツレハ地ワレサクハネナケレハソラヲモトフヘカラス龍ナラハヤ雲ニモノラムヲソレノナカニヲソルヘカリケルハ只地震ナリケリトコソ覺エ侍シカカクオヒタ、シクフル事ハシハシニテヤミニシカトモソノナコリシハシハタエスヨノツネヲトロクホトノナヰ二三十度フラヌ日ハナシ十日廿日スキニシカハヤウヤウマトヲニナリテ或ハ四五度二三度若ハ一日マセ二三日ニ一度ナトヲホカタソノナコリ三月ハカリヤ侍リケム四大種ノナカニ水火風ハツネニ害ヲナセト大地ニイタリテハコトナル変ヲナサス昔齊衡ノコロトカヲホナヰフリテ東大寺ノ仏ノミクシヲチナトイミシキ事トモハヘリケレトナヲコノタヒニハシカストソスナハチハ人ミナアチキナキ事ヲノヘテイサ、カ心ノニコリモウスラクトミエシカト月日カサナリ年ヘニシノチハ事ハニカケテイヒイツル人タニナシ

とあって、京都を襲った大地震の凄まじさに驚かされると同時に、その描写が、現代の我々が目の当たりにした地震と寸分違わぬ様子であることに意を注ぐべきであろう。山が崩落して川を埋め、海が傾いて陸地が浸水し、大地が裂けて水が湧き出て、岩が谷に落下。船が海を漂流し、道行く馬が足の踏み場に迷うとある。また都のあらゆるお堂や塔、廟所といった建造物がすべて倒壊していて、塵や灰が立ち上って煙のようであり、地面が動き家々が壊れる音が雷と同じといい、恐ろしい中にも恐ろしいものは地震であろうか、と言っている。余震も三カ月はあったと述べている。

『方丈記』には地震による津波被害も記載されるが、津波が大阪湾なのか北陸沿岸なのか、琵琶湖のことなのか

というようなことについては判然としない。『山槐記』は元暦二年（一一八五）七月九日に激しい地震が発生したと述べ、その様子が詳細に述べられる。また琵琶湖の湖水が北上して岸が干上がったことも記されている。(3) 同じ日付で、『平家物語』第一二巻にもこの地震の記述があり、激しい地震の様子が「またゐんごくきんごくもかくのごとし。やまくづれてかはをうづみ、うみただよひてはまをひたす」（『平家物語』元和九年版本）と記載され、遠国まで広く地震や津波の被害が出たことが考えられる。

『方丈記』にこの大地震を特定した年月は記載されていないが、『山槐記』や『平家物語』に「元暦二年七月九日」とある。鴨長明は飢饉の時と「ヲナシコロカトヨ」と述べて、養和年中（一一八一―八二）と近い月日の認識である。『山槐記』などの記述を信頼すれば、元暦二年（地震を契機に改元して文治元年〈一一八五〉）で三～四年のずれがあることになるが、『方丈記』の成立は建暦二年（一二一二）であるから、長明は、実際に地震が発生した時から二七年後にこれを著した。二七年前の記憶ということは、日記のような記録を調べて記載しないなら、三～四年の齟齬は誤差の範囲と考えてよかろう。『方丈記』の大地震の記載は、元暦の地震と見てよい。

このように『方丈記』記述の安元元年四月の大火、治承四年四月の竜巻と遷都、養和年中の飢饉、元暦二年七月の大地震の時、法然は京都にあって、どのような行動をなしたのであろうか。

二　法然の動向

安元三年（一一七七）四月の大火の際、法然はどこにいたか。法然は承安五年（一一七五、七月二八日改元して安元元年）の春、善導『観経疏』の文言によって、専修念仏に帰入。比叡山を去り、西山広谷の遊蓮房円照を訪ね、その宗教的心境を確固たるものとしたとされる(4)。そして円照の死により東山吉水に居を構えた。その時がちょうど安元三年と見られる。円照寂年の月日までは特定できず、いつ頃円照を看取り、いつ東山吉水に移り住んだのかは不明であるが、もしまだ西山広谷にいたとしても、戌の刻に出火し、内裏にまで広がる大火事であることを考えれば、夜の空を赤く染める如き火勢に気づかないわけもないであろう。まして東山吉水に移り住んでいたならば、目と鼻の先に燎原の火を見ることになるわけで、恐ろしい思いを抱いたであろう。法然はこの大火を知っていたことは確実である。

次に治承四年(一一八〇)四月に発生した辻風の際、法然はどうしていたか。安元三年に西山広谷から東山吉水に居を移し、その後しばらくの法然の行状は必ずしも明らかではない。治承四年といえば、法然は四八歳。法然の師匠の慈眼房叡空がその前年の治承三年(一一七九)に寂し、その室にあった法蓮房信空が、兄弟子法然を慕ってやってきて、以後、二人は行動を共にする。

また法然は、比叡山に在る時に真観房感西を弟子としている。感西は、法然上人行状絵図(以下『四十八巻伝』と略す)によると、一九歳の時に法然のもとに入った。正治二年(一二〇〇)に四八歳で示寂しているので、一九歳時は承安二年(一一七二)。以降亡くなるまで法然につき従ったことになる。

すなわち、治承四年四月の辻風の時は、東山吉水の地で、法然は信空、感西と共にいた。前述の如く、中御門大路と京極大路が交わるところから発生した辻風が、六条大路辺りまで駆け抜け、甚大な被害が出たのであり、東山吉水に住していれば、華頂山麓の小高いその地は京都中を見渡せたと考えられる。あるいは、鴨長明が記述する被災の状況そのままに、辻風が門を吹き飛ばし、家財道具が空に舞い、檜皮や葺板が木の葉のように乱れ飛び、塵が舞って何も見えず、風が鳴り響いている状況を、法然が目の当たりにした可能性は極めて高いといえよう。

同じ治承四年の福原遷都についての鴨長命の記述も、法然は信空、感西と共に味わったはずである。官職や地位を望む者はこぞって福原へ移り住み、京都の家々は荒れ果て、壊されていき、町も人の心も荒廃していく様を垣間見たであろう。長く平安貴族が培った雅やかな文化も価値観も変化したことが窺われ、その様子を見た法然の心の内はいかばかりであろうか。

また養和年間（一一八一―八二）にあった飢饉については、法然四九、五〇歳という年齢の時、『方丈記』には二年間、飢饉に苛まれたことが記される。日照りや台風、洪水で、穀物が不作であり、人々は国を捨てたり、山に住んで放浪状態だったり、祈禱が流行したがご利益がなかったというようなことは、法然をして心痛ましめたであろう。それどころか、法然や信空、感西にとっても過酷な状況だった可能性が高い。もともと都は田舎に作物を頼っているため何も入ってこなかったといい、都人が上品ぶらずに財産を食べ物に換えようとしても、誰も見とがめないというような状況は、法然をとりまく外護者の様子そのままとも考えられ、法然たちも食料調達が困難であったことは否定できない。

祈禱が流行したがご利益がなかったということについては興味深い記述といえる。僧侶が貴族に要請されてなす加持祈禱が、何の救いにもなっていない、ということを自覚せざるを得ない社会状況である。法然が目の当たりにし、また実際経験したであろう過酷な状況は、天台出身の僧侶である法然に何を考えさせたであろう。法然の法語に与えた影響は、計り知れないといえよう。

また、疫病で、人は飢え切って日々困窮し、物乞いが溢れ、急に倒れる人もいて、道端には飢え死にした人の遺体が放置され、片づける方法もなく死臭が漂うということも、法然は知っていたであろう。思うに、それなりの立場地位の者でさえ放浪したり財産を食べ物に換える、物乞いとなるというような状況では、法然をとりまく外護者でさえ、自分たちが生きることさえままならないわけであり、宗教者としてのあり方が問われたとしても、まさに娑婆世界を痛感し、まさに法然自らの無力なるわが身、究極の凡夫感を味わうことになったであろう。

元暦二年（一一八五）には法然五三歳。七月九日の大地震を法然は経験した。法然をとりまく状況はどうであったかといえば、比叡下山から一〇年、信空、感西という比叡山時代からの信頼できる同学者と共に、東山吉水の地で学問研究に励み、四三歳で回心し帰入した専修念仏について、一大仏教の中で体系付ける作業に専心しながら念仏信仰の毎日であったといわれる[5]。

また明けて文治二年（一一八六）には世にいう大原談義が催された。これはいわゆる口コミで知られていく法然に、比叡山や南都の仏教者が法然の説く念仏について尋ねるといったもので、これを経て法然は、世間に認知され時代の寵児となっていく。

そういう、比叡山や南都の学匠が法然を無視もできなくなる程、東山吉水の地での法然の存在がクローズアップされていった、そういう頃に大地震が発生したといえる。

前述のごとく、その地震の様子は、山が崩落して川を埋め、海が傾いて陸地が浸水し、大地が裂けて水が湧き出て、岩が谷に落下し、船が海を漂流し、道行く馬が足の踏み場に迷うという状況であり、また都のあらゆるお堂や塔、廟所といった建造物がすべて倒壊していて、塵や灰が立ち上って煙のようであり、地面が動き家々が壊れる音が雷と同じといい、現代の我々が経験した地震と全く変わらない。東山吉水にあって法然は、この地震を経験したのである。何より法然自身が被災しなかったのか、それを確実視する資料は見当たらないが、ただ、現代と法然の時代とが大きく異なることは、コンクリートやモルタル、ガラスといったものを使用した建造物がないのであり、多くは平屋の障子襖、板葺き屋根だったことであろう。大きな建物は貴族の邸宅や神社仏閣に限られようし、法然の庵は大きな被害を免れたのではないか。たとえ被災していたとしても、結果として八〇歳という長命を維持した法然は、致命的な怪我などはなかったといってよい。しかし大地震であったが故に、都に住まう人々が多く被災したことは間違いないであろうし、この時期、法然の名が高まってきているとすれば、法然のもとに集まる信者も増加していたであろう。ならば、家を失い、怪我をした信者もいたはずであり、そういう人を庵に住まわせるなど何らかの手を差し伸べていたであろうことは単なる想像とはいえまい。

火災や辻風、都の荒廃や人の心の廃退、地震の被災、といった経験から、法然も信空も感西も、きっと多くのことを考えたであろう。専修念仏に帰入し深い信仰生活と不断の学問研究の中で、恐らく自己の無力と愚鈍を改めて自覚し、しかし動ける限りにおいて、なすべき行動をしたに違いない。そのことを学術的に立証するすべは、今は持たないが、この『方丈記』の記す災害の時期が、ちょうど法然が専修念仏回心帰入、比叡下山の四三歳から五三歳の一〇年ということを考慮すると、実際の生活上の体験が、彼の信仰と学問研究に際限なき深まりをもたらしているように感じられてならない。

むすび

法然が、被災者にどのような援助をしたか、現代で言う福祉とかボランティア、被災者救済というような活動をしていたかということについて、僧侶としてのあるべき姿を自覚して何らかの手を差し伸べるであろう、ということ以上には、文献での実証は困難であるが、法然の伝記に一つだけヒントがある。『四十八巻伝』の第一六巻に、次のような一節がある。

僧都、上人所造の選択集を披覧して、この書のおもむき、いさゝか偏執なるところありけりとおもひて、寝られたる夜の夢に、天王寺の西門に、病者かすもしらすなやみふせるを、一人の聖の、鉢にかゆをいれて、匙をもちて病人の口ことにいるゝありけり。誰人にかあらんとゝふに、かたはらなる人こたへて、法然上人なりといふと見てさめぬ。僧都おもはく、われ選択集を偏執の文なりと思つるを、いましめらるゝゆめなるへし。

この詞書とともに、病者の口にお粥を差し入れる法然の姿が描かれている。これは高野の明遍の夢の話であるから、法然が実際に、四天王寺西門にて病人にお粥を食べさせていた、ということではない。しかし、法然に限らず、念仏聖や高野聖といった市井にて活動した庶民と近しい僧侶は、そういったことを、いわば当然に行っていたからこそ、こういう「夢」ということで描かれるのではないだろうか。

鴨長明が『方丈記』に記した災害は、法然も同じ京都で実際に体験した災害であり、その時には被災者が必ず存在するのであり、東山吉水という、庶民生活に近いところで念仏信仰を説き明かした法然を慕って集まる人々の中には、被災者や犠牲者が当然含まれていたであろう。

法然は、大乗仏教究極の念仏信仰を、生きる糧としていたわけであり、人々に救いをもたらし、自らも悟りに至るという大乗仏教の精神に照らしても、夢として描写されるような活動を行っていた可能性が高いことは、首肯されるのである。

我々浄土宗僧侶は、その理想的在り方の根拠を、浄土宗開祖法然その人に見出すべきであろう。とすれば、法然の生き方に我々の在り方を見出さねばならない。その姿はまさに、自らは深く念仏信仰に委ね、一大仏教の中に浄土教思想の位置付けを確認し、他者に対しては念仏信仰を説き、救いをもたらすことに心を砕き、災害があればでき得る範囲で手を差し伸べ、あるいは大自然の脅威に小さな自分の力を見せ付けられて何もできない無力なる愚鈍の凡夫を自覚し、阿弥陀仏にすべてを任せて自らは念仏することで生き歩んでいくというものであったことが確認されたといってよいであろう。

人はさまざまなる事象から多くのことを学ぶ。我々浄土宗僧侶や浄土宗信者は法然の生き様を自分の理想的歩みとして受け留め、その価値判断を法然の示唆する事柄に寄せていくことが、学びであろう。法然が鎌倉時代に多くの人を救いに導いたように、世が荒廃し廃退している今、同じようにまた救いをもたらすことができるに違いない。しかしそれは、法然を正しく学び実践していくことで実現するのであるということを忘れてはならない。

すなわち、僧侶と自覚する人は皆、それぞれの宗派の開祖の生き様を自分の僧侶としての理想的歩みとし、すべての価値判断を、それら開祖の指し示す方向に委ねるべきであり、そのために開祖の思想と行動を学ぶべきである。仏教各宗の開祖がそれぞれに多くの人を導き、救いをもたらしたことを受け留め、我々の行動規範とすべきなのである。「救い」や「導き」といったことは、僧侶といえど、現代に至ってはそうそう容易いことではあるまい。また現実の僧侶を目の当たりにすれば、宗祖を規範とすることなど理想論であり現場を見ていない、との批判もあろう。しかし、在家の人々が見る実際の「僧侶像」が、頭に思い描く「僧侶像」——それは本来のあるべき僧侶像——とかけ離れているからこその批判であり、現実の僧侶が、在家の人々と変わらぬ生活をする現状、「僧侶」とは一体どのような存在であるのか、ということに明確な答えを用意できない我々側の大きな問題として、しっかり受け留めなければならないのである。

我々は後戻りできない。反省し、あるべき理想の僧侶像を実現しようとする少数のすばらしい僧侶は確かに今後も登場するだろう。しかし、多くの一般の寺院の僧侶は、飲酒肉食妻帯蓄髪というキーワードに象徴される日本仏教の特徴を持ち続けるのである。いかに批判的精神を持ち、現状を打開し、本来の姿に戻ろうと鼓舞したところで、恐らくそういう僧侶が多数派になっていくことはあるまい。そこで、飲酒肉食妻帯蓄髪ということの是非を問うより、今、大切なことは、各宗の祖師が命がけでそれらの法を説き、それらが広まることで、人々が救われた、ということに意を注ぐべきだということなのである。宗祖を知り、宗祖に学び、宗祖の思想を我が思想とし、宗祖の行動を我が規範とすることで、彼らがこの世で実現した救いを今一度、この世にもたらすことができるはずである。社会情勢や人の心は全く変わっていないのであるから。繰り返しになるが、飲酒肉食妻帯蓄髪に象徴される破戒行為は、ない方がよい。しかし我々は後戻りできない。今なすべきことは、各宗派がそれぞれの開祖のあり方に立ち戻り、それぞれの救いをもたらすことができるよう、しっかりと宗祖を見つめ直し、宗祖に学び直すことを提言しておきたい。

註

（1）岩波文庫の『方丈記』には寛元二年（一二四四）に親快が記した奥書のある、大福光寺所蔵の巻子本の影印が採録されている。この奥書には「右一巻者鴨長明自筆也」とあって、鴨長明の自筆を示唆する古写本である。自筆の信憑性についての是非はともかくも、一二一六年に示寂した時から三〇年足らずの奥書を持つ写本であり、親快は醍醐寺の僧侶であることも判明している。諸本中最古の写本であることも考慮すれば、限りなく鴨長明の原本に近しいものである、ということは言ってよい。本稿の『方丈記』に関する引用はこれを参考にさせていただいた。

（2）『法然上人行状絵図』第四巻（法然上人八百年大遠忌記念　法然上人絵伝集4『国宝　法然上人行状絵図（四十八巻伝・知恩院蔵）』Ⅰ、総本山知恩院・浄土宗、二〇一四年）に、「保元々年上人二十四のとし叡空上人にいとまをこひて嵯峨の清凉寺に七日參籠のことありき求法の一事を祈請のためなりけりこの寺の本尊尺迦善逝ハ西天の雲をいて東夏の霞をわけて三國につたはりたまへる霊像なれはとりわき懇志をはこひたまひけるもことはりにそおほえ侍る（中略）上人その性俊にして大巻の文なれとも三遍これを見給に文くらからす義あきらかなり諸教の義理をあきらめ八宗の大意をうかゝひえてかの宗この先達にあひてその自解をのへ給に面々に印可し各々に称美せすといふことなし清凉寺の參籠七日満しけれはそれより南都へくたり法相宗の碩学蔵俊僧都贈僧正の房にいたりて修行者のさまにて對面し申さんと申されたりけり（以下略）」、とあって、法然二四歳時、釈迦堂への参籠後、法相宗の蔵俊を訪問、以下、三論宗、華厳宗を歴訪していることが述べられる。

同様の内容は『法然上人伝記』『西方指南抄』などといった古い法然伝にもあり、この時期に法然がそれぞれの専門家を訪ねたことは明らかであろう。

（3）増補史料大成『山槐記』元暦二年七月九日の項に地震による建物の倒壊等が詳細に記述されている。琵琶湖については「又聞、近江湖水流北、水減自岸或四五段、或三四段、于後日如元満岸云々」とある。

（4）伊藤唯真「遊蓮房円照と法然の下山」（『伊藤唯真著作集Ⅰ　聖仏教史の研究　上』法藏館、一九九五年）参照。

（5）法然の伝記に、「われ聖教を見さる日なし　木曾の冠者　花洛に乱入のとき　たた一日聖教を見さりき」（『四十八巻伝』第五巻）とあって、寿永二年（一一八三）七月二八日に木曾義仲が京都に入って来たときだけ聖教を見なかった。京都は源平の争いに翻弄され、福原遷都などでの荒廃、養和の飢饉での崩壊という状況下で、この出来事があり、京都はかなり混乱したということであろう。この法然の言葉は、逆に、その混乱時以外は、一日たりとも休むことなく学問研究に明け暮れていた、ということを意味している。

〔付記〕　本稿は先に発表した「浄土宗僧侶のあり方試論――震災と法然――」（『福原隆善先生古稀記念論集　仏法僧論集』〈山喜房佛書林、二〇一三年〉所収）に加筆したものである。浄土宗内に向けた警鐘だけでなく、広く日本仏教へ目を向けて共に考えていきたい事柄であるが故に、多少他宗の僧侶に向けた内容に書き改めたが、論旨が大きく変わるわけではなく、重複する内容であることを、あらかじめお断りしておきたい。

また、融通念佛宗開宗九百年の勝機に当たり、浄土宗僧侶でありながら原稿執筆の御縁を頂戴し、非才を顧みずお引き受けした。御縁に感謝しつつ、念仏門徒として融通念佛宗のご発展を心からお祈り申し上げる。

編集後記

開宗九百年記念・大通上人三百回御遠忌奉修局
教宣法要部 部会長　浜田全真

この度、融通念佛宗の開宗九百年と融通念佛宗で再興の祖と仰ぐ大通上人の三百回御遠忌奉修を記念して『融通念佛宗における信仰と教義の邂逅』と題した論文集が刊行されたことは、まことに喜ばしい限りであります。

この論文集は開宗九百年記念・大通上人三百回御遠忌奉修局の戸田孝重氏が中心となって、奉修局記念出版部の委員と共に企画から出版に至るまで尽力いただきました。その労苦に対し、感謝申し上げる次第であります。

本論文集は、佛教大学名誉教授の福原隆善先生に監修をお願いいたし、三六名もの方々から玉稿を頂戴いたしました。福原先生をはじめご執筆いただいた先生方に深謝申し上げます。ご執筆いただいた内容は多岐にわたっておりまして、融通念佛宗の開宗九百年を迎えるに相応しい論文集となっています。

従来、融通念佛宗は他の日本仏教各宗と比較して知名度が低いのが実情であります。この論文集の刊行を契機として、広く注目が集まり、関心がより高まって日本仏教や仏教文化の発展に寄与することを切に願ってやみません。

最後にこの論文集刊行にあたって、融通念佛宗総本山大念佛寺をはじめ、法藏館社長西村明高氏ならびに副編集長田中夕子氏に対し、厚く御礼申し上げる次第であります。

執筆者紹介（五十音順）

浅田　彬（あさだ　あきら）
一九三八年生まれ。専門分野は医学・生化学。元大阪大学助教授、現春日神社宮司。主な論文に「培養軟骨細胞の増殖と分化機能に及ぼす振動電場刺激ならびに振動電磁場刺激の影響に関する研究」（『大阪大学歯学雑誌』Vol47、No1、二〇〇二年）、Suzuki. F, Takigawa. M, Takano. Y, Yamamoto. T, Hiraki. Y, Endo. N, Kato. Y, Silverman. M, Iwamoto, M, and Asada. A, Cytochemical and Biochemical approaches to masticatory : Masticatory System, Ed. K. Kubota, VEB, Verlage fur Medizin and Biologhe, Berlin, 1:194-199

浅田正博（あさだ　まさひろ）
一九四五年生まれ。専門分野は仏教学。龍谷大学名誉教授。主な著書に『往生要集講述』（永田文昌堂、二〇〇八年）、『仏教から見た修験の世界――『修験三十三通記』を読む――』（国書刊行会、二〇〇〇年）。

阿部美香（あべ　みか）
専門分野は中世宗教文芸。昭和女子大学人間文化学部歴史文化学科非常勤講師。主な論文に「本地物語の変貌――箱根権現縁起絵巻をめぐって――」（『中世文学』四九号、二〇〇四年）、「堕地獄と蘇生譚――醍醐寺焔魔王堂絵銘を読む――」『説話文学研究』四〇号、二〇〇五年）。

阿部泰郎（あべ　やすろう）
一九五三年生まれ。専門分野は日本文学・宗教テクスト学。名古屋大学文学研究科附属人類文化遺産テクスト学研究センター教授。主な著書に『湯屋の皇后――中世の性と聖なるもの――』（名古屋大学出版会、一九九八年）、『聖者の推参――中世の声とヲコなるもの――』（同、二〇〇一年）、『中世日本の宗教テクスト体系』（同、二〇一三年）。

伊藤茂樹（いとう　しげき）
一九七一年生まれ。専門分野は日本浄土教。知恩院浄土宗学研究所研究員。主な論文に「法然と東大寺勧進――数量念仏を中心に――」（福原隆善編『八百年遠忌記念　法然上人研究論文集』、知恩院浄土宗学研究所、二〇一一年）、「法然と永明延寿」（『福原隆善先生古稀記念論集　佛法僧論集』山喜房佛書林、二〇一三年）。

伊藤真宏（いとう　まさひろ）
一九六四年生まれ。専門分野は浄土学、日本仏教文化史。佛教大学仏教学部准教授。主な著書・論文に『法然上人のお歌』（浄土宗出版室、二〇〇七年）、「法然上人と正如房」（『宇高良哲先生古稀記念論文集　歴史と仏教』文化書院、二〇一二年）。

井上幸治（いのうえ　こうじ）
一九七一年生まれ。専門分野は日本中世史。立命館大学非常勤講師。主な著書・論文に『外記補任』（続群書類従完成会、二〇〇四年）、「承久の乱後の京都と近衛家実」（『年報中世史研究』第三九号、二〇一四年）。

岩井宏實（いわい　ひろみ）
一九三二年生まれ。専門分野は民俗学、歴史学。国立歴史民俗博物館名誉教授、帝塚山大学名誉教授。主な著書に『地域社会の民俗学的研究』（法政大学出版局、一九八七年）、『絵馬―ものと人間の文化史―』（法政大学出版局、一九七四年）。

大東良清（おおひがし　よしきよ）
一九六八年生まれ。専門分野は融通念佛宗史。融通念佛宗教学研究所研究員、融通念佛宗法藏寺住職。

奥野義雄（おくの　よしお）
一九四二年生まれ。日本中世史・日本文化史。主な著書・論文に『まじない習俗の文化史』（岩田書院、一九九七年）、「都市と村のまつりごと」（『古代の日本　第六巻　近畿Ⅱ』角川書店、一九九九年）。

織田顕祐（おだ　あきひろ）
一九五四年生まれ。専門分野は仏教学（東アジア仏教思想の思想史的研究）。大谷大学教

授、博士（文学）。主な著書に『初期華厳思想史』（韓国・仏教時代社、二〇〇七年）、『大般涅槃経序説』（東本願寺出版部、二〇一〇年）。

神﨑壽弘（かんざき　じゅこう）
一九七三年生まれ。専門分野は近世仏教史。融通念佛宗教学研究所研究員。主な論文に「摂津・河内地方における大念仏上人と挽道場」（『鷹陵史学』二九号、二〇〇三年）、「融通念佛宗における近世初期の末寺帳について」（『西山学報』四号・五号合併号、二〇一四年）。

栗山康永（くりやま　こうえい）
一九五六年生まれ。専門分野は『融通念佛信解章』の思想研究。融通念佛宗大念寺住職、融通佛仏宗勧学林講師。

小谷利明（こたに　としあき）
一九五八年生まれ。専門分野は日本中世史。八尾市立歴史民俗資料館館長。主な著書に『畿内戦国期守護と地域社会』（清文堂、二〇〇三年）。

斉藤利彦（さいとう　としひこ）
一九七一年生まれ。専門分野は日本芸能史。佛教大学歴史学部歴史文化学科准教授。主な著書に『近世上方歌舞伎と堺』（思文閣出版、二〇一二年）。

坂本　要（さかもと　かなめ）
一九四七年生まれ。専門分野は日本民俗学。筑波学院大学教授。主な論文に「三信遠大念仏の構成と所作――三河地区を中心に――」（『民俗芸能研究』五〇、二〇一一年）、「伊勢・志摩大念仏と傘ブク」（『年報月曜ゼミナール』五号、二〇一三年）。

柴佳世乃（しば　かよの）
一九六六年生まれ。専門分野は中世文学。千葉大学教授。主な著書・論文に『読経道の研究』（風間書房、二〇〇四年）、「平曲と読経道――書写山をめぐって――」（磯水絵編『論集　文学と音楽史――詩歌管弦の世界――』和泉書院、二〇一三年）。

善　裕昭（ぜん　ひろあき）
一九六二年生まれ。専門分野は中世仏教史、浄土教思想。知恩院浄土宗学研究所嘱託研究員。主な論文に「慈円の大懺法院と怨霊滅罪」（池見澄隆編著『冥顕論――日本人の精神史――』法藏館、二〇一二年）、「醍醐本『法然上人伝記』の成立をめぐって」（『仏教文化研究』五八号、二〇一四年）。

高橋大樹（たかはし　ひろき）
一九八一年生まれ。専門分野は日本中近世史、仏教史。大津市歴史博物館学芸員。主な論文に「室町・戦国期二尊院の再興と「勧進」――法然廟・檀那・菩提所――」（『仏教史学研究』五五巻第二号、二〇一三年）、「「西京七保」御供所の近世――御供所寺院とその維持・管理――」（『佛教大学総合研究所紀要別冊　洛中周辺地域の歴史的変容に関する総合的研究』、二〇一三年）。

戸田孝重（とだ　たかしげ）
一九六三年生まれ。専門分野は仏教学。融通念佛宗教学研究所所員。主な論文に「良忍における弥陀直授の偈頌について」（『福原隆善先生古稀記念論集　佛法僧論集』山喜房佛書林、二〇一三年）、「『融通円門章』の書誌学的研究」（『印度学仏教学研究』五四巻一号、二〇〇五年）。

富永和典（とみなが　かずのり）
一九六二年生まれ。専門分野は日本浄土教。浄土宗西山禅林寺派宗学研究所講師。主な論文に「隆寛律師と浄土宗派祖西山について――九条兼実と天台座主慈円との関係を中心に――」（『天台学報』第四一号、一九九九年）、「新出隆寛作『往生礼讃問答』第八――満性寺蔵写本『往生礼讃問答』第八について――」（『西山禅林学報』二六号、二〇〇〇年）。

長澤昌幸（ながさわ　まさゆき）
一九七五年生まれ。専門分野は時宗教学。時宗宗学林学頭、大正大学仏教学部非常勤講師、滋賀県大津市長安寺住職。主な著書・論文に『経典とは何か（一）仏説の意味』（共著、平楽寺書店、二〇一一年）、「門流による一遍呼称の変遷について」（『西山学苑研究紀要』第三号、二〇〇八年）。

西村冏紹（にしむら　けいしょう）
一九二六年生まれ。専門分野は天台学。天台真盛宗管長。総本山西教寺貫首。主な著書・論文に『観心略要集の新研究』（共著、百華苑、一九九二年）、「真盛の持戒念仏」（佐藤哲英『叡山浄土教の研究』百華苑、一九七九年）。

幡鎌一弘（はたかま　かずひろ）
一九六一年生まれ。専門分野は日本宗教史。天理大学おやさと研究所研究員（教授）。主な著書に『語られた教祖』（編著、法藏館、二〇一二年）、『寺社史料と近世社会』（法藏館、二〇一四年）。

浜田全真（はまだ　ぜんしん）
一九四三年生まれ。専門分野は宗教民俗学。融通念佛宗教学研究所所長、融通念佛宗勧学林教授、奈良大学非常勤講師。主な論文に「融通念仏宗と民俗」（五来重・桜井徳太郎・大島建彦・宮田登編『講座　日本の民俗宗教2　仏教民俗学』弘文堂、一九八〇年）、「念仏講と六斎」（『講座　日本の民俗学　7　神と霊魂の民俗』雄山閣出版、一九九七年）。

坂東俊彦（ばんどう　としひこ）
一九七〇年生まれ。専門分野は日本近世史、東大寺史。東大寺史研究所研究員。「近世東大寺復興活動の一側面――西国沙汰所を中心に――」（『論集　近世の奈良、東大寺――ザ・グレイトブッダ・シンポジウム論集第四号』、二〇〇六年、法藏館）、「二月堂の災上と再建――東大寺江戸復興の一段階として――」（『論集　東大寺二月堂――修二会の伝統とその思想――ザ・グレイトブッダ・シンポジウム論集第八号』、二〇一〇年、法藏館）。

開　祐司（ひらき　ゆうじ）
一九五三年生まれ。専門分野は細胞生物学。京都大学教授（再生医科学研究所）。主な論文に「再生の医学・生物学の時代」（武田龍精編『人間・科学・宗教ＯＲＣ研究叢書3　宗教者と科学者の対話――媒介する「新しい哲学」を求めて――』（法藏館、二〇〇七年）、Yuji Hiraki, Hiroyuki Inoue, Ken-ichi Iyama, Akihito Kamizono, Masanori Ochiai, Chisa Shukunami, Sadayo Iijima, Fujio Suzuki, and Jun Kondo (1997) J. Biol. Chem., 272, 32419-32426: Identification of Chondromodulin I as a novel endothelial cell growth inhibitor. Purification and its localization in the avascular zone of epiphyseal cartilage.

福原隆善（ふくはら　りゅうぜん）
一九四一年生まれ。専門分野は天台学、浄土学。佛教大学名誉教授、叡山学院名誉教授。主な著書に『浄土仏教の思想　第十巻　隆寛』（講談社、一九九二年）、『智者大師別伝』（『現代語訳一切経』二、大東出版社、一九九九年）。

森田敬史（もりた　たかふみ）
一九七五年生まれ。専門分野は人間科学専攻。医療法人崇徳会長岡西病院ビハーラ病棟常勤ビハーラ僧。主な論文に「第9章　終末期」（中城進編『医療・看護・福祉のための心理学』二瓶社、二〇〇一年）、「ビハーラ僧の実際」（『人間福祉学研究』第三巻第一号、二〇一〇年）。

蓑輪顕量（みのわ　けんりょう）
一九六〇年生まれ。専門分野は仏教思想・日本仏教。東京大学大学院教授。主な著作に『中世初期南都戒律復興の研究』（法藏館、一九九九年）、『仏教瞑想論』（春秋社、二〇一五年再版）。

山田陽道（やまだ　はるみち〈ようどう〉）
一九七二年生まれ。専門分野は仏教学。融通念佛宗法覚寺住職。主な論文に「『観経疏妙宗鈔』における「約心観仏」・「即心念仏」の語義について」（『印度学仏教学研究』九七号、二〇〇〇年）。

山本佳世子（やまもと　かよこ）
一九八一年生まれ。専門分野は死生学。上智大学グリーフケア研究所研究員。主な著書に『悲嘆の中にある人に心を寄せて――人は悲しみとどう向かい合っていくのか――』（共編著、上智大学出版、二〇一四年）、『グリーフケア入門――悲嘆のさなかにある人を支える――』（共著、勁草書房、二〇一二年）。

行　昭一郎（ゆき　しょういちろう）
一九二七年生まれ。専門分野は融通念佛宗史。前奈良文化女子短期大学教養学科教授。主な論文に「「和州秋篠村出入覚」について――貞享年中宗旨寺法出入顚末――」（『奈良文化女子短期大学紀要』二一、一九九〇年）、「「融通大念仏亀鐘縁起」と法明伝承について」（融通念佛宗教学研究所編『法明上人六百五十回御遠忌記念論文集』、百華苑、一九九八年）。

吉井良久（よしい　りょうきゅう）
一九四八年生まれ。専門分野は融通念佛宗史。融通念佛宗教学研究所研究員、融通念佛宗西方寺住職。主な著書に『良忍さんのお心をたずねて』（西方寺、二〇〇一年）、『融通聲明要集』（西方寺、二〇一〇年）。

横田兼章（よこた　かねあき）
一九三一年生まれ。専門は融通念佛宗史。元融通念佛宗勧学林学長。主な論文に「良忍と融通念仏」（佐藤哲英『叡山浄土教の研究』百華苑、一九七九年）、「融通念佛宗の在家伝法と良忍」（『福原隆善先生古稀記念論集　佛法僧論集』、二〇一三年）。

横田善教（よこた　よしのり）
一九五九年生まれ。専門分野は中国天台学・寺院情報処理。浄土宗西要寺住職。主な論文に「『立誓願文』再考――曇無竭と薩陀波崙からの考察――」（『髙橋弘次先生古稀記念論集　浄土学佛教学論叢』、山喜房佛書林、二〇〇四年）、「『立誓願文』再考　続編――願文の構成からの考察――」（『福原隆善先生古稀記念論集　佛法僧論集』、山喜房佛書林、二〇一三年）。

CONTENTS

The Unexpected Encounter of Belief and Doctrine in the Yūzū Nenbutsu Sect

Collection of Commemorative Essays
for the 900th Anniversary
of the Yūzū Nenbutsu School
and the 300th Memorial of Master Daitsū

Edited by
Executive Committee for the Commemorative Projects
of the 900th Anniversary of the Yūzū Nenbutsu School
and the 300th Memorial of Master Daitsū

開宗九百年・大通上人三百回御遠忌奉修記念論文集

融通念佛宗における信仰と教義の邂逅

二〇一五年五月一日　初版第一刷発行

監　修　福原隆善

編　者　開宗九百年記念
大通上人三百回御遠忌奉修局

発行者　融通念佛宗総本山　大念佛寺
大阪市平野区平野上町一―七―二十六
郵便番号　五四七‐〇〇四五
電話　〇六‐六七九一‐〇〇二六

制作販売　株式会社　法藏館
京都市下京区正面通烏丸東入
郵便番号　六〇〇‐八一五三
電話　〇七五‐三四三‐〇〇三〇（編集）
〇七五‐三四三‐五六五六（営業）

印刷　立生株式会社・製本　新日本製本株式会社

ISBN 978-4-8318-7704-8 C3015